北京通州年鉴

BEIJING TONGZHOU YEARBOOK

2024

北京通州年鉴编辑部　编

方志出版社
Publishing House of Local Records

图书在版编目（CIP）数据

北京通州年鉴 . 2024 / 北京通州年鉴编辑部编 . 北京 : 方志出版社 , 2024. 11. -- ISBN 978-7-5144-6426-9

Ⅰ . Z521.3

中国国家版本馆 CIP 数据核字第 2024BC1425 号

责任编辑：李晓晓
责任校对：张玉霞
责任印制：梅中英
出 版 者：方志出版社
地　　址：北京市朝阳区潘家园东里 9 号（国家方志馆 4 层）
邮　　编：100021
网　　址：http://www.zgfzcb.cn
发　　行：方志出版社图书营销中心（010-67110500）
印　　刷：北京朝阳印刷厂有限责任公司
开　　本：889 毫米 ×1194 毫米 1/16
印　　张：37
字　　数：1335 千字
版　　次：2024 年 11 月第 1 版
印　　次：2024 年 11 月第 1 次印刷
定　　价：200.00 元

中共北京市通州区委党史工作办公室
（北京市通州区地方志办公室）

主　　任　朱军辉

副 主 任　崔淑敏　陈瑞昆

工作人员　张　莉　张亚昆　史圣洁　王莎莎

王　妍　张倩雯　薛晓晓　赵龙刚

王　昕　郭卫民　吴兴保　王梓义

北京通州年鉴编辑部

主　　编　朱军辉

副 主 编　崔淑敏　陈瑞昆

执行主编　张　莉

编　　辑　张　莉　张亚昆　张倩雯　赵龙刚

编辑说明

一、《北京通州年鉴（2024）》以马克思列宁主义、毛泽东思想、邓小平理论、“三个代表”重要思想、科学发展观、习近平新时代中国特色社会主义思想为指导，坚持辩证唯物主义和历史唯物主义的立场、观点和方法，围绕北京城市副中心建设大局，系统记述2023年通州区自然、经济、政治、文化、社会和生态文明等方面的基本情况以及各行各业取得的新进展、新经验、新成就，旨在为社会各界了解通州、研究通州、建设通州提供基本资料。为保证内容资料的完整性、连续性，根据记述需要，个别内容时间适当上溯或下延。

二、《北京通州年鉴》是在中共北京市通州区委和通州区人民政府的领导下，由区委党史工作办公室（区地方志办公室）组织编纂的年度资料性文献。自1999年开始逐年编纂，《北京通州年鉴（2024）》为第26卷。

三、本卷年鉴采用分类编辑法，全书主体内容分为类目、分目、条目3个层次，个别分目下设次分目。条目为基本记述单元，其标题用黑体字加【】表示。卷首设特载、专文、大事记，全书主体内容设区情概览、中国共产党通州区委员会、通州区人民代表大会、通州区人民政府、中国人民政治协商会议北京市通州区委员会、中国共产党北京市通州区纪律检查委员会 通州区监察委员会、民主党派、人民团体、法治、军事、特色小镇建设、京津冀协同发展、功能区建设、经济管理、金融业、农业、工业和信息化、商务、旅游、交通 邮政、生态环境、城乡建设与管理、乡村振兴、应急管理、科技、教育、文化、卫生健康、体育、社会生活、街道 乡镇、人物 荣誉32个类目。

四、与2023卷年鉴相比，本卷年鉴在框架结构和内容上作了适当调整：新设“特色小镇建设”“京津冀协同发展”“乡村振兴”类目，撤销“建筑业 房地产业”“城乡管理”“社会建设”类目，调整“中国人民政治协商会议通州区委员会”“纪检监察”“农业 农村”“工业 信息化”“商贸 服务业”“金融”“交通 邮政 通信”“城乡规划与建设”类目名称，分别为“中国人民政治协商会议北京市通州区委员会”“中国共产党北京市通州区纪律检查委员会 通州区监察委员会”“农业”“工业和信息化”“商务”“金融业”“交通 邮政”“城乡建设与管理”；新收录通州区获二等功以上退役军人名录。

五、本卷年鉴记述内容除“民主党派”类目外，未标明党派的“市委”均指“中共北京市委”，“区委”均指“中共北京市通州区委”，“党的”均指“中国共产党”，“党员”均指“中共党员”，“党建”工作均指“中国共产党建设”工作。

六、本卷年鉴数字用法、标点符号用法分别采用国家标准《出版物上数字用法》（GB/T 15835—2011）、《标点符号用法》（GB/T 15834—2011），计量单位采用国家技术监督局1993年12月发布的《量和单位》系列国家标准。考虑到社会使用习惯，“农业”等类目中仍保留亩作主计量单位。

七、本卷年鉴条目内容由区属各部门（单位）和街道乡镇，各驻通州区相关单位专人提供并经其主管领导审核，部分资料由编辑部搜集整理，主要数据和统计资料由通州区统计局提供，业务数据由各相关单位提供。个别数据由于统计口径和方法不同而存在差异，部分数据因四舍五入等原因，总数与分项之和之间存在合理范围内误差，请读者在引用时加以注意。图片由区融媒体中心和各供稿单位提供。

数字通州

辖区面积	905.95 平方千米
年末户籍人口	86 万人
年末常住人口	184.5 万人
地区生产总值	1303.6 亿元
第一产业产值	13.1 亿元
第二产业产值	468.3 亿元
第三产业产值	822.2 亿元
金融业增加值	151.6 亿元
一般公共预算收入	94.1 亿元
一般公共预算支出	395.1 亿元
社会消费品零售总额	563.5 亿元
进出口贸易总额	233.9 亿元
居民人均可支配收入	55715 元
居民人均消费支出	37677 元
人民币存款余额	8377.3 亿元
人民币贷款余额	2681.3 亿元
专利授权数	6103 件
技术合同成交额	493.9 亿元
幼儿园	248 所
小学	48 所
中学	48 所
医疗卫生机构	620 个
卫生机构床位	6231 张
森林面积	46.45 万亩
房屋施工面积	18531 万平方米
房屋竣工面积	2949 万平方米
商品房销售面积	86.2 万平方米
养老保险参保人数	16.8 万人

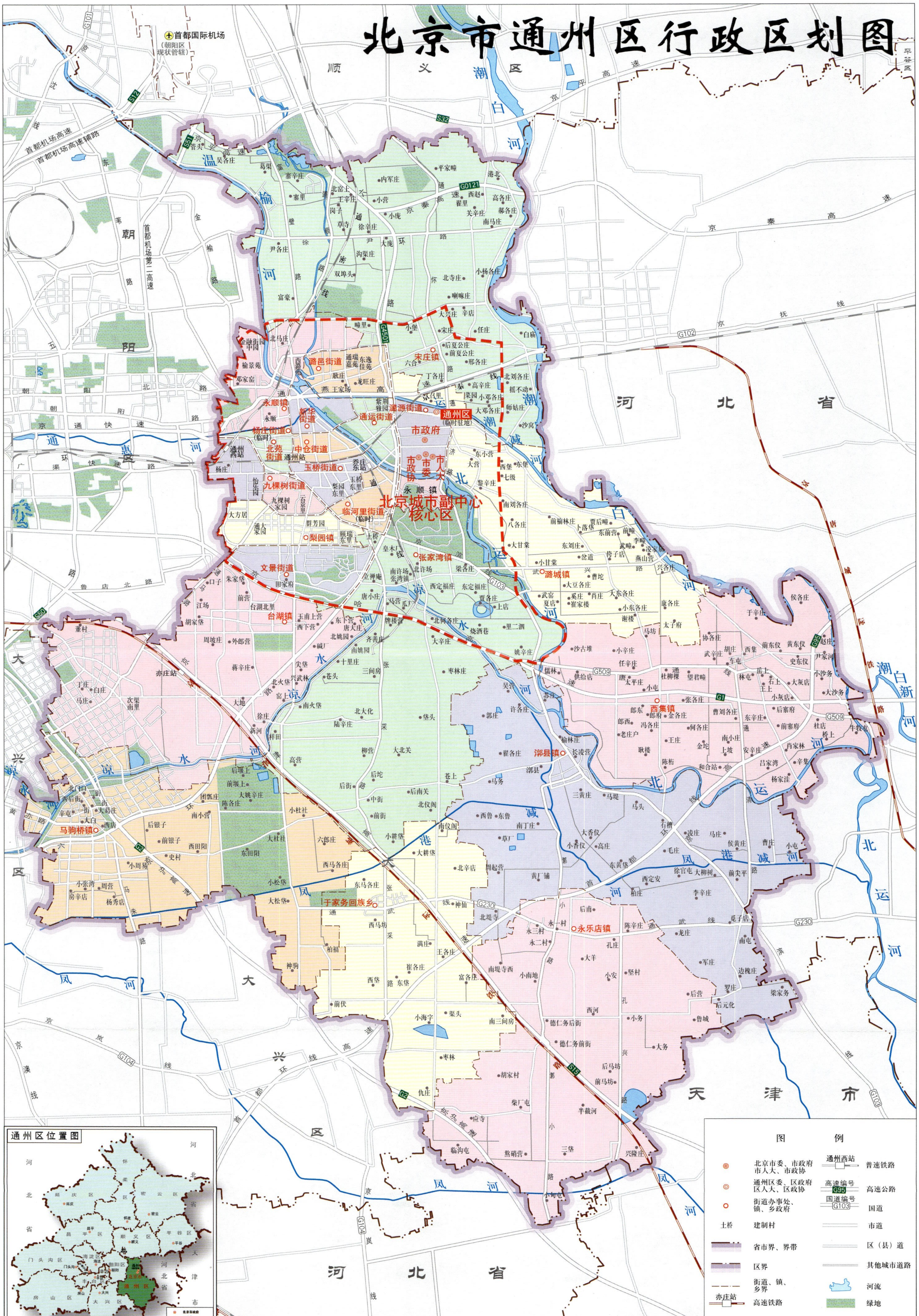

审图号：京 S（2024）052 号

北京市测绘设计研究院 制

审图号：京S（2024）052号

北京市测绘设计研究院 制

北京城市副中心三大文化建筑建成投用

北京城市副中心三大文化建筑——北京艺术中心、北京城市图书馆、北京大运河博物馆位于城市绿心森林公园内，建筑规模约30万平方米，配套共享设施建筑规模约30万平方米。2019年10月开工，2023年11月完成竣工验收，12月27日正式对公众开放。北京艺术中心被誉为“文化粮仓”，由三座独立的建筑体组成；北京城市图书馆被誉为“森林书苑”，外形源自中国传统文化符号“赤印”，内部山林结构营造“枝开叶散”意境；北京大运河博物馆又名“运河之舟”，设计理念源于古运河图景中的船、帆、水三个元素。三大文化建筑规划建设实施过程中不仅诞生82项实用新型发明专利，还获颁住房和城乡建设部“绿色技术应用科技示范工程”荣誉，摘得中国钢结构金奖年度杰出工程大奖，荣获北京市结构长城杯“金质奖”，并被市住房城乡建设委列为“北京市建筑信息模型（BIM）应用示范工程”，是凝聚当代中国艺术与科技发展成果的巅峰之作。三大文化建筑的建成投用，是落实习近平总书记视察北京重要讲话精神和京津冀协同发展国家战略的具体体现，是落实首都城市战略定位和服务社会主义文化强国建设的重要举措，也是大力推进全国文化中心建设和北京城市副中心建设的生动实践。

▲“文化粮仓”北京艺术中心（区融媒体中心提供，摄于2023年12月）

▲“森林书苑”北京城市图书馆（区融媒体中心提供，摄于 2023 年 12 月）

▲“运河之舟”北京大运河博物馆（区融媒体中心提供，摄于 2023 年 10 月）

▲ 2021 年 12 月，北京艺术中心外墙搭建（区融媒体中心提供）

▲ 9 月 27 日，北京艺术中心试演出（区融媒体中心提供）

▲ 12 月 27 日，北京艺术中心演艺厅（区融媒体中心提供）

◀北京城市图书馆是由 144 棵“银杏树”支撑起的超高自承重式玻璃幕墙结构建筑。图为“银杏叶”3 月试亮灯（区融媒体中心提供）

▶ 12 月 27 日，北京城市图书馆“冬石径”阅览区（区融媒体中心提供）

◀ 12 月 27 日，北京城市图书馆元宇宙展厅（区融媒体中心提供）

▶ 2022 年 1 月，建设中的北京大运河博物馆（区融媒体中心提供）

◀ 12 月 27 日，北京大运河博物馆开馆（区融媒体中心提供）

▶ 12 月 27 日，市民参观北京大运河博物馆内展陈（区融媒体中心提供）

▲燃灯塔又称燃灯佛舍利塔，始建于北周年间，是通州区标志性建筑物，清有“一支塔影认通州”之诗（区融媒体中心提供，摄于2021年5月）

北京（通州）大运河文化旅游景区掠影

北京（通州）大运河文化旅游景区北起五河交汇处源头岛，南至甘棠大桥，全长 12.1 千米，分为北区、中区和南区三部分。北区以燃灯塔及周围古建筑群为核心，囊括西海子公园、大光楼等东关大桥以北区域，是传承运河文化、讲好运河故事的运河文化集聚区；中区有运河文化广场、运河奥体公园等区域，是当代运河文化与古通州运河底蕴碰撞、余韵衔接的运动休闲地带；南区主要为大运河森林公园区域，定位为森林生态体验区，具有优美的自然环境和丰富的生物多样性。整个景区以大运河为轴线，辐射周边城市绿心森林公园、北京环球度假区、路县故城、运河商务区等北运河沿线文旅商资源。截至 2023 年底，通州区正致力于将景区打造成为集休闲、度假、体验、购物于一体的国家 AAAAA 级旅游景区。

▲西海子公园位于大运河北端西侧，始建于 1936 年，内有李卓吾墓（区融媒体中心提供，摄于 2023 年 10 月）

电影院

▲大光楼位于大运河最北端，始建于明嘉靖七年（1528 年），是漕运时期管理漕运官吏、处理漕务之所（区融媒体中心提供，摄于 2023 年 10 月）

▲俯瞰大光楼码头夜景（区融媒体中心提供，摄于 2023 年 10 月）

▲北关拦河闸桥，既是京杭大运河的终点（杭州至北京），也是北运河的起点（通州至天津）（区融媒体中心提供，摄于 2019 年 8 月）

▲漕运码头素有“大运河第一码头”之称，是古代连接南北往来的重要通道（区融媒体中心提供，摄于 2022 年 2 月）

▲大运河西岸步道（区融媒体中心提供，摄于 2023 年 11 月）

▲大运河北端的千荷泻露桥与运河商务区遥相辉映（区融媒体中心提供，摄于 2022 年 1 月）

▲大运河森林公园的月岛闻莺景区（区融媒体中心提供，摄于 2021 年 10 月）

▲杨洼船闸打通了大运河京冀段水路运输最后一个断点，实现大运河京冀通航（区融媒体中心提供，摄于 2022 年 6 月）

▲大运河森林公园（区融媒体中心提供，摄于 2022 年 8 月）

◀游船行驶在大运河中，风景如画（区融媒体中心提供，摄于2023年7月）

▶白鹭徜徉于大运河之中（区融媒体中心提供，摄于2017年8月）

◀流光溢彩的大运河夜景（区融媒体中心提供，摄于2023年10月）

服贸会上的北京城市副中心

9月2—6日，2023年中国国际服务贸易交易会（简称服贸会）在京举办。北京城市副中心文旅专题展在首钢园区2号馆展出，展区面积270平方米，以大运河为轴线，以“古今‘通’辉·活力之城”为主题，分为天下通“运”·古今同辉、活力新“运”·未来可期、文创有“运”·美美与共3个板块。北京城市副中心金融专题展在首钢园区9号馆展出，设置北京城市副中心金融营商环境、主导产业、“两区”建设、金融政策、产业布局、金融业重要承载地运河商务区、金融成果、金融业协会组织、金融企业路演9个区域。

▲9月2日，“北京日”京津冀协同招商推介暨投资北京全球峰会举办。图为北京城市副中心推介环节（区融媒体中心提供）

▲9月2日，通州区政府与海昌海洋公园控股有限公司签署战略合作协议（区融媒体中心提供）

▲9月5日，2023年中国国际服务贸易交易会走进北京城市副中心主题活动在国家会议中心举办（区"两区"办提供）

▲ 9 月 2 日，服贸会上的北京城市副中心金融专题展区一角（区金融办提供）

▲ 9 月 2 日，北京城市副中心金融专题展区展示全球财富管理中心（区融媒体中心提供）

◀ 9月5日，古今"通"辉·活力之城——北京城市副中心文旅专题展区（区融媒体中心提供）

▶ 9月5日，在天下通"运"·古今同辉展区，以清光绪年间《通州志》为蓝本复原的三维全景通州古城首次亮相服贸会（区融媒体中心提供）

◀ 9月5日，活力新"运"·未来可期展区设置"一区一河三镇多点"文旅规划成果展示区（区融媒体中心提供）

▲ 9 月 5 日，文创有“运”· 美美与共展区的“运茶”奶茶（区融媒体中心提供）

▲ 9 月 5 日，文旅专题展大运河文创镇水兽公仔吸引参观者驻足（区融媒体中心提供）

国际消费中心城市建设

通州区将国际消费中心城市建设融入北京城市副中心高质量发展大格局中，聚焦国际文旅度假消费提升、都市滨水休闲消费扩容、文旅商体融合发展等重点领域，不断深化供给侧结构性改革，出台消费新政策、打造消费新地标、解锁消费新场景、营造消费新环境，加快恢复和扩大消费。2023 年，通州区大力发展“首店经济”“夜经济”，培育消费新热点，远洋乐堤港 6 月 30 日实现开门迎客，引入 40 余家区域首店及旗舰店；建设“环球影城×大运河”国际消费体验区，北京环球度假区全年接待游客量 988 万人次，环球商圈吸引人流超 1600 万人次；围绕大运河举办高标准体育赛事，同时开展趣味跑、亲子跑、荧光跑等亲子休闲体育活动，引领运动休闲消费潮；打造“文化 + 消费”品牌，依托台湖演艺小镇、宋庄艺术创意小镇、张家湾设计小镇举办丰富多彩的文化艺术活动，将普惠市民和引导消费相结合，打造地区活力消费圈。

▲北京环球主题公园一期全景（区融媒体中心提供，摄于 2022 年 7 月）

◀北京环球度假区诺金度假酒店全景（区融媒体中心提供，摄于2022年7月）

◀北京环球度假区哈利·波特的魔法世界主题景区（区融媒体中心提供，摄于2023年11月）

▶北京环球度假区未来水世界主题景区特技表演（区融媒体中心提供，摄于2023年7月）

◀ 12月31日，北京环球度假区烟花首秀（区融媒体中心提供）

▲ 2022 年，北京环球城市大道入选第二批国家级夜间文化和旅游消费集聚区。图为北京环球城市大道 8 月 30 日夜景（区融媒体中心提供）

▲北京环球城市大道全景（区融媒体中心提供，摄于 2022 年 7 月）

▲ 6 月 30 日，远洋乐堤港开业。图为外立面全景（区融媒体中心提供）

▲ 6 月 30 日，远洋乐堤港开业。图为内景（区融媒体中心提供）

◀位于通州区北苑商圈的万达广场夜景（区融媒体中心提供，摄于2022年10月）

▶月亮河休闲小镇夜景（区融媒体中心提供，摄于2023年5月）

◀8—10月，首届大运河仲夏消费季举办。图为8月27日音乐表演（区融媒体中心提供）

▲运河商务区新光大中心商业街区（区融媒体中心提供，摄于 2022 年 8 月）

▲大运河西岸运河商务区内的北京国际财富中心（区融媒体中心提供，摄于 2023 年 8 月）

第三十届中国北京种业大会

9月11—14日，第三十届中国北京种业大会在北京通州区国际种业科技园区会展中心举办。大会以“一粒种子 改变世界 种业振兴 北京先行”为主题，设置有主论坛、专业论坛、展览展示及多项专场活动，聚焦农作物、畜禽、水产、林果、微生物种业等专业领域，搭建具有“国际性、引领性、务实性”特色的种业交流交易平台。开幕式上，通州区政府与中国农业科学院签署农业微生物研究中心项目合作框架协议。

▲ 9月11日，第三十届中国北京种业大会会场入口处（区融媒体中心提供）

▲ 9 月 11 日，第三十届中国北京种业大会开幕（区融媒体中心提供）

▲ 9 月 11 日，通州区政府与中国农业科学院签署合作框架协议（区融媒体中心提供）

▶ 9 月 11 日，北京种业振兴成果展区（区融媒体中心提供）

◀ 9 月 11 日，京科 968 等系列玉米新品种展出（区融媒体中心提供）

▶ 9 月 11 日，玉米新品种和种衣剂展示区（区融媒体中心提供）

▲ 9月11日，参观者参观水产种业展区的红白锦鲤（区融媒体中心提供）

▲ 9月11日，参观者在花卉展台观看花卉（区融媒体中心提供）

▲ 9 月 11 日，中国农业科学院蔬菜花卉研究所展示蔬菜新品种（区融媒体中心提供）

▲ 9 月 13 日，“种子课堂”邀请种业专家向公众科普种业知识（区融媒体中心提供）

2023 年全国科技活动周暨北京科技周

5 月 20 日，2023 年全国科技活动周暨北京科技周在城市绿心森林公园启动，这也是全国科技活动周暨北京科技周连续第二年将主会场设在通州区。该届科技周以“热爱科学 崇尚科学”为主题，围绕科技创新和科学普及，彰显聚力创新的北京科技力量，呈现和谐共生的美好城市生活。主场活动设在城市绿心活力汇，以“北京新征程”为主线，聚焦关键共性技术、前沿引领技术、现代工程技术、颠覆性技术等方面的重大突破；分会场活动设在城市绿心森林公园，以“遇见 2023 和谐共生”为主线，围绕科普创新成果，通过“遇见科学”“遇见生活”“遇见阅读”等板块，为参观者提供互动性强、体验性好、趣味性浓的日常科普体验。主、分会场总展出面积超 1.2 万平方米，展品近 300 项，持续举办 12 天，为历届举办时间最长的科技周。

▲ 5 月 20 日，2023 年全国科技活动周暨北京科技周在通州区启动（区融媒体中心提供）

▶ 5 月 20 日，北京城市副中心展区（区融媒体中心提供）

◀ 5 月 20 日，小朋友体验北京科学中心展出的互动科学模型“跳舞的回形针”（区融媒体中心提供）

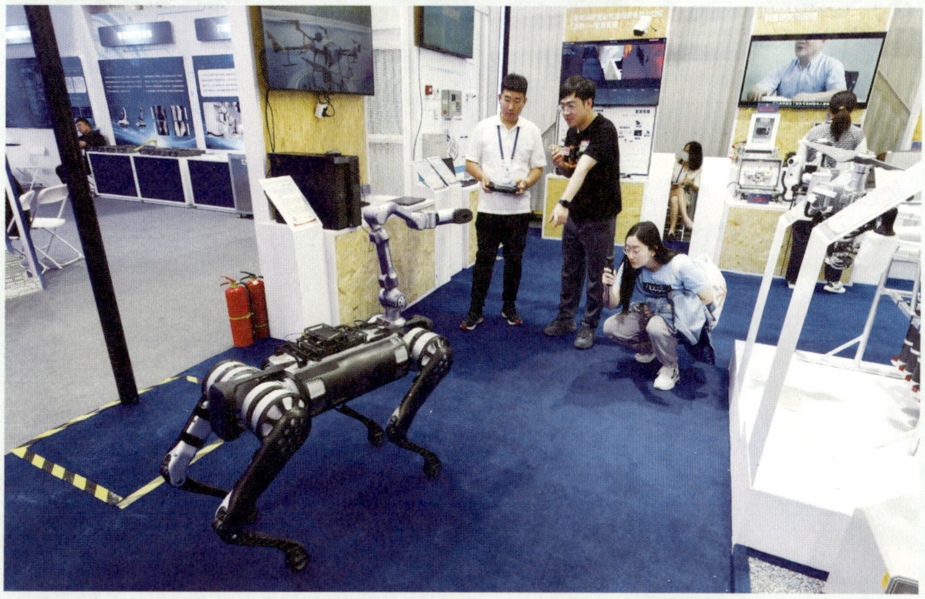

▶ 5 月 20 日，工作人员展示操作消防救援机器狗（区融媒体中心）

▲ 5 月 20 日，观众触摸体验石墨烯材料制作的可加热服饰（区融媒体中心提供）

▲ 5 月 20 日，会场展出的仿生机器人（区融媒体中心提供）

▲ 5 月 20 日，商业航天展区展出航天育种的花卉蔬果产品（区融媒体中心提供）

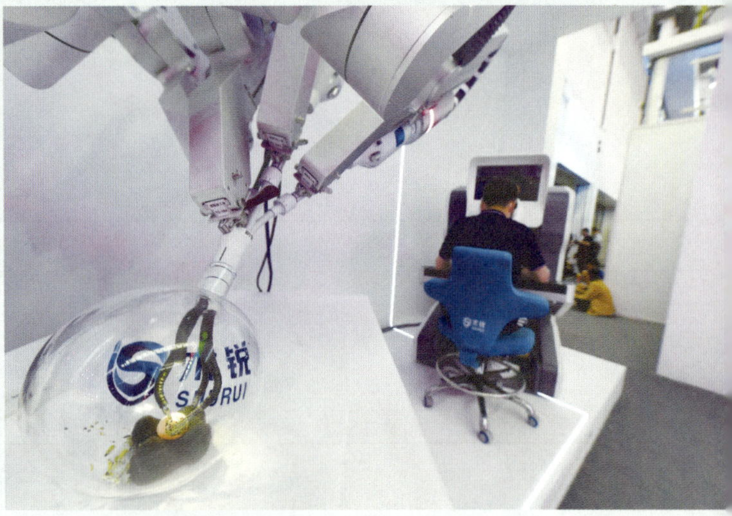

▲ 5 月 20 日，工作人员操作单孔腔镜手术机器人剥离仅 0.17 毫米厚的生鹌鹑蛋蛋壳（区融媒体中心提供）

▲ 5 月 20 日，观众体验“复兴号”高铁动车组模拟驾驶（区融媒体中心提供）

▲ 5 月 20 日，中国气象局第二次青藏高原综合科学考察观测系统模型（区融媒体中心提供）

▲ 5 月 20 日，中科驭数（北京）科技有限公司展示首颗国产 DPU 芯片 K2（区融媒体中心提供）

▲ 5 月 20 日，“流动科技馆”展台展出趣味互动科学教具（区融媒体中心提供）

北京城市副中心体育事业蓬勃发展

2023 年，通州区全面改造提升体育全民健身设施，大力开展全民健身活动，创建“通通来运动”北京城市副中心体育品牌；举办 2023 北京城市副中心马拉松、2023 北京通州运河半程马拉松、北京城市副中心骑游系列活动暨运河绿道骑游周等品牌赛事活动；承办全国电动冲浪板联赛（北京大运河站）、第二届北京桨板公开赛、第六届高校 1+1 半程马拉松接力赛等国家级、市级赛事活动；组织开展运河赛艇大师赛、运河徒步大会、飞盘、夜跑等新潮赛事和群众喜闻乐见的赛事活动。做到“周周有小活动、月月有比赛、季季有品牌赛事”，实现体育赛事贯穿全年，形成群众体育普及、竞技体育全面提升、赛事活动丰富、体育产业繁荣、特色运动形成品牌的体育事业发展新局面。

▲ 3 月 9 日，2023 北京城市副中心马拉松新闻发布会举行（区融媒体中心提供）

▲ 4 月 8 日，2023 北京城市副中心马拉松萌娃泡泡亲子跑开跑（区融媒体中心提供）

▲ 4 月 8 日，2023 北京城市副中心马拉松萌娃泡泡亲子跑欢乐氛围（区融媒体中心提供）

◀ 4 月 9 日，2023 北京城市副中心马拉松鸣枪开跑（区融媒体中心提供）

▲ 4 月 9 日，2023 北京城市副中心马拉松赛事在北京（通州）大运河文化旅游景区北区燃灯塔景区前起跑（区融媒体中心提供）

▲7月15日，全国电动冲浪板联赛（北京大运河站）在大运河上开赛（区融媒体中心提供）

▲7月15日，全国电动冲浪板联赛（北京大运河站）场景（区融媒体中心提供）

▲ 8 月 27 日，第二届北京桨板公开赛在北京城市副中心北运河漕运码头鸣笛开赛（区融媒体中心提供）

▲ 8 月 27 日，百余名桨板运动爱好者参与第二届北京桨板公开赛角逐（区融媒体中心提供）

◀ 8 月 26 日，“通通来运动”2023“大运河之夜”北京城市副中心夜跑活动在城市绿心森林公园开跑（区融媒体中心提供）

▶ 9 月，2023 年北京城市副中心 · 通州第四届篮球联赛暨北三县篮球邀请赛举办（区融媒体中心提供）

◀ 9 月 2 日，2023 年北京市通州区“全民健身日”主题活动暨北京城市副中心青少年足球锦标赛举办（区融媒体中心提供）

▲ 9 月 24 日，2023 第二届北京城市副中心运河赛艇大师赛在北运河起点开赛（区融媒体中心提供）

▲ 9 月 29 日，“通通来运动”“2023 迎中秋、贺国庆趣味龙舟赛”举办（区融媒体中心提供）

▲ 11 月 5 日，2023 北京通州运河半程马拉松比赛举办（区融媒体中心提供）

通州区防汛救灾纪实

7月29日至8月2日，受第5号台风“杜苏芮”影响，通州区迎入汛以来最强降雨过程，全区降水总量18.32亿立方米。区委、区政府深入贯彻落实习近平总书记对防汛救灾工作的重要指示精神，迅速落实防范应对措施，区委、区政府主要领导多次对宋庄蓄滞洪区、北运河三千米不连续堤防等重点点位进行现场检查，全程指导防汛工作。各部门各司其职，积极应对，全面落实“一盘棋”应急响应机制。全区平稳度汛，无重大灾害和人员伤亡发生。统筹调配人员、设备和物资，派出救援队伍到房山区、门头沟区受灾严重地区，支援抢险救灾和灾后重建工作。

▲7月30日，区委书记孟景伟（前右一）实地检查防汛情况（区融媒体中心提供）

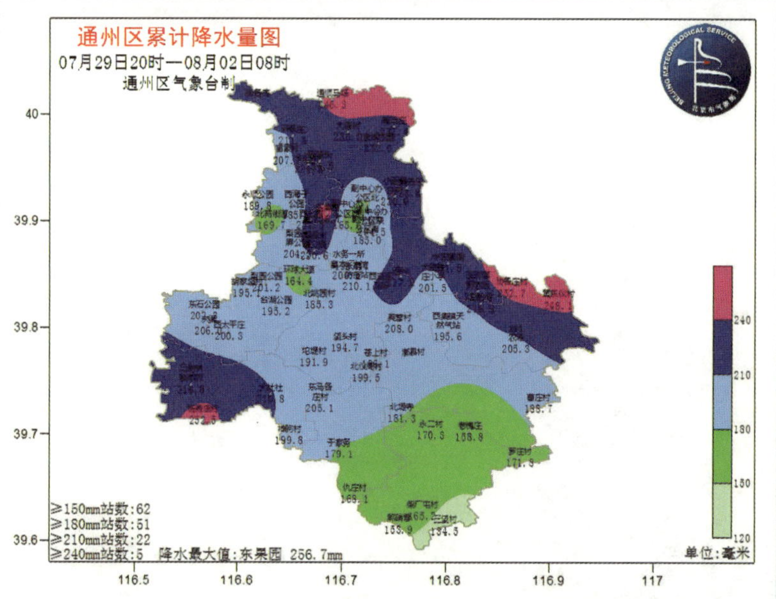

▲通州区2023年7月29日至8月2日累计降雨量图（区气象局供图）

▲7月29日，应对“杜苏芮”台风调度会及全区贯彻部署会议召开（区融媒体中心提供）

▲7月29日，区委副书记、区长郑皓（前）实地检查防汛情况（区融媒体中心提供）

◀ 7 月 29 日，北运河不连续堤段豁口封堵现场（潘之望摄）

▶ 7 月 29 日，紫运西路和玉带路交叉口，应急值守、物资、设备全部到位（区融媒体中心提供）

◀ 7 月 31 日，梨园镇半壁店 100 号院住户紧急撤离（梨园镇提供）

▶ 8月3日，区水务局调配救援人员、抢险车辆、应急救援设备到门头沟区、房山区抢险救灾（区水务局提供）

◀ 8月5日，区水务局救援人员在房山区窦店镇田家园村抽排积水，打通村主干道路（区水务局提供）

▶ 8月5日，区水务局在门头沟区妙峰山镇桃园村向村民提供紧急用水（区水务局提供）

◀ 8 月 4 日，区消防救援支队在房山区受灾地区转移被困群众（区消防救援支队提供）

▶ 8 月 9 日，区疾控中心工作人员在门头沟区开展灾后蚊、蝇、鼠密度监测工作（区卫健委提供）

◀ 8 月 16 日，区城管委在房山区霞云岭乡抢修被洪水冲垮的河道和道路（区城管委提供）

城市更新样本——云景里小区改造

云景里小区位于通州区九棵树街道，建成于1994年，有16栋多层住宅楼，常住人口2300余人，其中中老年人占比60%，存在超半数住户安装外窗护栏、小区上下水管道老化锈蚀严重等问题。云景里老旧小区综合整治项目2021年列入北京市综合整治项目，2022年正式启动实施，改造内容包括外墙节能保温施工、外窗更换、室内上下水改造、屋面平改坡以及小市政施工等，截至2023年底，改造基本完成。项目上下水改造同意率和外窗护栏拆除率均为100%，为全市旧改项目首例，同时还是通州区首个列入住建部完整社区建设试点名单项目。项目采用“评定分离”方式确定施工、监理单位，通过招采环节微革新，重塑旧改全流程；创新采用“施工楼栋管家”服务模式，打通服务居民最后一公里；这两个模式由市住建委向全市老旧小区改造项目分享推广，为高效推进老旧小区改造提供样本和答案。

▲改造后的云景里小区全景（区重大项目中心提供，摄于2023年10月）

◀楼本体改造效果前后对比——改造前（区重大项目中心提供，摄于 2023 年 2 月）

▶楼本体节能改造效果前后对比——改造后（区重大项目中心提供，摄于 2023 年 8 月）

◀上下水改造恢复后，效果不低于原装修水平（区重大项目中心提供，摄于 2023 年底）

▲屋面平改坡效果，改造后小区雨季无渗漏情况（区重大项目中心提供，摄于 2023 年底）

▲改造后的休闲广场一角（区重大项目中心提供，摄于 2023 年 10 月）

▲项目设立居民协调服务中心（区重大项目中心提供，摄于 2023 年底）

▲项目创新性设置“施工楼栋管家”（区重大项目中心提供，摄于 2023 年底）

▲改造后的小区内景（区重大项目中心提供，摄于 2023 年 10 月）

▲根据居民日常需求，在小区内设置规范停车位（区重大项目中心提供，摄于 2023 年 10 月）

目　录

特　载

专　文

大事记

区情概览

中国共产党通州区委员会

通州区人民代表大会

通州区人民政府

中国人民政治协商会议
北京市通州区委员会

中国共产党北京市
通州区纪律检查委员会
通州区监察委员会

民主党派

人民团体

法 治

军　事

特色小镇建设

京津冀协同发展

功能区建设

经济管理

金融业

农　业

工业和信息化

商　务

旅 游

交通 邮政

生态环境

城乡建设与管理

乡村振兴

应急管理

科　技

教　育

文　化

卫生健康

体　育

社会生活

街道　乡镇

人物 荣誉

附 录

特　载

中共北京市通州区第七届委员会第七次全会报告

中共北京市通州区委书记　孟景伟

（2023 年 12 月 25 日）

2023 年是全面贯彻党的二十大精神的开局之年，也是我们实施“十四五”规划承上启下、推动城市副中心建设大踏步向纵深发展的重要一年。一年来，我们始终牢记习近平总书记嘱托，坚持以习近平新时代中国特色社会主义思想为指导，深入学习贯彻党的二十大精神、习近平总书记在深入推进京津冀协同发展座谈会上的重要讲话精神以及对北京和城市副中心系列指示批示精神，全面落实市委各项决策部署，紧紧围绕如何答好市委“二十年之问”深入谋划，全面推动各领域工作立标杆、上水平、争一流，城市副中心高质量发展步伐持续加快。

一、深入开展学习贯彻习近平新时代中国特色社会主义思想主题教育，党建统领作用进一步强化

以“大学习、大调研、大讨论”推动“强素质、强作风、强效能”的“三大三强”活动打头阵，以更高要求、更高标准、更高起点为全年工作开新局，紧紧围绕学习贯彻习近平新时代中国特色社会主义思想主题教育，强化党的政治引领、思想引领、行动引领，为奋力答好市委“二十年之问”提供坚强保障。

（一）自觉接受思想洗礼，重整行装再出发

按照中央、市委统一要求，结合“三大三强”活动成果，全面开展学习贯彻习近平新时代中国特色社会主义思想主题教育，突出理论学习开头、调查研究开路、真抓实干开局，坚持用心用情办实事、动真碰硬抓整改，建立了一贯到底、三级联动的组织体系和推进机制，制定了《关于坚持党建统领经济社会高质量发展的意见》等一系列推动发展的意见办法，探索建立了城市建设实施导则体系等一批机制措施，解决企业和群众急难愁盼问题 2259 个。全区各级党员干部在思想上对党的创新理论和最新成果进行了充分的再学习、再洗礼、再武装，全区各部门、各单位坚持对准目标谋路径、对表要求找不足、对标先进学经验，努力破除障碍、打破定式、重新出发，想方设法谋破局、千方百计抓发展、全心全意惠民生进一步成为广大干部的心头大事和行动自觉。

（二）持续推动思路聚焦，勇担使命谋新篇

面对将副中心打造成中国式现代化进程中的城市发展样板这一光荣而艰巨的使命，坚持从认知上审题、从思路上破题，立足京津冀协同和新时代首都发展大局，进一步准确把握中央精神，紧紧围绕处理好“三个关系”，把牢目标导向和问题导向，推动副中心在建设发展过程中实现新一轮思路聚合，形成了以“二十年之问”为目标，以党建为统领，以高水平城市建设、高质量经济发展、高效能社会治理“三驾马车”并进为重点，以数字化转型为支撑，以增进民生福祉为追求的“11311”工作体系，持续推动改革创新，全力提升副中心的综合承载力、经济内生动力和城市吸引力。

（三）坚持树立鲜明导向，大抓基层求实效

区委常委会坚持以上率下，带头“四下基层”，深入一线当“施工队长”，以天天有调度、周周有调研、月月有突破的高频高效推动，带领全区各级领导干部全面动起来、紧起来、跑起来，工作执行力与效能持续提升。拆迁拆违、基层治理、环境改善等领域的一批“老大难”问题在“上下联动”“一线办公”和“问需问计”等实践创新中得以解决，“拿地即开工、交地即交证”等改革实现新突破，东小马招商蛇口项目、邓家窑万科东庐项目先后刷新手续办理速度。各领域培训比武、走访练兵全面展开，广大党员干部“七种能力”加快提升，全区上下“马上就办、办就办好”的作风更加凸显。

（四）坚持全面从严治党，正本清源固根基

坚持不懈推进党的自我革命，始终以严的基调正风肃纪反腐。强化政治监督，发现并解决问题 1000 余个。对 26 个处级单位党组织和 233 个村（社区）党组织开展常规巡察和专项巡察，严肃查处了一批党员干部违纪违法案件，共立案审查调查 244 人，其中区管干部 22 人，对 4 名处级领导干部采取留置措施。以市委巡视为契机，深入开展问题检视、建章立制、推动整改。围绕乡村振兴、工程建设等重点领域的违纪违法问题加强制度机制建设，持续擦亮“运河清风”廉洁文化品牌，一体推进“三不腐”走深走实。坚持选优配强干部，建立高素质人才队伍，推进副中心干部队伍建设新一轮三年行动计划，累计调整干部近 400 人次，建立新任职干部和年轻干部到服务群众一线部门培养锻炼工作机制，完成“能力提升”“知识更新”“视野拓展”三大培训 4000 余人次。制定实施进一步深化基层党组织建设的若干措施，持续深化群众评价制度，开展基层党组织“政治体检”，党的政治功能和组织功能不断加强。系统梳理各项引才育才聚才政策，有序推进国际人才服务管理改革措施落地见效。

（五）全力凝聚各方力量，画好最大“同心圆”

切实发挥区委总揽全局、协调各方作用，全区上下思想更加统一、行动更加一致。严格落实人大、政府、政协、法院、检察院党组定期向区委常委会报告工作制度；支持人大建立“千名代表问政问需”机制，探索推行人大代表列席乡镇长办公会等制度；支持政协健全“副中心有我”委员基层协商议事机制，鼓励政协委员围绕乡村振兴、经济高质量发展等重点领域建言献策。把牢正确舆论导向，工作机制持续完善，意识形态阵地管理不断巩固。创新打造“科技小院讲习所”等沉浸式理论宣讲阵地，开展“理论＋百姓＋文艺”等特色宣讲活动2000余场，“学习强国”城市副中心学习平台上线运营，“活力通州”城市品牌逐步打响。充分发挥统一战线优势，民主党派、工商联、无党派等各界人士参与副中心建设的广度和深度持续提升。军民共建深度发展。老干部工作不断加强。工会、共青团、妇联、残联、红十字会、文联、科协等群众团体桥梁纽带作用更加突出。

二、迎难而上推动跨越，全区经济社会发展呈现新面貌

主动融入和服务新时代首都发展大局，更好统筹经济社会发展，更好统筹发展和安全，经济社会各领域发展稳中有进、难中攀高。预计全年地区生产总值同比增长5%左右；一般公共预算收入同比增长5%，增速高于预期目标2个百分点；固定资产投资完成千亿，建安投资居全市首位，高质量发展步伐加快的态势进一步巩固和拓展。

一年来，我们坚持规划引领、强化项目支撑，副中心建设跑出“加速度”。充分发挥副中心控规的龙头作用，持续强化各级各类规划协调衔接。拓展区规划获市级批复，九个乡镇国土空间规划完成报审，非建设空间管控规划深入实施，集体经营性建设用地入市方案通过党工委管委会审议，“两级三类”空间规划体系全面完善。健全项目谋划专班工作机制，持续强化要素保障，建立“拆五还一”数据平台，优化土地资源整理实施方案，12宗经营性用地实现入市，有力保障了项目开工建设。坚持一年一个节点，重点建设任务如期完成，行政办公区二期建成投用，城市绿心三大公共建筑精彩亮相，运河商务区累计建成产业空间470万平方米，16个重点项目形成“量身订制”的全程跟踪服务体系，文化旅游区环球影城北综合交通枢纽等六大项目建设全面提速，人民大学通州校区、副中心站综合交通枢纽、东六环入地改造、温潮减河等工程取得阶段性进展。城市更新提档升级，一批老旧小区综合整治、家园中心项目建设成效明显，城市绿心更新实践项目获评北京城市更新“最佳实践”。老城蝶变新生、新城拔节生长，新老相互交融的态势进一步显现。

一年来，我们坚持立足“三个关系”强合作，协同发展再上新台阶。深入贯彻京津冀协同发展座谈会精神，《区委关于贯彻落实中共北京市委十三届三次全会精神 深入推进京津冀协同发展的实施方案》和三年行动计划落地实施。全力服务保障第二批市级行政机关迁入，积极承接新一轮市级赋权184项，以副辅主、主副共兴格局加快形成，副中心服务“四个中心”的能力更强。“两翼”齐飞态势持续巩固，与雄安新区签署战略合作协议，在规划建设、城市管理等方面共享先进经验、共商创新举措。与北三县一体化高质量发展示范区建设全面提速，执行委员会挂牌成立、高效运行，为两地在制度规则、重点规划、支持政策、改革事项等领域全面统筹提供了体制机制保障，两地一体化高质量发展进入新阶段；地铁平谷线、厂通路跨潮白河大桥等工程加快建设，中关村通州园与北三县重点园区开展合作，共同推动交界地区生态绿带建设、污染源跨界联合执法，医疗、教育、政务等公共服务合作扩面提质。与天津宁河区签订产业协同协议，京津协同空间领域持续拓展，合作层次不断深化。

一年来，我们坚持狠抓产业组织强引擎，现代产业体系加快构建。创新发布产业空间地图，完善“四个一”招商等政策机制，中阿国际资本中心等310个项目实现落地，六大产业拔节孕穗。金融业增加值占GDP比重超过10%，对全区经济增长的贡献率达到28.9%，支柱地位更加巩固。数字经济加快起势，360集团子公司、云宙时代等一批网络安全、元宇宙、智慧城市类企业相继落地，开运联合、佳华科技成为全市首批数据资产入表试点企业，数字技术在文旅、消费等领域实现广泛应用。商务服务企业加快聚集，累计154家央企二三级公司和市属国企实现落地。先进制造持续向高端迈进，台马板块与亦庄合作更加紧密，创新实施“登峰”“筑巢”等四大工程，全区新增96家市级专精特新和6家国家级专精特新“小巨人”企业，上市及挂牌企业累计达34家。文化旅游能级进一步提升，“环球影城 × 大运河”国际消费体验区启动建设，远洋乐堤港等一批商业综合体开业运营，环球主题公园日客流量最高突破5万人，文体娱乐业占GDP比重和对经济增长贡献率进一步提升。现代种业蓄势聚能，10余家重点企业实现落户，成功举办第三十届中国北京种业大会，签约量创历史最高。在全市率先建立“两区”统计监测指标体系，打造“绿色自贸”“创意自贸”品牌，自贸区组团考核排名全市第1，获评A类园区。纵深推进营商环境6.0版改革，出台全面优化营商环境助力企业高质量发展实施方案，高效解决企业诉求2200余件，累计兑现扶持资金9.2亿元，营商环境稳居全市第一梯队。

一年来，我们坚持城乡融合发展，乡村振兴谱写新篇章。深入实施乡村振兴战略，统筹推进以城带乡、城乡共荣。张家湾设计小镇累计落地企业492家，台湖演艺小镇图书城改造取得突破性进展，宋庄艺术创意小镇品牌影响力持续提升，潞城、马驹桥、西集、漷县、永乐店、于家务等小镇建设亮点纷呈。333个村庄美丽乡村建设压茬推进，农村基础设施与公共服务配套持续改善。耕地保护、粮食安全、“菜篮子”等工作稳步实施，成功创建国家现代农业产业园，“通州优农”品牌助力农产品附加值持续提升，林下经济、精品民宿、特色乡村旅游等业态创新发展，集体经济不断壮大，前三季度农村居民人均可支配收入增长8.9%，居全市首位。

一年来，我们坚持优化机制和创新模式，治理效能稳步提升。持续健全共建共治共享机制，治理“经纬网”更加完善。坚持党建引领基层治理，全市首个“热线＋

网格＋吹哨报到”一体化平台建成投用，“高位统筹、全域推进，助力北京城市副中心基层治理高质量发展”入围中国城市治理创新优秀案例，“党建引领、多元有你”获评全国社区治理“十佳”案例，“温暖楼门、和谐邻里”“温暖旧改＋长效治理”等模式成为副中心基层治理品牌。狠抓见面率与原始问题解决率提升，“接诉即办”成绩位列全市中上游。持续推进疏整促，四个治理类乡镇全部退出，“基本无违法建设区”创建达到验收条件，新生违建动态清零。违规电动三、四轮车整治效果明显，淘汰总量排名全市前列。加强社会治安防控体系建设，全力服务保障第三届“一带一路”国际合作高峰论坛等重大活动，坚决维护全区政治安全和社会稳定。深入推进社会矛盾纠纷排查化解专项行动，深化诉源治理，多元化解实效充分彰显。强化城乡接合部人口倒挂村综合整治，治安、刑事案件实现“双降”。推进综治中心规范化建设和群防群治队伍建设，基层平安基础不断夯实。开展多轮次安全生产大排查大整治专项行动，社会大局保持和谐稳定。深入推进智慧城市建设，与华为等头部企业签订战略合作协议，5G信号基本实现室外连续覆盖，“一网一脑一平台一中心”和自动驾驶扩区等一批标杆示范项目加快建设，全国首批、全市首个城市安全风险综合监测预警平台（一期）投入运行，“安全＋智慧”管廊成为北京样板，科技赋能让城市治理更高效、更精细。

一年来，我们坚持人民至上，群众的幸福底色更加鲜亮。紧紧抓住人民最关心最直接最现实的利益问题，持续筑牢人民幸福之基、社会和谐之本。公共服务配套“软硬件”建设同向发力，百姓身边近距离、高品质的公共服务体系不断优化。第一实验学校、后南仓小学紫运校区等学校投入使用，新增中小学学位1.3万个，集团办学、教师交流轮岗力度持续增大。友谊医院二期正式开诊，安贞医院、首儿所通州院区等一批优质医疗资源梯次推进，新建街道社区卫生服务中心加快布局，片区制医联体建设日益完善。潞城全民健身中心建设完成，区档案馆主体结构封顶。大运河文化旅游景区提升改造全面完成，“运河有戏”、大运河音乐节、“通通来运动”、副中心“双马”、运河赛艇大师赛等文体盛宴精彩纷呈。民生温度与发展速度同频共振，着力稳岗扩就业，促进城乡劳动力就业2.2万人，养老、扶幼、助残等社会事业健康发展，公租房备案家庭总体保障率居全市第2，民生成色更足、惠民成效更实。

一年来，我们坚持低碳引领，绿色发展绘出新样板。国家绿色发展示范区实施方案通过中央审定，绿色转型路线图更加明晰。绿色金融生态进一步优化，气候投融资、林业碳汇试点扎实开展，北京绿交所启动国家级绿交所建设，发布全市首个绿色金融工作专项指引，实施全国首个京津冀企业ESG评价、企业上市前ESG评价等行业标准。大力推进节能降碳，制定全国首个新型电力系统地方标准，在全市率先开展用能和碳排放综合评价试点，装配式建筑应用超额完成市级任务。绿色生态本底更加鲜明，全区裸地面积同比减少50%，国市控考核断面水质全部达标，部分河流段达到Ⅲ类标准，国家森林城市建设成效巩固拓展，湿地保护率位居全市前列，“抬眼见绿荫、侧耳闻鸟鸣”日益走进群众生活。

以上是区委常委会一年来的主要工作。这些成绩的取得，是以习近平同志为核心的党中央领航定向、深切关怀的结果，是市委坚强领导、操盘把脉的结果，是城市副中心党工委管委会牵头抓总、统筹调度的结果，是市级各部门、各兄弟区、津冀地区真诚帮助、紧密协作的结果，是全区广大党员干部担当作为、砥砺奋进的结果，是社会各界人士献智出力、无私奉献的结果。在此，我代表区委常委会向大家的辛勤付出致以最崇高的敬意和最衷心的感谢！

同时，我们也清醒地认识到，与中央、市委对副中心建设的高要求相比，与人民群众对美好生活的新期待相比，我们的工作还存在不少短板，面临不少挑战。对照市委“二十年之问”这一时代课题，重大项目储备还不足以支撑千年城市建设，产业发展尚处于提质升级、成长聚集阶段，发展内生动力不够强，还需在强信心、稳增长、促发展上进一步创新思路、主动出击，全面提升城市能级。对照“近悦远来、心向往之”的发展愿景，城市功能存在短板，副中心虽“有名”但不够“有趣”，人才、技术、资金等城市发展的要素流量不够，还需牢固树立“流量经济”意识，在提升流量密度、流量质量上下功夫。对照建设未来没有“城市病”的城区目标，城市管理、基层治理、污染防治、服务配套、民生保障等工作与群众所需所盼仍有差距，还需进一步找准“七有”“五性”发力点、久久为功。对照协调发展理念，新老城区之间、城乡之间发展不平衡问题尚未得到彻底解决，京津冀协同发展桥头堡作用发挥也不够充分，还需进一步提升副中心的辐射带动能力，推动更高水平的新老融合、城乡共荣、区域协同。对照全面从严治党要求，党风廉政建设和反腐败斗争形势依然严峻，干部队伍的作风和能力与副中心建设需求也存在差距，还需进一步加压奋进，营造全区上下争先进位、跳起摸高的良好氛围。针对这些问题，我们一定高度重视、认真对待，采取切实有效的措施加以解决。

三、准确把握“时”与“势”，抓住新机遇展现新作为

城市副中心建设发展已走过七年历程。七年间，在以习近平同志为核心的党中央坚强领导下，新发展理念深入贯彻，新发展格局深刻构建，高质量发展步伐加快，为城市副中心规划、建设、发展提供了强大的思想引领、战略支撑和坚实基础。7年间，在十二届、十三届市委的正确领导下，首都功能优化提升，发展方式深刻转型，非首都功能疏解持续推进，为城市副中心从无到有、由弱渐强提供了全方位大力度的决策指导和资源支持。七年间，在六届、七届区委接力奋进下，城市副中心乘风破浪、拔节生长，习近平总书记谋划的宏伟蓝图正落实为处处实景。回首过去七年历程，眺望二〇三五年远景目标，城市副中心已经阔步迈入新阶段。

从整体发展态势看，副中心进入了高质量发展的关键阶段。七年来，党中央和市委对副中心建设的领导推动、关爱支持始终处于高位。总书记评价副中心建设从“生机勃发”到“高质量发展步伐加快”，既是对成绩的肯定、对信心的提振，更是站在全局高度对我们所处阶段、机遇挑战、整体态势发生转变的科学判断。过去七年，在全区上下的共同努力下，GDP、固定资产投资实现了从“百亿级”到“千亿级”的历史性跨越，规划任务实现率过半，城市副中心持续“夯基垒台”“立柱架梁”，城市骨架和功能日趋完善，城市风貌日新月异，环境品质蜕变新生。特别是经历了大规模的疏整促、拆除违法建设、淘汰落后产能，发展空间得到了拓展和优化，“疏中寓承”“减中寓增”“治中寓转”成为副中心发展的特点和趋势，也标志着副中心正在快速迈入城市建设更新完善、经济发展转型升级、社会治理提质增效的新发展阶段。立足当下，副中心“3+1”主导功能与新发展格局高度呼应，六大重点产业与国家建设现代化产业体系高度契合，绿色低碳建城理念成为引领示范，副中心与中国式现代化进程、与京津冀协同发展、与新时代首都发展一脉相承、一体相连、一路共进，发展空间无比广阔。着眼未来，我们身处绝佳机遇期，目标在前、使命在肩，全区上下凝心聚力、乘势而上，在副中心这片热土上我们能够大有可为，也必将大有可为！

从内部发展形势看，副中心进入了滚石上山、爬坡过坎的攻坚阶段。历经七载奋斗，我们的担当作为为副中心积厚成势、加快跃升打下了坚实基础。但客观分析区情，副中心原有发展基础薄弱，存在很多短板弱项，在工作中也交织着许多老问题和新矛盾。特别是在经历了大拆大建、承接资源的快速发展期之后，仅凭城建投资为主力的拉动模式已无法满足高质量发展的需要，副中心仍处于初步“有型”和“有名”阶段，距离实现城市生长“有血有肉”、城市实力“有量有质”、城市保障“有力有效”还有一定距离。立足当下，锚定更为艰巨的任务目标，逐个破题、依次突破，全力以赴拓宽发展路径、增强内生动力，加速推动高水平城市建设、高质量经济发展、高效能社会治理“三驾马车”并驾齐驱，数智技术深度赋能，力促副中心由表及里、由浅入深、由点到面脱胎换骨，实现从“打基础、补短板，有序拉开城市框架”向“立长远、强功能，全面上台阶”转变，不但正当其时，更是城市能级蝶变跃升的必由之路。

从外部发展环境看，副中心进入了逆水行舟的奋发竞进阶段。纵观国际，东升西降态势没有改变，百年未有之大变局仍处于加速演变之中。从国内看，高质量发展新极多点开花，京津冀、长三角、粤港澳大湾区群雄并起，上海、深圳、广州经济总量再创新高，成都、杭州、海淀迈入“万亿俱乐部”，强者愈强的“马太效应”更加明显。再观发展新区，海南自贸区180多个自贸港政策文件落地生效，河北雄安新区先后推出了“雄才16条”等一批利好政策，撬动引导优质资源加速集聚、发展势能提档升级。顺义、大兴、武清等周边区域凭借原有优势全力提速发展。立足当下，副中心正处于标兵在前、强兵在侧、追兵并起的百舸争流之势中，不进则退，慢进也是退。想让副中心实力匹配定位，必须紧抓机遇窗口，进一步打造发展优势、增强竞争能力，用竞争激发潜能、推动发展。

审度时宜，虑定而动。面对新机遇、新任务，我们必须全力以赴、努力奋进，重点是要铆足“四股劲”。

要铆足坚如磐石的战略恒劲。打造中国式现代化进程中城市发展样板的新征程已经开启，跑好“第一棒”的重任历史性地落在了我们肩上。使命光荣，重担千钧。必须保持强大的战略定力与必胜信心，坚定高质量发展方向不动摇、路径不跑偏，锚定目标、接续奋斗，不负党中央和市委、市政府的重托与厚望，不负副中心干事成事的机遇与舞台，不负全区人民群众的信任与期待，一步一步将总书记擘画的美好蓝图转变为副中心高质量发展的生动实践。

要铆足跨越赶超的发展后劲。随着新发展格局的加快构建和京津冀协同发展的深入推进，副中心想要在减量发展的背景下实现加速崛起，就必须更深层次激发增长动力，持续不断为高质量发展蓄势增能。要充分用好市场力量，不断吸引发展要素和动力源泉，释放要素组合优势；要争取更多国家、市级行政力量，牵引各类优质资源向副中心集聚，推动经济的“油门”轰起来、发展的格局优起来。要强化全局视野、系统思维，站在京津冀协同发展的大背景中挖掘“增长点”、拓展“动力源”，以一体化的思路和举措打破壁垒、实现协同共赢。

要铆足逢山开路的改革闯劲。旧有思维和惯性路径难以支撑打造城市发展样板，必须在改革中谋突破、在创新中求实效。要在关键处谋好篇、在紧要处落好子，全面推动改革创新与经济发展深度融合、相辅相成。坚持与强者比、向高处攀，不断拓展认识的广度和深度，持续向改革要动力、向开放要活力，加快推动城市建设、经济发展、社会治理等重要领域和关键环节思路创新、制度创新、模式创新，努力实现更多领域的“弯道超车”，探索一条新时代城市建设发展新路径。

要铆足滴水穿石的拼搏韧劲。在建设副中心的征程上，我们已经打拼了七个年头，正处在“途中跑”这个距离长、消耗大、比拼耐力的艰苦阶段。如果泄一口气、松一点劲，就将功亏一篑。实现副中心建设的美好蓝图不可能一蹴而就，也不会一帆风顺。骐骥一跃，不能十步；驽马十驾，功在不舍。全区党员干部既要克服急功近利的浮躁，又要杜绝坐等慢看的懈怠，用非常之力、下恒久之功，积小胜为大胜、积跬步至千里，推动副中心建设发展各项事业积厚成势、行稳致远。

四、答好“二十年之问”，打造中国式现代化进程中的城市发展样板

在学习贯彻党的二十大精神开局之年伊始，市委立足新时代首都发展，聚焦高水平建设城市副中心，提出了发人深省的“二十年之问”，即“城市副中心2016年启动，到2035年我国基本实现社会主义现代化，能否利用这20年时间把副中心打造成为中国式现代化进程中的城市发展样板？”“二十年之问”是时代之问、路径之问、作风之问、成效之问。这一重大命题振聋发聩、催人奋进，迅速在副中心掀起了如何答好“二十年之问”的研究热潮、讨论热潮和实践热潮。

全面、系统、深入地回答好“二十年之问”，是副中心对标新精神、适应新形势、落实新任务的必然要求，是进一步加快副中心高质量发展步伐的现实路径，也是确保千年城市宏伟蓝图变为美好实景的重要保障。基于长远考量、立足发展全局、客观分析问题，唯有走好打造中国式现代化进程中的城市发展样板之路，才能交出一份分量重、成色足的“副中心答卷”。

（一）深入理解“城市发展样板”的总体要求

起航新阶段，必须坚持以习近平新时代中国特色社会主义思想为指导，全面贯彻党的二十大精神、市第十三次党代会以及历次全会精神，立足新发展阶段，完整、准确、全面贯彻新发展理念，深入落实“首善之区要率先示范，立标杆，树旗帜”的要求，紧紧围绕副中心控规及高质量发展意见的实施，对副中心未来发展作出科学谋划和系统部署，努力打造中国式现代化进程中的城市发展样板。

走好新征程，必须遵循以下原则。要坚持适应区情和跳起摸高相衔接，全面对标先进发达地区，结合副中心实际，进行系统学习吸纳和充分融合，深入谋划发展重点及可形成的标杆。要坚持问题导向和分类施策相统一，系统梳理各领域存在的制约因素和深层问题，深入分析症结所在，力求精准施策、靶向施治。要坚持改革创新和求真务实相结合，以改革创新引领思想破冰、发展破局，强化党员干部担当实干导向，为推动城市副中心蓬勃发展提供坚强保障。要一如既往地坚持为民惠民的服务导向，必须坚持发展为了人民、发展依靠人民、发展成果由人民共享，让城市副中心现代化建设成果更多惠及人民群众。

锚定新目标，必须深入理解“城市发展样板”的基本内涵。我们要建成增减相适、协同共进的城市发展样板，立足于京津冀桥头堡这一重要区位，协调处理好“三个关系”，加快实现“花开瓣瓣、瓣瓣同心”“各美其美、美美与共”的协同发展图景。我们要建成经济活跃、质量卓越的城市发展样板，持续保持千亿固投规模，经济动能不断增强，经济总量迈上新台阶，最先进理念、最高标准、最好质量贯穿于城市建设发展管理全过程、各方面。我们要建成创新驱动、数智赋能的城市发展样板，聚焦加快打造能感知、会思考、可进化的数字孪生城市，坚持“乘云而上”，竞逐“数字浪潮”，形成涵盖副中心各个领域，惠及更多人的“数智城市”。我们要建成绿色低碳、和谐共生的城市发展样板，加快国家绿色发展示范区建设，全面推动绿色发展转型升级，让人民群众享受到更加普惠充实的绿色福祉和生态福利。我们要建成产城一体、城乡协调的城市发展样板，坚持城乡建设与产业发展同步规划、乡村振兴与城市成长同频共振，探索形成具有时代特征、副中心特色的“产城乡”融合发展路径，推动实现城乡共同富裕。我们要建成共建共治、乐活乐享的城市发展样板，立足建设“近悦远来、心向往之”的和谐宜居之城，全面提升治理体系和治理能力现代化水平，使副中心成为更多人常来常往、常来常想、常来常新的活力之城、魅力之地。

（二）全面把握“城市发展样板”的实施路径

打造中国式现代化进程中的城市发展样板，是一项系统性工程。要以“11311”工作体系为主抓手，狠抓工作落实，早日实现“城市发展样板”的美好愿景。

重点在以下六方面持续发力、久久为功。要用坚强有力党建，为打造城市发展样板领航蓄力。要增强承载能力，提升功能品质，用高水平城市建设打造城市发展样板。要强化创新引领，深化特色培育，用高质量经济发展打造城市发展样板。要积极主动作为，凝聚多元合力，用高效能社会治理打造城市发展样板。要贯通云上云下，加速虚实融合，用科学完善的数字化转型助力打造城市发展样板。要坚守为民宗旨，全心全意服务，以优质的民生福祉彰显城市发展样板成色。

（三）全面推动打造“城市发展样板”的各项任务落地见效

为蹄疾步稳、踏石留印走好打造“城市发展样板”之路，在广泛开展主题教育和“三大三强”活动的基础上，经深入思考和多轮研讨，编制形成了《通州区委关于答好市委“二十年之问”加快打造中国式现代化进程中城市发展样板的实施意见》和三年行动计划，是对副中心建设发展的系统思考和统筹布局，是科学完善的解题思路和破题方法，是全区在新阶段“怎么干”“干什么”“干成什么”的路径指引和实践指引。全区上下必须强化使命担当、增强主动意识，以清晰明确的计划、高效有力的执行、协同有序的联动，全力以赴贯彻落实区委决策部署，不折不扣完成好既定目标任务。

五、勇毅前行，推动2024年重点工作再上新台阶

2024年是京津冀协同发展国家战略实施十周年，是立长远、强功能、全面上台阶的担当实干之年，也是加快打造中国式现代化进程中的城市发展样板的争先进位一年，做好全年工作意义重大。2024年工作的指导思想是：以习近平新时代中国特色社会主义思想为指导，深入贯彻党的二十大和中央、市委历次全会精神，认真贯彻中央经济工作会议精神，深入践行习近平总书记对城市副中心重要指示批示精神，以新时代首都发展为统领，以回答好“二十年之问”为总目标，以“11311”工作体系为主抓手，狠抓副中心控规和高质量发展意见落地，着力处理好与雄安新区、与中心城区、与北三县等周边地区“三个关系”，紧盯提升综合承载力、经济内生动力和城市吸引力“三个着眼点”聚势发力，强化党的建设、改革创新、作风建设“三个保障”，在打造城市发展样板的新征程上推动各项工作全面上台阶，为答好“二十年之问”跑好第一棒。

2024年经济社会发展的主要目标建议是：实现地区生产总值同比增长5%左右；固定资产投资千亿元；一般公共预算收入同比增长4%；居民人均可支配收入稳步增长。生态环境质量、能源、水资源等指标完成市级下达的任务。实现这些目标，要认真落实《通州区委关于答好市委“二十年之问”加快打造中国式现代化进程中城市发展样板的实施意见》和三年行动计划，重点做好以下九方面工作。

（一）以高水平城市建设夯实千年城市根基

全力确保千亿投资势头不变、强度不减，全面加快重大项目建设，推动城市拔节生长、焕发新颜。

全力做好投资任务保障。进一步优化要素供给，不断提升投资效能。强化项目支撑，充分发挥项目谋划专班作用，完善“谋划—储备—决策—审批—实施”全流程推进体系，持续夯实项目储备库，不断积蓄扩投资、稳增长的充足后劲。强化资金保障，切实增强资金支持项目、项目拉动投资、投资稳住大盘功能。强化土地供应，充分盘活闲置用地、老旧厂房、腾退空间等存量资源，进一步优化用地审批流程，努力形成“空地等项目”的接续态势，力争完成10宗以上经营性用地入市，推动集体经营性建设用地入市试点取得明显进展，实现土地与项目精准耦合。

全面加快重点项目建设。坚持一年一个节点、每年都有新变化。完善城市建设实施导则体系，构建具有副中心特色的城市家具标准体系，引领提升城市建设品质。高效推进重要功能节点建设，实现东六环入地改造建成通车、副中心站综合交通枢纽主体工程完工，加快推进地铁6号线南延等项目建设，力促六环高线公园、温潮减河等项目全面开工。持续优化行政办公区道路交通、能源供应等基础设施体系，切实提升承接能力。提升运河商务区吸引力，新建成30万平方米产业空间，为重点项目提供拎包入“驻”保障。加快文化旅游区六大项目实施，推动环球主题公园二期建设，促进文旅要素集聚，实现与环球主题公园联动发展。

全速推进城市更新。深入探索自下而上更新需求与自上而下规划引导相衔接的更新路径，大力推进重点片区改造提升。加快城市空间利旧焕新，稳步推进南大街项目试点片区腾退改造和八里桥等7个在施棚改项目，完成10个老旧小区改造提升，加快实现群众“安居优居梦”。聚焦生活便利，积极探索可持续投资回报的参与模式和成本分担机制，鼓励社会资本参与家园中心建设，打造一批精品示范街区，实现群众“近”享幸福。聚焦环境美化，高标准完成87条背街小巷精细化长效治理，常态化开展重点区域、重点时段特色景观布置，推动城市环境“有颜”“有序”。

（二）以高质量经济发展积蓄展翅腾飞动力

坚持标本兼治，统筹扩大内需和深化供给侧结构性改革，奋力推动产业落地再提速、产业生态再优化、消费潜力再释放，全面锻造城市竞争新优势。

全力以赴强引擎、添动能。围绕“3+1”主导功能和六大产业，完善产业配套，提升园区品质，进一步育存量、引增量、提质量，全力推进产业集群化、数字化、生态化发展。充分发挥产业专班、“四个一”招商机制作用，建立重点领域招商目标清单和招商引资“赛马机制”，实施以商招商、资本招商、场景招商、平台招商，形成产业发展“链式效应”。进一步对接承接央企、市属国企，大力建设全球财富管理中心，带动多元资本汇聚。培育一批发展势头好、潜力大的领军企业、链主企业，引进一批带动性强、成长性高的龙头企业、独角兽企业，强化产业链配套，推动产业链向上下游延伸，增强发展内生动力。

千方百计优服务、强保障。坚持政策支持和服务保障两手抓，进一步优化产业生态，加快打造高质量发展“强磁场”。深入落实“两个毫不动摇”，大力促进民营经济发展壮大，充分激发各类经营主体的内生动力和创新活力。加大政策、资金、空间、人才等关键要素供给，充分释放“两区”建设政策红利，探索与国际经贸通行规则相衔接的突破性政策，进一步完善“1+N”产业政策体系，用好“金七条”等系列产业扶持政策，谋划设立专业细分产业基金，动态更新产业空间地图，加强产业专业人才引进与服务，让市场主体“如鱼得水”。持续推进产业工人队伍建设改革，着力打造高素质产业工人队伍。全面深化“服务包”“经济大脑”等全生命周期服务机制和管理平台作用，做实做优“双管家”模式，从管理者向推动发展者转变，解决一批制约市场主体投资兴业的突出问题，以将心比心的态度、马上就办的速度、办就办好的力度，打造“无事不扰、有求必应”的优质发展环境。

多措并举扩内需、促消费。坚持在更高水平上推动供需动态匹配，持续焕发消费新活力。聚焦留住本地消费，对接商品消费和服务消费需求，激发新能源汽车、餐饮娱乐等传统消费潜能，丰富智能家居、养老育幼、健康医疗等新消费模式，实现群众足不出“区”可享高品质消费供给。聚焦吸引外来消费，释放文旅消费潜力，支持运河文化首店、首演、首展、首秀落地副中心，与夜间游、乡村游、体育游等消费模式交互融合，以“人无我有”的特色文旅商体消费品牌磁吸外地游客消费。提振消费意愿，推出一系列促消费活动，大力打造“首店经济”“露营经济”“电商经济”等特色消费亮点，加强消费者合法权益保护，以优质的消费环境持续激发消费潜能。

（三）以高效率数字化转型支撑数字经济标杆城市建设

紧抓数字化发展机遇，全面深化数字技术在经济社会发展各领域的规模应用、融合创新、加码加力，全方位打造“数智城市”。

持续提升数字经济新能级。协同推进数字产业化、产业数字化，以数字经济赋能高质量发展。加快培育数字产业，进一步紧密与亦庄、中关村等区域的对接合作，深入推进城市科技场景开放、基础设施智慧化提升，依托中关村通州园、张家湾设计小镇、网安园、台马板块等重点区域，大力引进和孵化一批元宇宙、人工智能、网络安全、先进智造等领域具有行业引领力的企业，持续壮大新兴数字产业集群，拥抱经济发展“新蓝海”。全力推动产业数字化转型，引导企业加大数字化投入，对金融、文旅、制造等产业进行全方位、全角度、全链条数字化改造，进一步推动各领域降本增效、提质升级，挖掘传统产业高质量发展新增量。

全面开启数智治理新篇章。以智慧城市建设为引领，强化数字技术驱动治理范式创新，不断提升治理现代化水平。聚焦建设高效协同的数字政府，进一步普及用数据说话、靠数据决策、依数据管理的数字治理模式，加快经济大脑、社会治理大脑、城市治理大脑等智慧设施集成融合，提升政务服务一体化平台综合服务能力，构建面向未来的数字治理新图景。聚焦建设普惠便捷的数字社会，加快数字乡村建设，完成一批社区智慧化改造提升，推动示范标杆项目提速提效，丰富完善教育、医疗、养老等惠民便民智慧化场景，彰显智慧城市的温度与精度。

不断厚植数字生态新支撑。强化高质量数据资源供给，力促深度开发利用。推进北京数据基础制度先行区文旅数据专区、金融数据专区建设，在数据资源市场化配置等方面探索数字经济制度和标准体系，加快完善数据共享交换平台，推进各领域数据整合归集、共享应用和价值释放。强化硬件支撑，进一步夯实“双千兆”网络通信、产业互联网平台、“一网一脑一平台一中心”等数字底座建设，推进车路一体智能交通全国重点实验室、智慧城市协同创新仿真平台等数字设施落地，探索构建智能感知、高速互联、协同调度的数据原生基础设施，打造京津冀算力廊道，加快形成数字要素生态体系。

（四）以高层次统筹联动助力京津冀协同成绩更亮

深入实施京津冀协同发展区级实施方案及三年行动计划，努力打造环京交界地区协同发展典范。

立足以副辅主、主副共兴，统筹疏解与承接协同并进。万无一失做好市级行政机关服务保障工作，完善行政办公区警卫、处访、服务安保模式，坚决“站好岗、放好哨”。抓住新一轮搬迁集聚机遇，用好“四区结对”等机制，带动吸引中心城区更多优质资源和人口向副中心流动。加快构建产业与功能相适配的空间体系，释放更多高品质发展新空间。优化完善城市功能，强化住宅用地合理布局，加大保障性住房供给，统筹推进职住平衡，全面增强副中心磁吸效应，为构建功能清晰、分工合理、主副结合的首都发展新格局作出更多贡献。

立足“两翼”齐飞，全面加快与雄安新区对接合作。与雄安新区在更宽领域、更深层次上加强交流对接、深化务实合作，更好服务保障首都功能。力促两地共享规划建设、城市管理、公共服务等领域的经验措施，共同探索产业承接、投融资机制、土地管控等方面的创新政策和改革试点，互认互用大数据系统、人工智能等新技术成果，进一步做实战略合作，努力取得更多“两翼”齐飞实践成效。

立足与津冀周边地区协同发展，更好支撑现代化首都都市圈建设。加快与北三县一体化高质量发展示范区建设，在理事会领导下，充分发挥执委会作用，保障一体化重要改革举措、重点规划及重大项目等任务落地落实。用足用好中关村通州园与北三县重点园区共建机制，挖掘京津冀国家技术创新中心与企业上市服务基地等平台资源优势，深化创新链产业链供应链布局。加快构建一体化交通网络，实现厂通路及潮白河大桥建成通车，力促平谷线建设提速。加强流域综合治理和生态绿带建设，加快交界地区规划和生态缝合。推动教育、医疗、文化、养老等资源与北三县一体化高质量发展，加速实现公共服务共享。纵深推进“通武廊”、通宝唐合作，力争取得新突破。用京津冀协同发展新成效，进一步巩固副中心在首都都市圈的桥头堡作用。

（五）以高水准共同富裕打造乡村振兴示范

深入落实拓展区规划和“百村示范、千村振兴”工程，打造乡村振兴示范片区。

以特色小镇为桥梁，全面推进城乡融合发展。更好统筹核心区和拓展区发展，充分发挥特色小镇的载体作用，引导城乡之间生产要素双向流动，加快形成互补互促、共同繁荣的新型城乡关系。进一步做强做精特色小镇，持续盘活张家湾设计小镇产业空间，吸引更多创新设计、城市科技龙头企业入驻，引领行业资源集聚融合。加快推进台湖演艺小镇图书城改造等项目建设，力促一批品质高、人气旺的演艺资源加速汇聚。优化完善宋庄艺术创意小镇艺术品创作和交易链条，实施“万名艺术家集聚工程”“原创艺术产业化工程”，以现有资源为基础，全方位提升整体景观与艺术氛围。大力推动潞城、马驹桥、西集、漷县、永乐店、于家务等小镇持续释放禀赋优势，带动城市功能和优质资源加快向农村地区延伸布局。

以兴旺农村产业为重点，全面推进农村集体经济壮大和农民增收。深入挖掘农业农村发展潜力，加快乡村振兴步伐。按照“种业科技 + 种植科技”双轮驱动、“科技小院 + 植物工厂 + 智慧农场”系统建设的思路，加强乡镇集体经济发展壮大的顶层设计。抓实“田长制”，确保“农地农用”。推动基本农田利用从“完成任务”向“高质高效”转变，充分发挥农业龙头企业作用，加快设施农业提质增效，做优“一村一品”“一镇一特色”，做强“通州优农”农产品品牌，进一步延伸农业价值链。积极吸引社会资本，引入有实力、有资源、有市场的企业发展林下经济，持续优化企业、林场、村集体、村民之间的利益分配机制。持续完善农村集体“三资”监管体系，管好用好村集体“家底”。利用好集体建设用地入市试点政策，探索盘活农村闲置宅基地和闲置农房的路径，鼓励引导乡村精品民宿、休闲康养等新业态发展，坚持农文旅融合，促进村民和村集体联动共富。

以农村人居环境整治提升为抓手，全面推进宜居宜业和美乡村建设。进一步统筹资源要素，推进农村人居环境闭环管理。加强村容风貌管控，深化村庄清洁行动，实现主街小巷、院内院外、天上地下统筹考虑、同步实施，绘出村净、景美、人和的美丽乡村画卷。加快补齐农村地区基础设施和公共服务短板，新建和提升一批供水、治污、道路、医疗等配套设施，切实增强农村居民获得感。注重长效管理，推广镇（乡）、村集体物业管理试点，培育涵养文明乡风，建设充满活力、和谐有序的善治乡村。充分发挥规划的引领和管控作用，突出乡村特色风貌、文化底蕴、优势产业，加强示范村整体设计，推动片区化、组团式、带状型发展，努力打造一批符合新型城镇化示范区定位的美丽乡村样板。

（六）以高效能社会治理让城市更有温度

坚持科学化、精细化协同推进，持续提升城市治理体系和治理能力现代化水平。

力促基层治理水平与服务群众效能“双提升”。持续抓实吹哨报到、“接诉即办”等工作，聚焦短板弱项精准提升，切实把“被动应诉”变成“主动服务”。深化“热线＋网格”机制，推进管理力量向网格聚集、资源在网格整合，打造“全科网格”，努力做到第一时间发现问题、高效专业解决问题。健全推广“四评”等工作模式，把群众是否满意作为衡量基层治理质效的重要标尺。坚持党建引领、多元共治，不断激发居民群众、社会组织、志愿团体等多方治理活力，加快形成人人参与、人人尽力、人人享有的基层治理新局面。

力促城市颜值与品质“双改善”。一体巩固“创城”“创卫”成果，开展广渠路东延（西段）等点位环境整治提升行动，在滨水空间、运河广场等区域布局一批服务配套设施，深化大光楼、燃灯塔等标志性建筑及运河沿线景观亮化工程，以光影交汇、古今交错的线条勾勒城市秀美轮廓。保障城市高效运行，加快次干路及支路等路网“毛细血管”建设，畅通道路微循环，实施一批背街小巷、有路无灯、架空线入地等综合整治提升项目，持续巩固违规电动三、四轮车治理成果，解决停车难、停车乱问题，积极营造更加文明有序的城市秩序。

力促副中心社会稳定与区域安全“双过硬”。慎终如始守牢兜住“安全线”，建设更高水平的平安副中心。充分发挥区委平安通州建设协调机制作用，加强政治安全和社会治安防控体系建设，强化重大决策社会稳定风险评估，高标准做好中华人民共和国成立75周年等重大活动服务保障，持续维护全区安全稳定大局。坚持和发展新时代“枫桥经验”，不断提升社会矛盾纠纷排查化解法治化水平。开展综治中心星级评定，进一步夯实基层平安基础。全力争创全国守法普法示范区。聚焦交通运输、建筑施工、天然气等领域，紧盯餐馆、医院、学校等场所，深入开展风险隐患大排查大整治，系统提升安全生产整体水平。加快韧性城市与海绵城市建设，深化国家城市安全风险综合监测预警体系建设试点，构建监测灵敏、反应快速、处置高效、储备充裕的城市应急处理系统，全面提升防灾减灾救灾能力。

（七）以高品质民生服务提升近悦远来魅力值

紧扣“七有”“五性”短板弱项，持续改善人民生活品质，切实将“民之所盼”体现到“政之所向”，让群众最大限度共享发展成果。

以优质公共服务为幸福生活“加码”。坚持教育先行，实现玉桥小学改扩建工程主体完工，力争文旅区中小学等项目开工建设，大力开展普惠托育服务试点，持续增加各阶段学位供给。深化集团化办学、教师全职交流等工作，进一步提升教育教学水平。推动和保障安贞医院正式启用，加快首儿所通州院区、疾控中心等项目建设，加紧织补基层医疗布局，让群众在家门口享受到更加优质的医疗资源。强化体育基础设施建设，完成区体育场升级改造，谋划建设一批足球场、篮球场、网球场等专项场地，继续办好副中心“双马”等高水平体育赛事，做强“通通来运动”品牌，全力打造朝气蓬勃的乐活之城。

以浓厚文化底蕴为幸福生活“添彩”。坚持以文润城、以文塑旅，持续厚植文化“软实力”。深入推进大运河文化带建设，积极融入大运河国家文化公园体系，实现路县故城考古遗址公园开放，加强张家湾古镇等文化遗产保护，拓展提升滨水空间，不断彰显通州的风韵和厚重。深化“一区一河三镇”联动发展，优化“北有宋庄、中有环球、南有台湖”的大文旅格局，进一步为副中心文旅发展“圈粉增流”。大力发展副中心网络视听产业，培育高质量发展新引擎。做大做强“运河有戏”演艺品牌，稳步推进副中心演艺集聚区建设，推动文化产业园区提质升级，加快文化企业聚集，提升区域文化品质。加大精品文化供给，高质量举办大运河音乐节、“我们的节日”等文化活动，持续深化“博物馆小镇”“书香副中心”建设，提高公共文化服务能级，以浓厚的“文化味”助力副中心“有名更有趣”，不断积累城市人文魅力。

以坚实民生保障为幸福生活“兜底”。将稳就业摆在更加突出的位置，精准对接重大项目用工需求，多形式多层次促进劳动力就业；持续完善全链条闭环式高校毕业生就业帮扶体系，促进高校毕业生高质量充分就业。加力呵护“一老一小”，加快养老服务驿站、未成年人保护工作站建设，将暖心服务延伸至家门口。完善“救助管家”三级救助模式，推动“输血式”救助向“造血式”救助加速转变。以职住平衡为导向，完善租购并举住房体系，推动宋庄疃里集租房等项目尽快形成有效供应，努力解决刚性和改善性住房需求。

（八）以高标准建设国家绿色发展示范区实现人与自然和谐共生

深入落实国家绿色发展示范区实施方案，推动经济社会发展全面绿色转型，加快实现生产、生活、生态“三生融合”。

全力夯实绿色发展新动能。持续深化绿色金融改革，加快形成服务高质高效、业态丰富多元、市场活跃稳健、资金集聚集中的绿色金融支撑体系。深入推进气候投融资、林业碳汇试点建设，深化北京绿交所全国温室气体自愿减排交易中心建设，支持金融机构设立绿色金融特色分支机构，加快打造全球绿色金融与可持续金融中心。探索开展用能权有偿使用和交易试点，研究推动绿色债券等标准化金融产品交易，进一步丰富绿色金融供给，更好匹配金融服务需求。在气候信息披露、生态产品价值实现等领域，探索具有副中心特色的政策体系和标准规则，当好绿色发展制度改革“排头兵”。

全心走好节能降碳新路径。积极推进“能耗双控”向“碳排放双控”转变试点，探索构建低碳清洁、安全高效的能源体系，科学规划布局地源热泵，支持光伏发电等绿色能源向能源消费各领域、各环节延伸拓展。深入实施全生命周期绿色建造，推动存量建筑改造执行绿色建筑二星级及以上标准，推行超低能耗建筑和近零能耗建筑，构建智能舒适的绿色建筑示范。着力打造便捷畅达的绿色交通，持续提升城市服务、施工等领域车辆新能源化比例。加强生态文明宣传，倡导简约适度的生活方式，让绿色出行、节水节电、垃圾分类等新风尚进一步成为全社会的自觉行动。

全面擦亮绿色生态新底色。狠抓蓝天、净水、扩绿，推动生态之美融入城市血脉。紧盯蓝天常在、空气常新目标，动态完善“一域一策”精细化治理方案，深入开展扬尘等污染物治理，加大渣土车管控、施工工地及企业减排力度，推动空气质量持续向好。紧盯水岸常绿、河湖常清目标，坚持“源、网、厂、河”水系统治理，实施通惠河水环境综合治理二期等工程，巩固黑臭水体治理效果，确保国市控考核断面水质全部达标。紧盯城中建园、城园相融目标，实施一批城市公园、小微绿地、重点道路增彩等新建和改造提升工程，力促“千里潞道”有机串联主要水系、林地、湿地，加快建设花满绿无尽、水畅河岸清的花园城市。

（九）以高要求管党治党为各领域发展提供坚强保障

时刻牢记“抓好党建就是最大的政绩”，以更严要求、更高标准、更大力度推进全面从严治党向纵深发展。

树牢鲜明政治导向，坚定不移抓好党的政治建设。始终把党的政治建设摆在首位，巩固拓展主题教育成果，抓好深化学习贯彻习近平新时代中国特色社会主义思想常态化制度建设意见落地落实，更加深刻领悟“两个确立”的决定性意义，切实增强“四个意识”、坚定“四个自信”、做到“两个维护”，一以贯之将中央、市委对副中心的各项决策部署不折不扣落细落实。充分发挥区委总揽全局、协调各方的作用，持续加强对人大、政府、政协、审判机关、检察机关等工作的领导和支持。进一步拓宽人大代表知情参政渠道，深化“千名代表问政问需”活动，支持和保障人大代表更好依法履职。进一步发挥政协联系广泛、智力密集优势，拓展“副中心有我”委员工作室协商议政范畴，为全方位推动高质量发展凝聚共识、建言献策。不断巩固和发展最广泛的爱国统一战线，充分发挥民主党派、工商联和无党派人士积极作用，加强对民族、宗教、侨务、港澳、对台工作的领导。发挥好工会、共青团、妇联、残联、红十字会、文联、科协等单位和人民团体联系群众的桥梁和纽带作用，持续加强双拥共建，支持和引导离退休老干部更好发挥余热，在更广范围形成推动高质量发展的强大合力。

全面深化重点领域改革，持续增强发展动力。积极争取、用足用好市级赋权和改革授权，围绕产业落地、土地上市等堵点难点，探索推出更多解渴管用的硬招实招。结合“绿色自贸”“创意自贸”特点，借助国家要素市场化配置综合改革等试点，加快落地一批先行先试政策，推动改革从“盆景”向“风景”转变。稳妥落实新一轮机构改革任务，进一步优化机构职能。深化国资国企改革，不断增强区属国企实力。持续深化“放管服”改革，以审批“快节奏”助力项目落地开工跑出“加速度”。围绕民生保障和公共服务等领域的重点、难点、堵点，推动形成更多具有副中心特色的改革经验，让改革的“含金量”切实转化为人民群众的获得感幸福感安全感。

全力加强干部人才队伍建设，持续打造基层党组织战斗堡垒。以“四个注重选拔、四个坚决不用”为指引，牢固树立“看素质、看作风、看效能”的鲜明导向，研究制定《通州区关于进一步加强干部队伍工作的意见》，持续抓好关键领域、重点岗位、专业岗位干部配备。深化干部交流和轮岗机制，选拔优秀年轻干部到一线、到艰苦吃劲岗位锻炼，着力培养储备优秀年轻干部。聚焦副中心建设需求开展专业化、精准化教育培训，加强对重点领域、关键岗位特别是“一把手”和年轻干部的管理监督，认真落实“三个区分开来”要求，着力锻造能担当、善作为、勇创新、作风强的高素质干部队伍。深化基层党组织“政治体检”与群众评价，持续提升基层党组织政治功能和组织功能。继续实施村级组织分类提升计划，坚决整顿软弱涣散党组织。聚焦新经济组织、新社会组织、新就业群体领域加强典型选树，重点抓好园区、楼宇、商圈党建，努力推动党建工作与乡村振兴、产业发展融合互促。从严规范做好“两委”班子教育培训、管理监督和激励扶持等工作，加强村级后备人才培养储备。接续开展“我是副中心党员”系列主题活动，引导党员更好发挥先锋模范作用。着力做优人才发展综合环境，做细党委联系服务专家工作，调整优化副中心高层次人才支持计划，加大对六大重点产业人才支持力度，加强京津冀人才有序流动、资源互联互通。

守牢思想文化阵地，唱响凝聚党心民心主旋律。高举思想之旗，奋力推动宣传思想文化工作展现新气象。铸就信仰之魂，分层分众开展习近平新时代中国特色社会主义思想“六进”宣讲，打造“五个一百”新时代文明实践理论传播队伍，做强“大运河文化讲习所”等特色宣讲阵地，推动党的创新理论传播“热”在基层。牢牢掌握意识形态工作主动权，层层压实意识形态工作责任，健全完善舆情监测机制，全面筑牢意识形态安全保障。巩固壮大主流思想舆论，强化与中央、市级媒体紧密联动、融合发展，做好“京津冀协同发展十周年”等主题宣传，打造“‘宋’你咖啡”等特色宣传品牌，依托新媒体多渠道加快“活力通州”形象塑造，创新打造国际传播媒体集群和活动品牌，积极扩大副中心国际影响力，持续放大副中心近悦远来的魅力值。深入培育和践行社会主义核心价值观，深挖红色文化资源，抓好“通州榜样”“新时代好少年”选树宣传，不断营造正气充盈、向上向善的社会环境。常态长效抓好文明城区创建、文明风尚培育与文明实践，持续擦亮副中心文明底色。

抓牢管党治党“戒尺”，筑牢副中心高质量发展的廉洁屏障。进一步夯实主体责任和监督责任，推动“两个责任”一贯到底。针对市委巡视反馈问题，从严从实抓好整改。紧盯重大工程、“两区”建设等重点任务落实情况，强化政治监督和专项监督，进一步提升各级各部门党员干部纪律意识和工作效能。稳步推进常规巡察和专项巡察，不断增强巡察工作质效。坚持“三不腐”一体推进，聚焦易发多发的“四风”问题和风腐一体、政商交织问题突出领域，开展专项整治，构建亲清政商关系。在管住“关键少数”上集中发力，强化对“一把手”及领导班子的监督检查，严肃查处职务违法犯罪案件。严格纪律执行，深化运用“四种形态”，切实提高执纪针对性和有效性，促进从严管理监督和鼓励担当作为相统一。深化对副中心反腐工作阶段性特征、规律性问题的研究，健全政治生态分析等一批管党治党的机制，推动人大监督、民主监督以及各类监督与纪检监察专责监督的有机贯通、相互协调，将查办案件、完善制度、促进治理有效结合。增强纪律教育和警示教育效果，加强廉洁文化建设，不断净化副中心政治生态。

政府工作报告

——2024年1月4日在通州区第七届人民代表大会第五次会议上

北京市通州区人民政府区长　郑　皓

2023年工作回顾

2023年是全面贯彻落实党的二十大精神开局之年，也是我们实施“十四五”规划承上启下、推动城市副中心“立长远、强功能，全面上台阶”的关键一年。一年来，在市委、市政府和区委的坚强领导下，在区人大、区政协的监督支持下，区政府始终坚持以习近平新时代中国特色社会主义思想为指导，深入学习贯彻党的二十大精神、习近平总书记在深入推进京津冀协同发展座谈会上的重要讲话精神，以及对北京和城市副中心系列指示批示精神，以学习贯彻习近平新时代中国特色社会主义思想主题教育为引领，立足京津冀协同发展大局和新时代首都发展全局，聚焦回答市委“二十年之问”，踔厉奋发、勇毅前行，全面落实区委七届五次、六次全会安排部署，圆满完成了区七届人大三次会议确定的各项目标任务，城市副中心高质量发展步伐持续加快。

一、宏伟蓝图徐徐展开，千年之城蓄势而起

奋力答好“二十年之问”，深学笃行成效明显。聚焦区委“三大三强”活动要求，盯着先进找差距、锚定目标争一流，形成了一批时效性高、针对性强、操作性好的研究成果。全面落实《国务院关于支持北京城市副中心高质量发展的意见》，602条区级任务措施有序推进。《北京城市副中心控制性详细规划实施工作方案（2019年—2022年）》100项重点任务顺利完成，规划综合实现率达到49.7%。“十四五”规划实施基本实现“时间过半、任务过半”。经济运行持续向好，千亿投资全面落地，建安总量保持全市第1，持续为全市投资大盘加码添秤。全年地区生产总值同比增长5%。财源建设固基提质，一般公共预算收入完成94.11亿元，同比增长5.2%。国家卫生乡镇、国家食品安全示范城市、国家城乡交通运输一体化示范县等一批创建工作完成申报和初步验收，成功摘取国家农产品质量安全县、第三次全国土壤普查“优秀”试点县等金字招牌。

控规落地全面提速，城市框架加快成型。深耕细作“一张蓝图干到底”，《北京城市副中心拓展区规划（2021年—2035年）》正式获批，全市首个非建设空间规划《北京城市副中心（通州区）非建设空间规划及镇村实施指引（2021年—2035年）》编制完成，九个乡镇国土空间规划报送市级审查。行政办公区二期建成，第二批市级机关启动搬迁。运河商务区累计完工470万平方米，远洋乐堤港项目全部竣工。文化旅游区六大重点项目加快建设，“湾里”项目诺岚酒店工程完成主体结构封顶。12宗经营性用地入市交易。温潮减河工程先行启动区正式进场施工，16个村征地协议签订全部完成。地铁6号线南延主体结构完成30%，副中心站综合交通枢纽主体结构完成85%，东六环入地改造实现双向隧道贯通，北京艺术中心、北京城市图书馆、北京大运河博物馆精彩亮相。

区域协同不断深化，一体化发展步伐加快。《中共北京市通州区委关于贯彻落实中共北京市委十三届三次全会精神 深入推进京津冀协同发展的实施方案》和三年行动计划160项任务落地实施，与雄安新区共同签署《北京城市副中心管理委员会 河北雄安新区管理委员会战略合作协议》，与北三县一体化高质量发展示范区执行委员会挂牌运行，台马地区事务联席会等通亦协同措施落地见效。轨道交通22号线通州段完成总工程量的46%，厂通路、通清路主体工程基本完工，厂通路跨潮白河大桥完成总工程量的50%。共同举办2023年北京通州·河北廊坊北三县项目推介洽谈会，签约合作项目50个。京津冀国家技术创新中心通州中心正式运营。副中心政务服务中心一体化办事大厅在河北省大厂县、天津市武清区揭牌运行，在全国率先实现政务服务跨域通办，服务事项达3600余项。区妇幼保健院签约托管大厂妇幼保健计划生育服务中心。《潮白河生态绿带（通州区与北三县交界地区）规划（2021年—2035年）》审议通过，潮白河国家森林公园控制性详细规划形成初步成果。

二、产业结构加快转型，经济发展稳中有进

产业组织效能提升，营商环境不断优化。坚持以政策支持增强发展活力。密集出台2023年度高精尖产业发展支持细则、国有工业用地先租后让管理办法、“医药十条”等一系列意见措施，兑现“通八条”“金七条”“种十条”等产业扶持资金9.2亿元。坚持以精准招商强链补链。成功举办副中心产业高质量发展大会、首届副中心医产协同大会。“四个一”招商机制促成产业项目落地144个。新设市场主体2.37万户，同比增长46.06%。副中心首个国际招商联络站（香港站）揭牌成立。坚持以优质服务助企纾困解难。全面落实优化营商环境6.0版改革措施。走访“服务包”企业2461家次，在服务企业协同考评中排名全市前列。建立健全“云窗口”服务模式，市区街（镇）村（居）四级政务服务体系全面构建，区级政务服务事项实现百分百“全程网办”。

产业集群加快建设，科技创新增势赋能。国投云网、中建新科等17家央企二三级公司实现落户，累计达到93家。首家市属国企总部大楼北投大厦基本建成，首旅集团、华夏银行总部大厦建设全面推进。新引入市属国企及下属企业6家，累计达到61家。盈科律师事务所等43家高端商务服务企业实现入驻，中关村科金等51个金融及关联项目相继落地，全区金融及关联机构达到430余家。城市运动中心、海昌海洋公园项目签约落地文化旅游区，顶点公园项目实现供地。博格华纳扩产项目竣工投产，奥托博克部分产线实现试运行。北京数据基础制度先行区启动建设。中关村通州园创新能力持续增强，张家湾设计小镇新增元宇宙企业24家，国家网络安全产业园区（通州园）新引入重点企业89家，西北工业大学北京研究院项目开工建设。漷县医药健康产业园一方健康谷正式开园，春立正达医疗器械成功申报国家级企业技术中心。绿竹生物在港交所正式上市、良安科技成功挂牌新三板。全年新增创新型中小企业129家、市级专精特新中小企业96家、国家级专精特新“小巨人”企业6家，科创功能不断强化。

消费市场加快恢复，文旅商融合迈出新步伐。抓纲举目构筑消费新高地，环球度假区累计接待游客千万人次，环球主题公园单日最高入园人数突破5万人，城市大道成功入选北京十大商业模式创新品牌，环球流量溢出持续带动周边民宿消费升级。提质培优点燃消费新亮点，远洋乐堤港、新光大“日咖夜酒”开业运营。12个“一刻钟便民生活圈”顺利通过市级验收。成功举办北京（国际）运河文化节、大运河音乐节等系列品牌活动，运河经济效应和活力加速释放。

三、新老融合焕发魅力，城乡共荣步伐加快

下好下足“绣花”功夫，城市更新提档升级。创建“基本无违法建设区”正式提请市级验收，全年拆除违法建设305.2万平方米，腾退土地307.7公顷，疏整促专项行动年度任务全面完成。行政办公区周边和老城区怡乐中路等区域环境整治全面完工，18条道路架空线入地、14条道路“有路无灯”完成改造。潞河中学北街等8条背街小巷获评首都文明街巷称号，北苑北路获评2023年十大“北京最美街巷”。老旧小区改造完工14个，加装电梯投入运行30部，云景里小区“评定分离”“施工楼栋长”机制在全市推广应用。5个家园中心开工建设，城市绿心获评北京市城市更新最佳实践项目。

持续强化产业赋能，乡村振兴成效初显。成功举办第三十届中国北京种业大会，签约量历史最高。国家现代农业产业园完成创建。159个平房村污水治理工程全面完工。梨园镇西总屯村撤村建居试点工作顺利完成。耕地保护任务全面完成，于家务乡农村乱占耕地建房专项整治行动试点工作扎实推进。生态林全部移交集体林场养护管理，形成规模化林下经济5680亩。乡村民宿实现良好发展，台湖镇唐大庄村成为全区第1个乡村民宿集中村。农村居民人均可支配收入增速居全市前列。

突出重点项目引领，特色小镇多点开花。张家湾设计小镇北京国际设计周永久会址正式启用，张家湾镇“六小村”棚改项目整体签约率达到98%。国家大剧院台湖舞美艺术博物馆开馆运行，北投台湖演艺酒店建成投用，承载戏剧创作等功能的图书城“8字楼”实现外立面亮相。《宋庄艺术创意小镇高质量发展三年行动计划（2024年—2026年）》上报审批，成功举办第13届中国·宋庄文化艺术节，中国艺术研究院工笔画院等重点项目签约落户，潞城、马驹桥、西集、漷县、于家务等特色小镇和永乐店新市镇持续积累优势。

四、治理能力全面提升，宜居品质不断提高

党建引领多元共治，基层治理激发活力。深化基层治理年重点任务全面完成，“千名代表问政问需”“副中心有我”委员基层协商议事机制等治理品牌不断涌现，“党建引领 多元有你”工作法获评全国社区治理“十佳”案例，“马桥近邻”“零距梨”“邻家邻”“临河邻里”等治理抓手持续推动共建共治走深走实。统筹实施“小微项目惠民生”工程301项，张家湾镇、台湖镇、宋庄镇、马驹桥镇成功退出治理类街乡镇，“接诉即办”考评成绩排名全市第7。

科技赋能持续深化，数智城市纵深推进。累计建成5G基站3047个，基本实现5G网络室外连续覆盖。初步构建政务数据“汇聚—互通—共享”体系。“经济大脑”一期建设全面完成，“城市治理大脑”五大场景加快构建，全市首个“热线+网格+吹哨报到”一体化平台建成投用。数字化社区试点建设基本完成。数字化虚拟物业服务平台上线应用。智慧园区管理场景初步建成。全国首批、全市首个城市安全风险综合监测预警平台一期投入运行。

基础设施不断完善，城市运行更有保障。漷马路等5条道路具备通车条件，九德路等重点交通项目建设全面推进。耿庄桥等5处重点区域完成疏堵整治，路口秩序化改造标准体系初步建立。新开通、优化公交线路24条，挖潜共享停车位850个。永乐店110千伏变电站扩建工程建成投产，创意园等5项变电工程顺利开工。完成4个小区自备井置换和30个村庄供水管线改造，台湖镇银河湾等一批小区（社区）完成水源切换，惠及群众超9万人。

五、生态本底筑牢夯实，绿色发展提质增效

顶层设计持续完善，绿色转型步伐加快。《北京城市副中心建设国家绿色发展示范区实施方案》通过中央审定。新开工装配式建筑135.1万平方米，完成公共建筑节能绿色化改造95.4万平方米。全国首个新型电力系统地方标准发布实施，新型电力系统实验基地正式成立。副中心政务服务大厅等地源热泵供热供冷项目建设完工。在全市率先开展用能和碳排放综合评价试点，首批项目核减二氧化碳排放6000余吨。新增、更新电动公交车出租车338辆、电动自行车充电桩1.6万个，北苑及温榆河三网融合慢行示范区建设完成。深入开展节能宣传周系列活动，节约型机关创建率达100%。

深入推进系统治理，环境质量持续向好。搭建建筑工地数字化监管平台、渣土车智慧监管系统，“常规部署”“精准点穴”融合推动“三尘”共治取得新成效，全区裸地面积同比减少50%。河东资源循环利用中心一期正式运行，萧太后河景观提升及生态修复一期、港沟河及凤港减河治理工程全面完工。24处断面不达标点位通过源头治理完成阶段性目标。8个国市控考核断面水质全部达到Ⅳ类以上，其中4个实现Ⅲ类水质。《北京城市副中心建设花园城市实施方案》编制完成，广渠路东延绿化工程主体完工，云景公园、运河生态公园建成开园。

绿色金融动能强劲，市场规模快速增长。国家级绿色交易所启动建设，全国温室气体自愿减排交易机构获批设立，北京绿色交易所碳配额和环境权益累计成交突破1亿吨。全国首支ESG主题股权投资基金完成设立、首个城市级ESG数据中心加快筹建，与国家金融管理部门联合印发全市首个《北京地区银行业保险业绿色金融体制机制建设指引（试行）》。《北京城市副中心（通州区）气候投融资项目库管理办法（试行）》及入库标准编制完成，拟入库项目146个。北京银行落地首笔“京行碳e贷”业务，北银理财完成首批新能源公募REITs投资。北京农商银行绿色金融专营机构获批成立，工商银行绿色支行完成首个国家级“绿色网点”认证，全区绿色信贷余额超300亿元。

六、民生保障普惠发展，人民福祉持续增进

社会事业健康发展，公共服务提质增优。北京市十一学校通州实验学校挂牌成立，景山学校通州分校高中部等实现招生，北京第一实验学校等投入使用，全区新增中小学学位1.3万个。教师交流轮岗1257名。友谊医院通州院区二期全面开诊，安贞医院通州院区建设完工，北京胸科医院医疗综合楼主体结构封顶。AED（半自动体外除颤器）公共场所覆盖率处于全市领先水平。大运河旅游景区提升改造工作全面完成，路县故城考古遗址公园建设加快推进。潞城全民健身中心具备运营条件。成功举办北京城市副中心马拉松、通州运河半程马拉松、全国电动冲浪板联赛（北京站）等一系列品牌活动。全国双拥模范城创建验收全面完成，气象、地方志、保密、地震、红十字、残疾人、慈善、宗教等各项事业取得新进展。

社会保障坚实有力，民生福祉持续改善。深挖就业岗位6.4万个，促进城乡劳动力就业2.2万人，城镇登记失业率控制在3.86%。区养老院建设完成，11家养老服务驿站、养老照料中心建成投用，养老助餐服务评审排名全市前列。启动普惠托育服务试点，未成年人保护工作站实现街乡镇全覆盖。住房保障持续强化，竣工各类保障性住房1.6万套，超额完成年度任务。

更好统筹发展和安全，社会大局和谐稳定。市委、市政府安全生产督察反馈问题整改全面完成。扎实开展多轮次安全生产和火灾隐患大排查大整治，完成天然气及液化气安全型配件更换17.5万户，“企安安”系统企业自查和政府监管检查实现全覆盖，320家企业安全生产标准化创建全面完成。新建消防站21个，应急救援响应处置效率大幅提升。全面落实新冠病毒感染“乙类乙管”各项措施，区疾病预防控制局挂牌成立，有力保障各类传染病形势平稳可控。扎实推进平安通州建设，深入开展信访接待下基层，累计摸排化解各类矛盾纠纷6684件，社会发展环境保持稳定、人民群众安全感进一步增强。

七、改革创新蹄疾步稳，自身建设全面加强

重点领域多点发力，改革实践亮点纷呈。《通州区深化农村集体经营性建设用地入市试点工作推进方案》获批实施。东小马地块实现“交地即交证”、邓家窑地块实现“拿地即开工”，存量房交易“带押过户通州方案”在全市推广。“副中心用地功能兼容与建筑复合利用”作为北京唯一案例获评中国改革年度市域改革案例。国防动员体制改革等专项任务有效落实。

对外交往加速“升温”，开放水平量质齐升。《北京城市副中心（通州区）推进国际化建设三年行动计划（2023年—2025年）》全面实施，与日本东京都文京区友好城市关系持续深化。借助京港洽谈会平台优势，与香港新华集团等7家重点企业签订合作协议。“两区”建设新增入库项目1110个、落地项目819个，排名全市前列。通州组团在自贸试验区组团分类评价中排名第1，获评A类园区。中阿国际资本中心、中阿国际财富中心联盟等金融协作项目正式落地。实际利用外资1.98亿美元，同比增长149.6%。成功举办首届通州·全球发展论坛、全球财富管理论坛等品牌活动，副中心国际知名度、美誉度进一步提升。

政府自身建设切实加强，行政效能加快提升。按照区委统一部署，扎实开展学习贯彻习近平新时代中国特色社会主义思想主题教育，政府系统广大党员干部敢碰硬的作风、争一流的本领、抓落实的成效全面提升。认真落实中央及北京市市环保督察、审计署及北京市审计监督各项要求部署，举一反三确保整改落实到位。牢固树立“过紧日子”思想，财政资金使用绩效不断提高。在全市率先开展办公用房权属统一登记，全面实行公务用车统一制度规范、分级分类管理。巩固和拓展全国法治政府建设示范区成果，全面落实合法性审查制度，共同推进依法决策、依法行政。严格落实中央八项规定精神，持续强化重点领域廉政风险防控，风清气正的政治生态得到巩固。自觉接受人大法律监督和政协民主监督，全年办理市区两级代表建议和政协提案396件，办复率100%。

各位代表！一年来取得的成绩来之不易，这是以习近平同志为核心的党中央举旗定向、掌舵领航的结果，是市委、市政府坚强领导、大力支持的结果，是副中心党工委、管委会牵头抓总、全面推动的结果，是区委直接领导、强力推进的结果，是区人大、区政协监督和支持的结果，是各位代表和委员共同凝聚智慧、倾心建言献策的结果，是各民主党派、人民团体、驻通部队、武警官兵、公安干警、驻通中央及市属单位、兄弟区和津冀地区鼎力支持的结果，是全区人民共同努力奋斗的结果。在此，我代表通州区人民政府，向辛勤工作在全区各条战线的干部职工、向所有关心支持参与副中心建设发展的各界人士和全区人民表示崇高的敬意和衷心的感谢！

在总结成绩的同时，我们也清醒地认识到，对标党的二十大作出的新部署和习近平总书记对京津冀协同发展作出的新指示，对照市委“二十年之问”的新要求和人民群众对美好生活的新期盼，我们在工作中还存在差距和不足，面临不少风险和挑战。具体表现在：一是城市承载力和带动力还有不足，城乡发展不平衡不充分问题依然突出，京津冀协同发展桥头堡作用发挥得也不够充分，还需在承接非首都功能疏解和区域协同发展中取得更大突破。二是经济高质量发展面临诸多挑战，产业发展有布局无集聚，企业缺大少强，还需持续提升产业发展能级和内生动力。三是更好满足人民群众“七有”要求“五性”需求还有一定差距，在城市治理、污染防治、安全生产等领域还存在薄弱环节，还需进一步加力发力切实保障和改善民生。四是以改革思维、改革办法解决发展面临的突出矛盾问题成效还不够明显，还需进一步打破传统思维和路径依赖，打通各类先行先试政策和项目落地的“最后一公里”。五是政府系统部分干部跳起摸高、办就办好的意识和本领还不够强，还需努力锻造与副中心建设高标准高要求相匹配的作风素质和能力水平。对于这些问题和不足，我们将高度重视，扎实认真加以解决，全力以赴推动各领域工作全面上台阶、奋力开创副中心高质量发展新局面。

2024年工作的总体思路和主要任务

2024年是京津冀协同发展战略实施十周年，是推动首都北京新“一翼”建设取得新进展、再出新成果的重要一年，是保持“高质量发展步伐加快”良好态势，推动副中心建设积厚成势、加速实现跃升的拼搏奋进之年，做好全年工作至关重要。

在全区上下铆足干劲、奋勇争先、全力以赴回答“二十年之问”，推动副中心建设再上新台阶的关键节点，区委七届七次全会审议通过了《通州区委关于答好市委“二十年之问”加快打造中国式现代化进程中城市发展样板的实施意见》（以下简称《实施意见》）和《通州区委关于答好市委“二十年之问”加快打造中国式现代化进程中城市发展样板的三年行动计划》（以下简称《三年行动计划》）。《实施意见》《三年行动计划》成为我们当前和今后一段时期推动工作的行动纲领和重要抓手。

走好“样板”之路，需要我们对标《实施意见》《三年行动计划》强信心、重落实。《实施意见》《三年行动计划》为打造什么样的“城市发展样板”、如何打造“城市发展样板”提供了更加清晰的思路、更加明确的要求和更加精准的路径。我们要进一步增强信心和决心，咬定目标不动摇、紧盯任务不放松，坚持目标导向、问题导向、民生导向，树牢全局思维、系统思维、协同思维和底线思维，按照《实施意见》和《三年行动计划》确定的工作目标和任务要求，以钉钉子精神狠抓落实，确保各项任务有序有力落地见效，推动副中心高质量发展从点状突破向全面拓展深化。

走好“样板”之路，需要我们瞄准“11311”工作体系促转型、求跨越。当前副中心正处于高质量发展的关键阶段，滚石上山、爬坡过坎的攻坚阶段，逆水行舟的奋发竞进阶段。区委立足副中心阶段性特征和发展规律，确定了“11311”科学工作体系。我们要进一步提高政治站位、拓宽思路视野、突出工作重点，坚持以“二十年之问”为目标，以党建为统领，以高水平城市建设、高质量经济发展、高效能社会治理“三驾马车”并进为重点，以数字化转型为支撑，以增进民生福祉为追求，建成增减相适、协同共进，经济活跃、质量卓越，创新驱动、数智赋能，绿色低碳、和谐共生，产城一体、城乡协调，共建共治、乐活乐享的城市发展样板。

走好“样板”之路，需要我们深化主题教育、“三大三强”活动成果优作风、提质效。“三大三强”活动与主题教育接续开展、无缝衔接、有机融合，全区党员干部唯实惟先、善作善成的能力素质得到有效提升。我们要对标新形势、新任务、新要求，勇挑重担，真抓实干，坚持以项目化、清单化推动各领域、各方面工作计划、实施方案落实落细。攻坚克难，敢于创新，坚持发扬斗争精神，紧盯重要领域、关键环节，更加善于用创新思维和改革办法破解难题，推动形成更多具有副中心特色的创新经验。提升标准，务求实效，保持时不我待、只争朝夕的状态，以更高的工作标准、更快的工作节奏、更优的工作质量，努力交出副中心建设优异答卷。

2024年政府工作的总体思路是：以习近平新时代中国特色社会主义思想为指导，深入贯彻党的二十大和中央、市委历次会议精神，认真贯彻中央经济工作会议精神，深入践行习近平总书记对城市副中心重要指示批示精神，按照区委七届七次全会部署，以新时代首都发展为统领，以回答好“二十年之问”为总目标，以“11311”工作体系为主抓手，狠抓副中心控规和高质量发展意见落地，着力处理好与雄安新区、与中心城区、与北三县等周边地区“三个关系”，紧盯提升综合承载力、经济内生动力和城市吸引力“三个着眼点”聚势发力，强化党的建设、改革创新、作风建设“三个保障”，在打造城市发展样板的新征程上推动各项工作全面上台阶，为答好“二十年之问”跑好第一棒。

2024年经济社会发展的主要目标是：实现地区生产总值同比增长5%左右；固定资产投资千亿元；一般公共预算收入同比增长4%；居民人均可支配收入稳步增长。能耗强度、大气污染物和水污染物排放完成市级下达的任务。实现这些任务目标，重点做好以下七方面工作。

一、坚持以实施副中心控规为引领，全面推动城市副中心高质量发展迈入新阶段

围绕重大项目、重要领域、重点区域，进一步加强系统谋划、全局统筹，加快把高标准的城市规划蓝图变为高水平的城市建设现实画卷。

高质高效筑牢城市框架。深入落实《北京城市副中心控制性详细规划实施工作方案（2023年—2025年）》96项任务，扎实推进区级重点任务清单落实落地，编制城市建设实施导则体系，推动《北京城市副中心（通州区）非建设空间规划及镇村实施指引（2021年—2035年）》落地实施。加快运河商务区重点组团建设，力争累计完工500万平方米。积极推进环球主题公园后续项目及二期谋划研究。实现文化旅游区"湾里"项目全部完工、通马路综合交通枢纽和环球影城北综合交通枢纽项目主体结构完工，力促海昌海洋公园、城市运动中心等项目落地开工。延伸发展IP设计、动漫游戏、演艺娱乐等文旅产业链条，推动北部产业带规划建设，最大限度释放环球主题公园溢出效应。确保六环高线公园、地铁6号线南延、轨道交通101线等顺利实施，打造"轨道+土地"示范样板项目。推动路县故城遗址保护展示工程完工并向公众开放、副中心站综合交通枢纽主体工程基本完工、东六环入地改造具备通车条件。

有序有效承接非首都功能疏解。全力做好行政办公区服务保障，确保中国人民大学通州新校区一期、六合村住房项目、安贞医院通州院区、创意园220千伏变电站等投入使用，加快建设清华大学通州金融发展与人才培养基地、首儿所通州院区、市疾控中心，推进行政办公区步行和自行车系统示范段工程建设。与雄安新区在更宽领域、更深层次上加强交流对接、深化务实合作，共同探索产业承接、投融资机制、土地管控等方面的创新政策和改革试点。积极承接一批央企二三级公司落户。确保北投大厦竣工投用、首旅集团总部大厦主体结构完工，加快建设华夏银行总部大厦，扎实做好第二批市属国企搬迁服务。持续优化"四区结对"机制，加快承接中心城区优质溢出资源。

加码加力夯实投资底盘。坚持谋一年看三年，科学谋划未来三年重大项目。建立2024年重点项目实施计划清单，持续深化并联审批工作机制，统筹规划、立项、投资、征拆、供地、开工一体化实施，不断提升项目落地转化率。创新投融资模式，充分发挥投融资平台作用，加大以市场化方式引入社会资本的力度。积极争取中央资金、市级固定资产投资、市财政体制资金及债券资金等支持，全力保障重大工程项目落地资金需求。大力推动"拿地即开工"模式常态化、规范化，梯次实现10宗经营性用地供地，保持千亿投资接续有力。

稳步有序加强特色小镇建设。统筹开展张家湾古镇建设，加快推进张家湾设计小镇北京建院、北咨公司新总部、坚朗设计中心等重点项目开工建设。加速实施台湖演艺小镇图书城和京城重工升级改造，力促北京交响乐团入驻、橙天嘉禾音宇宙实现运营。启动宋庄艺术创意小镇青年艺术家工坊建设，加快推进首开印象街及周边区域改造提升，深入实施"万名艺术家集聚工程""千个艺术橱窗开放工程""原创艺术产业化工程"，探索数字版权交易试点和艺术品交易公共服务平台建设。大力推动潞城镇筑牢高端制造业发展基础，在促进产业结构优化升级上作出示范；马驹桥镇发挥通亦协同优势，在新能源汽车、集成电路、智慧物流产业上形成高地；西集镇做优做强国家网络安全产业园区（通州园），在休闲文旅功能上培育特色；漷县镇在大健康产业发展上激发动能，于家务乡在种业示范上树立标杆，永乐店新市镇在功能优化和建设品质提升上夯实基础，加快形成各美其美的发展格局。

点面结合推进乡村振兴。守好、护好、用好19.28万亩基本农田，全面完成粮食、蔬菜生产任务，加快建设一批高效设施农业，逐步建成适宜耕作、旱涝保收、高产稳产的现代化良田。持续完善农村集体"三资"监管体系，加强乡镇集体经济顶层谋划，构建"种业科技+种植科技"双轮驱动、"科技小院+植物工厂+智慧农场"全链条发展路径。争取和吸引中国农科院农业微生物中心等一批国家级科研项目、重点实验室、龙头企业落地国际种业科技园区，加快打造种业创新示范区。做强"通州优农"农产品品牌，拓展农产品产销链。因地制宜推动农文旅商融合，促进乡村民宿、林下经济、农事体验等业态有序发展，不断拓宽农民增收致富渠道。接续开展新一轮农村人居环境整治提升行动，以打造台湖环影宿游乡村振兴示范片区为契机，争取更多村庄纳入全市"百村示范、千村振兴"工程。大力补齐农村地区基础设施和公共服务短板，加快漷于路等道路前期工作，推进农村社区卫生服务站建设及村卫生室一体化管理，统筹谋划南部乡镇基础设施、公共服务布局，研究制定专项行动计划。

二、坚持以增强内生动力为重点，助力经济高质量发展提档加速

紧紧围绕"3+1"主导功能，以培育壮大六大产业集群为重点，促进产业链、创新链融合赋能，全面增强发展实力。

聚焦集群化增强发展源动力。大力引进一批龙头企业、领军企业、链主企业，促进上下游、左右链企业加快集聚。加快打造全球财富管理中心、全球绿色金融和可持续金融中心，持续吸引银行、保险、基金等金融机构集聚发展，推动绿色金融制度、产品、服务创新，形成更多示范。聚焦未来信息产业，引进、培育一批具有行业引领力的元宇宙、人工智能等新兴数字企业。加快建设电投工业互联网数据安全信息港，力争信通院、联东U谷·数字安全产业基地等项目开工建设。聚焦未来健康产业，推动华融生物、汇恩兰德等一批重大项目建设。聚焦未来能源产业，加快建设新源彩能、天海氢能等重点项目。持续深化通亦协同，保障中芯京城二期建成达产、小米汽车智能制

造产业基地实现量产。

聚焦软环境筑牢发展硬支撑。高标准推进第五次全国经济普查，全面深入掌握经济“家底”。持续优化要素保障，大力完善中关村通州园基础设施、公共服务配套，着力提升产业园区承载力。加快编制副中心产业布局规划，动态更新产业空间地图，健全完善产业用地成本分摊机制，研究制定土地弹性管理相关政策。进一步优化升级“1+N”产业政策体系，建立产业政策评估机制。加快实现“全程代办”等事项常态化开展，做实“双管家”模式。积极服务和促进民营企业健康发展，加强融资支持和要素保障，激发各类经营主体的内生动力和创新活力。巩固拓展全国法治政府建设示范区创建成果，健全行政执法监督体制机制，深入推进“八五”普法，积极创建全国守法普法示范区。充分发挥“‘两区’企业法治体检中心”作用，营造更加公平有序的法治化营商环境。严格落实市场准入负面清单，拓展“6+4”一体化综合监管应用场景，积极营造全方位安商、扶商、护商的亲清友好环境。

聚焦“购物车”打造消费新增长极。精准实施“一圈一策”，优化提升九棵树等商圈及周边消费环境。力促山姆会员店、大悦城签约落地。不断拓展万象汇、城市绿心及三大建筑等消费功能承载空间。高标准建设“环球影城 × 大运河”国际消费体验区，打造一批“文化 +”“体育 +”“演艺 +”等特色消费品牌，加快实施萧太后河等水系通航项目，打通活力水上通道，促进文旅商体消费融合发展，加快实现副中心“既有名又有趣”。

三、坚持以“一体化”为带动，加快打造京津冀协同发展“桥头堡”

紧扣“一体化”和“高质量”，统筹推进《关于推动北京市通州区与河北省三河、大厂、香河三县市一体化高质量发展的实施方案》落地见效。

不断提升便利便捷水平，促进一体化交通“跑起来”。开工建设石小路，实现通清路、厂通路及跨潮白河大桥等工程完工通车，推动轨道交通 22 号线建设全面提速。调整优化既有跨省公交线路，探索跨省定制通勤客运新业态，联合启动北三县出租车跨区域运营研究。健全检查站联动机制和区域警务协作机制，加快启动白庙南综合检查站安检提升改造，大力提高通行效率。

持续推动产业布局优化延伸，促进对接协作“串起来”。健全完善一体化联合招商机制，积极构建跨区域利益共享、成本共担的协同发展模式。与廊坊开发区、武清开发区等更大范围合作对接，共建跨区域产业合作平台。加快推动京津冀国家技术创新中心通州中心重大技术成果落地，启动成果转化基金运营和医疗器械孵化平台建设。共建通州区北三县营商环境改革先行示范区，率先推进监管执法、政务服务同规则、同标准，探索实行区域内资质互通、信用互认，促进商业秘密、知识产权保护等一体化建设。

协同推进优质资源共建共享，促进群众幸福感“多起来”。健全完善环保联合执法机制，协同开展北运河、潮白河等跨界流域综合治理和交界地区生态绿带建设，推进潮白河国家森林公园先行启动区建设。高质量办好潞河中学三河校区，持续深化“通武廊”区域卫生健康一体化高质量发展，促进优质养老服务资源向周边地区延伸布局。

四、坚持以“双碳”行动为牵引，高标准建设国家绿色发展示范区

以国家绿色发展示范区建设“一方案三清单”为抓手，协同推进降碳、减污、扩绿、增长，加快构筑和谐、宜居、美丽的绿色发展新高地。

大力推动重点行业、关键领域节能降碳。加速北京绿色交易所全国温室气体自愿减排交易中心建设，积极开展绿色债券等标准化金融产品交易，拓展碳账户、绿色项目库等绿色应用场景，推动首个 ESG 地方标准《北京市企业 ESG 披露准则》发布。积极推进气候投融资、林业碳汇试点取得新成效。加快绿色能源开发扩容，启动建设新型电力系统“站点级”示范项目，力争再生能源发电厂二期顺利开工，加快建设有机垃圾资源化综合处理中心。更大范围建设超低能耗建筑、近零能耗建筑，有序推进既有建筑绿色化改造。积极开展“无废细胞”创建，加快形成具有副中心特色的“无废城市”建设格局。

加快打造水城相融、园城相嵌的生态空间。积极开展花园城市规划建设，持续巩固创森成果，实施“留白增绿”“揭网见绿”，高标准开展小微绿地、林荫路改造提升工程，加快建设花园式示范街区、城市画廊等项目。启动新华片区慢行系统建设，完善高品质全域绿道体系。优化三大建筑北侧滨水空间功能，打造开放乐享、水清岸绿的高品质滨水岸线。

深入推进大气、水污染防治攻坚。推动“一微克”行动向“0.1 微克”行动深化，统筹推进 $PM_{2.5}$、臭氧等多污染物协同减排，坚持源头防治，分级分类做好街镇精细化大气治理。统筹布局污水处理设施，加快推进减河北综合资源利用中心、碧水资源循环利用中心建设，大力开展镇级污水处理厂改扩建及 64 座农村污水处理站建设。全面实施“清河行动”和岸线整治，持续推进通惠河水环境综合治理二期、城南水网（漷牛片区）工程，完成排污口溯源及治理，保持“河长治”“水常清”。

五、坚持以“精治”“智治”“品质”为支撑，努力构建现代化城市治理体系

聚焦“打造一个不一样的和谐宜居之城”愿景，围绕“树立现代化治理新标杆”目标要求，加快形成具有副中心特色的城市治理新典范。

精雕细琢提升城市品质。持续增添城市“温度”，不断深化“热线 + 网格”融合联动，进一步推动网格治理扩容增效，强化“每月一题”重难点问题攻坚，研究拓展多元主体参与共治的机制与渠道，凝聚基层治理合力。持续扮靓城市“颜值”，推进疏整促专项行动提质增效，巩固“基本无违法建设区”创建成果，保持新生“两违”问题动态清零。完成87条背街小巷环境精细化治理，加快22条道路架空线入地和重点区域整治提升，有序实施拓展区城乡环卫一体化。深度精修城市“肌理”，统筹实施城市更新，提高存量工业用地、老旧低效楼宇利用效益，完成10个老旧小区改造，稳步推进南大街项目试点片区腾退改造、5个家园中心建设，加快八里桥、梁各庄等棚改项目进度，探索开展城中村改造。

科技驱动提高城市“智力”。不断夯实“数智城市”之基，着力构建城市大脑“1+3+1”体系，加快推进车路一体智能交通全国重点实验室、智慧城市协同创新仿真平台等数字设施落地。加速重点领域应用场景建设，积极承接北京数据基础制度先行区文旅数据专区、金融数据专区建设，加快副中心规划建设管理平台二期建设，逐步扩大建筑业数字化转型试点范围，加快高级别自动驾驶示范区3.0扩区，积极谋划“元宇宙 + 教育”示范工程、数字档案馆、智慧影像云平台等一批应用场景，让“数智”惠民可感更可及。

“软硬”并举完善城市功能。聚焦“行”得通畅与“停”得有序，进一步优化交通组织。加快落实副中心及周边地区综合交通一体化提升规划、行政办公区交通优化提升方案，不断提高城市道路规划实现率。确保九德路、孔兴路等一批道路竣工通车，开工建设春明路、黄瓜园中街、潞苑一街等道路，加速推进姚家园路东延、观音堂路前期工作。持续巩固违规电动三、四轮车治理成果，有序推广有偿错时共享停车，扎实开展地铁潞城站等重点区域交通综合治理，试行中小学通学定制公交，大力开展路口渠化等“微改造”。聚焦“供”得稳定与“用”得放心，进一步完善市政设施。加快建设通州南等一批电力工程，有序开展自备井置换，逐步推动南水北调通州水厂、亦庄水厂供水向农村地区覆盖，确保城市生命线运行良好、安全稳定。

六、坚持以“人民对美好生活的向往”为导向，大力促进民生福祉厚植增优

用心、用情、用力办好民生实事，确保人民群众获得感成色更足、幸福感更可持续、安全感更有保障。

持续推进公共服务资源扩容提质。加速推动“有学上”向“上好学”转变，实现玉桥小学改扩建工程主体完工，力促文旅区中小学、潞苑中学等项目开工建设，加快物资学院中小学新建项目前期工作。推进新开公办幼儿园6所，增加学前学位1080个。大力开展普惠托育服务试点，新增普惠托位1180个。构建“南部学校发展群”，推动全区集团化办学覆盖率超过65%。发挥优质医疗资源辐射带动作用，促进医联体建设扩面提质，带动基层卫生能力提升，不断提高家庭医生签约服务满意度。加快北大人民医院、东直门医院两个国家医学中心、区疾控中心建设，力争实现区妇幼保健院新院立项。大力发展文化体育事业。深入挖掘大运河历史文化资源，做强“运河有戏”演艺品牌。加快启动体育设施用地统筹利用研究，确保区体育场升级改造完工，做优“通通来运动”品牌，高品质办好副中心“双马”、飞盘、赛艇等大型赛事和线上线下系列惠民文化活动。

全面促进社会保障体系普惠共享。千方百计稳定和扩大就业，促进城乡劳动力就业不少于1.5万人，城镇登记失业率控制在5%以内。积极推动新就业形态就业人员等重点群体参保。不断优化养老服务资源供给，确保区养老院投入运营，新建10家养老服务驿站。加快7个保障性住房项目建设，打造副中心职住平衡“舒适圈”。抓好新一轮全国双拥模范城创建，继续做好民族、宗教、侨务及对台工作，促进融媒体、地方志、气象、保密、国动、地震、红十字等各项事业健康发展。

全力维护社会大局安全稳定。深入开展安全生产和消防隐患治本攻坚三年行动，全面压紧压实行业、属地、企业主体责任，抓好交通、消防、建筑施工、燃气、地下管线、经营性自建房等领域常态化隐患排查整治，坚决遏制重特大事故发生。扎实推进安全发展示范城市创建，加快建设北运河副中心段堤防加固工程，力促温潮减河工程全面开工，推动人防指挥中心升级改造，扎实提升综合防灾减灾、应急处突和公共卫生应急水平。全面增强社会治安防控能力，健全完善公检法司协调联动与交流合作机制，大力推进信访法治化建设和信访问题源头治理三年攻坚行动。

七、坚持以改革开放为动力，持续激发城市发展新活力

以落实《国务院关于支持北京城市副中心高质量发展的意见》《支持北京深化国家服务业扩大开放综合示范区建设工作方案》为重点，持续强化改革赋能、开放聚势、品牌增效。

激发改革创新新动能。不折不扣落实机构改革任务，进一步健全完善机构职能体系。高效实施中关村通州园管理体制改革，纵深推进新一轮国资国企改革，加快实现职能重组、流程再造和业务提升。持续强化财源建设，优化调整支出结构，提高资金使用绩效。积极稳妥开展撤村建居工作，加速推进“村居融合”治理取得突破。大力推动《通州区乡镇集体产业用地（拆五还一）统筹利用土地资源整理实施优化方案》落地，启动集体经营性建设用地入市试点项目建设，加快形成可复制、易推广的典型示范案例。

打造对外开放新高地。推动“两区”建设再提速，探索建立以贸易便利、投资便利为重点的开放政策体系。积极鼓励金融机构支持绿色建筑、绿色能源等领域转型发展，加大全球品牌设计机构引进力度，加快形成“绿色自贸”“创意自贸”特色品牌。加快申请设立综合保税区专项研究。充分借助国家、市级展会和一流院校等资源优势，积极争取国际性活动在副中心持续举办。做强中国北京人力资源服务产业园通州园区，高标准建设国际人才社区，积极营造更具竞争力的国际人才发展环境。

提升品牌流量新热度。更新颖、更立体、更丰富塑造“活力通州”城市形象，全力打造权威性高、含金量足、影响力广的副中心品牌矩阵。高标准组织筹办好通州·全球发展论坛、全球财富管理论坛、绿色发展论坛等品牌活动。精心开展京津冀协同发展十周年重大主题宣传，用足用好《副中心会客厅》、北京市“两区”展示会客厅等城市展示窗口，着力打造以“融汇副中心”为代表的全域联动、全媒发力、全程精彩的新型传播媒介，唱响副中心高质量发展好声音。

面对新阶段、新任务对政府自身建设提出的更高要求，我们要进一步激扬斗争精神，激发进取品格，提升能力水平，将“马上就办、真抓实干”的工作精神、“精益求精、争先创优”的工作追求、“密切配合、高效协同”的工作常态、“遵规守纪、清正廉洁”的工作自觉体现到各项工作之中，提振干事创业的精气神，凝聚谋发展、促发展的强大合力。

专 文

以主题教育新成效作答市委“二十年之问”

通州区委在主题教育中牢记“看北京首先要从政治上看”的要求，坚决贯彻中央、市委决策部署，强化理论武装，大兴调查研究，服务中心大局，蹄疾步稳推动全区主题教育走深走实，以主题教育新成效作答市委“二十年之问”。

十三届市委针对北京城市副中心建设发展提出了发人深省、令人深思的“二十年之问”，即“城市副中心2016年启动规划建设，到2035年我国基本实现社会主义现代化，能否利用这20年时间把副中心打造成为中国式现代化进程中的城市发展样板”。9月21日下午，通州区召开学习贯彻习近平新时代中国特色社会主义思想主题教育集中学习研讨会。区委理论学习中心组成员围绕“深入学习贯彻习近平新时代中国特色社会主义思想，答好市委‘二十年之问’”主题进行集中交流研讨，区委书记孟景伟提出，“围绕这个时代课题，通州区委要以开展主题教育为契机，力求进一步把全区党员干部群众的思想和行动统一到学习贯彻党的二十大精神上来，统一到市委决策部署上来，统一到回答好‘二十年之问’上来。”

第二批主题教育开展以来，通州区委坚决贯彻落实习近平总书记重要讲话精神和中央、市委部署要求，以习近平新时代中国特色社会主义思想为指导，聚焦答好市委“二十年之问”和北京城市副中心“高质量发展步伐加快”的新阶段，以学习打头、调研开路、实干开局，精心谋划推进主题教育各项任务，切实把主题教育抓出高质量好效果。

一、强化理论武装　深学深悟知行合一

主题教育中，区委注重抓好处级以上领导干部这个“关键少数”和基层党员“绝大多数”，通过理论学习中心组示范引领、党组织书记带头学习的方式，推动理论学习走深走实。下发主题教育“8+1”图书目录，各级党组织通过理论读书班、书记领学、“三会一课”、理论宣讲等形式，引导党员干部读原著、学原文、悟原理。北苑街道领导班子围绕辖区基层治理、城市更新等十大主题，列细学习清单，做到聚焦发展系统学。漷县镇推动宣传教育进村、进社区、进机关、进学校、进企业，做到聚焦实际深入学。

同时，通州区各单位围绕大局大势，将学习贯彻习近平总书记对北京城市副中心建设的重要指示批示精神作为重中之重，深入学习习近平总书记在京津冀协同发展座谈会上的重要讲话精神、北京城市副中心控规、北京城市副中心高质量发展实施意见等，引导党员干部明大局、识大势、促担当。

在强化学习中，各单位坚持实践导向，结合部门职责分工和属地功能定位深入学习研讨，切实以理论学习成果指导工作实践。宋庄镇立足艺术创意小镇定位，围绕“深入学习贯彻习近平新时代中国特色社会主义思想，快速推进宋庄艺术创意小镇文化艺术产业发展”主题开展专题研讨，以理论武装引领宋庄镇文化艺术产业发展。运河商务区作为北京城市副中心商务服务主导功能的承载区和“两区”建设的主阵地，党工委领导班子围绕“搭建全生命周期企业服务矩阵，推动园区产业高质量发展”等主题开展调研座谈，研究谋划推动运河商务区产业高质量发展新举措新路径。

此外，立足答好市委“二十年之问”，区委通过下好强化理论武装“先手棋”，促进学思践悟、凝心铸魂，积极为主题教育的开展提前做好预热升温、有效衔接。4月，区委启动“三大三强”活动，通过在全区范围组织开展不同层级、不同类型的大学习、大调研、大讨论，推动实现党员干部强素质、强作风、强效能。全区各单位制定“问题清单”和“三年行动计划”，并抓好问题整改，固化好的经验做法，推动形成长效机制。

二、大兴调查研究　精准发力破解难题

10月17日，区委书记孟景伟带队来到北京市12345市民热线服务中心，参加“热线连你我 诉求马上办——听民意 解民忧”第九季通州区专场活动，现场接听受理群众电话，会商解决群众的操心事烦心事揪心事。在主题教育中，区委领导班子进行沉浸体验式调研、聚焦问题式调研成为工作常态。

区委深入贯彻落实习近平总书记提出的“深、实、细、准、效”五字诀，以调查研究发现难题、破解难题。在调研选题上聚焦工作关键堵点以及媒体反映、信访诉求、“接诉即办”热点问题，研究确定4个区委班子集体调研选题、33个区级领导领题调研选题，区级层面向处级单位提供了15项调研参考，形成了精准聚焦、上下协同的工作架构。此外，深入落实“四下基层”要求，建立起区领导下基层“六个一”机制，即“进行一次理论宣讲、参加一次交流研讨、开展一次信访接待、调度一次问题整改、解决一批民生难题、听取一次意见建议”，促进调研成果转化取得实效。针对调研发现的公共交通出行不便、社区停车难等群众急难愁盼问题，坚持立行立改、应改尽改，区级班子成员到属地召开现场会，推动解决问题110余个。

孟景伟在接听市民热线电话后，现场召开调度会，结合群众来电诉求，同区领导及有关部门、街道乡镇主要负责人商议“西小马公园开放难”等问题的解决办法。当天下午，有关部门立即行动，赶赴西小马公园现场核查情况。在各方的大力推动下，西小马公园顺利开放，为周边3万余名居民增加了休闲娱乐的绿色空间，受到群众的广泛好评。

三、服务中心大局　推动发展取得成效

金秋十月，2023年京津冀基金与企业融资对接会在北京城市副中心举办。京津冀200余家企业、百余家基金和金融机构、行业协会代表参会。10只基金的代表与23家企业的代表签约，签约投资额达25亿元；5场专题路演吸引50余家企业与60余家基金面对面深度对接交流……在主题教育的深入开展中，区委加强高效统筹，注重主题教育与中心工作融合互促，积极推动京津冀三地相关政府部门、企业、基金、金融机构、行业协会等共聚一堂、共商发展、共促协同，开启三地服务融资对接发展新局面。

区委强化服务中心大局，立足构建“11311”工作格局，以答好“二十年之问”为目标，以党建为统领，以高水平城市建设、高质量经济发展、高效能社会治理“三驾马车”并进为重点，以数字化转型为支撑，以民生福祉为追求，借主题教育之势为北京城市副中心高质量发展提速赋能。

区级层面，结合发展需要，坚持主题教育和中心工作两手抓、两促进，运用主题教育中的好做法好经验，研究确定优化完善产业政策体系、推动千亿元固定资产投资项目落地、改造建设马驹桥零工市场、探索全区供暖整合新路径4项重点任务。立足京津冀协同发展桥头堡定位，不断实现区域协同新突破。街道乡镇层面，聚焦化解群众急难愁盼问题，研究制定提升农村生活饮用水水质、市政供暖设施改造等22项重点任务，在强治理、解民忧上见实效。此外，通州区通过重点培育发展数字经济、现代金融、先进制造、商务服务、文化旅游、现代种业6大重点产业，建强运河商务区、张家湾设计小镇、台湖演艺小镇等10大重点功能区，修订完善“通八条”政策以优化营商环境，进一步实现促发展、惠民生、增动能，推动更多主题教育成果在北京城市副中心落地生根，以主题教育新成效作答市委“二十年之问”。

（区委组织部供稿）

落实“三大三强”　以“三量齐升”助推北京城市副中心高质量发展

当前，北京国际科技创新中心建设加快推动，正全力打造世界科学前沿和新兴产业技术创新策源地、全球创新要素汇聚地。通州区肩负着强化科技创新引领、高水平支撑北京城市副中心高质量发展的历史重任。结合“二十年之问”时代背景，区科委以“三大三强”为主线，从科技创新资源要素出发，面向全区相关部门、街道乡镇、企事业单位开展全面调查研究，初步梳理清楚了以“研发机构、创新人才、技术合同交易情况、成果获奖情况和高新技术企业”为主体的科技创新资源现状。

通州区拥有各类研发机构111个，国家高新技术企业总量1065家，国家级专精特新“小巨人”企业30家，专精特新中小企业286家，上市企业33家，孵育机构3个，科普基地13个。初步构建起以研发机构为引擎、高新技术企业为主体、高层次创新人才为引领、技术交易为支撑、孵育机构为苗圃的科技创新资源体系，并呈现出企业科技创新主体地位突出、高新技术赋能产业升级、聚智聚才支撑作用显现、技术市场与区域发展相耦合、创新创业服务体系加速蓄力、重点领域特色优势突出等特点。

一、研发机构体系逐渐完善，企业成为科技创新主导力量

通州区坚持以企业作为科技创新主体，在高校、科研机构等源头创新资源相对匮乏的情况下，走出一条企业内生研发力量的创新发展之路。据调研，当前全区已形成以企业技术中心、企业科技研发机构为主体，以博士后工作站为支撑，以其他为补充的研发机构体系。截至目前，全区市级及以上研发机构111个，涉及企事业单位77家，近五成集中在春立正达、福元医药、通美晶体、国投信开、李宁（中国）等22家企业中，集聚发展态势明显。

类别“多元化”。国家级层面，国家级创新平台实现新突破，春立正达成功申报国家企业技术中心，京津冀国家技术创新中心设立通州中心，依托中国建研院通州基地建成了建筑安全与环境国家重点实验室，东直门医院国家中医医学中心和北大人民医院国家创伤医学中心在通州区启动建设，博士后科研工作站分站20个；市级层面，市级重点实验室3个、工程（技术）研究中心4个、企业科技研究开发机构31个、设计创新中心6个、企业技术中心40个、院士专家工作站1个、外资研发总部1个（见表1）。空间“集中化”。近四成集中在台马划转地区（42

个，38.2%），北京城市副中心重要功能组团之一——张家湾镇的研发机构数量占比近二成。此外，西集镇、漷县镇、宋庄镇、潞城镇呈现多点分布（见图 1）。领域“双聚焦”。生物与新医药（33 个、29.7%）、先进制造与自动化（28 个、25.2%）领域研发机构数量合计占比超 1/2，领域主导地位突出。高技术服务、新材料领域分别占 15.3%、13.5%，另有少量分布在资源与环境、电子信息、新能源与节能等领域，高精尖产业特色鲜明（见图 2）。

研发机构类型统计表

表 1

级别	认定部门	类别	数量（家）
国家级	科技部	京津冀国家技术创新中心通州中心	1
	科技部	国家重点实验室	1
	发展改革委	国家企业技术中心	1
	卫生健康委员会	国家创伤医学中心	1
		国家中医医学中心	1
	人力资源和社会保障部	博士后科研工作站分站	20
市级	市科委、中关村管委会	重点实验室	3
		工程（技术）研究中心	4
		企业科技研究开发机构	31
		设计创新中心	6
	市经信局	企业技术中心	40
	市科协	院士专家工作站	1
	市商务局	外资研发总部	1
合计			111

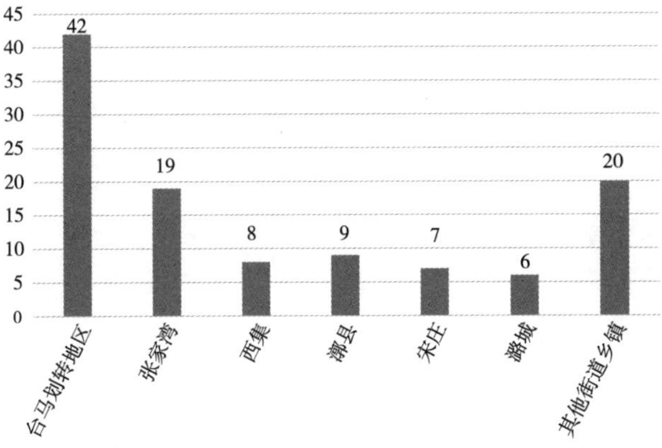

图 1　研发机构地域分布（个）

此外，随着中国人民大学一期、清华大学五道口金融学院、中国信息通信研究院产业创新基地、西北工业大学北京研究院等重点项目、重大平台的快速推进，通州区高校院所等源头创新高端资源的集聚度将进一步提升。

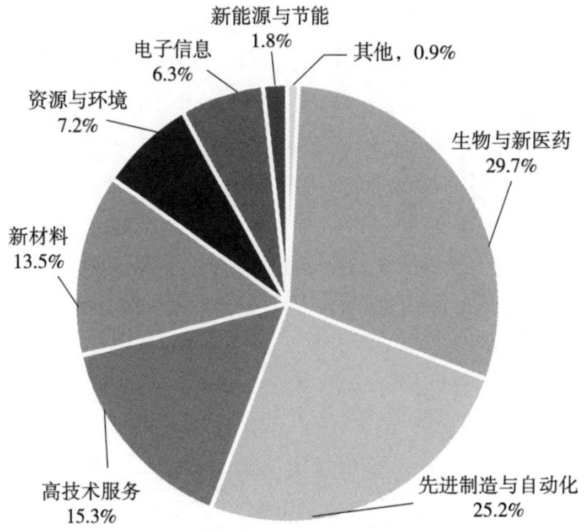

图 2　研发机构技术领域分布

二、高新技术企业发展壮大，科技赋能产业升级

近五年，通州区国家高新技术企业数量始终保持在 1000 家以上（见图 3），覆盖电子信息、高技术服务、先进制造与自动化、生物与新医药、新材料、新能源与节能、资源与环境、航空航天技术等八大领域，成为引领通州区高精尖产业升级发展的核心力量。从领域结构看，呈现以下特点。

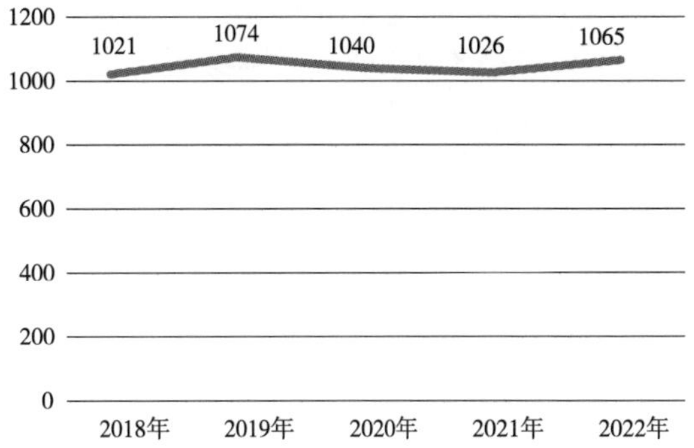

图 3　近 5 年高新技术企业数量（家）

三大领域集聚企业超七成。电子信息、高技术服务、先进制造与自动化三大领域高新技术企业数量合计占比超 70%。其中，电子信息领域占比高达 27.9%，成为通州区特色优势产业，为数字经济的加速集聚发展打下坚实根基。高技术服务领域增势明显。高技术服务领域高新技术企业数量占比从 2018 年 12.2% 提升至 2022 年 21.9%，年均复合增长率达 17%，成为提升高技术服务业创新能力的主导力量。五个领域企业稳步发展。生物与新医药、新材料、新能源与节能、资源与环境、航空航天技术领域高新技术企业总体发展较为平稳（见图 4）。

三、高层次创新人才引育并举，智力支撑持续提升

通过北京城市副中心海外高层次人才引进计划和高层

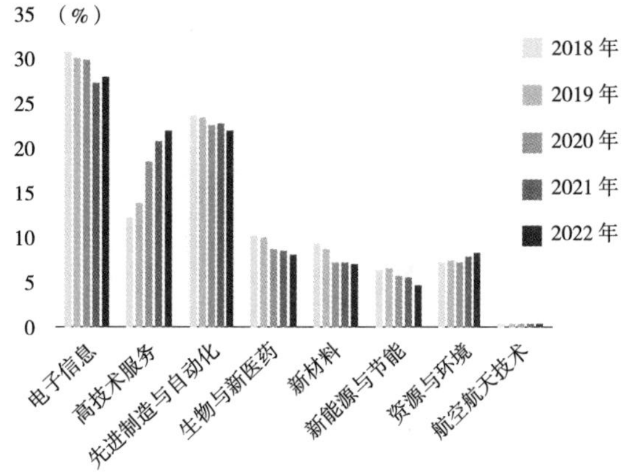

图 4　高新技术企业领域占比变动

次人才发展支持计划的深入实施，引进培养了一批高层次创新创业人才和团队，为通州区高质量发展提供人才支撑和智力支持。海外高层次人才方面，现有国家、市级海外引才项目入选者 17 人，其中国家级 8 人、北京市 14 人（5 人有交叉），其中电子信息、生物与新医药两大领域合计占比超六成。高层次人才发展培养扶持方面，依托“灯塔计划”和“运河计划”等，累计发布三批“两高”人才入选名单，扶持区内科技领域高层次人才 144 人（其中顶尖人才 4 人、科技领军人才 128 人、青年拔尖人才 12 人），以生物与新医药（51 人，35.4%）、先进制造与自动化（34 人、23.6%）、都市产业（21 人，14.6%）等领域为主。

四、技术交易活动持续活跃，市场活力进一步激发

2018—2022 年，技术合同成交数量、成交额年均复合增长率分别高达 27.9%、52.4%，增速较快，发展潜力较大，且技术交易与通州区高精尖产业和城市提升发展同频共振，技术市场与区域发展相耦合。

领域分布上，高精尖产业领域市场主体技术交易行为高度活跃，其中生物医药、电子信息两大领域技术交易数量（562 项、155 项）居前两位，分别占全区的 59.4%、16.4%，但大额交易相对较少，总交易额合计占比不足 6%。公共服务相关领域技术交易额占绝对主导，现代交通、城市建设与社会发展两大领域技术交易额占比合计超 90%，为通州区拉开城市框架和综合提升提供有力支撑。区域流向上，流向京内、京外的比例大致呈数量“三七”、金额“二八”分的态势。其中，流向本区、“三城一区”的项数分别占流向本市的 10.4%、57.0%，金额分别占比 3.5%、18.8%，一定程度上体现了通州区与“三城一区”建立较好的创新协同基础。流向京外的数量上长三角区域居首位，占比达 41.2%；金额上较为分散，长三角、粤港澳合计占比超 1/4。交易类型上，技术服务类占优势地位，2022 年数量（514 项）、金额（475.5 亿元）占比分别达 54.3%、94.7%，交易金额近五年年均复合增长率高达 53.8%。

五、创新创业孵育加速蓄力，创新创业服务体系持续补短板

孵化平台逐步蓄力。拥有国家级众创空间 2 家，市级众创空间 3 家（见表 2），2022 年印发《通州区加强科技创新引领高质量发展支持办法》提出重点支持众创空间、科技企业孵化器等创新创业服务机构发展，大力支持工程技术、研发、设计、科技推广与技术转移、检验检测等科技服务机构集聚发展，一定程度上调动了全区创新创业服务机构发展的积极性。创新创业服务体系探索推进。围绕医产协同，积极借鉴上海市“市级医院医企协同研究创新平台 – 临床试验加速器”模式，推动潞河医院与医药企业双向互动，成立北京城市副中心医产协同创新中心，实现医疗科研资源共建共享，促进医工交叉和医产协同，通过多层次、多角度的深入合作，助力北京城市副中心医药健康产业高质量发展。

市级及以上众创空间统计表

表 2

序号	机构名称	级别	类别	属地
1	电信科学技术仪表研究所有限公司	国家级 / 市级	众创空间	北苑街道
2	北京方和正圆科技企业孵化器有限公司	国家级 / 市级	众创空间	张家湾镇
3	北京通州发展集团有限公司	市级	众创空间	张家湾镇

六、科普基地建设管理有序，助力科技生态持续完善

为加强通州区科普能力建设，规范科普基地运行管理，促进科普资源向社会开放共享，推动科普事业高质量发展，2022 年 5 月，区科委联合区教委、区科协出台了《通州区科普基地认定与管理办法》，设置场馆类、自然资源类、科技企业类、研发与传播类四种基地类型，并确定首批区级科普基地。截至目前，通州区有国家级科普基地 1 家、市级科普基地 3 家、区级科普基地 12 家，其中，以企业为主体建设的科普基地 10 家，占比近八成，社会力量广泛参与科普基地建设，科普基地管理建设工作走在全市前列。

（区科委供稿）

北京市通州区人民政府基层治理工作报告

——2024年1月4日在北京市通州区第七届人民代表大会第五次会议上

北京市通州区人民政府

一、基层治理工作开展情况

2023年是通州区“深化基层治理年”，是基层治理工作承上启下的关键一年。在区委的坚强领导下，区政府始终坚持以习近平新时代中国特色社会主义思想为指导，以“党建引领、多元共治”为工作主线，按照“一年奠定基础、三年初见成效、五年全面提升”的目标，推进基层治理全域协同共治，积极探索党建引领基层治理新路径，高质量打造北京城市副中心基层治理新格局，持续在加强组织建设、健全工作机制、破解重难点问题等方面发力，推进基层治理抓重点、破难点、创亮点，为全力打造国际一流的和谐宜居现代化城区典范夯实基层基础。

（一）突出党建引领，强化组织保障，把党的领导贯穿基层治理全过程、各方面

1. 强化组织引领，激发基层活力。党组织统一领导的基层治理组织架构进一步完善。坚持党的组织覆盖与工作覆盖相结合，党的组织和工作向管理网格、小区、楼门（院）等治理单元延伸，物业企业、业委会（物管会）党的组织和工作覆盖率持续保持100%。“1+25+N”党群服务中心体系持续完善，党建引领基层治理的工作阵地进一步筑牢。按照“应建尽建”原则，在商圈楼宇、园区等区域加强党组织建设。不断拓宽党组织覆盖领域和范围，推动党组织从有形覆盖到有效覆盖，基层治理活力进一步增强。

2. 强化机制引领，夯实治理基础。在社区村考核中完善群众评价机制，把群众满意度作为检验基层工作成效的硬指标，推动党建与“接诉即办”、网格管理等基层治理重点工作有机融合，以高质量党建引领高效能治理。在全区推广基层党组织“政治体检”机制，进一步提升基层党组织的政治功能和组织功能，党建引领基层治理制度机制更加成熟定型、科学规范。充分发挥各级党组织统筹协调作用，以“三项清单”为抓手，融合落实“四个双向”工作机制，促进区域化党建引领激发基层治理新活力。充分发挥党建协调委员会统筹协调、融合资源作用，合力破解基层治理难题，基层治理统筹协调能力持续增强。探索出张家湾镇“党建引领多元有你”、永乐店镇“党建引领红色网格”等基层治理创新实践路径。

3. 强化能力引领，激励实干担当。实施北京城市副中心（通州区）基层干部能力提升工程，采取“点餐式”“订单式”等培训方式，组织开展村党组织书记“头雁工程”、城乡基层干部“法治素养提升工程”等系列培训，全面提升基层“带头人”的综合素质和履职能力。完善基层公共法律服务体系，深化社区村法律顾问工作机制，全区223名律师服务村居，实现“一村一居一律师”覆盖率100%。广泛开展北京城市副中心“最美社工”“优秀接诉办件人”“社会组织领军人物”“最美家庭”等基层治理优秀个人、团队评选表彰活动，激励基层工作者扎根基层、干事创业热情。拓宽优秀社区党组织书记、社区工作者职业渠道，不断提高基层岗位吸引力，引导高校毕业生、退役军人等高素质人员到城乡社区就业创业，提高社区工作者队伍活力，基层治理能力水平持续提升。

（二）坚持多元共治，强化群众参与，以共建共治共享构建基层治理共同体

1. 多元参与机制日益完善。稳步推进社会工作服务中心建设全覆盖，做实“五社联动”的综合性平台，增强社会工作服务效能。研究制定《北京城市副中心（通州区）社区社会组织参与基层治理指导意见》，社会组织服务孵化中心（基地）的平台支撑作用得到充分发挥。引进专业社会组织、社工机构、物业企业，以及快递员等新兴群体参与基层治理，区住建委依托“数字化+托底物业服务+社区经济”模式，以通州兴华物业作为托底保障企业，在中仓、永顺等9个街镇深化试点工作，持续巩固物业服务覆盖率水平。宋庄镇引进沐泽社工机构深化“五微联治”工作法，参与重点村“12345”诉求调解，促进基层动员能力全面提升。

2. 基层自治向楼门院延伸。打通服务群众的“最后一米”，依托市级楼门治理示范点建设，着力打造北京城市副中心“温暖楼门、和谐邻里”楼门建设特色亮点，楼门环境明显改善，居民认同感明显增强，社区凝聚力明显提升，基层自治能力和服务水平迈上新台阶。2023年8月为玉桥街道、通运街道、临河里街道、马驹桥镇颁授北京城市副中心（通州区）“温暖楼门、和谐邻里”示范基地牌，进一步加大楼门院示范点建设力度，持续推进基层治理重心下移。涌现出了通运街道紫荆雅园社区251楼门和玉桥街道玉桥东里社区毛绍业等一批示范楼门和优秀楼门长。

3. 基层议事协商日益广泛。常态化社区议事协商机制呈现精微特征，“微协商”模式向管理网格、小区、楼门、院落等基层治理单元延伸，覆盖工作不断推进，基层“微提案”“微治理”“微服务”深入开展。确定2个街乡镇级、9个城乡社区级议事厅市级示范点和51个区级议事厅推广点，以点带面，推动实现社区“月月有协商、人人会协

商”“有事好商量、遇事要商量”。宋庄镇喇嘛庄村充分发挥艺术人才集聚优势，调动艺术家充分参与协商议事积极性，打造出共商村庄、民主村庄、和谐村庄。

4. 志愿服务组织日益壮大。发挥新时代文明实践中心统筹协调、资源整合作用，建立“1+3+8+N”新时代文明实践志愿服务工作体系，推进“志愿＋项目”建设，“志愿北京”平台注册志愿者39.3万名、志愿服务组织（团体）6260支，发布志愿服务项目66413个，全年常态化开展社区环境治理、市民文明素质提升等志愿服务活动2300余场，涌现出北京环球度假区周边保障志愿服务项目等多个特色品牌。通州区图书馆志愿服务队等4个先进典型荣获全国学雷锋“四个100”称号。梨园镇巾帼志愿服务分队荣获了全国巾帼志愿服务十佳组织称号。多方资源汇聚形成基层治理合力。

5. 人大代表政协委员履职实效日益增强。区人大紧盯全区基层治理重点工作，聚焦社会关切、百姓关心的急难愁盼问题，以人大代表家站为依托，充分运用多种法定监督方式，精心组织开展区、乡镇“千名代表问政问需”活动，赋能基层治理。推行人大代表列席乡镇长会议制度，进一步发挥人大代表的桥梁枢纽作用，将人大制度优势更好地转化为治理效能。区政协充分发挥专委会基础作用、委员主体作用和委员工作站“民意直通车”作用，积极开展“各界委员齐参与，每月一题聚共识”协商议事活动和“政协委员进乡村，建言献策助振兴”主题教育调研活动，立足城乡统筹发展凝聚共识、担当作为，将基层社会治理工作贯穿于政治协商、民主监督和参政议政履职全过程。

6. 专家智库智力支撑作用充分发挥。首都高校资源优势得到充分挖掘，建立区、街乡镇、社区村三级基层治理智库。依托通州区委党校和北京物资学院成立“北京城市副中心（通州区）基层治理研究中心”和“北京城市副中心（通州区）基层治理研究中心（北京物资学院基地）”。设立北京城市副中心社会治理研究院、基层治理专家委员会及首席专家。22个街乡镇全部建立基层治理专家智库团队。通过建立专家陪伴式指导机制，组织专家蹲点调研、开展“基层治理大家谈”沙龙研讨等多种形式，为北京城市副中心基层治理提供智力支持。

（三）坚持分类治理，强化精准施策，基层治理服务效能持续提升

1. 城市地区治理难题有序破解。区城市管理指挥中心深入推进“热线＋网格”模式，精细全域网格划分，优化系统平台建设，强化数字模型应用，全方位打造“智慧管理网”，充分发挥未诉先办、主动治理的重要作用。区住建委、区重大项目协调服务中心和九棵树街道联动发力，充分挖掘居民自治潜能，将老旧小区改造从过去的单一改造提升工程向实现社区系统治理转变升级，创新推出云景里社区“温暖旧改＋长效治理”工程，首创“评定分离”实现微革新，首推“施工楼栋长”机制实现双联动，实现上下水改造完成和外窗护栏拆除双100%，为全市同类项目最佳战绩。秉承“问需于民、问计于民”的原则，始终把解决居民的急难愁盼问题放在工作首位，通过深入细致的群众工作、广泛贴心的社会动员，确保工程保质按时完成，赢得社区居民认可。

2. 城乡接合部地区治理力度不断加大。围绕人员转非、土地征占、村集体产权制度改革等撤村建居主要条件，按照“成熟一个、推动一个”原则，平稳有序推进试点村撤村建居工作，妥善解决村民反映强烈的历史遗留问题。梨园镇西总屯村召开村民会议，全票表决通过撤销西总屯村民委员会建制事宜，村民带资产入居成为新“市民”，全部纳入社会保障体系，从根本上破解城乡二元结构，促进城乡融合发展。潞城镇探索推行“党建引领、村居融合”基层治理模式，破解北京城市副中心安置房小区治理难题。马驹桥镇创新成立近邻服务站，消除无村居组织管理小区治理“空白点”。开展村民自住楼“点穴式”督导，不断提升物业企业规范化管理水平，停车难、电动车管理不规范、物业费收缴率低等老大难问题得到进一步缓解。持续优化社区规模，通过合理拆分、优化调整、新建社区和增编增房（社区管理服务用房）等多种措施，分批次对通州区3000户以上大型社区实施拆分调整，针对社区实际逐一制定实施方案，合理优化社区规模，显著提升了基层治理精细化水平。

3. 农村地区治理成效显著。农村人居环境“百日攻坚·百村整治·百村示范”行动深入开展，农村生产生活环境大幅改善。开展文明村镇创建，深入推进移风易俗，充分发挥农村红白理事会作用，破除大操大办、厚葬薄养、人情攀比等陋习，文明新风加快树立。积极开展城乡接合部综合整治，有序推进违建拆除、自建房整治等工作，有效降低安全生产和火灾隐患，共建共治共享氛围日渐浓厚。深入推进民主法治示范村创建活动，引导群众积极参与、热心支持和配合基层依法治理。截至目前，全区共有7个村被评为“全国民主法治示范村”，135个村被评为“市级民主法治示范村”。

（四）坚持问题导向，强化多方保障，基层治理系统化精细化水平进一步提升

1. 主动治理机制进一步健全完善。扎实推动“接诉即办”“每月一题”重难点问题攻坚，研究制定《2023年通州区“接诉即办”“每月一题”推动解决重点民生诉求问题工作方案》，先后印发《通州区2023年“每月一题”问题解决建议方案》《通州区2023年“每月一题”责任清单、政策清单、任务清单》《通州区关于进一步推动“每月一题”工作的实施方案》等配套文件，统筹推动全区“接诉即办”工作提质增效。落实“吹哨报到”机制，定期回访，长期追踪，切实有效解决基层难题。上线通州区“热线＋网格＋吹哨”一体化平台，支撑热线工单、网格案件和吹哨工单闭环流转，逐步探索形成社会自治良性互动、城市精细化资源共享、管理与服务相融合的协同治理体系。深化“热线＋网格＋创城”联动互促机制，根据“市

民热线”集中诉求，主动排查同类问题并督办解决。全区“接诉即办”成绩稳步提升，治理类乡镇实现有序退出。

2. 抓实抓细民生服务工程。持续实施“小微项目惠民生”工程，累计完工 200 个小微项目，超额完成 100 件小微项目的年度目标，解决 12345 诉求 935 件、创城点位问题 252 个，切实提升群众幸福指数和城市品质。开展电动自行车安全常态化治理，联合各相关部门及街乡镇建立周统计、半月通报、月通报、重点问题专班会商机制，有效落实电动自行车全链条管理工作。持续推进电动自行车充电设施建设，全区共有充电桩接口约 7.9 万个。科学构建 62 个一刻钟便民生活圈，满足居民商业生活、文化娱乐等方面的需求。

3. 积极推进智慧赋能基层治理。完善智慧社区顶层设计，打造玉桥街道柳岸方园社区“数字化社区”试点，上线社区管理平台，为数字化基层治理提供了有效支撑保障。推进职能部门信息数据平台整合，减少数据重复采集，规范数据应用，促进数据共享。整合随手拍、政务维基、社区曝光台等政民互动渠道，推进智慧化群众诉求响应机制。广泛运用大数据技术，汇总分析群众需求，提高服务精准性和智能性。

4. 基层平安基础进一步夯实。坚持实体推进区、街乡镇、社区村三级“一站式”解纷，构建一心多能、一核多元、一站解纷，横向对接、纵向连通的“一站式”多元解纷平台，努力将矛盾纠纷化解在基层、化解在萌芽状态。持续推进基层平安创建工作，深化智安小区、智安乡村提升，推动平安副中心建设向纵深发展。

5. 基层治理特色工作广泛形成。深入开展“一街（乡镇）一社区（村）一品牌”创建活动，梳理汇总基层治理特色工作 135 个，举办“十佳”基层治理品牌评选活动，充分挖掘推广基层治理亮点。通州区《深化党建引领“网格＋热线”改革创新推动城市副中心高效能治理》入选市委改革办“接诉即办领域”“微改革微创新”典型案例，由市委改革办报送中央改革办力争全国推广；《“温暖楼门、和谐邻里”——“楼门文化”赋能基层治理精细化创新实践》《党建引领基层治理“邻家邻”工作法》《党建引领多元共治——聚焦新时代枫桥经验下的“一核多元共治”基层治理新模式》《“数字赋能，融通共治”——城市副中心“云窗口”政务服务模式创新》4 个案例入选“全国社会治理创新案例（2023）”。《推动“全科网格”与“红色网格”两网融合兜底群众急难愁盼事》案例入选全国城乡社区高质量发展典型案例。

二、基层治理工作成效与启示

一年来，通州区持续深化基层治理，坚持大抓基层的鲜明导向，强化党对基层治理的全面领导，充分激发多元主体参与基层治理的内生动力，以高质量党建引领保障高效能治理，全力推进基层治理高质量发展。党建引领更加有力。通过强化政治引领，确保基层治理正确方向，激活了基层治理的“神经末梢”；通过强化组织引领，加强平台载体建设，着力把基层党组织建设成为有效实现党的领导的坚强战斗堡垒；通过强化机制引领，着力提高基层治理的制度化、规范化水平，推动了党领导的基层治理制度进一步完善；通过强化能力引领，不断提升基层党员干部的能力素养，切实提高了基层党员干部化解各类矛盾、促进和谐稳定、加强基层治理的工作能力。多元共治更加深入。健全并拓宽了社会多元力量参与基层治理的机制和渠道，实现了多元平台共建、多元组织共商、多元资源共享，有效激发了社会主体参与的热情和活力，有力推动构建共建、共治、共享的新发展格局。为民服务更加精准。坚持问题导向，把群众反映的高频共性问题作为基层治理的重点任务，切实解决群众的操心事、烦心事、揪心事，保障民生福祉；坚持需求导向，推动实施村居自治强基、法治社会建设、基层文化建设、微民生微服务、基层智慧治理等工程，加快补齐民生短板，把一个个“小需求”精准做成“大民生”。

总结过去的工作，我们深刻体会到。

——必须坚持党建引领，为基层治理提供坚强组织保障。我们必须以改革创新精神全面推进基层党的建设，发挥基层党组织的强大力量，把基层党员组织起来、把基层人才凝聚起来、把基层群众动员起来，创新新时代党建引领基层治理的机制，真正发挥党的群众工作优势和党员先锋模范作用，确保基层治理方向不偏、重心不移。这是基层党组织的政治优势、组织优势转化为基层治理效能的必然要求，也是我们在基层治理工作中取得突破的坚强保障。

——必须坚持多元共治，打造基层治理共同体。党的二十大报告明确提出，要“建设人人有责、人人尽责、人人享有的社会治理共同体”。基层治理涉及主体多、涵盖范围广，单靠党组织的力量远远不够。“众人拾柴火焰高”，实现“单兵作战”向“协同善治”的转变，离不开政府、社会、市场等各方力量共同参与。培育和支持党组织健全、管理规范的社会组织参与基层治理，建立健全社区与社会组织、社会工作者、社区志愿者、社会慈善资源的联动机制，让社会组织和社会资本的作用得到充分发挥。完善志愿者参与机制，找准结合点、切入点，广泛动员各级志愿服务组织、志愿者积极参与基层治理，为基层治理添砖加瓦。

——必须坚持锻造过硬队伍，不断提升治理能力。基层治理的关键主体力量是基层干部，我们始终把加强基层干部队伍建设作为固根本、管长远的重要举措，在选育管用各环节靶向施力，为基层治理提供坚强人才支撑。充实基层治理骨干力量，大力储备基层工作力量，优化基层队伍结构，通过建立薪酬、荣誉等激励机制，提高基层干部的待遇，增强基层干部的自豪感，提高基层干部队伍活力。健全基层治理专业人才培养机制，加强“基层治理能手”培养，系统提升干部能力水平。注重在实践中培养干部，激励基层治理工作者主动担当作为，打造一批政治强、业务精、敢担当、作风正的基层干部。

——必须坚持以人民为中心，努力增强人民群众的获得感、幸福感和安全感。解决群众的实际困难和问题，是基层治理工作的价值所在。“接诉即办”作为送上门的群众工作，为我们工作划出了重点，是检验工作成效的“必答题”。我们聚焦群众利益和需求的交会点、共同点，及时解决市政市容管理、环境整治、物业管理、文明风尚等群众身边的操心事、烦心事、揪心事。围绕“七有”目标和“五性”需求，强化优质公共服务供给，织密民生保障网络，群众美好生活的基石更加稳固。持续强化主动治理、源头治理，完善“每月一题”机制，加强分析预判，实现“接诉即办”与主动治理有机衔接并向未诉先办深化，推动治理类乡镇全面整治提升。我们始终围绕人民群众急难愁盼问题，以高度的政治责任感和历史使命感，主动作为、勇于担当，落实好基层治理工作各项任务要求。

在肯定成绩的同时，我们也清醒地认识到在推进基层治理工作中面临的困难和问题，主要表现在：一是基层治理制度体系尚不健全，部门协同机制仍需进一步完善，破解难题力度与人民群众的期盼仍存在差距；二是社会治理的社会化程度不高，社会主体培育的措施不够有力，城乡基础设施、公共服务等方面的现状与北京城市副中心建设标准存在差距；三是群众参与程度还不高，社会组织、市场主体有效参与基层治理的总体水平不高，多元主体协同治理运行机制有待进一步完善。

三、下阶段基层治理主要任务

深入学习贯彻习近平新时代中国特色社会主义思想，全面落实党的二十大报告中关于“坚持大抓基层”的一系列决策部署，紧扣基层治理五年行动计划目标任务，按照“一年奠定基础、三年初见成效、五年全面提升”主基调，2024年确立为通州区“促进基层治理年”，面对更加艰巨的挑战和更加美好的愿景，强信心增干劲，不断推进通州区基层治理体系和治理能力现代化，以跨越式发展答好市委“二十年之问”，落实好“11311”工作体系。

（一）强机制，重基础，促进基层党建提质升级。一是提高政治站位，理顺体制机制。进一步强化党对基层治理的领导，充分发挥党组织牵头抓总、统筹协调作用，使中央、市委和区委关于基层党建和基层治理工作的决策部署及时高效、不折不扣地贯彻落实到基层。二是加强基层党建，筑牢战斗堡垒。分批次、分板块、分领域推进基层党建标准化、制度化建设，让党支部在基层工作中唱主角，成为促进基层治理的坚强战斗堡垒，把党的主张贯穿到“神经末梢”。聚焦提升基层党组织政治功能和组织功能，持续深化“政治体检”和“群众评价”机制，推动基层治理水平与服务群众效能“双提升”。三是发挥党员作用，树立先锋旗帜。充分发挥党员先锋模范作用，常态化开展“党旗飘扬副中心”“我是副中心党员”等活动，推动党员干部在攻坚克难、推动落实上挑大梁、扛重责，主动彰显先锋底色和实干担当。

（二）强实干，重成效，促进基层治理提质增效。一是深入推进多元共治。继续实施多元主体参与工程，推进社会组织参与基层治理，完善志愿服务参与机制和社会动员机制，整合社会资源。充分发挥人大代表、政协委员和专家智库等方面作用，联动基层服务力量、社区社会组织和社区志愿者等社会力量，把社会各界的智慧与成果转化为推动通州区基层治理高质量发展的思路举措，努力打造人人有责、人人尽责、人人享有的基层治理共同体。二是不断完善基层治理体系。着力构建北京城市副中心“1+N”基层治理政策体系，持续深化吹哨报到和“接诉即办”改革。促进交流合作，积极推进京津冀基层治理协同发展。推进与北三县基层治理一体化协同发展交流机制，探索建立“两翼合作，京雄联动”社区治理协作机制，通过学习交流、社区共建、项目联动等形式，实现资源共享，目标联动，打造京津冀协同发展“桥头堡”，积极构建基层治理效能典范。三是全面激发社会治理活力。重点实施居村自治强基工程、法治社会建设工程、基层文化建设工程、微民生微服务工程、基层智慧治理工程五大工程，积极构建基层治理活力典范、平安典范、文明典范、智治典范，全面释放基层自治效能。

（三）强服务，重民生，促进“七有”“五性”稳步提升。一是坚持问题导向，摸清靶点。充分调动主观能动性，全面梳理问题，强化研究分析，尤其要结合“接诉即办”反映出的问题，深入剖析工作中的薄弱环节，查找明晰问题根源，为精准施策夯实基础。二是坚持结果导向，锚定目标。以“七有”“五性”指标监测评价体系为抓手，根据考核结果分类施策，坚持高标准、高要求，力争指标完成、排名提升。三是坚持效果导向，务求实效。靶向制定提升目标及措施，加快补齐短板、补强弱项，紧扣“七有”要求和“五性”需求保障改善民生，全面提高通州区民生保障和公共服务供给水平，不断增强人民群众的获得感、幸福感、安全感。

（四）强队伍，重保障，促进基层治理持续发力。一是狠抓基层治理队伍建设。深入实施基层干部能力工程，着力建设高素质专业化基层干部队伍，培育基层治理能手。建立“第一网格长”工作制度，选派年轻干部到群众诉求集中、疑难问题较多以及网格工作成效不明显的网格任“第一网格长”，将基层网格作为培养和锻炼干部的“试验田”，不断激励干部担当作为，提升全区网格工作整体水平。加快制定基层治理专门化、职业化、规范化队伍建设的政策体系，助力基层治理干部和社工队伍跳起摸高、精益求精，建立健全基层治理专业人才培养、考评、激励机制，加大人员保障力量。二是为基层治理提供有力制度与充足资源保障。加大区、街乡镇对社区村的经费支持保障力度，加强政策统筹、资源统筹、力量统筹，推动资金投入、服务供给、执法力量向社区村一线倾斜，为不断提高基层治理能力提供有力保障。

（五）强智库，重人才，促进基层治理智力赋能。一是加强基层治理研究中心和研究基地建设。充分发挥区委党校、物资学院和北京城市副中心社会治理研究院作用，常态化参与基层治理，使北京城市副中心基层治理长期保持创新力量。二是根据专家擅长领域，将专家智库成员分成若干专家小组，有针对性地研究推进基层治理党的建设、社会动员、智慧治理、依法治理等方面，提高专家研究指导的针对性。三是完善运行机制。坚持固定决策咨询和临时性、阶段性决策咨询相结合，形成北京城市副中心基层治理重大决策的常态化专家服务机制。协调组织各领域专家通过项目制管理方式参与课题研究和评审工作，助力北京城市副中心基层治理高质量发展。

（六）强创新，破难题，促进基层治理长足发展。一是持续破解治理难题。继续实施分类治理，突出区域特色。以城市地区、城乡接合部地区、农村地区为治理单元，分区域推进基层治理精准高效。二是搭建平台共破难题。依托城乡社区议事厅、“千名代表问政问需”、区政协“你说我听、我说你听”等共治平台，促进“群众想什么与政府干什么”精准对接，汇聚起共建共治共享的内生力量。三是促进城乡一体化“融合发展”，破解城乡交叉管理难题。通过探索“过渡型社区”治理新路径，推进“村居（社区居委会筹备组）并行”社区向“村居融合”发展。以潞城镇“村居融合”管理模式为试点，探索建立以居带村、以村促居、优势互补、资源共享、共同发展的“村居合一”基层治理新模式。探索“村居并行”社区治理新路径，促进村民安置楼社区从“乡”到“城”的顺利“过渡”。四是推进“三个赋能”。推进科技赋能，促进北京城市副中心“云窗口”智慧政务与基层治理深入对接，持续打造基层治理智慧场景，提升便民服务信息化水平，让数据多跑路，群众少跑腿，提升基层治理“智治”水平；推进文化赋能，通过组织“社区邻里节”、鼓励群众自编自创参与基层文化活动等形式，不断拓展文化服务广度和深度，坚持以文化人、以文育人，发挥文化在“柔性治理”方面的作用；推进法治赋能，提升基层干部法治素养和依法履职能力，以法治“善为”促基层“善治”。

（七）强网格，重拓展，促进基层治理精细化。持续深化“热线＋网格”机制。一是促进业务触角再延伸。通过网格化治理，不断延伸管理服务事项，推动治理精准落地。针对群众反映的电、气、暖等居民生活类紧急事务，做到“接诉即办”。对重点领域诉求，及时召集相关部门会商研究，共同推动难点问题重点解决、共性问题统筹解决，压实“全环节”工作责任，有效打通基层治理痛点堵点。二是促进诉求响应更快速。充分发挥网格员“人头熟、地头熟”一线优势，在网格巡查走访中，零距离了解群众诉求，全面强化热点问题解决力度，有力推动群众诉求快速响应、矛盾纠纷一线化解、存在问题溯源治理。健全各委办局“横向融通协同机制”，强化区、街乡镇、社区村“纵向服务融通机制”，街乡镇“全域共治协同机制”，社区村“多元参与融通机制”，形成全区基层治理融通共治。三是促进问题治理更精准。进一步打通部门之间的数字鸿沟，夯实街乡镇、社区村的治理底数，让基层数据“活起来”“动起来”“用起来”，促进数据融通。依托“社会治理大脑”平台，加强对网格案件和热线诉求联动分析，实现平台融合、标准对接、案件实时互传共享，使问题治理更精准。四是促进治理效能再提升。在做实城市管理网格工作基础上，紧密结合市民热线诉求，逐步拓宽网格化管理的工作领域，培养专科网格员升级为全科网格员，实现人、地、事、物、组织等治理要素的统筹管理以及各行业工作的条块协同，真正发挥网格化管理在城市管理、综合治理、矛盾排查化解等多方面的作用。

（八）强特色，重推广，促进基层治理创新发展。一是以“热线＋网格”“温暖楼门、和谐邻里”等基层治理特色工作为核心，树立全区实践样板，同时将通运街道“邻家邻”、玉桥街道“遇见骑士”、临河里街道“邻里小哥”、九棵树街道云景里社区“温暖旧改＋长效治理”、张家湾镇“党建引领多元有你工作法”、永乐店镇“党建引领红色网格”、漷县镇“三网融合共治”、马驹桥镇“马桥近邻”等基层优秀案例作为实践支撑，通过开展专家“蹲点式”调研，深入挖掘“解剖麻雀”，总结提炼出具有北京城市副中心特色的可复制可推广的典型经验。二是凝练优秀案例经验做法，组织专家论证提升，形成全区深化基层治理“统一动作”，通过组织实地观摩、专家点评、经验交流等方式在全区进行部署推广，创新基层治理方式，提升基层治理效能。三是健全完善特色工作培育机制，在推广过程中，结合实际情况，组织专家团队进行持续跟踪调研，陪伴式指导，不断创新完善工作方案，突出特色亮点，积极打造北京城市副中心基层治理亮丽名片，构建基层治理“通州样本”。

盘活夜经济　激发消费新活力

近年来，北京城市副中心积极落实国家和北京市关于繁荣夜间经济促进消费增长的各项措施，依托区域特色、运河文化等资源，鼓励主要商圈和特色商业街与文化、旅游、休闲等紧密结合，建设形成了一批夜间经济品牌示范区和活力街区，但同时也存在规划管理水平待提升、经营业态待培育、空间分布及特色亮点待均衡等问题，需要进一步激发夜间经济发展活力、提升文化软实力、打造良好夜间消费环境，助力国际消费中心城市建设。

一、北京城市副中心发展夜间经济的探索与实践

（一）依托区域特色，打造夜间经济新地标

一是承接环球外溢效应，扩容夜间消费。充分利用北京环球度假区作为国家级夜间文化和旅游消费集聚区及北京市“夜京城”特色消费地标的品牌价值，积极承接其外溢效应，鼓励北京环球度假区周边及北京城市副中心重点商圈内的餐饮、休闲娱乐、观影、便利店等业态结合环球主题公园、环球城市大道的营业时间开展延时营业，满足游客在游园后各类需求的同时，延长其在北京城市副中心游玩时间。北京环球度假区周边5公里范围内的梨园、临河里、土桥等商圈，游客离园时间段餐饮、休闲等消费较为集中，各业态平均延时营业三小时。

二是持续壮大消费供给，做强深夜食堂。在东郎（通州）电影创意产业园、月亮河休闲小镇等重点区域商圈、深夜食堂特色餐饮街区的基础上，积极引进、增加文化类、体验类业态，打造文化教育、商业餐饮、休闲娱乐等多元化的综合型功能开放街区，更好满足居民及游客个性化、多层次、品质化的夜间消费需求的同时，推动商品消费和服务消费融合发展，丰富和发展街区夜间消费环境、场景与优质供给。目前，月亮河休闲小镇拥有各色商业项目近200家，超30%的商户可延长营业时间至凌晨，周末及节假日单日客流量稳定在2万人次以上。

三是顺势而为政企联动，串联消费业态。北京城市副中心联动文化企业，迎合当前青年群体喜爱的后备箱集市、星星集市等新型夜市，打造“万潮夜间市集”“通利福尼亚夜间市集”等市集品牌活动，通过设路草地露营民谣音乐会、草坪音乐会、星光露营电影等“小而美”又不失“烟火气”的体验活动，吸引喜爱时尚、美食、潮品、玩具等业态的群体打卡消费。同时，持续鼓励东郎产业园发挥酒吧、餐馆聚集优势，以“东郎音乐啤酒嘉年华”活动为引擎，拉动辖区夜间经济发展，目前已成功举办3届。2022年期间，吸引人流超过1万人次，促进带动消费超过500万元，预计2023年期间将引人流超过30万人次，刺激带动消费超过900万元。

（二）深挖运河文化，构筑夜间经济新魅力

一是全面开启“大运河华彩夜游”项目。自今年5月，北京城市副中心全面开启大运河文化旅游景区“华彩夜游”特色旅游项目，于大光楼、2号码头、漕运码头等均设路不同价位、不同时长、不同航线的夜游游船，响应市民及游客夜游大运河的需求。此外，每逢节假日增设文创游船、曲艺游船、特色游船等在内的特色演艺游船，实现游客在游船之上既能欣赏相声、小品、魔术、杂技等文艺演出，也能品尝到非遗美食，还可消费、购买大运河文创礼包套餐。

二是深入开发运河文化文旅产品。北京城市副中心深度挖掘运河文化底蕴、历史艺术和美食文化，推出一系列大运河景区夜间旅游精品活动。如景区北区燃灯塔下设有乐舞表演，游客可在塔影红墙内体验沉浸式演艺活动；非遗传承人、传统手艺人在户外设路点位，游客可近距离感受通草花制作、非遗剪纸、宋式点茶等传统手艺。此外每逢周末，漕运码头延长国风市集营业时间，码头岸边十余处摊位将点亮灯光，“日市”变“夜市”，丰富市民游客夜游体验。

三是全面发展特色消费节活动。充分利用运河文化广场牌坊、帆型灯、千年步道、运河仿古钟、水源头石阵等人文景观，每晚开展不同主题的夜市活动，推动市民及游客从景区消费向全域消费、日间消费向全时消费、传统消费向新兴消费转变。其中8月8日至10月，首届大运河仲夏消费季亮相北京城市副中心，通过美食、潮趴、街机潮玩、露营、文化市集、潮流音乐等新潮特色活动，为市民及游客带来丰富多元的游玩场景。8月25—27日，举办首届大运河音乐节，融合大型露天交响乐、多元流行音乐演出、创意生活市集等元素，为北京城市副中心创造一个新、雅、潮、趣的品牌活动，成为北京文化旅游的新名片。

（三）融合城市更新，提升夜间经济新氛围

一是以街区为单位，优化空间规划与设计。推动商圈、特色街区夜间经济高质量发展，从城市基层空间更新治理为切入点，鼓励各属地结合实际情况及日夜经济、消费与居民习惯，对城市空间脉络进行系统研究规划与整合。如九棵树街道研究编制了“两线两片”商业发展规划，“两线”即云景东路及怡乐北街沿线，“两片”即阳光新生活片区及东郎文创园、弘祥文创园片区，优化均衡消费地标布局，有序推动传统商圈改造升级，满足辖区多层次、多时段的消费需求。

二是整合优质资源，激发区域空间更新力量。鼓励各街区通过举办新消费创新创业大赛等活动，借助商铺门牌装饰、夜间标识、景观小品、灯光设施等，吸引社会力量参与商圈、街区改造与城市更新。同时，吸引优质企业和服务落地，推进基层商会组织成立，将发展夜间经济与区域文化发展、综合环境整治、智慧城市配套设施建设等工作紧密结合，实现区域空间更新与夜间经济规范发展齐头并进。

三是提高供给品质，升级迭代夜间消费新环境。针对部分街区商业聚集、年久失修、业态更新缓慢等问题，北京城市副中心引导各街道进行专题研究，探索老商圈发展新路径，申请片区更新项目，以片区更新促进商业软环境升级，全面带动商业环境升级。今年以来，北京城市副中心领展购物广场·京通、阳光新生活广场、贵友大厦计划对外立面、夜间灯光及整体商业氛围进行优化，不断提升商圈服务品质和夜间消费环境体验。

（四）保障公共秩序，引导夜间经济新环境

一是净化交通网，依托大数据等技术加强夜间出行数据分析。北京城市副中心各属地、公安、交管、园区等多部门建立沟通协调机制，保障夜间经济较为繁华的商圈及街区的交通秩序，共同做好现场分流引导、运力保障。坚持数智引领，依托大运河文化旅游区指挥中心等智慧大屏、城市大脑，第一时间启动暑期高峰运营监管模式，每日安排专人值守，实时掌握晚高峰地铁站、上落客区等重点点位客流情况，及时发现并解决人员聚集风险。以疏为先，提前研判游客出行需求，在重点区域开展交通专项整治行动，有效治理机动车乱停放问题，引导市民规范停放非机动车。

二是保障环境秩序，针对文旅领域高频违法乱象开展专项行动。6月以来，北京城市副中心交通、公安、市场等相关部门联合开展北京环球度假区等旅游景区周边“黑车”专项治理、“黑导游”专项治理、游商散贩专项治理联合执法行动15次，累计查处无照经营类违法行为93起、无导游证从事导游活动43起，在北京环球度假区等重点商圈周围形成严查严管态势，营造良好的旅游、营运市场秩序，不断优化营商环境。通过专项行动，今年6月北京环球度假区周边无照经营类违法行为环比下降18.9%，7月份环比下降85.7%。

三是加强精细管理，确保安全前提下便利商家设置夜间特色经营区域。针对具备夜间消费场地条件的地标、打卡地、生活圈，在将燃气、电力等安全列为重点必查项的前提下，指导市场监督、综合行政执法、安委会、环卫等部门各司其职，加强指导和监管，积极创造良好条件和环境完善夜间配套服务，同时，在确保安全前提下，根据时令特点，按照“规定时间、规定区域、限定品类”的原则，规范有序设路高品质夜间特色消费区域，增加部分商业外摆空间，规范店外经营，共建规范、文明、和谐、安全的经营秩序。

二、北京城市副中心发展夜间经济面临的不足与挑战

（一）总体规划及综合管理水平仍需完善与提升

总体来看，北京城市副中心发展夜间经济的整体规划有待进一步明确和完善，在政策扶持、制度保障、人才培养、理论研究方面尚未形成完整的体系。此外，发展夜间经济对北京城市副中心综合管理能力提出较高要求。夜市街区需有完善的水电气供给、污水收集排放、餐饮油烟处理、垃圾分类处理、停车场、卫生（公厕）等配套设施，以及还面临着食品安全、卫生、质检等挑战，还需北京城市副中心各相关部门补齐短板，整合经验，形成联动效应。

（二）经营业态尤其是餐饮业尚待培育与发展

目前，北京城市副中心夜间经济领域的优势产业尚不够突出，区内高端优质服务企业数量相对较少，北京环球度假区带来的巨大客流虽然衍生出大量对“食、住、购、娱”等相关产业的需求，但需求满足方面仍有较大空间。其中餐饮业发展不充分较为突出，表现在企业数量少，缺乏总店、名店。2021年通州区限额以上餐饮业法人单位共47家，占北京市2.3%，年营业收入11.8亿元，占北京市1.4%，加强餐饮、住宿、购物等各类夜间经济经营业态的建设势在必行。

（三）空间分布及特色亮点有待均衡与丰富

北京城市副中心已有商业设施和在建商业设施面积约300万平方米，但近八成尚在建设中，传统重点商圈有待提质升级、新增培育级商圈尚未建成，短期内不能满足市民消费需求。可承载夜间经济的网点比较分散，规模小，规模集聚效应尚未凸显。同时，在一定程度上缺乏能够吸引国内外游客参与、体现特色、具有一定知名度的大型综合性夜间经济场所。如北京城市副中心各类夜市有一定的特点，但仍不够鲜明，品牌效应弱，吸引力有待提升。缺乏类似台北士林夜市之类的知名区域，未形成吸引外地游客慕名观光、品尝小吃、了解当地人生活方式的窗口和品牌。

三、北京城市副中心发展夜间经济的后续重点工作

（一）加强规划与建设，提升政策支持力度

一是借鉴上海、成都等地成功经验，编制北京城市副中心发展夜间经济专项规划，将提升夜间经济发展作为北京城市副中心商务服务产业及文旅产业高质量发展的重要组成部分列入政府议事日程。二是积极引导多元化发展，针对不同阶层的消费需求、不同街区的业态特点，谋划符合不同消费者需求和具有时代特征的休闲、餐饮、购物、文化娱乐等消费场所。三是改建、新建一批能够集聚人气、体量大、综合性的相关场所，加大对全国乃至全球休闲、餐饮、购物、演艺等资源的对接、吸引与支持力度，努力布局更多具有北京城市副中心特色的夜间经济街区与商圈，助力北京城市副中心夜间经济繁荣。

（二）突出水域优势，着力打造大运河文化品牌

一是充分利用“大运河”水域优势，整合周边景点，策划、补充更多新兴旅游项目，打造具有地域特色的“夜游大运河”旅游品牌，综合实现经济效益、社会功能以及文化效益。二是进一步激活“蓝色经济”，精心打造滨河景观，营造雅致夜景，加强河景与博物馆、古迹、遗址的观光相结合，特色街区与亮灯工程相结合，形成白天参观旅游、晚上乘船观河景的多时段城市旅游综合体。三是综合开发利用大运河沿岸下沉空间、绿地广场和建筑退台等，建设具有北京城市副中心特色的步行优先、有机串联、弹性混合、地上地下一体化开发的“产居文坊”开放

模式，形成商业氛围浓厚、地上地下交互的夜间经济步行街区带。

（三）集聚多方合力，联动区内旅游项目品牌

一是以北京环球度假区项目为切入点，用好其揽客及外溢效应，加强文化旅游区域内各旅游项目之间的联动与合作，在北京环球度假区附近打造休闲、演艺、购物等特色街区，增加广大市民及游客在北京城市副中心的留宿机会和停留时间。二是强化交通互联互通，完善连接北京环球度假区与其他旅游项目的公共交通设施建设，让游客以最便捷的方式达到各旅游景点，与周边旅游资源形成合力，拓展本地旅游空间。三是培育多元化演艺娱乐生态，依托北京环球度假区、三大建筑以及张家湾、台湖、宋庄等特色小镇差异化功能定位及互动空间，引进国内外优质演出剧目、大型文艺、体育媒体、品牌活动及盛典，打造地标性演出商业消费群落，塑造夜间消费新引擎。

（四）完善管理机制，健全配套设施与公共服务

一是加强北京城市副中心夜间经济管理机制建设，探索以街区为单位设立“夜间经济首席执行官”，与商务、城市管理、交通等部门建立联席制度，形成多元主体统筹所在区域夜间经济发展，提升办事效率。二是完善配套设施，优化消费环境、延长公共交通运营时间、加快地铁干线拓展延伸，开设特定区域间交通专线，大力解决游客出行问题。三是发挥行业协会联盟的自治作用，鼓励夜间经济经营者、消费者及管理者成立自主协会强化管理，在满足市民夜间消费需求的同时，降低扰民噪声和路面拥堵，加强相关区域街面清洁管理，构建舒适、宜商、美丽的夜消费环境。

（区政府办供稿）

大事记

1月

3—5日　中国人民政治协商会议北京市通州区第七届委员会第二次会议召开。大会审议通过政协通州区第七届委员会第二次会议政治决议、关于政协通州区第七届委员会常务委员会工作报告的决议、关于政协通州区第七届委员会常务委员会提案工作报告的决议。

4日　通州区入选第二批全国法治政府建设示范地区和项目名单。

4—6日　北京市通州区第七届人民代表大会第三次会议召开。会议表决通过关于北京市通州区人民政府工作报告的决议、关于北京市通州区2022年国民经济和社会发展计划执行情况与2023年国民经济和社会发展计划的决议、关于北京市通州区2022年预算执行情况和2023年预算的决议、关于北京市通州区人民代表大会常务委员会工作报告的决议、关于北京市通州区人民法院工作报告的决议、关于北京市通州区人民检察院工作报告的决议。

5日　北京市疾控中心通州新址开工建设，项目位于宋庄镇双埠头工业园区，建筑面积12.45万平方米。

9日　设立中共北京市通州区委中关村科技园区通州园工作委员会，为通州区委派出机构，与中关村科技园区通州园管理委员会合署办公，机构规格为副局级。不再保留通州园管委会加挂的北京市通州区人民政府园区管理委员会牌子。

12日　中国工商银行运河商务区绿色支行通过北京国家金融科技认证中心审查，成为全国首家通过"绿色网点"服务认证的金融机构。

31日　北京市2023年第一批重大项目集中开工活动举行。主会场设在通州区。有50个重大项目集中开工，总投资约486亿元；投资超过10亿元的项目有12个，其中通州区3个。

2月

1日　中宣部副部长、国务院新闻办公室主任孙业礼一行到北京城市副中心规划展厅、路县故城遗址、通州"三庙一塔"历史文化区、大运河森林公园调研。

4日　"北京城市副中心建设国家绿色发展示范区——打造国家级绿色交易所启动仪式"在北京城市副中心举行。中央政治局委员、北京市委书记尹力，生态环境部部长黄润秋，中国人民银行行长易纲，北京市委副书记、市长殷勇出席并共同启动国家级绿色交易所建设。通州区人民政府与国家发展改革委价格成本调查中心签约，通州区运河商务区管委会与北京绿色交易所、北京ESG研究院签署ESG领域合作协议，绿色交易所分别与区生态环境局等国家首批气候投融资试点代表地区政府主管部门、中国工商银行股份有限公司等部分金融机构、中国金融电子化集团有限公司等部分行业机构签约。

同日　北京市委书记尹力，市委副书记、市长殷勇到北京城市副中心调研，察看北京城市副中心站综合交通枢纽工程、东六环改造工程建设进展，了解工程总体情况，并在北京城市副中心党工委管委会召开座谈会。

7日　《北京城市副中心拓展区规划（2021年—2035年）》获市政府批复。拓展区规划从规模管控、功能疏解、生态保护、非建设空间管控、城市设计、城镇体系、民生保障等方面，逐项分解北京城市副中心控规各项目标、指标、管控要求，是拓展区各类开发保护建设活动的依据。

同日　北京城市副中心（通州区）"以案为鉴、以案促改"警示教育大会召开。大会以视频形式扩大到全区科级以上干部。与会人员集体观看警示教育片《歧"陆"人生》，会上通报了2022年全区警示教育大会以来受处分的处级干部名单。

9日　通州区残疾人联合会第六次代表大会召开。会议审议并通过了区残联工作报告；选举产生区残联第六届主席团委员、主席、副主席，以及通州区出席市残联第八次代表大会的代表人选；推举产生执行理事会理事长、通过副理事长及理事人选；选举各专门协会主席、副主席；推举市残联第八届主席团委员候选人。

16日　中国共产党北京市通州区第七届纪律检查委员会第三次全体会议召开。全会深入贯彻党的二十大精神，传达学习二十届中央纪委二次全会和市纪委十三届二次全会精神，总结全区2022年纪检监察工作，安排部署2023年重点任务。

17日　通州区2022年度街道、乡镇和系统党（工）委书记抓基层党建述职评议会召开。对2022年基层党建工作进行盘点，对"一把手"履行党建第一责任人职责情况进行评议。

23日　由通州区政府指导，FOFWEEKLY（母基金周刊）、中央财经大学主办，中央财经大学经济与社会发展研究院、中财龙马、华夏理财联合主办的2023全球机构投资者论坛在北京国际财富中心举办。此次论坛汇集海内外200余名优秀金融业界代表和经济学人，以大资管视角捕捉资管全球化进程中的中国机会，为全球变局中的中国经济改革与发展建言献策。

同日　《中国（北京）自由贸易试验区国际商务服务片区通州组团三年行动方案》发布，立足通州组团产业发展基础，探索差异化、特色化发展路径，打造"绿色自贸""创意自贸"两大品牌，布局财富管理、城市科技、文旅消费、京津冀协同等"两区"特色赛道。

24—26日　第五届全球财富管理论坛在北京城市副中心举办。论坛以"经济重构中的财富管理态势"为主题，数十名海内外政商学界人士与专家学者，围绕经济复苏与财富管理机遇、提升北京城市副中心产业能级、完善金融服务等议题，探讨在当前国内国际形势下的财富管理行业趋势，为北京城市副中心建设全球财富管理中心献计献策。

25日　第三届全息数字经济与元宇宙产业生态峰会在北京城市副中心举行。峰会发布《关于中国元宇宙与数字经济发展战略的十二条共识》《全球元宇宙产业共创计划》《未来三年九大预判——元宇宙＋教育展望报告（2023）》。参会嘉宾围绕数字资产、双碳战略、数字孪生等热点话题，带来了30余场主旨演讲。在圆桌对话环节，嘉宾围绕“数字经济与元宇宙建设”以及“元宇宙如何助力实体经济”两个热点议题展开深度探讨。

28日　2023年北京城市副中心“欢乐通州·欢乐购”消费季正式启动。依托北京城市副中心“一带两核三镇多点”消费资源特色，打造28个北京城市副中心消费季标志性活动，助力全区域消费进一步提档升级。

3月

2日　通州区召开领导干部大会，宣布市委决定：赵磊不再兼任中共北京市通州区委员会书记、常委、委员职务；孟景伟任中共北京市通州区委员会书记；郑皓任中共北京市通州区委员会副书记，提名为北京市通州区人民政府区长人选。

同日　通州区政府与理实国际投资管理（北京）有限公司签署战略合作协议。

3日　《北京城市副中心文化旅游区发展建设三年行动计划（2023—2025年）》正式印发，建设文旅商体融合发展示范区，打造“文化旅游新地标、文创科技新高地、国际交流新窗口”。

6日　通州区社会建设工作领导小组2023年第一次会议暨北京城市副中心（通州区）“深化基层治理年”工作部署会议召开。会议巩固2022年基层治理工作成果，部署了2023年北京城市副中心（通州区）“深化基层治理年”工作，为通州区基层治理首席专家颁发了聘书。

同日　通州区“接诉即办”工作大会召开。会上观看了通州区2022年“接诉即办”总结片，宣读了北京市通州区关于表扬2022年度“接诉即办”工作优秀典型的决定，通报了2022年通州区“接诉即办”工作情况及下一步工作要点；群众代表为“最可爱办件人”颁奖，社区（村）优秀办件人、“最可爱办件人”和群众代表作交流发言。

7日　北京城市副中心管委会首次作为行使主体正式承接文旅产业审批权限，共计3类21项。

8日　通州区庆祝“三八”国际劳动妇女节主题活动暨京津冀“三八服务季”活动启动。

9日　通州区第七届人民代表大会常务委员会第十一次会议召开。会议通过《关于接受孟景伟辞去北京市通州区人民政府区长职务请求的决定》《关于郑皓代理北京市通州区人民政府区长职务的决定》。

16日　天津市武清区党政代表团到通州区考察，全面学习贯彻中共二十大和全国两会精神，深入贯彻中共中央总书记习近平关于推进京津冀协同发展重要讲话和重要指示精神，认真落实天津市党政代表团在京考察相关精神，携手做好协同大文章、服务协同大战略，共同唱好京津“双城记”，打造高水平区域协作样板。双方举办座谈交流会，分别介绍两地经济社会发展和推进京津冀协同发展有关情况。

20日　北京城市副中心2023产业高质量发展大会召开。会上发布了北京城市副中心“千亿投资重大项目”“重点产业三年行动计划”“产业专项政策”“产业空间地图”“2023年应用场景清单”“智能建造未来城市计划”等内容；涵盖央企、平台协会、现代种业、智能建造、科技创新、文化旅游、金融、服务存量8大类22个重大项目进行集中签约。

22—24日　第四届国际工业信息安全应急大会首次在北京城市副中心举办。来自21个国家和地区的政府官员、国际组织代表、企业家、专家学者等200余人现场参会。大会围绕“共话安全，共赢发展，共建开放协同新生态”主题，邀请地方政府、行业主管部门、行业专家、企业代表等出席并做主题演讲，开展应急演练、论坛交流、应急大赛、投融资路演等多项精彩活动。

23日　2022年度“十大副中心警察之星”揭晓仪式举办。仪式由忠诚纯洁显担当、雷霆出击扬正气、人民至上谱新篇3个篇章组成。现场通过播放短片、互动访谈、颁发奖杯等形式，集中展示10名“副中心警察之星”的风采事迹。

25日　由北京大学人民医院主办、通州区人民政府指导的首届大运河医学论坛在北京城市副中心开幕。论坛以“大运河”为媒，为“医疗”而聚，主题为“推动京津冀医疗一体化发展，促进医产协同融合创新，助力北京城市副中心高质量发展”。设1个主论坛和12个分论坛，搭建了符合京津冀区域诊疗需求的学科集群和“医产协同创新基地”，成立了“京津冀医联体联盟”。

27日　通州区处级领导干部学习贯彻党的二十大精神集中轮训班启动。轮训以学习贯彻党的二十大精神作为主线，共分4期，每期5天，采取在区委党校集中授课研讨、在各单位集体学习交流相结合的“3+2”（区委党校集中授课研讨3天、各单位集体学习交流2天）方式开展。轮训内容围绕党的二十大提出的一系列重要思想、重要观点、重大战略、重大举措，引导干部在全面学习、全面把握、全面落实上下功夫，不断推进北京城市副中心高质量发展。

4 月

1 日　通州区举办森林火灾扑救综合演练。演练模拟台湖镇永隆屯路东侧突发森林火情，区森林防火指挥部接到增援请求后，立即启动区级响应，组织会商研判，迅速转移群众，全力开展火灾扑救。

3 日　以“履行植树义务、共建美丽副中心”为主题的通州区 2023 年春季大型义务植树活动在张家湾公园举行。全区 57 家机关事业单位 1800 余人参加。

7 日　中关村科技园区通州园管委会与北京科技大学机械工程学院签署战略合作框架协议。

8 日　以“履行植树义务 共建美丽中国”为主题的 2023 年共和国部长义务植树活动在张家湾公园举行。

9 日　2023 北京城市副中心马拉松赛事在通州区举办。该届赛事是 2023 年在北京市举办的首场全程马拉松赛事，起点为北京（通州）大运河文化旅游景区北区燃灯塔景区前，终点为北京（通州）大运河文化旅游景区中区的运河奥体公园，近万名选手参加。

12 日　通州区投资促进服务中心与北京智慧空间科技有限责任公司、北京立思辰融创科技有限公司、北京环宇博亚科技有限公司签署战略合作协议。

16—20 日　区委书记孟景伟率队到上海市、杭州市、深圳市和成都市考察，深入学习四地在深化改革开放、国际消费中心城市建设、智慧城市建设、社会治理、大运河文化保护传承利用等方面的先进经验和特色做法。

23 日　2023“书香副中心”全民阅读活动启动仪式举行。活动以“书香副中心 阅览新画卷”为主题，设置“只此在通州——李贽的人生归宿”“曲径通幽——南大街的‘前世今生’”“运河寻踪——张家湾里的红楼印记”等 5 幅画卷，展示通州深厚的文化底蕴与文脉资源。

26 日　通州区“大学习、大调研、大讨论”，实现“强素质、强作风、强效能”（简称“三大三强”）活动动员部署会召开，对“三大三强”活动作全面解读和具体部署。

5 月

9 日　通州区推进全国文化中心建设领导小组会议召开。会议总结回顾通州区大运河文化带建设进展和成果，研究 2023—2025 年工作计划，部署 2023 年重点任务。

18 日　位于宋庄镇的全国首家声音艺术博物馆正式揭幕。博物馆院落面积 8200 平方米，展览空间面积 6400 平方米，是全国首个有关声音艺术的博物馆。19 日，正式对外开放。

22 日　市委书记尹力围绕“深入学习贯彻习近平新时代中国特色社会主义思想，高水平建设城市副中心，推动京津冀协同发展不断迈上新台阶”主题到北京城市副中心调研，实地察看第二批市级机关搬迁工作进展和配套设施建设、安贞医院通州院区项目建设、台湖图书城提升改造项目建设、国家大剧院台湖舞美艺术中心建设运营等情况。

23 日　通州区“两区”工作领导小组 2023 年第一次全体会议召开。会议传达学习市“两区”工作领导小组会议精神，总结 2022 年通州区“两区”工作情况，部署下一阶段重点工作。

25 日　2023 新区汇——城市新区发展与传播论坛在北京城市副中心举办。论坛以“共促高质量创新发展”为主题，邀请多名国家级新区代表和相关领域知名专家共同探讨如何主动顺应新形势，共同分享新区建设的发展机遇。

29—30 日　通州区第七届人民代表大会第四次会议召开。大会选举郑皓为北京市通州区人民政府区长。

6 月

5 日　河南省平顶山市党政代表团到北京城市副中心调研，并到北京城市副中心规划展厅、远洋乐堤港、漷县镇甘李药业股份有限公司等地实地参观。

6 日　通州区关心下一代工作会召开。会议传达了通州区《关于加强新时代关心下一代工作委员会工作的实施办法》的重点内容，授予北苑街道关工委等 10 个单位“先进关工委”、张家湾镇运河瓷画艺术馆等 12 个单位“品牌建设奖”、榆林庄村等 57 个关工小组“先进关工小组”、刘如贵等 104 人“关心下一代先进工作者”、田一墨等 87 名学生“文明好少年”荣誉，并宣读新获批的 10 家青少年校外教育基地名单。

20 日　河北雄安新区代表团到北京城市副中心考察，并开展座谈。座谈会上，双方共同签署《北京城市副中心管理委员会 河北雄安新区管理委员会战略合作协议》。

25 日　“北京城市副中心医产协同创新中心”授牌典礼暨战略合作集中签约仪式在首都医科大学附属北京潞河医院举行。潞河医院与首批战略合作企业理实国际投资管理（北京）有限公司、甘李药业股份有限公司、北京市春立正达医疗器械股份有限公司、北京福元医药股份有限公司、北京诺思兰德生物技术股份有限公司、百洋医药集团有限公司签署框架合作协议。

同日　“1864——北京韩美林艺术馆熊猫特展”暨“向阳而生——北京韩美林艺术馆十五周年再出发”启动仪式在北京城市副中心举行。26 日，对公众开放。

25—27 日　区委副书记、区长郑皓带队到内蒙古自治区通辽市奈曼旗、赤峰市翁牛特旗，考察京蒙东西部协作工作，并召开座谈会。

26日　北京市委、市政府安全生产第二督察组进驻通州区见面会召开。该次督察主要任务是贯彻落实市委、市政府决策部署，以提升安全发展意识、落实安全生产责任制为督察工作主线，以消除安全生产监管盲区、理顺安全生产机制为主攻方向，督任务、督进度、督成效，察认识、察责任、察作风，着力解决影响安全生产和消防工作的突出隐患问题，确保安全生产和火灾隐患大排查大整治工作取得实效。同时，对通州区整改落实2022年市委、市政府安全生产综合督察反馈意见情况进行“回头看”督察。

30日　北京市十六区“一把手”谈贯彻落实党的二十大精神系列主题新闻发布会——通州区专场召开。区委书记孟景伟，区委副书记、区长郑皓出席发布会，介绍通州区推动北京城市副中心高质量发展情况，围绕建设国家绿色发展示范区、开展“三大三强”活动主要抓手、北京城市副中心产业发展成效等问题答记者问。

同日　由远洋集团独立打造、位于北京城市副中心的商业综合体项目——远洋乐堤港正式开业。远洋乐堤港商业综合体总建筑面积37万平方米，包括两栋LEED&WELL双金认证写字楼和10万平方米的购物中心，为运河商务区六大商业综合体之一。

7月

3日　区委书记孟景伟率通州区党政代表团到河北省廊坊市北三县考察，实地察看香河县大爱城大爱书院养老中心、大厂县中航试金石检测科技公司、金隅天坛家具有限责任公司、三河市京津冀（三河）人力资源服务产业园和京津冀国家技术创新中心燕郊中心等地后，就深化合作、推动两地一体化高质量发展等事项进行座谈交流。

5日　通州区召开“三大三强”活动推进会，总结全区“三大三强”活动开展情况，研究部署下一步工作。会上，潞源街道、梨园镇、潞城镇等9家单位通过现场发言和书面报告方式，进行“三大三强”活动经验交流。

6日　2023全球数字经济大会：Web3.0发展趋势专题论坛暨2023区块链、元宇宙蓝皮书发布会（第七届）在北京城市副中心举办。论坛以“新引擎 新要素 新生态”为主题，邀请众多专家学者汇聚一堂，把脉数字经济发展方向，共话数字经济发展新趋势，助力北京建设全球数字经济标杆城市。论坛发布了《中国区块链发展报告（2023）》、《中国元宇宙发展报告（2023）》及产业图谱。

10日　中国共产党北京市通州区第七届委员会第六次全体会议召开。全会审议通过了《中共北京市通州区委关于贯彻落实中共北京市委十三届三次全会精神深入推进京津冀协同发展的实施方案》。全会按照党章和党内有关规定，决定同意董亦军辞去区委委员职务，递补区委候补委员孙雪松为区委委员。

18日　市委书记尹力围绕“深入学习贯彻习近平新时代中国特色社会主义思想，推动城市副中心文旅产业高质量发展”主题到北京城市副中心调研文旅产业发展情况。

19日　区委书记孟景伟率通州区党政代表团到西城区学习考察，学习西城区先进经验做法，进一步深化双方对接交流，加快承接中心城区优质溢出资源，不断推动两区结对合作走深走实。

21日　北京市政协“副中心有我”委员工作室成立，并围绕“推进村居融合，深化基层治理”议题举办首场协商议事活动。

23—28日　区委副书记、区长郑皓率通州区党政代表团到上海市，福建省莆田市、福州市考察。

29日　2023数字科技创新发展大会在北京城市副中心举办。大会以“数字三航 智胜未来”为主题，来自工业软件、电子技术、数字科技等领域的领军企业、科研院所、社会团体和投融资机构代表参会。会上，西北工业大学北京研究院战略咨询委员会揭牌成立。

31日　通州区网络安全产业集群入选2023年北京市中小企业特色产业集群。

8月

2日　内蒙古自治区赤峰市翁牛特旗党政代表团到通州区考察对接东西部协作工作，就深化两地对口合作相关工作座谈交流。

8日　区委书记孟景伟带队到房山区京港澳高速兴礼大桥右堤、107国道琉璃河大桥和琉璃河水泥厂桥洞等地查看受灾情况，和房山区对接结对帮扶和灾后重建工作，并召开座谈会。

9日　区委书记孟景伟带队到门头沟区永定河和城子街道对接帮扶工作，并召开座谈会，全力支持门头沟区开展抢险救灾和灾后恢复重建各项工作。

15—16日　区委书记孟景伟带队到拉萨市城关区考察对接对口支援工作，并召开座谈会。

19日　清华大学党委副书记、校长王希勤一行到五道口金融学院、友谊医院通州院区、安贞医院通州院区、儿研所通州院区、市级行政办公区、北京城市副中心三大文化建筑、城市绿心森林公园调研。

21日　东六环入地改造工程实现双向隧道贯通，标志着中国最长盾构高速公路隧道实现双线贯通。

24日　北京城市副中心建设国家绿色发展示范区新型电力系统实验基地揭牌。

28日　“运河上的世界”2023“遇见·运河”城市探

访系列活动启动。启动仪式介绍2023年系列活动整体安排及亮点，发布通州区升级版文旅线路、通州区大运河创新传播项目等内容，北京大运河文化旅游发展有限公司等一批文旅商体企业进行战略合作签约。

9月

2日　通州区人民政府与海昌海洋公园控股有限公司签署战略合作协议。

5日　“运通天下 未来之城”走进北京城市副中心主题活动在2023中国国际服务贸易交易会上举办，活动通过“洞见·发展蓝图”“盘点·时代硕果”“智引·携手同行”三大板块系统呈现了北京城市副中心“两区”建设丰硕成果，涵盖专业服务、城市建设、文创IP和绿色科技等领域19个新引进项目在活动现场签约。

同日　平谷区党政代表团到北京城市副中心调研考察。代表团一行先后到北京城市副中心规划展厅、大运河森林公园和北京通州国际种业科技园区，了解北京城市副中心规划建设成果、大运河国家AAAAA级旅游景区创建及种业大会筹备情况等，进一步对接服务北京城市副中心建设，共话平谷区与通州区合作共赢高质量发展。

7日　通州区召开生态环境保护大会，传达全国和北京市生态环境保护大会精神，总结全区生态环境保护工作，部署下一步任务。

8日　市委书记尹力，市委副书记、市长殷勇围绕“深入学习贯彻习近平新时代中国特色社会主义思想，加快推进‘两区’建设”到北京城市副中心调研，实地察看运河商务区、张家湾设计小镇招商引资、交通配套等情况。

9日　2023年北京城市副中心医产协同大会召开。大会以“医产联动 共谋发展”为主题，采用“线下会议+视频直播”的方式举办。会上推介了北京城市副中心及医药健康产业，发布了《医产协同发展白皮书（2023）》，成立了理实国际医产协同发展研究院，医产协同发展联盟正式启动。

11日　温潮减河工程正式进场施工。温潮减河工程是“通州堰”分洪体系的最后一项工程，连通温榆河与潮白河两个流域水系，可将汛期温榆河洪水提前分至潮白河，补齐“通州堰”分洪体系最后一块拼图。

11—14日　第三十届中国北京种业大会在北京通州国际种业科技园区举办。大会以“一粒种子 改变世界 种业振兴 北京先行”为主题，举行主论坛和6场专业论坛、3场展览展示、多项专场活动，聚焦农作物、禽畜、水产、林果、微生物种业等专业领域，搭建具有国际性、引领性、务实性特色的种业交流交易平台。

15日　通州区召开学习贯彻习近平新时代中国特色社会主义思想主题教育部署会。

18日　阿联酋国际投资年会中阿国际资本中心、中阿国际财富中心联盟、中国办公室三大金融协作项目正式落户北京城市副中心。

19日　2023年北京通州·河北廊坊北三县项目推介洽谈会在大厂回族自治县举办。推介洽谈会以“推进一体化·携手上台阶”为主题，会上签约合作项目共50个，意向投资额约426.81亿元，涉及产业、交通、公共服务、现代服务业等领域。

同日　2023“运河有戏”演出季暨开心麻花喜剧生活节在大运河文化旅游景区北区开幕。

21日　北京城市副中心“两区”顾问委员会第三次全体会议召开。30余名顾问委员、委员代表出席。会上介绍了“两区”顾问委员会的工作情况，为新增补委员颁发了聘书，各界顾问委员围绕副中心“两区”建设中的重点领域、迫切问题开展讨论。

同日　2023北京国际设计周开幕活动在张家湾设计小镇北京国际设计周永久会址举行。2023北京国际设计周以“开放创新”为主题，举办9大重点板块、1个特别行动板块，近1000场活动，来自20余个国家和地区的1000多名设计机构和设计师代表齐聚北京，交流研讨，共同创意，充分彰显北京作为“设计之都”的独特魅力。开幕活动还举办了北京国际设计周永久会址揭牌仪式。

22日　通州区与河北省廊坊市三河、大厂、香河三县（市）一体化高质量发展示范区执行委员会揭牌。执委会主要负责研究拟订制度规则、重点规划、工作要点、支持政策、改革事项、重大项目等，协调各方面推进落实。

同日　2023年“运河清风”廉洁文化系列活动——“清风吹来的时候”文艺活动举办。

同日　招商银行北京城市副中心分行正式开业。通州区政府与招商银行北京分行签署金融科技联合实验室框架合作协议。

25日　首届北京网络视听艺术大会在北京城市副中心开幕。大会以“新领域新文艺·好内容创未来”为主题，设立1场开幕式暨高峰研讨、5场主题研讨、4场名师创享和网络视听文艺系列活动。

30日　通州区烈士纪念日公祭仪式在大运河森林公园周文彬烈士雕像前举行。

9月 张家湾车辆段综合利用项目正式命名为“湾里”。

10月

6—8日　首届大运河音乐节在北京城市副中心运河文化广场举办，共演出《潮涌大运河——京津冀三团交响音乐会》《运河奔腾之夜——杭盖与铜管跨界音乐会》《运河奇幻之夜——致敬中国动画百年上美影视听交响音乐会》《荣耀征战之夜——王者荣耀电竞交响音乐会》4场音乐会。

11日 区委书记孟景伟以“感悟思想伟力，踔厉奋发前行，全力推动习近平新时代中国特色社会主义思想在城市副中心形成生动实践”为主题，为全区党员干部讲主题教育专题党课。

16日 区委副书记、区长郑皓以“学深悟透强本领，细照笃行勇担当，以实际行动答好‘二十年之问’”为主题，围绕深入学习习近平新时代中国特色社会主义思想，充分结合北京城市副中心实际，进行主题教育专题党课。

17日 区委书记孟景伟到北京市“12345”市民热线服务中心，参加“热线连你我诉求马上办——听民意解民忧”第九季通州区专场活动，现场接听受理群众电话。

21日 2023国际体育（北京）嘉年华在北京城市副中心运河文化广场开幕。嘉年华以“体育无界，通联全球”为主题，围绕“首发首秀、高端品牌、精品内容、全民健身、国际参与”五大特色亮点，立足于全球体育前沿高端时尚品牌，展示高精尖产品，旨在搭建全球体育创新型消费展示交易平台。

26日 区委书记孟景伟带队到北京经济技术开发区考察对接，进一步加强两地交流合作，深入推进通亦协同发展。

同日 2023年京津冀基金与企业融资对接会在北京城市副中心举办。活动设置主论坛和专题路演2个阶段，包括主题发言、圆桌论坛、政策解读、启动仪式、签约仪式、专场路演6个环节。活动现场，10只京津冀基金代表与23家企业代表签约，签约投资额25亿元。

28日 央地青联助力“五子”联动之北京城市副中心行暨京津冀协同发展青联联盟成立活动在北京城市副中心举办。活动中，北京市、天津市、河北省青联签订了《京津冀三地青联组织合作框架协议》，北京市通州区、海淀区、石景山区青联，天津市武清区、南开区、和平区青联，河北省廊坊市、唐山市、张家口市青联分别达成合作共识，并签订了相关合作协议。

11月

1—2日，2023年（第四届）北京城市副中心绿色发展论坛在城市绿心活力汇举办。论坛以“打造绿色发展的现代化城市样板”为主题，首次设立主会场和分会场。采用“1+4+1”（1场开幕大会、4场专项活动和1场闭幕大会）办会模式。共2000余人次参加，超200万人次线上观看直播。

9日 天津市宁河区党政代表团到北京城市副中心考察，并召开座谈会，双方签订《天津市宁河区人民政府 北京市通州区人民政府产业联动协同发展战略合作框架协议书》。

13日 2023中国大运河文化带京杭对话暨北京（国际）运河文化节在北京城市副中心开幕。活动以“传承运河文化 赋能美好生活”为主题，通过主题演讲，从活化运河文化、文旅融合、协调发展、文化惠民、国际运河文化交流互鉴等多个角度，分享大运河文化保护传承利用建设经验。活动发布大运河北京段文博领域建设成果和《中国大运河生活图鉴》。

同日 全国博士后管理委员会印发《关于同意北京景观园林设计有限公司等88家博士后科研工作站分站备案的通知》，中关村科技园区通州园新增6家企业分站。

18—19日 2023“通州·全球发展论坛”在北京城市副中心举办。论坛以“共促全球发展，构建共同未来”为主题，发布主题报告《以发展为解决之道 以全球为发展平台》，设立4场平行分论坛，分别围绕“全人类共同价值与全球发展”“中国式现代化与全球经济发展”“全球发展与全球治理体系重构”“合作共赢：寻找全球发展的新增量”等主题展开讨论。举办“通州大运河与世界文明”文化对谈和“数字经济与全球发展”战略咨询会。

19日 第一届（2023）保险科技数智大会暨保险科技数智创新联合体筹备会在北京城市副中心举办。通州区人民政府受邀指导，中国保险行业协会、中国保险学会、中国精算师协会以及来自150余家保险企业、保险科技企业、科技企业及高等院校、研究机构近300名企业高管、行业资深学者专家出席会议。会上发布《大模型技术深度赋能保险行业白皮书》。

20日 通州区首次重大投资项目融资意向签约会在北京城市副中心举办。8个重大项目与13家金融机构达成合作意向。重大项目涵盖基础设施、民生改善、产业发展等多个领域。

28日 2023网络安全行业生态大会在北京城市副中心举办。大会以“聚势共融·链接未来”为主题，嘉宾围绕“集成电路硬件安全威胁与研究挑战”“数据安全产业发展现状及展望”“需求牵引，推动网络安全产业高质量发展”等发表演讲。对《信息技术应用创新+信息安全》进行解读。大会发布《2023年中国网络安全产业年度盘点及前瞻洞察》报告。举行了北京通州网络安全产业园区运营管理有限公司、北京通州商务园开发建设有限公司战略合作签约仪式和2023网络安全金帽子年度颁奖盛典。

29—30日 第二十六届北京·香港经济合作研讨洽谈会——北京城市副中心产业高质量发展推介会在香港会展中心举办。推介会上，通州区就副中心营商环境及投资机遇作主旨推介；北京城市副中心国际招商联络站揭牌仪式、投资北京城市副中心合作伙伴授牌仪式举行；区投资促进服务中心、运河商务区、中关村科技园通州园分别与鑫桥联合金融控股集团（香港）、香港金融发展协会、杭州泰格医药科技股份有限公司等签约。

30日 市委书记尹力围绕“深入学习贯彻习近平新

时代中国特色社会主义思想，推进国家绿色发展示范区建设”主题，到北京城市副中心新型电力系统实验基地、新源劲吾（北京）科技有限公司、北京绿色交易所等地调研并指导开展第二批主题教育。

12月

4日　通州区“以案为鉴、以案促改”警示教育大会召开。大会以视频形式扩大到全区科级以上干部。与会人员集体观看警示教育片《一劳“永利”终成空》和《欲随权长 坠入深渊》，区委书记孟景伟剖析一年来查处的典型案例，以及监督检查、全面从严治党责任检查中发现的问题。

7日　2023全球财富管理论坛在北京城市副中心开幕。论坛聚焦“以金融高质量发展助力增长与开放”主题，深入探讨财富管理趋势以及跨境金融、绿色金融、养老金融、金融科技等焦点话题。开幕式上，举行了北京城市副中心金融支持国家绿色发展示范区建设启动仪式和工银科技有限公司、农银金融科技有限责任公司、北京中关村科金技术有限公司、中国保险科技数智创新联合体等金融科技企业组织入驻北京城市副中心揭牌仪式。

8日　中关村科技园区通州园管委会与首都经济贸易大学签订战略合作协议。

11日　第二批市级机关启动搬迁，涉及30家市级部门、1家国家机关单位、4家市级机关所属单位，共计1万余人，集中搬迁至北京城市副中心行政办公区。

12日　通州区与河北省三河、大厂、香河三县市一体化高质量发展示范区执行委员会第一次全体会召开。会议听取通州区与北三县一体化高质量发展示范区执委会工作规则、成员单位工作协调机制、2023年工作要点完成情况及2024年工作初步安排、干部管理办法的汇报。

同日　区委书记孟景伟率通州区党政代表团带队到朝阳区学习考察并进行工作座谈，深化对接交流，持续推动两区结对合作走深走实，携手谱写“主副共兴”新篇章。

20日　通州区与河北省三河、大厂、香河三县市一体化高质量发展示范区理事会第一次会议召开。会议审议通州区与北三县一体化高质量发展示范区执委会工作规则、2023年工作要点完成情况及2024年工作初步安排。

22日　区委书记孟景伟率通州区党政代表团到海淀区学习考察并进行工作座谈，深化两区对接交流合作，推动结对工作走深走实，为推进北京城市副中心高质量发展增添新动能。

25日　中共北京市通州区第七届委员会第七次全体会议召开。全会深入学习贯彻党的二十大精神和中央经济工作会议精神，深入践行中共中央总书记习近平对北京城市副中心重要指示要求，全面落实市委十三届四次全会精神，审议通过《通州区委关于答好市委“二十年之问”加快打造中国式现代化进程中城市发展样板的实施意见》《通州区委关于答好市委“二十年之问”加快打造中国式现代化进程中城市发展样板的三年行动计划》，总结2023年工作，研究部署2024年各项任务。

26日　北京城市副中心站综合交通枢纽首片“京帆”屋盖钢结构亮相，项目主体工程结构施工完成85%。

27日　北京城市副中心三大文化建筑——北京艺术中心、北京城市图书馆、北京大运河博物馆开放仪式在北京大运河博物馆举行。

区情概览

基本地情

【位置面积】 通州区位于北京市东南部，京杭大运河北端。地理坐标北纬 39° 36′ ~ 40° 02′，东经 116° 32′ ~ 116° 56′。西邻朝阳区、大兴区，北与顺义区相接，东隔潮白河与河北省三河市、大厂回族自治县、香河县相连，南和天津市武清区、河北省廊坊市安次区交界。东西宽 36.5 千米，南北长 48 千米，面积 905.95 平方千米。

（通鉴编）

【地形地貌】 通州区地处永定河、潮白河洪冲积平原，地势自西北向东南倾斜，地面高程 8.2 ~ 27.6 米，南北相对高差近 20 米，局部地区略有起伏。

（通鉴编）

【气 候】 通州区属暖温带大陆性半湿润季风气候区。2023 年，通州区平均气温 13.1℃，最高气温 40.2℃，出现在 7 月 6 日，最低气温 -18.7℃，出现在 12 月 17 日。年降水量 558.4 毫米，最长连续无降水日数 60 天，日最大降水量 100.5 毫米，出现在 7 月 30 日。

（通鉴编）

【水 系】 通州区地势低凹，多河汇聚，自古有“九河末梢”之称，境内各河流分属海河流域的北运河水系和潮白河水系。北运河水系流域面积 791 平方千米，占 87%；潮白河水系流域面积 115 平方千米，占 13%。境内 4 级以上流域面积超过 10 平方千米的河流 26 条，境内河长 271 千米。北京城市副中心核心区范围主要涉及河道有温榆河、北运河、潮白河、运潮减河、通惠河、小中河、中坝河、凉水河、萧太后河、玉带河、镜河、减运沟、翟减沟、小盐河、南北凉运河等，除运潮减河、潮白河、翟减沟属潮白河水系外，其余均属北运河水系。

（通鉴编）

【动植物】 通州区有野生植物 163 种，人工栽培植物 155 种，野生 / 人工栽培物种 11 种，野生植物资源主要为菊科（Asteraceae）、禾本科（Poaceae）以及莎草科（Cyperaceae）植物。鸟类有 146 种，隶属于 17 目 42 科，其中雀形目 22 科 68 种，为优势类群；其次为雁形目鸭科 18 种；鸻形目 6 科 14 种。根据鸟类居留型划分监测到旅鸟 55 种，留鸟 26 种，夏候鸟 34 种，冬候鸟 30 种。监测到国家一级保护动物 2 种，为大鸨（Otis tarda）和白尾海雕（Milvus migrans），国家二级保护动物 19 种；北京市重点保护野生动物 50 种。

（通鉴编）

【地方特产】 通州区地方特产主要有咯吱盒（又名咯吱合、咯炸盒、饹馇饸）、大顺斋糖火烧、西集大樱桃、张家湾葡萄等。

（通鉴编）

【地 热】 通州区地热资源较为丰富，主要分布于北部和中、西南部地区，属盆地传导型中低温地热田。通州区地热田分 4 个区块，其中 1 区块位于北京市李遂地热田的通州区部分，包括宋庄镇东北一小部分地区。2 区块位于北京市天竺地热田的通州区部分，包括宋庄镇西北大部分地区。3 区块位于双桥地热田的通州区部分，包括宋庄镇东南部地区、永顺镇东南大部分地区、城区西北大部分地区、梨园西北大部分地区和潞城西北一小部分地区。4 区块分为两块，同属北京市凤河营地热田，包括潞城镇东南部地区、张家湾镇东南部地区、于家务乡南端和北端一小部分地区、西集镇西部大部分地区、漷县镇西北大部分地区、永乐店镇西北和西南端一小部分地区。

（通鉴编）

人口 民族 宗教

【人 口】 通州区有户籍人口 417148 户 859566 人（男 423675 人、女 435891 人），其中非农业人口 609638 人、农业户口 249928 人。全年登记出生 6102 人（男 3010 人、女 3092 人），死亡 9777 人（男 5526 人、女 4251 人），迁入 26921 人［省内迁入 16817（跨区）人、省外迁入 10104 人］，迁出 13177 人［迁往省内 12799（跨区）人、迁往省外 378 人］。

（通鉴编）

【民 族】 通州区有汉族、满族、回族、蒙古族、朝鲜族、土家族、壮族、苗族等 54 个民族，少数民族人口约 8.7 万人。有 1 个民族乡、3 个民族工作重点乡街镇，5 个民族村。

（通鉴编）

【宗 教】 通州区有区级宗教团体 3 个，分别是区伊斯兰教协会、区天主教爱国会、区基督教“三自”（自治、自养、自传）爱国运动委员会。有教职人员 41 名，其中阿訇 17 名、天主教神父 7 名、基督教牧师 3 名、法师 5 名、道长 9 名。有依法登记的宗教活动场所 15 处，包括佛教寺庙 1 座、道教宫观 1 座、清真寺 9 座、天主教堂 3 座、基督教堂 1 座。

（通鉴编）

历史人文

【历史沿革】 通州历史悠久，早在新石器时代（约公元前 18000—前 1800 年），境域内就有人类在此繁衍生息。西汉初年建路县，先后改称通路亭、潞县、通州、通县、通州区，距今已有 2200 多年建置史。汉高祖十二年（公元前 195 年）设县建城，因紧邻秦朝修建的蓟襄驰道，故名

"路县"。东汉、三国、两晋、南北朝、唐、五代十国期间称潞县（因潞水改名，今北运河，改路为潞），辽时分为潞县和漷县。金天德三年（公元1151年），海陵王完颜亮取京杭大运河"漕运通济"之意在此设州，正式称"通州"。此后，虽然通州所辖地域多有变化，但一直称通州。民国时期称通州为通县，属河北省。1949—1950年称通县，1954年分设通县和通州市，1958年3月通县、通州市由河北省划归北京市后，合并称为北京市通州区。1960年复称通县。1997年4月，撤销通县设立通州区。2016年3月24日，中央政治局常委会会议对北京城市副中心规划建设作出重要指示；5月27日，中央政治局会议研究部署规划建设北京城市副中心。2017年9月13日，中共中央、国务院批复《北京城市总体规划（2016年—2035年）》，高水平规划建设北京城市副中心。

（通鉴编）

【行政区划】 1949年10月，通县设8个区。1950年6月，通州镇划归县属，区划进行局部调整，全县设7个区、1个镇。1952年12月，全县辖9个区。1953年，区下设乡，全县设128个乡，辖518个行政村。1956年3月，将孙河、金盏、北皋、上新堡、崔各庄、前苇沟、长店等7个乡、22个村划归北京市东郊区（今朝阳区）管辖。1956年7月，撤销区建置，将120个乡合并为44个乡，辖482个自然村。1958年4月，县、市同时划归北京市后，合并建立北京市通州区，增设城关乡和通州镇建置，全区设45个乡、1个镇，其余44个乡名、驻地、辖域未变。5月，长营、公主坟、楼梓庄、咸宁侯等4个乡划归朝阳区管辖。郑庄乡所属大羊坊、南双桥、康村、大碱庄等4个村划归朝阳区、南苑区管辖，其余41个乡合并为23个乡、1个镇。1958年9月，撤销上述23个乡、通州镇和双桥农场，组成9个人民公社。10月，双桥人民公社划归朝阳区管辖，全县辖8个人民公社，下设34个管理区，区下为大队。1961年7月，除通州镇公社外，将其余7个公社划为32个公社，为便于管理，设置7个工委管区。1965年5月，将全县33个人民公社合并为15个人民公社，通州镇公社改设镇建置，只辖镇内街巷居住区，原所属生产大队划入城关公社。1972年增设梨园公社、大杜社公社，全县划17个公社、1个镇和448个大队。1983年3月，撤销人民公社建制和大队称谓，恢复乡、村称谓；同时在原永乐店公社设县辖区，下设6个乡。1990年将城关、梨园、宋庄、徐辛庄、西集、漷县、张家湾、牛堡屯、次渠、马驹桥10个乡改为镇。1997年撤县设区，撤销通州镇及其所属西城、南城、北城、东城、新建、运河、北苑7个街道办事处，设立通州区北苑、新华、中仓、玉桥4个街道办事处。同年，撤销城关镇、梨园镇，分别设立通州区永顺和梨园地区办事处。至此，全区下辖2个地区、8个镇、4个街道、12个乡（包括永乐店地区6个乡）。1998年9月21日，区委、区政府下发《关于永乐店场乡体制改革有关问题的通知》，将永乐店地区所辖6个乡（永乐店乡、柴厂屯乡、于家务乡、草厂乡、小务乡、渠头乡）和7个涉农服务组织（农机服务中心、林业管理站、水电管理站、水产公司、公路管理站、农业发展总公司、蔬菜总公司）以及永乐经济开发区、老干部活动站、交通安全委员会、党校、敬老院、永乐店中学、永乐店镇管理委员会与北京市农工商联合总公司脱离，整建制划归通州区管理。2000年7月25日，区委、区政府下发《关于调整部分乡镇行政区域范围和调整后党政机构更名的通知》，决定撤销胡各庄乡、甘棠乡、郎府乡、台湖乡、大杜社乡、觅子店乡、柴厂屯乡，分别设立胡各庄镇、甘棠镇、郎府镇、台湖镇、大杜社镇、觅子店镇、柴厂屯镇；撤销草厂乡，其行政区域并入漷县镇；撤销永乐店乡、小务乡，合并设立永乐店镇；撤销渠头乡，其行政区域并入于家务回族乡。在永顺、梨园地区办事处设立建制镇，原行政区域范围不变，实行"一套人马，两块牌子"。至此，通州区下辖18个镇、4个街道、1个回族乡。2001年12月1日，区委、区政府下发《关于调整部分乡镇行政区域范围和调整后党的组织关系划转及党政机构更名的通知》，决定撤销徐辛庄镇，其行政区域并入宋庄镇；撤销次渠镇，其行政区域并入台湖镇；撤销牛堡屯镇，其行政区域并入张家湾镇；撤销郎府镇，其行政区域并入西集镇；撤销大杜社镇，其行政区域并入马驹桥镇；撤销觅子店镇，其行政区域并入漷县镇；撤销柴厂屯镇，其行政区域并入永乐店镇；撤销甘棠镇和胡各庄镇，合并设立潞城镇，其行政区域为原胡各庄镇和甘棠镇所辖区域。至此，通州区下辖10个镇、4个街道、1个回族乡。2018年，成立潞源街道、通运街道；2020年，成立文景街道、杨庄街道、九棵树街道、潞邑街道、临河里街道。至此，通州区辖10个镇、1个回族乡、11个街道。截至2023年底，全区有188个社区、469个村。

（通鉴编）

【文物遗存】 通州区有富育女校教士楼、百友楼旧址，潞河中学原教学楼，博唐亭，协和书院教士楼，北京护校洋楼，京杭大运河通州段，燃灯佛舍利塔，张家湾城墙遗址及通运桥8个国家级文物保护单位；有李卓吾墓、冯玉祥驻通营盘、通州清真寺、大成殿（通州文庙）、平津战役指挥部宋庄旧址、汉路县故城遗址6个北京市级文物保护单位。

（通鉴编）

【非物质文化遗产】 通州区有107个非遗项目、82名传承人被列入区级非物质文化遗产保护名录，其中花丝镶嵌制作技艺、"面人汤"面塑制作技艺2个项目为国家级非物质文化遗产。通州运河龙灯、通州骨雕、通州饹馇馅、大顺斋糖火烧制作技艺、通州大风车、通州运河船工号子、延寿圣会音乐7个项目为北京市级非物质文化遗产。

（通鉴编）

【风俗民情】 通州地处北京东部，风俗民情受北京影响。元、明两朝曾多次从全国一些地区迁民至通州屯田，清代初期，满族正白旗在通州圈地，先后建有许多村庄。各地习俗与旧有习俗相互影响，融合演化。新中国成立后，习俗不断改变，旧俗逐步消亡，新俗逐渐产生。现存民间风俗有高跷会、龙灯会、小车会、少林会、秧歌等，每年春节举办大运河文化庙会。部分乡镇定期设有大集，民众可赶大集。

（通鉴编）

【运河文化】 京杭大运河北段（通州至天津段）又称北运河，通州境内长 40.4 千米，流域面积 165 平方千米，曾是南粮北运的重要通道，为北京城供应物资给养、承载南来北往客商，孕育出通州独有的运河文化。北京城市副中心建设以来，深入挖掘以大运河为核心的历史文化资源，通过分段分区的空间设计，提出“一河、三区、多点”（一河指具有世界影响力的魅力长河；三区指运河水城展示区，运河文旅体验区，运河生态观光区；多点指丰富多样的文化功能支撑点）空间布局，全面提升美化沿线生态环境，科学布局相关文化产业要素，创新构建支持运河文化带发展的体制机制，持续推进文脉之带、生态之带、民生之带、发展之带建设，致力将通州区大运河文化带打造成为内涵丰富、蓝绿交织、水城共融、产业兴旺的中国大运河文化金名片。2014 年 6 月 22 日，大运河申遗成功，其中通惠河通州段西起永通桥（俗名八里桥），东至通惠河与北运河交汇处（卧虎桥），是北京城市副中心第一处世界级文化遗产。河道聚集了通州老城北护城河、衙门遗址和贡院、三庙一塔、漕运石坝等文物古迹。

（通鉴编）

【历史名人】 在通州区出生或者和通州区有关的历史名人有岳正、李贽、于成龙（大）、于成龙（小）、李锴、曹雪芹、刘锡信、樊镇、王恩绶等。

（通鉴编）

经济社会发展

【政治建设】 清宣统三年（1911 年）辛亥革命爆发，清朝统治迅速崩溃，1912 年 2 月 12 日宣统帝溥仪颁布退位诏书，通县结束了清政府的统治。辛亥革命期间，北方革命军司令部曾设于张家湾。1912 年起，通县地区战祸连连，政权更迭频繁。1927 年，潞河中学党支部建立。1945 年 10 月，中共通县委员会成立，贯彻“积极慎重”方针，在农民积极分子中发展党员，建立基层组织。1948 年 12 月 14 日，通县全境解放。1949 年 11 月，通县建立各界人民代表会议制度；1954 年，通县开始实行人民代表大会制度。1997 年撤县设区后，通州区委按照党的十五大、十六大和十七大确立的党的建设主题和要求，大力加强各级党组织和党员干部的思想、组织、作风、党风廉政和制度建设。先后组织开展了“三讲”教育、“三个代表”重要思想学习教育、保持共产党员先进性教育、学习实践科学发展观、创先争优活动等一系列党的重要教育活动，增强了各级党组织和广大党员干部的凝聚力和战斗力。党的十八大以来，区委始终坚持把政治建设摆在首位，坚决落实“看北京首先要从政治上看”的要求，不折不扣贯彻党中央、市委决策部署。深入学习习近平新时代中国特色社会主义思想，高标准开展好党的群众路线教育实践活动、“三严三实”专题教育、“两学一做”学习教育、“不忘初心、牢记使命”主题教育、党史学习教育，不断增强区委和全区广大党员干部的政治判断力、政治领悟力、政治执行力。始终站在国家战略的高度落实各项重大决策部署，始终以讲政治的高度审视、谋划，推动北京城市副中心规划建设发展。

2023 年，通州区按照中央、市委统一要求，结合“三大三强”活动成果，全面开展学习贯彻习近平新时代中国特色社会主义思想主题教育，制定《关于坚持党建统领经济社会高质量发展的意见》等一系列推动发展的意见办法。进一步准确把握中央精神，推动北京城市副中心在建设发展过程中实现新一轮思路聚合，形成以“二十年之问”为目标，以党建为统领，以高水平城市建设、高质量经济发展、高效能社会治理“三驾马车”并进为重点，以数字化转型为支撑，以增进民生福祉为追求的“11311”工作体系。坚持不懈推进党的自我革命，始终以严的基调正风肃纪反腐。强化政治监督，对 26 个处级单位党组织和 233 个村（社区）党组织开展常规巡察和专项巡察，严肃查处一批党员干部违纪违法案件。坚持选优配强干部，建立高素质人才队伍，建立新任职干部和年轻干部到服务群众一线部门培养锻炼工作机制。制定实施进一步深化基层党组织建设的若干措施，持续深化群众评价制度，开展基层党组织“政治体检”。严格落实人大、政府、政协、法院、检察院党组定期向区委常委会报告工作制度；支持人大建立“千名代表问政问需”机制，探索推行人大代表列席乡镇长办公会等制度；支持政协健全“副中心有我”委员基层协商议事机制，鼓励政协委员围绕乡村振兴、经济高质量发展等重点领域建言献策。把牢正确舆论导向，持续完善工作机制，不断巩固意识形态阵地管理。充分发挥统一战线优势，民主党派、工商联、无党派等各界人士参与北京城市副中心建设的广度和深度持续提升。

（通鉴编）

【经济建设】 通州辖区内自古多河富水，秦朝经白河向北部边关输运粮草，开通州地区水运先河，历朝历代通过河道运输粮草、砖瓦石木等，江南塞北珍奇宝货集于通州一地，水陆通衢，漕运发达，百业兴旺，通州地区经济随之繁荣。至清末停漕，民国初期军阀混战，日军侵略掠夺及国民党反人民战争，对通州地区经济造成极为严重的破坏。新中国成立后，经过土地改革、合作化运动和对私营工商业的社会主义改造，通州区工农业生产迅速发展。1976 年，工业产值超过农业产值。1979 年开始逐步深化农村经济体制改革，推动传统农业向现代农业转变。1980

年开始城乡商业设施建设，国营、集体、个体经济发挥各自优势，城乡经济十分活跃；到20世纪90年代，通州（县）工业已经成为主导产业。撤县设区后，通州区以改革为动力，集中精力发展经济，加速推动全区产业结构优化升级，构建起农业、工业、服务业三大新城产业支撑体系，农业由一产向二产和三产延伸，逐步形成了蔬菜、林果花卉、养殖、籽种四大主导产业与生态、休闲、观光采摘多功能农业共同发展的新格局；工业以光机电一体化、都市型工业、汽车零部件为三大主导产业，经过整合与发展，成为新的经济增长点；服务业重点发展以文化产业、高端商务、现代物流为主的现代服务业。建设北京城市副中心以来，围绕行政办公、商务服务、文化旅游和科技创新“3+1”主导功能，聚力打造数字经济、现代金融、先进制造、商务服务、文化旅游、现代种业六大产业集群，重点打造“四区三镇三园”十大重点产业功能区。从2021年起，通州地区生产总值连续3年超过千亿元。

2023年，经济运行持续向好，千亿元投资全面落地，建安总量保持全市第1。全年地区生产总值1303.6亿元，同比增长5%，一般公共预算收入完成94.11亿元，同比增长5.2%。年内，密集出台高精尖产业发展支持细则、国有工业用地先租后让管理办法、“医药十条”等一系列意见措施，兑现“通八条”“金七条”“种十条”等产业扶持资金9.2亿元，全年新设市场主体2.37万户，同比增长46.06%。不断优化营商环境，建立健全“云窗口”服务模式，全面构建市区街（镇）村（居）四级政务服务体系，区级政务服务事项实现百分百“全程网办”。年内，17家央企二、三级公司落户通州，累计达到93家；新引入市属国企及下属企业6家，累计达到61家；43家高端商务服务企业入驻，51个金融及关联项目落地，全区金融及关联机构达430余家；金融业增加值占GDP比重超过10%，对全区经济增长的贡献率28.9%，支柱地位更加巩固。

（通鉴编）

【文化建设】 通州地处水路要津，文化积淀丰厚。自金代以来，文学创作繁荣，以明、清为最；因年代久远，大多佚失，本籍、客籍文人遗有部分诗词和著述，有地方志10种。清朝末年至通县解放的半个世纪，内忧外患，战乱不已，文化事业遭到国内外反动派的严重摧残，通县文人文学作品更多是针砭时弊、图谋振兴之作。新中国成立后，通县建立文化馆（站）、新华书店、电影院、剧场等设施，群众性文化活动迅速发展，文学创作、书法、绘画队伍不断发展，文坛生机勃勃，一批知名作家、文学评论家崭露头角，为通县赢得“作家之乡”之誉。改革开放后，文化事业全面恢复，文化机构和场所迅速恢复和建立，群众性文化活动逐渐丰富。1995年，获“全国文化模范县”称号。1997年撤县设区后，全区文化基础设施建设步伐加快，文化活动更具特色，相继推出乡村社区文化年、村庄里的歌声、运河之声音乐会等具有通州特色的文化活动。党的十八大以来，通州区大力弘扬运河文化，加强大运河文化带建设，编制完成大运河文化带建设项目清单和目标任务。2014年6月，大运河获准列入世界文化遗产名录，北京在这次申遗中获批“两段两点”，其中最长一段就是通惠河通州段。举办大型文艺演出、优秀舞台艺术展演、文创产品展览展示等文化活动，带动公共文化事业繁荣发展。强化基层文化空间升级，推进文化馆图书馆总分馆制建设，实现区、街道乡镇、社区（村）三级公共文化设施全覆盖，促进公共文化服务向基层延伸。2019年，通州区获评“首都公共文化服务示范区”。

2023年，通州区持续推进大运河文化带建设，发布《通州区大运河文化带保护建设三年行动计划（2023年—2025年）》，依托大运河历史文化遗产和自然景观，积极打造融经济、生态、民生于一体的“文化玉带”，举办北京（国际）运河文化节、大运河音乐节、大运河“开漕节”等系列品牌文化活动，北京（通州）大运河文化旅游景区成功创建国家AAAAA级旅游景区。推进路县故城考古遗址公园建设，加强张家湾古镇等文化遗产保护。深化“一区一河三镇”联动发展，加快宋庄艺术创意小镇和台湖演艺小镇建设，中国宋庄艺术市集开业迎客，举办宋庄艺术创意小镇高质量发展论坛和第13届中国·宋庄文化艺术节；落成台湖舞美艺术博物馆，打造台湖星期音乐会、台湖爵士音乐节等台湖特色品牌演出活动，全年举办演出活动276场。做大做强“运河有戏”演艺品牌，稳步推进北京城市副中心演艺集聚区建设，推动文化产业园区提质升级，加快文化企业聚集，提升区域文化品质。持续深化“博物馆小镇”“书香副中心”建设，建成祥体育博物馆、声音艺术博物馆、北京珐琅艺术博物馆，给予35家实体书店372.72万元资金扶持。举办公益电影放映、阅读活动、文化讲座、非遗体验等文化活动，提高公共文化服务能级，区图书馆获评“国家一级图书馆”。完成1600余场次首都市民系列文化活动，推进文化活动进社区、进乡村。举办“运河清风”廉洁文化系列活动、北京国际非遗周通州分会场活动、“文化有约　向美而行”系列文化活动、“声乐演出下基层　走进城市副中心”活动。开展“文艺演出星火工程”“周末场演出计划”“百姓周末大舞台”等惠民演出800余场，丰富群众文化生活。12月，北京城市副中心三大文化建筑——北京大运河博物馆、北京城市图书馆、北京艺术中心建成开放。

（通鉴编）

【社会建设】 旧社会，通县人民群众长期遭受封建剥削压迫，生活难有保障。明清时期建有州学、书院，民间有私塾、义学等。清末“废科举、兴学校”，军、民、官僧兴办小学堂113所。清光绪二十八年（1902年）美国牧师都春圃强占曹庄、谢庄、晒米厂三村，驱逐百姓，毁其田舍，用清政府赔款建立教堂、医院、学校，基督教、天主教、东正教等在全县城乡蔓延。日军侵占时期，多种迷信团体恣行。民国时期，县内有3所中等师范，但是广大劳动人民并没有享受教育的权利。其后，各路军队往来更替，贪索钱物，派差抓夫，百姓不堪重负，平民逃难成为常事。通县解放以前的48年，是通县最动荡、最黑暗的历史时期，劳苦大众在经济衰败、战乱频仍、地主盘剥、盗贼横行、灾害连年等多重苦难中挣扎，水深火热，啼饥号寒，朝不保夕。新中国成立以后，历届县委、县政府贯彻中共中央的方针政策，全县人民奋发图强，推动社会事业不断进步，人民生活逐渐改善；恢复私营工商业，增加就业，发展生产；禁毒禁赌禁嫖，肃清匪特，社会秩序稳定。1978年改革开放以后，农村经济体制改革逐步深入，城乡经济迅速发展，人民收入和生活质量迅速提高，社会事业发展飞快，社会形态变化显著。社会养老保险、新型合作医疗快速推进，教育、医疗、文化、体育等设施更加完善，城乡道路交通、环境绿化美化、治污治乱等多项基础设施建设全面展开。党的十八大以来，区委、区政府围绕解决群众切身利益问题，全面推进以民生为重点的社会建设，社会保险城乡统筹实现了由制度全覆盖向人群全覆盖的转变，整合教育资源，推动各级各类学校均衡发展，北京学校、人大附中等10所市级名校入驻，教学水平和育人质量稳步提高，友谊医院通州院区、北大人民医院通州院区建成投用，全区诊疗水平和公共卫生服务能力快速提升，体育设施实现全覆盖，全民健身活动蓬勃开展，大力弘扬“通州公德之星”“通州榜样”等先进模范人物事迹。2017年，通州区获得“全国文明城区”称号。不断强化基层治理，新设7个街道办事处，完成超大社区拆分，启动撤村建居试点，大力扶持和培育社区社会组织，梨园中街一巷成为全国首个“家庭家教家风”示范街。新冠疫情防控有力有效。深入推进“平安通州”建设，2022年，通州区被命名为“全国法治政府建设示范区”。

2023年，通州区社会事业健康发展。促进城乡劳动力就业2.2万人，城镇登记失业率控制在3.86%。区养老院建设完成，11家养老服务驿站、养老照料中心建成投用，养老助餐服务评审排名全市前列。启动普惠托育服务试点，未成年人保护工作站实现街乡镇全覆盖。住房保障持续强化，竣工各类保障性住房1.6万套，超额完成年度任务。北京市十一学校通州实验学校挂牌成立，景山学校通州分校高中部等实现招生，北京第一实验学校等投入使用，全区新增中小学学位1.3万个。友谊医院通州院区二期全面开诊，安贞医院通州院区建设完工，北京胸科医院医疗综合楼主体结构封顶。AED（半自动体外除颤器）公共场所覆盖率处于全市领先水平。潞城全民健身中心具备运营条件。成功举办北京城市副中心马拉松、通州运河半程马拉松、全国电动冲浪板联赛（北京站）等一系列品牌活动。全国双拥模范城创建验收全面完成。扎实开展多轮次安全生产和火灾隐患大排查大整治，扎实推进“平安通州”建设，深入开展信访接待下基层，社会发展环境保持稳定、人民群众安全感进一步增强。

（通鉴编）

【生态文明建设】 通州地区是燕山运动以后的下降地区，全境处于永定河、潮白河洪冲积平原上，地表水、地下水资源较为丰富，境内自然植被原为暖温带落叶阔叶林与森林草原类型，随着农业开发，原生植被逐渐被人工植被所取代。明清时地方政府开始组织民众，在通惠河、运河两岸和主干道两侧植树，但品种和数量都有限。1949年以前，通州绿化基本是自然状态。随着经济社会发展，城市烟尘、污水废水、各种垃圾越来越多，地表水、大气、噪声污染日趋严重。改革开放后，城市化进程加快，工业企业迅速发展，城市人口不断增加，环境负荷加大。20世纪90年代起，通州开始实施改善水环境质量的“碧水工程”、改善大气环境质量的“蓝天工程”、改善声环境质量的“宁静工程”等环境治理工程，环境质量逐年好转。2010年，通州建成万亩大运河森林公园，获“中国人居环境范例奖”。2011年，获“国家级生态示范区”称号。党的十八大以来，通州区把绿色发展作为主线，大力推进生态环境建设和秩序治理，城乡环境持续优化。大规模开展森林、湿地、公园和绿廊绿带建设，大力气抓好大气和水污染治理，以截污治污为重点，制定区内河道治理和污水处理设施建设的时间表、路线图，在全市率先实施水环境乡镇跨界断面考核及补偿办法，完成一批污水处理设施建设工程。坚持“一微克一微克地抠”，$PM_{2.5}$浓度持续降低，空气质量持续改善，坚持滨水贯通、水岸共治，完成53条（段）黑臭水体治理，水生态环境大幅改善，坚持建绿、增绿相结合，2021年森林覆盖率达33.43%。2022年，获批“国家森林城市”，成为北京平原地区首个“国家森林城市”。

2023年，通州区不断夯实生态本底，加快推进绿色发展。建设国家绿色发展示范区，《北京城市副中心建设国家绿色发展示范区实施方案》通过中央审定。完成公共建筑节能绿色化改造95.4万平方米，全国首个新型电力系统地方标准发布实施，北京城市副中心政务服务大厅等地源热泵供热供冷项目建设完工。在全市率先开展用能和碳排放综合评价试点，首批项目核减二氧化碳排放6000余吨。新增、更新电动公交车出租车338辆、电动自行车充电桩1.6万个。深入开展节能宣传周系列活动，节约型机关创建率达100%。搭建建筑工地数字化监管平台、渣土车智慧监管系统，“三尘”共治取得新成效，全区裸地面积同比减少50%。河东资源循环利用中心一期正式运行，萧太后河景观提升及生态修复一期、港沟河及凤港减河治理工程全面完工。24处断面不达标点位通过源头治理完成阶段性目标。8个国、市控考核断面水质全部达到Ⅳ类以上，其中4个实现Ⅲ类水质。《北京城市副中心建设花园城市实施方案》编制完成，广渠路东延绿化工程主体完工，云景公园、运河生态公园建成开园，全区生态环境质量持续向好。

（通鉴编）

中国共产党通州区委员会

综 述

【学习贯彻习近平新时代中国特色社会主义思想主题教育】 2023年，中共北京市通州区委员会（简称区委）按照中央、市委统一要求，全面开展学习贯彻习近平新时代中国特色社会主义思想主题教育（简称主题教育），成立区级领导小组加强统筹推动，在横向上，领导小组办公室下设9个专项工作组，分别牵头具体任务；在纵向上，成立区级联络组，下设9个联络分组，对全区处级单位和相关基层党组织加强联络指导。研究制定“7+1”个专项工作方案，在机关、社区、农村、国企、医院、学校、“两新”组织（即新经济组织和新社会组织）和团员青年“7+1”个领域横向铺开，全区各处级单位同步跟进，研究制订工作计划台账；各基层党组织按照“首都高质量发展先锋行动”要求，分别形成具体工作安排，“一支一策”稳步推进。坚持“报、台、网、端”联动，组织区属媒体在重要版面、重要时段开设“学思想 强党性 重实践 建新功”专题专栏，持续开展宣传报道。通过开展主题教育，解决企业和群众急难愁盼问题2259个。

（任经纬 郝 赛）

【“三大三强”活动】 4月，区委谋划启动“三大三强”活动，在全区党员干部中开展“大学习、大调研、大讨论”，通过“大学习”提升认识水平，“大调研”促进知行合一，“大讨论”凝聚思想共识，推动实现“强素质、强作风、强效能”。截至年底，区委制定了“1+4”系列文件：《关于答好市委“二十年之问” 加快打造中国式现代化进程中城市发展样板的实施意见》及三年行动计划；《关于坚持党建统领经济社会高质量发展的意见》《关于在各级党员干部中抓执行、提效能的意见》《关于进一步加强干部队伍工作的意见》《关于激励干部担当作为的若干措施》，以制度形式将“三大三强”活动成果固定下来，形成长效机制。

（任经纬）

【全面从严治党】 2023年，区委强化政治监督，发现并解决问题1000余个。对26个处级单位党组织和233个村（社区）党组织开展常规巡察和专项巡察，严肃查处一批党员干部违纪违法案件，立案审查调查244人，其中区管干部22人，采取留置措施处级领导干部4人。以市委巡视为契机，深入开展问题检视、建章立制、推动整改。围绕乡村振兴、工程建设等重点领域的违纪违法问题加强制度机制建设，持续擦亮“运河清风”廉洁文化品牌，一体推进“三不腐”（不敢腐、不能腐、不想腐）走深走实。推进北京城市副中心干部队伍建设新一轮三年行动计划，累计调整干部近400人次，建立新任职干部和年轻干部到服务群众一线部门培养锻炼工作机制，完成“能力提升”“知识更新”“视野拓展”三大培训4000余人次。制定实施进一步深化基层党组织建设的若干措施，持续深化群众评价制度，开展基层党组织“政治体检”。

（任经纬）

【北京城市副中心建设】 2023年，北京城市副中心控规进一步落实落细。2022年度控规实施体检工作完成，新一轮控规实施工作方案印发。《北京城市副中心拓展区规划（2021年—2035年）》获市政府批复，《潮白河生态绿带（通州区与北三县交界地区）规划（2021年—2035年）》经市政府审定通过，全市首个非建设空间管控规划和产业空间地图制定完成。北京城市副中心及周边地区综合交通一体化提升规划和关于推进北京城市副中心高标准高质量市政设施建设的实施意见及要点编制完成。市级行政办公区二期如期交付，第二批市级机关顺利搬迁，云宙时代等一批央企及子公司入驻，首旅集团等国企新总部加快建设，依托“四区结对”机制引进产业项目145个。通州区与北三县一体化高质量发展示范区执委会挂牌运行，平谷22号线政务中心站及东站主体结构封顶，厂通路主体工程完工，北京城市副中心政务服务中心一体化办事大厅在大厂县试点运行，成功举办第五届项目推介洽谈会，签约项目50个、意向投资额426.81亿元。与雄安新区签署战略合作协议。全年完成固定资产投资1000.6亿元、建安投资501.6亿元，连续第四年实现千亿元投资目标。除市级行政办公区二期建成外，运河商务区累计完工470万平方米，文化旅游区六大重点项目加快建设，北京艺术中心、北京城市图书馆、北京大运河博物馆对外开放，东六环入地改造隧道双线贯通，北京城市副中心站综合交通枢纽、地铁6号线南延、温潮减河等重大项目加快建设。《北京城市副中心建设国家绿色发展示范区实施方案》报请中央深化改革委员会审议通过。国家级绿色交易所启动建设，全国温室气体自愿减排交易中心获批设立，碳配额和环境权益累计成交突破1亿吨。全国首个京津冀企业ESG评价、企业上市前ESG评价等行业标准以及新型电力系统地方标准发布实施。北京城市副中心新型电力系统实验基地揭牌成立。新开工装配式建筑面积135.1万平方米，完成公共建筑节能绿色化改造95.4万平方米。第四届北京城市副中心绿色发展论坛举办。北京第一实验学校、景山学校通州分校高中部实现招生，新增中小学学位1.3万余个。友谊医院通州院区二期开诊，安贞医院通州院区基本完工，北京胸科医院危房改建项目主体结构封顶。大运河文化旅游景区创建国家AAAAA级旅游景区，潞城全民健身中心建成启用，北京城市副中心马拉松等系列品牌活动成功举办。北京城市副中心党工委管委会机构改革完成，优化调整内设机构，设立北京城市副中心纪检监察工委，完成干部转隶，承接并平稳运行第三批市级赋权184项。央视《新闻联播》、《新华每日电讯》、《人民日报》均对北京城市副中心高质量发展进行报道。

（副中心管委会）

【党建引领基层治理】 2023年，区委坚持党建引领基层治理，全市首个

“热线＋网格＋吹哨报到”一体化平台建成投用，“高位统筹、全域推进，助力北京城市副中心基层治理高质量发展”入围中国城市治理创新优秀案例，“党建引领、多元有你”入选全国社区治理“十佳”案例，“温暖楼门、和谐邻里”“温暖旧改＋长效治理”等模式成为北京城市副中心基层治理品牌。提升见面率与原始问题解决率，“接诉即办”成绩全市排名第7。持续推进疏整促，四个治理类乡镇全部退出，“基本无违法建设区”创建达到验收条件，新生违建动态清零。违规电动三、四轮车整治效果明显，淘汰总量排名全市前列。

（任经纬）

重要会议

【概　况】2023年，区委召开全会2次、常委会会议61次、区委议事协调会28次，传达学习和贯彻落实习近平总书记重要讲话精神，中央、市委重大决策和重要会议精神，研究部署全区各项工作。

（任经纬）

【区委七届六次全会】7月10日，中共北京市通州区第七届委员会第六次全体会议召开。全会学习贯彻习近平总书记在深入推进京津冀协同发展座谈会上的重要讲话精神，全面落实市委十三届三次全会精神和《中共北京市委关于贯彻落实习近平总书记在深入推进京津冀协同发展座谈会上重要讲话精神的意见》，审议通过《中共北京市通州区委关于贯彻落实中共北京市委十三届三次全会精神 深入推进京津冀协同发展的实施方案》《中国共产党北京市通州区第七届委员会第六次全体会议关于同意辞去区委委员职务的决定》《中国共产党北京市通州区第七届委员会第六次全体会议关于递补区委委员的决定》《中国共产党北京市通州区第七届委员会第六次全体会议决议》等文件。

（任经纬）

【区委七届七次全会】12月25日，中共北京市通州区第七届委员会第七次全体会议召开。全会深入学习贯彻党的二十大精神和中央经济工作会议精神，深入践行习近平总书记对北京城市副中心重要指示要求，全面落实市委十三届四次全会精神，听取并审议孟景伟代表区委常委会所作全会工作报告，审议区委常委会抓党建工作情况报告，讨论全区经济社会发展工作报告，审议通过《通州区委关于答好市委“二十年之问”加快打造中国式现代化进程中城市发展样板的实施意见》《通州区委关于答好市委“二十年之问”加快打造中国式现代化进程中城市发展样板的三年行动计划》《中国共产党北京市通州区第七届委员会第七次全体会议决议》等文件。

（任经纬）

【区委常委会会议】2023年，区委召开常委会会议61次，完成议题270个。传达学习中央关于加强和维护党中央集中统一领导的若干规定及市委关于维护党中央集中统一领导的规定文件精神、市政协十四届一次会议和市十六届人大一次会议精神、党的二十届二中全会精神和习近平总书记在学习贯彻党的二十大精神研讨班开班式上的重要讲话精神、习近平总书记在雄安新区考察并主持召开高标准高质量推进雄安新区建设座谈会和在河北考察并主持召开深入推进京津冀协同发展座谈会时的重要讲话精神，听取关于《2022年通州区全面从严治党主体责任落实情况检查考核实施方案》、《2023年通州区委全面从严治党年度任务安排》起草情况、《关于在全区开展“大学习、大调研、大讨论”，进一步实现“强作风、强素质、强效能”，以实际行动学习贯彻党的二十大精神，回答市委“二十年之问”的实施意见》、通州区安全生产和火灾隐患大排查大整治工作、在全区深入开展学习贯彻习近平新时代中国特色社会主义思想主题教育实施方案和区委常委会工作方案的汇报等。

（任经纬）

【区委议事协调机构会议】2023年，区委召开议事协调机构会议28次。主要会议有：3月6日，区社会建设工作领导小组2023年第一次会议暨北京城市副中心（通州区）“深化基层治理年”工作部署会议召开，部署2023年北京城市副中心（通州区）“深化基层治理年”工作，为通州区基层治理首席专家颁发聘书；3月22日，区委全面深化改革委员会第三次会议召开，传达市委全面深化改革委员会近期有关会议精神，审议《通州区委2023年改革工作要点（讨论稿）》《通州区内控信息化管理改革情况》；3月29日，区委党的建设工作领导小

▲7月10日，中共北京市通州区第七届委员会第六次全体会议召开

（区融媒体中心提供）

组全体会议召开，贯彻落实市委党的建设工作领导小组全体会议精神，研究部署2023年党建工作任务；5月9日，区推进全国文化中心建设领导小组会议召开，总结回顾通州区大运河文化带建设进展和成果，研究2023年至2025年工作计划，部署2023年重点任务；6月8日，区推进京津冀协同发展领导小组2023年第一次会议召开，听取通州区2022年推进京津冀协同发展工作完成情况汇报，部署2023年推进京津冀协同发展工作要点；7月20日，区2023年双拥工作领导小组会暨创建新一届全国双拥模范城工作动员部署会召开，传达北京市双拥办主任会议精神，部署通州区下一步双拥工作；8月11日，区委党的建设工作领导小组全体会议暨全区基层党的建设工作推进会召开，贯彻落实全国、全市组织工作会议精神，对通州区基层党组织建设工作进行再动员、再部署、再强调；11月15日，区委党的建设工作领导小组全体会议召开，部署在全区社区、村“两委”干部考核中完善群众评价机制有关工作，进一步树牢大抓基层的鲜明导向，推动深化“11311”工作体系，夯实筑牢基层战斗堡垒，践行以人民为中心的发展思想；12月22日，区委审计委员会第四次会议召开，传达学习习近平总书记在二十届中央审计委员会第一次会议上的重要讲话精神，审议全区2023年经济责任审计工作完成情况报告、2024年第一轮审计项目计划，进一步研究部署全区审计工作。

（任经纬）

2023年中共北京市通州区委议事协调机构会议一览表

表3

时间	会议名称	主要内容
3月6日	区社会建设工作领导小组2023年第一次会议暨北京城市副中心（通州区）“深化基层治理年”工作部署会议	部署2023年北京城市副中心（通州区）“深化基层治理年”工作，为通州区基层治理首席专家颁发聘书
3月10日	通州区2023年农村工作会暨2023年区委农村工作领导小组第一次扩大会议	传达2023年北京市农村工作会议精神，总结分析2022年全区农业农村工作情况，安排部署2023年工作任务
3月21日	区委平安通州建设领导小组全体（扩大）会议	深入学习贯彻市委平安北京建设领导小组全体（扩大）会议精神，听取和审议2022年平安通州建设工作汇报，研究部署2023年平安通州建设工作
3月21日	区委统战工作领导小组会议	深入学习贯彻市委平安北京建设领导小组全体（扩大）会议精神，听取和审议2022年平安通州建设工作汇报，研究部署年内平安通州建设相关工作
3月22日	区委全面深化改革委员会第三次会议	传达市委全面深化改革委员会近期有关会议精神，审议《通州区委2023年改革工作要点（讨论稿）》《通州区内控信息化管理改革情况》。
3月29日	区委党的建设工作领导小组全体会议	贯彻落实市委党的建设工作领导小组全体会议精神，研究部署2023年党建工作任务
5月9日	区推进全国文化中心建设领导小组会议	总结回顾通州区大运河文化带建设进展和成果，研究2023年—2025年工作计划，部署2023年重点任务
5月11日	区委城市工作委员会2023年第一次全体扩大会议	贯彻市委工作要求，听取《中共北京市通州区委城市工作委员会2023年工作要点》、北京城市副中心城市更新有关工作、2022年通州区老旧小区综合整治工作完成情况和2023年工作计划，部署年内重点任务
5月19日	区支援合作工作领导小组第一次会议	总结2022年支援合作工作开展情况，部署2023年支援合作工作要点
5月23日	区“两区”工作领导小组2023年第一次全体会议	传达学习市“两区”工作领导小组会议精神，总结2022年通州区“两区”工作情况，部署下一阶段重点工作
6月7日	区委机构编制委员会2023年第一次会议	通报2023年全市机构编制工作会议精神和全区2023年机构编制重点工作，审议有关机构编制事项
6月8日	区推进京津冀协同发展领导小组2023年第一次会议	听取通州区2022年推进京津冀协同发展工作完成情况汇报，部署2023年推进京津冀协同发展工作要点
6月8日	区委外事工作委员会2023年第一次会议暨通州区推进国际交往中心功能建设领导小组全体会议	深入贯彻中央、市委对外工作决策部署，传达市委相关会议精神，研究部署下一步重点工作
6月8日	区委审计委员会第三次会议	听取2022年度工作情况汇报，研究审议有关文件，安排部署年内重点工作任务

续表 3

时间	会议名称	主要内容
6月12日	区委生态文明建设委员会第五次会议	传达学习市委生态文明建设委员会会议精神，研究部署2023年工作任务
6月12日	区委退役军人事务工作领导小组第四次全体会议	深入学习贯彻中央、市委关于做好新时代退役军人工作的指示精神，研究部署2023年退役军人工作
7月20日	区2023年双拥工作领导小组会暨创建新一届全国双拥模范城工作动员部署会	传达北京市双拥办主任会议精神，部署通州区下一步双拥工作，与会代表分别进行表态发言
8月7日	区委全面依法治区委员会第五次会议	传达学习市委全面依法治市委员会2023年全体会议精神，学习中办、国办和中央依法治国办相关文件，审议《关于调整中共北京市通州区委全面依法治区委员会及“一办四组”成员名单的建议》《中共北京市通州区委全面依法治区委员会2023年工作要点》《关于加强全区街道（乡镇）法治建设的意见》
8月9日	区网格化管理工作领导小组第一次全体（扩大）会议	总结通州区网格化管理工作，研究部署下一阶段重点任务
8月11日	区委党的建设工作领导小组全体会议暨全区基层党的建设工作推进会	贯彻落实全国、全市组织工作会议精神，对通州区基层党组织建设工作进行再动员、再部署、再强调，为副中心回答好“二十年之问”、打造中国式现代化城市发展样板提供坚强组织保障
8月11日	区社会建设工作领导小组2023年第二次会议暨全区“深化基层治理年”工作推进会	总结上半年工作进展和成效，部署下半年主要任务
10月18日	区委教育工作领导小组2023年第一次全体（扩大）会议	学习贯彻中央市委精神，听取2023年教育领域重点工作汇报，审议教育领域有关文件，研究部署相关工作
11月15日	区委党的建设工作领导小组全体会议	部署在全区社区、村“两委”干部考核中完善群众评价机制有关工作，进一步树牢大抓基层的鲜明导向，推动深化“11311”工作体系，夯实筑牢基层战斗堡垒，践行以人民为中心的发展思想
11月17日	区社会建设工作领导小组2023年第三次会议暨北京城市副中心（通州区）“深化基层治理年”工作推进会	探索党建引领基层治理新路径，高质量打造副中心基层治理新格局，推进党建引领基层治理工作取得新成效
12月13日	区委人才工作领导小组会议	审议通过《城市副中心支持人才发展若干措施》及配套政策操作指引和《通州区进一步加强党委联系服务专家工作方案》、《北京市通州区博士后工作站管理办法》，听取关于拨付博士后科研工作站扶持资金情况、关于2023年人才工作重大事项报告汇报
12月22日	区2023年精神文明建设委员会全体会议	总结2023年全区精神文明建设工作，安排部署2024年重点工作任务
12月22日	区2023年科技领导小组会议	深入贯彻党的二十大精神和习近平总书记关于科技创新的重要论述，认真落实市委、市政府部署要求，研究审议有关文件，安排部署下一步重点工作
12月22日	区委审计委员会第四次会议	传达学习习近平总书记在二十届中央审计委员会第一次会议上的重要讲话精神，审议全区2023年经济责任审计工作完成情况报告、2024年第一轮审计项目计划，进一步研究部署全区审计工作

重大决策

【《〈中共中央政治局贯彻落实中央八项规定实施细则〉及市委贯彻落实办法》贯彻落实】 1月9日，区委办、区政府办制发《中共北京市通州区委贯彻落实〈中共中央政治局贯彻落实中央八项规定实施细则〉及市委贯彻落实办法的实施方案》，从进一步改进调查研究、精简会议活动、精简文件简报、规范出访活动、改进新闻报道、改进公务差旅公务接待、规范办公用房、严格公车管理、严格落实廉洁自律规范、改进作风、强化监督检查和执纪问责11个方面，细化量化相关工作要求和48条具体措施，推动中央八项规定精神及其实施细则、市委贯彻落实办法落地落实落细。

（任经纬）

【政商交往正负面清单建立】 5月26日，区委办制发《通州区政商交往正负面清单》，细化明确正负面清单，明确18项行为指南，推动构建“亲而有度”“清而有为”的新型政商关系。

（任经纬）

【坚持党建统领经济社会高质量发展意见实施】12月30日，区委制发《关于坚持党建统领经济社会高质量发展意见实施》，从强化党建统领、强化组织建设、强化融合共进、强化问题导向、强化自我革命5个方面明确29条具体措施，进一步加强党的领导，改进党的建设，破解实际工作中不同程度存在的党建与业务“两张皮”问题，力求在全区形成党建理念新、思维活、方法实、标准严的党建统领经济社会高质量发展的工作体系。

（任经纬）

全面深化改革

【概　况】2023年，中共北京市通州区委全面深化改革工作领导小组办公室（简称区委改革办）结合主题教育调查研究工作，从“小切口”出发，协调推进市区两级围绕生物医药领域联合开展调查研究；坚持以改革方法推动调查研究成果转化，探索形成“网格＋热线”基层治理机制创新经验，中央改革办到通州区实地调研后通过专报选刊宣传推广，《北京日报》等市级媒体也报道宣传。

（杨姗姗）

【体制机制改革】2023年，区委改革办加强重点改革谋划部署，从政策创新、机制完善、项目牵引、试点探索等不同维度，明确10个领域39项年度改革任务；优化组织机构运行机制，完善“区委深改委全体会议—改革专项小组会议—改革部门（属地）会议”三级会议常态化运行机制，组织召开区委深改委会、改革专题会等，研究审议“村居融合”改革、交通管理体制机制改革、深化国防体制改革等一批重要改革事项，促进各项改革工作有序推进。

（杨姗姗）

【改革督察督办】2023年，区委改革办健全改革督察制度，创新实施季度督察，围绕改革要点开展月度督察、季度督察、专项小组自查等书面督察40余次；抓紧抓实改革实地督察，围绕“两区”建设、国家气候投融资试点建设等年度重点改革任务，深入10余家改革主责单位开展集中督察，推动全区改革向纵深推进。

（杨姗姗）

【优秀改革案例】2023年，区委改革办梳理总结“党建引领社区治理创新实验室”等改革经验做法，编辑形成《北京城市副中心改革创新案例汇编》，全年编发《改革动态》11期、《改革参考》13期；“杨庄街道积极探索社区养老服务＋基层治理新模式”“深化税收征管改革 服务国家区域战略 携手共进助力通州区与北三县一体化高质量发展”两项改革案例先后在《北京改革情况交流》刊发，获相关市领导批示；“以集体农场为抓手深化农村综合性改革 打造‘宋庄优农’金字招牌”入选2023年北京市街乡镇改革优秀案例。

（杨姗姗）

组织工作

【概　况】2023年，中共北京市通州区委组织部（简称区委组织部）配合市委组织部制定实施《城市副中心干部队伍建设新一轮三年行动计划（2023—2025年）》，推动《通州区贯彻落实〈2019—2023年党政领导班子建设规划纲要〉的措施》落实，通过选拔使用和培养交流，实现全区干部队伍转型升级，干部年龄、学历、专业结构实现“一降两升”“三大重塑”。截至年底，全区有基层党组织3300个，党员78954人；有处级干部980人，其中处级领导干部667人。区委组织部调研成果《立足城市副中心高质量发展激励干部担当作为的实践与探索》获市党建研究会课题成果一等奖。党员教育电视片《我是副中心党员——请党放心强国有你》系列片获2023年北京市党员教育电视片观摩交流活动三等奖。

（郝　赛　张晓琪）

【干部选拔任用】2023年，区委组织部履行好“凡提四必”（即干部档案“凡提必审”，个人有关事项报告“凡提必核”，纪检监察机关意见“凡提必听”，反映违规违纪问题线索具体、有可查性的信访举报“凡提必查”）、推荐考察、制发任免文、任前谈话、送干部到岗、全程纪实等相关程序，完成24批425人次处级干部任免工作。指导各单位调整科级领导干部568人，其中提拔305人。全区统筹配备19名“93后”正科职干部。按照干部管理权限组织完成晋升二级调研员及相当层次以上职级41人，指导各单位晋升三、四级调研员59人。完成75家单位一至四级主任科员晋升职级职数审核及备案工作525人次。指导全区街道乡镇完成18名六级职员等级晋升工作。办理公务员调任8人，其中处级2人、科级6人。

（王天浩　张可强）

【干部教育培训】2023年，区委组织部举办培训班次20期，培训干部4210人次（其中处级1710人次、科级2500人次）。其中，采取“3+2”（即在区委党校集中学习3天、各单位领导班子成员集体学习研讨2天）的方式，分4期举办通州区处级领导干部学习贯彻党的二十大精神集中轮训班，参训人数近700人，实现处级领导干部全覆盖；举办通州区科职干部学习贯彻党的二十大精神网上专题班，培训1980人，实现科职干部全覆盖；举办通州区第二十八期处级领导干部进修班，培训干部36人；举办通州区新任处级领导干部履职能力提升培训班，培训干部27人；举办通州区2023年优秀中青年干部培训班，培训干部26人；举办通州区第6～8期科级干部任职培训班，培训干部405人；与市委组织部、北京城市副中心党工委在市委党校共同举办推进北京城市副中心高质量发展专题研讨班，培训干部81人；举办北京城市副中心新一轮干部“知识更新计划”2023年专题培训班，培训干部645人；举办通州区与廊坊市北三县一体化高质量发展专题培训班，培训

▲11月，推进北京城市副中心高质量发展专题研讨班学员在北京城市图书馆开展现场学习研讨　　（区委组织部提供）

干部49人；举办北京城市副中心“生态文明与双碳发展”专题培训班，培训干部46人。举办公务员培训班6期，包括选调生能力素质提升专题培训1期、公务员初任培训2期、公务员大规模轮训班3期，培训学员673人次。联合区委党校打造永乐店镇党建引领乡村振兴、玉桥街道党建引领精微治理模式、张家湾设计小镇、宋庄艺术区4个区级现场教学点。

（张轩铭　张可强）

【干部一线实践锻炼】2023年，区委组织部创新干部培养锻炼工作机制，制定出台《新任副处级领导干部和优秀年轻干部到服务群众一线部门实践锻炼的工作方案》，先后安排18名新任副处级领导干部和25名正科职中青班学员到区信访办等服务群众一线的部门进行实践锻炼。

（王天浩）

【干部挂职接收和选派】2023年，通州区干部挂职接收情况：1月接收河南省新乡市、湖北省武当山特区挂职干部各1名；4月接收内蒙古自治区翁牛特旗、奈曼旗挂职干部4名，河北省廊坊市挂职干部1名；5月接收西藏自治区拉萨市跟班学习干部30名；8月接收河北省廊坊市挂职干部2名，香河县跟班学习干部10名；12月接收2023年首都干部治理能力提升专项挂职干部13名。干部挂职选派情况：2月选派到河北省廊坊市挂职干部2名；6月选派到内蒙古自治区赤峰市、通辽市挂职干部7名，到新疆维吾尔自治区乌鲁木齐市挂职干部1名；8月选派支援北京市房山区灾后重建挂职干部4名；12月选派到湖北省武当山特区挂职干部1名，到山西省长治市挂职干部1名，2023年首都干部治理能力提升专项挂职到市级机关挂职干部3名。

（王天浩）

【干部管理监督】2023年，区委组织部按照领导干部个人有关事项报告制度，开展重点查核和随机抽查，全年受理查核干部个人有关事项报告情况27批次349人次，提醒补报53人，函询26人，批评教育3人，诫勉4人，移交区纪委处理1人。

（魏文雪）

【公务员、选调生招录】2023年，通州区发布考试录用公务员、补充录用公务员职位119个，计划招录公务员150人，实际录用137人（考试录用105人、补充录用32人）；开展2024年度定向选调生招录工作，计划招录39人。开展2023年通州区事业编选调生笔试、面试、体检、公示、政审等工作，录用选调生31人。

（张可强　王天浩）

【国企、学校、医院等领域党建】2023年，区委组织部贯彻落实国有企业基层党组织工作条例，开展党的领导融入公司治理相关制度落实情况“回头看”工作，推进党的领导和公司治理有机统一。推动全区中小学校党组织领导的校长负责制改革，明确《重点任务责任清单》32项。深化党委领导下的院长负责制，推动党建引领公立医院高质量发展，探索推进社会办医疗机构党建工作，制定6项具体工作举措，加强党对社会办医疗机构的全面领导。

（苗子凯　赵魏斌）

【“两新”组织党建】2023年，区委组织部完善区委“两新”工委机构设置和运行机制，配齐领导力量，健全议事决策、联系指导和述职述责等制度，构建区委组织部（区委“两新”工委）牵头抓总、22个成员单位区域协同、22个街道乡镇兜底管理的工作体系。开展“访千企、强党建、促发展”活动，以规模以上、“专精特新”等企业为重点，通过召开座谈会、实地走访等方式，广泛收集“两新”组织诉求，帮助解决堵点痛点问题，截至年底，全区非公企业和社会组织党组织覆盖率分别为90.54%、85.04%。加大典型选树力度，中关村科技园区通州园党工委“党建聚力 四维联动”工作做法入选“年度百佳园区党建品牌案例”，2个党建品牌获评全市“两新”组织“党建强、发展强”党建品牌项目，3个“两新”组织党组织获得市委组织部经费支持。持续做好新业态、新就业群体党建工作，深入研究新形势下推动新就业群体融入基层党建格局的路径方法，形成《通州区新业态新就业群体党建调研报告》。推动236名新就业群体人员担任副网格长、副楼门长，持续打造“玉见骑士”“红杨先锋”“六圈共建”党建品牌。

（卢　颖　苗子凯）

【基层党组织“政治体检”】2023年，区委组织部总结推广“政治体检”经验做法，各党委（党工委、党组）重点围绕党组织政治功能、队伍建设、制度执行、作用发挥、基础保障5个方面，每年至少专题研究1次“政治体检”工作，每季度对基层党组织开展1次全覆盖“体检”，形成“政治体检”报告、制定问题清单、明确整改措施和整改时限。“政治体检”开展以来，全区31个直属党委（党工委）、2926个党支部认真对照“体检”内容、严格履行“体检”程序，推进“政治体检”工作，取得积极成效。

（王　圆　苗子凯）

【社区（村）“两委”考核群众评价】2023年，区委组织部全面启动在社区（村）“两委”考核中完善群众评价机制，把多数群众满意作为检验基层工作成效的重要指标，以“户”为单位，每半年至少组织社区、村80%以上“户”的代表，对社区、村“两委”班子和“两委”干部进行评价。落实村“两委”班子和村“两委”干部考核工作，评定出优秀村93个（含“十佳村”11个）、良好村367个、一般村10个，给予优秀村、“十佳村”奖励资金总计1945万元。

（王　圆）

【四级党群服务中心工作体系建设】2023年，区委组织部在全区范围内推动建立四级党群服务中心工作体系。建成区级党群服务中心1个、街道乡镇党群服务中心25个、社区村党群服务中心366个；聚焦人口人流密集的万达、领展、华远等商圈，推进实体网格党群服务站建设。建立健全工作调研、“三项清单”等制度，实施“月度提示、季度拉练、年度考核”，每月下发工作提示，每季度组织实地调研，年底开展专项监督考核，统筹指导各级党群服务中心开展特色活动。全年开展“党群阵地@你”主题活动1250余场，覆盖党员群众12万余人次。依托党群服务中心建立四级新就业群体综合服务平台，开展“惠企服务”进党群服务中心，健全重点企业“服务包”机制，整合人力、税务等多部门力量，走访“两新”组织1868家次，收集诉求1026条，帮助解决实际困难748个。

（苗子凯）

【人才工作领导小组会议】12月13日，区委人才工作领导小组会议召开。会议听取关于拨付博士后科研工作站扶持资金情况、关于2023年人才工作重大事项报告汇报；审议通过《城市副中心支持人才发展若干措施》及配套政策操作指引和《通州区进一步加强党委联系服务专家工作方案》、《北京市通州区博士后工作站管理办法》。

（丁巧智）

【人才政策创新】12月21日，区委组织部出台《城市副中心支持人才发展若干措施》。在落户、工作居住证、人才安居、医疗服务、子女教育等方面研提举措，为北京城市副中心打造更具竞争力的人才发展环境提供有力保障，研究制定配套政策操作指引，按照区委人才工作领导小组会议精神，修改完善相关条款。

（丁巧智）

宣传工作

【概　况】2023年，通州区认真完成学习贯彻习近平新时代中国特色社会主义思想主题教育、区委“三大三强”活动理论学习宣传工作，围绕党的二十大精神、北京城市副中心绿色发展、文明城区常态化创建等主题开展新闻发布、专题报道。大力培育和践行社会主义核心价值观，深化“强国复兴有我”群众性主题宣传教育活动，开展“通州榜样”选树活动与主题教育。打造“运河有戏”区域性演艺品牌，推动建设北京城市副中心演艺聚集区。“京杭大运河京冀段全线62公里实现旅游通航”入选“全国文化中心建设2022年度十件大事”。中共北京市通州区委宣传部（简称区委宣传部）服务保障区领导参加市级新闻发布活动5场次，配合北京城市副中心党工委管委会举办新闻发布活动3场次，组织区内新闻发布活动8场次、媒体集体采访活动5场次。完成北京文化论坛、“京杭对话”等活动服务保障。区委宣传部获评2023年北京市新闻发布工作考核优秀单位。

（翟洪娟）

【党的创新理论传播】2023年，区委宣传部制定《2023年通州区学习贯彻习近平新时代中国特色社会主义思想“六进”宣讲工作方案》，开展进企业、进农村、进机关、进校园、进社区、进网站宣讲450余场。开展成就宣传和形势政策教育系列宣讲活动386场。依托新时代文明实践中心、所、站三级体系，开展“理论政策我来讲”等文明实践志愿服务活动750余场，打造“科技小院讲习所”“大运河林下讲习所”等沉浸式理论宣讲阵地，开展“从党的二十大报告中读懂亿万农民的好日子”等宣讲活动。“大运河林下讲习所”“新时代文明实践驿站——打通宣传教育、关心服务群众的最后一百米”获评北京市新时代文明实践创新案例。举办百姓宣讲骨干培训班，组织优秀百姓宣讲团评选比赛，组织全区单位开展百姓宣讲322场。组建通州区百姓宣讲团深入基层开展巡讲，在北京市百姓宣讲汇讲比赛中获一等奖。

（赵　昕　尹　静）

【主题宣传】2023年，区委宣传部在

▲9月，2023“运河有戏”演出季活动举办。图为《开心麻花》剧场演出现场

（区融媒体中心提供）

区属媒体开设“推进‘三大三强’答好‘二十年之问’”专栏，刊发报道180余篇，与中央、市属主流媒体合作推出《“三大三强”为副中心高质量发展提速赋能》等报道。推出“学思想 强党性 重实践 建新功”学习贯彻习近平新时代中国特色社会主义思想主题教育专题专栏，依托中央、市级媒体刊发《扑下身子“迎考” 沉到一线“解题”》等稿件220篇。

（李　宁）

【媒体宣传】 2023年，区委宣传部着力讲好“副中心故事”，持续强化北京城市副中心媒体矩阵，积极探索媒体融合新机制、新方法，形成北京城市副中心媒体和市级媒体、京津冀地区全域联动、共同发声、同向发力的传播矩阵。在移动媒体方面，做优做强“北京通州发布”“融汇副中心”为代表的新型传播平台，“北京通州发布”微信公众号、微博、今日头条号、视频号、抖音号、快手号新媒体矩阵总粉丝量达238.8万人次，2023年发布的各类短视频总浏览量超亿次。在媒体融合方面，通过向上跨级别，在市级、央级媒体发稿频次不断增加；增设同步播出频率FM100.6京津冀之声；向外跨区域融合，推进京津冀媒体深度融合。

（通鉴编）

【社会宣传】 2023年，区委宣传部开展社会主义核心价值观宣传教育活动108场。深化爱国主义教育，对辖区内红色资源进行全面梳理，建立红色资源台账46处。聚焦中国人民抗日战争胜利纪念日、烈士纪念日、南京大屠杀死难者国家公祭日等重要节点，开展“不忘历史 奋勇前行”爱国主义纪念日系列主题活动。推进全民国防教育，编制《通州区全民国防教育发展规划及实施方案》，开展“强国复兴有我 续写使命赞英模”全民国防教育系列宣讲活动，参加第一届北京市全民国防知识技能大赛并获三等奖。制定《关于加强全区公益宣传栏和电子显示屏管理使用工作的实施意见》，推动公益宣传栏、电子显示屏、施工围挡等宣传阵地提质升级，制定《“京津冀协同发展十周年”城市环境提升方案》，推进通燕高速沿线、潞源北街等重要路段宣传画面更新。

（高　磊）

【意识形态领域工作管理】 2023年，区委宣传部牵头组建意识形态专项检查组，对23个单位党组织、8个社区党组织开展专项检查，对15个单位党组织进行“回头看”，并形成专项报告。完成市委巡视意识形态责任制专项检查服务保障工作，配合专项检查组到10余家单位开展延伸检查。召开意识形态会商研判会5次，下发情况通报4期。制定《加强全区文化艺术活动意识形态管理意见》，指导宋庄镇建立《宋庄镇展览展示活动意识形态多方管理办法（暂行）》。

（翟洪娟）

【出版行业管理】 2023年，区委宣传部办理出版物零售单位设立、变更等事项248件，完成企业年度信息现场核验428家。持续开展数字政务建设，丰富电子证照信息，生成查询二维码。进一步完善政务服务体系建设，推进“一业一证”改革和应用场景事项梳理及落地。检查印刷企业、实体书店、电影院等场所419家次，消除各类问题647项。开展出版物经营单位检查，严厉打击违法违规经营行为，对11家单位处以警告、罚款等行政处罚。

（冯立军　付超男）

【“扫黄打非”工作】 2023年，区委宣传部召开“扫黄打非”工作会议2次，开展“清源”“固边”“净网”“秋风”等专项行动，对出版物市场、印刷企业等检查970余次，出动检查人员1.6万余人次，检查各类场所9200余家次，处置网络有害信息11.5万余条，取缔关闭网站（网页）1万余个，查收非法出版物1700余册。马驹桥镇、西集镇获评北京市“扫黄打非”进基层示范点。

（李志宏）

【新时代文明实践系列活动】 2023年，区委宣传部组织开展“二十大和咱老百姓”新时代文明实践系列活动，通过讲起来、写起来、赛起来、演起来、展起来、做起来的“六起来”方式，深入宣传贯彻党的二十大精神。获《人民日报》《光明日报》《农民日报》头版报道，新华社短视频点击量92.3万次。学习宣传贯彻党的二十大精神百姓宣讲、知识竞赛融媒直播活动参与人数287万人次。

（尹　静）

【学习宣传贯彻党的二十大知识竞赛】 2023年，区委宣传部举办学习宣传贯彻党的二十大精神知识竞赛。线上，上线“通州区党的二十大报告学习课堂”小程序，参与学习人员13.9万名。线下，各单位、各系统举行预赛活动百余场，141支队伍参与区级初赛，10支代表队晋级区级决赛。最终由线上课堂答题成绩排名前50名市民和区级初赛个人成绩排名前50名

▲6月21日，通州区“七彩文明践新风　万家同行展新貌”新时代文明实践推动日活动举办

（区融媒体中心提供）

▲5月22日，通州区学习宣传贯彻党的二十大精神知识竞赛决赛举办

（区融媒体中心提供）

人员组成“百人团”，与10支代表队同场进行决赛。决赛直播收看人数155.8万人次。

（王　雪）

【“北京城市副中心2023年媒体采风团线下行”活动】 2月22—23日，区委网信办聚焦“文旅消费”和“产业发展”两大重点工作，组织邀请《人民日报》、新华网、中新社、《中国青年报》、环球网等中央媒体，《北京日报》《北京商报》《新京报》等市级主流媒体，北青网、搜狐网、新浪网、钛媒体等网络媒体，以及相关领域的网络大V、网红开展系列线下采风活动。通过线下+线上有机结合，充分展现北京城市副中心高质量发展态势，活动相关报道在全网总传播量超1700万次。

（周　冰）

【文旅行业开门红系列短视频】 3月初，区委网信办聚焦北京城市副中心文旅商体融合发展，与区文旅局、文旅区管委会等单位联动，整合北京城市副中心文旅资源，围绕北京城市副中心10余家优秀文旅企业、文旅单位，打造10期系列短视频，在《北京日报》旗下新媒体平台首发，在微博、微信、快手等平台转发，总传播量超1000万次。

（周　冰）

【推进全国文化中心建设领导小组会议】 5月9日，推进全国文化中心建设领导小组会议召开。会议总结2020—2023年通州区大运河文化带建设进展和成果，研究《通州区大运河文化带保护建设三年行动计划（2023年—2025年）》，部署《通州区推进全国文化中心建设2023年折子工程》，通报领导小组成员及内设机构调整有关情况。

（张　祎）

【“绿色之行 不止所见”主题传播活动】 5月30日，通州区举办“绿色之行 不止所见”2023年中外媒体打卡北京城市副中心主题传播活动，邀请来自俄罗斯、法国、意大利等国家及国内的主流媒体记者、网络大V、“网红”、青年留学生，走访运河商务区新光大中心、东六环改造工程项目、北京绿色动力环保有限公司和城市绿心森林公园，深度体验北京城市副中心在绿色产业、绿色交通、绿色能源、绿色生态等方面的发展成就。活动通过People's Daily、Global Times、环球网、微博、B站、抖音、推特等海内外主流媒体和社交媒体平台发布。9月，举办“绿色之行 不止所见”中外媒体Talk活动，中外主流媒体、网络大V、留学生代表分享交流北京城市副中心绿色发展见闻体会，举行“北京城市副中心绿色发展网络传播大使”颁奖仪式。活动在网络上总传播量超2500万次。

（王婧娴）

【党的二十大精神系列主题通州区专场新闻发布会】 6月30日，北京市人民政府新闻办公室组织召开十六区“一把手”谈贯彻落实党的二十大精神系列主题新闻发布会——通州区专场。通州区主要负责人出席，围绕“推动北京城市副中心高质量发展”主题，介绍通州区学习贯彻党的二十大精神，坚定不移走高质量发展之路，高水平建设好北京城市副中心的具体实践和取得的阶段性成果，并回答记者提问。

（李　宁）

统一战线工作

【概　况】 2023年，中共北京市通州区委统一战线工作部（简称区委统战部）制定统战工作三年行动计划，出台统战工作指导手册和街道乡镇操作手册，实现街道乡镇统战工作站全覆盖，严格按照《中国共产党统一战线工作条例》抓好贯彻落实。全年召开统战工作领导小组会议1次，区委常委会会议专题听取统战工作汇报。

（王琪琛）

【民主党派建设】 2023年，区委统战部支持各民主党派加强自身建设，推动各民主党派成立北京城市副中心支部，截至年底，成立3个北京城市副中心支部（社）。开通建言直通车，编制印发统战工作建言专报，各民主党派提交界别提案8件、党派提案16件、委员提案121件、人大建议10件。开展重温“五一口号”系列专题活动，开展集中学习、现场研学等主题教育54场次，各民主党派先后到结对乡镇开展调研活动41次，举办调研式讨论70余场、主题沙龙25场。开展全区无党派人士认定，认定包括处级以上领导干部、区级以上人大代表、政协委员、统战团体中担任重要职务的代表人士及统战部重点联系和培养的其他代表57人。

（崔连瑞）

【新的社会阶层人士和党外知识分子工作】2023年，通州区11个乡镇新的社会阶层人士联谊会（简称新联会）分会基本组建完成。区委统战部组织宋庄镇新联会骨干成员开展艺术交流，以彩绘墙形式纪念南水北调工程通水9周年，台湖演艺小镇新联会开展演艺交流，律师新联会开展“五月的鲜花”送法进商圈活动。统战品牌“‘宋’你‘艺’杯咖啡”，以“艺术咖啡”为载体，以网络大V为媒介，助力打造宋庄镇“文艺范儿，慢生活”区域形象。在北京物资学院和北京财贸职业学院挂牌北京城市副中心党外知识分子联谊会分会，并与两校签订校地共建合作协议。

（高志鹏）

【侨务工作】2023年，区委统战部深入宣传贯彻《中华人民共和国归侨侨眷权益保护法》，完成归侨侨眷身份认定工作，认真执行“三侨生”（报考普通高校入学考试考生本人为归侨，或归侨子女，或华侨在国内的子女）考试加分等政策。成立北京城市副中心留学人员联谊会。筹备做好海外联谊会换届工作。

（张　静）

【对台统战工作】2023年，区委统战部举办通州·高雄基层视频连线、“2023京台青年环骑大北京”、“两岸话中秋 文旅促发展”等活动。协调解决台商台胞在通州区生产、生活中遇到的难题。于家务回族乡仇庄村和大洲玉文化创意园被确定为京台基层交流基地。

（张　静）

【科技小院建设】2023年，区委统战部将科技小院工作纳入全区乡村振兴工作统筹推进，以区委农村工作领导小组名义下发《通州区“北京科技小院”助力乡村振兴三年行动计划》和配套制度，成员单位包括17家委办局和9个涉农乡镇，统筹利用统战资源助力科技小院建设，以带动增收致富和培养农村人才为目标，共同推进通州区科技小院持续健康发展。年内，新建6家科技小院，实现区内涉农乡镇全覆盖。

（张启凤）

【助力民营企业发展】2023年，区委统战部广泛凝聚民营经济人士，促进北京城市副中心民营企业高质量健康发展。推动各地企业家交流合作，组织企业家多次开展互访活动，搭建民营企业交流合作平台。多次召开企业家座谈会，到区内企业调研座谈，了解企业诉求和困难。开展政策宣讲会，对通州区现行政策进行讲解和答疑解惑，切实服务企业需求。联合相关行政机关、人大代表、人民监督员、企业代表等多方开展座谈交流，普及安全和法律知识。

（通鉴编）

▲4月28日，永乐店镇西槐庄村科技小院，中国农业大学研究生在试验大棚中除草
（区融媒体中心提供）

【民族宗教工作】2023年，区委统战部围绕全区高质量经济发展、高效能社会治理，认真开展全区民族宗教工作。市区两级领导多次调研民族宗教场所，区委常委会会议多次研究部署民族宗教工作。完成市民族宗教监督检查迎检工作。加强对外协作和交流学习，促进京津冀三地民族宗教领域协同发展。开展民族宗教领域宣传工作，到部队、社区、村庄、学校等地开展丰富多彩的宣传及慰问活动。

（通鉴编）

【统一战线教育培训】2023年，区委统战部围绕党的二十大精神和习近平总书记关于做好新时代党的统一战线工作重要思想专题，分级分类组织统战干部培训、新的社会阶层人士培训、民族宗教工作培训、党外干部培训、同心大讲堂培训5期，近230人参训，增强党外代表人士和统战干部的思想政治共识。

（张启凤）

【北京城市副中心欧美同学会成立】3月24日，北京城市副中心欧美同学会（北京城市副中心留学人员联谊会）成立大会暨第一届一次会员代表大会召开。会议选举产生第一届理事会领导班子，设会长1名、副会长6名、秘书长1名、副秘书长2名。单军当选首任会长。

（张　静）

【新联会西集分会成立】8月18日，通州区新联会西集分会成立大会召开。会议选举产生新联会西集分会会长、副会长、秘书长，宣布全区首家新联会党组织成立。新联会西集分会有会员47名，主要由西集镇农林业、制造业、住宿和服务业、批发零售业以及信息传输、软件和信息技术服务业等多个行业企业的管理人员和技术骨干组成。

（高志鹏）

调查研究

【概 况】2023年，中共北京市通州区委北京市通州区人民政府研究室（简称区委、区政府研究室）围绕北京城市副中心建设大局，完成文稿起草、调查研究等工作任务。全年完成各类文稿170余篇，把关、收集背景材料200余篇。完成全区调查研究部署及推进，收集整理全区88家单位年度重点调研课题及调研成果。编发《通州调研》15期，在《北京调研》《北京农村经济》等市级以上刊物刊发调研报告9篇。

（冯 洋）

【重点文稿编写】2023年，区委、区政府研究室高质量完成区委、区政府交办的各项文字工作任务。起草完成在区委七届六次、七次全体会议上的报告、决议、讲话等重要材料。起草完成2024年通州区政府工作报告等材料，完成分组讨论记录汇总等服务保障工作。起草《关于在全区开展"大学习、大调研、大讨论"进一步实现"强素质、强作风、强效能"以实际行动学习贯彻落实党的二十大精神 回答市委"二十年之问"的实施意见》《通州区委关于答好市委"二十年之问"加快打造中国式现代化进程中城市发展样板的实施意见》《中共北京市通州区委 北京市通州区人民政府 关于在各级党员干部中抓执行、提效能的意见》等文件。

（侯林放 陈 帅 张榆蛟）

【重要课题研究】2023年，区委、区政府研究室围绕区委常委会领题调研选题、区委和区政府主要领导调研课题，深入上海市、深圳市、成都市、杭州市、福州市、莆田市等地和基层一线走访调研、座谈问情，学习总结地区高质量发展经验做法，全面梳理北京城市副中心基层治理、疏解承接等工作实践、取得成效，完成《强化党建引领，深化"网格+热线"基层治理机制》《关于做好疏解和承接两篇文章 回答好"二十年之问"的实践与思考》《博采众长谋发展 聚焦"二十年之问"谱新篇》《以"千万工程"为引领 走好城市副中心乡村振兴之路》《关于建设国家绿色发展示范区的思考与实践》《对标先进促提升 聚力"二十年之问"谋发展》研究报告，更好发挥以文辅政职能。

（侯林放 陈 帅 张榆蛟）

机构编制工作

【概 况】2023年，中共北京市通州区委机构编制委员会办公室（简称区委编办）把加强党的全面领导作为新时代机构编制工作的主题主线，将健全与北京城市副中心战略和功能定位相适应的机构职能体系和体制机制作为中心任务，围绕构建"11311"工作格局，扎实推进各项改革任务，统筹配置编制资源，全力做好机构编制支撑与服务保障。截至年底，全区有党委机关13家，人大常委会机关1家，政府工作部门32家，政协机关1家，街道11家，乡镇11家，群团机关8家，事业单位491家。

（徐佳裕）

【机构改革】2023年，区委编办成立推进机构改革工作专班，统筹协调推进工作落实，进一步强化组织保障。深入区民政局、区科委等涉改部门开展调研，重点了解单位机构设置、职能配置、职责履行及工作运转等基本情况和存在问题，研究机构改革的重点、难点和突破点。对标中央和市级改革任务，以推进北京城市副中心治理体系和治理能力现代化为导向，以构建系统完备、科学规范、运行高效的党和国家机构职能体系为目标，着力解决北京城市副中心高质量发展面临的问题，提出初步调整意向，并与市委编办沟通协调，确保改革方向既符合中央和市级改革精神，又充分立足北京城市副中心功能定位、体现通州区特色。

（徐佳裕）

【重点领域机构编制服务保障】2023年，区委编办围绕服务京津冀协同发展，积极配合市委编办及北京城市副中心党工委管委会做好市级赋权工作，把北京城市副中心发展亟须的、办理频率高和承接条件成熟的职权事项下放到区级。加强教育、卫生重点民生领域调查研究，对学校、基层社区卫生服务机构开展编制调研与评估，提出有效优化和调整通州区教育、卫生领域机构编制管理的工作建议。

（徐佳裕）

【基层管理体制改革】2023年，区委编办进一步优化街道乡镇管理体制和运行机制，向街道乡镇下放执法权评估权限，完善街道乡镇综合执法体制机制。落实优秀社区（村）党组织书记和优秀社区工作者使用周转事业编制管理办法，加强基层工作队伍建设，有效推动编制资源向基层倾斜，为基层履职提供保障。

（徐佳裕）

【机构调整】1月9日，经区委编委会研究决定，设立中共北京市通州区委中关村科技园区通州园工作委员会，为通州区委派出机构，与中关村科技园区通州园管理委员会合署办公，明确机构规格为副局级；2月9日，以两办名义印发《中共北京市通州区委中关村科技园区通州园工作委员会 中关村科技园区通州园管理委员会职能配置、内设机构和人员编制的规定》。1月9日，撤销北京市光机电一体化产业基地管理委员会（正处级）、北京通州物流产业园区管理委员会（正处级）、北京国家环保产业园区管理委员会（正处级）、北京市通州区台湖高端总部基地建设管理委员会（正处级），退出派出机构序列。1月31日，经区委编委会研究决定，将北京通州宋庄文化创意产业集聚区管理委员会调整为与北京市通州区宋庄镇人民政府合署办公。3月30日，经区委编委会研究决定，在区卫生健康委员会加挂区疾病预防控制局牌子。6月20日，以北京市通州区人民防空办公室为基础，调整组建北京市通州区国防动员办公室（保留北京市通州区人民防空办公室牌子），机构规格为正处级，并以两办名义印发《北京市通州区国防动员办公室职能配置、内设机构和人员编制的规定》。

（徐佳裕）

区直机关党建

【概　况】2023年，中共北京市通州区委区直属机关工作委员会（简称区直机关工委）紧扣“推进党建标准化建设、推动党建高质量发展”主线，推动区直机关党组织“争当表率、争当示范、走在前列”，为北京城市副中心提供有力组织保障。年内，为41名老党员颁发“光荣在党50年”纪念章，为89名困难党员发放慰问金33.9万元。8318人参加“共产党员献爱心”活动，捐款87.25万元。8444人参加“防汛救灾”专项捐款活动，捐款101.5万元。截至年底，区直机关系统所属机关党组织70个，其中机关党委23个、机关党总支14个、关党支部33个，党员8676人。

（陆晓园）

【党组织规范化建设】2023年，区直机关工委建立直属机关党组织换届提醒、考察工作运行机制，指导17个党组织完成换届，8个党组织完成补选，3个党组织调整设置。下发《区直机关工委党员发展全程纪实手册》，严格落实政治审查制度，发展党员88人，转正预备党员102人。完善和落实党费工作制度，按时足额上交党费。

（陆晓园）

【述职评议考核】2023年，区直机关工委完成对44个党委（党组）和70个机关党组织“全覆盖”考核。按85分以上为优秀评定，其中，44家机关党委（党组）全部达到优秀等级，63家机关党组织达到优秀等级。考核结果通报到各个党组和党组织，并上报区委组织部。

（陆晓园）

【教育培训】2023年，区直机关工委举办各类培训4次。2月23日，在区委党校举办通州区直机关系统2023年度入党积极分子培训班，103名积极分子参训。3月8—10日，在区委党校举办通州区直机关系统2023年度党员发展对象培训班，90名发展对象参训。5月24日至6月2日，分别在区委党校、大别山干部学院采用“3+5”（即3天在区委党校理论培训，5天到大别山干部学院现场教学）培训模式，举办北京市通州区直机关系统2023年度机关党组织书记培训班，直属机关党组织书记、副书记50余人参训。10月19—20日，在区委党校举办区直机关党员教育培训示范班暨区直机关纪委书记、纪检委员培训班，区直机关纪委书记、纪检委员67人参训。

（陆晓园）

▲ 5月底，区直机关系统2023年度机关党组织书记培训班在大别山干部学院

（区直机关工委提供）

【“习近平新时代中国特色社会主义思想进机关”宣讲活动】1月28日，区直机关工委下发《2023年通州区区直机关系统学习贯彻习近平新时代中国特色社会主义思想“进机关”宣讲工作方案》，推荐100名“五个一百”（即百名机关干部、百名思政课老师、百名青年代表、百名百姓名嘴、百名文艺骨干）理论宣讲队伍宣讲员，举办区直机关各党组织宣讲活动151场。

（陆晓园）

网信工作

【概　况】2023年，中共北京市通州区委网络安全和信息化委员会办公室（简称区委网信办）加强网络内容建设管理，推进网络综合治理体系建设，构建北京城市副中心网络安全工作格局。获市委网信办授予的“互联护苗2023”网络举报宣传活动表现优异证书。

（李　瑞）

【网络意识形态工作】2023年，区委网信办联合区委宣传部每季度召开全区意识形态（网络意识形态）分析研判会。加强网络意识形态管理，对全区94家单位300余个政务新媒体账号开展日常巡查。组织各街道乡镇、重点委办局开展专题培训4次，通过意识形态（网络意识形态）工作解读、典型案例分析、实战演练等形式，提升各单位网络安全意识以及应对突发事件能力。

（李　婕）

【网络管理与诉求处置】2023年，区委网信办维护网络信息安全，增强网络信息服务保障能力。围绕重大活动、重点工作、重要节点，提前谋划部署，协同市级部门及时做好网络信息管理，规范网络传播秩序。做好网络信息“接诉即办”工作，全年转办有效网络信息1978件。依托区级应急指挥中心平台，按照“专人负责、限时反馈、成效追踪”要求，保障市级部门转交的网络诉求及时回应，回复率、反馈率均100%。

（李丛之）

【网络安全保障】7—8月，区委网信办组建网信、公安、经信、机要四部门联合检查组，检查27家党政机关、企事业单位重要信息系统62个，发现并整改网络安全管理问题23个、漏洞54个。全年对25家单位37个重点网站和系统开展常态化实时监测，对180个重要信息系统开展巡回漏洞挖掘，发现修复漏洞18个。督促22家单位及时消除网络安全风险隐患。在全国两会和“一带一路”国际合作高峰论坛期间，关键岗位、关键时间节点实行24小时在岗值班，做好应急处置工作。

（李丹阳）

【网络名人队伍引领】2023年，区委网信办大力开展网络名人队伍引领工作。5月，选拔大V代表到红旗渠干部学院参加通州区2023年度新的社会阶层人士和党外知识分子专题培训班，引导其感悟红旗渠精神，坚定理想信念，增进政治认同。9月，举办北京城市副中心网络名人座谈会暨城市副中心体验行活动，同步组建“生机勃发副中心”微信群，邀请更多有网上影响力、关注北京城市副中心并积极参与正向宣传的网络名人加入“群聊”，扩大北京城市副中心“朋友圈”。10月，组织文旅、艺术、历史等“生活方式”类的网络大V和网络达人走进宋庄镇，助力宋庄“以‘咖’为媒 ‘艺’起向未来”主题活动，促进宋庄艺术创意小镇高质量发展。多项活动得到百余位网络名人参与和宣传推广，传播总声量超1.8亿次。

（董　琦）

【互联网企业党建】2023年，区委网信办开展互联网企业调研摸排和“两个覆盖”（即党的组织覆盖和工作覆盖）工作，通州区“三有”（即有固定经营场所、有10名以上员工、有生产经营活动）互联网企业31家，建立党组织企业8家；调研走访互联网企业11家；开展习近平新时代中国特色社会主义思想进互联网企业“六进”宣讲活动3期，组织互联网企业参加《未成年人网络保护条例》等政策宣讲会5期；12月14日，召开互联网企业党组织书记、党务工作者培训会，部分街道乡镇互联网企业党建工作人员和企业党组织书记、党务工作者25人参会。

（刘　杨）

▲9月，北京城市副中心网络名人座谈会暨城市副中心体验行活动举办

（区融媒体中心提供）

【“以高质量发展回答时代之问”网上主题传播活动】2023年，区委网信办策划推出北京城市副中心“以高质量发展回答时代之问”网上主题传播活动。活动聚焦“二十年之问”时代命题，分别从城市发展、党员干部、网友市民视角出发，制作“问党员”“问城市”6期系列短视频、策划10张城市宣传创意海报、打造3个活动话题，联动数十名网络名人，通过主流媒体报道和商业媒体平台宣传，宣传北京城市副中心高质量发展、高水平建设、高效能治理成果。活动总传播声量超1650万次，网友互动量超2000次。

（周　冰）

【区委网络安全和信息化委员会第二次（扩大）会议】6月27日，七届通州区委网络安全和信息化委员会第二次（扩大）会议召开。会议传达学习十三届市委网信委第一次会议精神，听取全区2022年网信工作开展情况，审议通过2023年工作要点。

（李　瑞）

【网络安全实战攻防应急演练】7月10—21日，区委网信办牵头组织开展全区网络安全实战攻防应急演练活动，面向教育、卫生、传媒、城管、文旅、商业等领域28家党政机关和重点企事业单位，通过构建数据库（SQL）注入、漏洞利用、弱口令排查、移动热点攻击、邮件攻击和自由攻击等六大攻防演练场景，对网站、系统平台、App、新浪微博账号、微信公众号和小程序在内的127个在用互联网资产靶标进行攻击测试，发现并修复21家单位38个靶标的50个安全漏洞，从实战角度提升全区应对网络攻击时的技术防护能力和应急处置能力。

（李丹阳）

保密工作

【概　况】2023年，中共北京市通州区委保密委员会办公室（北京市通州区国家保密局）（简称区委保密办）

强化保密宣传教育，严格监督检查，推进依法治密，强化科技支撑。组织召开区委保密委员会全体会议和全区保密工作会议。年内，印发指导性文件26件，组织销毁涉密文件，无失泄密事件发生。

（郝　淳）

【保密管理】2023年，区委保密办完成保密定密管理、网络保密管理、涉密人员管理工作。完善涉密人员数据库；指导各单位制定、修订国家秘密一览表；印发通知，严格非密网络、即时通信工具、ChatGPT、档案数字化、地下管网等管理；开展专项整治行动，强化涉密网络安全；开展工作秘密事项清单制定和报备工作；对中关村科技园区通州园和运河商务区管委会保密工作开展调研。

（郝　淳）

【保密检查】2023年，区委保密办对52家机关单位开展“十四五”时期保密事业中期督导和机关单位保密自查自评工作现场检查；受市保密局委托，对辖区内涉密资质（资格）企业开展“双随机”（即随机抽取检查对象、随机选派执法检查人员）抽查；制定考试类保密工作方案和应急预案，开展中、高考，大学英语四、六级考试，国家统一法律职业资格考试，高等教育自学考试等考试考点检查42次。

（郝　淳）

【保密宣传】2023年，区委保密办设计、定制、发放个性化保密宣传品；摆摊设点发放保密图书、挂图；拍摄公益宣传短片《筑牢保密防线 维护国家安全——你我共同担当》，获国家保密局“人人话保密”主题讲述活动优秀奖；动员基层单位拍摄微视频18部；在重要节日、重大活动前定点向涉密人员、领导干部发送保密提醒5100余条；组织西集镇政府工作人员和沙谷堆村“两委”成员到北京市保密教育实训平台参观；分别组织区委办公室、区人大常委会机关、区委统战部、区审计局、区委宣传部到北京市保密教育实训平台开展主题教育。

（郝　淳）

▲4月27日，区委保密办举办通州区2023年度保密工作培训班（一班）

（区委保密办提供）

▲9月4日，区委老干部局组织老干部大思政研究会开展“中国式现代化背景下副中心老干部思政建设”主题研讨活动

（区委老干部局提供）

【保密培训】4月26—28日，区委保密办在区委党校举办2023年度保密工作培训班2批次：培训机关单位学员325人，同步发放限时版保密检查工具100余套；培训企业学员80人。年内，选派保密业务骨干到18家单位开展现场教学。

（郝　淳）

老干部工作

【概　况】2023年，中共北京市通州区委老干部局（简称区委老干部局）统筹抓好离退休干部党建引领、服务管理、作用发挥、学习活动，落实好离退休干部政治、生活待遇，提升精准服务水平。服务管理离休干部63人、处级及以上退休干部1010人，离退休干部党支部29个。

（白　玉）

【离退休干部思想政治建设】2023年，区委老干部局在离退休干部中开展学习贯彻习近平新时代中国特色社会主义思想主题教育，组织离退休干部通过线上、线下多种形式收听专题辅导报告。加强对离退休干部思想政治引领，着力打造新时代“老干部大思政”平台，组织“思政读书会”“思政沙龙”“思政观影”“思政调研”等活动，并在全市离退休干部党建工作

▲ 12月28日，区委组织部、区委老干部局共同举办“唱响家国情　礼赞新时代”迎新年文艺汇演　（区委老干部局提供）

联席会上交流发言相关工作经验。打磨“思政微课堂”，制作发布20部红歌党史专题片、32部中华好诗词和60部中华英模视频专题片，打造“银发书香·真理味道”学习交流平台，定期开展好书推荐、读书交流活动。

（白　玉）

【离退休干部服务管理】 2023年，区委老干部局持续推进适老化改造，为51名解放战争时期离休干部进行居家适老化改造，在全市率先实现离休干部居家适老化改造全覆盖。落实离休干部特困补助机制，为30名离休干部发放补助金6万元。落实自费医药费帮扶解困机制，为2名离休干部报销医药费2.1万元。制定出台《通州区特困退休干部帮扶办法》，为3名退休干部发放帮扶资金2.5万元。慰问离退休干部2100余人次，其中入户慰问300余人次，累计发放慰问金36.2万元。

（白　玉）

【离退休干部作用发挥】 2023年，区委老干部局建立“银和通州”老党员先锋队工作品牌，全区63支老党员先锋队围绕服务全国两会、“学雷锋纪念日”、医疗服务、科普宣传开展志愿服务活动。老干部宣讲团走进社区、机关、学校，围绕党的二十大、法制、健康、家乡巨变等内容进行宣讲，拍摄《我为北京城市副中心代言》专题片，以老干部的视角和站位宣传北京城市副中心建设成果。

（白　玉）

【离退休干部学习活动】 2023年，老干部大学开设思政、舞蹈、声乐、诗词欣赏等12门课程，500余人次参加学习。老干部活动中心围绕重要节日，开展“喜乐元宵灯谜会”、“庆祝中国共产党成立102周年”文艺汇演和通州区老干部迎新年文艺汇演等活动。各老干部兴趣团队结合自身特色开展比赛和创作展示，组织开展养生保健讲座、收藏交流展示等系列活动，不断丰富离退休干部精神文化生活。

（白　玉）

【关心下一代工作】 2023年，区关心下一代工作委员会（简称区关工委）贯彻落实通州区《关于加强新时代关心下一代工作委员会工作的实施办法》，指导各基层关工组织开展未成年人关爱工作，构建学校、家庭、社会相结合的青少年教育体系。充分发挥全区“五老”（即老干部、老战士、老专家、老教师、老模范）资源独特优势，用大手拉小手，开展“雷锋精神·薪火相传”主题教育、“品读华夏经典·润泽诗韵童年”诗词诵读、“我爱地球妈妈”生态环境保护主题演讲等活动，帮助青少年健康快乐成长，持续推动全区关心下一代事业发展。

（白　玉）

【老干部工作会】 4月6日，区委老干部局召开2023年老干部工作领导小组会。会议总结2022年工作，安排部署2023年主要任务，研究审议通过通州区《关于加强新时代离退休干部党的建设工作的实施细则》《关于加强新时代关心下一代工作委员会工作的实施办法》。

（白　玉）

【关心下一代工作会】 6月6日，通州区关心下一代工作会召开。会上宣读《关于表彰2021、2022年度关工委先进集体和先进个人的决定》，授予北苑街道关工委等10个单位“先进关工委”称号，授予北京运河瓷画艺术馆等12个单位“品牌建设奖”称号，授予榆林庄村等57个关工小组“先进关工小组”称号，授予刘如贵等104人“关心下一代先进工作者”称号，授予田一墨等87名同

▲ 3月21日，通州区老干部宣讲团走进西集镇小辛庄村，举办“法治宣讲进乡村 普法学法零距离”法治宣讲活动　（区委老干部局提供）

学“文明好少年”称号；宣读新获批的10家青少年校外教育基地名单，并向新获批的青少年校外教育基地代表颁牌；传达通州区《关于加强新时代关心下一代工作委员会工作的实施办法》重点内容。区关工委作工作报告，就传承红色基因工程、构建法治教育体系、加强教育阵地建设、扩大组织覆盖、打造“五老”队伍等内容总结近两年工作情况，对今后工作提出展望。大会播放《奋进新时代 启航新征程——通州区关工委三年来工作回顾》专题片。

（白　玉）

党校工作

【概　况】2023年，中共北京市通州区委党校（通州区行政学院）（简称区委党校）紧密结合北京城市副中心建设形势任务，聚焦主责主业主课，充分发挥干部培训主渠道作用。年内建立6家工委党校，进一步推进基层党员教育培训全覆盖。通过“百讲党课进基层”、新时代文明实践志愿服务活动等平台开展各类宣传宣讲260场。全年举办各类培训班次30期，培训学员2330人次。

（陈啸林）

【课程开发】2023年，区委党校围绕时代主题，突出主业主课，严格课程专题准入，开发验收“深刻把握习近平中国式现代化理论”“深刻把握习近平新时代中国特色社会主义思想世界观和方法论”“跳出历史周期率的第二个答案——习近平关于自我革命的战略思想”等12个新专题课程。

（陈啸林）

【科研咨政】2023年，区委党校围绕北京城市副中心建设和社会重点、难点问题，完成市区两级课题10项。《新时代城乡社区协商理论与实务》获北京市第十七届哲学社会科学优秀成果奖，属通州区首次；《习近平新时代中国特色社会主义思想的方法论对基层统一战线工作重大指导意义研究》获市委统战部、北京市社会主义学院领导和区领导肯定性批示；《推进北京城市副中心社会法治现代化建设研究》获通州区“学习贯彻习近平法治思想”优秀法治研究成果一等奖。聚焦创造基层治理现代化，深入基层开展研究的4篇资政报告获区领导肯定性批示。

（陈啸林）

【基层治理研究】2023年，区委党校挂牌成立北京城市副中心基层治理专家工作室。聚焦创造基层治理现代化高质量典范，参与指导北京城市副中心三级基层治理咨询；协助完成玉桥街道楼门文化示范基地建设工作指导手册；总结中仓街道党建引领“四有四服务”（即工委有驿站、支部有帮手、党员有责任、居民有榜样，走问式服务、协商式服务、网格式服务、智能式服务）模式，潞城镇微党校推动基层党组织开展微协商、微公益和微服务做法；参与张家湾镇“有事没事转一转”实践创新；提炼北京城市副中心党建引领精细化服务有效做法，形成《党建引领基层治理的项目化品牌化实务案例》，在街道乡镇、区直机关系统机关党组织书记班和优秀中青年干部班上讲授。

（陈啸林）

【学习贯彻党的二十大精神培训】2023年，区委党校举办学习贯彻党的二十大精神培训班4期，培训学员668人。培训注重体系化、模块化教学，共安排专题辅导5次、集中自学2次、交流研讨3次、班级交流总结1次，集中自学指定学习篇目，分组研讨明确主题，聚焦党的二十大精神系统解读、中国式现代化、新时代意识形态工作3方面内容。

（陈啸林）

【处级干部培训】2023年，区委党校举办新任处级领导干部履职能力提升培训班1期，培训学员27人。培训围绕党的创新理论教育、党性教育、北京城市副中心建设、领导者素养与能力4个单元展开，综合运用课堂讲授式、现场教学式、学员论坛、分组讨论等多种教学方法，安排延安革命纪念馆、南泥湾大生产展览馆现场教学。

（陈啸林）

【优秀中青年干部培训】2023年，区委党校举办优秀中青年干部培训班1期，学员26人。培训紧扣区委“三大三强”活动要求，打造“1+2+4”培训体系，即突出“一个主题”——培养造就支撑北京城市副中心高质量发展的高素质年轻干部队伍，进一步夯实“两个基础”——理论教育和党性教育，着力提升干部“四项本领”——推动高质量发展本领、服务群众本领、防范化解风险本领、斗争本领，在系统学习、实地调研、交流研讨等各项环节精心设计，引导年轻干部强素质、强作风、强效能。

（陈啸林）

【“两新”组织党组织书记、党务工作者示范培训】2023年，区委党校举办“两新”组织党组织书记、党务工作者示范培训班1期，学员48人。培训采用理论教学与现场教学相结合、辅之以学员讨论讲坛的形式，其间，组织参训学员赴大兴区学习“两新”组织党建情况及其经验做法，推动提升全区“两新”组织党建工作质量。

（陈啸林）

【“生态文明与双碳发展”专题培训】2023年，区委党校举办“生态文明与双碳发展”专题培训班1期，学员46人。培训围绕加快推进国家绿色发展示范区建设，推动北京城市副中心践行“双碳”战略，采取专题授课、现场教学、交流研讨等方式，引导干部开阔视野，创新思维，进一步增强干部推动北京城市副中心绿色发展与做好“双碳”工作的能力。

（陈啸林）

【通州区与北三县一体化高质量发展专题培训】2023年，区委党校举办通州区与北三县一体化高质量发展专题培训班1期，学员121人。培训突出实践实战、实用实效，课程包括规划和协同发展政策解读、公共服务一体化建设、产业区域整合、通州区与北三县特色教学点一体化成果教学等内容。帮助学员深入理解京津冀区域协同发展大战略背景下，通州区与北三县一体化高质量发展示范区建设的战略内涵和重大意义。

（陈啸林）

党史工作

【概　况】 2023年，中共北京市通州区委党史工作办公室（简称区委党史办）加挂北京市通州区地方志办公室（简称区地方志办）牌子贯彻落实《通州区党史和地方志工作规划（2021—2025年）》，制定《关于进一步加强通州区党史和地方志工作的意见》，推进基础资料收集征编，深化细化党史研究，多形式开展史志宣传活动。

（史圣洁）

【党史基础资料收集征编】 2023年，区委党史办以《北京城市副中心报》为基础，结合《北京城市副中心控制性详细规划（街区层面）（2016年—2035年）》、《国务院关于支持北京城市副中心高质量发展的意见》、《关于推进北京城市副中心高质量发展的实施方案》、通州区党代会报告和政府工作报告，对2020年以来北京城市副中心建设大事要事、成果成就进行分类归纳梳理。完成700余篇资料的整理和“重大工程”“产业发展”“京津冀协同发展”等多条线索的梳理工作。完成《中国共产党北京历史大事记（2022）》《中共北京市委执政纪事（2022）》《风雨同心 人民至上——北京市应对“23·7”流域性特大洪水灾害大事纪要》资料征集、稿件撰写，并上报市委党史研究室、市地方志办。

（史圣洁）

【党史专题研究】 2023年，区委党史办结合《习近平总书记视察北京后的深刻变化》和《北京城市副中心建设实录》编写工作开展党史专题研究。确定“两区”建设、民生保障、绿色发展、新型城镇化示范区建设、京津冀一体化——北三县协同发展等14个专题，领导班子成员率全室骨干力量分工收集资料，开展研究。将党史研究与落实区委“三大三强”活动要求相结合，开展学习讨论及专题调研13次，初步形成《习近平总书记视察北京后的深刻变化》和《北京城市副中心建设实录》编写大纲。

（史圣洁）

【史志宣传】 2023年，区委党史办开展多种形式史志宣传活动7次。4月，在宋庄镇宋庄村开展“凝聚奋进力 史志进乡村”史志“七进”活动，围绕平津战役指挥部旧址开展党史专题讲座；在中仓街道悟仙观社区开展“满怀豪情话通州 同心共建副中心”史志进社区活动。7月，邀请区史志专家到北苑街道为60余名街道和社区干部作“人杰地灵话北苑”主题讲座。10月，围绕“守正创新重实践 史志不渝谱新篇”主题，以史志工作交流和征集资料为重点，开展史志进机关系列活动，先后到北京市北运河管理处、北京通州国际种业科技园区、中关村科技园区通州园管委会、区经信局、区重大项目协调服务中心、区科委开展调研交流，赠送史志书籍，宣传党史地方志知识，从不同角度了解北京城市副中心建设和基层史志编修等相关内容，为开展史志编研积累资料。

（史圣洁）

【《关于进一步加强通州区党史和地方志工作的意见》发布】 2023年，区委党史办研究制定《关于进一步加强通州区党史和地方志工作的意见》（简称《意见》），在区委常委会第75次会议上审议通过，6月14日由区委办、区政府办联合发布。《意见》明确新时代新形势下做好通州区党史和地方志工作的指导思想、基本原则和主要目标，提出6项重点任务：跟踪记录研究习近平新时代中国特色社会主义思想在城市副中心的生动实践；坚持把党史研究、地方志编纂作为重要任务抓牢抓实；健全资料征集管理制度、拓展资料征编范围，夯实党史和地方志工作基础；做好史志宣传教育工作；提高红色资源保护和利用水平；加强史志成果转化利用。《意见》从工作机构、加强指导和队伍建设3个方面对建立健全党史和地方志工作体系提出要求，从激励机制和经费保障机制两个方面提出有关党史和地方志工作的组织保障措施，为未来一段时期通州区党史和地方志事业指明方向。

（史圣洁）

▲4月4日，区委党史办举办“凝聚奋进力　史志进乡村”送史志进宋庄村活动

（区委党史办提供）

通州区人民代表大会

综 述

【常委会自身建设】2023年，通州区第七届人民代表大会常务委员会（简称区人大常委会）牢牢把握“四个机关”（即政治机关、权力机关、代表机关、工作机关）定位要求，坚持从政治建设抓起、从素质能力强起、从纪律作风严起，全面加强常委会自身建设。采取调训和轮训相结合、网上课堂和线下学习相结合的方式，提高常委会组成人员、专委会委员、机关干部的政治修养和理论素养，着力打造高素质人大队伍。制订关于智库建设的意见，邀请29名专家参与审议监督、调研视察、备案审查等工作，为人大依法高效履职提供专业支撑和智力支持。扎实推进信息化建设，在人大网站、微信公众号开设“主题教育”“三大三强”“机关建设年”专栏，发布信息1200余条。

（杨 昊）

【法治环境营造】2023年，区人大常委会听取和审议2023年法治政府建设情况报告，视察区法院一站式多元解纷中心、区检察院诉源治理工作，全面推进依法行政和司法公正。加强规范性文件备案审查制度和能力建设，将“一府一委两院”（即人民政府，监察委员会，人民法院、人民检察院）规范性文件纳入备案审查范围，做到“有件必备、有备必审、有错必纠”。围绕“两区”建设“一条例一决定”［即《中国（北京）自由贸易试验区条例》和《北京市人民代表大会常务委员会关于促进国家服务业扩大开放综合示范区建设的决定》］开展执法检查，对《北京市建筑绿色发展条例（草案）》进行立法调研，推动严格执行法律法规。

（杨 昊）

【信访受理】2023年，区人大常委会贯彻落实《信访工作条例》、《中华人民共和国各级人民代表大会常务委员会监督法》以及人大信访工作规定，妥善处理群众日常来信来访。执行信访情况每月定期统计上报制度，提高信访工作质量。全年受理群众来信来访13件，其中初信13件，无来电访，信访件办复率100%。建立信访工作汇报制度，落实领导包案化解矛盾促进和谐，做到件件有结果、事事有回音。

（杨 昊）

重要会议

【概 况】2023年，区人大常委会召开常委会会议11次、主任会议12次，听取和审议专项工作报告和计划预算报告22项，作出决议、决定42项。形成审议意见书8份。

（杨 昊）

【七届人大三次会议】1月3—6日，通州区第七届人民代表大会第三次会议召开。会议表决通过关于北京市通州区人民政府工作报告的决议、关于北京市通州区2022年国民经济和社会发展计划执行情况与2023年国民经济和社会发展计划的决议、关于北京市通州区2022年预算执行情况和2023年预算的决议、关于北京市通州区人民代表大会常务委员会工作报告的决议、关于北京市通州区人民法院工作报告的决议、关于北京市通州区人民检察院工作报告的决议。

（杨 昊）

【七届人大四次会议】5月29—30日，通州区第七届人民代表大会第四次会议召开。会议表决通过选举办法并依法选举郑皓为北京市通州区人民政府区长。

（杨 昊）

▲5月29—30日，通州区第七届人民代表大会第四次会议召开

（区人大常委会提供）

2023年北京市通州区七届人大常委会会议一览表

表4

时间	会次	主要内容
2月23日	第10次	表决通过区人大常委会2023年工作要点、关于批准北京市通州区2023年地方政府债务新增限额及区级预算调整方案的决议和关于补选北京市通州区永乐店镇人民代表大会代表的决定；听取关于2022年通州区政府重要民生实事完成情况、2023年区政府重要民生实事项目编制情况的报告；审议关于北京市通州区第七届人民代表大会第三次会议代表建议、批评和意见综合分析报告，北京市第十六届人大通州代表小组代表报告履职情况和联系区人大代表之家工作安排
3月9日	第11次	表决通过关于北京市通州区人民代表大会代表小组工作办法、关于组建北京市通州区第七届人大专业代表小组工作意见和关于北京市通州区人民代表大会代表小组工作办法和关于组建北京市通州区第七届人大专业代表小组工作意见（试行）

续表 4

时间	会次	主要内容
5月6日	第12次	表决通过关于北京市通州区第七届人民代表大会个别代表的代表资格审查报告和关于补选北京市通州区第七届人民代表大会代表的决定；听取和审议关于北京市通州区文物资源资产管理情况的报告、关于北京市通州区2022年环境状况和环境保护目标完成情况的报告及其意见和建议
5月18日	第13次	表决通过关于召开区七届人大四次会议的决定和决定列席人员名单，听取和审议大会议程（草案），主席团、秘书长名单（草案），列席人员范围，法定列席人员名单（草案）
5月25日	第14次	表决通过北京市通州区人大常委会规范性文件备案审查工作办法和关于北京市通州区第七届人民代表大会个别代表的代表资格审查报告；听取关于区人大代表落实区委“三大三强”活动的意见
6月27日	第15次	表决通过关于批准北京市通州区2023年新增地方政府债务限额及区级预算调整方案的决议；听取关于加快推进副中心智慧城市建设的报告及其意见和建议
8月10日	第16次	表决通过北京市通州区2022年区级决算、北京市通州区关于中小企业发展情况的报告和关于补选北京市通州区梨园镇第十九届人民代表大会代表的决定；听取关于北京市通州区2022年区级决算草案的报告、关于北京市通州区2022年预算执行和其他财政收支的审计工作报告、关于北京市通州区2023年上半年预算执行情况的报告、关于北京市通州区2023年国民经济和社会发展计划上半年执行情况的报告、意见和建议；听取和审议关于北京市通州区2022年区级决算草案的审查结果报告和政府关于2023年上半年工作情况的报告
9月13日	第17次	听取关于“千名代表问政问需”活动进展情况的报告
10月31日	第18次	表决通过北京市通州区第七届人民代表大会常务委员会关于批准北京市通州区国民经济和社会发展第十四个五年规划纲要部分指标调整方案的决议；听取关于北京城市副中心（通州区）国民经济和社会发展第十四个五年规划纲要中期评估报告及其意见和建议、关于北京城市副中心（通州区）国民经济和社会发展第十四个五年规划纲要部分指标调整方案的报告及其审查结果报告、关于北京市通州区2022年预算执行和其他财政收支审计查出问题整改情况的报告及其意见和建议，关于北京市通州区2022年区级决算草案的审查结果报告、关于北京（通州）大运河文化旅游景区创建国家AAAAA级旅游景区工作情况的报告及其意见和建议，关于开展“千名代表问政问需”活动工作报告；审议关于北京市通州区2022年国有资产管理情况的综合报告
11月21日	第19次	表决通过北京市通州区第七届人民代表大会常务委员会关于批准北京市通州区2023年区级预算调整方案的决议、关于召开北京市通州区第七届人民代表大会第五次会议的决定、关于北京市通州区第七届人民代表大会个别代表的代表资格审查报告、关于补选北京市通州区第七届人民代表大会代表的决定和关于补选北京市通州区镇人民代表大会代表的决定；听取关于北京城市副中心（通州区）非建设空间土地资源管控规划及镇村实施指引（2021年—2035年）实施情况的报告及其意见和建议、关于“加强基层治理、推进基层治理体系和治理能力现代化”议案办理情况的报告及其意见和建议、关于2023年北京市通州区人大代表建议、批评和意见办理情况的报告及意见办理督办情况的报告、关于2023年区人大代表建议办理情况评估的工作报告，市人大代表王娇、毛飞、郎丽丽、徐国庆的履职情况报告，北京市通州区第七届人民代表大会第五次会议议程（草案）和北京市通州区人大常委会关于开展“千名代表问政问需”的指导意见；听取和审议市人大代表赵玉影、张东燕、马曙光、黄石松、刘振东的书面履职情况报
12月15日	第20次	表决通过关于通州区第七届人民代表大会个别代表的代表资格审查报告、关于补选北京市通州区第七届人民代表大会代表的决定、关于补选北京市通州区永顺镇人民代表大会代表的决定、区七届人大五次会议的列席人员范围和法定列席人员名单和决定列席人员名单；听取关于北京市通州区2023年法治政府建设工作进展情况的报告和北京市通州区人大常委会备案审查办公室关于2023年备案审查工作情况的报告；听取和审议关于2023年区政府重要民生实事完成情况和2024年区政府重要民生实事项目编制情况的报告、区七届人大五次会议主席团、秘书长名单（草案）和说明，区七届人大五次会议的列席人员范围，法定列席人员名单，议案审查委员会主任委员、副主任委员、委员名单，北京市通州区人大常委会工作报告（审议稿）

2023年北京市通州区七届人大常委会主任会议一览表

表5

时间	会次	主要内容
2月22日	第1次	听取关于人事任免议案的汇报；研究区人大常委会2023年工作要点；研究区人大常委会2023年审议议题重点发言人名单；听取区政府关于2023年区政府重要民生实事完成情况和2023年区政府重要民生实事项目编制情况的汇报；听取区政府关于2023年新增地方政府债务限额及区级预算调整方案的汇报；听取区人大财经委关于北京市通州区2022年地方政府债务新增限额及区级预算调整方案的审查结果报告；听取区人大法制委关于补选乡镇人民代表大会代表的决定（草案）的汇报；听取区人大城建环保委关于副中心智慧城市建设专项监督工作方案的汇报；听取区人大常委会关于北京市通州区第七届人民代表大会第三次会议代表建议、批评和意见综合分析报告；听取区人大常委会关于北京市第十六届人大通州代表小组代表报告履职情况和联系区人大代表之家工作安排的汇报；研究区七届人大常委会第九次会议的审议意见；研究区七届人大常委会第十次会议方案

续表 5

时间	会次	主要内容
3 月 9 日	第 2 次	听取关于人事任命议案的汇报；研究关于补选北京市通州区人大代表有关事项；研究关于北京市通州区人民代表大会代表小组工作办法；研究关于组建北京市通州区第七届人大专业代表小组的工作意见；研究区七届人大常委会第十一次会议方案
5 月 6 日	第 3 次	听取关于人事任免议案的汇报；听取区政府关于北京市通州区文物资源资产管理情况的汇报；听取区人大教科文卫委关于北京市通州区文物资源资产管理情况的调研报告；听取区政府关于北京市通州区 2022 年环境状况和环境保护目标完成情况的汇报；听取区人大城建环保委关于北京市通州区 2022 年度环境状况和环境保护目标完成情况报告的意见和建议；研究关于北京市通州区第七届人民代表大会个别代表的代表资格审查报告有关事项；研究区七届人大常委会第十二次会议方案
5 月 18 日	第 4 次	听取关于人事任免议案的汇报；研究关于召开区七届人大四次会议的有关事项；研究区七届人大常委会第十二次会议的审议意见；研究区七届人大常委会第十三次会议方案
5 月 25 日	第 5 次	听取关于人事任免议案的汇报；听取区人大常委会备案审查办公室关于北京市通州区人民代表大会常务委员会规范性文件备案审查工作办法（修订草案）的汇报；研究区人大常委会听取和审议区人民政府关于北京城市副中心（通州区）“十四五”规划纲要实施情况中期评估报告的工作方案；听取区人大常委会关于北京市通州区第七届人民代表大会个别代表的代表资格审查报告（草案）的汇报；研究区人大常委会党组关于区人大代表落实区委“三大三强”活动的意见；研究区七届人大常委会第十二次会议的审议意见；研究区七届人大常委会第十四次会议方案
6 月 26 日	第 6 次主任会暨专题主任会议	听取关于人事任免议案的汇报；专题听取区政府关于北京城市副中心元宇宙产业创新发展情况的汇报；专题听取区政府关于通州区数字农业农村工作情况的汇报；听取区政府关于加快推进副中心智慧城市建设的汇报；听取区人大常委会智慧城市建设监督组对区政府关于加快推进副中心智慧城市建设报告的意见和建议的汇报；听取区政府关于北京市通州区 2023 年新增地方政府债务限额及区级预算调整方案的汇报；听取区人大财经委关于北京市通州区 2023 年新增地方政府债务限额及区级预算调整方案的审查结果报告；研究区七届人大常委会第十五次会议方案
8 月 9 日	第 7 次	听取关于人事任免议案的汇报；听取区政府关于 2023 年上半年工作情况的汇报；听取区政府关于 2022 年区级决算草案的汇报；听取区人大财经委关于北京市通州区 2022 年区级决算草案的审查结果汇报；听取区政府关于 2022 年预算执行和其他财政收支的审计工作汇报；听取区政府关于 2023 年上半年预算执行情况的汇报；听取区政府关于 2023 年国民经济和社会发展计划上半年执行情况的汇报；听取区人大财经委关于北京市通州区 2023 年国民经济和社会发展计划上半年执行情况的意见和建议的汇报；研究区政府关于中小企业发展情况的报告；研究关于补选北京市通州区梨园镇人民代表大会代表的有关事项；研究区七届人大常委会第十五次会议的审议意见；研究区七届人大常委会第十六次会议方案；研究机关工会关于组织优秀职工赴北戴河疗休养活动有关事项
9 月 13 日	第 8 次	听取关于人事任命议案的汇报；研究区人大常委会关于 2024 年区级预算初步审查的工作方案；研究区七届人大常委会第十六次会议的审议意见；通报“千名代表问政问需”活动进展情况；研究区七届人大常委会第十七次会议方案
10 月 30 日	第 9 次	听取关于人事任免议案的汇报；专题听取区政府关于北京市通州区海绵城市建设工程情况的汇报；听取区政府关于北京城市副中心（通州区）国民经济和社会发展第十四个五年规划纲要中期评估及其规划纲要部分指标调整有关事项汇报，区人大财经委提出北京市通州区人民代表大会财政经济委员会关于北京城市副中心（通州区）国民经济和社会发展第十四个五年规划纲要中期评估报告的意见和建议、作北京市通州区人民代表大会财政经济委员会关于北京城市副中心（通州区）国民经济和社会发展第十四个五年规划纲要部分指标调整方案的审查结果报告，书面提交北京市通州区人大各专门委员会对北京城市副中心（通州区）国民经济和社会发展第十四个五年规划纲要部分专项规划中期评估的报告；听取区政府关于北京市通州区 2022 年预算执行和其他财政收支审计查出问题整改情况的汇报，听取区人大财经委提出的关于北京市通州区 2022 年预算执行和其他财政收支审计查出问题整改情况报告的意见和建议；听取区政府关于北京市通州区 2022 年国有资产管理情况的综合报告；听取区政府关于北京（通州）大运河文化旅游景区创建国家 AAAAA 级旅游景区工作情况的汇报，听取区人大常委会农村办提出的关于北京（通州）大运河文化旅游景区创建国家 AAAAA 级旅游景区工作情况报告的意见和建议；研究区七届人大常委会第十七次会议的审议意见；研究区七届人大常委会第十八次会议的方案

续表 5

时间	会次	主要内容
11 月 20 日	第 10 次	听取区政府关于“加强基层治理、推进基层治理体系和治理能力现代化”议案办理情况的汇报；听取区人大社会建设委提出的对区政府“加强基层治理、推进基层治理体系和治理能力现代化”议案办理工作的意见和建议；听取区政府关于北京市通州区 2023 年区级预算调整方案的汇报；听取区人大财经委提出的关于北京市通州区 2023 年区级预算调整方案的审查结果报告；听取区政府关于《北京城市副中心（通州区）非建设空间土地资源管控规划及镇村实施指引（2021 年—2035 年）》实施情况的汇报；听取区人大城建环保委提出的关于《北京城市副中心（通州区）非建设空间土地资源管控规划及镇村实施指引（2021 年—2035 年）》实施情况报告的意见和建议；听取区政府关于 2023 年北京市通州区人大代表建议、批评和意见办理情况的汇报；听取区人大常委会关于 2023 年北京市通州区人大代表建议、批评和意见办理督办情况的汇报；听取区人大常委会关于 2023 年区人大代表建议办理情况评估的工作报告；研究关于部分市人大代表向常委会报告履职情况的有关事项；听取关于北京市通州区第七届人民代表大会个别代表的代表资格审查报告；听取关于补选北京市通州区第七届人民代表大会代表和通州区镇人民代表大会代表有关事项的汇报；研究关于召开区七届人大五次会议有关事项；研究北京市通州区人大常委会关于开展“千名代表问政问需”的指导意见；研究北京市通州区人大常委会智库建设工作意见；研究区七届人大常委会第十八次会议的审议意见；研究区七届人大常委会第十九次会议的方案
12 月 14 日	第 11 次	听取关于北京市通州区第七届人民代表大会个别代表的代表资格审查报告（草案）的汇报；听取关于人事任免议案的汇报；听取区政府关于 2023 年区政府重要民生实事完成情况和 2024 年区政府重要民生实事编制情况的汇报；听取区政府关于 2023 年法治政府建设进展情况的汇报；听取区人大常委会备案审查办公室关于北京市通州区人大常委会 2023 年规范性文件备案审查工作情况的汇报；听取区人大财经委关于北京市通州区 2023 年国民经济和社会发展计划执行情况和 2024 年国民经济和社会发展计划草案初步方案的初步审查意见；听取区人大财经委关于北京市通州区 2023 年预算执行情况和 2024 年预算草案初步方案的初步审查意见；听取关于补选北京市通州区第七届人民代表大会代表和通州区镇人民代表大会代表有关事项报告；研究关于召开北京市通州区第七届人民代表大会第五次会议的有关事项。办公室提交关于区七届人大五次会议主席团、秘书长名单（草案）及说明、人选基本情况和议案审查委员会主任委员、副主任委员、委员名单（草案）及说明、人选基本情况；法制办提交关于区七届人大五次会议列席人员范围、法定列席人员名单、决定列席人员名单（草案）；研究北京市通州区人大常委会工作报告（审议稿）的有关事项；研究区七届人大常委会第十九次会议的审议意见；研究区七届人大常委会第二十次会议的方案

（杨　昊）

重大决定和依法人事任免

【概　况】2023 年，区人大常委会依法行使人事任免权，依法任免国家机关工作人员 120 人次。

（杨　昊）

【重大决定】2023 年，区七届人大常委会依法作出决定 42 项，其中重大决定有关于批准北京市通州区 2023 年地方政府债务新增限额及区级预算调整方案的决议、关于批准北京市通州区 2023 年新增地方政府债务限额及区级预算调整方案的决议、北京市通州区第七届人民代表大会常务委员会关于批准北京市通州区国民经济和社会发展第十四个五年规划纲要部分指标调整方案的决议、关于批准北京市通州区 2023 年区级预算调整方案的决议、关于补选北京市通州区第七届人民代表大会代表的决定、关于接受孟景伟辞去北京市通州区人民政府区长职务请求的决定、关于郑皓代理北京市通州区人民政府区长职务的决定、关于接受董亦军辞去北京市通州区人民政府副区长职务请求的决定、关于接受苏国斌辞去北京市通州区人民政府副区长职务请求的决定、关于接受杨磊辞去北京市通州区人民政府副区长职务请求的决定、关于吴孔安任命的决定、关于姚伟龙任命的决定、关于王永杰任命的决定、关于任命北京市通州区第七届人民代表大会常务委员会代表资格审查委员会副主任委员、个别委员的决定。

（杨　昊）

【依法人事任免】2 月 23 日，区人大常委会第十次会议决定：任命王德松为北京市通州区人民代表大会常务委员会农村办公室主任；任命杜伟为北京市通州区审计局局长、王艳为北京市通州区农业农村局局长；免去刘美俊北京市通州区人民代表大会常务委员会农村办公室主任职务，林正航北京市通州区人民代表大会常务委员会新华街道工作委员会主任职务，陈洪波北京市通州区人民代表大会常务委员会通运街道工作委员会主任职务。3 月 9 日，区人大常委会第十一次会议决定：任命李春雨、何娇、徐莉、贺娜、李璠、殷超、杨娴婷、张学君、尹博文、金绍育、李文科、黄勇花、刘青霞、王辉、秦运瑞、杨月兰、黄璐、矫冰玉为北京市通州区人民法院审判员。5 月 6 日，区人大常委会十二次会议决定：任命吕凡、杨文慧、张艳歌、陆婷婷、赵瑞鹏、廉冠楠六人为北京市通州区人民检察院检察员；免去李凤云北京市通州区人民代表大会常务委员会办公室副主任职务，免去高学全北京市通州区人民检察院检察员职务。5 月 18 日，区人大常委会第十三次会议决定：任命吴可加为北京市通州区人民法院民事审判三庭副庭长，钱笑为北京市通州区人民法院马驹桥人民法庭副庭长，邵玉喜为北京市通州区人民法院立案庭（诉讼服务中心）副庭长，许多清为北京市通州区人民法院宋庄人民法庭副庭长，叶福勇为北京市通州区人民法院民事审判一庭（家事审判庭）副庭长；免去钱笑北京市通州区人民法院民事审判二庭副庭长职务，免去邵玉喜北京市通州区人民法院民事审判三庭副庭长职务，免去许多清北京市通州区人民法院台湖人民法庭副庭长职务，免去叶福勇北京市通州区人民法院马驹桥人民法庭副庭长职务，免去雷小云北京市通州区人民法院漷县人民法庭副庭长、审判员职务，免去卫丹北京市通州区人民法院立案庭（诉讼服务中心）副庭长职务，免去徐寒军北京市通州区人民法院民事审判一庭（家事审判庭）副庭长职务。5月25日，区人大常委会第十四次会议决定：任命吴孔安为北京市通州区人民政府副区长职务。6月27日，区人大常委会第十五次会议决定：任命谭强为北京市通州区人民政府副区长职务，刘学军为北京市通州区城市管理委员会主任职务；任命欧阳君为北京市通州区人民代表大会常务委员会办公室副主任职务；免去欧阳君北京市通州区人民代表大会常务委员会代表联络室副主任职务；免去柳德利北京市通州区城市管理委员会主任职务；免去于俊平北京市通州区人民法院漷县人民法庭庭长、审判员职务。8月10日，区人大常委会第十六次会议决定：任命姚伟龙为北京市通州区人民政府副区长（兼）；任命甄硕、王博为北京市通州区人民法院审判员；任命田云惠、岳阳、张永平为北京市通州区人民检察院检察委员会委员；免去兰雅丽、王楠、梁睿北京市通州区人民法院审判员职务；免去张树昌北京市通州区人民检察院副检察长、检察委员会委员、检察员职务，黄京顺北京市通州区人民检察院检察员职务。9月13日，区人大常委会第十七次会议决定：任命王永杰为北京市通州区人民政府副区长。10月31日，区人大常委会第十八次会议决定：任命李文龙为北京市通州区人民代表大会常务委员会办公室主任、周庭桂为法制办公室主任、唐荣光为财政经济办公室主任、曹树常为城建环保办公室主任、李智敏为研究室主任、姚华峰为代表联络室主任、崔鹏为办公室副主任、汪立宏为法制办公室副主任、张玉刚为农村办公室副主任、郭爱清为代表联络室副主任；任命张剑为北京市通州区水务局局长、杨希为区商务局局长、杜彤为区国防动员办公室主任，任命郝洁为北京市通州区监察委员会委员，任命张静为北京市通州区人民法院副院长，任命税绍斌为北京市通州区人民检察院副检察长、检察委员会委员、检察员，张爱华为人民检察院副检察长、检察委员会委员，万进良为人民检察院副检察长，王蒙为人民检察院检察员；免去姚华峰北京市通州区人民代表大会常务委员会办公室主任职务、郭宝圣法制办公室主任职务、张东凤财政经济办公室主任职务、李智敏城建环保办公室主任职务、刘志刚研究室主任职务、杨东莲代表联络室主任职务、张玉刚办公室副主任职务、李文龙法制办公室副主任职务、张东旭农村办公室副主任职务，免去宗飞北京市通州区人民代表大会常务委员会中仓街道工作委员会主任职务，李彦明北苑街道工作委员会主任职务；免去曹树常北京市通州区水务局局长职务，李霞区商务局局长职务；免去王洪波北京市通州区监察委员会委员职务；免去邱春阳北京市通州区人民法院行政审判庭庭长职务，刘析鹭、张培人民法院审判员职务；免去甘露、田长江北京市通州区人民检察院副检察长、检察委员会委员、检察员职务，刘平人民检察院检察员职务。11月21日，区人大常委会第十九次会议决定：区人大常委会主任赵玉影受主任会议委托提出了关于提请任命北京市通州区第七届人民代表大会常务委员会代表资格审查委员会副主任委员及个别委员的提案。经表决，会议通过了代表资格审查委员会副主任委员、委员名单。12月15日，区人大常委会第二十次会议决定：任命朱泉华为北京市通州区人民政府副区长职务；任命谭劲松为北京市通州区人民法院副院长、审判委员会委员、审判员职务，任命刘中阁为北京市通州区教育委员会主任职务，任命汪立宏为北京市通州区第七届人民代表大会法制委员会副主任委员、社会建设委员会副主任委员职务，张玉刚为北京市通州区第七届人民代表大会农村委员会副主任委员职务，步艳红为北京市通州区第七届人民代表大会财政经济委员会委员职务；免去李经纬北京市通州区人民法院审判委员会委员、审判员职务；免去李文龙北京市通州区第七届人民代表大会法制委员会副主任委员、社会建设委员会副主任委员职务，陈新全北京市通州区人民代表大会常务委员会潞邑街道工作委员会主任职务，刘鑫北京市通州区人民代表大会常务委员会潞源街道工作委员会主任职务；免去曾祥正北京市通州区教育委员会主任职务。

（杨　昊）

监督工作

【城市建设监督】2023年，区人大常委会关注重点工程投资建设，调研运河商务区建设进程、远洋乐堤港投入运营情况，实地视察东六环入地项目、北京城市副中心三大文化建筑、北京城市副中心站综合交通枢纽工程、区档案馆新馆、通州堰建设情况，多维度审视项目建设，力促重大项目早日投产达效。调研视察违法建设整治情况，督促政府建立综合治理长效机制，推动“基本无违法建设区”创建工作向更高水平提升。研究制定关于开展“推进区网格化管理工作”专题调研和持续监督工作方案，调研全区11个街道、11个乡镇网格化管理情况，形成高质量专题调研报告。区人大常委会各街工委、各乡镇人大组织区、乡镇两级人大代表围绕强化网格员队伍建设、科学制定考核标准、强化部门协同配合、加大资金保障力度等方面，提出意见建议186条，推动城市精细化管理水平全面提升。

（杨　昊）

【规划实施监督】 2023年，区人大常委会重点调研产业发展、科技创新、生态环境、园林绿化、民生事业5个专项规划实施情况，听取和审议北京城市副中心"十四五"规划实施情况中期评估报告，推动经济社会发展各项目标任务顺利完成。听取和审议非建设空间土地资源管控规划实施情况的报告，推动区政府拓展生态保护与创新发展路径，形成区域耕地保护利用样板。

（杨　昊）

【经济发展监督】 2023年，区人大常委会听取和审议计划和预算执行、审计及查出问题整改情况等工作报告，实现一般公共预算、政府性基金预算、国有资本经营预算全口径审查，管好"钱袋子"、算好"经济账"。审查批准区级决算和预算调整方案，跟进监督国有资产、政府性债务管理情况，促进经济运行质量和效益不断提高。组织代表参与预算事前绩效评估、财政支出绩效评价工作，促进科学合理编制预算，提高资金使用效益。

（杨　昊）

【民生保障监督】 2023年，区人大常委会审议决定区政府为民办实事项目34项，确保民生项目符合民意、顺应民心。专题视察"七有""五性"提升三年行动计划落实情况，推动政府精准施策，补齐民生短板。实地调研民政工作、残疾人工作，强调兜牢基本民生保障底线，完善残疾人社会保障制度和关爱服务体系。深入村庄社区、建筑工地、餐饮企业，听汇报、察现场，督促政府牢固树立安全发展理念，切实维护人民群众生命财产安全。

（杨　昊）

【社会事业监督】 2023年，区人大常委会围绕"办好人民满意的教育""健康通州"目标，组织代表调研视察中小学学位保障、学校传染病防控、社区公共卫生服务、体育事业发展工作，推动政府加快形成与北京城市副中心相匹配的教育体系，深化基层医疗卫生改革，提升北京城市副中心体育发展品质。听取和审议文物资源资产管理、大运河文化旅游景区创建国家AAAAA级旅游景区工作报告，视察文化旅游产业和民宿发展情况，推动政府保护好、利用好大运河文化旅游和生态资源，以历史底蕴擦亮运河文化"金名片"。

（杨　昊）

【生态环境监督】 2023年，区人大常委会践行绿色发展理念，组织代表实地考察北京绿色交易所、新型电力系统实验基地，专题调研海绵城市建设、园林绿化建设情况，听取和审议年度环境状况和环境保护目标完成情况的报告，听取水务重点工程完成情况的汇报，督促政府更好推进生态优先、节约集约、绿色低碳发展。视察大气污染防治工作，督促政府突出治理重点，加强源头控制，持续深化"一微克"行动。

（杨　昊）

议案建议

【概　况】 2023年，区人大常委会健全完善代表议案建议办理、督办体系。区人大代表依法提出建议175件。

（杨　昊）

【议案督办】 2023年，区人大常委会认真督办"加强基层治理、推进基层治理体系和治理能力现代化"议案，听取和审议议案办理专项工作报告，提出5条审议意见，推动北京城市副中心治理体系和治理能力现代化。

（杨　昊）

【建议督办】 2023年，区人大常委会健全完善代表建议提出、交办、督办、反馈闭环机制，构建重点督办、统筹督办、专项督办工作体系，强化重点建议考核评估，建议办结率和群众满意度稳步提升。从年内督办的175件代表建议中，重点确定6件建议作为办理工作情况的评估对象，涵盖城市治理、经济发展、民生福祉、城乡融合、绿色发展等多个方面。组建专业评估小组深入基层、实地走访、座谈交流、倾听民声，组织开展代表建议办理情况评估工作会议，通过承办单位汇报建议办理情况、建议代表和居民代表介绍所提建议的背景及初衷，对建议办理情况进行综合打分，并提出具有针对性、指导性和可操作性的意见建议，推动建议办理落到实处。175件建议书面答复率和代表满意率均达100%。

（杨　昊）

【七届人大三次会议重点建议摘要】 2023年，七届人大三次会议重点建议如下。《关于打造大运河"夜市"经济带的建议》建议在新华大街至玉带河大街大运河两岸增加夜间摊位，形成规模"夜市"进行试点，营业时间为晚6时至次日凌晨4时，"固定摊位""自由商"相结合，完善配套设施，健全监管机制，注意环保，保护好夜市卫生与大运河水资源。《关于加快构建副中心新型电力系统助力副中心绿色低碳高质量发展的建议》建议成立北京城市副中心新型电力系统示范建设区级专班，统筹推动新型电力系统落地；出台相关政策，建设以电为核心的能源运营平台，纳入城市智慧大脑和城市能源管理相关模块；将"副中心新型电力系统指挥中心"提级打造成"副中心国家绿色发展示范区能源控制中心"，助力新型能源体系落地。《关于北京城市副中心基层治理精细化的建议》建议2500户以上社区进行合理化拆分，达到精细化治理，最大程度保障好弱势群体。《关于扶持打造高端农业产业，形成农业与文旅产业有机融合的建议》建议定向优先扶持有特色产业的自然村建设专业化种植合作社；集中支持培育生鲜餐饮企业，实现精准生产、流通、加工的一体化对接；充分考虑险种、标的、农户的差异，因地制宜出台相关赔付政策，解决农民获得赔款不足额、不及时等问题；做好农业产业政策、保险政策和财税政策的衔接，提高政策的针对性、有效性和协同性。《关于打造运河沿线文化旅游示范村的建议》建议提升文化旅游村配套硬件设施，升级文化旅游村活动与产品，改造优化儒林码头整体环境，建设文化旅游村体育场馆，开发维护北山景区，打造西集精品旅游线路。《关于老年驿站加快投入运营的建议》建议土地、设施由政府免费提供，减轻运营资金压力，确保养老服务驿站的公益性不变；放开市场化服务的束缚，按市场定价收费，从而保障驿站有稳定收入来源；就地招用员工，提供就业岗位，降低自身成本。《关于加快落实系统推进元宇宙相关产业在城市副中心落地发展的建议》建议联合北京国际设计周等活动，举办有国际影响力的前沿大赛和项目孵化平台；围绕宋庄镇和台湖镇现有艺术创意内容资源，建设一批具有区域特色的标杆场景，培育数字经济消费服务新业态。

（吕思良）

代表工作

【人大代表构成】 截至2023年底，通州区有人大代表316名。其中，女性代表143名，占45.25%；中共党员代表215名，占68.04%；研究生以上学历代表127名，占40.19%；解放军、武警代表4名，占1.27%，少数民族代表22名，占6.96%。

（杨　昊）

【人大代表服务管理】 2023年，区人大常委会扩大代表参与常委会工作的深度和广度，全年安排13名市人大代表、41名区人大代表列席常委会会议、主任会议。尊重基层人大首创精神，在全区探索推广梨园镇“人大代表列席乡镇长办公会制度”做法。按照“建得强、管得好、用得实”原则，将市、区、乡镇三级人大代表全部编入代表家站，筑牢人大代表履职尽责“主阵地”，全年代表进“家”入“站”6500余人次。围绕北京城市副中心基层治理、乡村振兴、文化建设等经济社会发展情况，组织市人大代表开展视察调研5次，为北京城市副中心高质量发展建言献策。

（杨　昊）

【代表家站建设】 2023年，区人大常委会把人大代表家站作为代表联系选民、践行全过程民主的重要渠道，坚持以“建”为抓手、以“管”为路径、以“用”为目标，持续深化代表家站“建、管、用”探索实践，使代表家站“小空间”，发挥平台“大作用”。探索“代表联络站+N”模式。挖掘代表资源，发挥代表特长，探索人大代表联络站+法律服务模式，邀请法律行业代表、志愿者和法律顾问开展普法释法活动，指导群众学法守法、懂法用法；人大代表联络站+企业服务模式，通过技能培训，提升劳动者技能水平，帮助解决农民就业难问题；人大代表联络站+合作社模式，围绕乡村振兴、产业转型等重点领域，发挥专业合作优势，推动地区经济高质量发展；人大代表联络站+网格模式，在人大代表推进网格化管理工作中，深入破题不断探索，帮助解决基层治理突出问题。增强家站特色化建设。将代表家站和本土资源特色相结合，深挖亮点，实现一家一特色、一站一品牌。助推打造于家务回族乡为代表的“特色小院”家站品牌，以“书香小院”“和美小院”“编织小院”等为主题，创建不同类型、不同内容的人大代表“特色小院”，丰富人大代表联系人民群众的内容和形式；台湖镇人大代表之家有场所、有制度、有历史、有根脉，得到全国人大和市人大代表联络室联合调研组的肯定。

（杨　昊）

【“千名代表问政问需”工作】 2023年，区人大常委会创新开展“千名代表问政问需”工作。精心组织区、乡镇两级人大代表以基层治理为专题，以代表家站为依托，围绕多项涉及广大人民群众切身利益的主题向群众问需、向政府问政，实现民意表达便捷化、代表参与全程化、流程设置规范化、活动成效标准化。累计491人次区人大代表、1406人次乡镇人大代表，到22个代表之家、389个代表联络站，联系26970名选民和代言员、191个单位，收集意见建议2156条。全国人大、市人大先后报道通州区“千名代表问政问需”活动经验做法。经验做法被编入全国人大常委会举办的学习贯彻习近平总书记关于坚持和完善人民代表大会制度的重要思想交流会会议交流材料。

（杨　昊）

【“千名代表问政问需”工作座谈会】 12月28日，区人大常委会召开“千名代表问政问需”工作座谈会，各领衔代表就18条纳入区政府2024年重要民生实事项目，从如何开展调研、吸纳民意、汇集民智，提出意见建议的初心、想法等方面进行座谈发言，并围绕如何充分发挥人大代表来自人民、扎根人民的特点优势，扩大人民群众有序政治参与，以及2024年“千名代表问政问需”工作提出意见建议。

（杨　昊）

▲8月24日，区委书记孟景伟（左二）、区人大常委会主任赵玉影（左四）参加问政问需活动

（区人大常委会提供）

通州区人民政府

综　述

【规划落实】 2023年，通州区《北京城市副中心拓展区规划（2021年—2035年）》正式获批，全市首个非建设空间规划《北京城市副中心（通州区）非建设空间规划及镇村实施指引（2021年—2035年）》编制完成，9个乡镇国土空间规划报送市级审查。市级行政办公区二期建成，第二批市级机关启动搬迁。运河商务区累计完工470万平方米，远洋乐堤港项目全部竣工。文化旅游区六大重点项目加快建设，“湾里”项目诺岚酒店工程完成主体结构封顶。12宗经营性用地入市交易。温潮减河工程先行启动区正式进场施工，16个村征地协议签订全部完成。地铁6号线南延主体结构完成总工程量的30%，北京城市副中心站综合交通枢纽主体结构完成总工程量的85%，东六环入地改造实现双向隧道贯通，北京艺术中心、北京城市图书馆、北京大运河博物馆向公众开放。

（通鉴编）

【产业发展】 2023年，通州区密集出台高精尖产业发展支持细则、国有工业用地先租后让管理办法、“医药十条”等一系列意见措施，兑现“通八条”“金七条”“种十条”等产业扶持资金9.2亿元。举办北京城市副中心产业高质量发展大会、首届北京城市副中心医产协同大会，促成产业项目落地144个。新设市场主体2.37万户，同比增长46.06%。北京城市副中心在香港正式设立国际招商联络站，为北京城市副中心首个国际站。全面落实优化营商环境6.0版改革措施。走访“服务包”企业2461家次，在服务企业协同考评中排名全市前列。国投云网、中建新科等17家央企二、三级公司落户，累计93家。首家市属国企总部大楼北投大厦基本建成，首旅集团、华夏银行总部大厦建设全面推进。新引入市属国企及下属企业6家，累计61家。盈科律师事务所等43家高端商务服务企业实现入驻，中关村科金等51个金融及关联项目相继落地，全区有金融及关联机构430余家。城市运动中心、海昌海洋公园项目签约落地文化旅游区，顶点公园项目实现供地。博格华纳扩产项目竣工投产，奥托博克部分产线实现试运行。北京数据基础制度先行区启动建设。中关村通州园创新能力持续增强，张家湾设计小镇新增元宇宙企业24家，国家网络安全产业园区（通州园）新引入重点企业89家，西北工业大学北京研究院项目开工建设。潞县医药健康产业园一方健康谷正式开园，北京市春立正达医疗器械股份有限公司成功申报国家级企业技术中心。绿竹生物在港交所正式上市、良安科技挂牌新三板。

（通鉴编）

【城乡发展】 2023年，通州区创建“基本无违法建设区”正式提请市级验收，全年拆除违法建设305.2万平方米，腾退土地307.7公顷，疏整促专项行动年度任务全面完成。市级行政办公区周边和老城区怡乐中路等区域环境整治全面完工，18条道路架空线入地、14条道路“有路无灯”完成改造。潞河中学北街等8条背街小巷获首都文明街巷称号，北苑北路获评2023年十大“北京最美街巷”。14个老旧小区改造完工，30部加装电梯投入运行，云景里小区“评定分离”“施工楼栋长”机制在全市推广应用。5个家园中心开工建设，城市绿心森林公园获评北京市城市更新最佳实践项目。举办第三十届中国北京种业大会，国家现代农业产业园完成创建。159个平房村污水治理工程全面完工。梨园镇西总屯村撤村建居试点工作完成。耕地保护任务全面完成，于家务回族乡农村乱占耕地建房专项整治行动试点工作扎实推进。生态林全部移交集体林场养护管理，形成规模化林下经济5680亩。乡村民宿实现良好发展，台湖镇唐大庄村成为全区第1个乡村民宿集中村。

（通鉴编）

【基层治理】 2023年，通州区深化基层治理年重点任务全面完成，“千名代表问政问需”“副中心有我”委员基层协商议事机制等治理品牌不断涌现，“党建引领 多元有你”工作法获评全国社区治理“十佳”案例，“马桥近邻”“零距梨”“邻家邻”“临河邻里”等治理抓手持续推动共建共治走深走实。统筹实施“小微项目惠民生”工程301项，张家湾镇、台湖镇、宋庄镇、马驹桥镇退出治理类街乡镇，“接诉即办”考评成绩排名全市第7。累计建成5G基站3047个，基本实现5G网络室外连续覆盖。初步构建政务数据“汇聚—互通—共享”体系。“经济大脑”一期建设全面完成，“城市治理大脑”5大场景加快构建，全市首个“热线+网格+吹哨报到”一体化平台建成投用。数字化社区试点建设基本完成。数字化虚拟物业服务平台上线应用。智慧园区管理

▲1月，市级行政办公区二期办公楼全景　（区融媒体中心提供）

场景初步建成。全国首批、全市首个城市安全风险综合监测预警平台一期投入运行。漷马路等5条道路具备通车条件，九德路等重点交通项目建设全面推进。耿庄桥等5处重点区域完成疏堵整治，路口秩序化改造标准体系初步建立。新开通、优化公交线路24条，挖潜共享停车位850个。永乐店110千伏变电站扩建工程建成投产，创意园等5项变电工程开工。完成4个小区自备井置换和30个村庄供水管线改造，台湖镇银河湾等一批小区（社区）完成水源切换，惠及群众超9万人。

（通鉴编）

【绿色发展】 2023年，《北京城市副中心建设国家绿色发展示范区实施方案》通过中央审定。新开工装配式建筑135.1万平方米，完成公共建筑节能绿色化改造95.4万平方米。全国首个新型电力系统地方标准发布实施，新型电力系统实验基地正式成立。北京城市副中心政务服务大厅等地源热泵供热供冷项目建设完工。在全市率先开展用能和碳排放综合评价试点，首批项目核减二氧化碳排放6000余吨。新增、更新电动公交车出租车338辆、电动自行车充电桩1.6万个，北苑及温榆河三网融合慢行示范区建设完成。开展节能宣传周系列活动，节约型机关创建率100%。搭建建筑工地数字化监管平台、渣土车智慧监管系统，“常规部署”“精准点穴”融合推动“三尘”共治取得新成效，全区裸地面积同比减少50%。河东资源循环利用中心一期正式运行，萧太后河景观提升及生态修复一期、港沟河及凤港减河治理工程全面完工。24处断面不达标点位通过源头治理完成阶段性目标。8个国市控考核断面水质全部达到Ⅳ类以上，其中4个实现Ⅲ类水质。《北京城市副中心建设花园城市实施方案》编制完成，广渠路东延绿化工程主体完工，云景公园、运河生态公园建成开园。绿色金融动能强劲，市场规模快速增长。国家级绿色交易所启动建设，全国温室气体自愿减排交易机构获批设立，北京绿色交易所碳配额和环境权益累计成交突破1亿吨。全国首支ESG（即环境、社会和公司治理）主题股权投资基金完成设立、首个城市级ESG数据中心加快筹建，与国家金融管理部门联合印发全市首个《北京地区银行业保险业绿色金融体制机制建设指引（试行）》。《北京城市副中心（通州区）气候投融资项目库管理办法（试行）》及入库标准编制完成，拟入库项目146个。北京银行落地首笔“京行碳e贷”业务，北银理财完成首批新能源公募REITs投资。北京农商银行绿色金融专营机构获批成立，工商银行绿色支行完成首个国家级“绿色网点”认证，全区绿色信贷余额超300亿元。

（通鉴编）

【民生保障】 2023年，北京市十一学校通州实验学校挂牌成立，景山学校通州分校高中部等实现招生，北京第一实验学校等投入使用，全区新增中小学学位1.3万个。教师交流轮岗1257名。友谊医院通州院区二期全面开诊，安贞医院通州院区建设完工，北京胸科医院医疗综合楼主体结构封顶。AED（半自动体外除颤器）公共场所覆盖率处于全市领先水平。大运河文化旅游景区提升改造工作全面完成，路县故城考古遗址公园建设加快推进。潞城全民健身中心具备运营条件。提供就业岗位6.4万个，促进城乡劳动力就业2.2万人，城镇登记失业率3.86%。区养老院建设完成，11家养老服务驿站、养老照料中心建成投用，养老助餐服务评审排名全市前列。启动普惠托育服务试点，未成年人保护工作站实现街乡镇全覆盖。各类保障性住房竣工1.6万套，超额完成年度任务。

（通鉴编）

重要会议

【概　况】 2023年，区政府召开政府全体会议1次、政府常务会议44次、政府专题会议57次。

（陈　宇）

【区政府全体会议】 2月3日，通州区召开北京城市副中心高质量发展推进大会暨通州区人民政府第二次全体扩大会议，全面贯彻落实党的二十大精神、中央经济工作会议精神和市委全会、市“两会”部署，响应市委、市政府新年开工令，坚持以新时代首都发展为统领，聚焦高质量发展，全面开启2023年各项工作。会议全面部署通州区2023年重点工作任务、北京城市副中心部分重点工程建设安排和台马地区部分重点工作安排。区金融办、漷县镇、北投集团作典型代表发言。

（陈　宇）

【区政府常务会议】 2023年，区政府召开政府常务会议44次。重点议题包括听取区政府办关于2022年区政府工作报告重点工作完成情况和2023年区政府工作报告重点工作分工方案

▲2月，潞城全民健身中心进入幕墙工程和精装修施工阶段

（区融媒体中心提供）

编制情况的汇报；区发改委关于一季度“开门红”调度工作的汇报；区发改委关于通州区“疏解整治促提升”专项行动2023年工作方案的汇报；区生态环境局关于《通州区深入打好污染防治攻坚战2023年行动计划》编制情况的汇报；区交通支队关于《通州区2023年交通安全综合治理专项行动工作方案》的汇报；区交通局关于《通州区2023年交通综合治理行动计划》有关情况的汇报；区委考评办关于2022年度市政府绩效考评结果及整改措施的汇报；区商务局关于通州区推进国际消费中心城市建设2022年工作情况和2023年工作要点的汇报；区经信局关于2023年北京城市副中心智慧城市建设项目清单调整情况的汇报；区住建委关于北京城市副中心“拔钉子”专项行动工作进展情况的汇报；区统计局关于开展第五次全国经济普查有关工作情况的汇报；区市场监管局关于《通州区商业秘密保护创新试点工作方案》的汇报；区园林绿化局关于《通州区第一批区级湿地名录》的请示；区国资委关于《通州区国有企业违规经营投资责任追究实施办法（试行）》修订情况的汇报；区审计局关于北京市通州区2022年预算执行和其他财政收支审计查出问题整改情况的汇报。

（陈　宇）

【区政府专题会议】 2023年，区政府召开政府专题会议57次。重点议题包括听取运河商务区管委会关于《运河商务区发展三年行动计划（2023—2025年）》的汇报；区政府外事办关于《北京城市副中心（通州区）推进国际化建设三年行动计划（2023—2025年）》的汇报；区科委关于2022年北京城市副中心元宇宙产业发展工作总结和2023年重点工作任务的汇报；区规自分局关于通州区国有工业用地先租后让相关工作的汇报；区政务服务局关于制定《通州区“一业一证”改革实施方案》有关情况的汇报；文化旅游区管理局关于《宋庄艺术创意小镇高质量发展三年行动计划（2023—2025年）》相关情况的汇报；区金融办关于申请给予金融类企业2022年度政策扶持工作有关情况的汇报；区司法局关于《废止、修改部分行政规范性文件的通知》的汇报；区人防办关于《通州区人民防空分区规划（2021年—2035年）》编制情况的汇报；区教委关于《落实〈支持通州区基础教育质量提升行动计划〉实施方案》的汇报；区卫健委关于北京城市副中心卫生健康事业高质量发展项目申报情况的汇报；区交通支队关于违规电动三、四轮车综合治理的汇报；区农业农村局关于通州区国家现代农业产业园创建工作的汇报；区体育局关于2023北京通州运河半程马拉松赛筹备工作的汇报；中关村通州园管委会关于《通州区承接中关村新一轮先行先试改革措施工作方案》的汇报。

（陈　宇）

重大施政

【为民办实事】 2023年，果园233号院屋面防水修复、铜材厂小区新建车棚等200项“小微项目惠民生”工程全部完工。有序推进北京城市副中心责任规划师、责任建筑师创建“新芽”项目，6项投入使用，2项实现开工建设。完成4个老旧小区改造项目的饮用水提升工程和30个农村供水管线改造工程。完成6公顷小微绿地建设和大运河滨水绿道—城市绿心森林公园4千米绿道提质工程，运潮减河健康绿道—潮白河10千米绿道连通工程启动实施。启动40个村的美丽乡村补短板建设工程招标工作。进一步优化教育资源布局，全区集团化办学覆盖率60%以上，建成台湖镇公租房配套小学（荣海小学）并投入使用，建成“区片校”三级联动心理健康教育体系。实施“智慧村医”工程（一期）建设，搭建区、乡镇（街道）、村（社区）三级智慧医疗服务管理系统。建设家庭照护床位2000张，新建养老服务驿站10家。开工建设北苑家园中心、怡乐园二区社区级家园中心和北人厂社区级家园中心3个家园中心，推进东小马家园中心手续办理。完成西关、中仓、梨园东里市场、华业东方玫瑰和朗清园5个一刻钟便民生活圈建设。在万达商圈、张家湾设计小镇、弘祥1979文创园、智汇园、永乐店镇企业服务中心和北京通州国际种业科技园区部署6台智能政务终端设备，开展23场北京城市副中心政务服务云直播活动。在畅和西路与后北营街交叉口、张采路与新张南路交叉口等25个路口增设交通信号灯，完成九周路、京塘路、张采路等58处路口整治项目，完成京榆旧线与芙蓉东路交叉口、通胡大街与芙蓉东路交叉口2处路口通行视距优化，通马路、徐尹路、漷马路等22个路口信号灯及闯红灯监控设备增设项目进场施工。累计优化调整（含新增和撤销）公交线路24条。解决包括临河里街道朗芳园小区、玉桥街道玉桥北里小区等5个市民热线高频点位在内的26个点位“停车难”问题。建设完成10个篮球场、10个足球场。组织开展通州区优秀剧目惠民演出、艺术休闲培训课程等文化活动1640场。为514户残疾人家庭进行居家环境无障碍改造。为全区275个义务消防队配备应急、通信设备。在全区开展燃气用户更换、加装安全型配件工作，累计完成20.78万户。持续开展食品安全专项检查，检查餐饮服务单位1208家，问题发现率27.65%。累计完成药品抽检260批次，合格率100%。

（董冠楠）

【六环高线公园详细设计方案获批】 2023年，六环高线公园详细设计方案获批。六环高线公园总长度约14千米，利用路基、桥梁、林地等各类现状资源，对六环绿地空间进行复合利用，植入15万平方米配套服务建筑，补足和营造持续活力场所，与项目周边功能互补共享，建立全龄友好、四季覆盖、兼顾昼夜的活力体系，缝合城市功能。根据设计方案，公园以路基为主轴，沿城市展开，在全线打造鱼骨状渗透的12个观景通廊和8个眺望高点。丰富路基立面，引入多种形式的廊桥、小径、露台向城市延伸，结合田园、花圃、林地、水景塑造多种城市空间。通过绿色景观，营造绿色生态环境，丰富生物多样性。公园全线保留提升现状绿地 36.5 公顷，乡土树种占比 85% 以上，落叶乔木与常绿乔木比例约为 7∶3，园路 100% 林荫化，形成结构自然、功能稳定的城市森林，最大化生态系统碳汇总量，构建由下凹绿地、下凹场地、生态梯田、透水铺装、生态旱溪、雨水花园等构成的多维度海绵综合体系。公园将最大化利用可再生能源，构建近零碳示范区。全线设置 15 万平方米配套服务建筑，全部实现绿建三星标准，并对全线建筑、桥梁等设施设置低碳技术标准和低碳技术措施。最大化利用可再生能源，地源热泵、水源热泵、空气源热泵、光伏等可再生能源率使用不小于 20%。

（通鉴编）

【《北京城市副中心关于鼓励医药健康产业发展的十条措施》发布】 2 月 6 日，《北京城市副中心关于鼓励医药健康产业发展的十条措施》发布。重点支持以生物创新药为主的创新药品、以进口替代的高值耗材为主的高端医疗器械、前沿诊疗技术、AI+ 医疗健康、相关生产性服务业。医药健康企业最高贴息贷款额度 1 亿元，其中一类化学药、一类生物制品和一类中药等完成Ⅲ期临床试验给予最高 3000 万元奖励。

（通鉴编）

【《北京城市副中心拓展区规划（2021 年—2035 年）》获批】 2 月 7 日，《北京城市副中心拓展区规划（2021 年—2035 年）》（简称《拓展区规划》）获市政府批复。北京城市副中心拓展区规划范围总面积约 751 平方千米，由亦庄新城（通州部分）和 9 个乡镇组成。《拓展区规划》充分发挥乡镇中心区作为城市与农村联动发展纽带作用，积极承接北京城市副中心、亦庄新城（通州部分）延伸服务功能，推动建设宋庄艺术创意小城镇、潞城生态智慧小城镇、张家湾文化休闲小城镇、台湖演艺文化小城镇、马驹桥科技服务小城镇、西集生态休闲小城镇、漷县文化健康小城镇、于家务科技农业小城镇和永乐店新市镇。《拓展区规划》从规模管控、功能疏解、生态保护、非建设空间管控、城市设计、城镇体系、民生保障等方面，逐项分解北京城市副中心控规各项目标、指标、管控要求，是拓展区各类开发保护建设活动的依据。

（通鉴编）

【北京城市副中心重大工程行动计划实施】 4 月 19 日，《2023 年北京城市副中心重大工程行动计划》经市委常委会会议审议通过。通州区 2023 年集中推动 217 项北京城市副中心重大工程，其中新开工 78 项、续建 139 项，总投资约 5065 亿元，年内计划完成投资约 587 亿元。其中基础设施领域 82 项（计划新开工 40 项、续建 42 项），年内计划完成投资 176 亿元；民生改善领域 53 项（计划新开工 15 项、续建 38 项），年内计划完成投资 162 亿元；产业领域 71 项（计划新开工 22 项、续建 49 项），年内计划完成投资 243 亿元；行政办公领域 11 项（计划新开工 1 项、续建 10 项），年内计划完成投资 6 亿元。

（通鉴编）

重要活动

【第五届全球财富管理论坛】 2 月 24—26 日，第五届全球财富管理论坛在北京城市副中心举办。论坛围绕“经济重构中的财富管理态势”主题，数十位海内外政商学界人士与专家学者，围绕经济复苏与财富管理机遇、提升北京城市副中心产业能级、完善金融服务等议题，探讨在当前国内国际形势下的财富管理行业趋势，为北京城市副中心建设全球财富管理中心献计献策。26 日，数字金融专场举办，发布《北京城市副中心加快推动全球财富管理中心建设实施方案》，重点明确加快财富管理资源导入、支持财富管理服务创新、赋能财富管理产业链条、提升财富管理承载环境、优化财富管理营商服务等 5 方面 21 项改革任务；启动北京城市副中心基金财富港建设，以“引领绿色投资、驱动科技创新”为主线，集聚做强“E、气、风、发”四大基金板块，提升北京城市副中心社会资本承载能力；启动全国股转系统建设，与北交所、全国股转公司签署战略合作协议，成立北京证券交易所北京城市副中心服务基地，进一步加大直接融资力度、企业后备资源挖掘、人员信息交流及资本市场风险防范，支持企业利用北交所和全国股转系统发行融资、交易、并购重组。

（周亚琼）

【2023 北京城市副中心产业高质量发展大会】 3 月 20 日，2023 北京城市副中心产业高质量发展大会召开。大会集中展示 2022 年产业高质量发展成果，发布北京城市副中心千亿投资重大项目、重点产业三年行动计

▲ 3 月 20 日，2023 北京城市副中心产业高质量发展大会召开

（区融媒体中心提供）

划、产业专项政策、产业空间地图、2023年应用场景清单、智能建造未来城市计划、ESG绿色产业创新引擎7项重大成果，推动北京城市副中心产业多层面多维度发展。涵盖央企、平台协会、现代种业、智能建造、科技创新、文化旅游、金融、服务存量8大类22个重大项目进行现场集中签约。

（通鉴编）

【第三十届中国北京种业大会】 9月11—14日，第三十届中国北京种业大会在北京通州国际种业科技园区会展中心举办。大会以“一粒种子 改变世界 种业振兴 北京先行”为主题，搭建具有国际性、引领性、务实性特色的种业交流交易平台。大会采用“1+1+6+3+X”办会模式，即1个开幕式、1场主论坛、6场专业论坛、3场展览展示、多项专场活动，涵盖农作物、畜禽、水产、林果、微生物种业等专业领域。其中，6场分论坛分别为蔬菜种业暨高效设施农业专业论坛、第三届中国玉米种子及产业链专业论坛、第三届北京畜禽种业专业论坛、首届水产种业专业论坛、林果花草蜂种业专业论坛、首届农业微生物种业专业论坛，共话种业创新发展。3场展览展示分别为种业振兴成果展、种业商业展与优良品种地展。其中，优良品种地展共展示包括玉米、蔬菜和航天育种3个核心点位内187家企业的2300余个品种，展示面积约3万平方米。

（通鉴编）

【烈士纪念日公祭活动】 9月30日，通州区烈士纪念日公祭仪式在大运河森林公园周文彬烈士雕像前举行，区委书记孟景伟和党政军民代表一起向烈士敬献花篮。公祭仪式以“继承先烈遗志 赓续红色基因”为主题。

（任经纬）

【2023年（第四届）北京城市副中心绿色发展论坛】 11月1—2日，2023年（第四届）北京城市副中心绿色发展论坛在城市绿心活力汇举办，论坛主题为“打造绿色发展的现代化城市样板”。论坛采用“1+4+1”的模式举办，除1场开幕大会和1场闭幕大会外，设立“‘碳’索未来，建设国家绿色发展示范区”分论坛、“协同治理，构筑蓝绿交织美丽副中心”分论坛、“创新驱动，打造绿色低碳产业体系”企业家高峰对话会及“开放共享，创新智慧赋能绿色发展”青年学者圆桌会4场专项活动。开幕式上，区委书记孟景伟以《共享绿色创新，共谋低碳发展，踔厉谱写副中心高质量发展新篇章》为题作主旨报告，交流分享北京城市副中心建设国家绿色发展示范区有关情况。华夏银行、北京市建筑设计研究院、北京城市副中心绿色发展研究院、北京绿交所签订战略合作协议。本次论坛实现“零碳办会”，会场及酒店供能面积4.1万平方米，实现绿色能源全覆盖；服务用车全部为新能源汽车；会场搭建使用可重复利用的绿色建材，尽量减少会议一次性用品消耗等，倡导绿色办会、低碳出行理念。通过第三方评估机构全过程评估会议产生的温室气体排放，并通过北京节能环保中心等相关单位碳配额捐赠实现碳中和，达到“零碳”办会目的。

（通鉴编）

【2023通州·全球发展论坛】 11月18—19日，2023通州·全球发展论坛在北京国际财富中心举行。论坛主题为“共促全球发展，构建共同未来”，发布主题报告《以发展为解决之道 以全球为发展平台》，提出当今世界存在的各种问题和挑战，都需要依靠发展、依靠发展模式的变革与进一步的发展来解决。设立4场平行分论坛，分别围绕“全人类共同价值与全球发展”“中国式现代化与全球经济发展”“全球发展与全球治理体系重构”“合作共赢：寻找全球发展的新增量”展开讨论。举办“通州大运河与世界文明”文化对谈和“数字经济与全球发展”战略咨询会。闭幕式上宣布“通州·全球发展论坛”机制提出的7项行动倡议。

（通鉴编）

【北京城市副中心首次重大投资项目融资意向签约会】 11月20日，北京城市副中心首次重大投资项目融资意向签约会举办。签约会与北京城市副中心近期拟开工、重点推进建设的8个重大投资项目结合，涉及基础设施、民生改善、产业发展等领域，项目总投资规模201.6亿元。签约的8大项目实施主体以区属国企为主，融资对接金融机构包括工商银行等13家驻区分行。签约项目从支撑北京城市副中心千亿投资的重点工程项目中选取，项目总融资需求147.3亿元。

（通鉴编）

▲9月30日，通州区烈士纪念日公祭仪式在大运河森林公园周文彬烈士雕像前举行　（区融媒体中心提供）

市级行政办公区建设及服务保障

【概　况】 2023年，北京市级行政办公区（简称市级行政办公区）二期如

▲ 11 月 20 日，北京城市副中心首次重大投资项目融资意向签约会举办

（区融媒体中心提供）

期交付。年底，第二批市级机关启动搬迁，包含 1 家国家机关单位、30 家市级部门、4 家市级机关所属单位，工作人员 1 万余人，集中搬迁至市级行政办公区。

（通鉴编）

【道路应急与服务保障】 2023 年，区公路分局通过合理布局城市道路应急服务保障站点，提升道路应急处置能力，实现突发事件发生后 15 分钟内到达现场并开展应急处置。全年处置春明西路步道、路面沉陷 6 次；配合市级机关交通组织调整，提升市级行政办公区道路安全环境质量，在清风路、镜澄街消除隔离带，增设 2 处路口，安装限速标志 16 块、减速带 2 处、反光道钉 11 个，路口施画“礼让行人”标识 47 处、调整标线 8 处；协调推进运通隧道东口、市级行政办公区道路、通济路交通优化提升方案。

（杨　恺）

【运通隧道运维管理】 2023 年，区公路分局按“全寿命、全系统、全流程”管理理念，开展运通隧道养护管理。隧道开通后提前介入隧道管理工作，组织临养单位建设 BIM 运维管理系统。4 月 7 日，运通隧道运维管理平台正式运行，是北京市第 1 个基于 BIM 技术建设的隧道运维管理平台。系统采用数字孪生技术，搭建与真实隧道 14 万个单元设施对应的虚拟孪生隧道构架，依托现场数据采集设备和物联网技术，开展运维养护、智能养护。对运通隧道实施安全专项整治提升，开展隧道配电室、逃生通道安全标准化建设；隧道渗漏水综合治理；汛期隧道东口及通风口、逃生出口防倒灌改造项目，确保隧道安全运营。12 月 22 日，北京市交通委、北京市消防救援总队、通州区政府以运通隧道为演练背景，组织开展“2023 年度城市隧道突发事件综合应急演练”，公路、消防、交通、公安、卫健等 12 个部门联合行动，参与人员 182 人、车辆 60 辆。

（杨　恺）

【市级行政办公区二期无线网络服务】 2023 年，北京铁塔安排大项目团队负责市级行政办公区二期无线网络项目规划对接、需求统筹和获取、方案设计、工程建设以及相应的对外联络、运营商对接、沟通协调等相关工作。11 月初，铁塔公司组织运营商开通测试市级行政办公区二期所有地块无线网络，11 月中旬排除所有故障，设备顺利入网，各区域实现无线网络良好覆盖。通州铁塔为六合村行政办公 C08 地块运营商汇聚机房采购并安装大容量开关电源及铅酸蓄电池，保障网络平稳安全运行。

（王志良　任　浩　王洪刚　范思宇）

【北京市疾控中心迁建项目主体工程开工建设】 1 月 5 日，北京市疾病预防控制中心新址建设项目进入主体工程施工阶段。项目位于通州区宋庄镇，总建筑面积 12.45 万平方米，总投资 13.8 亿元。建设内容包括综合业务楼、全球健康中心、公共卫生检测服务楼、公共卫生综合服务楼、健康教育体验中心、微生物检测服务中心、突发事件紧急应对中心及配套设施等。

（花晨曦）

【轨道交通 6 号线二期（南延段）工程开工建设】 1 月 13 日，轨道交通 6 号线二期（南延段）工程取得施工许可证，标志着工程建设进入正式施工阶段。工程建设内容为一站一区间，线路全长约 2 千米，车站建筑面积约 1.9 万平方米，总投资约 10.7 亿元。

（闫　波）

【轨道交通 22 号线（平谷线）政务中心东站结构封顶】 4 月 1 日，轨道交

▲ 12 月 22 日，2023 年度城市隧道突发事件综合应急演练举办

（区融媒体中心提供）

通22号线（平谷线）政务中心东站实现主体结构封顶，是通州段继政务中心站之后封顶的第2座车站。政务中心东站位于北京城市副中心核心地带，沿兆善大街东西向布置，车站总长度311.2米，标准段宽21.8米，与规划102号线地下3层车站L形换乘，为明挖地下2层岛式车站。

（任全璐）

【“首开万象汇”主体结构封顶】 6月15日，北京城市副中心商业项目“首开万象汇”完成主体结构施工，进入二次结构、装饰装修和设备安装阶段。项目位于市级行政办公区东侧，运河东大街以北、通济路以西，项目占地2.8公顷，地上6层、地下3层，总建筑面积14.8万平方米。

（韩邦栋）

【潞城全民健身中心项目提前完成竣工移交】 9月11日，潞城全民健身中心项目正式移交市体育局。项目总建筑面积4.48万平方米，地上4层、地下1层，批复总投资4.15亿元，2020年2月正式开工建设，2023年6月全面完工并通过质量验收，整体工期较合同计划工期提前5个月。

（任全璐）

【市级行政办公区二期工程东南组团提前完成竣工验收】 9月28日，市级行政办公区二期东南组团办公地块4个标段全部完成工程竣工验收。市级行政办公区二期办公项目包括东南组团和宋庄六合村办公组团两部分，总建筑面积约96万平方米。东南组团地块位于市委东侧，建筑面积69.7万平方米（地上40.9万平方米，地下28.8万平方米），其中行政办公建筑面积65.2万平方米，潞城全民健身中心建筑面积4.5万平方米（已竣工移交）。东南组团自2019年9月陆续启动土护降施工，2020年8月全面开展结构施工，2023年9月底完成竣工验收，提前1个月完成全部建设任务。

（任全璐）

【轨道交通22号线（平谷线）全线首段盾构区间双线贯通】 11月8日，轨道交通22号线（平谷线）全线首段盾构区间（政务中心站至政务中心东站）双线贯通。政务中心站至政务中心东站区间位于市级行政办公区核心地带，沿兆善大街地下敷设呈东西走向，盾构隧道分左、右两线，区间长度约625米，线路纵断面设置“V”形坡，两侧坡度约2.5%和2.7%，线路平面为半径2400米圆曲线，区间覆土9.5 ~ 16.8米。

（霍　悦）

【市级行政办公区二期六合村地块提前完成竣工验收】 11月22日，市级行政办公区二期六合村组团全部通过竣工验收，标志着市级行政办公区二期工程建设完成，正式从建设阶段转入搬迁运维阶段。六合村行政办公地块包括C03、C05、C08地块，总建筑面积30.75万平方米，其中行政办公部分26.28万平方米、商业部分4.47万平方米。

（任全璐　孙永健）

【市级行政办公区A5、C1工程获“中国建设工程鲁班奖”】 11月27日，市级行政办公区A5和C1工程获2022至2023年度中国建设工程鲁班奖（国家优质工程）。

（唐四海）

【市级行政办公区二期东南组团四条市政道路通车】 11月28日，市级行政办公区二期东南组团4条市政道路通车。4条道路均为城市支路，按照“3横1纵”布置，“3横”为尚明北街、尚明中街、尚明南街，“1纵”为留庄路，随路包括道路、照明、交通、绿化及排水工程，道路红线宽度均为25米，总长度约1.7千米，主要为市级行政办公区二期提供能源和出行等市政条件保障。

（杨令成）

“两区”建设

【概　况】 通州区“两区”［中国（北京）自由贸易试验区国际商务服务片区和国家服务业扩大开放综合示范区，简称“两区”］建设聚焦财富管理、绿色金融、金融科技、城市规划与文创设计、科技创新、文化旅游、专业服务、京津冀协同等领域，以运河商务区、文化旅游区、张家湾设计小镇等重点示范区和功能区为高水平开放核心承载区，通过“产业开放＋园区开放”模式，不断深化改革开放。2023年，“两区”建设重点围绕体制机制完善、政策制度创新、优质项目落地、开放水平提升等方面开展。

（高会洁）

【招商引资】 2023年，通州区“两区”工作领导小组办公室（简称区“两区”办）与区投促中心承办北京城市副中心产业高质量发展大会，推介北京城市副中心产业发展前景；配合北京市招商团到长三角地区开展招商推介活动，向杭州市、苏州市、上海市的70余家内外资企业推介北京城市副中心。截至年底，“两区”项目库入库项目1760个，其中内资项目1635个、外资项目125个，推进落地1195个，新增入库项目数1121个、新增落地项目数843个。总部建设方面，云宙时代科技有限公司、北京协合运维风电技术有限公司等企业落户，南银法巴消费金融有限公司北区总部落户运河商务区，北京市工程咨询有限公司、北京市建筑设计研究院股份有限公司等总部项目开工建设。金融领域，驿泊（北京）私募基金管理有限公司、北京通政私募基金管理有限公司等51个金融项目落地；推动国家级绿色交易所建设，完善碳配额和环境权益交易市场，全国CCER注册登记系统和交易系统通过生态环境部初步验收；启动“千亿绿钢”行动，发布国内首个整合“标准认证＋生产采购＋金融扶持”功能的标准化碳链平台。ESG产业领域，打造“副中心ESG绿色产业创新引擎”项目，率先成立城市级ESG领域国有控股公司；与国家发展改革委价格成本调查中心签约，开展ESG领域合作。文旅、科创及专业服务等特色产业领域，北京开运联合信息技术集团股份有限公司、罗克佳华科技集团股份有限公司入选北京市数据资产试点，成为北京市首批数据资产入表试点企业。

（高会洁）

【体制机制建设】2023年，区“两区”办开展区级“两区”建设专项考评工作，完善“两区”考评体系。落实市“两区”重点园区（组团）发展提升专项行动评价和工作推进评估相关工作。9月21日，召开北京城市副中心“两区”顾问委员会第三次全体会议，新增补4位“两区”顾问委员会委员，分别是全国工商联国际合作部原部长马君，北京绿色交易所有限公司董事长王乃祥，北京物资学院党委书记吴惠，香港金融发展协会会长、安德资本董事局主席魏明德。各界顾问委员围绕北京城市副中心“两区”建设中的重点领域、迫切问题进行讨论，会后委员们还参观了“三庙一塔”、北京城市副中心三大文化建筑、元宇宙创新中心等地，进一步加深对区域发展了解。在“运河范儿”公众号开设“‘两区’顾问、理事委员面对面”栏目，朱民、韩美林、徐全胜等顾问委员，上田八木货币经纪（中国）有限公司、北京国际财富管理研究院等成员单位为北京城市副中心“两区”建设建言献策。

（高会洁）

【政策制度创新】2023年，区“两区”办研究制定《北京城市副中心2023年“两区”建设工作要点》，统筹推进《关于在有条件的自由贸易试验区和自由贸易港试点对接国际高标准推进制度型开放若干措施》实施。总结“两区”政策制度创新经验成果，推动建立“企业碳账户和绿色项目库”系统、推动开展国家核证自愿减排量（CCER）交易等相关内容纳入商务部国家服务业扩大开放综合试点示范建设第二批最佳实践案例；“‘全要素联动’重大项目推进保障机制”“探索构建商业秘密保护体系”2项案例入选北京市“两区”建设第三批改革创新实践案例；“‘绿色+’全产业链助推国家绿色发展示范区建设”入选北京市高质量发展经典案例集。

（高会洁）

▲4月18日，北京城市副中心与河北省自贸试验区签署政务服务“自贸通办”试点框架协议

（区政务服务局提供）

【营商环境优化】2023年，区“两区”办推进政务服务“自贸通办”，北京城市副中心与河北省自贸试验区签署政务服务“自贸通办”试点框架协议。启动“‘两区’企业法治体检中心”，发布法治服务保障“两区”建设高质量发展“1+3+N”措施、“北京城市副中心100+法律服务产品”，组建“两区”企业综合法律服务团和专项法律服务团。

（高会洁）

【“两区”展示会客厅】2023年，北京市“两区”展示会客厅（位于运河商务区，简称“两区”展示会客厅）接待国家发改委、日本驻华大使馆、北京市政府办公厅、浙江省商务厅等各类单位、企业和团体参观调研活动540场，接待参观者1.17万人次。其中，由市“两区”办主办，区“两区”办承办的“世界地球日”“两区”快闪活动在“两区”展示会客厅举办，宣传视频在微博认证账号、微信公众号、视频号等新媒体平台获广泛关注；参与“走进区域看发展·中国式现代化京津冀实践（北京站）”网上主题宣传活动，展示北京城市副中心“两区”建设成果。

（高会洁）

【品牌活动】3月21日，区“两区”办参加《副中心会客厅》“两区”建设访谈节目，解读“两区”建设高质量发展新看点。5月10日，举办北京城市副中心“两区”建设大讲堂——“院企携手 共话营商”专题讲座，与

▲9月21日，北京城市副中心“两区”顾问委员会第三次全体会议召开

（区“两区”办提供）

企业交流法律问题，畅通企业与司法部门沟通交流渠道。7月19日，与区司法局共同举办通州区法治服务保障“两区”建设高质量发展新闻发布会。配合商务部、市“两区”办开展中央媒体自贸行采访活动，7月24日获央视《新闻联播》报道。9月5日，举办2023年中国国际服务贸易交易会“运通天下 未来之城”走进北京城市副中心主题活动，呈现北京城市副中心“两区”建设丰硕成果。12月15日，承办“亲密伙伴”计划《支持北京深化国家服务业扩大开放综合示范区建设工作方案》专场政策解读会，解读“两区”政策。12月21日，参加《副中心会客厅》“ESG实践助力北京‘两区’高质量发展”专题节目。

（高会洁）

【三年行动方案发布】 2月23日，《中国（北京）自由贸易试验区国际商务服务片区通州组团三年行动方案》印发，立足通州组团产业发展基础，打造“绿色自贸”“创意自贸”两大品牌，布局财富管理、城市科技、文旅消费、京津冀协同等“两区”特色赛道，从深化全球财富管理中心建设、探索绿色发展先进模式、推动创新设计产业升级等方面出台百余条举措，促进通州组团实现高端金融要素集聚、科技创新生态活跃、专业服务配套完善、设计产业资源丰富、应用场景开放多元、创新创业氛围浓厚、生活环境宜居宜业的建设目标。

（高会洁）

支援合作

【概 况】 2023年，通州区对口帮扶内蒙古自治区赤峰市翁牛特旗（简称翁牛特旗）、通辽市奈曼旗（简称奈曼旗）；对口支援西藏自治区拉萨市城关区（简称城关区），对口协作湖北省十堰市武当山特区（简称武当山特区），对口合作山西省长治市上党区（简称上党区），从产业合作、劳务协作、人才支援、消费帮扶等方面开展交流合作。年内拨付翁牛特旗、奈曼旗区级财政资金2911.82万元，乡镇投入援助资金1289万元，用于京蒙东西部协作工作。通过劳务协作，帮助协作地区农村劳动力实现就业5142人（脱贫人口4925人），省内就近就业4051人（脱贫人口3843人），到其他地区就业1091人（脱贫人口1082人）。搭建协作平台，全区11个乡镇结对帮扶内蒙古两旗31个乡镇（苏木），实现协作地区乡镇（苏木）结对全覆盖。选取72个有经济实力的村居结对帮扶协作地区71个嘎查村，20家社会组织结对帮扶协作地区20个嘎查村，30所学校结对帮扶协作地区44所学校，40所医院结对帮扶协作地区54所医院。引导社会资源参与帮扶，据不完全统计，社会各界累计捐款、捐物折款910万元。拓展线下、线上、大宗营销渠道，通过东西部协作搭建的销售平台总销售额11.2亿元。助力受援地区巩固拓展脱贫攻坚成果，实现与乡村振兴有效衔接。

（高 沫）

【对口支援交流互访】 6月25—27日，通州区党政代表团到翁牛特旗、奈曼旗考察对接东西部协作工作，实地考察奈曼旗京蒙协作电商运营中心、义隆镇方家营子村和翁牛特旗中藜高科藜麦产业园等京蒙协作项目，到脱贫户及易地搬迁户家中慰问；5月25—26日和8月1—2日，奈曼旗、翁牛特旗党政代表团到通州区开展东西部协作对接工作，通州区与两旗分别组织召开京蒙东西部协作联席会议。

2月9—10日，城关区党政代表团到通州区对接对口支援工作；4月19日，城关区党政代表团到通州区对接对口支援工作，通州区同拉萨市委、城关区委召开座谈会；8月15—16日，通州区党政代表团到城关区考察对接对口支援工作，代表团深入街道、企业、援藏项目现场，走进农牧民家庭，看望慰问奋战在援藏一线的教师、干部代表等。

2月22日，武当山特区党政代表团到通州区对接对口协作工作；7月5—7日，通州区党政代表团到武当山特区考察对接对口协作工作，实地察看瓦房河民俗园基础设施建设项目、瓦房河村美丽乡村建设项目等对口协作项目。6月28—29日，上党区党政代表团到通州区对接对口合作工作；8月7—9日，通州区党政代表团到上党区考察对接，实地察看乡村振兴示范镇振兴小镇、中药材交易市场等点位，并与上党区召开工作座谈会，共谋对口合作事项，共同推动革命老区振兴发展。

（高 沫）

【挂职干部助力支援合作地区招商引资】 2023年，通州区挂职干部立足支援合作地区实际，带领支援合作地区招商团队先后与国富资本、中国建筑技术集团公司等企业深入交流，共谋合作。推动“鱼菜共生”项目落地翁牛特旗；促进百威投资（中国）有限公司与城关区签约，是首家落户西藏的世界500强外资企业；促成武当山特区储备华谊兄弟实景娱乐公司电影小镇项目（投资30亿元）和世纪金源集团太和健康城项目（投资50亿元）。

（高 沫）

【支援合作工作要点编制】 2023年，区发改委结合《北京市2023年京蒙东西部协作工作方案》和《2023年支援合作工作任务清单》，聚焦“三个转向”（即在巩固脱贫攻坚成果的基础上，把工作对象转向所有农民，把工作任务转向推进乡村“五大”振兴，把工作举措转向促进受援地区发展），以增强受援地区内生动力和民生福祉为目标，编制《通州区2023年支援合作工作要点》，围绕项目建设、劳务协作、产业合作、干部人才交流、消费帮扶等工作细化任务和举措，涵盖4个方面19项工作，细化分解为48项任务，推动落实产业、就业、消费等重点帮扶工作，助力受援地区持续巩固拓展脱贫攻坚成果同乡村振兴有效衔接。

（高 沫）

【文旅行业对口帮扶】 2023年，区文旅局申请区级资金110万元，支持翁牛特旗、奈曼旗开展文创产品设计研发等工作；协助武当山特区在通州区举办宣传推介活动；协助翁牛特旗在通州区举办2023年“龙凤故里·心灵之旅”翁牛特旗文旅大篷车赴京巡演推介活动。

（王振硕）

【通州区支援合作工作领导小组会议】5月19日，通州区支援合作工作领导小组会议召开，区委书记、支援合作工作领导小组组长孟景伟主持会议并讲话，会议听取通州区2022年支援合作工作开展情况的汇报，部署2023年支援合作工作。

（高　沫）

【与上党区签署对口合作框架协议】9月6日，通州区与上党区签署《通州区人民政府 长治市上党区人民政府对口合作框架协议》。根据协议，双方围绕健全沟通机制、传承弘扬红色基因、全面推进乡村振兴和新型城镇化等6方面开展对接交流，推动两地在对口合作领域取得成果，携手打造“对口样板、合作示范”。

（高　沫）

政府综合事务

【信息工作】2023年，区政府办累计报送市政府办公厅政务信息等3094条，其中政务信息1418条；市级采用311条，其中政务信息采用140条，含长篇调研报告6篇；全年获得市级领导批示75条，其中《业内专家建言紧抓难得机遇吸引金融类国际职业资格证书认证机构落户，加快建设全球财富管理中心》信息专报，获市委副书记、市长殷勇肯定性批示。信息报市工作全市各区排名第2。全年收到各单位报送信息7348条、采用信息2154条，累计编辑《昨日区情》专、普、特刊和《舆情参阅专刊》620期，同比增长24%，2月份向全区下发“二十年之问”答卷，区情特刊设立“二十年之问”专栏，3—6月连续刊载优秀调研报告，与全区各部门同题共答，深入思考谋划北京城市副中心20年发展。全年办理市区领导批示367件，同比增长57%。

（季　峰）

【政务督查】2023年，区政府办下发督查通知424件，收到市领导批示122件，其中主办66件，均按时办理完成；督办市、区重大决策任务207项，其中市政府工作报告重点工作29项、市重要民生实事6项、区政府工作报告重点工作138项、区重要民生实事34项；督办2023年区政府常务会42期、专题会55期，形成会议专刊23期；定期跟踪北京城市副中心公交场站建设、安全隐患整改、卫片执法等40余项市区重点任务并立项督办，实地督查85次，常务会会前通报10次，形成快速反馈事项报告6期、《督查与反馈》71期、《通州政务督查》66期；完成国务院推动高质量发展综合督查迎检工作，在国务院向北京市转送《2023年度国务院推动高质量发展综合督查对北京市的反馈意见》中，对通州区上报的“推行‘云窗口’服务新模式”给予正面肯定。

（董冠楠）

【建议和提案办理】2023年，区政府系统承办全国、市区人大代表建议及政协提案396件。区政府按照“分级负责、归口办理、重点督办”的原则，交由72家单位和部门研究办理，全部依法按期办复。其中，研究办理全国、市人大代表建议及政协提案34件：会议期间交办32件，会下交办2件。内容涉及城市建设与管理方面14件，占41%；社会事业与民生方面9件，占26%；经济发展方面6件，占18%；农业领域方面3件，占9%；工作建议等其他方面2件，占6%。承办区人大代表建议和区政协委员提案362件：办理区人大代表建议165件，会议期间交办59件，会下交办106件。内容涉及城市建设与管理方面67件，占40%；社会事业与民生方面49件，占30%；乡村振兴方面19件，占12%；经济发展方面10件，占6%；生态环境方面6件，占4%；其他方面14件，占8%。办理区政协委员提案197件，会议期间交办195件，会下交办2件。内容涉及城市建设与管理类42件，占21%；社会事业与民生类88件，占45%；乡村振兴类21件，占11%；经济发展类34件，占17%；生态环境类10件，占5%；其他方面2件，占1%。

（管丽萍）

外事与港澳事务

【概　况】2023年，通州区人民政府外事办公室（简称区政府外办）坚持以习近平新时代中国特色社会主义思想与习近平外交思想为指导，紧紧围绕服务首都国际交往中心功能建设和北京城市副中心高质量发展，不断推动外事领域各项工作取得新成效。

（傅世聪）

【区域外交服务】2023年，区政府外办接洽巴西农业部、德国科隆市政府、日本冲绳县知事、越南胡志明市、非洲经济社会理事会联盟等25批次500余人次参访北京城市副中心。完善外交外事活动资源供给体系，形成全区涉外接待资源库，实现资源可视化供给，进一步满足高级别外交外事活动需要。

（傅世聪）

【对外交流交往】2023年，区政府外办深化与日本文京区、韩国九老区、美国奥西奥拉郡友城关系，推介北京城市副中心新形象，助力友城间互联互通。联合策划中国—巴拿马“跨越大洋 运河对画”青年艺术家运河写生与通州区—巴拿马城画展活动，线上参与巴拿马“跨越大洋·运河对画”系列活动之运河文化交流圆桌论坛，以《加强国际运河文明交流互鉴》为题作主旨发言，并在论坛上播放以运河为主题的北京城市副中心英文宣传片，搭建北京城市副中心与世界运河城市间沟通交流平台。

（傅世聪）

【对港交流交往】2023年，区政府外办接洽香港驻京办主任代表团参访北京城市副中心；深度参与第26届北京·香港经济合作研讨洽谈会，与鑫桥联合金融控股集团（香港）、香港金融发展协会等企业签约，推动重点投资合作项目落地。

（傅世聪）

【国际交往中心功能建设】2023年，区政府外办出台《北京城市副中心（通州区）推进国际化建设三年行动计划（2023—2025年）》。科学研判、准确把握通州区国际化建设“打基础、聚资源，特色领域率先国际化”的起步阶段特征，明确未来3年通州区国际化发展“补短板，优环境；强政策，引进来”的发展思路，为提升通州区国际化能级、高标准服务首都国际交往中心建设奠定基础。发布《北京城市副中心关键词英文译法》，系统梳理战略规划、城市地标、政策机制、特色品牌等方面专有名词，精心筛选200余条关键词，参考党的十九大、二十大报告及政府工作报告等党政文献英译本，结合通州区历史文化实际开展英文释义，以汉英对照形式印发。

（傅世聪）

【涉外安全管理】2023年，区政府外办建立健全通州区涉外应急机制，制定《通州区涉外突发事件应急预案》，进一步加强外事、公安、政法等部门涉外协调管理联动机制建设，不断提高涉外突发事件应急处置能力。强化涉外媒体管理，做好“绿色之行·不止所见——2023中外媒体打卡北京城市副中心”、“丝路大V北京行”北京城市副中心等活动组织管理，确保涉外安全稳定。

（傅世聪）

【区委外事工作委员会2023年第一次会议】6月8日，通州区委外事工作委员会2023年第一次会议暨通州区推进国际交往中心功能建设领导小组全体会议召开，区委外事委加挂通州区推进国际交往中心功能建设领导小组牌子。会议通报成立通州区推进国际交往中心功能建设领导小组有关情况，审议通过《区委外事工作委员会（区推进国际交往中心功能建设领导小组）2023年工作要点》和《北京城市副中心（通州区）推进国际化建设三年行动计划（2023—2025年）》等文件。

（傅世聪）

数字政府建设

【概　况】2023年，区经信局优化信息对接传输能力，为区各单位提供优质化信息基础设施服务，保障信息数据安全，提高线上政务处理能力和效率，实现从“好看、能用”到“好用、管用”的突破，推动数字政府建设。

（王　超）

【政务网络建设】2023年，通州区政务外网覆盖全区委办局52家、乡镇街道22家，涉及行政村及社区541个，网络运行安全、稳定、畅通，未出现重大故障和网络安全事件。新增政务外网接入节点45个，累计接入节点805个；新增金财网节点4个，累计接入节点368个；新增医保网节点12个，累计接入节点81个。

（王　超）

【政府网站运行保障】2023年，通州区政府网站整体运行平稳。全年累计发布文章2.49万条，网站浏览量1103万次，制作专栏17个，未出现重大安全事件。围绕民生热点、民意诉求，提供政策、问答、办事、查询等集成服务，上线“政务服务知识图谱”“网站适老化”“网站数据分析”等服务新功能。

（王　超）

【政务办公系统运行】截至2023年底，通州区政务办公系统累计覆盖218家单位、5320个个人账号；单位间公文收发91万余份，单位内公文流转23万余份，区领导签批文件3.5万余次，发送短信507万余条。按照服务新需求，优化移动端领导签批功能，开发因公出国境功能，完善调整系统功能和流程。

（王　超）

【大数据发展服务】2023年，区经信局服务全区政务信息系统上云上链工作，摸底调研全区58家委办局信息化系统，依据各委办局“三定”职责，对接委办局及街道乡镇20个，完成“上链”信息系统74个；汇聚市区两级数据8300万条，涵盖区经信局、区生态环境局、区应急管理局、区城市管理指挥中心等委办局10家，对接系统34个；组织视频工作接入“雪亮工程”，视频媒体转发服务委办局14个、街道乡镇10个，上线智慧交通5类算法；协助开展区物联感知台账摸底、各单位填报感知资产台账，按照“底数清、工作明”目标，依托市级平台完成感知设备摸底4.9万个。

（王　超）

【网络环境安全保障】2023年，区经信局开展全区电子政务网络和信息系统安全检查，检查重要系统62个，涉及单位27家；日常监控发现并处置存在外联恶意服务器和渗透工具等问题主机50台，涉及单位26家；定期开展各信息系统应急演练，在2023年网络攻防实战演练中将全部可疑攻击成功拦截；开展线上网络安全培训，参训单位82家。重大节日、活动期间，成立网络安全保障工作领导小组，为全区通信及政务网络和应用系统安全提供7×24小时保障。

（王　超）

【软件正版化工作】2023年，区经信局将软件正版化工作纳入“平安通州”区级绩效考核及“智慧城市”考核并独立评分，提高各单位重视程度。严格执行走访计划，加强业务指导，全年实地走访指导单位35家，比2022年提升26家。创新培训形式，召开软件正版化工作培训会，参训单位87家；在通州区门户网站上设立工作专栏，及时同步通州区软件正版化工作进展、相关政策等信息。

（王　超）

政务服务

【概　况】2023年，通州区政务服务工作聚焦企业和群众期盼，坚持“数据赋能”和“改革创新”双轮驱动，深入推进“放管服”改革、优化营商环境、数字政府建设、政务公开等工作。构建形成“1+7+22+N”政务服务体系，即1个市级综合性政务服务中心，7个专业分中心（公安户政、交通支队、办税服务、婚姻登记、不动产登记、人力社保6个区级分中心及“两区”建设一站式服务中心），22个街道乡镇政务服务中心和645个社区（村）政务服务站点，5个园区、商务楼宇、商圈政务服务站，可为北京城市副中心及整个北京东部地区提供市、区两级综合性政务服务，与六里桥市政务服务中心形成“东西呼应、双子联动”的服务格局。除涉密等特殊事项外，实现区级政务服务事项100%“全程网办”，北京城市副中心政务服务中心办理业务量约7.7万件，满意率99.9%，接待考察调研团212批。

（王梦雪）

【市、区事项“一体办”】 2023年，通州区政务服务局（简称区政务服务局）通过“云窗”系统建设，将北京市政务服务中心前台窗口和后台审批服务能力延伸到副中心，实现1863个市级事项在北京城市副中心异地可办，1653个区级事项（289个例外事项清单除外）本地办理。通过“云窗”赋能“合专网、并专厅、融专窗”，公安户政类全部17项政务服务事项均可依托智能终端实现受理、审批、出证全流程无感链接；税务、社保等专业大厅313项涉税事项无需专程前往专业大厅办理；“小客车摇号”“货车运输许可证”等多个Ukey专窗交通类业务通过智能终端自助办理。

（王梦雪）

【政务服务延伸】 2023年，区委宣传部、区政务服务局共同制定《通州区文化产业园区智慧政务服务机制细则》，为文化产业园区提供智慧政务服务。6月，建成全市第1家设在文化产业园区内的A级政务服务站——弘祥1979文创园政务服务站。推进市、区、街镇、村居四级业务多点延伸办理，全区22个街道乡镇和5个园区、商务楼宇、商圈政务服务站配备智能自助终端，645个村居政务服务站点延伸布设北京城市副中心“云窗口”系统。通过派驻服务专员，开设平台账号，开展人员培训，推动四级政务服务体系标准统一、服务一体，打造完成10个街道（乡镇）政务服务中心和84个社区（村）规范化标准化建设示范样板，企业和群众可就近享受与在北京城市副中心政务中心“同质同效”的办事体验。

（王梦雪）

【“一业一证”改革】 2023年，区政务服务局制定《通州区“一业一证”改革实施方案》，通过优化流程、精简材料、对接系统、开展培训，推动40个行业“一业一证”服务在北京城市副中心落地，实现“一次告知、一表申请、一套材料、一窗受理”。7月7日，向慈航医疗健康产业（北京）集团有限公司发出北京城市副中心首张“一业一证”综合许可凭证，将原本从事经营医疗器械业务涉及的“第二类医疗器械经营备案凭证”和“医疗器械经营许可证”整合到一张“综合许可凭证”上，通过扫描右上方二维码，可以查看“综合许可凭证”基本信息和具体证照信息，实现“一证准营、一码联动”。全年为11家企业颁发综合许可凭证。

（王梦雪）

【企业服务】 2023年，区政务服务局聚焦企业全生命周期，设立“法智小屋”、“智税微厅”、“财务智所”、“五险专区”和“股权管家”智慧单间，为企业提供法律、税务、会计、社保、股权登记托管“暖心办”服务985件次。组建政务专员团队，建立“企业吹哨、政务搭台、部门报到”工作机制，先后到区内六大产业牵头部门，运河商务区、中关村科技园区通州园、文化旅游区等8个重点园区管委会，张家湾设计小镇，街道乡镇，118家“服务包”企业和津冀部分外地企业走访调研，对接企业需求，汇总企业诉求，组织部门会商，以优质政务服务促进产业发展。依托“政管家”企业微信服务企业，营造“有事找专员”的服务氛围，累计服务企业706家，对接、解决企业诉求1878件。

（王梦雪）

【政府信息公开】 2023年，通州区有33件政策性文件通过区政府网站向社会公众征求意见，全年发布政策解读信息20篇。区政务服务局持续开展政务新媒体清理整合工作，清理新媒体账号29个。依法依规办理依申请公开，受理区政府本级信息公开申请303件。对各项利企惠民政策进行政策直播解读，组织“副中心政务服务云直播”活动23场，及时精准回应社会关切，在线回应解释企业群众疑难问题，累计观看人数5.5万人。

（王梦雪）

【全市首家海关业务进驻】 1月，全市首家海关业务进驻北京城市副中心

▲7月13日，区政务服务局、区文旅局联合召开通州区文化旅游领域企业座谈会

（区政务服务局提供）

政务服务中心。外贸企业经办人员可在北京城市副中心政务服务中心办理原产地证书打印业务，同时可在各街道乡镇政务服务中心及商圈、产业园的23台自助终端机上自助、就近办理。设立海关专窗，引入对外贸易经营者海关备案咨询和办理业务，为进厅外贸企业提供海关备案业务咨询和办理，协助企业尽快按照新版《中华人民共和国对外贸易法》规定完成业务办理。年内，受理咨询海关业务79件，办理海关业务29件。

（王梦雪）

公共资源交易

【概　况】 2023年，通州区公共资源交易服务中心（简称区公共资源交易中心）持续做好公共资源交易现场的见证、服务与管理工作。1月中旬，进驻北京城市副中心政务服务中心，实现园林、水务项目入场交易。设开标室7间、评标室9间，始设谈判室、监督室、专家等候区、投标人等候区等，总面积约2600平方米。

（王虹春　王梦雪）

【项目交易】 2023年，区公共资源交易中心进场交易项目201个，其中，建设工程项目58个，涉及金额97.85亿元；进入区公共资源交易平台的政府采购项目2个，涉及金额2346.08万元；北京市政府采购电子交易平台项目55个；水务项目34个；园林项目4个；农业农村工程项目32个；其余借用标室项目16个。提供开标服务201场，评标服务260场。区政府采购中心完成项目52个，中标金额约1.91亿元。

（王虹春）

【交易服务】 2023年，区公共资源交易中心完成园林绿化工程、农业农村工程、水务工程、政府采购工程、公路维修养护工程多个领域对接。结合全区公共资源交易工作实际情况，沟通市级相关部门及区各行业主管部门，出台《关于规范通州区公共资源交易领域受理、处理投诉工作的通知》，并向各行政监督部门印发。针对“开评标项目需求”“交易过程疑、难点”等问题到10家相关单位开展调研，解答政策法规。

（王虹春）

信访工作

【概　况】 2023年，通州区信访总量14833件，同比上升13.1%。其中，网信5022件，同比下降36.1%；纸信4418件，同比上升337.0%；群众走访5393批次8803人次，同比批次上升26.9%、人次上升31.1%。

（王仁华）

【复查复核案件办理】 2023年，通州区复查复核办公室收到来信191件次，同比下降7.7%。其中，受理137件次，受理率100%；不予受理件13件次，不予受理率6.8%；其他方式办理41件；复查案件办结率100%。复核办理58件次，同比上升18.3%。出具答复意见书143件，同比下降14.4%。

（王仁华）

【各级领导信访接待】 2023年，通州区区级领导接访下访37次，区属委办局参与接访领导干部236人，接待群众754批次3147人，推动解决问题320件。各街道乡镇参与接访下访领导干部294人，接待群众964批次6662人，推动解决问题470件。

（王仁华）

【人民建议征集】 2023年，建议人通过网络、信函、电话、走访等形式收集、录入涉及通州区职责范围内的人民建议499批，其中市转件113批、自收件386批（区信访办42批，街道乡镇、委办局344批）。区信访办按照“谁主管、谁承办、谁负责”的原则，转送交办人民建议信访件。年内，区级领导批阅7件、责任单位转化为区级政策5件、惠民政策措施109件，组织召开专题协调55次。

（王仁华）

▲1月，区公共资源交易中心进驻北京城市副中心政务服务中心

（区政务服务中心提供）

区直机关事务管理

【概　况】 2023年，北京市通州区机关事务服务中心（简称区机关服务中心）完成区“两会”、区七届人大四次会议、区委全会、区政府全会、2024年全区务虚会、全国首都劳动奖座谈会等重大会议以及国务院安委办专家组保障、城市安全风险监测预警平台试点建设评估、市委市政府2次安全生产督察、省际联合验收组交通运输一体化示范区专项

▲ 2023 年，区机关服务中心完成首批办公用房权属统一登记工作

（区机关服务中心提供）

核验、市委巡视组专项巡视等重大活动服务保障任务。

（王雨格）

【办公用房管理】 2023 年，区机关服务中心在全市范围内率先完成首批办公用房权属统一登记工作，取得 85 处不动产权证；对资产逐一实地踏勘，完成通州区行政事业单位房屋土地资产清查工作；以调代租，充分有效利用闲置资源，科学调剂办公用房，节约财政资金；利用办公用房可视化管理平台，完成全区办公用房租赁情况统计工作、2023 年区属行政事业单位办公用房基础数据统计及自查整改工作，推进办公用房信息化管理。

（王雨格）

【基建工程】 2023 年，区机关服务中心全面推进区档案馆新馆建设，实现固定资产投资约 1.70 亿元，年计划完成率 121%；稳步推进通州发展大厦项目，征集梳理 24 家入驻单位办公需求，形成 14 项专项成果；实施区城市管理指挥中心、区市场监管局等办公用房修缮改造工程 17 项，全年建设施工安全零事故。

（王雨格）

【公务用车管理】 2023 年，区机关服务中心承接全区 1226 辆公务用车统一管理，增设公务用车保障科；完成 1130 辆公务用车车载北斗定位终端安装、数据录入工作，实现对车辆运行可视化监管；统筹区级平台 168 辆公务用车服务保障工作，用车保障 4800 余台次、75 万千米，保障国家、市级各类督查检查，“两会”工作用车等机关公务出行及全区重大专项工作开展；统筹调剂公务用车使用，满足 25 家区级单位用车需求。

（王雨格）

【国有资产管理】 2023 年，区机关服务中心统筹资产、办公用房、节能管理三大模块，上线通州区机关事务综合管理平台；科学调剂资源，盘活公物仓闲置资产，保障国家自然资产督查、区七届人大四次会议等活动以及区政府办、区纪委区监委机关、区委组织部等部门资产需求；有序推进行政事业单位资产管理信息系统一体化数据整合工作，做到一户一核实、一户一清理。

（王雨格）

【办公区后勤服务】 2023 年，通州区机关事务综合服务平台运行，17 个办公区实现“智慧食堂”初期目标，完成人脸识别扣费等多项功能；深入贯彻通州区与北三县一体化高质量发展、京津冀协同发展、京蒙互助等政策要求，引入当地优质特色农（副）产品；助力美丽乡村建设，增加本土产品采购量，邀请本土企业参加机关内购展销活动，多层次满足餐饮需求；持续开展“匠心服务体验年”活动，创建“一科一品”“一室一品”“一区一品”服务品牌，不断提升后勤服务精细化水平。

（王雨格）

▲ 9 月，区档案馆新馆主体结构封顶

（区机关服务中心提供）

中国人民政治协商会议
北京市通州区委员会

综　述

【政协界别构成】 2023年，中国人民政治协商会议北京市通州区第七届委员会（简称区政协）设17个界别，分别是中共界、民盟民进界、民建九三界、农工致公界、工商联界、无党派人士界、共青团及青联界、工会界、妇联界、科学技术协会界、文艺体育界、经济界、农业界、教育界、医药卫生界、民族宗教界、特邀界。

（卢　昕）

【政协委员构成】 截至2023年底，区政协有委员319人，其中，常务委员会组成人员56名；中共党员120名，占37.6%。女性委员121名，占37.9%；男性委员198名，占62.1%。

（卢　昕）

【政协自身建设】 2023年，区政协修订5项学习制度，打造五位一体“书香政协”，全年举办主题读书、网上专题学习会30余场，参与人次逾万。落实“四下基层”（即宣传党的路线、方针、政策下基层，调查研究下基层，信访接待下基层，现场办公下基层）要求，开展调研恳谈40余次，形成9方面100余条建议。制定“三年行动计划”，持续推进履职提质增效，全年各类意见建议得到区委、区政府主要领导批示49次。针对重点问题开展调研协商，向600余家服务包企业发放调查问卷，与近百家重点联系企业“面对面”谈诉求、找对策、提建议，报送意见建议90余条。强化联系聚民心，班子成员走访企业152户次，助力企业明大势、破困局；形成“一站一品”委员工作站特色体系，开展助力基层治理活动67场，“名医下乡”等公益志愿活动31场，服务群众2500余人次，经验做法在《人民政协报》《北京观察》刊发。持续擦亮《通州文史》《文化通州》系列丛书品牌，出版《醴润梨园》《耘耕宋庄》文史专辑，征集书画作品22幅参加杭州联展；做优青少年“模拟政协”思想政治教育延伸平台，实现区内中学全覆盖；开设“三大三强”进行时、委员讲提案故事等线上专栏，直播开讲“通州及大运河文化的内涵”。举办全体委员学习培训9期，组织参加市政协培训7期，委员参加各类履职活动共计8783人次，优秀等次比例76%。

（卢　昕）

【信息宣传】 2023年，区政协在微信公众号设置主题教育、“三大三强”进行时、市区联动、专题调研、民主监督、委员讲提案故事等9个专题，发布信息376条。争取中央和市区主流媒体支持，在主流媒体刊播稿件162篇，“政协好声音”影响力稳步提升。

（王秋石）

重要会议

【概　况】 2023年，区政协召开常务委员会会议7次、主席会议10次。

（卢　昕）

【政协七届二次会议】 1月3—6日，政协通州区第七届委员会第二次会议召开。区政协主席张德启代表政协通州区第七届委员会常务委员会作工作报告。大会审议通过政协通州区第七届委员会第二次会议政治决议、关于政协通州区第七届委员会常务委员会工作报告的决议、关于政协通州区第七届委员会常务委员会提案工作报告的决议。大会收到提案290件，经审查立案251件，其中党派团体提案17件、界别提案29件、委员提案205件。

（卢　昕）

【常务委员会会议】 1月3日，七届区政协第八次常务委员会会议召开。会议听取各组审议政协常委会工作报告、提案工作报告的情况汇报。1月5日，七届区政协第九次常务委员会会议召开。会议听取讨论关于政协常委会工作报告的决议（草案）、关于提案工作报告的决议（草案）及政治决议（草案），区政府工作报告，区2022年国民经济、社会发展计划执行情况和2023年国民经济、社会发展计划（草案）的报告，区2022年财政预算执行情况和2023年财政预算（草案）的报告，区人民法院工作报告，区人民检察院工作报告的情况汇报。2月15日，七届区政协第十次常务委员会会议召开。会议传达学习市政协十四届一次会议精神，传达学习城市副中心高质量发展推进大会精神，审议区政协委员增补有关事宜，通报区政协处级领导人事变动情况，审议区政协专委会主任任免有关事宜，审议区政协2023年常委会工作要点，审议区政协2023年专题调研课题计划、专题协商和民主监督议题计划，审议区政协2023年主席会、常委会议题计划。8月9日，七届区政协第十一次常务委员会会议召开。会议传达区委七届六次全会和全区半

▲1月3日，政协通州区第七届委员会第二次会议召开　（区融媒体中心提供）

年工作会议精神，审议区政协2023年上半年工作总结和下半年主要安排，通报区政协2023年常委读书班有关事宜，审议区政协教文卫体委员会更名事宜，审议委员请辞事宜，通报区政协机关人事任免情况。11月9日，七届区政协第十二次常务委员会会议召开。会议围绕“关于推进城市副中心产业高质量发展”进行协商议政。同日，七届区政协第十三次常务委员会会议召开。会议围绕“进一步优化城市副中心营商环境，打造精细化服务样板”进行协商议政。12月19日，七届区政协第十四次常务委员会会议召开。会议听取区纪委区监委2023年工作情况通报，审议通过区政协七届三次会议委员调整建议名单，听取区政协2023年度委员履职情况通报，审议通过关于召开区政协七届三次会议的决定（草案）、会议议程（草案）、会议日程（草案），审议通过区政协七届三次会议大会秘书长建议名单（草案）、副秘书长建议名单（草案），秘书处下设机构及负责人建议名单（草案），各次大会主持人名单（草案），新闻发言人建议名单（草案），审议通过区政协七届三次会议委员分组办法及各组召集人建议名单（草案），审议通过区政协七届三次会议委员联组讨论分组办法（草案），审议通过区政协七届三次会议决议起草委员会委员建议名单（草案），审议七届区政协常委会工作报告，决定提交区政协七届三次会议审议，审议七届区政协常委会关于提案工作情况的报告，决定提交区政协七届三次会议审议。

（卢　昕）

【主席会议】 2月15日，七届区政协第十四次主席会议召开。会议传达学习市政协十四届一次会议精神，传达学习城市副中心高质量发展推进大会精神，审议区政协委员增补有关事宜，通报区政协处级领导人事变动情况，审议区政协专委会主任任免有关事宜，审议《区政协2023年常委会工作要点》《区政协2023年专题调研课题计划、专题协商和民主监督议题计划》《区政协2023年主席会、常委会议题计划》。3月20日，七届区政协第十五次主席会议召开。会议传达学习全国政协会议精神，传达学习市政协主席魏小东在市政协第一季度区政协主席座谈会上的讲话精神，通报《市政协2023年市区政协协同履职工作计划》，研究《区政协主席、副主席、秘书长联系界别分工》，研究《区政协主席、副主席、秘书长2023年度重点联系委员计划》，审议《区政协关于2023年提案分析情况的报告》。5月8日，七届区政协第十六次主席会议召开。会议主要研究区政协《关于落实区委“大学习、大调研、大讨论”实现“强素质、强作风、强效能”实施意见的工作方案》。5月26日，七届区政协第十七次主席会议召开。会议研究《通州区政协关于开展“各界委员齐参与‘每月一题’聚共识”民主监督的工作方案》，研究《通州区政协委员工作站关于开展优化营商环境调研协商活动的工作方案》。7月21日，七届区政协第十八次主席会议召开。会议研究区政协2023年暑期常委读书班相关事宜，研究区政协教文卫体委员会更名事宜，研究委员请辞事宜，研究刘飏、范文浩任免职相关事项。11月14日，七届区政协第十九次主席会议召开。会议围绕“科技赋能城市副中心农业现代化高质量发展”协商议政并提出5条建议。11月14日，七届区政协第二十次主席会议召开。会议围绕“加强基层公共卫生应急管理体系建设，有效提升北京城市副中心社会建设水平”协商议政并提出25条建议。12月6日，七届区政协第二十一次主席会议召开。会议听取区委、区政府2023年提案办理工作情况通报和区政协提案委员会2023年提案工作汇报。12月19日，七届区政协第二十二次主席会议召开。会议听取区法院和区检察院工作情况通报。12月19日，七届区政协第二十三次主席会议召开。会议研究区政协七届三次会议委员调整建议名单，决定提交区政协常委会审议，听取区政协2023年度委员履职情况通报，审议通过优秀履职委员、优秀社情民意信息、优秀委员工作站、优秀提案、优秀文史资料撰稿人五个表彰决定，书面审议区政协2023年主席会议建议案，研究关于召开区政协七届三次会议的决定（草案）、会议议程（草案）、会议日程（草案），决定提交区政协常委会审议，研究关于成立中共政协北京市通州区第七届委员会第三次会议临时党委的请示，区政协七届三次全会临时党委（扩大）会会议议程，中共政协北京市通州区第七届委员会第三次会议临时党支部组成人员名单，研究区政协七届三次会议大会秘书长建议名单（草案）、副秘书长建议名单（草案），秘书处下设机构及负责人建议名单（草案），各次全体会议主持人建议名单（草案），新闻发言人建议名单（草案），决定提交区政协常委会审议，研究区政协七届三次会议委员分组办法及各组召集人建议名单（草案），决定提交区政协常委会审议，研究区政协七届三次会议委员联组讨论分组办法（草案），决定提交区政协常委会审议，研究区政协七届三次会议决议起草委员会委员建议名单（草案），决定提交区政协常委会审议，研究七届区政协常委会工作报告，决定提交区政协常委会审议，研究七届区政协常委会关于提案工作情况的报告，决定提交区政协常委会审议，研究区政协七届三次会议经费预算事宜。

（卢　昕）

调研视察

【概　况】 2023年，区政协围绕北京城市副中心产业发展、营商环境、农业现代化发展、社会建设和乡村振兴等组织调研视察62次，参与委员800余人次，深入一线精准找出助力北京城市副中心发展新路径。全年报送《委员之声》42篇。

（卢　昕）

【“政协委员进乡村 建言献策助振兴”专项集体调研】 2023年，区政协各主席分别牵头农文旅融合发展、高效农业发展、林下经济发展和美丽乡村建设4个方向重点调研课题，以“专题调研组＋各委室＋委员工作站”工作机制，至9个涉农乡镇实地调研42次，召开座谈、研讨会26场次，相关委办局、镇村干部，涉农企业人员，政协委员参与座谈400余人次。在广泛听取各方意见、委员充分建言献策和全面梳理分析基础上，形成专题调研报告，提出41条意见建议报区委、区政府提供决策参考。

（卢　昕）

【“推进城市副中心产业高质量发展”专题调研】 3月14日，区政协启动“关于推进城市副中心产业高质量发展”专题调研，并举行应用型智库产业发展组研讨会，聘请在经济领域卓有建树的专家学者加入智库，围绕调研专题从不同领域参与研讨，为破解产业发展难题献计出力。3月27日，专题调研组分别围绕“专精特新”产业及医药产业发展开展系列调研，与政协委员、企业代表围绕“专精特新”企业及医药产业在发展过程中遇到的政策解读、资金申请、项目申报、创新研发、人才问题、成果转化以及与高校合作和企业孵化培育等方面存在的问题进行互动交流，提出意见建议。5月24日，专题调研组到北京启元天地网络信息科技有限公司和台湖演艺酒店，实地调研全场景虚拟现实空间业态、新型演艺业态等并召开座谈会，区经信局、区商务局、区文旅局负责人围绕推进相关产业规划建设、主导产业发展、全产业链构建等方面具体情况进行介绍，提出意见建议。6月6日，专题调研组到北京通美晶体技术股份有限公司和北京万生人和科技有限公司两家“专精特新”企业进行实地调研，并围绕民主党派提出的相关提案办理落实情况进行督办。8月2日，区政协专题调研组召开座谈会，区委组织部、区发改委、区科委、区金融办、区统计局等10家相关单位就北京城市副中心产业高质量发展进行座谈交流，并围绕调研报告提出意见建议。

（卢　昕）

【“进一步优化城市副中心营商环境 打造精细化服务样板”专题调研】 3月16日，区政协召开“进一步优化城市副中心营商环境 打造精细化服务样板”专题调研启动会，围绕优化北京城市副中心营商环境进行座谈交流。3月30日，专题调研组走进运河商务区开展调研活动，参观传神联合（北京）信息技术有限公司、北京绿色金融与可持续发展研究院两家企业，听取运河商务区优化营商环境工作情况介绍，并与部分入驻企业进行座谈，听取企业意见建议。4月11日，专题调研组走进张家湾设计小镇开展调研活动，参观北京通美晶体技术股份有限公司、北京创思工贸有限公司两家入驻企业，详细了解企业经营情况，听取张家湾设计小镇工作专班关于优化营商环境工作的情况介绍，并与部分入驻企业进行座谈。5月11日，区政协开展工商联界别集体提案即《关于加大助企纾困力度，助推城市副中心民营经济高质量发展的提案》驻会主席督办提案扩面协商和专题调研视察座谈活动，就提案办理情况进行面对面答复。

（卢　昕）

【“科技赋能城市副中心农业现代化高质量发展”专题调研】 3月15日，区政协召开“科技赋能城市副中心农业现代化高质量发展”调研启动会，并围绕调研课题开展“科技赋能农业现代化发展”专题培训。3月30日，专题调研组组织政协委员和相关政府部门到永乐店镇大务村实地考察现代农业产业园露地蔬菜项目，调研视察北京鑫福农业科技发展有限公司全自动物流苗床系统及喷灌设施，到于家务回族乡北京中农绿通农业发展有限公司了解园区经营模式、种植产品种类、产品效益、未来规划等方面情况。5月16日，专题调研组组织政协委员到朝阳区朝来农艺园、宋庄镇集体农场开展专题调研活动，实地考察园区数字化建设项目，调研视察集设施农业育苗、生产、仓储、加工为一体的现代化农业生产型示范园区；到宋庄镇集体农场，听取相关负责人关于镇域内发展规划、土地利用及存在问题等方面的情况汇报。10月18日，区政协到永乐店镇开展主题教育专题调研活动，到小南地村和马合店村实地考察菜产业发展项目和现代设施农业发展情况，听取相关负责人在种植作物种类、农产品销路效益、现代农业未来规划等方面情况介绍。

（卢　昕）

▲6月6日，区政协主席张德启（左二）带队到“专精特新”企业进行实地调研

（区政协提供）

【"加强基层公共卫生应急管理体系建设 有效提升北京城市副中心社会建设水平"专题调研】 3月10日，区政协召开"加强基层公共卫生应急管理体系建设 有效提升北京城市副中心社会建设水平"专题调研工作启动会。3月24日，专题调研组到漷县镇调研，视察参观北大人民医院（通州院区）、漷县镇卫生院、长陵营村卫生室，听取相关单位负责人对基层公共卫生设施建设、医疗卫生服务能力等方面情况介绍。4月19日，专题调研组到平谷区开展调研活动，参观平谷镇社区卫生服务中心、平谷区医院和平谷区疫情防控应急指挥中心，分别听取单位负责人就基层诊疗、疫情防控、公共卫生指挥系统建设等方面的情况介绍。5月11日，专题调研组到中仓社区家园中心、中仓社区卫生服务站、东方小学等地调研，听取公共卫生基础设施建设、防控机制落实、应急管理体系建设等方面的情况介绍。10月19日，专题调研组依托医药卫生委员工作站、张家湾地区委员工作站开展"名医下乡"义诊咨询活动，来自潞河医院、东直门医院通州院区、中西医结合医院和新华医院共12名医生现场为村民提供义诊咨询服务；听取张家湾镇三间房、王各庄等6个村医疗卫生基本情况、村民医疗卫生需求、存在的问题及困难等；听取张家湾卫生院、牛堡屯卫生院人才引进、村医发展、就诊绿通等方面需求汇报；委员们围绕基层医疗卫生服务水平提升，对村医未来发展、培养全科医生、应急知识普及等方面提出具体意见。

（卢　昕）

【专题调研成果】 12月26日，政协通州区第七届委员会第二十三次主席会议对区政协4个专题调研组提交的《关于推进城市副中心产业高质量发展专题调研报告》、《关于进一步优化城市副中心营商环境 打造精细化服务样板调研报告》、《关于科技赋能城市副中心农业现代化高质量发展的调研报告》、《关于加强基层公共卫生应急管理体系建设，有效提升北京城市副中心社会建设水平的调研报告》（以下简称《报告》）进行审议。会议决定，以《报告》内容作为区政协主席会议建议案，送请区政府研究办理。

（卢　昕）

协商议政

【概　况】 2023年，区政协充分发挥人民政协专门协商机构作用，各专委会各界别积极开展协商议政活动。打造"副中心有我"基层协商议事平台，形成"树下·贤聊""庄里唠唠""有话'院'里说，有事'家'里办"等基层协商品牌，开展协商活动84场，推动100余个具体问题的有效解决。不断完善"订单式协商"工作模式，细化协商工作闭环。发挥提案和反映社情民意信息"直通车"作用，253件提案、42篇《委员之声》把委员参政议政成果及时报送党政领导及部门决策参考。

（卢　昕）

【传承弘扬中医及中医药文化协商活动】 4月3日，区政协围绕"传承弘扬中医及中医药文化，助力城市副中心全民健康发展"开展协商议事活动。实地考察北京中医药大学东直门医院通州院区（东区）和新华医院中医馆，听取现场工作人员对中医文化宣传、中医药临床探索和医治成效等方面情况的介绍。区卫健委负责人就通州区中医药领域基本情况及未来发展方向作介绍。区政协副主席冯利英就进一步推动北京城市副中心中医药发展提出，要充分学习优秀中医药文化知识，做好中医药文化传承工作；要坚持守正创新，不断弘扬优秀的中医药文化精神；要立足城市副中心发展定位，充分把握中医药文化的主要任务和发展趋势，持续挖掘中医药文化内涵，坚定中医药文化自信。区政协副主席吴涛参加活动。

（吴　渴）

【优化老旧小区改造协商活动】 4月6日，区政协结合关于"优化老旧小区改造水平 助力副中心城市更新发展"专题协商工作，组织委员到朝阳区调研视察。委员们实地考察朝阳区望京小街改造项目，参观了解望京小街城市更新建设及管理运营情况，现场听取相关工作汇报。随后到燕莎码头，乘船调研亮马河国际风情水岸项目，听取相关单位的工作汇报。区政协副主席甄宇、朝阳区政协副主席张岩参加活动。

（贾　迪）

▲4月3日，区政协围绕"传承弘扬中医及中医药文化，助力城市副中心全民健康发展"开展协商议事活动

（区政协提供）

【构建养老服务体系协商活动】5月19日，区政协围绕“关于构建城市副中心多层次养老服务体系”的主席督办提案开展扩面协商，区政协副主席冯利英出席。区政协委员郑磊作为提案主要撰稿人简要介绍提案背景及缘由，区民政局通报提案办理情况。委员们对提案办理情况表示满意，建议在老旧小区增加无障碍设施，扩大家庭床位覆盖面，提升居家养老医疗服务水平等。

（曹　宇）

【解决停车难专题协商】5月24日，区政协围绕“进一步解决停车难问题”开展专题协商活动，区政协副主席尚祖国出席。委员实地视察通运街道、潞邑街道相关点位，了解停车设施建设，听取区城管委、区住建委、区交通支队和通运街道、潞邑街道关于通州区停车现状与问题、工作进展和下一步举措等情况介绍，各位委员从乱停车治理、挖掘增加小区及周边停车位、设置智慧停车导引等不同角度提出了有针对性的意见和建议。

（金　彤）

【关注新业态协商活动】6月8日，区政协九棵树地区委员工作站围绕“关注新业态 护航新力量”开展议事协商活动，区政协主席张德启、区政协副主席冯利英出席。实地参观暖骑驿站运行服务和九棵树地区委员工作站规范化建设情况并听取九棵树街道委员工作站基层平台建设和“树下·贤聊”品牌建设情况汇报。九棵树街道介绍街道新业态新就业群体总体工作情况，居民代表、新业态新就业群体代表及政协委员围绕新业态从业者如何做好个人交通安全防护，外卖、快递员如何保障个人合法权益，以及如何提升文明素质和服务水平三个议题开展协商议事。

（曹　宇）

【教育事业高质量发展协商活动】9月22日，区政协组织近40名委员视察教育工作并围绕“推动城市副中心教育事业高质量发展”开展协商活动，区政协副主席冯利英参加。实地考察潞河中学附属学校次渠家园校区和北京景山学校通州分校的建设和管理情况。听取区教委关于学位保障、教育优质均衡布局、教育教学质量提升等方面情况介绍。委员们围绕扩大优质教育资源覆盖面、对接北京城市副中心优质校外资源、发挥高校优势推动协同育人等方面提出意见建议。

（吴　渴）

【村庄物业化管理协商活动】10月14日，区政协围绕“推进村庄物业化管理的难点问题”主题，开展协商议事活动，区政协主席张德启、区政协副主席甄宇出席。区政协委员汪碧刚围绕推进村庄物业化管理难点问题介绍前期调研情况。区政府部门进行详细解答政策，镇政府作出回应，政协委员建言献策，达到沟通交流思想、广泛凝聚共识、推动问题解决、协商解决问题的目的。

（商　跃）

【电动自行车充电桩建设和使用协商活动】10月25日，区政协玉桥地区委员工作站围绕“小区内电动自行车充电桩建设和使用问题”开展协商议事活动，区政协副主席金文岭出席。街道介绍街道整体电动自行车充电桩安装和使用情况，辖区电动自行车充电桩安装情况以及使用管理中出现的问题。政协委员围绕电动自行车充电桩使用管理、安全维护、推广宣传等方面提出意见建议。

（贯　迪）

民主监督

【概　况】2023年，区政协召开“各界委员齐参与‘每月一题’聚共识”民主监督工作动员部署会，部署《区政协“各界委员齐参与‘每月一题’聚共识”民主监督工作方案》。根据2023年民主监督协商议题计划安排，开展民主监督活动。提升监督实效，与区纪委区监委建立协同监督工作机制，全年开展监督类协商活动20余次。

（卢　昕）

【公共法律服务体系建设民主监督】3月23日，区政协围绕“城市副中心公共法律服务体系建设”开展民主监督活动。区司法局汇报全区公共法律服务体系建设情况，委员们实地考察区司法局公共法律服务企业法治体检中心和公共法律服务中心，观摩“法智小屋”和驻场值班律师法律服务活动，从健全体制机制、发挥政府部门牵头抓总和指导作用、推进平台融合、深度参与基层社会治理等方面提出建设性意见，助力全区公共法律服务体系建设再上新台阶。

（曹　宇）

【规范物业收费民主监督】4月，区政协“规范物业收费问题”民主监督小组通过查阅文件资料、听取部门通报、专题座谈协商、实地调研视察等方式，到东庭嘉园、后北营家园等小区实地调研，与区住建委、市场监管局和部分属地政府座谈协商，详细了解物业收费情况，提出针对性建议，形成《关于规范物业收费问题民主监督工作报告》报送区政府，助力通州区物业服务市场平稳有序发展。

（张　强）

【安全生产民主监督】5月30日，区政协围绕“安全生产”开展民主监督活动。委员们首先视察区119指挥中心、特勤站，详细了解区119指挥中心建设、具体职能、发挥作用等情况，了解体验特勤站消防装备配备和功能使用情况等；到北京京通华龙加油站视察加油站储存区，听取加油站日常管理和运营介绍，了解危化品存储、管理等情况；就加大技防投入力度，强化基层安全员队伍建设，科技赋能、法律赋能、宣传赋能安全生产，加强民间救援力量规范化建设等提出意见建议。

（毛瑞霞）

【直播带货虚假宣传民主监督】7月4日，区政协围绕“每月一题——直播带货虚假宣传问题”开展民主监督活动。监督组视察市场监管局远程监控指挥中心、12345投诉举报事务中心并召开座谈会。区市场监管局通报直播带货整治工作背景、工作机制、阶段性成效、存在问题及下一步工作措施。委员们从设置直播带货准入标准、建立审核机制、出台严格行业管理意见、加强联动机制建设、完善相关法律法规、加大宣传力度、畅通投诉办理反馈绿色通道、建立引导商家和消费者合法运营合理诉求双评价、双积分奖惩机制、加大科技投入力度等提出意见建议。

（毛瑞霞）

【绿色能源、绿色建筑建设发展民主监督】7月25日，区政协围绕“副中心绿色能源、绿色建筑建设发展情况”开展民主监督活动。调研组考察大稿国际艺术区1097KWp光伏建筑一体化分布式光伏发电项目、梨园镇国誉未来悦绿色建筑项目建设运营情况并召开座谈会。区发改委、区住建委结合各自工作分别通报北京城市副中心绿色能源建设发展情况，提出下一步重点工作思路；工程项目方介绍项目建设进展和管理运营情况。与会委员重点围绕北京城市副中心绿色能源、绿色建筑的建设发展进行讨论，就如何高质量地规划和更为有效地提升能源使用效率提出加强宣传力度、提升社会知晓率，研究制定政策、促进标准化落实，积极围绕党建引领、提升行业行为准则等意见建议。

（贾　迪）

【财政支出进度和财政资金使用效益民主监督】8月24日，区政协围绕“加快财政支出进度 提高财政资金使用效益”监督议题召开民主监督协商会议。会上，区财政局从加快支出进度若干措施基本情况、实施效果和需要关注问题及下一步工作举措等方面通报相关情况。委员们结合自身工作领域实际，紧密联系全区经济和财政工作实际，紧密围绕北京城市副中心高质量发展实际，就加强部门统筹预算管理、调整完善支出进度考核制度、定期解读财政资金使用政策、加大南部乡镇财政政策支持力度等方面建言献策。

（商　跃）

【特色小镇建设民主监督】9月14日，区政协开展“城市副中心特色小镇建设”民主监督活动。调研组先后到台湖镇唐大庄村、双益发国际文创园，宋庄镇惜客文化创意基地、优贯创意文化有限公司实地调研，了解各项目建设进展、园区转型升级、盘活存量空间资源、文化创意产业发展等情况并召开座谈会。宋庄镇、台湖镇、张家湾设计小镇相关负责人分别汇报《关于推进城市副中心特色小镇建设，打造城乡融合发展新典范的建议案》落实情况。政协委员针对如何建设好3个特色小镇提出意见和建议。区纪委副书记蒋啸从城乡融合发展、发挥特色小镇样板作用、提高村民获得感等方面对下一步特色小镇建设提出意见建议。

（范君宇）

▲7月25日，区政协围绕“副中心绿色能源、绿色建筑建设发展情况”开展民主监督活动（区政协提供）

【养老机构床位使用率民主监督】9—10月，区政协与区纪委区监委联合开展“提高城市副中心养老机构床位使用率”专项民主监督活动。区政协民主法制监督组将委员分为4个小组，利用1个月时间到全区22家养老机构实地走访，反复研究分析后形成调研报告。委员们从统筹做好全域养老机构规划布局、制定养老机构普惠资格标准、强化养老护理员队伍建设等方面提出意见建议，形成专委会提案，为持续助力问题解决做出努力。

（曹　宇）

提案工作

【概　况】2023年，区政协制定并印发《通州区政协提案并案处理工作办法》，促进提案和提案办理质量双提升。全年收到各类提案294件，经审查立案253件，其中党派团体提案17件、界别提案29件、委员提案207件，全部办复。

（卢　昕）

【重要提案办理】2023年，区政协深耕提案办理“扩面协商”，精选“推进大运河文化带高质量发展”“生态产品价值转化助力乡村振兴”“弘扬中医及中医药文化，助力全民健康”等聚焦北京城市副中心长远发展、事关民生福祉、委员关注度高的提案，开展提案办理“扩面协商”，被市政协评为履职创新优秀案例。深化“提案+”履职融合，将提案办理“回头看”与专题协商、民主监督“每月一题”等有机融合，围绕“居民停车难”“规范物业收费”等民生焦点问题，提案者与承办单位共同开展实地调研、走访座谈，帮助委员更好地知情明政，对提案办理进行再协商、再推动。创办“委员讲提案故事”专栏，邀请提案工作经验丰富的委员，以生动案例讲述提案协商过程、展示提案办理成果。强化以督促办，“加强网格化服务管理”“进一步增加公共停车场（位）”等重要提案摘报得到区长及相关区领导批示；区政协驻会主席领衔督办“促进副中心产业高质量发展”“助推民营经济发展”“助力专精特新‘小巨人’企业发展”“构建多层次养老服务体系”提案；市区政协联合督办“多措并举打造副中心张家湾设计小镇”提案；研究同类提案集中督办工作机制，开展提案年底集中督办活动，推动提案办理落地见效。

（金　彤）

【优秀提案表彰】 12月19日，为进一步发挥提案在履行政协职能中的重要作用，经政协北京市通州区第七届委员会第二十三次主席会议审议决定，《关于推进通州区大运河文化带高质量发展的提案》等28件提案被评为2023年度党派团体界别优秀提案，《关于构建城市副中心多层次养老服务体系的提案》等41件提案被评为2023年度委员优秀提案。

（金　彤）

中国共产党北京市
通州区纪律检查委员会
通州区监察委员会

综　述

【纪检监察干部队伍教育整顿】 2023年，中共北京市通州区纪律检查委员会通州区监察委员会（简称区纪委区监委）召开全区纪检监察干部队伍教育整顿动员部署会，传达中央、市委、市纪委对纪检监察干部队伍教育整顿工作提出的相关要求，传达区委对纪检监察干部队伍教育整顿工作提出的相关要求，研究部署全区纪检监察干部队伍教育整顿工作。研究制定工作方案，组建工作机构，建立健全相关沟通联络机制，确保工作快速响应、落实不折不扣。组织干部旁听职务犯罪庭审，达到违纪违法典型案例警钟长鸣效果。组织全区纪检监察干部开展2轮次自查自纠，深入开展谈心谈话，认真填写《个人自查事项报告表》。累计召开各类相关会议活动30余次；下发报送各类相关文件140余份；接待中央、市级督导组实地督导7次，个别谈话80余人次，调阅档案材料24大类、250余份。

（马振捷）

【监察官等级确定】 2023年，区纪委区监委深入推进监察体制改革，开展监察官等级首次确定工作。严格落实《中华人民共和国监察官法》《监察官等级管理办法（试行）》有关要求，积极协调市纪委市监委、市经信局及区公安分局等10家单位，对15项具体资格条件进行联审联查。组织开展政治理论和监察业务知识测试，切实打造政治过硬、本领高强的监察官队伍。按照干部管理权限，主动对接市纪委市监委、市委组织部、区委组织部以及街道乡镇党委组织人事部门，逐级推进监察官等级首次确定工作，累计为207人确定监察官等级。

（马振捷）

【留置分中心运行】 2023年，区纪委区监委统筹调度委内相关部室、区机关服务中心等部门，完善留置分中心相关制度，完成市、区两级纪委监委40人次的留置保障任务。2022年底、2023年初，积极做好留置分中心新冠疫情防控，在确保留置对象安全的同时，就地做好感染病例救治工作，实现留置分中心平稳运行。

（张　磊）

▲3月17日，通州区纪检监察干部队伍教育整顿动员部署会召开

（区纪委区监委提供）

▲12月4日，区纪委区监委举行监察官宪法宣传活动　（区纪委区监委提供）

重要会议

【区纪委常委会会议暨区监委委员会议】 2023年，区纪委区监委不断规范两委会议题管理，严格落实两委会议事规则，严格把关上会议题内容、签批程序、参会范围，不断提升会议纪要、记录撰写质量。全面贯彻落实《区纪委区监委督查工作办法》，盯紧两委会决策事项、领导重要指示批示精神等，不断健全完善两委会“通报会议议决事项落实情况”专项议题制度，累计撰写呈报《两委会决策事项落实情况的通报》40余期。全年召开两委会42次、书记专题会31次。

（莫天新）

【区纪委七届三次全会】 2月16日，区纪委七届三次全会召开。会议分两个阶段进行：第一阶段会议传达二十届中央纪委二次全会和市纪委十三届二次全会精神，市委常委、秘书长，区委书记赵磊出席会议并讲话，市纪委市监委第五监督检查室副主任刘豪军到会指导，区委、区人大常委会、区政府、区政协领导班子成员，区委、区政府各委办局党政正职参加会议；第二阶段会议作区纪委常委会

▲2月16日，中国共产党北京市通州区第七届纪律检查委员会第三次全体会议召开（区纪委区监委提供）

工作报告，审议通过工作报告和决议（草案）。区纪委委员、区监委特约监察员代表、全区纪检监察干部参加两个阶段会议。

（莫天新）

【纪检监察系统警示教育大会】 3月17日，通州区纪检监察系统“以案为鉴、以案促改”警示教育大会召开。会议集中观看警示教育片，通报剖析全区纪检监察系统违纪典型案例，教育引导广大纪检监察干部要防微杜渐，深刻汲取教训，以清正廉洁的政治本色护航北京城市副中心建设。两委班子成员、机关各部室、派驻组全体干部、区委巡察机关在编干部参加会议。

（莫天新）

监督检查

【概　况】 2023年，区纪委区监委围绕答好“二十年之问”，聚焦保障经济社会发展监督目标，统筹开展重点专项监督33项，发现并推动解决问题1000余个，提请两委会审议22项，提请区委常委会审议7项，向市纪委和区委书面请示报告145次。

（张　帆）

【重点工作监督】 2023年初，区纪委区监委制定《2023年监督工作要点》，明确政治监督5方面12条监督要点和3类工作提示，动态检视北京城市副中心建设发展全领域、全过程、全方位，推动及时校准偏差。聚焦北京城市副中心重点工作，启动“深化系统监督、推动标本兼治 保障新时代首都发展”专项监督，确定68个重点监督项目；在此基础上，统筹各监督室、政治监督、营商环境监督、民生监督、工程生态建设监督、文化文明建设监督“五大板块”，结合各监督领域特点确定11个自选监督项目，监督“问诊”所联系地区、所监督单位高质量发展关键问题。突出问题导向监督，对市委反馈区委全面从严治党，市委书记尹力约谈调研及月度点评指出的各类问题，动态梳厘清单、明确任务，纠治堵点难点，取得良好成效。

（张　帆）

【专项监督】 2023年，区纪委区监委强化跟进式监督，围绕全国两会、2023年服贸会、第三十届中国北京种业大会等重大政治活动和工作，全程伴随开展监督检查94轮次。对市级行政办公区二期配套项目建设、11项年度重点专项监督等，开展“周调度”“月调度”“季调度”，有力推动市级行政办公区二期涉通州9项问题取得实质进展，逐项跟进并推动通清路等5条路征拆、西集镇嘉林药业燃气接通、街道社区卫生服务中心全覆盖建设等工作有序开展。

（张　帆）

【基层监督】 2023年，区纪委区监委紧盯小微权力运行，主动对接区委组织部、区民政局、区农业农村局等职能部门，征集并梳理基层重点监督事项及依据，制发《通州区监察干事监督工作手册》，制定13方面103条监督内容的监察干事监督指引，优化升级村务监督App，擦亮基层监督“智

▲年内，区纪委区监委对市级行政办公区二期建设开展专项监督（区纪委区监委提供）

▲4月18日，区纪委区监委与廊坊市纪委市监委签订协同监督相关工作协议
（区纪委区监委提供）

慧眼睛”。围绕基层监督履职成效，开展监察干事履职考评和2023年度优秀监察干事评选，向全区629名监察干事发放补贴250万余元，进一步激励监察干事主动担当、积极作为。

（张　帆）

【监督体系建设】 2023年，区纪委区监委进一步探索构建系统集成、协同高效的“三联”监督体系。加强全区纪检监察系统联动监督，捋顺“党风室统专项—监督室指导联系—板块街乡分工负责”工作链条，研究制定社会治理、安全生产、工程建设等相应类别监督工作指引，做到“角度专、准度精”。加强和北京城市副中心纪检监察工委的联通监督，针对监督发现的北京城市副中心站交通枢纽工程安全生产和生态环境分头监管过密问题，及时与住建、应急等行业监管部门沟通，制发监督提示函，切实帮助项目方“减负”。加强“通武廊”联合监督，统筹开展10项涉及通州区与北三县一体化高质量发展内容的专项监督，与河北省廊坊市纪委市监委签署《关于北京市通州区纪委监委与河北省廊坊市纪委监委建立协同监督六项工作机制的协议》和《关于北京市通州区纪委监委与和河北省廊坊市纪委监委开展协同监督的工作协议》，明确构建6项工作机制，联合开展实地调研、座谈走访8次，研究开展平谷线建设、北运河通航等协同发展事项监督，进一步细化实化与北三县首尾联动、齐抓共管的监督体系。

（张　帆）

【全面从严治党责任考核】 2023年，区纪委区监委优化全面从严治党责任考核，制发《2023年通州区全面从严治党责任考核方案》，统筹“1+9”各类监督34家主责单位制定并落实年度和专项监督检查方案，形成对全区政治生态“全景扫描”。紧盯主体责任落实、意识形态责任制等工作，对全区80余家单位开展全面从严治党责任考核检查。

（张　帆）

审查调查

【概　况】 2023年，通州区纪检监察组织处置问题线索1151件，同比上升33.2%。立案244人，同比上升119.8%，其中立案调查职务犯罪案件25人，同比上升92.3%。留置17人，同比上升30.8%。给予党纪政务处分145人，同比下降7.6%。移送检察机关14人，同比上升180%。共计回复组织人事等部门因干部选拔任用、重要表彰奖励、村社区“两委”资格联审、发展党员资格联审等征求意见143批5580人次。加强对基层案件办理工作指导力度，11家乡镇纪委、“五大板块”10个派驻纪检监察组全部有立案，9家街道纪工委实现立案零的突破。

（张　磊）

【信访举报】 2023年，区纪委区监委受理检举控告1004件次，同比增长27%。研究制定《通州区纪委区监委关于进一步深化重复举报治理工作方案》，全面梳理近三年重复举报，建立重点重复举报治理工作台账，开展治理工作。调动各监督检查室充分运用提级办理、督办、联合办理等方式，对重点重复举报进行深入治理。建立区纪委区监委领导班子成员包案包点工作制和领导带动、室室联动、督促推动、内外互动“四动”机制，一体推进信访举报减存量、遏增量、防变量。

（何立业）

【案件查处】 2023年，区纪委区监委建立案件办理“周调度、月调度、季度调度”常态化工作机制。主要领导组织月调度5次、季度调度3次，层层传导压力；定期召开线索排查会，先后研究问题线索195件次。将精细化初核理念融入案件查办过程中，着力实现案件查办规模、质量、效率、效果、安全、规范有机统一。在管住“关键少数”上集中发力，共处置区管干部问题线索103件，立案12人，同比上升100%，其中现任或原任“一把手”7人。严肃查处处级领导干部违纪违法案件，持续释放震慑效应。加大对行贿人查处力度，立案行贿人员10人，同比上升400%，移送检察机关3人，责令具结悔过1人。

（张　磊）

【线索管理】 2023年，区纪委区监委充分发挥审查调查与监督检查联动作用，通过监督检查发现问题线索34件，同比上升209.1%。贯彻落实《纪检监察机关问题线索管理办法》，进一步加强对问题线索甄别和筛选、流转、分办、处置等各环节管理监督，形成管理闭环。全年收到来自市纪委市监委指定管辖或交办、司法及行政执法单位移送、其他纪检监察机关移送以及监督检查审查调查中发现的问题线索389件，通过精准筛选、集体研判后及时分办。全年召开线索排查会21次，研究问题线索280余件次，确保问题线索处置方式精准、程序正规。

（张　磊）

作风建设与廉政教育

【概　况】2023年，区纪委区监委加强重要节点“四风”问题纠治，全年查处违反中央八项规定精神问题30人，给予党纪政务处分27人，诫勉3人；查处群众身边的腐败和作风问题29人，处分26人，诫勉3人。针对违反中央八项规定精神问题，制发典型案例通报4批次，涉及案例12起，点名道姓通报曝光16人。

（张　帆）

【廉洁文化建设】2023年，区纪委区监委围绕全面从严治党、京津冀协同发展、安全生产、主题教育、教育整顿等内容，在“运河清风”网站、“清风通州”微信公众号上转载、刊发相关文章，先后推出学习贯彻全区“以案为鉴、以案促改”警示教育大会精神、区纪委七届三次全会精神、半年工作成效、“三大三强”活动开展、“共话廉洁”等宣传专题，刊发各类新闻稿件496篇次。制发《通州区贯彻落实〈关于加强新时代廉洁文化建设的意见〉的工作方案》，细化责任与分工，明确6方面、23项重点任务、18家牵头单位。统筹开展2023年“运河清风”廉洁文化建设系列活动，陆续推出美术展、书法展、摄影展、文艺会演。

（王兆卿）

【廉政警示教育】2023年，区纪委区监委对全区新任正处级领导干部、街道乡镇党（工）委副书记、副镇长以及区委有关部门副处级领导干部107人开展廉政谈话。发挥纪律教育宣讲员作用，纪检监察干部深入委办局、街道乡镇、国企等单位授课11场，受众1000余人；发放警示教育片近800套，通报曝光典型案例13起，制作警示教育片2部。

（王兆卿）

【“以案为鉴、以案促改”警示教育大会】12月4日，通州区“以案为鉴、以案促改”警示教育大会召开。与会人员集体观看警示教育片《一劳“永利”终成空》和《欲随权长坠入深渊》。会上剖析一年来查处的典型案例，以及监督检查、全面从严治党责任检查中发现的5个方面问题：违反政治纪律和政治规矩，落实党中央决策部署不力的问题依然存在；违反中央八项规定精神问题多发，群众身边腐败和作风问题犹存；关键岗位重点领域贪腐问题依然比较严重；遵规守纪的自觉尚未完全形成；推动责任落实还有差距。会议强调，要以更加强烈的政治自觉，深入贯彻落实党的二十大精神，深入贯彻习近平总书记关于全面从严治党的部署要求，推动全区党风廉政建设和反腐败斗争进一步向纵深发展。北京城市副中心党工委管委会和区委、区人大常委会、区政府、区政协领导，区有关单位、各街道乡镇主要负责人参加会议。大会以视频形式覆盖全区科级以上干部。

（莫天新）

▲9月22日，2023年“运河清风”廉洁文化系列活动“清风吹来的时候”文艺汇演举办

（区纪委区监委提供）

区委巡察

【概　况】2023年，区委巡察机构认真开展七届区委第四轮至第六轮常规巡察以及乡村振兴领域不正之风和腐败问题专项巡察，完成对26个处级单位党组织、233个村（社区）党组织巡察，以及对七届区委第一轮至第二轮共15个被巡察党组织的巡察整改专项“回头看”，发现问题1384个，形成问题线索87件，指出“一把手”存在问题17个；与党员干部谈话1425人次，接收群众来信来电来访135件。

（李翠丹）

【巡察监督】2023年，区委巡察机构强化巡纪联动、巡审一体，聚焦政治监督，创新完善巡察制度和程序。深化巡察整改工作机制，定期召开巡察整改监督工作调度会，压实巡察整改主体责任和监督责任。推动在巡察移交问题线索办理、巡察整改日常监督和整改成果运用方面建章立制，取得初步成效。截至年底，巡察处级单位党组织50个，覆盖率54%；村（社区）党组织233个，覆盖率37%；形成专题报告4份。

（李翠丹）

【巡察整改“回头看”】2023年，区委巡察机构对七届区委第一轮至第二轮15个被巡察党组织开展巡察整改专项“回头看”，整改完成率97%，建立和修订制度101项。

（李翠丹）

【巡察队伍建设】 6月，区委巡察办综合事务中心设立，核定事业编制6名，正式调入4名选调干部，充实巡察力量。举办七届区委第二期巡察干部培训班，参训干部60余人。针对巡察各环节进行“微培训”，切实提升巡察干部综合素质和业务本领。

（李翠丹）

民主党派

中国国民党革命委员会北京市通州区总支部委员会

【概　况】2023年，中国国民党革命委员会北京市通州区总支部委员会（简称民革通州区总支）新发展党员20名，转入党员87名，入党考察20人。截至年底，有党员310人。设有支部8个、专委会6个及民革通州城市副中心朗诵艺术团、民革通州城市副中心篮球队团体2个。总支委员21人，市委委员4人。区政协委员16人，市政协委员1人，全国政协委员1人。

（邓　帅）

【组织建设】2023年，民革通州区总支多次组织全体党员深入开展“凝心铸魂强根基、团结奋进新征程”主题教育，组织开展理论学习、调查研究等活动30余次，与区工商联、中共台湖镇党委等单位开展交流活动20余次。紧扣北京城市副中心发展，深入清华大学、台湖镇等地调研30余次，形成《乡村振兴谋共建 特色小镇创新篇 引育留产业与人才强助力》等调研报告20余篇。

（邓　帅）

【参政议政】2023年，民革通州区总支向民革北京市委、通州区委统战部及区政协报送提案、社情民意信息200余条。其中《建议推动我国社会组织更好参与国际救援》《建议允许未婚女性进行冻卵》《关于加强监测预警，持续关心关注促进后疫情时代少年儿童心理健康的建议》被民革中央采用，《推动单项冠军“隐形化”促进我市专精特新企业发展》等10篇社情民意信息被市政协采用。《关于北京极端强降雨反映的问题及工作建议》被北京市委统战部采用。《关于深化北京城市副中心绿色金融发展的提案》《关于深化推进法治农村建设，引领城市副中心乡村振兴的提案》被区政协评为优秀提案。《关于鼓励区属国有企业开设教育板块促进产业及人才引进的建议》被区政协评为优秀社情民意信息。参加与民革市委的市区联动课题调研，完成《关于兴办多种形式婴幼儿托育服务机构，实现“幼有所托”的调研》《加快北京数字经济发展，打造全球数字经济标杆城市》《城市公共设施的智能感知预警系统》等重点调研课题3项。

（冯若冰）

【社会服务】2023年，民革通州区总支落实区委统战部要求，制定《民革通州区总支台湖镇乡村振兴共建基地2023年工作计划》，开展应急安全、普法咨询等共建活动40余场。持续助力乡村振兴，深入开展科技小院精准帮扶活动，组织专项医疗、法律宣传、科技帮扶等服务80余次。

（邓　帅）

【乡村振兴共建基地】2023年初，民革通州区总支编制完成《台湖镇乡村共建基地工作方案》。5月，民革通州区总支特邀区工商联助力台湖民营经济发展，召开企业家座谈会，与台湖镇党委就乡村共建基地工作方案沟通协商，明确组织架构、工作机制、四大任务方向和46项工作明细、任务分项对接人及负责人。8月，与中共通州区台湖镇党委联合举行“两岸同心，共话祖统”座谈会，落实《民革通州区总支部、台湖镇乡村振兴共建基地2023年工作计划》。

（邓　帅）

中国民主同盟通州区工作委员会

【概　况】2023年，中国民主同盟通州区工作委员会（简称民盟通州区工委）转入及新发展盟员14人，申请入盟积极分子近70名。截至年底，有支部9个，在册盟员276名。区人大代表3人，区政协委员19人。

（韩德正）

【组织建设】2023年，民盟通州区工委召开5次主委会议、1次全体委员（扩大）会议，开展6次理论中心组学习活动，领导班子结合“凝心铸魂强根基、携手奋进新征程”主题教育进行理论学习，分别就习近平新时代中国特色社会主义思想和中共二十大精神宣讲、习近平总书记视察北京有关重要讲话精神以及民盟北京市委思想政治建设工作报告等不同主题内容开展学习，同时通过组织盟员进行红色研学、庆祝“五一口号”提出75周年系列活动等多种方式开展自身建设。

（韩德正）

【参政议政】2023年，民盟通州区工委聚焦北京城市副中心高质量发展问题和人民群众关心关注的民生问题，确定并完成市级课题5项、区级课题12项。主委董明慧牵头完成民盟北京

▲5月31日，民革通州区总支科技经济专委会特邀区工商联召开企业家座谈会

（民革通州区总支提供）

市委调研课题《北京大运河文化带建设的问题与对策》《副中心教育高质量发展问题及对策研究》两篇报告，并转化成信息或提案9篇；盟员郭健、丘自然、吴镝鸣、吴嵒分别参与市级专委会课题调研报告3项；7个专委会对《全面推进博物馆无障碍设施建设，提升博物馆无障碍软性服务和残健融合氛围》等报告或提案，在相关调研基础上完成成果转化。撰写社情民意信息40余篇。

（韩德正）

【社会服务】2023年，民盟通州区工委进一步提升民盟“残健融合”品牌，跟进和助力残健融合戏剧排演的事务性工作；启动残健融合理念剧目的品牌化、市场化升级，为更好地传播公益能量赋能；持续开展运河星辰天文科普品牌活动；“海棠雅集”民盟书画院艺术家走进北京学校，使众多喜爱书法绘画的学生受益；法制专委会走进社区进行普法宣传；开展走访调研，助力乡村振兴，将基地建设任务写入工委五年规划；医疗专委会下乡义诊，开展健康讲座，进行公益捐赠；在于家务乡举行幼儿教育讲座；经济专委会助力科技小院的产品包装和农产品销售；在乡村产业振兴方面积极谋划，为渠头村做项目规划设计。联合欧美同学基金会捐赠1万剂直肠癌试剂；为房山区、门头沟区受灾地区捐款捐物，总价值近5万元；助力医药企业招商引资。

（韩德正）

【天文科普教育基地建设】2023年，民盟通州区工委致力于推动科普教育事业的发展，通过与社会各界携手合作，共同打造天文科普教育基地。12月22日，民盟通州区工委在北京黄城根小学通州校区举行“运河星辰天文科普教育基地示范点授牌仪式”，为北京黄城根小学通州校区、通州区次渠中学、北京物资学院绿潮物院天文社、通州区民族幼儿园和通州区英才幼儿园5家单位授“天文科普教育示范点”牌。

（韩德正）

▲12月22日，民盟通州区工委在北京黄城根小学通州校区举行“运河星辰天文科普教育基地示范点授牌仪式”

（民盟通州区工委提供）

中国民主建国会通州区工作委员会

【概　况】2023年，中国民主建国会通州区工作委员会（简称民建通州区工委）新发展会员41人，转入3人，去世3人，截至年底，有会员260人。有区人大代表5人，区政协委员24人，其中副主席1人、常委4人。

（韦爱鲜）

【组织建设】2023年，民建通州区工委新成立财金委、新会员工作委员会、会友联谊会和第4个会员之家——艽越运河星汇。开展“凝心铸魂强根基、团结奋进新征程”主题教育和“三大三强”活动，组织会员学习中共百年统战史、中共“五一口号”、民建会史等，参加“京华同心大课堂”和新时代青年会员思想状况调研，参观马克思主义传播史展览馆，参与会员1000余人次。培养、创建民建会史讲解员队伍，接待民建北京市委专委会及其他区级组织到共建基地展厅参观交流近20次，参与会员逾500人次。承接民建市委“走支部 面对面”基层组织建设座谈会、民建市委“民建老中青，共学会史话传承”、民建市委宣工委学习中共“五一口号”座谈会等有关主题教育近10次。《乡镇里的民建会史讲解员》《大运河畔乡村美——民建北京市通州区工委助力乡村振兴小记》等文章被《中国新闻报》《人民政协报》等媒体刊发。

（韦爱鲜）

【参政议政】2023年，民建通州区工委在区政协七届三次全会上，提交党派团体界别提案3件、委员提案14件。3件提案被评为年度优秀提案，4件被评为委员优秀提案，6名委员被评为年度优秀履职委员。民建通州区工委被评为年度反映社情民意信息工作先进集体，4名委员被评为年度反映社情民意信息工作先进个人，3份提交信息被评为年度优秀信息。民建通州区工委向民建市委、区政协、区委统战部上报社情民意信息82篇次，民建中央、全国工商联采用3篇，中共北京市委办公厅《信息专报》采用3篇并得到市委主要领导批示，市政协采用1篇，民建市委采用16篇。

（韦爱鲜）

【社会服务】2023年，民建通州区工委在与潞城镇党委结对共建的“乡村振兴共建基地”，开展“智汇副中心”主题沙龙5次，开展健康、法律、金融等公益讲座5次，立足潞城镇开展相关课题调研2次。为各街道、乡镇社区开展公益咨询、讲座、沙龙、义诊等活动20余次，受益群众逾1000人次。为门头沟区、房山区灾区捐款捐物，总价值28.4万元。爱心认购

▲ 2月18日，民建通州区工委举办“‘后疫情时代’民宿运营破局之道”主题活动

（民建通州区工委提供）

丰宁县麒麟西瓜5600斤、红皮土豆2000斤。

（韦爱鲜）

【助力乡村民宿运营】 2月18日，民建通州区工委举办“‘后疫情时代’民宿运营破局之道”主题活动，助力民宿业打造集文化、趣味、经济于一体的北京城市副中心民宿行业品牌。活动就通州民宿行业的发展、经营和规划情况进行阐述分析；从民宿行业可持续发展、挖掘历史文化、突出故事性和文化性、文化植入和产业运营发展结合、做好优势资源互补、避免同质化竞争、规模化运营创造产业优势、加强宣传和科普力度、提升行业特色知名度等方面进行交流研讨。

（韦爱鲜）

中国民主促进会
通州区工作委员会

【概　况】 2023年，中国民主促进会通州区工作委员会（简称民进通州区工委）新成立医卫支部、开明画院，截至年底，有会员193人，支部8个和青年委员会1个。有人大代表4名、政协委员14名。

（闫　浩）

【组织建设】 2023年，民进通州区工委开展学习贯彻习近平新时代中国特色社会主义思想主题教育，加强会员思想建设同时结合北京率先基本实现农业农村现代化、加快城市副中心建设等建言献策。召开2023年工作部署会，通报全年工作情况，制定2023年工作要点，表彰优秀会员。开展作风建设年工作，制定工作计划，将作风建设全面融入各项工作活动中。开展“五一口号”纪念活动，宣讲历史意义，传承民进优良传统。开展重阳节活动，为会员义诊和讲学茶艺养生。开展“悦读书屋”活动，助力“书香副中心”建设。开展通州民进乒乓球活动，增进活力、凝聚共识。参加民进市委、区委统战部、区政协的主题教育和培训活动。

（闫　浩）

【参政议政】 2023年，民进通州区工委积极参加民进中央、民进市委、区人大、区政协组织的调研、协商、视察活动和专题研讨。委员张郧心提出“关于进一步加强社区卫生服务站建设的建议”，被区政协选入《委员之声》专送第二期并收到区政协感谢信。全年提交20份提案建议，会员曹艳红作《关于加强农文旅融合发展打造城市副中心和美乡村的建议》的政协大会发言。

（闫　浩）

【社会服务】 2023年，民进通州区工委组织民进书法家和书法爱好者到永乐店镇临沟屯村开展“春联万家·奔赴新征程”活动，为广大村民送春联和祝福；组织中国科学院、清华、北大等博士教师到永乐店镇西槐庄村科技小院、大务村育苗基地开展调研；召开永乐店镇乡村振兴共建基地专家研讨会暨“十四五”规划实施中期评估座谈会。联合徐辛庄卫生服务中心举办“运河情·健康行”义诊科普活动；联合焦王庄村委会举办“科学慢病管理 守护身心健康”迎八一拥军优属义诊咨询活动；联合梨园镇政府举办“运河情健康行 慢病管理列车”全国科普日义诊科普行动。为洪涝灾害地区捐款捐物，总价值10万余元。搭建通州民进与东莞民进交流平台，

▲ 1月8日，民进通州区工委在永乐店镇临沟屯村开展“春联万家·奔赴新征程”送春联活动

（民进通州区工委提供）

双方就文化艺术交流和经济合作进行调研沟通。

（闫　浩）

【乡村幼儿园教师系列培训】 3月11日至10月21日，民进通州区工委邀请专家教师到永乐店镇开展乡村幼儿园教师系列培训活动。活动围绕幼儿园区域活动的设计与指导、幼儿一日生活活动的组织与指导、幼小衔接课程的组织与实施、幼儿探究活动中的教师支持策略、自主游戏中教师如何观察与支持幼儿、乡土资源在幼儿美术教学中的应用等重点内容，组织系统培训12期，先后有22位幼教专家、知名园长进行授课，参训幼师1000余人次。

（闫　浩）

中国农工民主党通州区工作委员会

【概　况】 截至2023年底，中国农工民主党通州区工作委员会（简称农工党通州区工委）有党员163名；新入党员20名，其中包括在医疗卫生、生态环境等方面具有很高影响力的人才15人，占比75%。年内，根据履职需要建立医药卫生、生态环境与社会法治、社会服务3个专项委员会。

（郝　玥）

【组织建设】 2023年，农工党通州区工委组织党员学习中共二十大精神和《中国共产党统战工作条例》、《民主党派的初心使命与历史道路》、《中国农工民主党党中央关于认真学习贯彻十四届全国人大一次会议和全国政协十四届一次会议精神的通知》等内容。组织骨干党员参加新语大课堂讲座、统战部信息培训会议及参观北京城市副中心建设等活动，组织开展"凝心铸魂强根基、团结奋进新征程"主题教育，不断提升农工党党员的荣耀与自豪，承接年轻一代的使命与担当。

（郝　玥）

【参政议政】 2023年，农工党通州区工委在区政协第三次全会上提交《关于创新推进副中心互联网医院系统建设+社区医疗机构健康管理系统建设》《关于加强漷县文化健康小城镇建设》党派提案2件，获评区政协优秀集体提案；提交委员个人提案17件，其中《关于加强绿色低碳发展的制度保障，推进国家绿色发展示范区建设》提案获评区政协优秀个人提案。开展关于漷县镇医药健康大产业方面和一方健康谷园区的调研活动，就优化营商环境、加大政策支持力度、医药科技成果转化、加强园区精准宣传等方面提出建议；联合工委医疗专委会成员对通州区10多家社区医院、乡镇卫生院的160多位医生进行医联体建设需求的调研，形成对推进医联体建设的初步建议。全年报送社情民意信息42篇，有9篇信息及报告提交并被区级和市级机关采纳。

（顾有勤）

【社会服务】 2023年，农工党通州区工委以潞河医院为依托，组织医药卫生行业党员到马堤村、玉桥社区等地开展义诊，各支部党员参与60余人次，惠及居民近720人次；入户随访96人次；开展老年人体检410人次；联合玉桥街道团工委、玉桥街道辖区内18家居委会、8家中小学学校、3家养老机构，开展健康宣教25场，覆盖人群7600余人。向抗疫在一线的广大党员医务工作者进行捐赠慰问，合计金额12233.35元，其中捐款6253.35元、捐赠物品价值5980元；组织盟员捐款20400元，支持门头沟区受灾区建设。

（张秀娟）

【漷县镇大气环境治理调研】 3月28日，农工党通州区工委到漷县镇实地调研大气污染问题，了解漷县镇大气污染治理中的难题，分析大气环境治理中的突出问题。通过调研针对漷县镇周边京津高速车流带来的移动源污染情况及与廊坊协同治污等问题撰写《漷县镇环境治理改进方案》，为漷县镇大气治理工作提供参考。

（徐　昊）

中国致公党通州区工作委员会

【概　况】 2023年，中国致公党通州区工作委员会（简称致公党通州区工委）发展新党员18人，市委划拨党员2人。截至年底，有党员209人。

（陈少叶）

【组织建设】 6月，致公党通州区工委组织部分党员到广东，开展"重走致公路"主题教育调研学习活动。活动将主题教育与"三大三强"活动相结合，通过参观学习深化政治共识，铭记合作初心，并召开座谈会，撰写活动心得，形成主题教育学习调研报告上报区委统战部和致公党市委会。7月，在中国共产党成立102年之际，组织党员开展"京致阅读"活动，领导班子带头学习习近平新时代中国特

▲2月22日，农工党通州区工委在马堤村开展义诊活动

（农工党通州区工委提供）

▲ 5月20日，致公党通州区工委为通辽市奈曼旗教育工作者举行义诊活动

（致公党通州区工委提供）

色社会主义思想理论，并传达全国两会精神。12月，举办2023年度致公党通州区工委“凝心聚魂强根基、团结奋进新时代”主题教育学习座谈会暨京致阅读读书会，同期通州区书画家致公党党员举办大美山河书画展。

（陈少叶）

【参政议政】 2023年，致公党通州区工委向市、区政协提交党派提案4件、界别提案2件、委员提案14件。向致公党市委和区委统战部报送活动类信息16篇，向市委和区政协报送社情民意信息39篇。提案《关于加快推进韧性城市建设，筑牢副中心公共安全防线的提案》《关于对接高标准国际经贸协定，打造北京数字经济标杆城市通州样板的提案》获评2023年度党派团体界别优秀提案，《关于深入推进农村自建房安全整治工作的提案》《关于发挥侨力，助力北京城市副中心打造国际消费城市的提案》获评2023年度优秀委员提案，《关于城市更新打造网红人气步行街，带动区域经济高质量发展的建议》获评2023年度优秀社情民意信息。

（姜　丹）

【社会服务】 2023年，致公党通州区工委创新方式方法，深挖张家湾镇乡村振兴工作需求，以共建基地为载体，发挥党派人才优势，依托致公党市委、中央专家资源，以全新的社会服务方式，为张家湾镇经济高质量发展献计出力。4月，在张家湾镇中心小学举办“气象科普强素质 助力区域新发展”气象科普公益活动。5月，推动北京银行城市副中心分行在张家湾镇召开政银企对接座谈会；到通辽市奈曼旗为大沁他拉小学及奈曼旗第四中学捐赠体育用品。8月，协调北京卫视《向前一步》栏目组与张家湾镇有关领导召开乡村振兴工作推进会。9月，协助承办“侨海同心 聚力筑梦”第七届海外华侨华人“一带一路”国庆访问团交流会。10月，到张家湾镇大辛庄村为村内100多名60岁以上老人免费义诊。

（陈少叶）

【对口帮扶奈曼旗】 2023年，致公党通州区工委组织党员到内蒙古自治区通辽市奈曼旗开展公益活动，捐赠给大沁他拉小学及奈曼旗第四中学体育用品，并为教育工作者和学校职工举行义诊活动。党员们参观、了解学校班级文化、办学宗旨、环境建设等内容，就校园文化建设、教师工作状态等方面进行深入交流。致公党通州区工委副主委、潞河医院康复科主任医师张伟东为学校教师和职工讲解职业病的预防及治疗。潞河医院的党员医生为教职工提供免费咨询和体检服务，并给予合理的建议和医疗指导。雅视眼镜公司为学校捐赠免费眼镜。

（陈少叶）

九三学社通州区工作委员会

【概　况】 2023年，九三学社通州区工作委员会（简称九三学社通州区工委）新发展社员34人，积极分子31人，成立内部监督委员会，截至年底，有支社5个，在册社员195人。有市人大代表2人、市政协委员1人，区人大代表1人、区政协委员16人。

（石逸杰）

【组织建设】 2023年，九三学社通州区工委深入开展“凝心铸魂强根基、团结奋进新征程”主题教育，制定下发工作方案。召开九三学社通州区工委成立20周年大会。为光荣在社30周年的老社员颁发纪念杯。微信公众号“北京通州九三”发文137篇，其中被中央宣传部“学习强国”学习平台采用1篇、九三学社中央采用1篇、北京市委统战部采用24篇、通州区委统战部采用12篇。举办线上讲座4次。1名社员参加市委统战部组织的民主党派中青年骨干主题教育。

（郑贵强）

【参政议政】 2023年，九三学社通州区工委在区政协七届三次会议上提交党派提案3篇、界别提案1篇和委员个人提案6篇；区工委参政议政部副主任唐黎明作大会发言；唐黎明、阎晶（区政协常委）作联组会书面发言。全年向区委统战部、区政协和社市委上报社情民意信息47篇，其中被九三学社社市委采用17篇，被市委统战部、市政协和社中央采用4篇，获得市领导批示2篇。

（吴　非）

【社会服务】6月，九三学社通州区工委积极组织部分专家社员跟随九三学社北京市委医卫服务委前往山西省吕梁市柳林县开展义诊扶贫工作。重阳节期间，九三学社通州区医卫支社联合社会服务工作委员会连续第9年开展“敬老助老 情暖重阳——通州区徐辛庄敬老院义诊”活动。

（曹 健）

【助力京津冀协同发展】7月8日，九三学社通州区工委与通州区委统战部共同承办首届“九三京津冀协同发展座谈会”。会议以“一水相连，两翼齐飞、三地协同，助力京津冀协同发展”为主题，围绕“促进大运河沿岸产业、文旅协同发展 打造京津冀协同发展示范带”“高质量建设北京城市副中心和雄安新区 打造现代化首都都市圈”等议题进行圆桌论坛，来自社内外的专家学者就区情和座谈会主题，结合自身专业，展开深入研讨和互动交流。会议形成30多篇高质量调研报告和信息，转化成建言专报等多项议政成果。北京电视台、“学习强国”学习平台、九三学社中央及市区各级组织、市区统战部门等平台进行全面报道。

（吴 非）

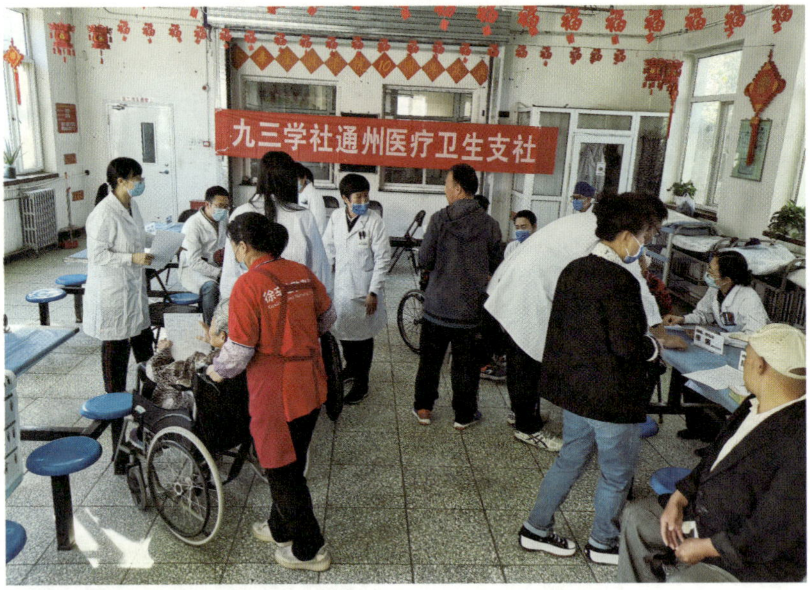

▲10月20日，九三学社通州区工委在徐辛庄敬老院举行义诊活动

（九三学社通州区工委提供）

人民团体

通州区总工会

【概　况】通州区总工会（简称区总工会）有单独工会组织1829个，其中区总工会所属街道乡镇总工会、委办局、行业、开发区及直属基层工会54个，非公企业工会1775个；有会员17.34万人。2023年，区总工会聚焦回答好市委“二十年之问”，围绕产业工人队伍建设改革重点任务和“区级工会加强年”工作要求，深入开展主题教育，做好政治引领、建会入会、维权和职工服务等工作。区劳动争议调解委员会获评北京市金牌劳动人事争议调解组织，并被北京广播电视台《都市晚高峰》栏目宣传报道。

（李亮亮　张思宇）

【职工思想政治教育】2023年，区总工会到基层宣讲党的二十大、中国工会十八大精神，开展新时代文明实践理论宣讲，把宣讲阵地设到职工之家、暖心驿站等场所，将党的二十大精神传递给企业基层职工。开展基层组织建设培训，联合区工商联组织70余名企业家开展民营企业负责人学习贯彻党的二十大精神暨工会基层组织建设培训班。举办“每日阅读党报”走进北京城市副中心直播活动20场，吸引来自22个街道乡镇超2万名职工收听收看，发放宣传品近万份。开展新时代文明实践、扫黄打非等主题宣传活动，唱响主旋律，凝聚正能量。

（李亮亮　张思宇）

【劳模（工匠）关爱服务】2023年，区总工会推荐评选全国五一劳动奖章1人、全国工人先锋号1人；推荐评选首都劳动奖章13人、首都劳动奖状4人、北京市工人先锋号4人。召开通州区2023年全国、首都劳动奖章和工人先锋号获得者座谈会，表彰获得荣誉的集体及个人。举办“匠心筑梦·技能强国”第二届“通州工匠”表彰会，评选出“通州工匠”10名、“通州工匠提名奖”获得者5名。组织在基层、生产一线、重点领域、疫情防控等工作中表现突出的优秀职工1000人开展休养活动。

（李亮亮　张思宇）

【和谐劳动关系创建】2023年，区总工会调解案件913件，涉及金额4678万余元。全年受理法律援助案件354件，涉及职工615人，涉及金额2017万元。接“12351”职工服务热线派单450件，接待来电来访咨询571人次，为职工代书71份。开展线上劳动争议调解培训班。

（李亮亮　张思宇）

【工会普惠服务】2023年，区总工会开展职工长短期普惠品牌活动95项，惠及职工3.6万人次，为5.4万名职工减免医事服务费以及1500名新就业形态劳动者体检。搭建职工健康保障平台，完成全区“在职职工重大疾病互助保障”续保，投保会员9万人，投保金额506.3万元。为区消防救援支队538名会员投保“在职职工意外伤害互助保障”，全区八项保障投保、续保人数7.5万人次、8万余份、保费金额701.2万元。

（李亮亮　张思宇）

【工会服务阵地建设】2023年，区总工会完成工会服务站规范化建设10家，进一步扩大服务阵地覆盖面。截至年底，全区有百人以上建会企业职工之家8家，市级公共区域职工之家3家、区级公共区域职工之家5家，示范职工之家2家，户外劳动者暖心驿站100家，职工暖心驿站17家。

（李亮亮　张思宇）

【基层工会建设】2023年，区总工会组建非公企业工会组织94家，其中千人以上1家、百人以上9家、百人以下84家，发展新会员2.3万人。累计开展企业沟通会207场次，开展职工沟通会982场次。组建北京城市副中心政务服务中心工建指导员队伍，通过线上、线下对80余名工会建设指导员进行岗前培训。夯实基层园区、楼宇党工共建微阵地建设，临河里砖厂南里商圈党工共建微阵地、梨园镇隆孚大厦党工共建微阵地挂牌，全区有党工共建微阵地4家。

（李亮亮　张思宇）

【产业工人队伍建设】2023年，区总工会开展3家市级职工创新工作室申报工作，向北京市总工会推荐1家企业参加第七届全国职工优秀技术创新成果交流活动，助推2家企业完成职工创新项目助推工作，3家企业获批2023年特色教育培训项目。举办康复技能职工职业技能竞赛、保安员技能竞赛、妇幼健康职业技能竞赛，参与人数近400人。

（李亮亮　张思宇）

【职工文体活动】2023年，区总工会打造职工书屋示范点，投入50万元为10家基层职工书屋提供图书支持，投入20万元为5家基层职工书屋配发电子阅览设备。开展“文化传承·品鉴经典”职工文化大讲堂系列活动40场，惠及全区2000余名职工。与区体育局共同举办千人大运河骑游活动，联手区退役军人事务局举办“双拥杯”军地乒乓球赛，联动7家社会面体育健身场馆，统一印制发放“免费健身券”，总价值30万元。举办第四届北京城市副中心职工足球联赛，共40支代表队近600名运动员参赛。举办职工篮球联赛、乒乓球羽毛球分站赛、棋牌类比赛等赛事活动63场，参与职工数近3000人次。推动全区机关、企事业单位开展工间健身活动，举办培训班200期，参加培训近万人。全年举办大小赛事活动20余项、576场，参与职工超3.5万人次。

（李亮亮　张思宇）

【康复技能竞赛】3月10日，通州区职工职业技能竞赛——康复技能竞赛举行。竞赛经过初赛理论考试和半决赛实操技能选拔，从全区26家医疗卫生机构112位选手中，竞选出10名选手入围决赛。决赛主要考察选手康复医学知识储备和专业技能水平，针对具体案例依次比拼问诊、康复评定、康复治疗等相关操作，最终评选出一等奖2名、二等奖3名、三等奖5名以及优秀奖20名和优秀组织单位8个。

（李亮亮　张思宇）

【第二届“通州工匠”表彰会】11月3日，区总工会在区文化馆举行“匠

▲9月19日，第四届北京城市副中心职工足球联赛举办　（区总工会提供）

心筑梦·技能强国”第二届“通州工匠”表彰会。从全区申报的31个工种中，最终确定钳工、电工、电器工程师、雕塑翻制工、机械设计工程技术人员、农艺工、工艺美术雕漆制作工、工艺品雕刻（玉雕）、园林绿化工、中式烹调师等10个选树工种，评选出“通州工匠”10名、“通州工匠提名奖”获得者5名。

（李亮亮　张思宇）

共青团北京市通州区委员会

【概　况】2023年，共青团北京市通州区委员会（以下简称团区委）组织各领域团员青年开展专题学习会、专题主题团日活动1.13万次，覆盖团员青年近15万人次，学习成效获团市委高度肯定，并在《北京市学习贯彻习近平新时代中国特色社会主义思想主题教育简报（第55期）》刊载。举办“青春副中心 奋进新征程”主题宣讲等各类线上线下活动62次，覆盖青少年近7000人。开展“青年大学习”行动，近13万名青少年在线上完成学习。开设“副中心青年说”等系列专题推送，让思想旗帜在青年网络舆论阵地飘扬。加强“青春副中心”新媒体矩阵建设，巩固青年宣传舆论阵地。团属微信公众号发布文章900余篇，累计阅读量近90万人次。截至年底，全区有团员24639人，团组织2571个，其中基层团委68个，基层团工委13个，团总支25个，团支部2465个，团区委直属团组织74家。

（张德虎）

【团组织建设】2023年，全区新建社会领域团支部346个。指导区城管委、区文旅局、区规自分局、区融媒体中心、区税务局、北京工商大学嘉华学院6家团组织完成换届。指导新华街道、通运街道、文景街道、杨庄街道、永顺镇、区卫健委、区中西医结合医院、北京经济技术职业学院8家单位团组织完成书记班子的调整任命。成立区农业农村局、区机关事务服务中心2家直属团组织，建立街舞行业团工委。

（张德虎）

【青年先进典型选树培育】2023年，在2022—2023年度北京市青年文明号评选活动中，永乐店镇市民诉求处置中心、区税务局第三税务所、区人民检察院第四检察部、区人民法院台湖人民法庭（环境资源法庭）、区公安分局反恐怖和特巡警支队特警大队、区人民检察院第五检察部、西集镇便民服务中心、杨庄街道便民服务中心、北京联东物业管理股份有限公司客服管理中心9家集体，开展青年文明号主题活动，发挥榜样示范作用，引领带动全区广大团员青年树立和增强“请党放心，强国有我”的光荣感和使命感，获评“北京市青年文明号”。在2023年首都乡村振兴青年先锋选树活动中，永乐店镇张立平、张家湾镇张慧慧获评“2023年首都乡村振兴青年先锋”。

（张德虎）

【新社会组织团建】2023年，通州区有社会组织团组织251个，其中团委1个，团工委3个，团总支7个，团支部240个，团员2102名。年内，推荐4个社会组织的8名优秀青年代表参加团市委“青社学堂”青年社会组织培训班，提升社会组织青年骨干队伍的理论素养和工作能力。举办以“关注痛风 健康生活”为主题的专场义诊活动，普及健康知识，并为20余名快递、外卖小哥现场诊疗。与“饿了么”党总支联合召开新业态新就业青年工作调研座谈会，开展高考服务保障志愿服务活动，为高考考生提供保障。依托56个“小哥加油站”，为“两新”（即新业态、新就业群体）群体提供休憩、互动交流场所，打通服务小哥“最后一公里”。

（张德虎）

【青年就业创业服务】2023年，团区委紧扣青年群体创业就业的实际关切，按照团市委“青帆启航”促进大学生就业行动方案部署，构建起青年创业就业实践体系、平台支撑体系、人才培养体系，促进青年创业就业。持续推进百千万聚才工程“万人计划”，联合北京各高校团委，协助各街道乡镇搭建实习见习平台，组织清华大学、北京大学、北京师范大学、北京化工大学、中国传媒大学、北京工业大学等高校学生到张家湾镇、玉桥街道、九棵树街道、杨庄街道参与实岗锻炼、社会实践和文化交流活动，全年覆盖1080人。启动北京城市副中心“青领计划”，以北京物资学院为试点，通过思想引领、资源开拓、社会实践、创新赋能等一系列品牌活动，汇聚通州青联、中关村通州园管委会、运河商务区管委会、区金融协会等资源，建立一批实习实践基地，对接属地高校开展大学生社会实践、创业沙龙等活动，推动大学生返乡就业，累计辐射青年500余名。举办新青年学堂职场“加油站”系列活动9场，参与青年近200人次，帮助未就业青年厘清就业思路、明确职业规划。打造“新农人”成长营品牌，对接更多优质社会资源，通过项目落地实现对青年农业人才的挖掘、培养、扶持。为农业从业人员开辟涉农直播课程，利用短视频平台案例指导如何打造运营涉农电商号。围绕带动青年“新农人”成长核心目标，从资源对接、走访座谈、人才表彰等维度，制定针对性培训计划，推动实现项目落地与人才培养“双赢”局面。先后邀请北京市青联委员、京东物流教育培训负责人、资深农场主等，累计开展4期学习交流活动，培训“新农人”近5000人次。

（张德虎）

【青年志愿服务】 2023年，团区委持续健全动员青年参与重大活动服务保障体制机制，为第三十届中国北京种业大会、第二十九届全国科技周、首届大运河音乐节、2023年北京文化论坛、2023国际体育嘉年华、京台青年环骑大北京等国家和市级大型活动提供服务保障。以新时代文明实践活动为依托，广泛开展“青春伴夕阳”助老志愿服务项目、“阳光行动”助残志愿服务项目及邻里守望、垃圾分类桶前值守、礼让行人等志愿服务项目，引领青年开展常态化志愿服务，参与社会治理。全年辖区青年志愿服务项目总时长185万余小时。

（张德虎）

【社区青年汇】 2023年，全区38家社区青年汇组织城市融入、志愿公益、交友联谊、创业就业、普法维权、文体健康、学习培训、思想引导8大类型的多种群体活动1077场，筹划并组织开展社会服务项目48个，服务6～35周岁青少年近2万人，新增有效联系青年2050人，培育各类青年组织73个，总体满意度达100%。持续搭建国际青年交流平台，吸引更多国际青年走进、了解北京城市副中心。依托北京城市副中心国际青年汇开展3场主题文化交流活动，通过乘船游览京杭大运河，参观“三庙一塔”、安·美术馆、韩美林艺术馆，体验运河古今文化碰撞交融，让国际青年更加了解北京城市副中心，感受北京城市副中心高质量发展的魅力。

（张德虎）

【少先队工作】 2023年，团区委持续推进打造北京城市副中心共青团少先队工作品牌，在现有“成人宣誓”“志愿服务”“红领巾好声音”“红领巾小记者”“红领巾宣讲团”“红领巾社团”等品牌活动基础上，形成6～35岁青少年思想引领全链条。扎实做好基础队务管理，完成少先队组织信息数据系统填报工作，组织22个少先队中队完成全国红领巾中队申报创建工作。规范团、队标志标识宣传使用，推动团员活动室、队室、队角等团属、队属阵地建设，进一步提升团员和少先队员的组织归属感。做好2000名新团员“北京共青团系统”的录入及维护工作。建立区级校外辅导员人才库，同时按照学校每个大队、每个中队以及每个校外少先队组织各至少聘请1名校外辅导员的要求，推动校内外少先队组织组建校外辅导员队伍，拓展少先队社会化阵地。统筹资源成立12家区级少先队校外实践基地，组织开展少先队员传统文化实践、体育训练实践、红领巾暑期营等区级少先队员校外实践活动40余期，覆盖少先队员2000余名。

（胡明玉　张德虎）

【青少年权益维护】 2023年，团区委组织各级团组织通过线上线下结合的形式，开展“开学第一课”交通安全宣传教育活动，通过多种表现形式，加强青少年自身安全防护。围绕积极心态培养、青少年被害预防六部曲、对校园欺凌说“不”等主题组织街道乡镇团组织开展青少年普法自护公益巡讲活动20余场。组织6所中小学开展普法自护情景剧宣传。开展“阳光筑心桥”服务，为青少年提供心理咨询服务，开展团体及个案辅导150余人次。开展合适成年人到场服务，出席合适成年人40余次。

（张德虎）

【青少年法治教育】 2023年，团区委开展“星光自护”活动，协调专业领域专家走进全区65所中小学校，开展以安全自护、心理健康、法治宣传、卫生健康等主题的培训、讲座，提升青少年自护能力。持续推进青少年法治教育，开展以“护航未成年人保护，法治在行动”、《未成年人网络保护条例》、如何避免网络风险等为

▲10月6—8日，团区委组织87名青年志愿者服务保障首届大运河音乐节

（团区委提供）

主题的区级普法讲座6期。助力未成年人司法帮教。针对未成年人刑事案件，配合司法机关出席合适成年人20余次，配合专业社工机构开展不良青少年服务及未成年受害者关爱工作，全年开展训诫服务、一站式服务20余人次。

（张德虎）

【困境青少年帮扶】 2023年，团区委摸排困境青少年群体，确立400名帮扶对象，一人一表，开展精准帮扶。持续推出“爱心”系列帮扶项目，开展爱心“1+1”课业帮扶，累计开展34期，受益青少年476人次。开展“爱心市场”活动，根据青少年的学习情况、生活困难程度等发放学习用具、生活用具和体育用品，受惠青少年80人。开展残疾青少年专项帮扶，针对沟通能力、动手能力、自我保护等方面设计帮扶项目，依托职康站、温馨家园、培智学校等残疾青少年集中场所开展6期专项帮扶活动，开展关爱残疾青少年康复主题讲座、青少年心理健康等专题讲座，覆盖青少年千余人。帮助家庭困难、品学兼优的10名青少年成功申请北京市“希望之星1+1”助学金。

（张德虎）

【“青聚首都·走进北京城市副中心”调研活动】 6月27日，团区委举办“青聚首都·走进北京城市副中心”调研活动。来自国家发改委、教育部、科技部、工业和信息化部、农业农村部等10个部委的青年代表，以及卫生健康系统在京20家三级医疗机构的医务工作者近百人，到北京城市副中心规划展厅、东六环入地改造工程建设项目现场、“两区”展示会客厅深入调研北京城市副中心发展建设，感受生机勃发的城市面貌。

（张德虎）

通州区妇女联合会

【概　况】 2023年，通州区妇女联合会（简称区妇联）深入贯彻落实习近平总书记关于妇女儿童和妇联工作的重要论述精神，强化引领服务联系职能，有效发挥桥梁纽带作用。落实《中华人民共和国家庭教育促进法》，联合多部门共同成立区级家庭教育工作指导委员会、家庭教育指导人才库，编制完成《北京市通州区家庭教育指导中心工作方案（2023—2024年）》，全面完成区家庭教育指导中心和各街道乡镇家庭教育指导工作站实体化建设。官方公众号“巾帼副中心”全年发布文章近700篇，入选2023年度《中国妇女报》宣传舆论阵地建设先进榜。获评首都拥军优属拥政爱民模范单位。

（门帅琦）

【妇女组织建设】 2023年，区妇联加强基层妇联组织建设，健全基层妇联执委队伍，全区街道乡镇妇联组织执委552名，社区、村妇联组织执委8615名。区教育系统有公办基层妇委会组织118个，中学小学幼儿园直属单位民办学校妇委会146个，企业女工委员会483个。坚持党建带妇建，举办“党建副中心 巾帼暖人心”“三八”国际劳动妇女节主题活动，推进各级“妇女之家”建设与同级党群服务中心共同促进发展。依托街道乡镇党群服务中心及相关妇女活动阵地，建成47个“驿港湾”，面向“驿姐”“驿家”提供歇歇脚、喝喝水、上上网、聊聊天、问问事、充充电、舒舒心、暖意箱八项基础服务。

（门帅琦）

【妇女思想政治建设】 2023年，区妇联坚持党建带妇建，开展“党建+N”巾帼公益百场讲堂活动，举办学习宣传贯彻中国妇女十三大精神“巾帼最美”宣讲活动。举办通州区“巾帼心向党 奋进新征程”党的二十大精神宣讲报告会，邀请党的二十大代表李银环作宣讲报告。开展2023年“通州区最美妇联执委”选树活动，评选出百名最美基层执委，深入挖掘、广泛宣传基层妇联执委中的先进典型。

（门帅琦）

【巾帼建功行动】 2023年，区妇联团结动员全区广大妇女跟党奋进新征程、巾帼建功新时代。深化拓展“科技创新巾帼行动”，推动构建“通武廊”妇女区域协调发展新格局，联合天津市武清区、廊坊市开展三地女性专场线下招聘会，联合招聘企业参加天津市武清区“直播带岗”活动，联合区人力社保局开展线上女性专场招聘会

▲3月8日，“党建副中心 巾帼暖人心”通州区庆祝“三八”国际劳动妇女节主题活动举办

（区融媒体中心提供）

2场，为三地广大女性及各类用人单位搭建招聘就业服务平台。优化提升“乡村振兴巾帼行动”，举办“巾帼助力 乡村振兴”京津冀女性微论坛，整合三地优势资源，开展互学互访活动。大力实施“巾帼就业创业促进行动”，做强“副中心巧娘”品牌，发掘女性手工艺创新创业新势力。开展先进评选表彰活动，获评全国巾帼文明岗3个、“首都最美巾帼奋斗者”2人、“北京市最美妇联执委”4人。

（门帅琦）

【困境妇女儿童关爱帮扶】 2023年，区妇联落实“2023年度中央专项彩票公益金支持低收入妇女‘两癌’救助”项目，做好市妇联“关爱乳腺癌妇女”项目，为“两癌”妇女送去关爱慰问金共计4万元。开展“爱心妈妈”关爱贫困家庭活动，通过“恒爱行动”捐赠爱心毛衣56件。落地儿童青少年（家庭）心理健康项目，实施心理筛查，对重点青少年人群进行一对一心理咨询，对困难家庭进行入户家访，引导全社会重视儿童青少年心理健康，800余个家庭受益。组织开展“春蕾计划——梦想未来”行动，对519名困境女童情况进行调查摸底，推进资助关爱工作开展。

（门帅琦）

【家庭家教家风建设】 2023年，区妇联共建成儿童之家594个、家长学校618所，全区家长学校社区（村），每校每年平均上课次数12次，开展与家庭教育主题相关活动占比100%。在春节、元宵、七夕、国庆等重要传统节日，开展“喜乐庆元宵 家庭猜灯谜”“金婚相伴家风相传”等主题家庭文明建设活动40余场，弘扬文明新风尚。联合天津市武清区、廊坊市开展党员干部廉洁家风故事会，点亮京津冀廉洁家风创新实践基地精品线路；与区妇幼保健院联合开展“‘妇’予关爱 呵护健康”公益大讲堂进基层活动；与区卫健委联合开展“促进儿童心理健康 守护共同美好未来”活动，传递健康知识，关爱女性、儿童健康。

（门帅琦）

【婚姻家庭纠纷调解】 2023年，区妇联联合区司法局、区人民调解协会规范建设全区、街道（乡镇）、社区（村）三级婚姻家庭纠纷人民调解组织83个，建立区级婚姻家庭纠纷人民调解专家库，含专家20名，组建街道（乡镇）级专（兼）职婚姻家庭纠纷人民调解员队伍，含调解员196名。加强反家暴机制建设，会同区法院撰写反家暴工作报告。排查化解婚姻家庭纠纷矛盾，全年接待妇女求助来电来访94件，其中婚姻家庭纠纷57件，接待满意率100%。面向全区开展“巾帼维权 送法到家”普法百场宣讲活动，开展婚姻家庭关系调解、化解培训及个案辅导服务，以高分通过区级“八五”普法中期验收。

（门帅琦）

【京港澳交流合作】 2023年，区妇联接待全国妇联系统港澳执委、特邀代表考察团一行70余人的交流访问，参观运河奥体公园，乘坐游船游览大运河风光，了解北京城市副中心建设情况及漕运文化，进一步加强京港澳妇女合作意愿，携手并进共谋发展。香港中西区妇女会主席赵华娟一行到北京城市副中心调研并召开座谈会，签署《京港妇女组织交流合作协议书》，共促京港两地妇女事业发展。

（门帅琦）

【北京农村妇女创新创业发展项目】 2023年，区妇联监督并实施2023年北京农村妇女创新创业发展项目，其中市级双学双比示范基地项目4个、农村妇女创业就业重点示范项目4个、农村妇女创业就业协会组织项目1个，涉及资金180万元，用于北京柏庄村蔬菜专业合作社“更换育苗棚遮阳设施项目”等9个项目，完成项目评审及绩效评价。组织开展2024年“北京农村妇女创新创业发展项目”申报工作，在全区范围开展摸底调查，遴选出7个突出农村女性创新创业“以科技为引领”“以市场为导向”特点的候选项目，涉及市级项目资金140万元。

（门帅琦）

【家庭教育指导工作骨干培训】 12月18—27日，区妇联和区教委联合举办通州区家庭教育指导工作骨干培训。培训为期6天共3期，以专家讲座的形式进行，内容涵盖家庭教育从业人员的定位与要求、家庭教育指导工作涉及的法律法规、心理学在家庭教育中的应用、家庭教育实践典型案例分析、家庭教育志愿服务及活动策划与执行、家庭消防安全知识等方面，学员覆盖全区家庭教育指导工作五年规划和委员会成员单位负责人、各街道乡镇妇联主席、专职副主席和执委、各社区（村）妇联主席和执

▲4月27日，区妇联联合多部门召开反家暴工作调研座谈会　（区妇联提供）

委、社区家长学校相关工作人员，以及区教委相关主管部门负责人、社区教育学院负责人、学校家长学校负责人及相关学校教师，总人数超500人，满意度超99%。

（门帅琦）

通州区科学技术协会

【概　况】2023年，北京市通州区科学技术协会（简称区科协）围绕“四服务一加强”（即为科技工作者服务、为创新驱动发展服务、为提升全民科学素质服务、为党和政府科学决策服务，加强自身建设）职责，开展有关工作。推出首期北京城市副中心科文旅精品研学线路，包含农业、安全、科技等20个主题点位，开展20场科文旅研学活动并邀请媒体全程拍摄采访，面向北京市及北京城市副中心青少年进行宣传推介。京东物流集团与区科普基地“慢·时光境”休闲农场达成无人机科技农场建设协议，推动科普基地设施现代化，发挥科技赋能示范性作用。

（肖　重）

【科协组织建设】2023年，通州区新成立医药健康产业集聚区园区科学技术协会园区科协1家、企业科协4家。截至年底，全区有街道乡镇科协22家，企业科协92家，园区科协2家，科技馆之城科技教育体验基地17家，社会组织3家，乡村振兴工作站1家，建成科普志愿者服务队19支。

（肖　重）

【科普惠民】2023年春节期间，区科协组织22个街道乡镇基层科协开展“崇尚科学、破迷反伪”科普宣传活动，发放科普宣传品1.68万份，直接受益群众2万余人次。2—5月，在全区各乡镇开展科普之春活动，开展科普讲座、义诊100多场，受众超3万人次，印制发放科普宣传品1.6万份，开展农业技术培训指导17次，推送公益课程20期。5月9日，启动科普之夏活动，在全区22个街道乡镇面向农民、老年人、产业工人等重点人群实施科学素质提升培训，举办健康科普讲座、健康义诊、智慧助老、应急安全、节能环保等培训活动53场，发放宣传资料3750份，受益人群超1万人次。

（肖　重）

【科普宣传】2023年，区科协依据《通州区全民科学素质行动规划纲要实施方案（2021—2025年）》职责任务，制定《通州区科协2023年科普工作实施意见》。全年举办科普活动90场，受众约2.05万人次。举办实用技术培训45次，培训约2000人次。举办青少年科技竞赛5次，参与人数约2000人次，指导教师100人次。举办青少年科技教育培训活动20次，参与人数约4000人次。通州区全国科普日主场、分场等59个活动获评北京市优秀活动，区科协获评全国科普日优秀组织单位。2023年通州区公民科学素质比例为21.2%，同比增长1.6%。

（肖　重）

▲9月15日，通州区首批获评北京市科技馆之城科技教育体验基地的6家单位参加授牌仪式

（区科协提供）

【科创服务】2023年，区科协分别于3月17日、3月22日联合北京科技教育中心开展“北京市科协智库通州行”走进国家网络安全产业园区（通州园）、走进漷县医药健康产业园区活动，围绕重点产业开展座谈交流。在国家网络安全产业园区（通州园）建立院士专家服务中心创新基地，在医药健康产业集聚区园区建立“千人进千企”科创公共服务区工作站点；4—5月，开展科创活动10场，提供科技服务25人次，助力企业解决创新研发、成果转化等实际问题。

（肖　重）

【元宇宙科普嘉年华】2月24—26日，区科协联合杰恩设计在通州区元宇宙应用创新中心举办北京城市副中心元宇宙科普嘉年华活动，活动包括“关于副中心元宇宙场景应用的思考”主题论坛及“元宇宙科普嘉年华”沉浸式体验展。活动期间，每日客流量300余人次，线上直播总浏览量约9400次，刊发宣传稿件44篇。

（肖　重）

【第六届关键信息基础设施自主安全创新论坛】4月19日，第六届关键信息基础设施自主安全创新论坛暨纪念习近平总书记“4·19”讲话发表七周年活动在国家网络安全产业园区（通州园）举办。会上正式发布《2022网信自主创新调研报告》，与会人员围绕“如何深化网信自主创新工作”主题，对芯片、操作系统、数据安全等25个产业节点开展讨论。

（肖　重）

【“全国科普日”活动】8月21日至10月5日，区科协组织全区54家成员单位及有关部门开展全国科普日活动。活动主题为“提升全民科学素质，助力科技自立自强”，开展各类科技科普活动300多场，包括通州区全国科普日主场活动暨2023年通州区“平安通州人科普活动”、2023年通州区全国科普日一方健康谷分会场活动、“国家网络安全宣传周”网络安全知识宣讲系列活动、2023年通州区全国科普日活动系列——中国农民丰收节活动、北京城市副中心青少年科文旅研学活动等，发放科普宣传资料2万多份，受益人数超2万人次。

（肖　重）

通州区归国华侨联合会

【概　况】2023年，通州区归国华侨联合会（简称区侨联）认真履行工作职责，依法维护归侨侨眷侨益，发挥侨界资源和优势，团结凝聚全区归侨侨眷、海外侨胞和归国留学人员，较好完成凝聚侨心、汇集侨智、发挥侨力、维护侨益等工作。获“全国侨联系统先进组织”称号，宋庄艺术区获选“第十一批中国华侨国际文化交流基地”。

（韩晓雨）

【侨联组织建设】截至2023年底，通州区有登记在册归侨、侨眷53人，其中20世纪50年代初归国老华侨24人，侨眷23人，有侨资企业近百家。成立通州运河书院、梨花渡戏剧村文化产业园区、佳合文化产业基地、辰园传统文化园区侨之家、北京国际财富中心侨之家5个“侨之家”，定期组织涉侨活动，开展涉侨法规宣讲。

（韩晓雨）

【参政议政】2023年，担任区人大代表、市区政协委员的区侨联委员向区人大提交建议3件，向市、区政协提交党派提案6件、界别提案1件、个人提案21件、扩面协商提案1件，内容涉及城市建设、文化、教育、医疗、交通等领域，多篇提案被评为市、区优秀政协委员提案。

（韩晓雨）

【维护侨益】2023年，区侨联持续关注区内困侨、老侨的诉求和困难，开展新春“送温暖、献爱心”活动，为困侨送去慰问金。通过5个“侨之家”组织活动，通过新一届委员群定期联系侨企，积极组织参与市侨联和区委统战部的各类海外联谊活动和高层次侨界人士培训活动。推荐侨界优秀人士建言献策，搭建参政议政平台。

（韩晓雨）

【“高访团”考察北京城市副中心】5月30日至6月2日，在北京市侨联、海淀区侨联指导和支持下，由中国云体系产业创新战略联盟秘书长沈寓实牵头召集的海外高层次人才访问团（简称高访团）10余位专家一行在北京考察期间到北京城市副中心走访，先后考察了运河商务区新光大中心、北京城市副中心规划展厅、张家湾设计小镇创新中心及元宇宙展厅，通过大屏幕、沙盘、规划展板及模型了解北京城市副中心规划建设总体情况，随后举办座谈会，高访团与市侨联、区政府沟通交流人工智能项目落地可行性与人才回归相关政策。

（韩晓雨）

通州区青年联合会

【概　况】2023年，通州区青年联合会（简称区青联）下设公共管理与青少年工作界别、经济金融界别、科技教育农业界别、文化体育传媒界别、医药卫生界别、军队政法界别、党派民宗侨与港澳台特邀人士界别7个界别。截至年底，区青联有委员246人，其中主席1名、副主席7名，常委35名。

（李　阳）

【公益服务】2023年，区青联助力新疆维吾尔自治区和田市第一所本科院校——和田学院的筹建，结合和田地区对汉语图书的实际需求，筹集1.88万册图书支持学校建设。主动与内蒙古自治区翁牛特旗团委联系对接，为当地困境小学生采购图书2291册。

（李　阳）

【京津冀协同发展青联联盟成立】10月28日，区青联承办三地青联助力“五子”联动之北京城市副中心行暨京津冀协同发展青联联盟成立活动，与天津市武清区、河北省廊坊市签订“通武廊三地青联组织合作备忘录”。与天津市宝坻区，河北省唐山市、廊坊市青联组织联合签订“通宝唐廊四地青联组织合作备忘录”。联盟下设科技创新、乡村振兴、绿色发展、社会服务、产业合作、文化体育六大联盟，建立三地青年人才合作对接机制，通过深入调研、加强合作、资源共享等方式服务京津冀协同发展大局。

（李　阳）

【青年工作联席会】12月27日，通州区青年工作联席会议2023年全体（扩大）会议召开。会议传达北京市青年工作联席会议2023年全体（扩大）会议精神，听取全区青年工作开展情况及下一阶段工作安排和少先队工作开展情况的汇报，玉桥街道围绕青年工作开展作交流发言。

（通鉴编）

▲10月28日，京津冀协同发展青联联盟成立　（区青年联合会提供）

通州区工商业联合会

【概　况】2023年，通州区工商业联合会（简称区工商联）按照《中共中央国务院关于促进民营经济发展壮大的意见》，紧扣“两个健康”（即非公有制经济健康发展和非公有制经济人士健康成长）工作主题，广泛凝聚民营经济人士，围绕学习贯彻习近平新时代中国特色社会主义思想主题教育和区委“三大三强”活动，开展民营经济法律服务、调查研究、人士培训教育等工作，以实际行动学习贯彻党的二十大精神，助力北京城市副中心民营经济高质量健康发展。

（陈宇昕）

【民营经济法律服务】2023年，区工商联持续推进通州区民营企业产权保护社会化服务体系工作，与区司法局、区法院、区检察院等单位联合为中小企业提供优质服务和司法保障。与市三中院、区法院召开京法巡回讲堂暨优化营商环境调研座谈会，为民营企业讲授“公司治理与经营法律实务”，介绍区法院优化营商环境举措和成效。参加“凝聚合规共识 护航安全生产”安全生产犯罪涉案企业合规整改指南会签活动，区法院、区检察院、区工商联、区应急管理局现场会签《北京市通州区安全生产犯罪涉案企业合规整改指南》。组织企业家参加法治服务保障“两区”建设高质量发展新闻发布会，为进一步优化法治化营商环境、推动“两区”建设高质量发展贡献“副中心经验”和“法治智慧”；组织企业家参加企业合规实务培训班，帮助企业了解企业合规发展历程、合规责任和审查要点、企业合规管理体系建设差异等方面内容。

（陈宇昕）

【民营经济调查研究】2023年，区工商联加大深入企业、商协会实地走访服务力度，持续跟踪民营企业运行状况和惠企政策落实情况，收集反映民营企业诉求，精准为企业建言献策。到区民营企业参观调研，组织会员企业代表围绕营商环境情况和自身遇到的困难问题等进行深入交流探讨。召开百强调研与发布工作部署会，由区内街道乡镇各属地政府组织动员辖区内企业积极申报，提高企业申报率；北京联东投资（集团）有限公司等16家民营企业入选。组织民营企业填报劳动关系监测调查、民营企业运行状况调查、商会调解组织建设情况调查等多项调查问卷，为上级部门掌握民营企业生产经营情况、制订相关政策提供依据。

（陈宇昕）

▲5月25日，区工商联与市三中院、区法院参观调研区民营企业

（区工商联提供）

【民营经济社会服务】2023年，区工商联按照市工商联、区委统战部倡议精神，组织会员企业捐款捐物。区工商联会员企业筹集包括矿泉水、方便面等价值16.84万元物资，总价值44.14万元救灾物资，对口帮扶房山区琉璃河镇、霞云岭乡灾后重建工作，并通过区红十字会定向捐赠27.3万元。8月29日，区工商联组织会员企业代表到房山区与琉璃河镇、霞云岭乡开展结对帮扶工作，进行物资捐赠，召开座谈会，了解帮扶需求，明确下一步帮扶重点。

（陈宇昕）

【民营经济会员企业党建】3月17日，区工商联联合2家民营企业党支部参观东六环中交隧道入地改造工程，推动民营企业党建工作上下联动以及与业务工作互融互促。11月7日，区工商联组织4家民营企业党支部及民营企业代表开展联合党日活动，到中国共产党早期北京革命活动纪念馆（北大红楼馆区）参观学习，实地感悟五四先驱崇高的爱国情怀和革命精神，坚定初心使命。12月12—13日，区工商联组织民营企业家代表30人到河北省石家庄市正定县学习培训，邀请中共石家庄市委党校教授以“习近平新时代中国特色社会主义正定探源——习近平同志在正定的探索与实践”为主题为民营企业家代表进行专题授课，实地参观正定古城、博物院、石家庄解放纪念馆，坚定民营经济代表人士干事创业信心。

（陈宇昕）

【民营经济人士参政议政】2023年，区工商联组织民营企业代表参加区政协开展的工商联界别集体提案即《关于加大助企纾困力度，助推城市副中心民营经济高质量发展的提案》驻会主席督办提案扩面协商和“进一步优化城市副中心营商环境，打造精细化服务样板”专题调研视察座谈活动，就提案办理情况进行面对面答复，并对专题调研中发现的问题进行互动答疑。

（陈宇昕）

【商会建设】2023年，区工商联召开党建引领基层商会建设动员部署会，部署党建引领基层商会规范化建设、商会注册登记等内容。召开基层商会规范化建设专题培训会，围绕商会现状、规范化建设中的问题及相关工作建议等方面进行专题解读，现场解答基层商会遇到的困难和问题。

（陈宇昕）

【服务民营企业】2023年，区工商联组织民营企业家代表参加市工商联调研通州区民营企业海外发展及参与“一带一路”建设情况座谈会。与会民营企业家分别介绍海外发展及参与“一带一路”建设情况，并针对海外业务遇到的问题提出针对性解决意见建议。区工商联聚焦民营企业和民营经济人士急难愁盼问题、北京城市副中心民营经济领域深层次问题，深入甘李药业、四环制药、碧海圆高效农业试点项目等地进行实地调研并座谈交流，汇总形成问题建议清单提交给相关部门，为区委、区政府决策提供依据。11月14日，区工商联与区科技创新企业商会开展区政协工商联界别“悦读书屋”活动暨科技政策解读培训会，会上区科委为民营企业解读《北京市通州区加强科技创新引领高质量发展支持办法实施细则》。

（陈宇昕）

【民营经济人士培训教育】4月10日，区工商联组织基层商会、执委企业100余人，以“线上＋线下”形式开展“全面准确学习领会党的二十大精神 努力谱写民营经济统战工作新篇章”二十大精神宣讲活动。4月20日，区工商联和区总工会联合举办2023北京城市副中心民营企业负责人学习贯彻党的二十大精神暨工会基层组织建设培训班，以“启航新征程、创造新伟业——深入学习贯彻党的二十大精神”为主题，为民营企业负责人进行宣讲，参观红色教育基地——鱼子山抗战纪念馆，团结引导广大民营企业负责人积极投身北京城市副中心高质量建设工作。

（陈宇昕）

【民营企业人才培育】6月29日，区工商联会同北京城市副中心管委会建管局、区住保中心开展北京城市副中心人才租赁住房政策讲解培训会。围绕人才租赁住房申请条件、分配计划、房源情况为企业授课，鼓励企业加大人才培养力度，并现场进行答疑，听取各企业对北京城市副中心企业住房政策意见建议。

（陈宇昕）

法　治

政法委与综治

【概　况】2023年，中共北京市通州区委政法委员会（简称区委政法委）开展四轮社会矛盾纠纷排查化解管控专项行动，健全社会矛盾排查化解管控会商机制，及时跟进处置矛盾隐患，巩固社会稳定大局。织密织严立体化社会治安防控体系，强化检查站查控力量部署，严密乡村道路卡口查控，筑牢首都东部“护城河”。紧盯涉黄涉赌、涉旅乱象等治安顽疾，推进重点地区综合整治，依法打击各类违法犯罪行为。坚持固本培元，推进综治中心规范化建设，强化群防群治队伍实战化运行，深化基层平安建设，健全完善矛盾纠纷多元化解机制，各级各类调解组织调解纠纷3.5万余件，社区治理类诉讼案件降幅全市第1。深入开展“拔钉子”专项行动，逐案研判法律风险，提供司法支撑，司法助推成效明显。统筹政法单位坚持护航发展大局，深化“放管服”改革，严厉打击破坏市场经营秩序违法犯罪行为，法治化营商环境建设持续加强。

（张　锋　李　莹）

【平安建设】2023年，区委政法委推动智慧平安小区（村）建设，建成视频前端设备994个、人卡前端设备1269个、车卡前端设备1261个、门禁前端设备694个，接入区公安分局视图库前端2530个，视频前端建设总覆盖率82.8%。深化基层平安建设，“平安社区（村）”“平安医院”“平安校园”“平安商（市）场”“平安园区”“平安家庭”均超额完成创建任务，基层平安创建（2021—2023年）三年行动圆满收官。落实平安建设制度化、规范化要求，推进群防群治队伍建设，坚持专群结合传统优势，将8183名铁路联防队员等行业力量和公交司乘等职业力量纳入群防群治队伍，重点时期日发动群防群治力量8.4万人。

（张　锋　李　莹）

【常态化扫黑除恶】2023年，区委政法委持续完善线索接报、批办、转递、核查、回访、问责等全要素闭环管理体系，深化“三大行业”（即教育、金融、市场流通）专项整治，发现、整改问题13件。常态化开展《中华人民共和国反有组织犯罪法》进企业、进社区、进校园、进乡村宣传活动，制作发放宣传品10万余份，覆盖100余万人次，提升群众对涉黑涉恶犯罪认知。

（张　锋　李　莹）

【矛盾纠纷多元化解】2023年，区委政法委坚持和发展新时代“枫桥经验”，持续推进基层综治中心建设，开展星级综治中心评选，明确“七有”（即有场所、有机制、有整合、有队伍、有台账、有报告、有成果）建设目标和星级建设标准。推进玉桥街道综治中心试点建设，以点带面提升综治中心实体化、规范化、实战化水平，为基层矛盾纠纷化解打造坚实阵地。区法学会建立首席法律咨询专家库，推行首席法律咨询专家制度，132名专家深度参与区委、区政府重大决策论证、重大风险防控、重大矛盾纠纷调处、重大信访积案化解。在全区推广张家湾镇“党建引领 多元解纷”工作机制，提升全区矛盾纠纷排查化解工作水平。

（张　锋　李　莹）

【营商环境法治化】2023年，通州区深入推进依法护企，促进营商环境法治化。举行法治服务保障“两区”建设高质量发展新闻发布会，结合“两区”建设重点领域、重点行业法律服务需求，在运河商务区设立“两区”企业法治体检中心，通过举办普法讲堂、法治沙龙、研讨培训等活动，为园区企业提供政策解读和法律风险提示等法律服务。强化行政执法管理，全面推广轻微违法免罚和初次违法慎罚制度，不予行政处罚案件约2.43万件。组织开展行政处罚案卷集中评查及质量抽验工作，在区政府门户网站公示行政执法权责清单、检查计划、执法结果等执法信息2000余条，实现“阳光执法”。分类构建“普法人才库”，广泛吸纳高校法律专家、学者、律师以及司法执法机关业务骨干，打造普法人才开发、培养、使用、交流、共享的平台和机制，进一步升级“大普法”格局，营造良好法治营商环境，助力企业健康发展。

（通鉴编）

【政法智能化建设】2023年，区委政法委持续推进北京政法智能办案管理系统（BJCM）试点建设。牵动区政法各单位坚持“一类案件、一个环节、两个程序”（一类案件即危险驾驶罪；一个环节即换押；两个程序即法律援助、社区矫正）方式推动试点工作，成为全市首个全流程推行“单轨制”试点工作区。推进“雪亮工程”二期建设。完成铁路沿线视频监控安全防护建设任务，升级前端设备151台。通州区“雪亮工程”在线率、完好率和车辆人脸结构化数据抓拍率、识别率等指标均超99%。

（张　锋　李　莹）

▲7月19日，2023通州区法治服务保障“两区”建设高质量发展新闻发布会举行

（区司法局提供）

【政法优秀干部政治能力提升专题研修班】 8月21—25日，区委政法委组织开展政法优秀干部政治能力提升专题培训。培训在上海复旦大学举办，课程围绕浦东新区建设发展、市域社会治理、风险防控、精细化治理等方面设置。全区政法优秀干部及22个街道乡镇政法委员参训。

（张　锋　李　莹）

【政治督察和纪律作风督查巡查】 11月27日至12月1日，区委政法委联合区纪委区监委、区委组织部成立5个区级督察检查组，围绕学习贯彻习近平新时代中国特色社会主义思想主题教育和区委“三大三强”活动、党的建设、队伍建设、执法监督等重点工作和群众反映强烈、投诉举报集中问题，对张家湾法庭、台湖法庭、北苑派出所、新华派出所、焦王庄派出所开展政治督察和纪律作风督查巡查。通过听取汇报、民主评议及问卷调查、个别谈话、查阅资料方式，查找被督查单位存在问题和不足，形成《2023年通州区基层政法单位政治督察和纪律作风督查巡查工作情况的专题报告》，督促政法单位党委（党组）做好整改“后半篇文章”。

（张　锋　李　莹）

法治政府建设

【概　况】 2023年，通州区持续巩固提升“全国法治政府建设示范区”创建成果，转变政府职能助力政务服务水平提档升级，完善制度体系提升全区依法行政能力水平，加强协调监督，促进严格规范公正文明执法，打造高效行政复议应诉窗口，提高突发事件应对处置能力，强化行政权力制约监督效能，探索矛盾纠纷多元化解路径，构建共治共享社会治理体系，推动法治政府建设全面提速。

（于　瑶）

【行政执法协调监督】 2023年，区司法局印发《关于进一步落实轻微违法不予处罚和初次违法慎罚制度的通知》，组织区市场监管局、区交通局等重点执法部门和处罚量较高的街道乡镇召开座谈会，梳理落实过程中存在的问题和优秀经验做法。保障“无违建示范区”创建，对漷县镇15宗违法建设实施强制拆除案件、张家湾镇13宗罚没项目接收和拆除案件，研提法律意见7件；审核通过乡镇违法建设强制拆除案件5件，确保违法建设强拆合法适当。与区城管委联合印发《关于联合开展基层综合执法案卷评查工作的实施办法（试行）》，每季度与区城管执法局联合开展街道乡镇行政处罚案卷评查，进一步规范执法程序。

（于　瑶）

【行政复议应诉】 2023年，区司法局落实《通州区行政复议体制改革落实方案》，畅通行政复议申请渠道，通过当面申请、邮寄申请、网上申请、部门转送等多种方式，实现集中行政复议职责工作有序衔接，依法立案审查。全年收到行政复议申请1094件，受理1023件，审结917件，直接纠错224件，以调解、和解等方式结案166件，综合化解率43%。针对案件办理过程中发现的普遍问题，制发行政复议意见书建议书4份。优化案件审理流程，邀请复议委员参加案审会10次，审议案件25件，复议委员提出意见建议86条，进行实地调查1次。结合“行政复议质量提升年”活动，制定《通州区司法局“行政复议质量提升年”活动方案》，开展学习教育、检视改进、巩固提升活动。做好行政应诉工作，以区政府为被告的行政诉讼案件197件，审结103件，其中裁定驳回起诉19件，判决驳回诉讼请求27件，撤诉12件，驳回再审4件，驳回上诉、维持一审37件，败诉4件。

（于　瑶）

【行政争议化解】 2023年，区司法局推进矛盾纠纷多元化解品牌建设，充分挖掘调解工作优秀典型，“邻家邻”工作法、“温暖楼门，和谐邻里”等基层治理模式入选全国社会治理创新案例。截至年底，全区各级各类调解组织调处化解矛盾纠纷4.39万件，司法确认2954件。做好新时代信访工作，年内开展2次社会矛盾纠纷大排查工作，10件区级重点矛盾全部化解。2023年通州区信访群众参评率91.77%，满意率98.56%，较上年提升4名。

（于　瑶）

【政务公开】 2023年，区司法局加大信息公开审查力度，按照“谁主管、谁负责，谁公开、谁审查”原则，确保政府信息按规定时限主动公开。区政府网站开设重点领域信息公开、政策文件、政策解读等栏目，集中发布应当主动公开的政府信息。全年有33件政策性文件通过区政府网站向社会公众征求意见，发布政策解读22件，开展政务公开专场培训会2次，针对败诉案件进行分析研判，降低败诉率和纠错率，提高全区依申请公开工作水平。

（于　瑶）

【合法性审查】 2023年，区司法局对区政府文件和决策出具合法性审查意见222件，提出意见建议39条，审核区委、区政府重大合同、协议52件，为区属部门出具征求意见函142件。征集全区重大行政决策，形成《2023年度通州区人民政府重大行政决策事项目录》，通过区政府常务会议审议并向社会公开。加快推进行政规范性文件清理工作，制发《关于废止、修改部分行政规范性文件的通知》，经区政府常务会审议通过，共清理行政规范性文件90件，其中拟保留74件，对不适应经济社会发展要求的16件行政规范性文件予以废止，修改7件行政规范性文件。制定《通州区行政机关合同管理办法》，并经区政府第73次常务会议审议通过，进一步规范政府合同管理。

（于　瑶）

【法治队伍能力提升】 2023年，区司法局加强执法队伍能力建设，开通通州区行政执法人员网上学习平台，全区有1525名行政执法人员参加网上学习。组织50名执法人员参加北京市职工职业技能大赛行政执法人员竞赛，开展初赛复赛培训，以竞赛为契机，提升全区行政执法人员专业素质能力。举办通州区法制骨干培训会，针对行政规范性文件合法性审核、行政机关应诉能力提升、行政执法程序及案卷制作、行政复议实务开展专题授课，80余人参训。区委组织部、区委依法治区办在中国政法大学举办通州区全面依法治区暨依法行政专题培训班，就新媒体时代下的危机管理与媒体沟通、大数据时代与社会治理创新、重大行政决策的制定与执行、学习贯彻党的二十大精神、深入推进法治政府建设、法治政府建设视野下的行政诉讼及应诉、法治督察理论与实务等内容授课，各委办局、街道乡镇法治工作主管领导、区委依法治区办全体成员以及各协调小组联络员75人参训。

（于 瑶）

【法治政府建设示范项目专家评审会】11月23日，通州区2023年度法治政府建设示范项目专家评审会召开，11家参评单位展示各自法治品牌项目背景、特色亮点、工作成效等内容。专家们围绕项目针对性、创新性、持续性、实效性等方面进行专业点评、严格打分，并提出优化完善意见建议。区人力社保局“创新服务模式 保障重大项目 优化法治化营商环境”、区园林绿化局“园林绿化领域合同管理规范化建设”、区税务局“公职律师涉税争议咨询调解中心”、区统计局“法治政府建设‘贯通协同开展统计巡查’发挥监督职能作用”、中仓街道“法治明白人培养”、台湖镇“乡镇法制机构聚合式发展，法律服务功能融合式链接”6个项目入选。

（于 瑶）

【“新行政复议法千城基层宣讲”普法宣传活动】12月1日，区司法局响应司法部在全国开展“新行政复议法千场基层宣讲活动”号召，在同心花园活动广场举办普法宣传活动，开展新行政复议法学习宣传贯彻活动。活动通过现场发放宣传品、解答法律咨询、以案释法等形式，围绕行政复议制度优势、受案范围、申请流程及所需材料、申请期限、权利救济途径、新法新增便民利民规定等内容，进行讲解与宣传，引导、鼓励居民通过行政复议渠道合理合法表达诉求，维护自身合法权益。

（于 瑶）

公 安

【概 况】2023年，北京市公安局通州分局（简称区公安分局）落实防风险、保安全、护稳定、促发展、惠民生等各项措施，护航北京城市副中心高质量发展。加强社会面防控，完成全国两会、第三届“一带一路”国际合作高峰论坛、重大节日等系列安保任务；不断优化安保格局，确保市级行政办公区绝对安全；安保措施一体推进，有力保障市级机关第二批搬迁单位、干部职工进驻；优化北京环球度假区勤务，确保859.1万名游客、3699场次活动安全；严查保畅，筑牢首都东部“护城河”；全力保障“疏整促”、项目建设和生态建设，全程跟进“基本无违法建设区”创建活动，依法维护拆迁推进程序，开展工地隐患大排查专项行动，保障北京城市副中心三大文化建筑竣工开馆，深化“公安+行政”执法协作，加强大型活动安全监管，保障696场次活动安全。坚持群众利益无小事，快速解决急难愁盼问题，排查化解矛盾纠纷1.1万件，深入开展“转作风、办实事、树形象”活动，处理报警求助21.7万件。

（高凤霞）

【刑事犯罪侦查】2023年，区公安分局围绕春夏平安、夏季治安打整等系列行动，一体推进集群战役规模打击，挂账攻坚重点案件，自主组织9大领域20个专题集群会战，坚持以打开路，打防并举，坚决处置抢劫、盗窃、诈骗、伤害、敲诈等各类刑事违法犯罪活动，有效净化辖区治安环境。全年破案3100余起，刑事拘留2700余人，发还被盗车辆300余辆。

（高凤霞）

【经济犯罪侦查】2023年，区公安分局夯实基础工作，强化源头管控，加强风险防范，广泛开展宣传，综合运用多警种联动、规模化打击，严打严整非法吸收公众存款、非法融资融券、非法倒卖外汇、合同诈骗等各类经济违法犯罪活动。全年破获经济案件190起，刑事拘留270余人，实现“破案、刑拘”双提升。

（高凤霞）

【破坏生态环境违法犯罪侦查】2023年，区公安分局依托“昆仑”2023专项行动、平安行动等专项工作，严厉打击危害野生动物违法犯罪活动。协同区市场监管局、区园林绿化局、区城管执法局等部门开展联合巡查清整和普法宣传，织牢森林和野生动物安全防护网。以市级行政办公区、北京环球度假区、大运河森林公园、东郊森林公园、城市绿心森林公园、平原造林地块等为重点，开展防火巡查，消除森林火灾隐患。

（高凤霞）

【涉黄涉赌违法犯罪侦查】2023年，区公安分局推进“全链条闭环式打击治理黄赌”“扫黄打非”等专项工作，以黄赌警情和显性易涉黄场所为重点，坚持联合执法、综合治理并举，最大限度挤压违法犯罪生存空间，严厉打击涉黄涉赌违法犯罪活动，持续净化社会治安环境。全年打击处理涉黄涉赌违法人员4600余人。

（高凤霞）

【涉毒犯罪侦查】2023年，区公安分局加强区域警务协作，深挖排查毒情隐患，强化常态化整治，坚持主动进攻，严厉打击涉毒违法犯罪活动。开展“禁种铲毒”行动，深化自主摸排，主动发现非法种毒苗头，全力挤压非法种植空间。全年开展禁毒宣传教育活动541场，张贴和发放各类宣传品15万余份。

（高凤霞）

【户证管理】2023年，区公安分局深化“放管服”改革，推行“一窗办、一网办、一次办”等多项便民举措，最大限度让群众少跑快办，努力打造全市公安“户政+出入境”标杆窗口。在户籍类证明、新生儿报出生、身份证首申办理、户口迁移等方面实施“跨省通办”政策。全年办理户口迁移、身份证、护照、签证等各类业务 31.1 万余件，其中各类户口审批 1.24 万份 1.78 万人，办理二代居民身份证 14.37 万个，办理临时居民身份证 5370 个。创新户证管理工作方式，以窗口为服务平台，深化“我为群众办实事”活动，积极办好群众的“小事情”，累计为群众提供服务 18.2 万余人次。

（高凤霞　于　跃）

【“110”接处警】 2023 年，区公安分局持续深化“110”接处警工作，坚持“及时、快速、准确、不遗不漏”标准，强化应急处突指挥调度，抓好快速到场、就近布警、警情反馈等关键环节，打造北京城市副中心特色接处警全流程闭环机制，实现“110”接处警专业化、规范化、标准化“三化”建设同向聚力、一体推进，快速反应和妥善处置涉及群众人身、财产安全以及社会治安秩序的报警求助。全年累计接到报警求助警情 21.7 万件。

（高凤霞）

【重点单位安全保卫】 2023 年，区公安分局加强以“平安医院”“平安校园”建设为目标，对辖区 5 家重点医院选派 21 名专职警务室民警，推动医院健全安保组织，规范安全管理制度，提升风险预警效能；组织 15 家二级以上医院民警、医护、保卫、安检岗位人员开展医警联动处置培训，参加全市警医联动突发事件处置大比武，提升涉医警情实战处突能力。会同区教委对中小学、幼儿园开展安全隐患大排查大整治专项行动，聚焦问题导向，整改安全隐患，筑牢校园安全屏障；加强宣传教育，提高防范意识，邀请行业专家对法制副校长集中授课，组织防溺水、校园普法安全教育等培训演练 850 余次，受众师生家长 8 万余人次；细化督导校园高峰、中高考、“升学季”等各项勤务，确保全区学生上下学安全。

（高凤霞）

【重要活动安全保障】 2023 年，区公安分局从严从细落实方案制定、实地踏勘、现场管控、隐患清零、应急处突、秩序维护等各项安保措施，保障 2023 年全国科技周活动暨北京科技周、第三十届中国北京种业大会、2023 年北京时装周、2023 年北京国际设计周、2023 北京城市副中心马拉松、2023 北京通州运河半程马拉松等 600 余场次活动安全顺利，共投入安保力量 3200 余人次。

（高凤霞）

▲1 月 10 日，区公安分局举办“矢志不渝 110　新征程上保安宁”电信网络诈骗案件资金返还仪式　　（区融媒体中心提供）

【治安管理】 2023 年，区公安分局纵深推进扫黑除恶、“平安行动”等系列专项行动，把打击锋芒对准群众反映强烈、影响北京城市副中心安全稳定的违法犯罪，强化法治支撑保障作用。依托“春夏平安行动”等一系列专项活动，严打各类违法犯罪活动，严整治安秩序，打击破案保持“双上升”良好态势，抓获各类违法犯罪嫌疑人 5650 余人，警情、发案数量均有明显下降。

（通鉴编）

【烟花爆竹管理】 2023 年，区公安分局加强烟花爆竹管理，将“禁放”宣传贯穿始终，健全严管、严治、严控、严查工作机制，持续保持对非法烟花爆竹打击整治力度。围绕节前、节中、节后 3 个阶段，统筹抓好宣传发动、查缴打非、隐患排查、禁放看护、应急处突五个环节，做好春节期间烟花爆竹禁放工作。全年收缴非法烟花爆竹 2760 箱。

（高凤霞）

【“反诈”宣传】 2023 年，区公安分局持续加大打击治理电信网络诈骗力度，营造“全民反诈”宣传氛围，组织开展“反诈”宣传进社区、进农村、进家庭、进学校、进企业活动，结合实际案例为群众讲解刷单返利、冒充公检法、网上投资理财、养老诈骗等常见电信网络诈骗案件的特点、实施手段以及防范技巧，普及“96110”预警劝阻咨询电话服务功能，现场指导安装使用“全民反诈”App。以“矢志不渝 110　新征程上保安宁”为主题开展集中宣传活动暨电信网络诈骗案件资金返还仪式，邀请不同年龄阶层、不同职业群众代表到场参与。全年开展宣传活动 1000 余次，受众 2 万余人，发放反诈宣传品 5 万余份。

（高凤霞）

【“副中心警察之星”揭晓仪式】 3 月 23 日，2022 年度十大“副中心警察之星”揭晓仪式举行。仪式分为忠诚纯洁显担当、雷霆出击扬正气、人民至上谱新篇 3 个篇章，通过嘉宾揭晓、视频短片、现场访谈等形式，集中展示入选的 10 名“副中心警察之星”事迹。

（高凤霞）

【打击和防范经济犯罪宣传日活动】5月15日，区公安分局举办以“与民同心，为您守护”为主题的“5·15”全国公安机关打击和防范经济犯罪宣传日活动，重点围绕非法集资、传销、假币、合同诈骗等经济犯罪开展宣传。通过设置咨询台和宣传展板、发放宣传资料、滚动播放经济犯罪案例视频等形式，为群众提供法律咨询、政策宣传和犯罪线索举报受理等服务，普及防范和打击经济犯罪知识。活动设置宣传站点26处，发放各类宣传资料1.1万余份，受众2万余人次。

（高凤霞）

检　察

【概　况】2023年，通州区人民检察院（简称区检察院）办理审查逮捕、审查起诉案件3757件4557人。批准逮捕768件899人，提起公诉1427件1647人。办理民事、行政监督案件2559件，民事、行政公益诉讼案件233件。监督公安机关立案626件、撤案57件，建议行政机关移送刑事立案34件，公安机关均予立案，建议行政机关对130名被不起诉违法行为人作出行政处罚，纠正刑事执行和监管活动严重违法行为167件，监督纠正判处实刑未入所执行77人。纠正漏捕漏诉79人，提出抗诉4件，发出再审检察建议3份，办理刑事申诉4件。办理信用卡诈骗、非法吸收公众存款、集资诈骗、贷款诈骗、传销等犯罪33件84人。办理投资建设领域职务犯罪、重大责任事故、危险作业、盗窃物资等犯罪34件45人。办理监察机关移送职务犯罪案件13件13人，直接立案侦查司法工作人员职务犯罪4件4人。办理司法救助案件31件，对33名因案致生活陷入困境的被害人开展司法救助，发放救助金45万余元，吉某某司法救助案入选最高检和全国妇联共同发布的《检察机关与妇联组织加强司法救助协作典型案例》。深化“12345市民服务热线＋12309检察监督热线”联动机制，筛查涉法诉求1.4万条，靶向开展16个小专项监督，督促解决危化品运输、食药安全、物业管理等实际问题，制发社会治理类检察建议139份。

（杨梦莹）

【刑事检察】2023年，区检察院批准逮捕黑恶势力犯罪、危害国防利益犯罪、毒品犯罪以及杀人、放火、抢劫等犯罪30件38人，提起公诉28件48人。开展打击涉医药犯罪专项行动，出台《服务保障城市副中心卫生健康高质量发展“10条”意见》。实行检察职能区域延伸，依托北京环球度假区检察室工作，建立涉园区案件快速响应机制，提前介入并妥善办理园区盗窃、非法抢票、假冒注册商标等刑事案件17件18人。在办理跨京粤苏三省多地北京环球度假区商标侵权案中，准确认定侵权商品货值200余万元，追缴违法所得44万余元，追加认定商标标识数额12万余件，对7名被告人定罪起诉并获判决支持，维护治安秩序和营商环境。

（杨梦莹）

【民事检察】2023年，区检察院加强民事诉讼全流程监督，办理民事生效裁判监督、民事审判活动监督、民事执行活动监督案件683件。开展大标的额民商事审判专项监督，牵引带动涉民事执行活动监督、保证人追偿权法律监督、涉违约金自由裁量权监督、不动产带租司法网拍监督、民事诉讼法适用监督、不支持监督申请案件交叉评查等多个专项监督活动，形成监督规模效应。参加根治欠薪专项行动，维护劳动者合法权益，与区人力社保局会签《关于建立通州区根治欠薪协作机制的意见》，在全市率先建立保障农民工工资支付检察监督与劳动监察协作机制，帮助696名农民工讨回工资报酬660万余元。开展民事支持起诉工作，保障公民享有平等诉权，帮助弱势群体依法维权。办理完成全市首例违法医疗美容纠纷支持起诉案以及首例刑事附带民事支持起诉案。全年办理民事支持起诉案件705件。

（杨梦莹）

【行政检察】2023年，区检察院以促进审判机关依法审判和推进行政机关依法履职为导向，办理行政生效裁判监督、行政审判活动监督、行政执行活动监督、行政类案监督案件11件，办理行刑反向衔接案件168件。开展行政检察护航法治化营商环境专项行动，就从业禁止、高管聘用等监管不到位问题，向区市场监管部门制发检察建议，促进及时整改，堵塞监管漏洞。持续开展“全面深化行政检察监督依法护航民生民利”专项活动，针对某小区居民长年投诉物业公司管理失职和起诉住建部门监管不力、矛盾纠纷难以调处的情况，依职权开展调查，就相关整改问题进行公开听证，落实各方责任和完善措施，推动争议实质性化解。结合道路交通安全和运输执法领域突出问题专项整治活动开展专项监督，就危险驾驶不起诉案件中违法行为人被不起诉后未受到相应行政处罚的问题，依法向区交通管理部门制发检察建议，督促其严格执行《中华人民共和国行政处罚法》和《中华人民共和国道路交通安全法》，解决执法司法中“不刑不罚”问题。

（杨梦莹）

【公益诉讼检察】2023年，区检察院持续开展生态环境和自然资源保护检察，办理全市首起大气领域重点排污单位篡改自动监测数据公益诉讼案，与津冀两地检察机关协同开展潮白河流域保护行动；开展洗车行业违法问题治理专项监督，就5家洗车经营主体未规范报送建成循环用水设施登记或再生用水合同、6家经营主体未及时办理排水许可证等问题，分别向区水务、交通、市场监管部门以及属地政府制发检察建议，建议对涉案单位违法情形予以查处和加强监管，被监督单位均整改并通过现场复验检查；针对辖区内违规处置垃圾破坏耕地问题，立案20件，向属地政府制发检察建议，督促进行查处和修复，并为行政机关开展生态环境损害赔偿工作提供支持，对王某等4人非法占用农用地侵害公益案向法院提起刑事附带民事诉讼。

（杨梦莹）

【诉讼监督】 2023年，区检察院认真履行诉讼监督职责，维护诉讼公正和司法公信力。对公安机关侦查活动违法提出纠正意见800项，检察纠正非法取证等严重违法案件4件，检察纠正保证人不适格等轻微违法600项；对审判机关刑事、民事、行政审判程序违法和程序瑕疵提出纠正建议563件次，对同案不同判等诉讼不公平问题提出纠正建议39件。加强诉讼监督机制建设，实现监督与诉讼的共赢。构建良性检警关系，侦查监督与协作互融，促进刑事侦查规范和效率进一步提升。与审判机关建立常态化沟通协调机制，研商诉讼监督中发现的有关问题，发挥检察建议的监督效力，进一步规范审判程序。

（杨梦莹）

【重大项目建设服务保障】 2023年，区检察院深入重大项目、重点工程开展实地调研，与中建一局、首旅集团、北京建工集团等企业代表交流座谈，累计发放调查问卷63份，收集法治需求150余条，紧扣问题研讨检察服务举措23项，制定《北京市通州区人民检察院关于服务北京城市副中心千亿投资重大项目建设司法保护实施意见》，建设涉千亿投资专门团队，建立涉千亿投资事项及案件专属工作流程、专项调度工作办法，从严厉打击犯罪、强化公益司法保护、防范化解金融风险、发挥职务犯罪预防职能、坚持平等保护、强化知识产权综合司法保护、强化矛盾纠纷化解等多个方面服务保障千亿投资重大项目建设。结合办案，调研千亿投资项目落地存在的法治难点问题，包括拆迁安置诈骗、施工安全、劳务纠纷、涉项目腐败等问题，提出对策建议。全年办理涉重大项目、重点工程“四大检察”（即刑事检察、民事检察、行政检察、公益诉讼检察）案件538件。

（杨梦莹）

【电信网络诈骗犯罪打击治理】 2023年，区检察院依法严惩电信网络诈骗犯罪，协同推进网络综合治理，批捕电信网络诈骗犯罪和帮助信息网络犯罪活动等关联犯罪23件28人，起诉25件51人。办理全市首例以外国人为诈骗对象的“杀羊盘”（即一种针对外国人的电信网络诈骗手段，也称为“杀洋盘”）电信网络诈骗案。针对办理电信网络诈骗及关联案件中发现的运营管理问题，通过检察建议、检企座谈等形式，有针对性地提出加强入网前审核、加强异常办卡客户风险预警、增强从业人员法治意识等建议、意见，并走进社区、企业开展反诈普法宣传，做好社会风险防控，实现治罪与治理并重。

（杨梦莹）

【未成年人司法保护】 2023年，区检察院加强未成年人全面综合司法保护工作，办理未成年人审查逮捕、审查起诉案件118件133人。开展家庭教育指导24人次，制发督促监护令11份。办理未成年被害人民事支持起诉案件5件，开展未成年人文身治理、校园周边交通安全治理等专项工作。开展法治进校园系列活动和检察开放日活动，向学生代表颁发“公益诉讼小观察员”聘书，增进社会各界对未成年人检察工作的理解和支持。15名检察官担任区内中小学校法治副校长，开展普法宣讲活动39次。

（杨梦莹）

【“枫桥式工作法”实践】 2023年，区检察院践行新时代枫桥经验，以“枫桥式工作法”贯穿办案，综合运用领导包案、上门听证、带案下访、开辟弱势群体信访绿色通道等方式，办理群众信访2693件；促成刑事和解222件243人。主动融入全区矛盾纠纷预防化解大格局，选派资深检察官担任乡镇特邀调解员，强化主动治理与未诉先办。加强与区各行政机关沟通联系，以“我管”促“都管”，更新、删除官方网站超期公示行政执法信息800余条，完善126所学校周边交通设施以及相关区域体育设施、母婴设施等，维护社会公众权益。

（杨梦莹）

【数字检察建设】 2023年，区检察院推进高新科技与检察工作深度融合，建用覆盖“四大检察”大数据法律监督模型54个，发现监督线索6000余条，助力“四大检察”监督办案4100余件。利用涉税监督模型，推进行政机关建立信息沟通机制，挽回成品油增值税及耕地占用税等税收损失800余万元。

（杨梦莹）

【公开听证】 2023年，区检察院开展公开听证工作，对于符合条件的不起诉案件、刑事申诉案件、民事诉讼监督案件、行政诉讼监督案件、公益诉讼案件，组织召开听证会，就事实认定、法律适用和案件处理等问题，听取听证员和其他参加人的意见。将听证与接受监督结合起来，邀请人大代表、人民监督员、特约检察员和人民调解员334人参加听证活动，以公开促公正。邀请人民监督员监督秦某某买卖合同纠纷检察和解案入选最高检

▲5月31日，区检察院举办检察开放日活动，向学生代表颁发“公益诉讼小观察员”聘书

（区检察院提供　董玥博昭摄）

第二批人民监督员工作典型案例。全年对116件案件举行听证活动。

（杨梦莹）

▲6月9日，区检察院举办“生态检察助力美丽北京建设”检察开放日活动，嘉宾现场听取“萧太后河岸环境卫生损害行政公益诉讼案”讲解

（区检察院提供　董玥博昭摄）

【知识产权保护】2023年，区检察院深入推进知识产权刑事、民事、行政和公益诉讼检察综合履职，强化综合保护。坚持对侵犯知识产权犯罪活动全链条打击，对行政违法、上下游侵权违法犯罪线索同步审查，成功追诉上游犯罪人员1名、共同犯罪人员1名；对4名被不起诉人分别向通州区、廊坊市大厂县市场监管和文化旅游管理部门制发检察意见书，建议相关行政主管机关依法处理；向区市场监管部门和大兴区检察机关移送案件线索11件。开展知识产权保护普法宣传，精准对接普法需求，先后组织开展老字号知识产权保护普法讲座、北京环球度假区知识产权保护研讨交流、发布通州区人民检察院知识产权保护十大典型案例等活动，促进提升企业知识产权自我保护能力。全年受理侵犯知识产权犯罪18件50人，批准逮捕11件28人，提起公诉9件21人。郭某某等6人假冒注册商标案入选2023年度北京市检察机关知识产权保护典型案例。涉北京环球度假区系列商标侵权案件入选北京市检察机关充分履行检察职能服务保障北京城市副中心高质量发展典型案例。

（杨梦莹）

【检务公开】2023年，区检察院依法向社会和诉讼参与人公开检察工作和案件办理有关信息，增强检察工作透明度，自觉接受社会监督。先后举办以“医药卫生领域治罪治理”“反对校园欺凌”“环境公益诉讼”为主题的检察开放日活动，举行“服务保障城市副中心卫生健康高质量发展”新闻发布会。利用通州检察门户网站、微信公众号、报纸杂志、广播电视等渠道公开检务信息，推进“阳光检察”。对符合公开条件的起诉书、不起诉决定书、抗诉书等法律文书，及时在互联网予以公布。全年公开法律文书60件，公开案件信息2211件。

（杨梦莹）

【检务服务】2023年，区检察院加强检察服务中心窗口服务和线上服务，拓宽信访申诉渠道，对群众信访申诉问题做到7日内程序性回复，办理过程或结果3个月内答复。充分利用12309中国检察网等线上平台，接收并帮助律师完成网上注册、网上阅卷和信息查询，全年接待律师履行代理、辩护等业务活动1300余次，接待律师电话查询案件2600余次，办理律师线上和线下阅卷495次，依法保障律师执业活动，维护当事人诉讼权利。

（杨梦莹）

【检察微改革微创新】2023年，区检察院聚焦发展急需、群众急难愁盼等问题，推出小切口、见效明显的微改革、微创新，提升执法司法质效和公信力。联合区法院、区公安分局、区教委等11家单位签订《关于建立侵害未成年人案件强制报告制度的意见（试行）》，创新涵盖对未成年人刑事、民事、行政、公益诉讼全方位司法保护模式，拓展强制报告范围，规定性侵、虐待、欺凌等10种应该报告的情形，明晰各单位、组织强制报告及干预的具体职责、报告程序及干预措施等，厘清主体责任，营造关爱未成年人的有利环境，加大实践性指导作用。以“支持起诉+N”模式维护农民工等弱势群体合法权益，与区人力社保局等相关单位建立支持起诉协作机制，构建“支持起诉+检察和解”“支持起诉+法律援助”等多元工作模式，依托该机制受理支持农民工讨薪案件1300余件，进一步拓宽民事检察服务民生渠道。利用“益心为公”云平台健全公益保护社会参与体系，聘任安全生产、网络治理、金融证券等领域30余名专业人才担任“特邀检察官助理”，协助检察官开展案件线索研判、调查取证等办案活动，形成多元参与的公益保护格局，提高办案质量。特邀检察官助理共辅助办案100件，出席公开听证会等90余次。

（杨梦莹）

【“生态检察助力美丽北京建设”开放日活动】6月9日，区检察院举办“生态检察助力美丽北京建设”检察开放日活动，区生态环境局、区园林绿化局、区水务局、区农业农村局、区规自分局及区城管委相关领导，部分人大代表、政协委员、人民监督员、“益”心为公志愿者及媒体记者受邀参加活动。受邀嘉宾参观了区检察院检察服务大厅，听取检察服务中心工作演示讲解，到区检察院服务大局成果展厅观看《守桥人、寻山人、护河人》公益诉讼主题宣传片，听取生态检察工作情况，全方位了解区检察院服务保障北京城市副中心高质量发展大局的工作成果，到“萧太后河岸环境卫生损害行政公益诉讼案”现场附近的古运萧太后河码头遗址公园听取公益诉讼典型案例讲解，感受检察机关公益诉讼社会治理效能。

（杨梦莹）

法 院

【概　况】 2023年，通州区人民法院（简称区法院）办结各类案件6.68万件，结案率88.06%，结收比99.27%。积案清理率、长期未结案清理、一审裁判被改判发回重审率、小额诉讼程序适用率、类型案件占比、电子送达覆盖率等指标均居全市基层法院前列、一类法院第1名。法官人均结案580件，居全市法院第2名，是全市基层法院平均值的1.5倍。

（马　帅）

【刑事审判】 2023年，区法院审结侵犯人身权、财产权犯罪案473件547人，打击电信网络诈骗、侵犯公民个人信息犯罪案34件53人，审结非法吸收公众存款案16件51人，追赃挽损过亿元。审结曹某受贿案等职务犯罪案4件4人，3人被判处三年以上有期徒刑，追缴违法所得486万元。接待8批、1000余名机关工作人员旁听庭审。集中公开宣判4起12人假冒北京环球度假区注册商标案，连续4年获评国家版权局年度查处重大侵权盗版案件有功单位。

（马　帅）

【民商事审判】 2023年，区法院审结民商事案件39212件，总标的额746亿元。办结婚姻家庭案件4686件，发出人身安全保护令9份，反家暴成效获市妇联主要领导高度评价。审结劳动争议案件3132件，与区劳动人事争议仲裁院联合化解家乐福、国美等用工企业纠纷100余件，化解潜在纠纷近400件。判决北京市首例涉“保交楼、保民生、保稳定”工作商品房预售合同纠纷案，防止商品房消费者“房钱两空”。市、区人大代表现场全程监督见证巡回审判，31户村民土地流转费纠纷诉前化解在田间地头并现场给付，保障155亩土地按时播种。提前化解物业供暖案件，示范判决化解潜在纠纷，社区治理类案件降幅位列全市基层法院第1名。

（马　帅）

【行政审判】 2023年，区法院审结行政案件903件。建立行政审判案例库，推动以个案示范带动类案化解，助力区创建“基本无违法建设区”工作任务，提前开展矛盾化解工作。依托“联、审、新、延”机制，化解包括北京市首例涉及未婚生育子女生育补贴引发的履责类案件在内的各类行政诉讼案件近30件。行政案件诉源治理“知、行、解、综、预”五字诀工作法经验被《人民法院报》等予以刊发。

（马　帅）

【环境资源审判】 2023年，区法院护航北京城市副中心绿色发展，台湖法庭挂牌全市首批环境资源法庭，探索民事、刑事、行政“三合一”审判机制。妥善审理区城管委与大连广泰源环保科技有限公司合同纠纷案，严惩环保企业违规经营、违规排放问题；妥善审理涉北京绿色交易所等新类型案件，研究课题获评全国法院环境公益诉讼优秀调研成果。与区园林绿化局建立“林长+法官”工作机制，与北京绿色交易所合作共建，推动协同发展、系统治理。持续开展普法宣传教育活动，在环境资源法庭新址建设“绿色审判、绿色教育、绿色展示”一体绿色司法实践教育基地，在大运河森林公园挂牌“生态普法驿站”，成立“鸿鹄”环境资源志愿保护服务队，开设“生态普法小剧场”。“鸿鹄”环境资源志愿保护服务队获评“北京市优秀环保公益组织”。

（马　帅）

【审判管理】 2023年，区法院以目标责任制考核指标体系为抓手，建立数据模型精细规划全院及各部门的指标任务，通过“周—月—季—年”通报重点审执指标情况，“定期+动态”预警短板指标，依托院长办公会、审判委员会、全院审执工作推进会提醒督导。建立审管专员制度，包片对接各部门，推动指标任务落地落细。开展延长、扣除审限专项评查与发回重审案件双向评查工作及司法突出问题专项评查工作。先行探索建立阅核制度，率先探索“基层法官团队化运行模式”，推行落实法官预警性记分管理制度，获最高人民法院领导肯定。

（马　帅）

【案件执行】 2023年，区法院开展“春日亮剑”执行攻坚行动，执结长期信访、涉民生案件565件，执行到位金额1.4亿元。发挥财产线索接转中心重要作用，24小时内处理被执行人财产线索，落实“凡交必接、凡接必录”

▲4月23日，区法院执行局开展“春日亮剑”执行攻坚行动

（区融媒体中心提供）

措施，执行财产及时查控处置发还，恢复执行1332件，到位金额2亿元。运用失信联合惩戒机制，将2510人纳入失信被执行人名单，限制高消费1.21万人次。全年执结各类案件2.1万件，到位金额超13亿元，及时兑现群众胜诉权益。

（马 帅）

【诉源治理】 2023年，区法院坚持“抓前端、治未病”，推进诉源治理走深走实，充分释放“12368”诉源治理需求响应中心潜力，深度对接“接诉即办”，快速响应街道乡镇司法需求651次，府院联动聚力化解基层治理难题。成功调解郎东村相邻关系纠纷，一次性实质化解17条市民服务热线投诉工单，将矛盾化解在早在小，有效避免矛盾升级。参与小区新老物业交接矛盾化解，助力和谐社区建设，联合区律师协会设立“通州法律角”，常态化提供法律咨询、普法宣传31场，接待群众1000余人次。

（马 帅）

【多元解纷和诉讼服务体系建设】 2023年，区法院实现22个街道乡镇全覆盖“法院—法庭—乡镇—村居”四级解纷网络，深度对接5家行专调解组织，汇聚人民调解及行专调解员76人，多元化解纠纷1.19万件，诉前调解成功率近30%。一站式多元解纷模式持续优化，府院联合在于家务回族乡打造民族特色基层治理品牌“于府院”，诉前化解10余起矛盾纠纷，经验被《中国审判》杂志专题推荐。

（马 帅）

【人民法庭建设】 2023年，区法院继续下沉优化诉前调解、立案诉服和速裁工作，持续夯实、丰富、拓展人民法庭功能。张家湾法庭三环递进“抓前端、治未病”成效显著，入选“枫桥式人民法庭服务基层社会治理”典型案例，作为全市法院唯一代表在全国调解工作会议上作经验介绍，并被最高法院确定为全市唯一服务新型城镇化建设试点法庭。宋庄法庭积极融入基层社会治理大格局，构建“云端解纷”新模式，与司法所、税务所等建立联动机制，在矛盾多发社区建立共建点，依托微信平台建立“微e站”，选派经验丰富党员干部轮流驻站，随时处理解纷；依托共建支部和共建点辐射带动作用，推广一站式多元解纷工作机制，努力实现矛盾止于萌芽、解于诉前、就地化解。台湖法庭挂牌环境资源法庭，集中审理环境资源案件，打造北京城市副中心绿色司法实践教育基地，为建设国家绿色发展示范区提供强有力司法服务保障。

（马 帅）

【“副中心工程建设案件审判庭”建设】 2023年，区法院深化“副中心工程建设案件审判庭”建设，优化“预防性司法＋专业化审判＋全流程保障”机制，审结相关案件1073件，案件标的额22亿元。保障通清路、厂通路等重点工程顺利推进，妥善审结区供销合作总社、潞城工业总公司土地腾退系列案。北京城市副中心综合交通枢纽站最后一户腾退案获评北京法院疏解整治促提升司法保障优秀案例。助力“基本无违法建设区”建设，专项攻坚系列拆违案，强制执行违法建筑27户，面积近7万平方米。

（马 帅）

【法治护航未成年人健康成长】 2023年，区法院贯彻“特殊、优先保护”和“双向、综合保护”政策精神，审结涉未成年人刑事案件34件。其中未成年人犯罪案6件，侵害未成年人权益犯罪案28件，严惩校外辅导老师猥亵儿童案等犯罪，守护未成年人安全成长环境。129名干警担任法治副校长，覆盖辖区126所中小学，讲授“开学第一课”，围绕禁毒、未成年人网络保护等主题送法进校园70余次，参与诉前矛盾化解10次，法治护航未成年人健康成长。

（马 帅）

【首例涉“保交楼、保民生、保稳定”工作案】 9月1日，区法院依法公开宣判程某、李某诉北京某房地产开发有限公司、某资产管理公司北京市分公司、某银行成都分行商品房预售合同纠纷一案。程某、李某向北京某房地产开发有限公司购买案涉房屋，交纳购房款450万元。但案涉房屋存在多个抵押权，抵押人均为北京某房地产开发有限公司。因北京某房地产有限公司未能履行还款义务，抵押权人某银行成都分行向北京市第三中级人民法院申请司法拍卖案涉房屋，被买受人何某竞得。程某、李某诉至法院要求解除案涉房屋认购合同，对案涉房屋拍卖款享有优先权。案件受理后，区法院及时向北京市第三中级人民法院核实拍卖款发放情况，先后组织谈话、开庭3次，确保查清案件事实、准确适用法律。经审理，区法院判决解除案涉房屋认购合同，北京某房地产开发有限公司返还购房款450万元并赔偿利息损失，程某、李某就其450万元购房款在案涉房屋拍卖价款的范围内应当优先受偿。该案系北京法院首例确认商品房消费者“超级优先权”案件。

（马 帅）

司法行政

【概 况】 2023年，通州区有律师事务所154家，律师851人，人民调解组织657个，人民调解员2603人，区矛盾纠纷多元调解指导中心调解专家团队1个，区调解委员会1个，街镇社区（村）调委会651个，重点行业性专业性调委会5个，全年各调解组织调解案件3.4万件。有司法鉴定机构2家，执业司法鉴定人23人。在管社区服刑人员707人，在管安置帮教人员1959人。

（于 瑶）

【公共法律服务体系建设】 2023年，区司法局健全完善公共法律服务体系，实现区、街道乡镇、社区（村）三级组织体系全覆盖、全贯通。搭建热线、现场、网络三平台服务机制，不断满足群众法律咨询服务需求。全年受理法律援助案件1466件，解答“12348”公共法律服务热线咨询5万件、现场咨询9479件、网络咨询86件。

（于 瑶）

【普法与依法治理工作】 2023年，区

司法局充分调动89家普法责任单位积极性，认真落实“谁执法谁普法”责任制，充分利用普法联盟和融媒体矩阵载体，全方位、全领域、全覆盖开展普法宣传。在法治轨道上推动乡村振兴和谐媒体社区建设，大力培育法律明白人、学法用法示范户，加强法治文化阵地建设，弘扬大运河法治文化，举办法治文艺大赛。调动法治力量深度参与基层治理，建立“基层法治人才工作站”和“基层依法治理专家库”，为基层治理法治化、专业化、精准化进程提供“智库”支持。在村居营造“谋事想法、办事依法、遇事找法、解决问题用法、化解矛盾靠法”法治氛围，以法治保障自治、德治，推动基层治理法治化建设。

（于　瑶）

【律师工作】 2023年，区司法局加强律师行业思想建设，组织开展律师行业学习贯彻习近平新时代中国特色社会主义思想主题教育，制定实施方案并召开动员部署会，抓实行业统战工作，扎实开展“争做党和人民满意的好律师”主题教育实践活动，教育引导广大律师尤其是律师代表（委员），拥护党的领导、拥护社会主义法治。提升律师队伍业务水平，举办企业合规实务培训班，推进京津冀协同发展战略，提升律师行业护航“两区”建设工作水平。加强执纪培训，指导协会纪处委就多发频发投诉、惩戒案例和易发风险隐患行为开展执业规范培训，提升律师防范意识。开展执法检查，检查律所63家次，重点约谈45人次，接待投诉8人，受理投诉6件，办理律师类复议4件，承办信访案件2件，接听“12345”便民服务热线共112件，立案调查行政处罚3件，作出行政处罚1件。

（于　瑶）

【人民调解】 2023年，区司法局加强调解队伍规范化管理，出台《矛盾纠纷多元调解专家库人员选任和管理办法（试行）》，就人员选任管理、职责纪律及工作保障作出规定；组建区矛盾纠纷多元调解指导中心多元调解专家库。加强人民调解组织建设，组织开展基层矛盾纠纷化解“品牌调解室”示范创建活动，充分挖掘调解工作优秀典型。全年各级各类调解组织调处化解矛盾纠纷43969件（其中诉前41977件、劳争828件，区中心149件、司法所1015件），司法确认2956件。

（于　瑶）

【社区矫正】 2023年，区司法局用好用足信息化监管手段，通过手机App签到、划设电子围栏、每日线上监管巡查等多种方式做好社区矫正对象监督管理工作，累计开展矫正对象风险隐患排查2000余人次，谈话教育500余人次，信息化核查4000余次，对出现的设备异常、违规越界、低电报警等情况区分不同预警等级，及时做好核查处置。加强信息化协作，精细实施管理，组建社区矫正专家库，为社区矫正对象在教育、心理辅导、职业技能培训、社会关系改善等方面开展教育帮扶。

（于　瑶）

【司法鉴定】 2023年，区司法局加强对司法鉴定机构的监管和服务，提升司法鉴定业务能力和水平，支持扩充业务领域，聘请专家为新业务进行评审，协调市司法局开展司鉴机构诚信等级评估，评定结果为A级。开展日常执法检查、安全消防工作检查，抽查检查4次，进一步严格规范司法鉴定从业人员和司法鉴定机构依法依规执业意识，全面提高司法鉴定质量和公信力。

（于　瑶）

【法律援助】 2023年，区司法局坚持“应援尽援”，提升法律援助质量，进一步扩增法律援助工作站数量，扩充援助站点至23家，方便群众及时、就近获取优质法律援助服务。畅通农民工法律援助申请渠道，除受理现场申请外，还提供电话预约申请、网络申请、邮寄申请、工作站转交等多元化服务。

（于　瑶）

【公证服务】 2023年，区司法局积极拓展公证业务，为涉及个体营业执照的继承公证制定切实可用的路径，为军人、老年人、残疾人开通绿色通道，开展跨省通办业务。全年办理各类公证事项12402件，其中内地8086件、涉外4210件、港澳106件。助力法治化营商环境优化，推出涉企“绿色通道”、在线咨询预约、上门服务、惠企问答50问等8项惠企举措，与运河商务区管委会签订战略合作协议，建立常态化会晤机制。截至年底，办理赋强公证396件，协助北京城市副中心中小企业融资贷款近10亿元。

（于　瑶）

【首个区级矛盾纠纷多元调解专家库成立】 6月，区司法局在前期充分开展基层调解工作大调研的基础上，依托区矛盾纠纷多元调解指导中心，建立区级多元调解专家库，充分发动社会力量、专业力量，充实“专家＋专业”高素质调解骨干人才队伍，全方位提升矛盾纠纷化解工作理论和实践水平。出台《矛盾纠纷多元调解专家库人员选任和管理办法（试行）》，就人员选任管理、职责纪律及工作保障作出明确规定。调解专家选任采取部门推荐形式，全区重点行业专业领域、承担重要行政调解职能的相关单位、部门，从符合选任条件的法官、检察官、司法行政干警、律师、公证员，其他法律服务、心理咨询从业人员，信访、复议、劳争、物业、消费、知产、婚姻家庭等重点领域矛盾化解专家，高校法学专家学者和取得市一级人民调解员资质的基层调解专家中择优推荐专家，经审核、公示后纳入区调解专家库，涵盖人民调解、行政调解、司法调解、行政调解、律师调解、心理调节各领域。

（于　瑶）

【首届律师行业创新与发展高峰论坛】 12月23日，北京城市副中心首届律师行业创新与发展高峰论坛暨通武廊区域律师行业服务高质量发展研讨交流会在北京国际财富中心举行。论坛着重围绕“两区”建设背景下，如何推动北京城市副中心律师行业管理模式创新、人才结构转型，促进法律服务业专业化、高端化、国际化发展，进一步提升“通武廊”、北三县区域法律服务高质量发展主题展开。邀

▲ 12 月 23 日，北京城市副中心首届律师行业创新与发展高峰论坛暨通武廊区域律师行业服务高质量发展研讨交流会在北京国际财富中心举行

（区司法局提供）

请知名律师从服务保障“两区”建设、律师事务所管理创新、律师人才建设、涉外法律服务等角度作主旨发言，共同分析和研判在北京城市副中心建设新形势下律师行业发展的前景及律师应承担的时代责任。来自“通武廊”、北三县司法局和律师协会的代表，以及通州区各律师事务所主任 100 余人参加论坛。

（于 瑶）

仲 裁

【概 况】 2023 年，通州区劳动人事争议仲裁院（简称区仲裁院）受理劳动人事争议案件 11285 件，比上年增长 11.27%，结案率为 98.31%，调解率为 69.64%，案件终结率 73.11%。

（宫晶玉 马宜坤）

【争议化解源头治理】 2023 年，区仲裁院坚持关口前移、重心下沉，把纠纷化解在基层，化解在萌芽状态。建立青年仲裁员志愿者联系企业活动机制，遴选优秀专职青年仲裁员组织志愿者队伍，为 30 家企业提供志愿服务，通过专题讲座、政策宣讲、专项培训等形式进行普法宣传；开展调解员联千企活动，全区 44 名调解员为 70 家企业开展咨询、普法等服务 280 余次。全年向 5 家用工企业发放仲裁建议书，就争议化解中发现企业潜在用工风险问题提出针对性仲裁建议，引导企业规范用工管理，减少争议发生。

（宫晶玉 马宜坤）

【基层调解组织建设】 2023 年，区仲裁院不断加强基层调解组织建设，促进劳动争议就近就地化解。向基层调解组织推广使用“互联网 + 调解”服务平台，通过平台收到调解申请案件 1959 件，及时分配到相应基层调解组织进行调解。建立基层劳动人事争议“接待、调解、仲裁”一站式处置模式，由调解中心对劳动者提供接待、调解服务，对调解不成案件直接提交派出庭开庭审理。组织全区劳动人事争议调解员培训，22 家街道乡镇基层调解中心和各区域性调解组织近 100 名调解员参训。截至年底，新增 4 家企业调解组织，有各类基层调解组织 105 家，预防调处劳动争议 4217 件。

（宫晶玉 马宜坤）

【劳动纠纷处理】 2023 年，区仲裁院开创街道乡镇调解中心与派出庭对接试点，在基层推进劳动人事争议接待、调解、仲裁一站式矛盾处置模式。深化多元化解机制建设，加强与区总工会、司法局合作，加强庭前案件调解。畅通绿色通道，高效妥善处理大规模劳动争议。

（宫晶玉 马宜坤）

军 事

区人武部

【概　况】2023年，中国人民解放军北京市通州区人民武装部（简称区人武部）完成政治教育、民兵整组、军事训练、民兵执勤、兵役征集等各项工作任务。全国两会期间，区人武部组织首都民兵参加全国两会安保执勤任务，参加道路卡点和检查民兵执勤。

（范雨鑫　于　磊）

【民兵训练】2023年，区人武部组织专武干部和民兵骨干、负责执勤单位的武装部部长、负责民兵执勤的干事和执勤民兵参加民兵应急处突能力、执行作战任务能力、应急行动常识学习和课目学习的培训和演练。通过训练达到熟练使用手中装备、掌握基础技术的目的，为民兵遂行各项任务打下基础。

（于　磊）

【兵役工作】2023年，区人武部着眼国防和军队现代化建设对兵员征集需求，年初召开区征兵工作动员大会，针对提升征兵工作标准、提高兵员征集质量提出明确要求，指导区征兵办公室树立“面向社会聚人才、不拘一格选人才、对接需求送人才”理念。组织开展4次征兵体检工作，主要包括身高、体重、化验、心电图等项目检测。完成年度男兵、女兵和直招军士的征集任务。

（范雨鑫）

【全民国防教育】2023年，区委宣传部制定《北京市通州区全民国防教育发展规划（2023—2025年）》《北京市通州区关于加强和改进新时代全民国防教育工作的实施方案》《中共北京市通州区委全民国防教育工作领导小组工作规则》《中共北京市通州区委全民国防教育工作领导小组办公室工作细则》等文件，召开第一次区委全民国防教育工作领导小组会议。组织区退役军人事务局、区国防动员办公室、潞邑街道7名队员参加第一届北京市全民国防知识技能大赛，获三等奖。举办“强国复兴有我 续写使命赞英模”通州区全民国防教育系列宣讲活动暨全国国防教育示范学校授牌活动18场，北京理工大学附属中学通州校区、中国人民大学附属中学通州校区、首都师范大学附属中学通州校区、永乐店中学、潞河中学、运河中学6所学校获评全国国防教育示范校。区人武部协调现役官兵先进典型加入英模宣讲团，系列直播活动点赞量达45.1万人次。

（高　磊　范雨鑫）

【军地合作】2023年，区人武部协调配合区城管委完成六小村棚改涉及军用土地置换事宜和帅府潞苑东侧道路规划设计工作。开展走访慰问驻区部队和为立功受奖军人家庭送喜报活动。为驻区部队解决营区红线外水电气暖污等问题。

（范雨鑫）

【征兵宣传】2023年，区人武部通过网络媒体、宣传围栏、举办活动等多种方式开展征兵宣传工作，在“通州融媒”微信公众号发布征兵工作开展时间和相关要求。4月14日，联合北京工商大学嘉华学院（简称嘉华学院）举办2023年春季迎兵会，春季退伍学生代表分享部队生活经历与个人成长感悟。10月21日，在嘉华学院开展“青春热血踏军旅、铿锵誓言铸军魂”征兵宣讲会，参观校园军事训练展示活动，向师生发放征兵宣传品，与校方领导和学生代表进行座谈。

（范雨鑫）

▲11月23日，通州区获评全国国防教育示范校授牌活动举办

（区融媒体中心提供）

【民兵工作检查考评】11月27日至12月1日，通州区接受北京卫戍区民兵工作检查考评。区应急营应急1连采取摩托化行军方式机动到训练场实施拉动演练；玉桥街道某连和台湖镇通用工程抢修抢建排2支支援分队接受静态检查；马驹桥镇和于家务回族乡接受现场检查，2个基层武装部检查考评成绩总评优秀。

（于　磊）

国防动员

【概　况】2023年，通州区国防动员办公室（简称区国动办）认真落实国防动员体制改革，完成“三定”方案制定、国防动员委员会组织架构调整等工作，加挂通州区人民防空办公室牌子。完成北京城市副中心人防体验馆社会化运行交接。区国动办在市国动办专业技能比武训练中获第2名，在第一届北京市全民国防知识技能大赛中获三等奖。

（杨丽君）

【国防体制改革】2023年，区国动

办按照中央、市委、区委关于深化国防动员体制改革任务要求，完成国防动员体制改革。对标上级改革实施方案，立足通州区实际，经多次对接相关部门，反复修改后形成《北京市通州区深化国防动员体制改革实施方案》，拟订《北京市通州区国防动员办公室职能配置、内设机构和人员编制规定》，完成国动委组织架构调整，组织筹备第一次区国动委全会，修改完善相关制度，夯实国防动员工作制度基础。

（杨丽君）

【公共安全宣传教育】 2023年，区国动办利用“国际民防日”、“4·15”国家安全日、“5·12”全国防灾减灾日等主要节点开展宣传活动30余次，举办知识讲座和培训80余场次，发布各类宣传信息、视频30余条，通过宣传大屏幕播放防空防灾公共安全宣传短片120余场次，直接受众人数5万余人次，间接受众人数百万余人次，普及人防知识技能，增强市民国防观念和人防意识。

（杨丽君）

【指挥通信建设】 2023年，区国动办以《“通武廊”协同框架协议》为契机，加强京津冀三地人防系统协作。3月9日，与天津市武清区人民防空办公室就国防动员改革和指挥通信进行座谈，共同探讨多样性通信保障方式。4月，组织1次年度“通武廊”联合演练和4次卫星通信、短波电台训练，推进信息共享，实现卫星、短波通信联通，完成跨区联合演练任务。按市国动办通信业务训练要求，定期开展视频会议系统、IP电话等通信设备的测试，业务人员熟练掌握各种设备性能。年内，获北京市国动办指挥通信车专业技能比武竞赛第2名。

（杨丽君）

【指挥通信设施升级改造】 2023年，区国动办将指挥通信设施升级改造列为重点工作。修订完善《指挥所升级改造方案》《指挥所升级改造技术方案》，制定区级指挥场所升级改造方案；完成高点监控配套设施升级改造；完成潞城镇、文景街道3个警报器新建工作；完成街道乡镇指挥场所情况摸底，为后续升级改造奠定基础。

（杨丽君）

【防空体系建设】 2023年，区国动办集中检修全区警报设备，培训警报管理人员。9月16日，完成“全民国防教育日”警报试鸣，全区警报鸣响率100%。警报试鸣期间，60余名居民参与防空袭疏散掩蔽演练。

（杨丽君）

【人防工程建设】 2023年，区国动办受理人防工程建设标准报批39项，人防工程设计方案申报25项，易地建设人防工程14项，受理人防工程竣工验收备案报批41件，受理人防工程平时使用报批119件。

（杨丽君）

▲3月24日，区国动办在北京市国动办指挥通信车专业技能比武竞赛中获第2名

（区国动办提供）

【人防工程利用】 2023年，区国动办为民办实事工作中，按照人防工程平战结合原则，鼓励开发商和物业将人防工程用于停车场使用，以缓解群众停车压力。截至年底，新增2119个车位，超额完成交通综合治理年度任务。

（杨丽君）

【人防工程安全监管】 2023年，区国动办加强人防工程使用及管理单位安全责任意识。举办行业培训，邀请行业专家讲授有关安全生产、人防工程使用等系列法律法规、工作规范，200余人参训。通过包片到人方式，划定检查管理区域，第一时间发现人防工程存在的问题并及时解决，完成103处人防工程维护维修，人防工程完好率85%以上。落实告知承诺制，审批与监管无缝连接，实施信用分级分类管理，对信用差、风险高的企业重点监管，常态化组织开展联合抽查。向街道乡镇及各人防工程使用及管理单位下发《安全生产和火灾隐患大排查大整治工作方案》，开展使用单位自查、街道乡镇排查、国动办督查检查的安全生产治理新格局。累计出动检查人员4200余人次，实地检查人防工程，联合属地等相关部门查出各类安全隐患200余项，均完成有效整改。

（杨丽君）

【地下空间整治】 2023年，区国动办将地下空间整治作为《通州区“疏解整治促提升”专项行动2023年工作方案》重点任务之一，完成园景阁小区、花润溪小区、新华联小区等15处地下空间整治工作，提前近半年完成挂账的15处人防工程整治销账工作，进展列全市第1。

（杨丽君）

【国防动员委联合办公室成立】 6月21日，经七届区委全面深化改革委员会第四次会议审议通过，同意以“两办”名义设立区级国防动员委联合办公室，撤销区级国动委相关办公室，建立区级军事设施保护工作机制等各项改革任务。年内，区国动委召开3次会议进行军地协调对接工作。

（杨丽君）

退役军人事务

【概　况】2023年，通州区退役军人事务局（简称区退役军人事务局）做好退役军人移交安置工作，支持退役军人就业创业，推动通州区退役军人工作高质量发展。年内，在各级各类报纸、杂志等重要媒体平台上刊发稿件200余条，在“通州退役军人事务局”微信公众号上发布信息400余条，获评退役军人事务部“2023年度宣传工作先进单位”。“首都老兵”志愿服务队开展志愿服务活动80余次。

（王黎珩　张雪祯）

【移交安置】2023年，通州区接收、安置符合政府安排工作的退役士兵和退出消防员；接收春、秋、冬季自主就业退役士兵，完成自主就业退役士兵资金发放工作，发放一次性经济补助金和“两节”慰问金；接收复员干部。接收、妥善安置团职以下转业军官和随调家属。接收逐月领取退役金的军官和士官。

（曹振超　张雪祯）

【就业创业支持】2023年，区退役军人事务局组织召开“通武廊”退役军人及随军家属专场招聘会，50余家企业参加，提供1000余个就业岗位。联合易丰收企业管理（北京）有限公司打造通州区首家“北京市退役军人就业创业园”。联合培训机构开设消防设施操作员培训专班1次、培训人员34人。

（曹振超　张雪祯）

【优待抚恤】2023年，通州区足额下拨发放各项抚恤补助资金慰问金，报销医疗费270.4万元，为优抚对象进行意外伤害险免缴。为符合条件优抚对象发放采暖补助。

（马天骄）

【退役军人服务保障】2023年，区退役军人事务局强化组织领导，召开第四次通州区委退役军人事务工作领导小组会议。稳步推进基础建设，全区累计建成三级退役军人服务中心（站）660个，落实事业编制60个，配备专职兼职人员1377人，落实服务保障经费290万元，实现服务功能全覆盖和基本服务全保障。拨付专项资金，支持部分街道乡镇所辖6家社区（村）退役军人服务站完成政治文化环境建设打造。不断提升退役军人服务保障能力，举办通州区三级退役军人服务保障体系培训班，加强基层退役军人服务站工作人员政策法规和业务知识掌握与运用，夯实本领。12月，区退役军人服务中心牵头成立调研小组，对全区各街道乡镇、部分社区（村）退役军人服务站开展专项调研，组织各级对照《北京市基层退役军人服务手册（试行）》开展全面自查，进一步提升标准化服务效能。

（张雪祯）

【军休服务工作】2023年，通州区军队离休退休干部休养所（简称区军休所）组织开展主题党课、警示教育、红色宣讲等活动52次。组织党员、群众参与“共产党员献爱心”“防汛救灾”捐款活动2次，捐款24.6万元。深化“通武廊”军休合作交流，组织召开三地军休机构协同发展座谈会，共同签署《通武廊军休机构合作框架协议》。组织开展2023“通武廊”军休康养大集暨军休服务社会化论坛，引进53家专业机构解决军休干部养老生活中的难题。高标准推进军休大学建设，投资229万余元建设舞蹈教室等专业教学场所，搭建完成线上学习教育平台。完成移交接收军休干部、退休无军籍职工工作。年内，区退役军人事务局光荣院投资96万元完成后勤改造服务，投资100万元改造提升荣誉室。春节走访慰问全区抗日老战士、1—4级伤残军人、在乡孤老复员军人等重点优抚对象。4月，组织全区二等功及以上退役军人代表，到山东省枣庄市、临沂市革命教育基地参观学习。“七一”前夕，慰问全区持证烈属。“八一”前夕，走访慰问二等功及以上退役军人。9月，组织全区伤残军人、“三属”（即烈士遗属、因公牺牲军人遗属、病故军人遗属）、农村籍退伍老兵等部分在乡优抚对象开展短期疗养活动。

（吴佳文　刘建波）

【烈士褒扬纪念】2023年，通州区全面开展烈士纪念设施数据核查工作，设立烈士纪念设施标识牌，将烈士纪念设施纳入遥感卫星监测系统，烈士纪念设施实现全天候、全方位监控。组织开展清明祭扫和“9·30”烈士公祭活动，线上及线下190余万人次参与。

（马天骄）

【双拥工作】2023年，通州区双拥工作领导小组办公室（简称区双拥办）号召各成员单位和驻通州各部

▲10月25日，2023“通武廊”军休康养大集暨军休服务社会化论坛举办

（区退役军人事务局提供）

队开展以纪念延安双拥运动80周年为主题的宣传教育活动，在《北京日报》、“学习强国”、中国双拥、通州双拥等媒体平台，累计发布双拥主题信息800余条。在土地权属核查、燃气污水引接、军事设施保护、解决训练场地、夜间就餐、演训保障、营区绿化美化等方面给予驻通州部队全力支持，援建球场和图书室。解决随军家属就业问题和军人子女就近入学问题。开展军地联谊、健康拥军、文化拥军、法律拥军、科技拥军、知识拥军、慈善拥军、双拥杯比赛、国防教育讲座、军事日等共建活动，定期开展走访慰问驻通州部队活动。

（张　军）

【首家“北京市退役军人就业创业园”揭牌】 12月1日，北京市退役军人事务局、通州区退役军人事务局联合为易丰收企业管理（北京）有限公司举行通州区首家“北京市退役军人就业创业园”揭牌仪式。2020年以来，区退役军人事务局全力推进社会化拥军和关心关爱退役军人就业创业工作高质量开展，与易丰收企业管理（北京）有限公司在退役军人就业创业领域开展密切合作，建立良好的沟通机制。充分发挥易丰收企业管理（北京）有限公司的信息优势、人才优势、政策优势、场地优势等，推出面向退役军人创业服务的一系列拥军优惠措施，通过一站式专业服务，为“通武廊”地区退役军人创业者创业开辟绿色通道。

（张雪祯）

特色小镇建设

张家湾设计小镇

【概　况】　张家湾设计小镇（简称设计小镇）规划范围北起京津公路，南至广开路，西起垂柳路，东至里上路，东西长约3.6千米，南北宽约2千米，规划总用地面积约5.45平方千米。2023年，设计小镇落实区委、区政府相关决策部署，推动各领域工作加快落实。《张家湾设计小镇建设导则》在2023北京城市副中心产业高质量发展大会发布，元宇宙应用创新中心投用，氢能大巴接驳班车开通运营，环球建筑科创中心开工建设，全国首例建筑业数字化转型集成创新试点项目——首旅张家湾设计小镇服务综合项目加速推进，北京国际设计周永久会址揭牌，“设计小镇、智慧小镇、活力小镇”功能持续完善。

（徐　鹏）

【招商引资】　2023年，设计小镇通过多种招商模式，围绕创新设计和城市科技产业方向，引进京东方艺云（北京）数字科技有限公司、北京黑油数字展览股份有限公司、北京汉荷国际设计有限公司等符合设计小镇功能定位企业122家，注册资本金47.39亿元。经过4年发展，设计小镇重点地块新增注册企业累计506家，其中城市科技类企业363家（元宇宙类59家）、设计类企业45家，其他类企业98家，累计注册资本金215.2亿余元。注册资本金5000万元以上企业75家，注册资本金1000万元以上企业258家。

（徐　鹏）

【重点项目建设】　2023年，元宇宙应用创新中心投入使用。项目位于设计小镇创新中心A1楼，建筑面积1.6万平方米，共6层，是北京城市副中心全面启动元宇宙产业发展推进的重要标志地之一。北京市建筑设计研究院有限公司和北京市工程咨询有限公司新总部项目按计划完成土护降施工；北泡二期（家园中心）建设基本完工；怡禾生物升级改造项目正式开工。103国道、张凤路、广源路、北泡地块乔木及灌木、地被等设计小镇景观提升工程完成改造。

（徐　鹏）

【氢能大巴班车示范线开通运行】　2月10日，国电投（北京）综合能源公司在设计小镇创新中心举行氢能大巴开通仪式，启动运行设计小镇氢能大巴班车示范线。该氢能大巴班车是设计小镇打造北京城市副中心“十四五”时期智慧城市建设标杆示范样板之一“近零碳排放智慧能源示范区”项目的重要组成部分。氢能大巴班车线路从设计小镇创新中心到地铁土桥站，覆盖设计小镇区域主要通勤线路，满足小镇园区员工及非园区市民无缝出行需求，提升园区服务功能。班车搭载国家电投自主研发制造的“氢腾”燃料电池发动机，可载客46人，设计时速100千米/小时，一次加氢仅需10分钟，总续航里程可达630千米，可实现-30℃低温启动。氢能大巴可实现零污染、零排放，相较传统化石能源车辆，每行驶100千米，可减少70千克二氧化碳排放。

（徐　鹏）

【北京时装周活动】　9月15—17日，2023北京时装周系列活动之“拓扑牛·嘉年华”在设计小镇北京国际设计周永久会址举办。活动分为鬆雪草·春晓SS2024春夏新品发布会、时尚生活合集、中秋创意市集、太空生活体验展四大板块，沉浸式体验从传统到时尚、从现实到未来美好生活方式的延续与探索，设立40个摊位和3个展销区，共接待市民3000余人次，总销售额15.5万元。

（徐　鹏）

【2023北京国际设计周活动】　9月21日至10月7日，2023北京国际设计周活动举办，活动以“开放创新”为主题，设置包括开幕式暨主题论坛、设计名城对话、主题展览、北京设计与艺术博览会、北京国际儿童设计周、北京国际品牌周、设计人才、设计之夜、设计之旅九大重点板块和一个特别行动板块，在设计小镇、中华世纪坛、中国儿童中心等京津冀70余处场所举办1000多项展览、论坛、竞赛、工作坊、发布会、市集等创意设计活动，活动场地面积超过350万平方米。北京国际设计周永久会址在开幕式上揭牌。本届设计周有来自50余个国家和地区的6000余位设计师、1500余家设计品牌和设计机构参与，吸引来自

▲2月10日，张家湾设计小镇开通氢能大巴班车示范线　（区融媒体中心提供）

▲ 9 月 15 日，张家湾设计小镇“拓扑牛·嘉年华”时装秀展演

（区融媒体中心提供）

国内外的观众 350 余万人，另有 8000 余万名观众通过网络直播间参与各项论坛和直播活动。

（徐　鹏）

宋庄艺术创意小镇

【概　况】 宋庄艺术创意小镇（简称艺术小镇）是北京城市副中心三个特色小镇之一。宋庄小堡艺术区规划范围为西起六环路，东至通怀路（宋梁路及在施北延工程），南到京榆旧线，北至北堤路，总面积约 6.8 平方千米，是北京城市副中心文旅休闲功能板块的重要支撑，也是北京打造首都全国文化中心的重要承载空间。2023 年，宋庄镇在北京城市副中心率先开展镇域国土空间规划编制工作；11 月 19 日，国土空间规划（街区层面）通过北京城市副中心党工委会议审议，获北京市优秀城乡规划奖总体规划类一等奖。编制《宋庄艺术创意小镇高质量发展三年行动计划》，形成高位统筹推进工作机制。截至年底，艺术小镇集聚艺术家约 7000 人，艺术场馆 69 家，文化企业 262 家，艺术直播企业 52 家，艺术培训企业 31 家，具备较强影响力和较高知名度。

（许璐璐）

【重点项目进展】 2023 年，艺术小镇内建成北京祥体育博物馆、声音艺术博物馆、北京珐琅艺术博物馆，巴林石博物馆、元亨利红木博物馆筹建中。截至年底，山姆会员店、小堡集租房、中国艺术品交易中心等区级项目有序推进，青年艺术家工坊、何家英美术馆、中国艺术研究院、全球音乐教育联盟、中国·宋庄漫心酒店、首开印象街提升改造等镇级项目也在履行引进流程，其中青年艺术家工坊是北京城市副中心集体产业用地入市试点的首个项目，具有重要示范效应。

（许璐璐）

【“1+4+3”体系建设】 2023 年，宋庄镇壮大“1 个核心资源”（即艺术家），坚持党建引领，充分发挥艺术区党委统领作用，用好新联会、促进会等社会组织，做好艺术家职称评定、子女入学、困难救助等服务保障工作；过渡性保留一批符合定位的艺术类建筑，建立“腾退不拆、收回运营、低价租赁”机制，制定“租一年送一月”政策，降低腾退负面影响。瞄准“4 大产业方向”。“艺术教育”产业方面，成立中国·宋庄艺术培训协会，有会员企业 31 家；“国展班”粗具规模，成为高级职业艺术人才输送基地。“艺术交易”产业方面，线上成立直播协会，有会员企业 33 家，线下建成中国宋庄艺术市集。“艺术文旅”产业方面，小堡文化广场、小堡南街步行街、国防艺术区等特色片区商业化水平较高，是北京城市副中心夜间经济热点。“艺术科技”产业方面，有北京小鸡磕技文化创意有限公司、北京优贯创意文化有限公司、北京思恩客科技有限公司等一批文创科技企业。强化“3 项产业支撑”。强化活动支撑，以中国·宋庄文化艺术节为抓手，引进专业运营团队，引导艺术场馆、艺术家工作室常态化开放，支持社会组织举办优质活动。强化品牌支撑，打造“美术馆群”和“博物馆小镇”2 张文化名片。强化环境支撑，在核心圈层加快推进市级行政办公区周边重点区域环境综合整治提升项目；在第二圈层着重营造艺术氛围，以喇嘛庄村为试点，推进“艺术赋能乡村振兴”项目，探索艺术家参与公共空间设计的模式；在第三圈层着力补齐短板，稳步推进村级自管模式，厘清镇、村、第三方责任，从历史遗留问题中吸取经验教训，建好工作机制，做好协调配合。

（许璐璐）

【中国宋庄艺术市集建设】 中国宋庄艺术市集（简称艺术集市）地处潞苑北大街与小堡工业区路交叉口东侧，位于北京城市副中心环城绿色休闲游憩环内，占地面积约 6 万平方米，总投资 2600 万元，2022 年 8 月启动筹备建设，2023 年 3 月进入试运营阶段，8 月 26 日正式开业。建成艺术家工作室 400 余个、精品展位 100 个，配套美食摊位 80 个、露营帐篷 290 余顶。

▲8月26日，中国宋庄艺术市集开业　　（区融媒体中心提供）

经营内容包括艺术品展示交易、艺术拍卖、艺术农场、帐篷露营、亲子乐园、音乐广场等，展示作品涵盖非遗、雕塑、国潮等众多原创艺术品，受众群体囊括专业藏家、时尚买手、文艺青年等各类人群，成为集艺术创作展销、拍卖收藏、美学教育、城市休闲、文化旅游的综合平台。

（许璐璐）

【全国首家声音艺术博物馆开馆】 5月18日，全国首家声音艺术博物馆在宋庄对外开放。博物馆位于宋庄镇潞苑北大街和徐宋路交叉路口东北角，总面积8200平方米，展览空间面积6400平方米。博物馆由常设展览“声音总站”、主题展厅“声音艺术空间”、声音实验项目基地“若谷楼”及“声活中心”等组成。

（通鉴编）

【第13届中国·宋庄文化艺术节】 9月28日至10月6日，第13届中国·宋庄文化艺术节在宋庄镇小堡村举办。艺术节共推出“1主+6副+17个联展”24个展览，有聚焦艺术小镇艺术发展变迁的“再宋庄：宋庄当代艺术30年”主题展；有“宋庄·30年”文献展，围绕艺术与公众关系、探索青年艺术家生活创作状态的“宋庄·搭子——青年艺术邀请展”，以区域化视角观察研究中国当代艺术史的“时空折叠——中国当代艺术史的非线叙事”等6个副展；还有传承弘扬非遗工艺的“熊氏珐琅艺术展”、精美华贵的珠宝设计创意展、画在器皿箱箧上的黄敏怀旧个展等17个联展。展览总面积约5万平方米，涵盖23个展馆、300家工作室和画廊，观众超15万人次。

（许璐璐）

【宋庄艺术创意小镇高质量发展论坛】 9月29日，宋庄艺术创意小镇高质量发展论坛在村上云顶会客厅举行。论坛以“艺术生态体系”“产业提档升级”“关注青年一代”等关键词为核心，邀请文化和旅游部艺术发展中心副主任乔宜男，中央美术学院教授于洋，景德镇三宝蓬聚落创始人、三宝蓬美术馆馆长肖学锋等全国知名学者、艺术经营者及从宋庄走出去的多位艺术家共同参与，对宋庄艺术生态现状、艺术产业发展路径进行交流和探讨，进一步明晰艺术小镇发展方向和思路，有效助力艺术产业提质升级，取得高质量发展。

（许璐璐）

台湖演艺小镇

【概　况】 台湖演艺小镇（简称演艺小镇）位于京哈高速和京津高速之间，北邻北京环球度假区，西邻朝阳区，南与北京经济技术开发区接壤，区域总面积35.6平方千米，规划城乡建设用地约10平方千米。2023年，演艺小镇健全机构、充实力量、优化机制，完善产业发展主要思路和行动方案，推动产业有序发展，提升小镇品牌影响力。落成台湖舞美艺术博物馆，打造首部全息投影沉浸式党建剧本游戏《迢迢》，举办丰富多彩的演艺活动。台湖星期音乐会、台湖爵士音乐节成为台湖特色品牌演出活动。北投台湖演艺酒店在第十二届CHA中国酒店大奖中获“年度最佳新开业酒店奖”。

（林　丽）

【图书城升级改造】 2023年，演艺小镇推进台湖图书城提升改造工程，突出“创”与“展”两大要素，与国家大剧院舞美艺术中心等项目形成联动，增加演艺小镇活力。1月20日，北京北投文化旅游有限公司与北京音羽宙文化服务有限公司完成合作协议签订，实现项目主力IP落地签约；4月28日，北投台湖演艺酒店对外试运营，7月1日正式营业。截至年底，“8字楼”装修改造基本完成；B库音宇宙新建结构完成；与北京交响乐团完成《北京交响乐团永久团址落户暨台湖图书城提升改造项目创意楼改造项目协议书》签署工作，完成创意楼外立面。

（林　丽）

【演艺活动】 2023年，演艺小镇举办演出活动276场，其中国家大剧院台湖舞美艺术中心演出45场，演艺车间演出128场，双益发演艺中心演出61场，月光林地爱剧场演出23场，台湖演艺酒店演艺剧场演出19场。涵盖豫剧、评剧、河北梆子、儿童剧、亲子魔术、人偶剧、皮影戏、音乐会、文艺会演晚会等多种舞台表演形式，《包青天》《穆桂英挂帅》《大闹天宫》《武松打虎》《打金枝》《小兵张嘎》等经典剧目演出200余场；“周末场演出计划”公益惠民演出70余场。

（林　丽）

【演出剧场建设】 2023年，台湖演艺

▲台湖演艺小镇“暖唐欢喜”民宿　（区融媒体中心提供）

▲5月26日，台湖爵士音乐节在国家大剧院台湖露天剧场举办　（区融媒体中心提供）

小镇持续推进营业性演出场所申报工作。双益发月光林地爱剧场、双益发演艺中心剧场、北投台湖演艺酒店演艺剧场取得“演出场所经营单位备案证明”。截至年底，演艺小镇有营业性演出场所5个，国家大剧院舞美艺术中心的龙头作用突显，一大带四小的剧场格局形成。

（林　丽）

【民宿发展】 2023年，演艺小镇推进民宿产业发展，重点打造以唐大庄村为样板的民宿集中村，推动乡村全面振兴。12月，唐大庄村获评“民宿集中村”；唐大庄村“金禧堂”民宿和“暖唐欢喜”民宿在区级民宿奖补评定中分别获铜质和银质民宿称号，“暖唐欢喜”获优秀设计奖。截至年底，台湖镇有30户民宿通过多部门联合验收。

（林　丽）

【国家大剧院台湖舞美艺术博物馆开馆】 5月18日，国家大剧院台湖舞美艺术博物馆开馆，成为北京市第215个在册博物馆，是国内唯一集设计、制作、研究、交流、收藏、展陈于一体的舞美主题博物馆。博物馆设立舞美艺术综合展区、创意空间展区、制作工坊展区、户外大型道具展区、台湖剧场、艺术家工作室、舞美图书馆及舞美数字平台8大展示区域和线上数字展览平台，观众可以在这里查阅相关资料，观摩服装、道具、舞美布景制作过程。

（通鉴编）

【第三届台湖爵士音乐节】 5月26—31日，第三届台湖爵士音乐节在国家大剧院台湖露天剧场举办。音乐节以“爵士星空”为主题，注重艺术与科技的融合，首次应用声场重构技术，增强临场感，打造国内首个全景声、沉浸式露天爵士音乐节，助力音乐家们传递出最自然、最真实的声音，同时带给现场观众更深层的参与感。“台湖爵士音乐节”成为国家大剧院台湖舞美艺术中心重要品牌艺术节。

（林　丽）

【2023台湖舞美国际论坛】 9月26—27日，2023台湖舞美国际论坛在国家大剧院台湖剧场开幕。作为世界剧院联盟框架下的三大论坛之一，论坛以“场域·空间·外延”为主题，邀请来自世界剧院联盟成员代表、国内外知名艺术院团、艺术院校、行业协会的250余名专家、设计师、学者，围绕三个议题展开讨论。开幕式和主旨发言在国家大剧院古典音乐频道等多家媒体平台直播，并通过国家大剧院海外传播平台和世界剧院联盟网站进行境外传播。

（林　丽）

京津冀协同发展

综　述

【交通互联互通】 2023年，通州区加快建设“轨道上的京津冀”，平谷线通州段政务中心站、政务中心东站等4座车站实现结构封顶，进入盾构施工阶段，轨道交通M101线北京城市副中心站和北京大剧院站全面施工建设。完善区域连通道路体系，厂通路、通清路主体工程完工，跨潮白河桥梁建设总体形象进度完成50%，石小路开工建设。完善检查站联动机制，实行“京警入冀”“冀警入京”工作机制，觅子店、燕山营检查站分别前置香河安平、大厂谭台检查站，避免重复检查。依托智慧管控系统，河北省、天津市70余名警力到白庙、白庙北、应寺、兴隆庄等检查站核查快检快放，提升查控效率；高峰时段优化完善“白名单”机制，保障日均8.5万余辆通勤车辆快速过站。优化跨界公交线路，保障20余条跨区域公交线路常态化运营，开通北三县、廊坊市、固安县、天津市武清区等至北京主线6条、支线36条，投放车辆69辆，全年运行班次24740个，客运总量96.13万余人次。

（李　丹）

【产业创新协作】 2023年，通州区加大产业合作力度，区经信局与廊坊市经信部门多次联合召开座谈会及招商推介会，推动通州区与北三县企业供需对接。7月，北京城市副中心与北三县制造业高质量发展推进会召开，双方签署《产业协同发展合作协议》，促进形成一体化产业链供应链体系。9月，举办2023年北京通州·河北廊坊北三县项目推介洽谈会，签约项目50个，实现投资金额约426亿元。搭建园区共建“企业合作交流”平台，举办大厂回族自治县财信城市建设投资开发运营集团有限公司与北京通州发展集团有限公司交流座谈会，在招商引资、企业服务等方面开展经验交流。

（李　丹）

【生态联控联治】 2023年，通州区全面实施水生态综合治理，完成通州堰涉及的温榆河、宋庄蓄滞洪区（二期）等工程。启动京冀大运河跨区域水上安全监管系统建设，做好北运河航标维护养护，每周网上巡查1次，每月现场巡查1次，截至年底，开展现场巡检8次。推进潮白河森林公园控规编制工作，启动北三县一侧规划设计工作，开展公园总体设计，优化慢行系统，整合游憩资源，推动生态功能分区精细化与公园建设需求相衔接。推进跨界污染源巡查，开展进京过境柴油车检查执法工作，全年累计检查车辆29.86万辆次，筛查不合格车辆并移交处罚12213辆；累计开展移动源联合执法13次，累计检查车辆282辆，查处不合格车辆2辆；移送超标车辆信息10批次1914条。加强跨区域河流水环境治理联席机制，在潮白河下段沿途选定5个监控断面，每月进行监测，出境断面水质全部达到考核目标。安全运行“通武廊”气象灾害防御协同工作平台，实现通州区、北三县等气象数据共享，信息互通，协同叫应。

（李　丹）

▲9月16日，厂通路潮白河大桥首节钢箱梁架设成功，标志着厂通路潮白河大桥下部结构全面完工，转入桥梁上部结构施工阶段　（区融媒体中心提供）

【公共服务共建共享】 2023年，通州区推进北京潞河中学三河校区建设，实施“青蓝计划”，加强青年教师培养力度。举办北三县干部教师专题研修班，北三县48名教师干部到通州区17所学校开展跟岗研修。每月面向天津市武清区、河北省廊坊市北三县开展线上+线下教研活动，提升当地教师教研水平。举办2023年“丹佛斯”杯“通武廊”职业学校技能大赛，廊坊市电子信息工程学校、北京新城职业学校、天津市武清区职业教育中心、河北省香河县职业技术教育中心、河北省大厂县职业技术教育中心5所学校参赛，提升职业技能水平。推动建立区域性医疗养老服务体系，通州区妇幼保健院签订托管大厂县妇幼保健院合作协议，首次以“整体托管”形式开展跨区域院际间深度合作。北京大学人民医院通州院区与漷县镇社区卫生服务中心等5家区属社区卫生服务中心、香河县人民医院、武清区人民医院、唐山市工人医院等机构组建京津冀医联体联盟。友谊医院通州院区、东直门医院通州院区开展与北三县医疗卫生合作；潞河医院与三河市医院、三河市中医医院、大厂县人民医院、大厂县中医医院签订医联体合作协议。联合举办“通武廊”三地养老护理员职业技能培训及职业技能大赛，提升三地养老服务质量。促进人力资源共享与就业服务，通过线上线下相结合形式，召开“通武廊”“通宝唐”“通州—北三县”2023年高质量就业工作推进会，持续推动京津冀公共就业服务领域协同发展，共享北京环球度假区、北京城市副中心投资集团等重大项目、重点企业资源红利，带动北京及周边地区劳动力就业，全年举办京津冀招聘活动23场，共享就业岗位19344个。

（李　丹）

京津冀合作交流

【概　况】2023年，《中共北京市通州区委关于贯彻落实中共北京市委十三届三次全会精神 深入推进京津冀协同发展的实施方案》落地实施，通州区立足京津冀协同发展大局，深入推进京津冀合作交流，实现政务服务平台一体化畅通，优化便民服务、增强京津冀区域联通与政务联系；为京津冀协同发展十周年预热宣传，扩大京津冀合作影响力；加强企业交流联系，助推京津冀经济增长与品牌打造。联合河北省、天津市举办京津冀鲜食番茄 & 黄瓜擂台赛、京津冀鲜食玉米产业大会等惠农推广活动，京津冀国家技术创新中心通州中心投入运营。

（通鉴编）

【京津冀“区域通办”2.0形成】2023年，区政务服务局发挥北京城市副中心一体化政务服务平台和“云窗口”远程服务模式优势，与北三县签署《政务服务“区域通办”2.0框架协议》，与河北省、天津市15个属地大厅建立“区域通办”联动工作机制，实现北京市、通州区及街道乡镇三级政务服务事项3600余项、便民服务事项262项，河北省政务服务事项555项，天津市政务服务事项501项异地网上办、马上办、就近办。实现政务大厅跨域融合，北京城市副中心政务服务中心一体化办事大厅在河北省大厂回族自治县、天津市武清区运行，实现“跨区通办”事项1975项。全年各类渠道办理“跨省通办”事项1.6万件。

（王梦雪）

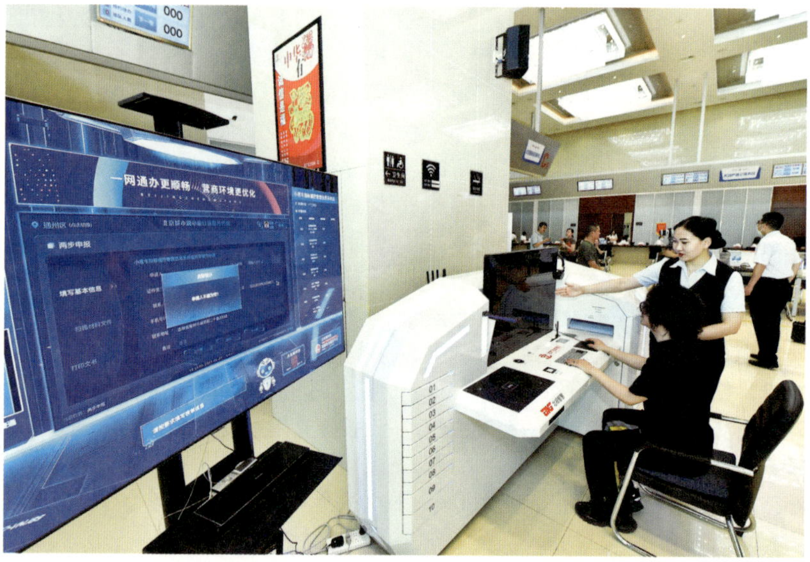

▲6月9日，北京城市副中心政务服务中心一体化办事大厅实现“跨区通办”（区融媒体中心提供）

▲12月14日，京津冀三地媒体集中采访启动仪式举行　（区融媒体中心提供）

【京津冀媒体互联互动】2023年，“行走京津冀”融媒采访活动启动，推出《行走京津冀》系列报道。截至年底，区融媒体中心与天津市武清区融媒体中心、东丽区融媒体中心，河北省廊坊市广播电视台、香河县融媒体中心、雄安新区宣传网信局、大厂回族自治县融媒体中心、张家口广播电视台建立联系。11月，与武清区融媒体中心、廊坊市广播电视台合作推出《“畅说”家乡事、“玩转”通武廊》全媒体品牌栏目，以探访形式推介“通武廊”三地农商文旅体优质资源和品牌产品，讲述“通武廊”文旅故事，整体提升“通武廊”知名度和影响力。12月，“‘媒体+’力量 打造副中心高品质朋友圈——《副中心会客厅》京津冀协同传播暨品牌推介会”举行，北京广播电视台京津冀之声、副中心之声、北京商报社、北青网、京报网、通州区融媒体中心、延庆区融媒体中心、《河北新闻广播》、邢台广播电视台、雄安新区雄县融媒体中心等主流媒体机构共同签署“瓣瓣同心”项目合作暨京津冀联媒体合作备忘录。三地媒体发挥各地融媒体平台优势，共享资源，不定期交流互换节目及新媒体产品；积极参与《瓣瓣同心》等节目，扩大联媒体各成员单位传播影响力；协同当地资源，策划各领域协同发展论坛、文化研学旅行等线下活动。

（张维颖）

【京津冀检察协作】2023年，区检察院服务京津冀协同发展战略，搭建“两翼”“通武廊”“通宝唐”检察协作平台，与雄安新区检察院签订《协同发展合作共建框架协议》，与天津市宝坻区、河北省香河县检察院签署《保护潮白河流域协作机制》，与天津市宝坻区、河北省唐山市检察院签署《未成年人检察工作共建协议》，向天津市、河北省两地检察机关推广大数据监督模型，召开办案经验分享会和精品案例讲评会，开展联合巡河活动，推进数据共享、交流互鉴、协同治理。

（杨梦莹）

【“京津冀协同发展十周年”主题宣传系列活动】2023年，区委宣传部谋划“京津冀协同发展十周年”主题宣传，制定《城市副中心“京津冀协同发展十周年”主题宣传活动实施方案》，策划推出媒体报道、群众活动、公众探访、城市环境提升、网上宣传、建设影像展、高端论坛、榜样推荐评选八大主题活动。截至年底，启动素材征集、宣传预热等工作。实施社会宣传环境提升行动，制定《“京津冀协同发展十周年”城市环境提升方案》，推动公益宣传栏、电子显示屏、施工围挡等宣传阵地提质升级。12月14日，举办“跨区域 融传播 聚合力——京津冀协同十周年 媒体在行动”系列活动，京津冀三地媒体集中采访活动启动。12月，《文明·北京城市副中心》特刊英文版出版，宣传展示北京城市副中心深厚历史文化底蕴和高质量发展生动实践，献礼京津冀协同发展战略实施十周年。年底，纪念京津冀协同发展十周年主题宣传群众活动启动，以“活力副中心 出彩京津冀”为主题，推出美言美语“讲出彩”、美轮美奂“炫出彩”、美美与共“秀出彩”三大板块，以百姓宣讲和交流展示，文学、影像、绘画作品征集，音乐、舞蹈、戏曲表演等为载体，展现京津冀协同发展重大阶段性成果和时代新风新貌。

（通鉴编）

▲ 12月16日，“瓣瓣同心”京津冀协同发展摄影展暨“我心中的花瓣”青少年绘画展（区融媒体中心提供）

【京津冀鲜食番茄＆黄瓜擂台赛】5月28日，“2023京津冀鲜食番茄＆黄瓜擂台赛”举办，来自京津冀以及山东省等地31个参赛园区100余个鲜食番茄、黄瓜品种参赛。比赛由蔬菜领域专家、营养学专家、农产品销售专家和市民组成评分组，按照不同类别及果型分别进行打分，评选出擂主奖及一二三等奖。番茄擂台赛中，北京老田农业科技发展有限公司“阿里郎”、济南市济阳县百盛兴农蔬菜专业合作社“佛罗伦萨”、北京首农食品集团有限公司翠湖工场“翠湖001号”分别获大果型、中果型、樱桃番茄擂主奖。黄瓜擂台赛中，天津市天民蔬果专业合作社“闪亮”“白富强”，北京兴农鼎力种植专业合作社“京旱33”分别获华北密刺型、水果黄瓜和华南旱黄瓜型擂主奖；天津市天民蔬果专业合作社“白富强”获最受市民欢迎奖。擂台赛期间还举办北京市设施蔬菜创新团队成果路演，以展板形式展示“京番309”番茄、“胜寒74”辣椒、“中农翠玉3号”黄瓜等15个蔬菜新品种，“连栋温室工厂化番茄栽培”等16项新技术，展示“芽苗菜生产装置”“半成品蔬菜”等4种新产品实物。中国农业大学相关专家围绕育种、食物营养、农产品加工等内容与市民开展科普互动。

（通鉴编）

【京津冀鲜食玉米产业大会】7月18日，2023年京津冀鲜食玉米产业大会暨第九届北京鲜食玉米节举办。大会以“让优质鲜食玉米走进千家万户”为主题，是第十二届北京现代种业博览会系列活动之一。会上集中展示来自全国的125个鲜食玉米品种，经过玉米专家鉴评打分，“农科糯336”等30个品种获评优秀展示和推广品种。

（通鉴编）

【京津冀基金与企业融资对接会】10月26日，2023年京津冀基金与企业融资对接会举办。对接会设置主论坛和专题路演两阶段，包括主题发言、圆桌论坛、政策解读、启动仪式、签约仪式、专场路演6个环节。京津冀200余家企业代表、百余家基金和金融机构代表、行业协会代表参会，涵盖新一代信息技术、生物医药、智能制造、新能源与新材料等京津冀重点产业领域。会议现场，10位京津冀基金代表与23家企业代表签约，签约投资额25亿元。50余家企业与60余家基金通过5场专题路演对接交流。

（通鉴编）

【京津冀协同发展青联联盟成立】10月28日，央地青联助力“五子”联动之北京城市副中心行暨京津冀协同发展青联联盟成立活动举办，中央和国家机关青联、中国青年企业家协会、京津冀三地青联的青联委员、青年企业家和青年代表200余人参加。北京市、天津市、河北省青联现场签订《京津冀三地青联组织合作框架协议》，京津冀协同发展青联联盟正式成立。北京市通州区、海淀区、石景山区青联，天津市武清区、南开区、和平区青联，河北省廊坊市、唐山市、张家口市青联分别签订相关合作协议。

（通鉴编）

【京津冀四个产业园区建立“友好园区”关系】 11月1日，中国北京人力资源服务产业园通州园区与中国天津人力资源服务产业园武清园区、廊坊人力资源产业园、京津冀（河北三河）人力资源服务产业园，在第三届北京城市副中心人力资源发展大会上签署人力资源服务产业园协同发展合作协议，首次建立“友好园区”关系，在开展联动合作、推进产业集聚、组织联合招聘、开展结对共建、打造品牌服务、合作展示形象6个方面加强协同发展。

（通鉴编）

【京津冀企业家联盟成立】 12月6日，京津冀企业家联盟成立大会暨第一次全体理事会议举行，京津冀企业家联盟首届229家理事单位240余人参会。会上表决通过京津冀企业家联盟章程、议事规则，选举产生联盟第一届主席团成员，发布京津冀企业家联盟关于助力京津冀协同发展的倡议。全国政协委员、全国工商联副主席、奇安信集团董事长齐向东当选联盟首届轮值主席。

（通鉴编）

“通武廊”协同发展

【概　况】 2023年，通州区推进“通武廊”三地协同发展进程，聚焦经济、医疗、司法、生态环境和社会福利保障等重点领域，与天津市武清区、河北省廊坊市签署“通武廊”区域一体化高质量发展试点示范合作协议，建立健全信息共享、跨区通办、联合执法等机制，完善常态化对接机制，在产业协同、创新协同、人才协同、公共服务协同等领域促进“通武廊”三地资源配置和服务质量协同均质，发挥京津冀协同发展“桥头堡”和“主力军”作用，增强区域整体实力和竞争力，增进“通武廊”三地民生福祉。

（通鉴编）

【“通武廊”统一代谢性疾病基本公共服务标准体系通过验收】 3月1日，“‘通武廊’医疗卫生协调联动基本公共服务标准化试点”考核验收会议召开。武清区政府为试点承担单位，经材料审核和现场查验，专家组认为该试点项目选项合理、内容科学、适用性普遍，达到预期效果，项目以102.5总分过审。该项目是全国首个适合三地的代谢性疾病治疗检验、转诊、并发症筛查等统一标准体系，实现在代谢性疾病管理方面均等化、普惠化、便捷化。通过验收后，“通武廊”三地1.11万名糖尿病患者诊疗工作实现代谢性疾病管理跨地区统一。该项目于2020年5月由国家市场监管总局、国家发展改革委、财政部联合审批通过，北京市通州区、天津市武清区、河北省廊坊市三地研究制定试点项目建设、实施工作方案，解决跨区域工作体制机制搭建和运行，形成三地共同基本公共服务事项清单，创建“一套标准，三地通用”解决方案，编制完成关键协同标准20项，构建三地代谢性疾病基本公共服务协同标准体系。

（通鉴编）

【“通武廊”退役军人工作】 2023年，通州区、武清区、廊坊市退役军人事务局围绕制度建设、资源共享、服务互通等方面，推进“通武廊”退役军人工作。4月，退役军人事务部调研组到通州区调研“通武廊”地区退役军人工作协同发展示范区建设推进情况。7月，区退役军人事务局在退役军人工作高质量发展示范区建设座谈会上作典型发言，总结交流“通武廊”退役军人事务协同发展示范区建设进展和经验。10月，通州区协同解决廊坊市退役士官“身份涉军标识问题”，得到退役军人事务部肯定性批示。11月，《中国退役军人》杂志推出专题报道“通武廊”典型经验和工作成效。全年，区退役军人事务局举办“通武廊”退役军人及随军家属线上线下招聘会2期，累计参与企业256家，提供岗位5000余个，线上直播参与5万余人次，达成就业意向507人。发布“通武廊”招聘直通车信息74期，建立企业资源库300余家，提供就业岗位4000余个；完成“通武廊”创业创新交流会和“通武廊”协同发展交流座谈活动；成立“通武廊”双拥文化驿站。

（马倩云）

【市场监管区域交流协作】 6月，“通武廊”毗邻镇（通州区市场监管局漷县镇市场监管所和西集镇市场监管所、天津市武清区河西务镇市场监管所和豆张庄镇市场监管所、香河县市场监管局安平分局）签署市场监管领域执法协作协议，建立行政执法联动常态化合作机制。通州区、武清区两地签署政务服务“区域通办”合作协议，推动市场主体登记“同事同标”，建立“异地受理＋证照寄递”服务模式，促进跨区域市场监管协同发展。

（刘　明）

【“通武廊”司法行政系统服务推进会】 6月28日，“通武廊”司法行政系统服务北京城市副中心建设和京津冀协同发展推进会召开。“通武廊”三地司法局就服务北京城市副中心建设和京津冀协同发展签订《通武廊司法行政系统服务北京城市副中心建设和京津冀协同发展合作协议》，在全面依法治（区）市、行政执法监督、公共法律服务、基层社会治理等领域持续扩大合作，共同打造全国区域法治建设标杆。通州区司法局与三河市司法局、大厂县司法局、香河县司法局签订《通州区与北三县司法行政合作框架协议》。

（于　瑶）

【《加强政法领域协作框架协议》签署】 7月27日，北京市通州区、天津市武清区、河北省廊坊市三地党委政法委联合举办京津冀政法领域协作发展座谈会，签署《加强政法领域协作框架协议》。协议突出加强顶层谋划和协作机制建设，以平安建设、法治建设和社会治理等方面共建共治共享为导向，建立联席会议、社会治安整体防控、矛盾纠纷排查化解、跨区域诉讼服务、检察工作、司法行政、法学会交流7项协作机制。

（李　莹）

【“通武廊”新联会交流合作签约】 12月8日，首届“情系运河 同心筑梦”“通武廊”铸牢中华民族共同体意识主题艺术展开幕式暨三地新联会交流合作签约仪式举办。三地新联会及10个县（市、区）新联会签署建立工作联系、互访联谊、资源共享等交流合作机制协议，根据各方会员特点及需求，在非遗文化、企业管理、技术研讨等方面开展互访交流活动，促进“通武廊”协同发展。

（通鉴编）

【“通武廊”生态环境联合联动执法合作协议】 12月14日，“通武廊”三地生态环境管理部门共同签署《北京市通州区 天津市武清区 河北省廊坊市生态环境联合联动执法合作协议》，从强化环境执法联动、深化流域执法协同、加强污染应急联动、建立信息共享机制、创新队伍联建共建、创建联合办案机制等方面开展合作共建。

（通鉴编）

通州区与北三县一体化高质量发展示范区建设

【概　况】 2023年，通州区与北三县一体化高质量发展示范区执行委员会在北京城市副中心党工委管委会挂牌成立。产业链融合，连续五年举办北京通州与河北廊坊北三县项目推介洽谈会，2023年签约项目50个；京冀两地联合编制通州区与北三县区域内差异化新增产业禁限目录，上报中央区域协调发展领导小组办公室，推动构建“研发试验—成果转化—科技孵化—产业化”一体化产业链条。交通一体化格局加快形成，厂通路主体工程完工，石小路开工建设，觅子店等检查站前移至河北段。区域生态空间加快构建，《潮白河生态绿带（通州区与北三县交界地区）规划》经北京市委市政府城市副中心建设领导小组全体会议审议通过，加快编制《潮白河国家森林公园控制性详细规划》，机动车超标排放信息实现共享，执法督查专班共同监督贴边建设行为。推进北京潞河中学三河校区建设，通州区妇幼保健院以“整体托管”形式与大厂县妇幼保健计划生育服务中心开展合作，与北三县签订《政务服务“区域通办”2.0框架协议》，累计办理跨区域通办事项1.15万余件。

（李　丹）

▲ 12月8日，首届“情系运河 同心筑梦”“通武廊”铸牢中华民族共同体意识主题艺术展开幕式暨三地新联会交流合作签约仪式举办　（区融媒体中心提供）

▲ 9月22日，通州区与北三县一体化高质量发展示范区执行委员会挂牌成立（区融媒体中心提供）

【通州与北三县纳税服务一体化工作】 2023年，区税务局与廊坊市税务局商定形成《通州与北三县纳税服务一体化工作制度》，促进京津冀税收协同发展。设备互放，四地办税服务厅互设办税自助终端，功能覆盖纳税人缴费人常见自助办理事项，实现业务异地办理；窗口互设，在各地设立“通州区与北三县”一体化咨询专窗，解答涉税咨询，提供视频辅导远程帮办服务；机制互联，建立日常协调联络与干部业务交流机制，定期开展青年干部交流互促，以“枫桥式”税务所建设为契机，推进一体化纳税服务。

（通鉴编）

【第三届创业电商主播大赛暨通州—北三县专场】 2023年，通州区第三届创业电商主播大赛暨通州—北三县专场举办，大赛主题为“创业电商 创赢未来”，赛程分为海选、晋级赛、总决赛、颁奖4个阶段，角逐出一等奖1名、二等奖3名、三等奖6名、“年度人气主播奖”10名，给予奖金与政策支持。大赛通过“培训+大赛”形式，组织选手开展赛前培训，邀请培训师资库专业导师从电商创业机会、电商直播趋势、短视频拍摄与运营等方面进行重点讲解，现场答疑解惑。比赛报名人数410人，汇集大量带货主播与区域品牌、农业、文旅合作，在抖音平台话题热度超260万。

（通鉴编）

【通州—北三县专场招聘会】 3月26日，“就业在北京”春风行动暨京津冀2023年通州—北三县专场招聘会举办。招聘会以“京冀招聘联盟促就业 春风送岗政策暖人心”为主题，面向通州区和廊坊市三河市、大厂县、香河县城乡转移劳动力、大龄人员、登记失业人员、进京务工人员等重点就业群体。京冀两地100家优质企业参与，包括北京环境卫生工程集团有限公司、华电（天津）天然气热电有限公司、北京市保安服务总公司通州分公司等提供热力运营专员、清运车司机等就业岗位2000余个。线上线下参与求职人员7.3万人次，达成就业意向600余人。

（通鉴编）

▲9月19日，2023年北京通州·河北廊坊北三县项目推介洽谈会举办

（区融媒体中心提供）

【2023年北京通州·河北廊坊北三县项目推介洽谈会】 9月19日，2023年北京通州·河北廊坊北三县项目推介洽谈会举办。洽谈会以“推进一体化·携手上台阶”为主题，按照“政府引导、市场运作、合作共建”原则，搭建对接合作平台，推进创新链、产业链、供应链有机融合，助力通州区与北三县一体化高质量发展示范区建设。会上签约合作项目50个，意向投资额约426.81亿元，其中，产业项目31个，意向投资额约160.16亿元；交通项目2个，意向投资额约150亿元；公共服务项目12个，意向投资额约104.65亿元；现代服务业项目5个，意向投资额约12亿元。

（通鉴编）

【石小路开工建设】 12月27日，连接北京城市副中心与河北省廊坊市香河县的一级公路石小路开工建设。该道路西起京津公路，东至市界，沿线经过侯黄庄、纪各庄与小甸屯村，与香河县安石路相接，全长约4.7千米，按照一级公路标准建设，设计速度60千米/小时，红线宽度40米，路基宽25.75～27米，双向四车道。同步实施桥涵、交通、绿化、照明、环保等工程，推动北京城市副中心与北三县交通基础设施互联互通，促进区域协同发展。

（通鉴编）

功能区建设

北京通州文化旅游区

▲ 10 月，环球影城北综合交通枢纽项目商业配套封顶　（区融媒体中心提供）

【概　况】2023 年，北京通州文化旅游区管理委员会（简称文旅区管委会）在做好机构改革过渡的基础上，围绕“文化旅游新地标、文创科技新高地、国际交流新窗口”目标定位，做好招商引资，推进重点项目建设，鼓励北京环球度假区增加优质服务供给、举办各种活动，推动北京通州文化旅游区（简称文化旅游区）建设发展。制定《文化旅游区萧太后河等水系通航及文旅发展研究》方案，并通过区政府专题会和区委书记专题会审议。参与第三批市级赋权承接工作，编制承接赋权工作方案，组建赋权审批工作专班，对接市区有关部门，完成 21 项市级赋权承接。年内，《北京城市副中心文化旅游区发展建设三年行动计划（2023—2025 年）》发布。

（李慧君）

【招商引资】2023 年，文化旅游区实现顶点公园项目落地，引入小猪佩奇、芭比、托马斯 & 朋友等国际亲子 IP。在引进外资方面，爱莎安（北京）国际文化艺术发展有限公司注册落地；在利用内资方面，区政府与 Endeavor City 城市运动中心、保利艺术品国际会展中心、北京海昌海洋公园 3 个项目完成合作意向签约，文旅区管委会对接中国网、复地（集团）股份有限公司、中建科技集团有限公司、蜻蜓娱乐科技有限公司等企业，增加园区文旅项目储备。

（李慧君）

【重点项目建设】2023 年，张家湾车辆段综合利用项目正式命名为“湾里”，引入王府井奥莱、汀云小镇、诺岚酒店三大业态，03 地块奥特莱斯推进主体结构施工，部分结构封顶，上盖区开工建设；首旅集团总部项目有序推进主体结构施工；环球影城北综合交通枢纽项目完成主体结构封顶，进行二次结构施工；通马路综合交通枢纽项目加快推进主体结构施工；北京城市副中心国际人才社区项目商品房地块主体封顶；顶点公园项目配套住宅用地开工，多功能用地处于方案设计阶段。

（李慧君）

【北京环球度假区服务保障】2023 年，文旅区管委会依托北京环球度假区提升主导产业功能，协助北京环球度假区入选北京“夜京城”特色消费地标；城市大道入选北京十大商业模式创新品牌；支持北京环球度假区举办王者荣耀英雄盛典、环球中国年、环球生日月、冬季假日等园区特色活动；首次推出“酷爽夏日”、“乐享 @ 城市大道”露天音乐演出和“惊彩”环球等主题活动；统筹推进北京环球主题公园 12 月 31 日首次燃放跨年夜烟火；支持北京环球度假区积极创新营销模式，推出更多促消费活动，提升服务品质，增强获客能力，带动北京城市副中心文体娱乐业增长。

（李慧君）

【政策制定】2023 年，文旅区管委会推动出台定制化政策包，启动编制《北京城市副中心文化旅游区产业项目高质量全生命周期服务与管理实施意见》《北京城市副中心文化旅游区

▲ 9 月 1 日，北京环球度假区启动“环球生日月”特别活动

（区融媒体中心提供）

意向企业准入管理与服务办法》，建立健全拟入驻项目评价审核机制，促进空间资源高效利用，营造公平市场环境，激发市场活力。

（李慧君）

【“一区三镇”融合发展】 2023年，文旅区管委会加强“一区三镇”（即文化旅游区，宋庄艺术创意小镇、台湖演艺小镇、张家湾古镇）融合发展。牵头编制《宋庄艺术创意小镇高质量发展三年行动计划（2024—2026年）》及三个配套清单，先后通过区政府专题会、区委书记专题会和北京城市副中心党工委管委会全体会议审议，成立宋庄艺术创意小镇工作专班，推进小镇高质量发展；牵头编制《台湖演艺小镇高质量发展三年行动计划（2024—2026年）》及三个配套清单，实现台账式管理、清单化推进，助力台湖演艺小镇高质量发展；以项目为抓手加快推动张家湾古镇开发运营，结合棚改计划安排持续对接开发模式，对接比选市场化运营企业，明确产业策划方向。

（李慧君）

【“北京海昌海洋公园”项目落地】 9月2日，在2023中国国际服务贸易交易会上，区政府与海昌海洋公园控股有限公司签署战略合作协议，共同促进“北京海昌海洋公园”项目落地文化旅游区。10月21日，北京通城建集团发布与海昌海洋公园合作推出“北京海昌海洋公园”项目，落地北京城市副中心文化旅游区北部产业带。

（通鉴编）

运河商务区

【概　况】 2023年，运河商务区管理委员会（简称运河商务区管委）适时调整区域企业准入政策，制定出台《北京市通州区运河商务区意向企业入驻前置服务的工作措施》，完成对北京微财科技有限公司等11家意向入驻企业的背景调查；完成对北京绿色交易所有限公司等13个产业项目的入驻前置服务评估，全年新增意向企业80家。年内，新增注册企业3425家，注册资本金434亿元。截至年底，累计注册企业22944家，注册资本金4928.56亿元，企业总数同比增长16.63%，占全区企业总数14.39%。年内实现全口径税收63亿元，形成区级财力16.53亿元，占全区比例20%，同比增长3.75%。完成全社会投资32.03亿元，完成全年任务112%，其中，建安投资完成19.34亿元，完成全年任务119%。实现完工面积28.25万平方米，累计完工建筑面积470.21万平方米。

（郑文超）

【营商环境优化】 2023年，运河商务区管委利用“企业服务日”载体，组织开展服务进出口外贸企业专场活动、税收宣传月之“走进运河商务区税惠助力副中心”活动、绿色金融科技企业博士后政策及社保政策宣讲会、公积金宣讲等活动。与区商务局联合举办总部政策培训会，讲解对企优惠政策。协调建立运河商务区税务所，12月，区税务局第五税务所更名为运河商务区税务所，负责运河商务区区域内的税收、社会保险费和有关非税收入的基础事项管理等工作，实现“商务区事商务区办”。与通州区区域协同发展促进中心组织召开中小微企业调研座谈交流会，面对面解决企业诉求。与区政务服务局联合召开座谈会，征求对政务服务的意见建议，推动2023年“改革效果体验官”系列活动顺利开展。全年组织对企政策宣传活动11场，服务企业200余家。

（郑文超）

【商业氛围营造】 2023年，运河商务区管委推进夜经济建设，打造“贰肆坊”“日咖夜酒”高品质夜经济街区。截至年底，运河商务区商业综合体爱琴海购物公园，新光大大融城一期、二期（地上），远洋乐堤港，合景悠方天地及侨商、保利等街区商业陆续开业，园区商业开业面积累计42万平方米。

（郑文超）

【“一楼一策”推动实施】 2023年，运河商务区管委加快推进已购楼宇企业装修入驻进度，建立“运河商务区重点企业装饰装修项目进展工作台账”，及时对接最新入驻企业二次装修进展，协调相关部门研究解决项目推进中存在的问题。截至年底，运河商务区涉及二次装修项目17项，其中10个项目竣工，2个项目取得施工许可证开始施工，5个项目办理开工前相关手续。

（郑文超）

【基础设施建设】 2023年，滨河北路、东关一街、东关二街、粮市街等7条道路完成施工并开通试运行，通州卫路、静安寺街（东段）完成主路施工，朝晖南路（南半幅）、月亮河东路（南段）道路启动施工，远洋乐堤港、新光大大融城（一期）周边步行

▲ 6月16日，运河商务区滨河北路开通试运行　（区融媒体中心提供）

街完成铺装并开通使用。围绕远洋乐堤港、三峡资产管理有限公司、富力中心等项目，逐步补齐城市家具及标识系统，完成果皮箱、导视牌等设施制作安装。绿化景观提升项目（一期）2块绿地、13条道路绿化工程完成工程验收。

（郑文超）

【园区管理】 2023年，运河商务区管委持续推进运河商务区建设项目长效管理工作，定期组织各职能部门开展安全生产、消防安全、扬尘治理、汛期防汛现场专项检查，召开现场办公室工作例会、现场检查情况通报会21次，研究议定事项58件，实现全年安全生产零事故、零伤亡。审查建筑工地围挡公益广告画面覆盖率及维护管理情况，全年整改实地考察点位195处。开展“平安园区”创建工作，研究制定《运河商务区2023年“平安园区”创建工作方案》，依托第三方服务机构对物业服务单位进行考核，协助区委平安通州建设领导小组办公室对符合条件的12家单位进行授牌，其中5家单位获评平安园区示范单位，7家单位获评平安园区达标单位。组建专业安保队伍，加大对重点点位的日常巡查和秩序维护。

（郑文超）

【智慧园区建设】 2023年，运河商务区综合金融服务平台一期完成开发并进入内测阶段，运河商务区管委策划举办数字人民币体验官活动，推动数字人民币在企业端、百姓端应用场景落地。10月24日，北京绿色交易所有限公司获生态环境部授权批准，在全国温室气体自愿减排交易机构成立前，负责交易系统的运行和管理。北环环隧地下精准导航方案基本确定；三峡成大园区智慧园区平台项目完成平台安装部署，进入网络系统设备调试阶段；智慧楼宇能源管理平台试点项目一期完成软件系统开发，富华水乡南区完成5栋楼宇楼顶光伏系统安装并投入使用。

（郑文超）

【《运河商务区发展三年行动计划（2023—2025年）》发布】 3月3日，《运河商务区发展三年行动计划（2023—2025年）》（简称《行动计划》）发布。《行动计划》指出，到2025年，运河商务区将形成以核心启动区为中心，以新城金融服务园和0101街区（即北京城市副中心站综合交通枢纽）为支撑和延伸的“一体两翼”区域发展格局。核心启动区将依托工、农、中、建、邮储、北京“六大行”楼宇资源，培育银行业区域总部，引导银行系理财、资管、投资、金租、科技、基金、供应链金融等新兴业态集聚，巩固财富管理发展基础，打造总部金融、新兴金融片区。

（郑文超）

【“森林城市　绿色生活”大运市集】 6月30日至7月2日，由运河商务区管委主办，运河商务区产业发展服务有限公司承办的“森林城市 绿色生活”大运市集＆新能源酷车展活动在北京国际财富中心园区内举办。活动以“森林城市 绿色生活”为主题，打破常规创意市集概念，将能源车展与市集相结合，展出多款新能源汽车，市民可现场试乘经典“老爷车”，重温经典座驾带来的无限乐趣。涵盖小吃、饰品、手工等各种类型的30余家摊位参加市集活动。

（郑文超）

中关村科技园区通州园

【概　况】 2023年，中关村科技园区通州园（简称中关村通州园）紧紧围绕产业“集群化、数字化、生态化”发展目标，聚焦设计小镇、国家网络安全产业园区（通州园）（简称网安园）、漷县镇医药健康产业集聚区（简称医药健康产业集聚区）、北京通州国际种业科技园区（简称种业园）4个重点产业功能区，聚焦数字经济、先进制造两个重点产业，打造北京城市副中心科技创新和产业发展高地。中关村通州园企业全年实现工业总产值301.9亿元，总收入1008.5亿元，利润总额136.3亿元，实缴税费37.4亿元，研发费用合计41.7亿元。

（郭庆云）

【招商引资】 2023年，中关村通州园引进企业305家，注册资本金约71亿元。其中，以中国联通与腾讯共同设立的云宙时代科技有限公司、新三板企业北京黑油数字展览股份有限公司为代表的城市科技类企业96家（包含国美集团旗下乐活派科技有限公司、坤星之光数字科技有限公司等元宇宙企业23家，北京航能绿电科技有限公司、电投综合能源服务中心等新能源和双碳领域企业12家）；以澳资设计类企业北京汉荷国际设计有限公司为代表的设计类企业11家；以北京宝隆花木有限公司、北京康瑞驰生物科技有限公司为代表的现代农业项目2家；以立思辰全资子公司北京云瑞通和科技有限公司、北京领信数科信息安全技术有限公司为代表的网络安全类项目92家；以宝保堡健康医疗科技（北京）有限公司、北京铠耀基因科技有限公司为代表的医药健康项目26家；以北京宜信达投资控股有限公司为代表的其他类企业78家。继续推进“四区结对”（即通州区与西城区、朝阳区、海淀区结对协议）区域协同发展，全年有45家企业通过“四区结对”工作落户中关村通州园，其中海淀区20家、朝阳区20家、西城区5家，注册资本金17.3亿元。

（郭庆云）

【区域合作对接】 2023年，中关村科技园区通州园管理委员会（简称通州园管委会）与廊坊市、北三县政府及产业园区互访10余次，交流企业服务、产业协作、招商动态；加强合作对接，与河北省玉田经济开发区签订《共建京津冀产业协同发展通州·玉田产业园战略合作协议》。举办大厂回族自治县财信城市建设投资开发运营集团有限公司与北京通州发展集团有限公司交流座谈会；推动北京驭瓴科技有限公司与燕郊镇高新区管委会签署运营服务协议；到天津市海河柳林地区设计之都核心区学习交流，寻找合作机会；跟进联东U谷·大厂海

▲ 8月8日，中关村科技园区通州园管委会与廊坊市政府举办工作交流座谈会（中关村通州园提供）

高智控云谷项目。

（郭庆云）

【园区规划】 2023年，中关村通州园进行示范区空间优化调整，通过与园区属地乡镇政府、亦庄经济开发区管委会沟通对接，拟将中关村通州园示范区面积由现状34.36平方千米调整为56.96平方千米（含台马板块），并完成初步方案。推进专项规划编制完善，加快推进网安园、医药健康产业集聚区等重点片区专项规划编制工作，开展相关专项规划前期摸底工作；会同区发改委组织开展设计小镇综合能源规划方案评审，形成汇报材料上报区政府。建设中关村通州园特色园区，组织推荐一方健康谷和设计小镇创新中心作为中关村通州园2023年度特色园区向市科委、中关村科技园管委会申报，完成专家评审。

（郭庆云）

【企业服务】 2023年，通州园管委会探索金融融资服务，解决企业融资难题。就企业纾困发展融资事宜，对接君联资本管理股份有限公司（简称君联资本）、昆吾九鼎投资管理有限公司、徽商银行等机构，推荐7家企业申报社保基金中关村自主创新专项基金，并纳入君联资本储备项目库；协同北京中关村科技创业金融服务集团有限公司，为园区企业提供符合科技企业需求的优质金融产品。与园区16家意向融资企业负责人沟通，搭建政企银交流平台，推荐3家企业参加投资渠道交流会、9家企业参加京津冀基金融资对接会，其中3家企业进行路演。与区金融办联合开展企业金融服务座谈，邀请4家金融机构与5家企业面对面交流。做好政策培训及申报引导，组织100余家企业参加线上线下政策培训12次。征集1家企业申报概念验证平台建设储备项目、41家企业申报中关村科技型小微企业关键技术创新支持项目等。完成非政府投资工业和信息化领域固定资产投资立项初审34件次，总投资额约5.5亿元。推进处理台马板块划分后历史遗留问题造成的工程款结算、污水处理费补贴申请、拆迁款等纠纷。强化财源建设工作统筹，制定《中关村通州园2023年强化财源建设工作方案》，邀请区财政局对相关部门进行财源建设评估指标体系培训，完成财源建设平台推送的85家次企业走访工作。建立北京城市副中心医药健康产业联盟微信服务群，宣传人才支持项目、前沿科技赛事、行业交流大会等惠企政策及品牌活动；举办北京城市副中心医药健康企业座谈会、"医产协同"早餐会、中关村"火花"活动——医学技术创新项目路演，助力医药企业对接医疗机构、金融机构等资源。推进重点工业园区、企业集群VOCs（即挥发性有机物）治理，组织全区各工业园区开展园区规划环境影响评估。

（郭庆云）

【园区及企业发展】 2023年，中关村通州园新认定中关村高新技术企业63家，截至年底，中关村通州园有中关村高新技术企业401家。50家企业入选北京市"专精特新"中小企业；北京市春立正达医疗器械股份有限公司入选国家企业技术中心名单；北京首嘉钢结构有限公司等5家企业入选市级企业技术中心创建名单；甘李药业股份有限公司等9家企业入选北京民营企业百强榜单；2家企业服务站入选北京市"专精特新"服务站（试点）名单；新增4家国家级专精特新"小巨人"企业；通州区网络安全产业集群入选市中小企业特色产业集群；罗克佳华科技集团股份有限公司项目入选碳中和技术方案；北京网藤科技有限公司入选国家信息安全漏洞（CNNVD）技术支撑单位；设计小镇创新中心改造项目获中关村改造提升存量空间资金支持；112个项目获通州区高精尖产业发展资金支持；种业园获2023年度"高品质园区"建设项目资金支持1500万元。

（郭庆云）

【园区人才建设】 2023年，中关村通州园6家企业获批设立园区类博士后科研工作站。截至年底，园区有博士后科研工作分站27个。全年协助16家企业36名人才申报引进需求，协助19家企业申报非京籍毕业生引进需求，协助园区12家博士后科研工作分站企业申请市级日常资助经费112万元，10家企业10名高层次人才获得区级扶持资金500万元。

（郭庆云）

国家网络安全产业园区（通州园）

【概　况】 国家网络安全产业园区（通州园）（简称网安园）是工业和信息化部和北京市政府合作共建的国家级网络安全产业园区，规划占地面积5.06平方千米，其中起步区范围约1.67平方千米（实际可利用面积约1平方千米），启动区范围约0.19平方千米（位于起步区内）。定位为国家网络安全高端产业集聚示范基地和网络安全领军人才培育基地，主要有工业互联网、5G网络、车联网、智慧城市、大数据、物联网、云计算、商业密码应用八大产业发展方向。2023年，园区整体税收超4000万元，年度税收超100万元的重点税源企业有13家。北京市通州区网络安全产业集群入选2023年度北京市中小企业特色产业集群，北京通州网络安全产业园运营管理有限公司获批2023年北京市科协院士专家服务中心创新基地。

（燕　艳）

【招商引资】2023年，网安园引进企业91家，累计引进企业218家，产业集聚效应不断显现。截至年底，园区有3家国家级专精特新“小巨人”企业、3家北京市专精特新“小巨人”企业、16家北京市“专精特新”中小企业、12家北京市“创新型”中小企业和35家“国家高新技术企业”、20家“中关村高新技术企业”。

（燕　艳）

【重点项目进展】11月3日，西北工业大学北京研究院项目取得建筑工程施工许可证，11月9日开工建设。截至年底，完成土护降（除降排水维护外）、桩基础工程，开始地下室结构施工。网络安全领军人才培育基地项目和网安园启动区办公及服务配套项目完成施工结构封顶，开始电梯机房和女儿墙施工。

（燕　艳）

【企业服务】2023年，国家网络安全产业园区（通州园）工作专班（简称网安园工作专班）帮助17家企业落实惠企助企政策，包括通州区2023年度高精尖产业发展重点支撑支持项目、通州区2023年“专精特新”企业高质量发展项目、通州区科委2023—2024年科研储备项目有关事项；举办“问需于企”企业座谈日主题活动，征集企业需求并针对性制定解决方案。园区企业北京卓越信通电子股份有限公司、北京网藤科技有限公司、北京丰鸣科技有限公司成功申报博士后工作站，产业导入质量稳步提高，企业实力逐渐增强。

（燕　艳）

▲8月15日，网安园“问需于企”企业座谈日主题活动举办

（中关村通州园提供）

【园区活动】2023年，网安园联合相关单位举办13场行业活动，包括2023网安园（通州）高质量发展企业圆桌会，网安园（通州）国家高新技术企业认定政策解读会，第四届国际工业信息安全应急大会，第六届关键信息基础设施自主安全创新论坛，“安全深度行，培训进园区”暨第一届工业互联网、车联网安全宣贯活动周，2023数字科技创新发展大会，网安园（通州）“问需于企”企业座谈日主题活动，以及与区委网信办联合举办网络安全宣传周知识宣讲系列活动，《2023中国工业元宇宙案例集》发布会，2023年市科协智能制造与装备领域专场科技创新成果对接会，网安园（通州）知识产权专题培训暨助力科技型中小企业高质量发展座谈会，2023法律科技赋能中小企业论坛，2023网络安全行业生态大会，累计覆盖企业近千家，为企业发展提供不竭动力，加快网安园高端产业集聚。

（燕　艳）

【第四届国际工业信息安全应急大会】3月22—24日，第四届国际工业信息安全应急大会在网安园举办，大会以“共话安全，共赢发展，共建开放协同新生态”为主题，邀请近200家网络安全行业上下游企业参与，开展应急演练、论坛交流、应急大赛、投融资路演等多项活动。国家工业信息安全漏洞库（CICSVD）2022年度总结大会、工业信息安全应急标准体系研讨会、工业信息安全应急技术发展论坛、工业信息安全产业创新发展论坛4个分论坛同期举行。网安园工作专班、北京通州网络安全产业园区运营管理有限公司与北京理工大学网络

▲3月22日，第四届国际工业信息安全应急大会在网安园举办

（中关村通州园提供）

空间安全学院签订战略合作框架协议，重点围绕共建网络安全领军人才培育基地、网安园密码产业园区、实习实训基地等方面开展深度合作。

（通鉴编）

北京通州国际种业科技园区

【概　况】 北京通州国际种业科技园区（简称种业园）位于北京城市副中心南部，2011年成立，2012年被科技部认定为国家农业科技园区，先后被科技部、农业农村部认定为国家农业信息化示范基地、京津冀农业科技协同创新基地、国家现代农业产业园，并成为中关村国家自主创新示范区首个种业科技特色园区，被纳入首批中关村高品质科技园区和中关村特色产业园。2023年，种业园按照“两区两中心”（即国家战略种源安全先行区、现代种业产业集群发展示范区、生物育种前沿技术创新引进中心、种业创新成果汇聚转化中心）的战略定位，搭建完善的公共服务平台，包括关键共性技术服务、双创服务、成果转化等平台。积极引进孵化高端科创资源，60余家院所高校和种业企业入驻，育成玉米、小麦、蔬菜等突破性优势品种100余个。截至年底，建成1000亩新品种展示基地、3000亩生物育种基地、3万亩育种基地以及8.2万平方米综合服务大楼、4万平方米会展中心。

（何　旭）

【招商引资】 截至2023年底，在招商签约方面，中国农科院微生物研究中心与区政府签署农业微生物合作协议。九圣禾种业股份有限公司（简称九圣禾）完成注册落户并与种业园区管委会签署合作协议，助力通州区种业科技平台建设与发展。在招商引资方面，持续开展目标企业精准招商，先后与北京联泰德生物技术有限公司、九圣禾、致守科技（北京）有限公司、上海康沃兹生物科技有限公司（简称上海康沃兹）等16家企业开展招商对接，其中九圣禾、上海康沃兹等5个项目注册到种业园，多家企业租赁或意向租赁地块开展工作。在招商资源方面，摸底全区各乡镇产业空间资源，纳入种业园区招商空间资源，建立包括办公空间、土地空间等资源动态更新台账，为企业研究项目的可选空间方向和范围提供助力。

（何　旭）

【公共服务平台建设】 2023年，种业园优化提升分子育种共性技术服务平台，完成高通量DNA提取平台、高通量基因分析平台、国产化试剂开发平台、转基因检测平台、全基因组选择育种平台、种质资源品质分析平台六大平台优化提升，实现对种质资源收集评价、基因挖掘、全基因组选择、多性状聚合、品质鉴定、品种维权等方面提供共性育种服务功能。在全国CSAL（即质量监督检验机构认证）资质基础上，取得CMA（即计量认证）资质认定。完善和提升农作物新品种展示评价转化平台，提升农作物新品种展示基地1250亩，持续开展农作物新品种田间展示5000余个；建成农作物生物育种产业化示范（生产性试验）基地3000亩，开展生物育种性状田间展示、生产性试验和示范推广服务。形成集“作物加代、基因型检测、表现型采集”于一体的农作物育种加速器技术服务体系，将建设农作物育种加速器1万余平方米，实现对玉米、小麦、水稻、大豆、番茄等作物每年4～7代次的繁育，适用于育种材料早代选择、育成品种个别性状的快速改良以及生物育种性状快速导入。

（何　旭）

【会展服务】 2023年，种业园成功举办第三十届中国北京种业大会、第十二届北京现代种业博览会蔬菜新品种新技术展示会、2023京津冀鲜食番茄&黄瓜擂台赛、2023年京津冀鲜食玉米产业大会暨第九届北京鲜食玉米节，并在新品种核心展示基地、航天育种基地、玉米中心基地等常年开展玉米、小麦、蔬菜新品种田间展示，提供365天不落幕农业会展服务。

（何　旭）

【产业政策细化与兑现】 2023年，为确保与农业中关村支持政策相协调以及市区两级工作的协同性，种业园对已出台的《关于鼓励现代种业发展的十条措施》政策进行细化并出台《关于鼓励现代种业发展的若干措施实施细则》，进一步明确申报对象、奖励范围、奖补标准和申报材料，便于政策操作落地。政策兑现方面，为种芯（北京）科技有限公司完成政策兑现工作，包括企业入驻奖励、办公用房租赁补贴以及实验用地租赁补贴。

（何　旭）

【国家现代农业产业园通过认定】 12月28日，北京市通州区现代农业产业园被农业农村部、财政部认定为国家现代农业产业园。通州区国家现代农业产业园（简称农业产业园）以种业园为核心区，辐射周边3个乡镇共建国家现代农业产业园，2021年4月入选农业农村部、财政部“2021年国家现代农业产业园创建名单”。2023年，农业产业园立足农作物种业和叶类蔬菜两大主导产业，完成5大工程、20个重点项目，完善产业园共性育种服务平台、农作物新品种展示评价转化基地、双创服务平台等种业公共、共性服务平台，形成国家“北育”核心基地，为北京“种业之都”建设、国家“种业创新高地”建设提供支撑；围绕蔬菜全产业链提升，建设完善露地蔬菜、设施蔬菜生产基地，补充蔬菜加工配送、净菜加工流通等环节，为首都稳产保供、乡村经济发展贡献力量。

（何　旭）

【农业中关村建设】 2023年，种业园贯彻落实《北京市推进农业中关村建设行动计划（2022—2026年）》工作任务，持续推动种业振兴，积极推动6个园区项目进入农业中关村重大项目库，分别为农作物育种加速器、种苗健康工程研究中心建设、植物新品种一站式检验测试平台建设、生物育种产业化示范基地提升、国家农业微生物种质资源库、农业微生物资源发掘与利用全国重点实验室。项目总投资金额约3.47亿元，协同推进农业中关村建设整体工作落实。

（何　旭）

【国际种业综合服务中心投入使用】 3月，国际种业综合服务中心投入使用。中心先后建成1.8万平方米总部基地孵化空间、9000平方米研发中心，占地2500平方米的现代种业全产业链双创服务平台、2万平方米的培训中心投入使用，为入驻单位提供科研、检验检测、会议展览等服务。

（何　旭）

漷县镇医药健康产业集聚区

【概　况】 漷县镇医药健康产业集聚区（简称医药健康产业集聚区）主要由漷县镇中心区组团和觅子店组团两部分组成，共11.6平方千米，其中中心区组团总体规划面积8.8平方千米（1.71平方千米纳入中关村国家自主创新示范区政策范围），觅子店组团总体规划面积2.8平方千米。2023年，漷县镇编制完成《北京城市副中心医药健康产业集聚区产业发展规划》，并报区政府审核。截至年底，医药健康产业集聚区内建筑面积102万平方米，有北京大学人民医院（通州院区）、北京卫生职业学院、通州区养老院等重大医疗资源和基础公共服务设施，有实体企业型生产企业28家，主要涉及生物医药、高性能医疗器械、现代服务业等行业，其中规模以上企业18家、“专精特新”企业11家。

（赵立松）

【招商引资】 2023年，医药健康产业集聚区对接洽谈项目60余次，新增注册企业195家，总注册金额约8.5亿元。北京荻硕贝肯医学检验实验室有限公司、奥托博克（中国）工业有限公司等29家医药健康类企业落地一方健康谷产业园，注册资金1.2亿元；长江精工（北京）建筑科技有限公司、中建新科装饰工程有限公司、北京通投兴漷置业有限公司等重点税源企业均完成注册落地。

（赵立松）

【重点项目建设】 2023年，漷县镇紧盯在途项目，每月按时通报项目建设进度，责成专人对医药健康产业集聚区重点建设项目相关手续全程督办、催办。年内，北京福元医药高精尖药品产业化建设项目完成主体结构建设，天海氢能前沿科技产业发展及配套厂房建设项目开工建设，北京益生祥明科技产业园区项目完成地下基础施工，通州区养老院进入精装阶段，北京卫生职业学院新院区一标段处于主体结构施工阶段。北京恒聚化工集团有限责任公司转型升级项目、天威远大康复辅具和医疗器械生产基地项目、北京大学人民医院及北京中医药大学东直门医院国家级医学中心项目持续推进。

（赵立松）

【企业联盟建设】 2023年，漷县镇联合区科协，成立北京城市副中心医药健康产业集聚区园区科学技术协会；在区委统战部的帮扶下成立新联会漷县分会；漷县镇企业公益联盟成员企业增至29家。企业公益联盟搭建服务平台，增加企业履行社会责任途径，全年组织公益活动5次，包括为青海省捐赠抗震救灾物资、资助优秀高考毕业生、定点援助内蒙古自治区奈曼旗乡镇苏木和翁牛特旗部分乡镇等，累计捐助资金和物资价值193.5万元。

（赵立松）

【宣传推介】 2023年，漷县镇参与北京城市副中心医产协同大会，协同北大人民医院举办首届大运河医学论坛，与区域内重点企业举办2023年部分膝关节置换高峰论坛、2023健康中国产业领袖高峰论坛等医药健康论坛、国家重点研发计划重点专项项目2022—2023年度总结大会和各类讲座活动，宣传和推介医药健康产业集聚区，提升医药健康产业集聚区影响力和招商引资力度。通过BRTV新闻、《北京日报》、《北京城市副中心报》、《副中心会客厅》、“北京通州发布”等市、区级媒体宣传报道17次，通过“漷县书院”公众号平台宣传报道117篇。

（赵立松）

【企业服务】 2023年，漷县镇积极落实企业“服务包”政策，履行《漷县镇企业服务专员工作制度》，为企业配备“一对一”服务专员，做好日常联络对接。全年通过领导带队实地调研和座谈交流形式走访重点企业50余次，举办专题座谈会30余次，联合医药健康产业集聚区内重大建设项目与联盟企业组织召开企业需求服务对接会10余次，深入企业解决企业急难愁盼问题。累计解决企业诉求143件，包括员工子女入学、人才保障住房、企业生产经营及扩产需求等问题。“服务包”考评工作累计报送企业上市、重点企业及项目落地等加分材料2次。

（赵立松）

【益生祥明科技产业园项目开工】 1月31日，益生祥明科技产业园项目开工建设。项目位于漷县镇中心区，投资约10亿元，“腾笼换鸟”盘活原北京造纸七厂有限责任公司场地，总占地面积10万余平方米，规划建筑面积15万平方米。以“轻研发＋试生产”为主导，打造集生物医药、医疗器械企业研发、生产、销售为一体的高附加值品质化园区。

（通鉴编）

【一方健康谷开园】 5月21日，北京城市副中心首家医药健康产业园——一方健康谷正式开园。一方健康谷占地面积108亩，由20栋楼宇组成，满足总部办公、洁净研发、小试中试、组装生产、医疗机构、康养护理等经营场景，重点引入生物医药、医疗器械产业链各环节企业和康复医院、生殖护理、颐养示范、产业培训、第三方检测等医疗健康服务型机构及高成长性创新型企业，打造北京城市副中心标志性的医疗健康智慧园区。

（赵立松）

经济管理

宏观经济调控

▲ 1月31日，北京市2023年第一批重大项目集中开工活动在通州区主会场举办
（区发改委提供）

【概　况】2023年，通州区初步核算地区生产总值实现1303.6亿元，同比增长5%。一般公共预算收入全年实现94.11亿元，同比增长5.2%。固定资产投资继续保持千亿规模；建安投资总量始终保持全市首位。社会消费品零售总额实现563.5亿元，同比增长4.4%。居民人均可支配收入实现55715元，同比增长7.9%，高于全市2.3个百分点。

（李　慧　王现龙）

【“十四五”规划中期评估】2023年，通州区发展和改革委员会（简称区发改委）全方位系统评估《北京城市副中心（通州区）国民经济和社会发展第十四个五年规划和二〇三五年远景目标纲要》6大类31项主要指标完成情况，形成《关于北京城市副中心（通州区）国民经济和社会发展第十四个五年规划纲要实施情况中期评估报告》，并经区七届人大常委会第十八次会议、北京城市副中心党工委管委会第10次全体会议审议通过。整体来看，“十四五”规划实施实现“时间过半、任务过半”。

（冯楚懿）

【经济运行监测】2023年，通州区农林牧渔业总产值实现30.4亿元，同比下降2.8%。规模以上工业企业完成工业总产值628.9亿元，同比增长2.1%。规模以上工业企业实现营业收入838.7亿元，与上年持平，实现利润总额39.8亿元，同比增长34.5%。有资质的施工总承包、专业承包建筑企业完成建筑业总产值2328.8亿元，同比增长7.4%。固定资产投资（不含农户）同比下降0.5%。其中，房地产投资同比增长5.3%。实现社会消费品零售总额563.5亿元，同比增长4.4%。居民人均可支配收入55715元，同比增长7.9%。居民人均消费支出37677元，同比增长13.7%。

（通鉴编）

【固定资产投资】2023年，北京城市副中心千亿投资目标完成。通州区固定资产投资（不含农户）同比下降0.5%。其中，房地产投资同比增长5.3%。三大产业投资两升一降，其中第一产业投资同比增长12.2%，第二产业投资同比增长12.6%，第三产业投资同比下降3.6%。年内，区发改委争取市政府固定资产投资25.7亿元，用于东南郊湿地建设工程（二期）、通州区体育场升级改造建设工程等108个项目。多渠道争取债券资金、灾后恢复重建万亿国债等支持，第一批增发国债项目清单中安排通州区温潮减河项目31.56亿元。

（贾小波）

【重大项目谋划】2023年，通州区按照“突出落实规划、突出前瞻布局、突出民生导向”原则开展重大投资项目规划谋划，重点聚焦保障区委、区政府关注项目快速落地，对经济社会长远发展具有重大支撑的项目谋划。在基础设施、产业、公共服务、绿色发展、智慧城市5个重点领域取得工作成果，形成2023年通州区重大投资项目谋划项目清单，总投资101亿元。举办第一次重大投资项目融资意向签约会，持续深化政企银对接机制，对8个投资回报机制明确、投资收益水平较高、适合金融机构参与的重大投资项目重点进行融资推介，解决8个重大项目147.3亿元融资需求。

（贾小波）

【营商环境优化】2023年，区发改委持续推动产业发展与优化营商环境同进、同优、同推，助推企业在北京城市副中心高质量发展。印发《通州区全面优化营商环境助力企业高质量发展实施方案》，形成84项改革任务、21项自主改革任务。在全市率先召开2023年通州区优化营商环境新闻发布会，集中宣传各项工作举措，全面促进北京城市副中心优化营商环境再提升。印发《2023年通州区“局处长走流程”工作方案》，从政务服务事项、查摆问题、问题台账“回头看”等方面，多角度、多维度，全面细化“走流程”要求，切实解决企业群众办事堵点、痛点、难点问题。

（王　雪　张旖斐）

【企业服务】2023年，区发改委全力做优企业服务，深入落实“四下基层”，实地了解企业需求，提供政策咨询、资金申请指导等一系列服务，帮助企业把握政策机遇，为企业发展注入新动力。年内，协助北京市春立正达医疗器械股份有限公司、国投信开水环境投资有限公司等6家企业申报2023年第一批首台（套）重大技术装备示范产品、2023年（第30批）国家企业技术中心等4项政策支持及试点。其中北京市春立正达医疗器械股份有限公司获批2023年第一批首台（套）重大技术装备示范产品及2023年（第30批）国家企业技术中心。区区域协同发展促进中心研究形成《通州区关于加强台马地区（经开区扩区部分）产业协同、助力企业发展工作方案》，从协同机制、主动服务、深化交流等方面明确10条具体措施，分解20项具体任务，涉及26个委办局及乡镇，持续优化台马地区（即经开区扩区部分）营商环境。

（张明阳　张艳丽）

【“经济大脑”助力经济高质量发展】 2023年，区发改委以大数据、人工智能技术为依托，面向经济治理场景建立业务模型，提供动态感知、信息处理、对策制定、组织执行、反馈调整等多维复合的数智化支撑，形成经济治理“大脑”。通过平台功能，推出年度刊、专刊、快刊44期，提供企业走访基础、企业外迁预警、基层服务企业抓手，促进北京城市副中心经济高质量发展。

（赵栋奎）

【国家绿色发展示范区建设】 2023年，区发改委持续推动国家绿色发展示范区建设，统筹推进各重点领域节能降碳工作。会同统计部门研究编制《通州区2023年节能目标分解方案》。鼓励引导用能单位开展清洁生产，北京新城热力有限公司、北京杏林药业有限责任公司等一批企业陆续开展相关工作。大力推进新能源和可再生能源应用，完成新能源热泵项目核准5个，核准金额5.78亿元，新增可再生能源供热面积144.16万平方米；完成企业光伏备案项目20个，备案金额1.9亿元，自然人光伏备案项目191个。北京城市副中心首个中深层地热供暖试点示范项目即将完工，北京城市副中心公共机构存量屋顶太阳能利用改造一期工程完成备案立项。以“低碳行动·赋能未来”为主题，开展2023年北京城市副中心节能宣传周系列活动，号召群众践行绿色低碳的生活方式，促进形成绿色生活新风尚。

（杜傲然）

【“疏整促”专项行动】 2023年，区发改委会同各牵头部门研究制定《通州区疏解整治促提升专项行动2023年工作方案》，安排3个领域27个专项任务。截至年底，21个量化任务全部完成，其中治理违法建设与腾退土地、揭网见绿、一般制造业疏解提质、园林绿化4个专项超额完成全年任务，配建设施移交、临时建筑、一刻钟便民生活圈建设、施工围挡、群租房5个专项完成量居全市第1。

（杜梦文）

【通亦协同】 2023年，区区域协同发展促进中心加大通州区、经开区领导对接力度和频次，全年会商对接7次，两区区域合作全面深化。10月下旬，区委书记带队与经开区举行协同发展座谈会，高位推动亦庄新城台马地区发展建设相关工作，在协同发展机制、一级开发和土地、经济指标、城市建设管理、环保、水务相关工作领域不断深化分工合作，推动高质量协同发展取得新成效。

（张艳丽）

【“小通”企业服务IP上线】 9月，区区域协同发展促进中心总结企业服务工作经验，持续创新工作模式，按照“无事不扰、有求必应、全时服务、一呼通办”原则，打造“小通助企服务”微信服务号，24小时为企业做好服务。添加每名企业高管为微信好友，深度链接每家重点企业，企业随时可以通过微信语音或者文字留言、视频等方式提出问题咨询或发展困难，区区域协同发展促进中心统筹为企业提供政策咨询或协调解决问题等服务。

（李　健）

自然资源管理

【概　况】 2023年，北京市规划和自然资源委员会通州分局（简称区规自分局）努力推动北京城市副中心自然资源管理各项工作落实落地。实现北京城市副中心先行用地创新突破，全市近10年来首个向自然资源部申报办理先行用地的项目——温潮减河工程项目获批。处置非法占用农用地违法犯罪典型案例经验做法获部级推广。编制完成《通州区2022年度国有自然资源资产管理情况的专项报告》。

（寇晓蓉）

【城乡建设用地减量任务】 2023年，区规自分局根据《通州区2023年度经济社会发展指标考核目标》确定的关于“城乡建设用地减量”指标，结合全区年度新增建设用地情况，通过对数据的空间分析和调研等方式，明确减量用地，将各乡镇的减量地块汇总上报市级平台审核，完成通州区城乡建设用地减量任务，实现动态平衡。

（寇晓蓉）

【土地征收】 2023年，区规自分局完成温潮减河工程等15个项目的征收土地预公告。完成潞城镇棚户区改造A-12地块等18个项目征地补偿安置方案编制及征地补偿安置公告工作，征地面积约303.08公顷。完成京津高速公路第二通道（北京段）等3个项目征地公告并完成征地结案工作，征地面积约389.13公顷。

（寇晓蓉）

【土地权属审查】 2023年，区规自分局完成土地权属审查99件，涉及

▲4月25日，北京城市副中心在北京商品住宅用地推介会上作宣传推广

（区规自分局提供）

252宗地块，面积517.05公顷（其中国有土地约302.4公顷、集体土地约214.65公顷）；出具图幅核实函17件；办理一级开发、规划编制、市政设施、土地执法等现状核实362件。

（寇晓蓉）

【开发区土地集约利用监测统计】2023年，区规自分局完成3个开发区、6个园区、1347个图斑，总面积2926.68公顷的土地监测统计工作，同比新增图斑21个，新增面积26.42公顷，更新项目3个，总面积7.83公顷。

（寇晓蓉）

【“基本无违法建设区”创建】2023年，区规自分局牵头完成市级下发的创建图斑举证及审核，办结创建图斑约48万块、建筑面积5571万平方米。同时，坚持以北京城市副中心控规为引领，以“擦亮高质量空间底色，筑牢副中心千年之基”为主题，形成适合北京城市副中心特点和需求的“一区一策”指标体系方案，基本实现创建“基本无违法建设区”三年行动计划的阶段性目标。

（寇晓蓉）

【公共公益类违法用地违法建设专项整治】截至2023年底，区规自分局完成3年（2021—2023年）公共公益类违法用地违法建设专项整治行动，通州区涉及的997宗存量公共公益项目，已按照市级工作要求及标准全部完成整治，任务总量和完成任务量均为全市第1。

（寇晓蓉）

【卫片执法工作】2023年，区规自分局完善“日通报、月调度”长效机制，压茬推进卫片整改，1—10月卫片纳入约谈的违法图斑在全市各区率先实现“动态清零”。新生“两违”（即违法用地和违法建设）治理成效显著，运用“小卫星”科技治违，实现提取图斑比部、市卫片早30天下发的预期目标，并由属地政府运用7天快拆处置机制，第一时间消除违法状态，实现动态“零增长”。

（寇晓蓉）

【自然资源督察问题整改】2023年，区规自分局制定《通州区2023年度国家自然资源督察发现问题整改工作方案》。配合上级部门有序开展自然资源驻点督察、日常督察及专项督察工作，推进自然资源督察指出问题整改工作。

（寇晓蓉）

【先行用地项目获批】2023年，区规自分局组织协调相关部门共同研究，实现北京城市副中心先行用地创新突破。推动温潮减河工程项目于4月1日获自然资源部批准，取得《自然资源部办公厅关于温潮减河工程控制性工程先行用地函》，是全市近10年来首个向自然资源部申报办理并获批先行用地的项目。

（寇晓蓉）

【国土变更现状调查】2023年，区规自分局完成上年1.9万个图斑内外业核实认定，数量居全市首位，调查更新成果经市级部门核查及国家级部门审核后，整改形成最终成果，于8月获得国家相关部门批准。

（寇晓蓉）

【生态产品价值实现案例】9月1日，区规自分局申报的北京城市副中心构建城市“绿心”促进生态产品价值实现案例，入选自然资源部第四批生态产品价值实现典型案例，作为全国11个典型示范之一在全国推广学习。北京城市副中心“绿心”公园生态产品价值实现模式以“政府主导、企业管理、公众参与”运行模式，建设城市绿心森林公园及公共文化设施，开展特色经营，推动周边产业园区绿色低碳高质量发展，提升生态系统稳定性和生产产品供给能力。

（寇晓蓉）

国有资产监督管理

【概　况】2023年，通州区人民政府国有资产监督管理委员会（简称区国资委）贯彻中央、市、区发展战略，高质量做好资产监管、推动国企发展工作。截至年底，区国资委有一级监管企业10家（其中全资企业8家、股份制企业2家），全部独立法人单位119家，企业在职职工3561人。监管企业资产总额548.8亿元，负债总额384.4亿元，净资产总额164.4亿元。年内，企业营业收入33.1亿元。

（杨世强）

【重点项目参与】2023年，通州区国有资本运营有限公司稳步推进通州发展大厦、市级行政办公区再生水工程（二期）建设等重点项目；设立京津冀创新发展股权投资基金、ESG投资基金，募集基础设施公募REITs基金，助推北京城市副中心高质量发展。北京通州城市建设运行集团有限公司（简称通城建集团）突出主责主业，推进帅府系列房地产项目；拓展产业，打造顶点公园和北京海昌海洋公园两大文旅项目。北京市通州商业资产运营集团有限公司提升通佰园招商运营能力，促进人才供需对接；承接区政府“菜篮子”进社区工程，提升民生服务质量。北京首通智城科技创新有限责任公司（简称首通智城）筹建产业联盟和创新研究院，与北京静态交通投资运营有限公司成立智慧停车建设运营合资公司运营通州区停车资源，与通商集团成立合资公司将人民商场改造升级为数字经济产业园，拓宽招商引资渠道。北京通州发展集团有限公司持续推进张家湾设计小镇创新中心、国家网络安全产业园（通州园）、元宇宙应用创新中心等项目，促进科技成果转化和产业化发展。北京大运河文化旅游发展有限公司发挥文旅产业平台作用，开展大运河文化旅游景区国家AAAAA级旅游景区创建和运营工作，全年接待游客21万余人次，年营收2679万元。北京通州投资发展有限公司发挥市区两级投资战略功能平台作用，加大一级土地开发力度，加强乡镇集体产业用地统筹利用。北京市燕东保障性住房建设投资有限公司做好保证性住房房源增量拓展、公租房运营管理和共有产权住房政府份额代持等工作。

（杨世强）

【国企改革】2023年，区国资委加快

国企结构和产业重组，基本构建完成城市建设、城市服务、民生保障、科技创新、文化旅游五大产业板块，产业布局和功能结构更加清晰，定位更加精准。优化整合资源，完成区水务局、区文旅局、区融媒体中心、区园林绿化局等单位所办企业划入区国资委系统，推进区城管委、区农业农村局等所办企业划转工作。完成对划转企业清产核资和尽职调查、划转协议签署、变更登记、资产划分及账务处理。推动创新性金融工具先行先试，国资公司、通城建集团、通房开公司采取发行非公开公司债券及定向债务融资工具的方式进行融资，获批发行总额150亿元。落实专项改革任务。重组区属物业企业，合并组建国有控股物业公司，提升市场竞争力，破解区属物业企业发展难题。

（杨世强）

【国资国企监管】 2023年，区国资委进一步完善国有资产监管机制。加强产权管理，印发实施《北京市通州区国资委监管企业国有资产评估管理暂行办法》《北京市通州区人民政府国有资产监督管理委员会关于规范监管企业车辆购置与管理的规定》《通州区国资委监管企业国有资产处置暂行办法》，规范企业固定资产评估和处置程序、办法，开发“区国资委土地房屋资产运营监管系统”，逐步推行线上监管。规范重大事项决策，完善“三重一大”事项决策内容，修订《国资委党委会、主任办公会议事规则》和《重大事项请示报告制度》，规范重大事项决策审批程序；加强公司董事会建设，落实董事会职权。规范投融资管理，完善《通州区国有企业违规经营投资责任追究实施办法》《关于通州区国资委区属国有企业融资管理暂行办法》，规范企业投融资行为。优化绩效考核，制定《通州区国资委监管企业工资总额管理办法》《工资总额控制实操办法》，将薪资与经营状况挂钩。强化资金监管，与招商银行签订“大额资金流转”模块和企业端跨银行资金管理系统使用合作协议，有7家一级企业的38个账户完成直联上线工作。

（杨世强）

▲ 10月11日，“大运金融行”之通州区国有企业金融服务专场活动举办

（区国资委提供）

【国有资本运营】 2023年，北京市通州区国有资本运营有限公司系统资产总额168.63亿元，总收入1.90亿元，纳税1.87亿元。公司定位为北京城市副中心的战略功能平台和融资保障平台，重点围绕金融服务、土地资源开发、城市基础设施建设及运营、重点项目开发建设、区镇多领域合作及民生保障，通过深化国企改革、战略投资、资本运作等措施，构建国有资产的专业化、集约化平台，推动国有资产的保值增值及资源的有效盘活。全年重点项目主要有参与通州发展大厦装修改造、东小马颐瑞家园项目、八里桥片区棚户区改造、市级行政办公区再生水工程、广渠路东延再生水工程、核心区二号地及相关剩余地块土地、区住建委移交45条道路等工作。在金融投资方面，成功注册30亿元定向债务融资工具和15亿元非公开发行公司债券，于11月发行两期非公开发行公司债券共15亿元（票面利率均创2023年北京市同体量同评级同期限公司债最低发行利率，首次进入非公开资本市场进行融资）；6月9日，北京通政私募基金管理有限公司在中国证券投资基金业协会备案成功，推动ESG基金和京津冀协同创新基金落地，推进ESG标准制定工作，构建ESG品牌传播矩阵和招商平台；7月，北京城市副中心产业引导基金签署《基金代持／委托协议》。

（李晓旭）

【国有企业金融服务专场活动】 10月11日，区国资委联合区金融办在中国北京人力资源服务产业园通州园区举办“大运金融行”之通州区国有企业金融服务专场活动，国资委8家一级监管企业与驻通州区北京银行副中心分行、工商银行通州分行、华夏银行副中心分行、招商银行副中心分行等10家银行机构深入研究，搭建政银企合作交流平台，推动形成银行与国企互助共赢的发展合力，共同为北京城市副中心高质量发展贡献力量。

（杨世强）

财　政

【概　况】 2023年，通州区财政局（简称区财政局）坚持稳中求进工作总基调，全面加强财政收支分析研判，着力强化财政资金资源统筹，扎实推进财政改革与发展，预算执行情况总体良好，有力推动北京城市副中心经济社会高质量发展。

（刘心雅）

【一般公共预算收支平衡】 2023年，通州区一般公共预算总收入517.17亿元，其中，一般公共预算收入94.11亿元，同比增长5.2%；上级补助收入259.64亿元；上年市级结转10.77亿元；上年区级结余结转46.3亿元；政府一般债券转贷收入56.3亿元；调入资金50.05亿元。一般公共预算总支出 517.17 亿元，其中，一般公共预算支出 395.11 亿元，同比增长 29%；债务还本支出 30.48 亿元；上解市级支出 4.29 亿元；市级结转 15.32 亿元；区级结余结转 69.86 亿元；补充预算稳定调节基金 2.11 亿元。

（刘心雅）

【政府性基金预算收支平衡】 2023 年，通州区政府性基金预算总收入 248.82 亿元，其中，政府性基金预算收入 69.62 亿元；调入资金 10.9 亿元；上年市级结转 7.79 亿元；上年区级结余结转 27.97 亿元；上级补助收入 29.51 亿元；政府专项债券转贷收入 103.03 亿元。政府性基金预算总支出 248.82 亿元，其中，政府性基金预算支出 119.92 亿元；上解支出 0.47 亿元；专项债务还本支出 44.64 亿元；政府性基金预算调出 40.2 亿元；市级结转 9.52 亿元；区级结余结转 34.07 亿元。

（刘心雅）

【国有资本经营预算收支平衡】 2023 年，通州区国有资本经营预算总收入 486 万元，其中，国有资本经营预算收入 20 万元；上年结转 229 万元；市级转移支付 237 万元。国有资本经营预算总支出 486 万元，其中，国有资本经营预算支出 444 万元、国有资本经营预算调出 20 万元；结转下年 22 万元。

（刘心雅）

【财政政策落实】 2023 年，区财政局聚焦“高质量”精准施策，稳步推进经济发展。在产业发展方面投入 8.73 亿元，落实“通八条”企业扶持资金 2.56亿元，“金七条”企业扶持资金4.77 亿元，以及其他相关企业扶持政策。

（刘心雅）

【民生投入】 2023 年，区财政局聚焦“美好生活”加大投入，不断增进民生福祉。在社会保障和就业方面投入资金 39.01 亿元，主要用于落实城乡居民基本养老保险，保障低收入群体救助、困境儿童福利待遇，落实退役军人优抚优待政策，保障优抚对象抚恤及生活补助，保障公益性就业组织岗位补贴，支持职业技能培训，落实大学生村干部（选调生）及高校毕业生“三支一扶”（即大学生在毕业后到农村基层从事支农、支教、支医和扶贫工作）待遇政策。在卫生健康事业方面投入资金 33.37 亿元，主要用于落实城乡居民基本医疗保险，支持 27 家二三级公立医院人才培养、能力建设、设备购置及基础设施改扩建，加大对乡村医生基本待遇补助、农村地区社区卫生人员岗位补助、家庭医生签约、适龄妇女“两癌”筛查等基本公共卫生事业投入。在教育事业方面投入资金 52.96 亿元，主要用于保障教育领域生均补助、义务教育生活补助及免教科书费等，支持社会化教育人才补充、校园安保等基础性项目，实施信息化建设、环境提升等保障性项目，落实学前教育发展、中小学实践活动、“双减”等政策性项目，推进集团化办学、优质资源校扩学位等发展性项目，新建学校 2 所、增班扩容学校 5 所，新扩学位 1.33 万个。在文化旅游与体育事业方面投入资金 4.16 亿元，主要用于支持全国文化中心、公共文化体系示范区建设，保障综合文化中心运维、融媒体建设及旅游发展等项目，推进大运河张家湾遗址及通运桥文物保护与修缮工程等项目；支持体育公园和全民健身中心等场地建设，组织马拉松、运河骑游周系列赛事活动等。在科技事业方面投入 1.2 亿元，主要用于支持科技创新和科技成果转化，开展“全国科技文化周”等科普活动，支持首批元宇宙企业扎根发展。

（刘心雅）

【财源建设】 2023 年，区财政局实行“月审议、旬调度、周督促”工作模式，协同属地和部门持续跟踪走访服务企业，办结诉求 387 个；开展“扫楼明企”专项工作，全面摸排存量企业及楼宇情况；形成市—区—街乡镇闭环式财源建设工作平台，使用财源大数据系统为属地和部门提供企业综合信息；兑现“通八条”“金七条”奖励 7.33 亿元，向北京城市副中心产业引导基金出资 5000 万元。面向市内承担疏解职能、抓好结对协作发展，面向市外不断联动推介、吸引总部项目落地北京城市副中心，与顺义区、经开区、门头沟区签订财源结对发展协议，持续放大财源“叠加效应”。全年头部财源孵化新设企业 68 户，贡献地方级收入 0.84 亿元；财源储备项目落地数量 54 个，隶属企业贡献地方级收入 12.4 亿元。

（刘心雅）

【绩效管理】 2023 年，区财政局印发《北京市通州区预算绩效管理办法》等 5 个管理办法，形成“1+6+N”预算绩效管理制度体系（即 1 个区级预算绩效管理办法，6 个涵盖绩效目标、事前评估、绩效监控、绩效评价、结果应用及问责等办法，以及若干操作规范），指导各预算部门有序开展本部门预算绩效管理工作。绩效评价方面，指导各部门开展绩效自评和重点项目财政支出绩效评价，推动财评与自评各有侧重、相互衔接。全年对 51 个预算部门（单位）的 98 个财政支出项目、1 项政策和 1 个部门整体支出开展事后绩效评价，涉及金额 32.51 亿元。评价范围涵盖“疏整促”、直达资金等重点领域，实现了“三本”预算全覆盖。事前绩效评估方面，全年完成财政预算事前绩效评估项目 66 个，涵盖城市运行、社会保障、经济发展、医疗卫生、教育、文体等领域，预算申报金额 2.51 亿元，不予支持部分预算金额约 1.5 亿元、占比 60%，对“不予支持”的项目不予安排预算。全成本预算绩效管理方面，按照“核成本、评绩效、出标准、调机制、促管理”的思路，以成本绩效分析为抓手，科学测算、全面衡量各方投入成本，确定新的支出标准，合理压降低效无效成本，逐步推进各重点领域项目降本增效。年内，对绿地养护、水处理服务、信息化运维等重点领域的 14 个项目开展全成本绩效分析，涉及预算资金 4.57 亿元，平均资金调减率约 7.5%，节约财政资金约 0.34 亿元。组织并指导全区 22 个街道乡镇自选项目，对购买服务、基本运维、教育等领域的 22 个项目独立开展全成本绩效分析，涉及当年预算资金 0.58 亿元，压减资金约 0.05 亿元，平均压减率约 9.3%。

（刘心雅）

【政府采购】 2023 年，区财政局发挥政府采购政策功能，大力支持乡村振兴、助力中小微企业，持续优化政府采购营商环境。全区政府采购规模 60.20 亿元，同比增长 18.79%，创历年最高水平。其中，面向小微企业采购合同金额占比较上年增加 17 个百分点，强制或优先采购节能节水、环保产品占比均达到同类产品采购规模的 100%；“832 平台”（即脱贫地区农副产品网络销售平台）完成交易金额连续四年蝉联全市第 1；率先完成全市首笔政府采购合同线上融资，全流程电子化交易项目占比较上年增加 14 个百分点；顺利完成全区首个绿色建材试点项目；集中带量采购金额达 3966.23 万元；公务用车加油、维修、保险实现数字化监管。

（刘心雅）

【债务管控】 2023 年，区财政局加强政府专项债券“借、用、管、还”全生命周期管理，明确各阶段管理要求和职责分工，提高债券资金使用效益。提前落实偿债资金，全额纳入预算管理，到期债务全部按时还本付息，区政府债务率保持在合理区间。严禁新增隐性债务，持续保持债务监管高压态势，有效防范债务风险。加强债务项目常态化储备，实行滚动管理，坚持储备入库一批、发行使用一批、开工建设一批，发挥债券扩大有效投资、稳住经济大盘的积极作用。全年区新增债券 100.79 亿元，全部支出完毕。

（刘心雅）

【财政资金管理】 2023 年，区财政局积极构建“大统筹”格局，科学统筹年初预算、债券资金、专户资金和存量资金，积极申请中央资金、市财政转移支付资金及市固投资金，逐项打开支出结构，仔细审核项目，压减不必要支出，严控项目成本，完善政府购买服务及编外人员经费管理，把有限的资金用在“刀刃”上。建立健全资产购置、使用、处置全过程管理机制，有效盘活国有资产，资产使用效益不断提升。统筹部门评审与财政评审，建立财政评审与技术评审相结合的工作机制，创新“技财联审”模式，评审效率进一步提高。推进内控管理信息化改革，着力加强对预算编制、预算执行、合同管理、绩效管理等 7 个内控管理环节的重点监督，在 127 家预算单位部署并运行“业务财务一体化内控管理系统”，实现财政资金“可视、可控、可比、可追”全过程闭环监督管理。

（刘心雅）

【财会监督】 2023 年，区财政局强化预算资金全流程监管，从预算编制源头堵漏洞、防风险，在预算执行中严约束、明刚性，在财政监督中坚持问题导向，注重以审计监督检查中发现的问题举一反三，对重点领域、易发问题组织开展重大财税制度落实情况的重点检查，对 4 家单位（含 3 家行政事业单位、1 家国有企业）开展会计监督检查。对行政事业单位重点关注“三公”经费、国有资产管理中存在的相关问题，对预算编制及执行、结转结余资金管理、非税收入管理、内部控制制度建设等财务管理情况开展全面检查，做好查前公示、查后公告等全过程管理，强化对公权力运行的制约和监督，提升监督效能。

（刘心雅）

【重点项目投入】 2023 年，区财政局加大重大项目支持力度，科学合理调配资金 160.48 亿元，全力保障北京城市副中心各项基础设施建设。拨付专项资金 18.23 亿元支持重点道路、市政工程建设及征地拆迁，保障厂通路、国道 230、九德路改建、市级行政办公区及文化旅游区周边道路等项目顺利实施，进一步完善全区路网建设和配套基础设施；投入 12.13 亿元支持通州区公共服务发展，主要用于老旧小区改造、养老院建设、体育场升级改造、社区公共空间提升等社会公益项目；加大能源资源财政资金投入，拨付 1.9 亿元用于支持再生水热泵供热供冷示范项目、保障房地热供暖试点示范项目、北京城市副中心新型电力系统坚强骨干网架建设等；投资 20.68 亿元用于保障温潮减河、城南水网、城北水网、平原重点区域造林、潮白河森林生态景观带等重点农田水利、园林绿化项目建设，大力推进生活污水治理；累计投入 15.48 亿元积极推进农村工作，主要用于支持耕地保护空间、乡村公路大修，加快建设美丽宜居新农村；加快推动土地上市安排资金 17.97 亿元，主要用于台湖生态镇一期二期、宋庄文化创意产业集聚区、东小马、珠江国际家园三期四号地等土地一级开发项目；拨付资金 74.09 亿元支持棚改项目建设，主要包括八里桥棚改、张家湾六小村棚改、土桥棚改、东方厂棚改、梁各庄棚改等项目。

（刘心雅）

【财源建设专题培训班】 3 月 22—24 日，北京城市副中心财源建设暨产业

▲ 3 月 22 日，2023 年城市副中心财源建设暨产业发展专题培训班开班

（区财政局提供）

发展专题培训班举办，43个委办局、园区及属地86名领导干部参训。培训突出“供”“需”有效衔接，精准靶向施教。开设促进市场主体发展措施、“通八条”招商政策、“专精特新”培育等专业课程，综合考量各单位需求，科学设置课程，精准按需施教。突出“教”“学”相长，提升培训实效。邀请区级部门主要领导及领域内优秀专家学者授课，帮助学员开阔眼界，带来智慧的“碰撞”，实现教与学的正向循环。突出“思”“用”融会贯通，促进财源协同发展。参会单位分组讨论，就走访服务、招商技巧、产业布局等问题展开交流，达成区镇两级财源建设协同发展共识。

（刘心雅）

▲ 10月11日，区税务局工作人员在万达广场为纳税人宣讲三项个税专项附加扣除标准提高政策 （区税务局提供）

税　务

【概　况】 2023年，国家税务总局北京市通州区税务局（简称区税务局），克服市场需求减弱、支柱行业下行等不利因素的影响，统筹凝聚专班力量，聚力攻坚突破困难，保障通州区三级收入正增长。全年累计组织税收收入288.6亿元，同比增收37.4亿元，增幅14.9%。地方一般公共预算收入149.5亿元，同比增收20.4亿元，增幅15.8%；区级财力78.5亿元，同比增收1.6亿元，增幅2.1%。

（梁大钟）

【减税降费】 2023年，区税务局将落实税费优惠政策作为重大政治任务，不折不扣推进政策落地。先后召开4次税费优惠政策落实工作领导小组会议，编发税费政策落实工作简报15期，利用大数据筛选符合税费优惠政策目标群体，多端口精准推送专属税费优惠政策和提醒消息20批次，覆盖纳税人112万户次，实现从“人找政策”到“政策找人”转变。年内，完成2022年度企业所得税汇算清缴，享受加计扣除优惠企业1039户，加计扣除金额39.88亿元；享受15%税率的高新技术企业82户，减免金额3.22亿元；符合小型微利条件的企业减免税额4.92亿元。高效推进个人所得税汇算清缴，个人所得税专项附加扣除额度调整政策惠及75111人，减免税额8009万元；个体工商户经营所得减半征收个人所得税政策惠及222人，减免税额63万元；支持居民换购住房个人所得税优惠政策惠及276人，减免税额5681万元。

（梁大钟）

【跨境税收】 2023年，通州区跨境税源、税收实现双增长，全年新增外资企业缴税主体115户，同比增长21.1%。其中，独立核算外资企业55户，同比增长27.9%。新增境外非居民缴税主体929户，同比增长47.0%。累计组织入库涉外企业税收25.72亿元，同比增长45.56%。

（梁大钟）

【社保费和非税收入】 2023年，区税务局与区医保局、区教委、学校、社保所建立层级对接机制、紧密协作配合，提升缴费提示针对性和有效性。通过强化分析、分类施策将参保缴费人群按照学龄前儿童、学生、劳动年龄内人员、老年人、享受补贴人员等进行数据分析，分类制定应对措施，完成2023年度城乡居民医疗保险征收工作。对接区园林绿化局、区财政局，建立沟通机制，认真学习相关政策，了解征管要素，摸清底数情况，厘清与其他部门的职责分工，明确数据交换规则，制定内部征收工作流程，接收森林植被恢复费划转税务部门征收工作。

（梁大钟）

【税收分析】 2023年，区税务局通过联合走访调研、联合信息约稿的形式，累计调研企业351户次，及时掌握通州区重点税源“活情况”，为税收经济分析和税源建设工作提供线索参考。对全区税源结构定期开展分析，向区领导进行专题汇报，为领导提供决策参考。全年完成各类税收经济分析报告14篇，其中获国家税务总局领导批示1篇1人，获市委、市政府领导批示2篇3人次，获区委、区政府领导批示5篇8人次。

（梁大钟）

【纳税服务】 2023年，区税务局深化拓展新时代“枫桥经验”的实践运用，明确“立足副中心、面向北京市、辐射北三县”服务定位，将第一税务所（办税服务厅）打造成为具有北京城市副中心特色的“枫桥式”税务所。打造“通惠工作室”服务载体，探索“1+2+N”（即一个专业涉税调解团队，“春风岗亭”“通惠工作室”两个平台，N个条线兜底办结）

矛盾调解模式，实现特殊业务“一站式”受理、疑难杂症“零距离”解决，税费争议纠纷基层化解率100%。与河北省廊坊市税务局签订《通州与北三县纳税服务一体化工作协议》，实现设备互放、窗口互设、机制互联、风险互担。截至年底，通州区税务自助设备可办理北三县登记业务6类、申报业务7类、社保业务8类、查询业务6类，日均办理2～3人次；北三县专机可处理电子税务局所有涉税事项，日均办理4～5人次。自通州与北三县一体化工作开展以来，办税服务厅“一体化”窗口共接待辅导异地纳税人咨询业务100余笔。首推“交地即交证”，助企“加速跑”，协助企业缴清土地出让金和相关税费的同时，同步做好登记材料收集、地籍调查等工作，极大缩短企业拿地、交地、办证周期。创新高效的服务助推企业实现“拿地即开工、交地即交证、当月即预售”的工作目标。

（梁大钟）

【税收征管改革】 2023年，区税务局深入践行“智数赋能”理念，在智慧税务整合建设方面争一流、创典型，先行先试智能化、云办理的办税应用场景，为推动智慧北京税务打造样板经验。推行“智能开业”办理模式，将人工判断升级为自动识别，利用外部门基础信息智能交互，自动完成9项关联涉税事项的集成办理，实现新办登记自动化、税费种认定智能化、初次发票审批套餐化，开业事项“即时办结、一步到位”。自3月31日试行起，累计自动受理12506户，自动受理率98%。极大提高办理效率、降低征纳成本。探索“智能变更”操作模式，以“系统监控、自动响应”自动化流程代替人工操作，实现注册地址与城建税税率等税收管理要素的自动筛选、精准匹配、同步变更。截至年底，累计自动变更所属街道乡镇、城建税税率和主管税务所9024户次，准确率100%。最大程度降低因适用税率调整滞后导致的税收风险，监管效能有效提升。试点推行个人出租房屋代开增值税电子普通发票，开具全市首张个人出租房屋增值税电子普通发票，实现“线上申请＋后台审核＋自助缴税＋即时开票”，有效缓解办税服务厅窗口相关业务排队压力，推进纳税人与税务人“双减负”。

（梁大钟）

【发票风险防控】 2023年，区税务局多措并举开展发票风险应对，进一步优化发票风险防控策略，创新发票风险指标模型，整合发票风险防控体系。全年开展发票风险防控任务565批，涉及企业10559户次，问题率71.83%，涉嫌虚开发票金额明显下降。

（梁大钟）

【“春风税雨”系列直播活动】 4月25日，区税务局联合北京城市副中心政务服务中心，以第32个全国税收宣传月为契机，围绕“税惠千万家 共建现代化”主题，开展2023年“春风税雨”系列直播活动，助力企业“听得懂政策、享得上优惠”。首场直播以“探访办税服务厅——解锁企业所得税最新政策”为主题，聚焦纳税人缴费人关注的重点问题，由税务干部作为主播，带领观众沉浸式体验办税服务厅“问、导、办”一体化服务流程，通过在线梳理讲解相关政策要点，实时互动答疑，实现涉税宣传辅导精准有效，观看量达5000人次，获赞量超10万次。

（梁大钟）

审　计

【概　况】 2023年，通州区审计局（简称区审计局）完成审计项目26个，查处违规问题涉及金额9455万元，需整改的管理不规范问题涉及金额25217万元，其他非金额计量问题249个，退还财政资金25万元。针对审计发现的问题，提出94条进一步强化管理的审计建议。组织筹备召开两次区委审计委员会会议，研究并审议通过《北京市通州区审计局2023年度审计项目计划》《北京市通州区领导干部经济责任审计和自然资源资产离任审计工作规划（2023—2027年）》《北京市通州区审计局2024年度审计项目计划（第一轮）》等议题。推动通州区原区长任期经济责任审计、自然资源审计整改、2022年度市级预算执行和其他财政支出审计查出问题整改等工作落实。配合北京市人民政府原市长经济责任、自然资源审计等整改督导工作。督促牵头整改单位按时报送审计查出问题整改情况；组织协调中组部督导调研组对北京市人民政府原市长审计涉及通州区牵头整改事项的调研工作。

（田佳宁）

【预算执行审计】 2023年，区审计局对区财政局具体组织2022年度区级预算执行和决算草案情况审计、区纪委财务收支审计等审计项目，完成区一级预算单位2022年度部门预算执行和决算草案数据分析工作。认真履行预算执行和其他财政收支审计工作领导小组办公室职责，统筹推进部门预算执行审计项目，针对在预决算编制、内控制度、财务和资产管理等方面审计发现的问题，形成《关于在2022年度部门预算执行和决算草案审计中发现问题的情况通报》，向区纪委区监委、区委巡察办、区财政局进行通报，形成监督合力。

（田佳宁）

【重大政策落实审计】 2023年，区审计局对北京金通资产经营管理有限公司2022年度资产负债损益情况、区教委学前教育专项资金绩效情况、区纪委2022年度财务收支情况进行审计。对区园林绿化局等3家单位组织实施政府投资建设项目的履职情况，区发改委、区规自分局政府投资重点建设项目前期审批事项进行专项审计调查，对重要事项进行必要的延伸和追溯。配合市审计局完成区级政府财政运行情况专项审计调查、政府债务审计工作。

（田佳宁）

【重点项目审计】 2023年，区审计局完善投资审计项目台账，全面梳理所有项目的立项依据、协审机构、项目进展、审计进展、审计发现的问题等重要情况，并根据每个项目特点制定清理措施，有针对性地解决老项目长期挂账问题。对于孙各庄安置房、杨庄一级开发等历史遗留问题较多、久审不决的项目，组织召开相关单位工作调度会十余次，听取审计公司汇报和建设单位意见，并深入潞城镇、永顺镇和镇党委主要领导沟通，多次向区政府和相关部门进行专题汇报，推动建设单位和主管部门履职尽责。组织全区集体产业用地拆违腾退资金专项审计和全区政府重点投资项目前期审批情况专项审计调查，组织落实好区委、区政府关切的重大项目和重点事项。整体调度区审计局50个园林绿化项目的审计工作，建立工作群，明确任务要求。建立园林项目审计台账，定期对园林项目进行摸底，了解项目进展、发现问题、影响因素等，并以书面形式向区园林绿化局通报。

（田佳宁）

【经济责任审计】2023年，区审计局安排开展经济责任审计项目9个，其中乡镇1个、街道1个、国有企业1个、行政事业单位6个。涉及处级领导干部12名，其中任中审计10名、离任审计2名。截至年底，完成全部经济责任审计项目，出具审计报告9份、审计决定书2份，撰写审计专报1份。审计发现问题272个，查出违规和管理不规范金额553521.42万元，提出审计意见207条、审计建议38条。向相关主管部门移送违规事项3项，向纪检监察机关移送案件线索5条。

（田佳宁）

【内部审计】2023年，区审计局印发《2023年度通州区内部审计工作指导意见》，明确内审指导监督方法和目标。举办2023年通州区内部审计人员线上培训班，全区400余人参加。举办年度区内部审计基础提升培训班，区属各乡镇、街道单位主管内部审计工作领导和工作人员40余人参加。组织开展宋庄镇村级内审员专题培训班，解读《北京市内部审计规定》，并对历年内审项目质量检查中

▲4月10日，通州区2023年经济责任审计工作联席会议召开

（区审计局提供）

发现的问题做讲解提醒。

（田佳宁）

【审计计划编制】2023年，区审计局围绕区域经济发展重点，结合上级审计机关的联动要求，认真贯彻落实审计全覆盖，以发挥政策落实跟踪审计、预算执行审计、经济责任审计“三个平台”作用为原则，安排审计项目26个，其中重大政策落实板块7个、预算执行板块8个、经济责任审计板块11个。

（田佳宁）

【审计整改】2023年，区审计局落实《通州区审计查出问题整改工作办法》要求，首次将审计整改落实情况纳入全区综合绩效考核体系。为进一步提高上级审计机关审计发现问题整改质效，将原市长经济责任审计和自然资源资产离任审计查出问题中通州区政府作为牵头整改责任单位的整改情况、原区长经济责任审计和自然资源资产离任审计查出的全部问题整改情况以及市级预算执行和其他财政支出审计报告反映问题的整改情况纳入通州区年度综合考评事项。考评对象包含与问题整改有关的22家责任单位，从日常反馈情况、整改任务落实及销号情况、整改效果三个层面，全方位综合考核，强化对审计整改的刚性约束，切实推动问题的有效落实。

（田佳宁）

【经济责任审计工作联席会】4月10日，通州区2023年经济责任审计工作联席会议第一次会议召开。会议传达十三届市委审计委员会第二次会议精神，通报通州区领导干部经济责任审计和自然资源资产离任审计工作规划（2018—2022年）评估报告情况，审议通过《北京市通州区领导干部经济责任审计和自然资源资产离任审计工作规划（2023—2027年）》，研究通过2023年经济责任审计项目计划。

（田佳宁）

统　计

【概　况】2023年，通州区统计局、通州区经济社会调查队（简称通州局队）以“数据监测、自主调查、服务调研”三大阵地平台为依托，推进改革创新、主动作为、靠前服务，发挥区域经济社会发展数据中心、研究中心和监测评价中心的作用，全力在服务北京城市副中心高质量发展中贡献统计智慧、统计方案和统计力量。以区政府名义制发《北京市通州区人民政府关于进一步加强统计工作的意见》，构建“政府主导、统计牵头、部门联合、齐抓共管、合力促统”的工作格局。全年撰写各类分析、报告602篇，编发各类信息1370条，被国家统计局、北京市统计局及区委、区政府等采用信息999篇。累计发布专题统计报告191篇，124篇报告、长

篇信息获领导批示258次，为领导和相关部门及时掌握北京城市副中心建设推进情况及科学决策提供参考依据。

（董可静）

【统计调研监测】 2023年，通州局队围绕台马地区、服务包、高成长工业、商业综合体、设施农业、升规纳统等重点关注领域开展20项自主课题调研，总结各领域发展过程中的成果与问题，有针对性地提出合理化意见和建议。聚焦数字经济、“两区”建设、文化旅游监测、“专精特新”、科技创新建设等热点新兴领域，整合统计数据、部门数据等多重资源，动态优化调整指标体系，开展11项统计监测，发挥统计“智库”作用。

（董可静）

【统计资料编制】 2023年，通州局队在常规资料《初步统计手册》《通州区统计年鉴》《经济发展月报》基础上，编印《三大三强自主课题调研及重点监测2023》《2023统计报告汇编》《2022年通州与廊坊北三县经济社会发展主要数据资料》三项特色资料，综合反映各个行业发展成果、发展态势以及发展前景，体现统计反映发展、统计服务决策的参谋助手作用。

（董可静）

【统计巡查】 2023年，通州局队围绕中共中央、国务院关于完善党和国家监督体系、促进各类监督贯通融合的整体要求，与区纪委、区审计局建立统计监督协作机制，与区委巡察办建立统计巡察协作机制。按照区委巡察办工作安排，对16家单位开展统计巡察，包括4个街道、2个乡镇、6个区级部门和4个区级国有公司，将向巡察组提交巡查发现的33项问题作为整改意见，率先建立健全统计巡查督查体系，推进统计规范化和标准化建设。

（董可静）

【统计宣传】 2023年，通州局队拓宽信息宣传渠道，扩大统计影响力。以“经济大普查 数说新时代”为主题，举办统计开放日。开辟电视专访，通过《数说发展》《法治宣传》栏目，及时公布相关统计数据，提升社会大众对统计的认知。优化官方微信公众号“北京通州统计”，增加“五经普”栏目，宣传第五次全国经济普查工作。“北京通州统计”全年发送内容201期、368条，总阅读数62772次。以“统计进党校”为契机，系统解读统计工作内容，剖析统计工作特点，有力提升统计影响力。

（董可静）

【统计执法】 2023年，通州局队统计执法始终以“双随机、一公开”（即在监管过程中随机抽取检查对象，随机选派执法检查人员，抽查情况及查处结果及时向社会公开）为原则，坚决执行执法检查结果“双公示”制度，将执法、服务、宣传相结合，坚持严格执法、文明执法、理性执法。全年完成执法检查任务613家，其中常规执法100家、专项执法508家、催报5家。一般立案处罚31家，其中26家符合不予行政处罚标准，对违法行为轻微的16家单位做出简易处罚。制发《通州区第五次全国经济普查执法文书》，配合各级普查机构，严肃查处拒不配合接受经济普查、提供虚假经济普查资料等统计违法行为。

（董可静）

【统计数据质量建设】 2023年，通州局队严把数据质量关，加强对数据采集、处理等全流程管理，确保数据质量可追溯。加强对调查单位培训力度，推广电子统计台账，督促调查对象依法建立健全原始记录、统计台账，保证数出有据；加大数据核查力度，将数据质量考核纳入科所绩效考核，明确科室、街乡统计所数据质量要求，保障数据质量；做好数据质量评估总结，定期开展数据质量评估会，从总量、趋势、结构等方面深入分析评估数据，确保统计数据与部门数据的匹配性，保障数据质量。

（董可静）

【统计诚信体系建设】 2023年，通州局队加快推动《关于进一步加强北京统计信用体系建设的实施意见》落到实处，切实推进依法统计、诚信统计，树立诚信统计的示范典型。通州局队开展企业“诚信统计”承诺践诺活动，与调查单位签订诚信统计承诺书160余份。开展年度诚信统计单位认定，坚持公平、公正、公开原则，由单位自愿申报、专业科室推荐，经执法检查，调取日常工作记录、调研、核查，并征求区各委办局意见，最终筛选出统计台账完备、统计报表积极、数据质量过关的诚信单位26家。严格落实市局激励政策，与区社会信用体系建设各成员单位建立联合激励机制，同步减少对统计诚信企业的执法检查，切实落实对守信者的“无事不扰”，营造良好营商环境。

（董可静）

【第五次全国经济普查清查】 2023年，通州局队召开北京市通州区第五次全国经济普查领导小组第一次全体会议暨工作动员会，筹划第五次全国经济普查整体安排，起草各类普查文件报请区政府批准，及时与各成员单位共商交流普查细节，组建各级普查机构，建设高素质普查队伍。在清查阶段，发放第五次全国经济普查清查告知书20万份、宣传海报6000余张，

▲7月5日，北京市通州区第五次全国经济普查领导小组第一次全体会议暨工作动员会召开

（区统计局提供）

开展10余场业务培训，充分利用部门信息编制详细底册名录，开展单位清查，严把数据质量关。

（董可静）

【民生实事调查】 2023年度，通州局队完成5项北京市统计局部署工作任务，包括北京市中小微企业发展情况调查、北京市城乡居民垃圾分类意识及现状调查、北京市重要民生实事项目线索调查、北京营商环境调查、北京市小微企业融资调查；完成1项通州区调查项目——2023年通州区群众安全感调查；完成3项社会热点自主调查项目——文明城区创建评价调查、居民消费意愿调查、居民小区物业管理评价调查。

（董可静）

【统计开放日活动】 12月1日，通州局队以“经济大普查 数说新时代”为主题，举办统计开放日。来自区“五经普”领导小组成员单位、22个街道乡镇普查办、区统计诚信单位、通州局队的工作人员和媒体等各界嘉宾参加活动，共同助力第五次全国经济普查的正式普查登记。

（董可静）

价格管理

【价格认定】 2023年，区发改委价格认定中心做好涉案财物价格认定工作，提高价格认定工作精准度，为司法机关办案提供有力价格依据。全年配合相关部门出具涉案财物价格认定结论书12份，认定总金额165万元，涉案物品涵盖手机、机动车、香烟等。全年无一起重新认定或复核裁定的案件。

（吴婷）

【价格调整】 2023年，区发改委强化价格调整，稳定物价水平。全年发放市级价格临时补贴105.32万元，惠及城乡低保对象、孤残儿童等困难群众26331人次。

（吴婷）

【价格监测】 2023年，区发改委强化价格监测，助力保供稳价。累计报送监测数据13万余个、采集市场价格及相关信息照片2万余张、监测信息90篇，在全市价格质量考核工作中排名第1。

（吴婷）

【价格监督检查】 2023年，区市场监管局紧盯重点民生领域，加强价格监管工作。组织殡葬行业价格执法工作，重点查处未明码标价、不执行政府定价和价格欺诈等违法违规行为，检查各类殡葬行业市场主体113家次。对全区范围内宠物诊疗机构开展全覆盖监督检查，检查宠物诊疗机构51家，全面整治宠物诊疗市场价格秩序。加强春节、“五一”、中秋、国庆等重要节假日期间市场价格秩序巡查。密切关注旅游景点、酒店、停车场、火车站等人流集中区域的市场价格秩序情况，指导经营者严格落实明码标价、收费公示等要求。开展涉企收费检查工作，对区司法局、区城管委、区公路分局行政事业性收费事项开展逐项检查，组织全区商业银行对服务性收费项目自查自纠，联合区教委组织开展教育收费自查自纠和重点抽查工作。

（刘明）

市场监督管理

【概况】 2023年，通州区市场监督管理局（简称区市场监管局）围绕“强党建、稳秩序、促发展、保安全”工作主线，践行“首善标准 监管为民”文化核心理念，坚决贯彻落实区委、区政府和市局各项决策部署，推动北京城市副中心市场监管工作实现新突破。优化升级市场远程监测指挥调度系统功能，实现非必须现场核实项目全程线上办理。出台《推动北京城市副中心国家绿色发展示范区建设工作实施方案》，指导新型电力系统地方标准研制，推动北京城市副中心首个地方标准正式发布，编制发布首个智慧城市企业标准。制定《优化提升消费环境 推进北京城市副中心国际消费中心城市建设2023年工作方案》，优化提升消费环境。以“一带一路”高峰论坛、全国两会、北京市“两会”、通州区“两会”等重大会议的食品安全保障为重点，以北京城市副中心马拉松、北京国际设计周等活动保障为契机，不断提升重大活动保障能力。全年共保障各类活动23次，未发生任何食品安全事故。

（刘明）

【市场主体登记】 2023年，区市场监管局出台优化北京城市副中心营商环境15条举措，联合制定《通州区关于加强企业登记注册与服务管理的实施意见》，持续释放住所资源空间，深化集群注册，打通属地政府招商“最后一公里”。整合优化行政审批流程，在食品销售和连锁餐饮企业试行告知承诺制。通过“E窗通”平台，餐饮店、超市（便利店）等场景实现“证照联办”（即市场主体在办理营业执照相关登记时，可以一并申请办理相关经营许可事项），深入推进“一业一证”改革，发出全市首张医疗器械综合许可证。优化个体网店准入服务，支持拓展线下经营和“一照多址”。推广市场主体歇业备案制度，帮助市场主体“休整蓄能”。开展“局科长走流程”活动，推广使用“餐饮开店掌中宝”，发挥市级赋权优势，为重点企业提供服务，极大提升审批服务便利度。扩大重点企业服务范围，将助企服务由重点企业向普惠性推广，“五证办照”模式适用范围已从自贸区延伸扩展至全区。全区市场主体198939户，其中企业159406户、个体工商户39234户、农民专业合作社299户。新设企业21947户，新设个体工商户1780户，新设农民专业合作社7户。

（刘明）

【市场综合执法】 2023年，区市场监管局围绕“规范程序年”建设，充分发挥行政执法职能，出台《北京市通州区市场监管局关于印发贯彻落实市场监管系统专项治理要求进一步加强执法办案领域专项治理工作实施意见的通知》，着力查处市场领域各类违法行为。开展“铁拳”、“骄阳”、“筑安”、食品安全“五大战役”行动和美容美发专项整治，严厉打击价格违法、虚假宣传、违规销售使用医疗器械等违法行为。与区公安分局、区检察院建立行刑衔接机制，签署《关于进一步加强执法联动、行刑衔接严厉打击市场监管领域违法犯罪的意见》。在全市率先出台《关于落实包容审慎监管容错纠错机制规范食品类行政处罚案件减轻处罚内部参考意见》，研究出台关于虚假宣传案件办理的工作指导，为统一具体案件裁量范围、减轻处罚裁量尺度进行有益尝试和探索。不断强化行政执法监督，开展行政处罚案卷常态化、全覆盖式评查，启用“行政执法监督卡”，建立完善案件回访机制，加强法制员培训，持续落实行政执法考评，全局“A岗参与执法率”达90.64%。全年办理案件5659件，罚没款1730.38万元。

（刘　明）

【市场治理】 2023年，区市场监管局充分发挥区无证无照经营和“开墙打洞”治理工作联席会议办公室纽带作用，组织协调属地政府和各职能部门，坚持属地主责与部门尽责相协调，加强无证无照经营和“开墙打洞”专项治理工作。全年治理无证无照经营19户，任务完成率100%，办理无证无照经营案件44件，罚没款28.47万元。完成“开墙打洞”整治任务目标，实现北京城市副中心核心区范围内街巷“开墙打洞”动态清零。

（刘　明）

【产品质量监管】 2023年，区市场监管局强化产品质量日常监管，完成产品质量抽检306组，不合格产品已进行查处，全力配合组织缺陷消费品召回。聚焦电动自行车、燃气灶具及配件产品、消防产品等重点工业产品，深入开展专项治理，严格规范经营行为，检查电动自行车商户7860家次，加大对违规电动三、四轮车的整治力度。

（刘　明）

【网络交易监管】 2023年，区市场监管局加强《网络交易经营者落实主体责任合规指引》宣贯，组织3家网络交易平台签署《行政指导书》，夯实电子商务平台主体责任。全区核发电子营业执照1392户，全部纳入日常网络交易监管范围，指导规范经营主体合法经营，助力北京城市副中心电子商务健康发展。加大日常监测力度，对纳入网监系统的主体数据、载体数据进行逐一核查，针对涉网主体落实《中华人民共和国电子商务法》基本要求情况进行行为核查及主体核查，有效检查数据10482条。通过“红盾云桥”“红盾京通”等平台规范网络交易行为，发挥协调、调度、分派、指导职能，不断加强网络交易规范化建设。

（刘　明）

【信用监管】 2023年，区市场监管局建立完善“风险＋信用”分级分类监管制度和联合奖惩工作制度，积极推行实施“一码检查”，“A岗”执法人员绑定率、应用率均达100%。组织开展企业信用分类管理和信息公示，有力落实信用修复工作，做好企业上市合法合规信息网上查询。健全“双随机、一公开”抽查监管模式，结合信用风险分级结果，实施差异化精准监管，开展部门联合“双随机”抽查219批次9296户次。

（刘　明）

【食品安全监管】 2023年，区市场监管局加强食品安全全链条监管，有效实施风险分级动态管理，深入开展餐饮业食品安全大检查、制止餐饮浪费专项行动和保健食品行业专项治理等，定期双曝光问题餐饮服务单位，全力办好重要民生实事。依据《北京市餐饮服务食品安全风险分级管理工作规范（试行）》，制定《北京市通州区市场监督管理局2023年度餐饮服务单位风险分级管理工作方案》，对全区正常经营的取证餐饮单位进行风险等级评定工作。进一步加强通州区餐饮服务单位食品安全管理水平，提高餐饮服务食品安全监管效能和水平。加大食品安全抽检力度，出台食品快速检测管理细则，开展食品监督抽检6627批次，总体合格率98.60%，完成快速检测2370批次，合格率100%。在线上线下组织“你点我检”活动，合计抽检120批次。

（刘　明）

【合同广告监管】 2023年，区市场监管局持续推动解决直播带货虚假宣传问题，深入开展合同格式条款规范监管工作。梳理辖区1060家直播营销主体及直播带货投诉数据情况，对涉及投诉的主体在抖音、快手平台的账户直播进行重点监测。对3家企业涉嫌利用直播形式进行虚假宣传立案调查，罚款25.02万元。紧扣医疗、医疗（生活）美容、药品、医疗器械、保健食品、房地产、金融投资理财、教育培训等重点民生领域，重点整治“软文”广告、直播带货中的广告行为、明星广告代言活动、弹出广告等包含的违法广告活动，开展广告执法行动。依法查处利用消费类合同格式条款排除或者限制消费者权利、减轻或者免除经营者责任、加重消费者责任规定的行为。全年立案22件，罚没款17450元。

（刘　明）

【药品化妆品医疗器械安全监管】 2023年，区市场监管局加强药品化妆品医疗器械安全监管，积极推进药店场景“6+4”一体化综合监管，协同5家委办局开展联合检查，推动药店“风险＋信用”评价评级制度落实。做好“乙类乙管”药品质量监管，牵头全区医药物资储备工作，保障百姓用药用械安全。抽检药品化妆品医疗器械397批次，完成率100%，药品抽检合格率100%，加强药品化妆品医疗器械不良反应（事件）监测。年内，获国家药品不良反应监测中心通报表扬。

（刘　明）

【计量管理】 2023年，区市场监管局不断加强计量监督管理，夯实计量检测技术支撑，全面规范北京城市副中心计量领域市场秩序。积极开展“5·20”世界计量日等重大普法宣传活动，突出对民生计量工作的监管，持续开展保民生计量执法检查活动。对加油站、眼镜店、粮库、重点集贸市场、医疗机构、出租公司等开展专项监督检查工作，对重点民生主体开展检查1146家次。通过法定计量检定机构资质考核，完成北京市粮食系统容重器和水分分析仪的强制检定工作，完成辖区内计量器具强制检定39797台（件），在上年政府质量考核评议工作中通州区获评A级。开展农贸市场“鬼秤”专项整治、加油机作弊专项整治等执法行动，营造公平诚信的营商环境。

（刘　明）

【“退费纠纷”工单处置】2023年，区退费专班办公室充分发挥组织协调作用，牵头制定印发《通州区关于进一步开展“退费纠纷”问题专项治理工作实施方案》，深入落实《北京市单用途预付卡管理条例》，不断加强预付式消费日常监管，持续推广通州区预付式消费服务平台，着力破解预付式消费退费难问题。全年办理工单37105件，办结率100%，累计退费900余万元，获表扬信17件、锦旗41面。

（刘　明）

【消费者权益保护】2023年，区市场监管局围绕2023年消费维权年主题“提振消费信心”举办“3·15”国际消费者权益日宣传活动，联合区消费者协会、区司法局、区律师协会等部门，为消费者提供法律咨询，共组织集中宣传活动18场，辐射消费者3000人、经营者360家。召开新闻发布会1场，发放各类宣传材料4500余份，新媒体报道总数35篇次，阅读量1.54万次，制作宣传视频1个，不断推进消费知识进社区、进商圈、进超市，着力营造诚信经营、依法维权的社会氛围。区消费者协会获评“2022—2023年度消费维权先进集体”。

（刘　明）

【反不正当竞争】2023年，区市场监管局完善公平竞争审查考核体系，维护公平市场秩序，深化公平竞争审查。建立通州区公平竞争审查第三方评估体系，聘请国家市场监督管理总局发展研究中心作为第三方评估机构。及时跟进各部门公平竞争审查落实情况，按季度收取各部门审查台账，对全区公平竞争审查工作进行分析。联合区发改委、区财政局、区司法局、区商务局印发《通州区2023年清理妨碍统一市场和公平竞争政策措施工作方案》的通知，组织全区各乡镇街道、区政府各委办局对2020—2022年印发文件开展清理，并组织开展2023年度公平竞争审查文件抽查工作。推进公平竞争审查第三方评估工作，与国家市场监管总局发展研究中心合作，提升公平竞争审查专业能力。持续深化包容审慎监管，完善容错纠错机制，出台轻微违法容错纠错清单4.0版，全面激发市场主体活力。年内，对轻微违法行为依法不予处罚215件，免罚金额718万元。

（刘　明）

▲3月14日，区市场监管局举办“3·15”国际消费者权益日宣传活动

（区市场监管局提供）

【商业秘密保护】2023年，通州区强化顶层设计，出台《通州区商业秘密保护创新试点工作方案》，建立通州区商业秘密保护联席会议制度，健全区级工作协调机制。将《北京城市副中心商业秘密保护地方标准》纳入标准补充立项计划。组织开展“企业商业秘密保护能力提升服务月”活动和“通武廊”联合宣传活动，积极推进创建示范点、示范园区，7家单位获批北京市商业秘密保护示范基地称号。“探索构建商业秘密保护体系”入选“两区”建设第三批市级改革创新实践案例。

（刘　明）

【标准化建设】2023年，区市场监管局充分发挥标准化支撑引领作用，推动北京城市副中心国家绿色发展示范区建设，研究制定《北京市通州区市场监督管理局推动北京城市副中心国家绿色发展示范区建设工作实施方案》，从加强知识产权保护、强化标准支撑、推动重点标准研制、提升标准影响力、服务绿色制造5个方面，细化16条具体工作措施。围绕北京城市副中心建设国家绿色发展示范区区内任务分解，聚焦建筑、交通、产业三大领域，强化能源、生态、文化三大重点，推动六大行业领域研究制定北京城市副中心地方标准，逐步完善北京城市副中心绿色发展标准体系。研究制定《标准化推动落实2023年市、区政府工作报告重点工作实施方案》，立足北京城市副中心战略定位，充分发挥标准化支撑引领作用，以“标准化+”助力市、区政府年度相关重点工作任务。

（刘　明）

【特种设备监督与检验】2023年，区市场监管局突出安全生产监管能力建设，开展特种设备安全监管“讲师团”驻点培训和A、B类安全监察人员培训。结合重大风险源台账，强化特种设备日常监管和隐患排查治理，加速推广“企安安”系统应用，依托“环球特设系统”全面加强环球度假区安全监管，对临期未报检特种设备进行“催检”。截至年底，通州区特种设备在用19182台（套）。年内，登记新增设备1944台（套），注销设备528台（套）。全年检验检查主体2832家次、设备7034台（套），下达指令书115份。

（刘　明）

【基层市场所建设】2023年，区市场监管局高质量推进市场监管所规范化、标准化建设，牵头起草3项、落实54项全市市场监管所工作标准。全力抓好12个市场所“规范所”和“示范所”创建评定工作，西集所获评国家市场监管总局首批五星市场监督管理所。

（刘　明）

【国家食品安全示范城市创建】2023年，区市场监管局依据国家食品安全示范城市创建工作周期和工作安排，持续推进资料收集、现场检查、领导访谈、群众满意度知晓率调查、示范引领、宣传推广等各项工作。完成2023年度通州区食品安全群众满意度及食品安全示范城市创建工作知晓率调查，食品安全群众满意度评分89.98分，同比提升4.18分。截至年底，顺利通过省级初评。

（刘　明）

【校园食品安全守护】2023年，区市场监管局制定《关于开展2023年春季开学校园（幼儿园）食品安全的专项监督检查的通知》《关于开展2023年秋季开学校园（幼儿园）及周边食品安全的专项监督检查的通知》，对辖区内的学校（幼儿园）食堂、学生集体用餐配送单位以及校园周边餐饮单位开展全面食品安全检查，认真排查隐患，减少食品安全风险，其中学校（幼儿园）在春秋两季专项检查中监督覆盖率100%。专项检查中，全年监督检查837户次，共发现问题7个，行政处罚立案数7起，均整改完毕。

（刘　明）

【食品安全事故应急演练】9月7日，北京市市场监管局、通州区政府以《北京市食品安全事故应急预案（2023年修订）》为基础，联合举办食品安全事故应急演练。应急演练模拟市区相关部门针对食品安全事故从信息报告到采取措施快速应对、妥善处置的全过程。演练情景为7月通州区发生食品安全事故，相关人员出现呕吐、腹泻等症状，接报后通州区根据应急预案，立即启动北京市食品安全四级应急响应，区食药安委办组织区市场监管局、区卫健委、区公安分局、区教委等多部门成立现场指挥部，同时充分发挥京津冀协同合作机制，开展事故调查处置。通过演练检验市市场监管系统市、区、所三级应急响应体系，进一步强化相关部门在食品安全事故处置中的协同配合，以达到检验预案、规范程序、磨合机制、锻炼队伍、提升能力、宣传普及的目的，为全市食品安全事故应急处置工作起到示范作用。

（刘　明）

▲ 12月4日，第四届北京城市副中心消费论坛举办　（区市场监管局提供）

【北京城市副中心消费论坛】12月4日，第四届北京城市副中心消费论坛举办。论坛以“潜心优化消费环境，智行提振消费信心”为主题，现场发布《2023年通州区实体店消费体验调查报告》和《2023年通州区消费者满意度调查报告》，对北京城市副中心的食品安全很放心和比较放心的消费者比例为92.65%，同比提升2.14个百分点。嘉宾代表围绕北京城市副中心消费环境现状、短板不足及问题成因，就如何进一步提升管理服务能力水平、强化经营者主体责任落实等展开深入讨论，为营造北京城市副中心良好消费环境建言献策。

（通鉴编）

知识产权

【概　况】2023年，区市场监管局（区知识产权局）制发《2023年通州区知识产权工作方案》《2023年通州区知识产权行政保护工作方案》，形成“1+5”知识产权公共服务体系，健全完善知识产权工作机制，统筹推进开展知识产权各项工作。区市场监管局（区知识产权局）获北京市知识产权系统先进集体称号，区知识产权中心获“优秀区中心”称号。年内，新增培育北京市知识产权试点单位20家、示范单位3家。新增培育国家知识产权示范企业2家、优势企业4家。

（刘　明）

【知识产权创造】2023年，通州区累计国内专利授权6103件，其中发明专利1327件、实用新型4018件、外观设计758件；PCT专利申请202件；有效发明专利拥有量4958件。通州区商标有效注册量168845件，驰名商标12件；通州区原产地地理标志1件。通州区商标受理窗口共受理商标申请925件，其中注册申请201件、后续申请724件。

（刘　明）

【知识产权保护】 2023年，区市场监管局（区知识产权局）组织企业进行市知识产权试点示范单位申报，有序开展知识产权宣传周“五进”活动，深入服务包企业提供“1对1”管家服务，开展知识产权质押融资服务，累计质押1.02亿元。严厉打击侵犯注册商标专用权违法行为，开展专利代理行业委托监管“双随机”检查，全年共查处商标侵权案件41件，罚没款74.25万元。

（刘　明）

【知识产权运用】 2023年，区市场监管局（区知识产权局）协助市局健全高效精准非正常专利申请排查机制，组织区内10家重点企业申报专利申请精准管理名单。推进知识产权“一区一特色”专项工程建设，推动知识产权质押融资服务等运用体系建设，知识产权质押1.02亿元。根据《通州区专利技术成果产业化项目管理办法》，2022年度29个专利技术成果产业化项目完成结题验收工作。项目取得良好成效，项目实施考核均完成预定指标85%以上。

（刘　明）

【知识产权服务】 2023年，区市场监管局（区知识产权局）积极申报知识产权强市建设试点，设立北京知识产权保护中心通州分中心，为企业提供专利预审支撑、知识产权快速维权、协同保护、融资保险等综合服务等“一站式”服务。积极争取外国专利代理机构、常驻代表机构等国际化专业机构、服务平台在北京城市副中心设立。与北京（中关村）国际知识产权服务大厅签署共建协议，国际大厅工作站正式投入试运行，围绕知识产权全领域、全链条，提供知识产权相关的基础性公共服务，提高通州区知识产权公共服务产品供给和服务保障。向重点企业推送知识产权资讯信息200余条，提供来人来电咨询服务211人次，服务“专精特新”企业123家次。深入15家重点企业，“点对点”上门提供公共服务。创新中心工作站、大唐创业园工作站分获“优秀工作站”和“产业服务之星工作站”称号。

（刘　明）

【知识产权宣传】 2023年，区市场监管局（区知识产权局）开展知识产权进机关、进校园、进园区、进企业系列宣传活动，提高社会公众对知识产权保护意识。在辖区内组织开展现场宣传活动22次，发放宣传材料1万余份，举办企业专题培训1次，走访服务企业5家次。

（刘　明）

【中小学知识产权教育】 2023年，区市场监管局（区知识产权局）联合区教委开展“2023年通州区中小学知识产权教育试点示范学校”评选工作，确定北京第二实验小学通州分校为“2023年通州区中小学知识产权教育示范学校”；北京市通州区张家湾中学、北京市通州区通运小学、北京教育科学研究院通州区第一实验小学杨庄校区为“2023年通州区中小学知识产权教育试点学校”。

（刘　明）

【跨区域知识产权合作系列活动】 4月24—30日，区市场监管局（区知识产权局）进一步落实推动北京城市副中心知识产权政策向北三县延伸，强化京津冀区域知识产权合作，联合天津市武清区、河北省廊坊市市场监督管理局举办“首届‘通武廊’知识产权助力乡村振兴成果展”、“‘通武廊’助力乡村振兴大运河文化带知识产权建设与保护”线上培训活动、“‘通武廊’校企专利成果转化运用对接会议”等系列活动，有效提升知识产权创造、运用、保护能力，助力产业发展。联合开展杭州亚运会和亚残运会知识产权保护工作，推进跨区域知识产权合作持续深化。

（刘　明）

金融业

金融服务与管理

▲9月17日，第九届中国金融学会绿色金融专业委员会年会在北京国际财富中心举办　（区金融办提供）

【概　况】2023年，通州区金融业实现增加值151.6亿元，按不变价格计算，比上年增长14%。全年金融业实现税收30.3亿元，占全区税收的10.5%，同比增长6%。一季度人民币存贷款余额突破万亿关口并持续保持。金融业规模体量、经营效益显著提升，为北京城市副中心高质量发展提供有力支撑。

（周亚琼）

【金融业政策制定完善】1月19日，通州区金融服务办公室（简称区金融办）印发《北京城市副中心提升科创金融服务功能建设实施方案》。2月23日，以区政府办名义印发《北京城市副中心加快推动全球财富管理中心建设实施方案》。9月6日，国家金融监督管理总局北京监管局、中国人民银行北京市分行、通州区人民政府联合印发北京市首个绿色金融工作专项指引——《北京地区银行业保险业绿色金融体制机制建设指引（试行）》。年内，区金融办完善绿色金融支持绿色建筑指导意见，制定“国际基金港”建设的若干措施，不断优化完善北京城市副中心金融政策环境。

（周亚琼）

【绿色金融】2023年，北京绿色交易所有限公司（简称绿交所）启动升级为面向全球的国家级绿色交易所。截至年底，绿交所碳市场各类碳排放权产品累计成交超1.05亿吨，成交额突破41亿元，试点碳配额成交均价居全国第1。承建的全国CCER注册登记系统和交易系统通过生态环境部初步验收，与香港交易所签署合作备忘录，推动京港两地深化绿色金融合作。北京农商银行绿色金融专营机构在北京城市副中心获批成立，工商银行全国首家认证金融机构“绿色网点”在北京城市副中心揭牌亮相。年内，区金融办启动金融支持国家绿色示范区建设，支持举办第九届中国金融学会绿色金融专业委员会年会、2023年金融支持绿色科技年会，持续扩大北京城市副中心绿色金融影响力。截至年底，全区有5家绿色金融特色机构。全区绿色贷款余额超300亿元，绿色信贷占比12.5%，超全国平均水平。

（周亚琼）

【金融科技】2023年，区金融办打造通州区金融科技新业态，工银科技有限公司北京分公司、国有银行在北京设立的首家金融科技企业——农银金融科技有限责任公司、中央结算公司全资子公司——中债金科信息技术有限公司、首家带“中关村”字样的人工智能类金融科技头部企业——北京中关村科金技术有限公司等一批企业入驻，通州区重点金融科技企业达22家。加速转化数字金融成果，引导金融机构多维度参与北京城市副中心数字政务建设，超20家银行营业网点打通政务服务功能；与招商银行签署共建金融科技联合实验室框架合作协议，促进数智转型；融和云链供应链金融业务系统入选北京金融科技“监管沙盒”试点，中债金科信息技术有限公司获首都金融创新成果二等奖，北京中关村科金技术有限公司获2023银行年度智能风控创新优秀案例奖。截至年底，全区金融科技企业在核心领域拥有390余项自主知识产权。稳步建设法定数字货币试验区，全区个人及对公数字货币钱包累计开通超45万户，文化旅游、餐饮购物、现代农业等领域实现数字货币应用场景全覆盖。

（周亚琼）

【企业上市服务】2023年，区金融办加快上市企业培育力度，完成通州区上市服务基地建设，帮助企业了解境内外各级资本市场特点及创新政策。2月27日，北京良安科技股份有限公司在全国中小企业股份转让系统挂牌，为通州区2023年首家挂牌企业。5月8日，北京绿竹生物技术股份有限公司登陆港交所主板，为通州区2023年首家上市企业。截至年底，全区有挂牌及上市企业37家。

（周亚琼）

【营商环境优化】2023年，区金融办加大金融机构政策支持，年内协调解决“服务包”平台诉求79项，为北银理财有限责任公司、农银金融科技有限责任公司、绿交所等多家金融机构协调解决开办费申请、机构贡献支持、子女入学等需求。开展银企对接活动，全年举办畅融工程13场；常态化开展“大运金融行”品牌化惠企服务活动，联合区政务服务局打造“政务融资服务专区”，开展“金融+政务”直播活动4次，扶持小微科创、助力乡村振兴；与区发改委协同召开首次重大投资项目融资意向签约会，13家金融机构与8个重大项目达成合

▲5月8日，北京绿竹生物技术股份有限公司成功登陆港交所主板

（区金融办提供）

作意向；全区小微、科创和涉农贷款余额分别为285亿元、55亿元和74亿元。推动企业升规纳统，配合区统计局分批次推动华夏理财有限责任公司、北京北投基金管理有限公司、北银理财有限责任公司等14家金融机构升规纳统。截至年底，全区有规模以上金融业单位71家。

（周亚琼）

【金融风险防范】 2023年，区金融办核查处置涉嫌非法集资线索54条，办理“接诉即办”2800余件，妥善处置来信来电来访3100余人次，有效化解各类非法集资风险隐患。

（周亚琼）

【北银理财有限责任公司完成首批新能源公募REITs投资】 3月14日，首批新能源REITs中的“中信建投国家电投新能源REIT”和“中航京能光伏REIT”正式发售。北银理财有限责任公司作为战略投资人，继续深耕基础设施公募REITs领域，分别认购7840万元和513.55万元。其中，“中信建投国家电投新能源REIT”是国内首单央企新能源公募REITs，装机规模500兆瓦。“中航京能光伏REIT”是国内首单光伏发电公募REITs。2个项目在实现经济效益的同时，累计减排266.4万吨二氧化碳。

（通鉴编）

【首家金融科技“独角兽”企业落地】 4月12日，北京中关村科金技术有限公司及其子公司北京有限元科技有限公司实现工商、税务双落地，成为通州区引进的首家人工智能类金融科技头部企业。北京中关村科金技术有限公司可提供金融科技一站式产品、服务、云平台和业务运营解决方案，是人工智能类金融科技头部企业，已获得近300项自主知识产权及CMMI5国际认证，服务国内900余家头部企业，荣登胡润百富2020、2021、2022全球独角兽榜，获得IDG资本、光大控股、中金资本等知名投资机构共计约35亿元战略投资。

（通鉴编）

【北京城市副中心产业引导基金LP&GP发展论坛】 5月27日，北京城市副中心产业引导基金LP&GP发展论坛（第二期）暨北京大学金融校友联合会通州专场闭门会举办。论坛以“北京城市副中心产融结合的新机遇”为主题，汇集VC/PE、企业产投、REITs、金融科技等40余家企业负责人参会交流，共同探讨2023年北京城市副中心产业投资机遇、北京城市副中心产业引导基金与北大校友所在的投资机构的合作机遇、各方合作资源对接协同共赢等议题。

（通鉴编）

【北京城市副中心金融专题展】 9月2—6日，北京城市副中心金融专题展在中国（北京）国际服务贸易交易会举办。展区主题为“北京城市副中心金融业高质量发展步伐加快”，设置北京城市副中心金融营商环境、主导产业、“两区”建设、金融政策、产业布局、北京城市副中心金融发展现状、金融业重要承载地运河商务区、金融成果、金融企业路演9个区域，全面展示北京城市副中心金融发展的布局及未来之城形象，受到媒体和参展观众广泛关注。

（周亚琼）

【三大金融协作项目落户北京城市副中心】 9月18日，阿联酋国际投资年会（以下简称“AIM”）中阿国际资本中心、中阿国际财富中心联盟、中国办公室三大金融协作项目落户北京城市副中心。中阿国际资本中心是由中关村股权投资协会联合阿联酋国际投资年会、北京国际财富中心共同筹备成立的国际性资本交流合作平台，旨在推动中国与阿联酋及中东地区资本的深度交流合作。中阿国际财富中心联盟是由中关村股权投资协会联合阿联酋投资年会、北京国际财富中心共同发起成立，致力于联合阿联酋及中东地区的财富中心机构，建立长期的互访、资源共享和联合举办财富峰会的协作机制，共同建设紧密配合的业务交流及资源共享联盟，推动双方资本合作创新。AIM中国办公室设立在北京国际财富中心，将致力于推动阿联酋国际投资年会在中国举办国际投资峰会等活动，促进中阿双方资本交流及深入合作。

（通鉴编）

【金融支持绿色科技年会】 11月11日，2023年金融支持绿色科技年会在北京国际财富中心举办。中国人民银行和主要金融机构领导及来自近70家机构专家在年会上发言，与会代表围绕绿色金融产品创新、区域绿色低碳高质量发展、可持续信息披露、绿色普惠融合发展、金融支持生物多样性保护、转型金融等方面议题深入讨论。论坛发布的《城市ESG投资发展

▲ 9月18日，AIM中阿国际资本中心落地北京城市副中心揭牌仪式举行

（区金融办提供）

▲ 11月11日，2023年金融支持绿色科技年会在北京国际财富中心举办

（区金融办提供）

指数》测算结果显示，北京在可持续发展指数、金融市场发展指数、投资环境发展指数和人力资本发展指数上均在全国主要城市中排名第1，合作开放指数排名第2。现场约400名嘉宾参加年会，网上直播观众超28万人次。

（周亚琼）

银行业

【概　况】 截至2023年底，全区金融机构人民币各项存款余额8377.3亿元，比年初增加1501.1亿元。其中，个人存款2886亿元，比年初增加333.2亿元。金融机构人民币各项贷款余额2681.3亿元，比年初增加127.9亿元。年末全区金融机构各项外币存款余额7.8亿美元，各项贷款余额3.1亿美元。

（通鉴编）

【中国银行股份有限公司北京通州分行】 2023年，中国银行股份有限公司北京通州分行（简称中国银行通州分行）下辖11个营业网点，其中分行营业部1家、二级支行10家。实现营业收入同比增长11.0%，中间业务收入同比增长15.9%，拨备前利润同比增长15.7%。年内，中国银行通州分行紧跟北京城市副中心建设与京津冀一体化协同发展战略，围绕“重点领域、重点行业、重点项目”，抢抓业务机遇，为北京城市副中心发展提供授信支持，落地张家湾车辆段项目、北人厂老旧厂房改造项目、葛洲坝东小马项目等，大力支持北京城市副中心建设。加大对绿色金融投放力度，截至年底，发放绿色贷款41.24亿元，全部用于支持北京城市副中心项目建设和重点客户业务发展。

（谭　琛）

【中国工商银行股份有限公司北京通州分行】 2023年，中国工商银行股份有限公司北京通州分行（简称工商银行通州分行）下辖营业网点18家，为114万余户个人客户、1.2万家公司客户和403家机构客户提供金融服务。截至年底，人民币全部存款日均余额654.52亿元，较年初增加54.98亿元；人民币全部贷款日均余额（不含票据）194.72亿元，较年初增加33.62亿元。储蓄存款时点、日均规模均破500亿元，为历史最高水平。年内，工商银行通州分行完善金融服务功能，畅通金融服务京津冀协同发展渠道，统筹金融资源支持新“两翼”建设，持续将金融支持向北京城市副中心聚集。全力支持北京城市副中心建设融资需求，累计为北京城市副中心重点项目审批贷款超140亿元。推动国家绿色发展示范区建设，中国工商银行股份有限公司北京通州运河商务区绿色支行通过北京国家金融科技认证中心审查，成为全国首家通过“绿色网点”服务认证的金融机构。绿色信贷余额突破60亿元，推动北京城市副中心绿色金融高质量发展。

（屈玉清）

【中国农业银行股份有限公司北京城市副中心分行】 2023年，中国农业银行股份有限公司北京城市副中心分行下辖18个营业网点，覆盖市级行政办公区、运河商务区、张家湾设计小镇等核心区域。截至年底，本外币各项存款余额637.4亿元，较年初增加64.5亿元；各项贷款余额219.2亿元，较年初增加43.4亿元；全口径纳税额5217万元，同比增速34.5%（剔除2022年新办公大楼契税）。聚焦新时代首都发展重点领域，加大金融服务实体经济力度，全年向通州区重点项目提供授信82.64亿元。支持第三十届中国北京种业大会举办，拓宽企业融资渠道，为种业发展贡献农行力量。持续巩固脱贫攻坚成果，累计发放农户贷款338笔，金额1.11亿元，同比增长127.1%，通过工会采购、企业助采等方式开展脱贫攻坚消费扶贫活动，实现消费扶贫346万元，全力树立农行惠农品牌。全力服务民生消费，保障居民购房需求，发放个人住房贷款735笔，金额12.39亿元，投放量及增量均在中国农业银行北京市内分行排名首位。持续优化网点布局，提升金融服务覆盖面，设立北京于家务支行，区内网点乡镇覆盖率91%。

（曹子君）

【中国建设银行股份有限公司北京通州分行】2023年，中国建设银行股份有限公司北京通州分行下辖营业网点18个，服务通州区内各类公司及机构客户3万余户，服务个人客户超100万户。全年累计缴税12150万元，比上年增长1569万元，增长率15%。紧跟北京城市副中心发展定位，不断完善机构建设，4月运河商务区支行正式挂牌营业，9月兆善大街支行正式营业。全力服务北京城市副中心建设，累计为北京城市副中心建设项目投放资金超100亿元。聚焦“三农”发展，助力乡村振兴，在区内设立裕农通服务点299个，为群众提供小额存取款、转账汇款等金融服务。推广普惠金融，助力科技创新，小微企业授信客户7658户，个体户抵押贷134户。发展绿色金融，助力绿色产业，全年新增绿色贷款投放约15亿元。践行住房租赁服务，助力职住平衡，与北京潞城安寓置业有限公司联合推进住房租赁“通州模式”，投放住房租赁贷款6100余万元。

（张　兴）

【中国邮政储蓄银行股份有限公司北京通州区支行】截至2023年底，中国邮政储蓄银行股份有限公司北京通州区支行（简称邮储银行北京通州区支行）资产规模177.4亿元，较年初增长18.83亿元，增幅11.87%。各项存款余额163.12亿元，较年初增长17.68亿元，增幅12.16%；各项贷款余额49.4亿元。实现收入2.36亿元，同比增幅9.79%；实现利润1.51亿元，同比增幅9.37%。不良贷款率0.76%，较年初下降0.04个百分点。年内，邮储银行北京通州区支行深耕普惠金融，服务百姓民生。服务个人客户60万户，其中60岁以上近10万户，为全区50%养老金客户提供代发金融服务；在网点搭建“邮爱驿站”，为客户尤其是户外工作者提供充电、热水、休息设备，提供暖心服务；试点推广“云柜”设备，可通过远程方式为居民提供一对一“人工+智能”金融服务。服务国家战略，全力支持北京城市副中心经济社会发展。围绕“金融+生活”“线上+线下”“网点+商圈”，搭建生态经营体系和商圈消费场景，惠及客户和商户，区内收单商户逾700户，开通数字货币收单业务；发挥邮政企业实物流、信息流、资金流“三流合一”协同优势，提供农村金融、邮政寄递、产销对接、惠农合作等乡村振兴“一揽子”服务，137户西集樱桃园商户入驻邮储“YOU商街”线上平台；全力服务中小企业，累计为52户小企业提供4.39亿元资金支持。做好金融消费者权益保护工作，营造和谐稳定的金融消费环境。走进社区、企业、商圈、乡村、校园，重点开展金融知识普及与金融消费者教育工作，帮助消费者提升金融素养，防范金融诈骗和电信诈骗；针对学生群体，开展“小小银行家”“开学第一课”体验活动，帮助孩子了解金融、认知金融；在与区市监局共同搭建通州区预付式消费服务平台基础上，继续与区市监局、区体育局、区文旅局合作，预付式消费服务平台累计上线585户，规范预付式消费，保障消费者权利。

（华　飞）

【交通银行股份有限公司北京通州分行】2023年，交通银行股份有限公司北京通州分行下辖机构网点4家，其中二级分行营业室1家、二级支行3家。截至年底，资产总额213.61亿元。人民币各项存款时点余额228.07亿元，外币各项存款时点余额4077万美元，各项贷款时点余额116.95亿元。实现利润2.79亿元。

（果　星）

【北京银行股份有限公司城市副中心分行】2023年，北京银行股份有限公司城市副中心分行（简称北京银行副中心分行）下辖80家综合性营业网点。截至2023年底，在通州区纳税4.92亿元，较上年增长5.42%。年内，北京银行副中心分行服务北京市政府二期东迁，完成市总工会财务内控一体化系统终验，实现智慧园区数字一卡通市级行政办公区全覆盖。全力服务北京城市副中心绿色城市、森林城市、海绵城市、智慧城市、人文城市、宜居城市功能建设，累计为北京城市副中心重点项目提供授信超600亿元。践行绿色发展理念，绿色贷款规模达176亿元，落地全国及北京市首创性业务“京行碳e贷”、首批“碳惠融”，创新推出“碳轻计划”，助力“2023年北京城市副中心绿色发展论坛”实现碳中和。累计在通州区投放普惠金融贷款超10亿元，办理全市公积金归集及贷款业务超30万笔，发放公积金贷款近280亿元，发放工会互助卡24.3万张。

（马鑫宇）

【北京农村商业银行股份有限公司城市副中心分行】2023年，北京农村商业银行股份有限公司城市副中心分行下辖35家物理营业网点，是全区物理网点最多、覆盖区域最广、服务群体最全的银行机构。布放208家乡村便利店，受益群众超30万人，有效破解偏远地区金融服务“最后一公里”难题。出资18亿元购置新办公大楼，在西集镇、于家务回族乡新购置2处商业办公用房，全力推进北京农商银行资金营运中心筹建并落户通州。截至年底，资产总额886亿元，存款余额867亿元，贷款余额211亿元。聚焦北京城市副中心经济社会高质量发展，为区属企业及区域基础设施建设、绿色发展等重点项目提供授信支持超百亿元，支持第三十届中国北京种业大会、张家湾古镇红学雅集、全国电动冲浪板联赛（北京大运河站）等活动。多措并举助力乡村振兴，创新集体产业贷款方案支持博格华纳新工厂项目建设、运乔建材城提质升级项目，为部分乡镇联营公司提供信贷支持，协助地方政府完成“万企兴万村”支援合作。截至年底涉农贷款余额22.84亿元，同比增长78%。全面做好普惠金融工作，主动服务属地实体经济，助力中小企业发展，全年为469家普惠小微企业提供贷款支持9.77亿元。截至年底，北京农村商业银行股份有限公司城市副中心分行普惠小微贷款余额8.4亿元，较年初增长32%。助老惠民，为60岁以上北京户籍老人及外地常住北京老人发放养老助残卡38万张，代理发放农村地区无保障人员养老金、城乡居民养老保险、民政部门各项低保金、抚恤金等30余项政策性资金，惠及居民40余万人。

（岳俊磊）

【浙商银行股份有限公司北京城市副中心分行】 浙商银行股份有限公司北京城市副中心分行是浙商银行股份有限公司北京分行下辖唯一的二级分行。截至2023年底，各项存款余额190.02亿元，其中对公存款188.82亿元、零售存款1.2亿元。各项贷款余额47.15亿元，其中对公贷款29.69亿元、零售贷款0.08亿元，小企业贷款17.38亿元。在通州区完成上缴税收1.37亿元。规模效益指标均超额完成任务，经营发展稳中向好、进中提质。

（秦玉征）

【上海浦东发展银行股份有限公司北京通州支行】 2023年，上海浦东发展银行股份有限公司北京通州支行（简称浦发通州支行）下辖机构网点4家，其中综合支行1家、零售专业支行2家、小微支行1家。截至年底，人民币日均一般性存款余额98.6亿元，人民币各项贷款余额23亿元。全年在通州区纳税7400万元。年内，浦发通州支行积极支持北京城市副中心建设，就北京城市副中心数字港项目合作达成共识，就投资项目签署融资合作意向书。科创贷款余额较上年增加4700万元。

（许　征）

保险业

【概　况】 2023年，驻通州区保险机构大力发展完善绿色保险产品体系，开展绿色建筑性能保险、气候指数保险等绿色保险业务；中国保险科技数智创新联合体入驻北京城市副中心。通州区探索安全责任保险保障机制，漷县镇漷县村和翟各庄村开展经营性自建房试点安全责任保险工作。率先在全市老旧小区改造项目中引入工程质量保险机制，以“维保＋保险”的双保险机制，提升改造项目工程质量。

（通鉴编）

【阳光人寿保险股份有限公司北京分公司】 阳光人寿保险股份有限公司北京分公司（简称阳光人寿北京分公司）成立于2008年3月，是阳光人寿第一家分公司，主要经营人寿保险、健康保险和意外伤害保险等各类人身保险业务。1月17日，阳光人寿北京分公司首款专属个人养老金产品“阳光人寿阳光寿养老年金保险”获批上市并纳入国家个人养老金体系，产品首张保单当日由阳光人寿北京分公司签发。2023年下辖3个支公司、1个营销服务部，主要业务渠道包括个人代理渠道、银行邮政代理渠道、公司直销渠道及经纪代理渠道。保费收入41.06亿元，新增承保人数80.46万人次，新增承保保单32141件，理赔77368件，赔付支出1.99亿元，年度纳税6086.22万元。

（白福丽）

【第一届（2023）保险科技数智大会】 11月19日，第一届（2023）保险科技数智大会暨中国保险科技数智创新联合体筹备会在阳光金融城召开。中国保险行业协会、中国保险学会、中国精算师协会以及来自150余家保险企业、保险科技企业、科技企业及高等院校、研究机构近300名企业高管、行业资深学者专家出席会议。大会发布《大模型技术深度赋能保险行业白皮书》，聚焦大模型关键技术与核心能力，结合政策环境，深入剖析大模型在保险行业的多维应用场景与价值，为保险行业如何应用大模型技术、实现价值创造，提供实用参考建议。大会期间同步组织召开保险科技数智创新联合体筹备闭门会议，就联合体章程及未来组织运作方案进行全

▲11月19日，第一届（2023）保险科技数智大会暨中国保险科技数智创新联合体筹备会召开
（区融媒体中心提供）

面宣导和意见征询，共同探讨联合体发展方向。

（通鉴编）

证券业

【概　况】截至2023年底，通州区有19家证券经营机构，证券账户60.3万户。全年各类证券交易额7890.5亿元，比上年增长68.8%。其中，股票交易额2052.2亿元，下降14.2%；基金交易额128.6亿元，增长45%；债券交易额5444.4亿元，增长182.6%；融资融券交易额145.5亿元，下降4.7%。

（通鉴编）

【国泰君安证券股份有限公司北京通州新华西街证券营业部】国泰君安证券股份有限公司北京通州新华西街证券营业部（简称营业部）成立于2000年9月。2023年营业收入8263.02万元，位列北京地区证券分支机构营业收入排名第27名。年内，营业部扶持专精特新“小巨人”，引荐协助1家企业北交所挂牌；践行国家“双碳”战略，引荐由国泰君安担任主承销商的中国邮政储蓄银行股份有限公司2023年绿色金融债券（第一期）在全国银行间市场发行（该项目为邮储银行首单绿色金融债券）；针对上市公司大股东开展股票质押融资、证券出借等信用类业务，满足客户融资需求。

（苏婧佶）

北京绿色交易所有限公司

【概　况】2023年，绿交所形成绿色交易服务、绿色公共服务、绿色双碳服务、绿色金融服务和绿色培训服务等业务板块。作为北京市碳排放权交易试点指定交易平台，绿交所连续10年为全市重点排放单位提供年度履约服务，年内成交513.01万吨，交易额约4.62亿元；配合北京市生态环境局开展有偿竞价工作，年内成交152.76万吨，交易额1.61亿元。办理北京市鼓励汽车更新换代促消费项目、北京市新能源汽车推广应用补贴核发项目、北京市新能源轻型货车运营激励项目、北交车辆项目，涉及车辆8.87万辆、金额17.29亿元；协助北京市住房城乡建设委开展公共建筑能耗限额发布和考核等工作，服务新增公共建筑946幢、面积600万平方米，累计节约电量约5.6亿千瓦时，减排二氧化碳32万吨。

（于晓林　石　皓）

【市管企业碳达峰行动服务支撑】2023年，为落实市管企业碳达峰行动方案相关要求，市国资委启动市管企业碳管理和碳交易示范应用工作，绿交所与北京能源集团有限责任公司、北京市国有资产经营有限责任公司、北京汽车集团有限公司、北京金隅集团股份有限公司、北京首都开发控股（集团）有限公司、北京首农食品集团有限公司首批6家试点企业建立对接机制，为市管企业在企业碳账户和绿色项目库系统内建立市管企业专题库，提供碳排放核算、动态监测、绿色评价、项目投融资对接等基础服务。助力市管企业提升内部碳管理能力，探索开发CCER（核证自愿减排量）项目，帮助试点企业筛选潜在CCER项目开发场景，为后续开展CCER项目开发和交易做好准备。

（于晓林　石　皓）

【绿色金融创新发展服务】2023年，绿交所参与绿色金融标准体系建设，参编的《特定地域单元生态产品价值核算及应用指南》由市发改委发布实施、《央企控股上市公司ESG信息披露指引》由国务院国资委正式发布。推进绿色金融基础设施建设，开发建设企业碳账户和绿色项目库系统，开展市管企业首批示范应用试点，服务通州区气候投融资试点项目库建设；完成金融机构碳核算系统、ESG（环境、社会和治理）信息管理和披露系统等绿色金融系统工具的开发建设。开展绿色金融产品创新，基于企业碳账户和绿色项目库系统，与北京银行合作推出“碳e贷”和“碳惠融”等绿色贷款创新产品，持续推进挂钩CCER等碳减排的绿色金融产品创新。

（于晓林　石　皓）

【全国温室气体自愿减排交易市场建设】3月28日，生态环境部复函北京市政府，支持北京市组建全国温室气体自愿减排交易机构，要求先行建设国家温室气体自愿减排交易系统。8月17日，绿交所开发建设的全国温室气体自愿减排注册登记系统和交易系统，通过生态环境部指导、市生态环境局组织的专家初步验收后，实现2个系统一对一互联互通并上线开户功能，同时开始接受市场参与主体开户申请。10月25日，生态环境部发布通告，明确由绿交所提供核证自愿减排量集中统一交易与结算服务，负责全国温室气体自愿减排交易系统运行和管理。11月16日，绿色交易所发布《温室气

▲2月4日，北京城市副中心建设国家绿色发展示范区——打造国家级绿色交易所启动仪式举行

（绿交所提供）

体自愿减排交易和结算规则（试行）》，促进全国温室气体自愿减排交易规范化、透明化和市场化发展。

（于晓林　石　皓）

【国家级绿色交易所建设启动】 2月4日，北京城市副中心建设国家绿色发展示范区——打造国家级绿色交易所启动仪式举行。启动仪式上，区政府与国家发展和改革委员会价格成本调查中心签约，通州区运河商务区管委会与绿交所、北京ESG研究院签约，绿交所分别与区生态环境局等国家首批气候投融资试点代表地区政府主管部门、中国工商银行股份有限公司等部分金融机构、中国金融电子化集团有限公司等部分行业机构签约。

（于晓林　石　皓）

农　业

综 述

【高标准农田建设】 2023年，通州区在漷县镇、于家务乡和永乐店镇开展耕地质量等级调查评价，配建农田基础设施、农田灌排和节水设施，实施农田地力培肥工程，全面提升农田生产能力和整体质量，完成2022年高标准农田建设任务1.02万亩。

（隗　征）

【耕地保护及占补平衡】 2023年，通州区基本实现17.27万亩永久基本农田全部为长期稳定利用耕地的目标，通过复垦验收形成入库指标1605.36亩；区规自分局积极协调市规自委和亦庄经济开发区，为通州区养老院项目、中西医结合医院项目（北大人民医院项目）等7个项目落实耕地占补平衡，补充耕地671.93亩。

（寇晓蓉）

【农业安全执法】 2023年，通州区农业综合执法大队针对春耕备耕、农资、农机、农药等领域开展“执法护春耕”“农资打假”“农机专项执法”“通州区兽药市场专项整治”等专项执法行动26次，对农资生产经营单位、动物屠宰企业、动物诊疗机构等重点监管对象进行全链条、全流程执法检查。检查单位114个，监督抽检样品1076个，出动执法人员1.68万人次，执法检查总量1.64万件。查处违法案件242件，罚没款22.85万元。行刑衔接移送司法机关追诉刑事责任案件6件，追诉刑事责任7人。查处生态环境损害赔偿案件4件，追偿生态环境损害赔偿金9817.52元，修复生态环境放流鲢、鳙鱼种600余千克。

（杨书旺）

【跨区域跨部门协同执法】 2023年，通州区农业农村局（简称区农业农村局）推进“通武廊”跨区域执法工作，完善联席会议、信息共享、执法联动、协同办案等机制，与天津市武清区、河北省廊坊市重新签订《通武廊农业综合执法合作框架协议》。举办2023年潮白河禁渔期暨“通武廊”联合执法行动启动仪式。全年开展“通武廊”联合执法行动4次。推进跨部门执法协作，强化“水务巡查、农业执法、公安打击”联合执法模式，与区公安分局、区水务局等部门开展各类联合执法行动36次，出动执法人员462人次，移交廊坊市案件线索1起。

（杨书旺）

▲7月31日，漷县镇高标准农田建设施工现场　　（区农业农村局提供）

【农产品质量安全监测】 2023年，区农业农村局监督抽检农产品1225个（其中畜牧产品350个、蔬菜产品875个），其中1个不合格，合格率99.9%。风险检测样品50402个（含乡镇速测），其中畜牧产品2200个，合格率100%；蔬菜产品48202个，其中17个产品不合格；复测后全部合格。

（肖　硕）

【国家农产品质量安全县创建】 2023年，区农业农村局升级9个乡镇管理站建设，其中8个被评定为优级，1个良好级，评优率全市领先；推广种植业绿色有机认证；建立区、乡镇、村三级网格化监管网络；加强学习培训、统筹考核奖惩，提升监管体系队伍素质能力。8月通过农业农村部和市农业农村局专家组的现场验收和集中答辩，10月正式授牌，成功创建国家农产品质量安全县。

（肖　硕）

种植业

【概　况】 2023年，通州区以粮食、蔬菜生产为主要任务，做好病虫监测预警，推进老旧生产设施改造，努力打造“通州优农”品牌，建设特色农业主题园区。粮食作物主要有小麦、玉米、大豆，花生、甘薯、芝麻等作物零星种植；蔬菜作物有番茄、黄瓜、芹菜、生菜等40余种叶类蔬菜、果类蔬菜，其中叶类蔬菜种植面积占比60%以上。

（肖　硕）

【粮食生产】 2023年，通州区推进复耕复垦地块恢复粮食种植，落实粮食直补激励政策，提升种植户生产积极性。粮食播种面积任务指标7.92万亩，其中大豆播种面积0.55万亩；粮食产量任务指标2.7万吨。实际粮食播种面积15.6万亩，其中大豆播种面积1.18万亩；粮食产量5.8万吨，油料作物播种面积0.59万亩。为近10年来粮食播种面积最大、产量最高的一年。

（肖　硕）

【蔬菜生产】 2023年，通州区蔬菜种植品种以叶类蔬菜和果类蔬菜为主，有番茄、黄瓜、芹菜、生菜、油菜等11类40余个品种，种植面积前五位分别是番茄、黄瓜、大白菜、芹菜、生菜。蔬菜播种面积任务指标13.77万亩，产量任务指标38.21万吨；实际完成蔬菜播种面积4万亩（其中常年菜田面积3.3万亩、季节性菜田面积0.7万亩），蔬菜产量38.21万吨。

（肖　硕）

【病虫监测预警】 2023年，通州区植物保护中心科学布控，上下联动，完善病虫监测预警体系，形成市、区、村三级监测预警网络，有蔬菜病虫监测点15个、粮食作物病虫监测点5个、鼠情监测点4个、区级植物诊所8家。

（肖　硕）

【老旧生产设施改造】 2023年，通州区通过以奖代补的方式，支持砖墙日光温室、装配式日光温室、连栋塑料大棚、大跨度外保温大棚、钢架塑料大棚等五种类型棚室的改造提升，提升蔬菜生产设施的机械化、自动化和信息化水平，实现生产设施提档换代。全年完成北京中农富通园艺有限公司、北京三宝香农业科技发展有限公司等11家生产主体的棚室改造，改造面积500余亩。

（肖　硕）

【“通州优农”品牌打造】 2023年，区农业农村局开发“通州优农”小程序，宣传推介北京城市副中心优质农产品。以推介“通州优农”为主题，打造“小青助农”专题直播带货栏目。在“北青社区报副中心版”视频号直播销售“通州优农”农产品30场，参与线上观看10万余人次。线下举办“优农大篷车进社区”系列活动6场，区内近30家农产品生产企业参与活动，为居民提供优质农产品30余种，销售额近20万元。

（肖　硕）

▲ 11月13日，改造后的蔬菜大棚　（区农业农村局提供）

▲ 6月30日，“优农大篷车”走进翠景北里社区　（区农业农村局提供）

【特色农业主题园区建设】 2023年，区农业农村局落实《北京城市副中心农产品质量安全整体提升三年行动方案（2022—2024年）》《“一园一策”农产品质量安全整体提升方案》，在宋庄镇、潞城镇、西集镇、张家湾镇遴选出14家规模较大、基础较好的生产主体，建设特色农业主题园区。主题园区建设围绕各生产主体历史沿革、功能属性等特色，打造“国风农场、耕读乐园”“五彩田园，鲜吃先享”“心有阳光、田有芬芳”等14个主题，通过设计制作主题景观、主题标识、宣传栏、产品展览展示展厅等方式，提升农业的生态价值、文化价值。

（肖　硕）

林　业

【概　况】 2023年，北京市通州区园林绿化局（简称区园林绿化局）开展林业资源管理、有害生物防治、巡林防护、治理杨柳飞絮等园林绿化相关工作，提升生态功能，促进林业经济发展。截至年底，全区森林总面积达46.45万亩，森林覆盖率34.19%；人均公园绿地面积18.95平方米，公园绿地500米服务半径覆盖率95.33%，城区绿化覆盖率53.6%。

（李　影）

【林业资源管理】 2023年，区园林绿化局审批各类涉林涉绿事项1086件，实行批后监督常态化，持续开展森林督察工作，强化林地林木日常管理。编制新一轮《北京市通州区林地保护利用规划（2021—2035）》，统筹协调林地保护与利用。采用背包式激光雷达扫描仪等新技术，完成园林绿化资源年度调查监测工作。探索古树和纪念林管护新途径，新增11株挂牌古树，复壮保护16株，日常养护巡查1200株次；实施建设古树及其生境整体保护试点5处。新增“共和国部长纪念林”1处，督导做好全区10处重点纪念林养护。

（李　影）

▲6月2日，通州区“运河小林长”授旗仪式举行　（区园林绿化局提供）

【林业有害生物防治】 2023年，区园林绿化局布设3610个监测巡查网格点，对美国白蛾、白蜡窄吉丁等重大林业有害生物进行网格化巡查。出动2.37万人次、1.12万车次，监测巡查里程2.65万千米，预防除治重大林木有害生物面积约56.4万亩次，基本做到“早发现、早除治”。全区林业未发生有害生物成灾情况，无公害防治率100%，测报准确率95%以上，未出现连片危害及严重扰民情况。建立松材线虫病检测鉴定实验室，并获评为北京市松材线虫病检测鉴定中心。区园林绿化局获评2023年度全国松材线虫病疫情防控攻坚行动先进单位。

（李　影）

【林下经济】 2023年，区园林绿化局联合区发改委、区规自分局等部门为林下经济发展研究配套支持政策，与各乡镇对接，鼓励乡镇申报林下经济重大项目。于家务乡黄精等林下中药材生态培育技术在北京的示范与推广项目经国家林草局审批入选2023年第一批中央财政林业科技推广示范项目。通州区逐步形成以于家务特色药材种植、漷县游学观光旅游和马驹桥帐篷营地体现的多元化林下经济发展模式，全区规模林下经济5680.4亩。

（李　影）

【林长制】 2023年，区园林绿化局制定各街道乡镇林长制工作考核细则，纳入区委年度考核内容；分别与各街道乡镇签订《2021—2025年林长制目标发展责任书》。建立健全“林长+教育”工作机制，打造“运河小林长”特色品牌。深化“林长+法官”工作机制，构建司法嵌入式林长制工作模式。探索建立“林长+物业”管理机制，解决群众身边的绿化难题。全区三级林长共计巡林3万余次；引入第三方专业巡林督导，完成全域巡查3次，重点区域巡查3轮，督促整改问题2115个。

（李　影）

【集体林场】 2023年，区园林绿化局在全市率先通过北京市园林绿化局林业改革发展处专家验收，完成示范性林场建设。9个乡镇集体林场与北京林业大学、北京市园科院等专业团队合作，先后建立首都园林绿化专家工作站并完成挂牌。组织通州区集体林场职工职业技能系列培训活动15期，提升集体林场养护经营水平。

（李　影）

【森林防火】 2023年，区园林绿化局加强公园景区、林区与绿地的防火巡护、火源管理、宣传教育及火灾隐患大排查与大整治工作，出动410余车次、530余人次，巡查点位980个，森林防火视频监控及通信系统发现报警火情110起，均属非林地火情。

（李　影）

【森林生态功能提升】 2023年，区园林绿化局以“调密度、补幼苗、沃土壤、防灾害、丰物种”为主要经营措施，推进实施林分结构调整3.4万亩，伐移各类林木36万余株；完成林下补栎16.2万余株。建设9处区级森林经营综合示范区，加速推进潞城镇市级森林经营综合示范区建设。根据《2023年度通州区林场凤港河国有林管护项目管护合同》，对凤港河国有林管护工作明确管护内容、管护质量标准、技术标准等相关要求，制定病虫害防治工作预案；根据气候特点及季节变化，对防暑防旱、防雨防汛、防雷防风、防寒防冻等工作，进行预防性巡查检查。完成公共绿地内4653株弱树复壮。实施落叶还土修复土壤生态，提高土壤有机质含量。建设小微湿地、搭建本杰士堆、人工鸟巢、昆虫旅馆、栽植食源性蜜源性植物等18处近自然的生物多样性保育小区。完成全区生物多样性调查与评估工作，建设有害生物绿色防控与林木智能保护体系试点。

（李　影）

【杨柳飞絮专项治理】 2023年，区园林绿化局利用“北京飞絮防治”App移动数据采集系统，完成属地内详查数据更新；提高区级预测预报和防治精准度，联合区气象局设立区级飞絮远程定位高清监测站点。全区成立17支杨柳飞絮应急队，采取“巡查、打针、喷水、湿化、清扫、宣传”等措施治理飞絮。

（李　影）

养殖业

【概　况】 2023年，通州区有备案畜禽养殖场9家，包括奶牛场6家、肉鸭场2家、生猪场1家。截至年底，全区家畜存栏2.24万头（只），累计出栏家畜371头（只）；全区家禽存栏0.8万只，累计出栏家禽52.5万只。累计牛奶产量7.1万吨。全区从事水产养殖的有405户，养鱼水面5094亩，全年累计食用鱼产量1572.27吨，观赏鱼4380.15万尾。

（肖　硕）

【非洲猪瘟疫病防控】2023年，区农业农村局对病死猪开展非洲猪瘟检测，督促养殖场落实消毒、无害化处理等各项防疫制度，开展日常监督抽测。区动物卫生监督机构继续加强屠宰环节监管，坚持24小时人员驻场工作制度，开展屠宰企业非洲猪瘟抽样检测工作。截至年底，检测大红门送检非洲猪瘟样品9295份，检测汇研生物送检非洲猪瘟样品901份，未发现阳性样品。

（肖　硕）

【动物疫病强制免疫与监测】2023年，区农业农村局对高致病性禽流感、口蹄疫、犬狂犬病、小反刍兽疫和羊布病等5种动物疫病实行强制免疫，共免疫畜禽11.99万头（份）。其中，免疫各类禽高致病性禽流感7.18万羽次，免疫各类畜口蹄疫4.45万头次，免疫小反刍兽疫0.37万头次，免疫犬狂犬病约5.95万条。对全区7类养殖品种、5种重大动物疫病进行8项免疫抗体检测，检测场点127个，检测样品9518份，总体合格率90%以上。

（肖　硕）

【重大动物疫病应急演练】2023年11月3日，区农业农村局组织开展重大动物疫病应急演练，区委宣传部、区公安分局、区卫健委、区消防支队、区交通支队、区应急管理局、区市场监管局、区发改委、区财政局、区商务局等部门及区动物疫病预防控制中心和区农业综合执法大队参加演练。演练采取桌面推演方式，选择非洲猪瘟作为演练的疫病，模拟疫情报告与确认、指挥协调、疫点疫区受威胁区划定、疫区封锁、临时检查消毒站设立、扑杀和无害化处理、疫点消毒、应急响应终止和善后处置等8个环节，进行全流程演练，共有30人参加。

（肖　硕）

【畜禽水产养殖主要污染物减排】2023年，区农业农村局在北京市首农畜牧发展有限公司中以示范牛场开展“2023年通州区畜禽水产养殖主要污染物减排项目”。通过安装提升泵井、拆装喷淋水管（沟）、重建改造排水沟和排水点、改造干粪棚及饮水槽、新建犊牛岛钢构遮雨棚、加装挤奶通道棚板、新建集水井等7个方面完善场内雨污分流系统，降低雨后污水溢流。合理利用养殖过程中产生的粪便，通过场内粪污收集池、沼气池、粪污处理、干湿分离等整套流程，使排放的养殖废物达到国家环保要求，可以再次循环使用，降低对环境的污染和危害，节约养殖户成本。

（肖　硕）

▲11月3日，区农业农村局组织开展“突发重大动物疫情应急演练”桌面推演

（区农业农村局提供）

农业机械化

【概　况】2023年，通州区有农业机械总动力12.52万千瓦，其中新增2499.60千瓦。有拖拉机668台，新增22台，其中大中型拖拉机580台；拖拉机配套农具1284部，新增70部。有微型耕耘机（微耕机）1331台，新增1台；小型耕整地机械60台；大中型耕整地机械323台，新增21台；联合整地机7台。有大中型播种机290台，新增28台；小型播种机168台。有施肥机械250台，其中小型118台。有田间管理机械289台，其中田园管理机5台、机动植保机械262台、果树修剪机22台。有收获机械299台，新增3台。有农用排灌机械5199台，节水灌溉类机械1381套，新增9套。有设施农业设备5658套，其中工厂化育秧设备3套、卷帘机5566套、机动卷膜器89套。有农产品初加工机械965台，新增8台。有畜牧养殖业机械169台，渔业机械4578台，农田基本建设机械27台。

（肖　硕）

【农机推广】2023年春耕前，区农业农村局组织各乡镇农办工作人员、区农机事务服务中心工作人员以及区农机服务组织、农业种植企业、农业从业人员，在漷县镇北堤寺村北京鑫农盛通农机专业合作社，由北京市农机推广站专家对各种新型农业机械的技术性能、优势及特点进行讲解和演示，推广先进适用的新型农业机械，促进通州区老旧农业机械的更新换代，提高新型农业机械的保有量，助力春耕生产。

（肖　硕）

【农机购置补贴】截至年底，补贴农业机械156台（套），其中耕整地机械26台（套），动力机械20台（套），灌溉机械9台（套），收获机械21台（套），种植施肥机械28台（套），作业监控设备52台（套）。补贴资金218万元。

（肖　硕）

【农机使用培训】2023 年，区农业农村局在漷县镇北堤寺村，组织区内农机服务组织、农业种植企业、农业从业人员进行农业机械高效使用、安全作业等方面的宣传培训。培训分为两期：第一期邀请北京市鉴定推广中心专家，进行机播技术培训和现场演示；第二期聘请马斯奇奥公司北京销售部技术专家进行现场技术培训。共有 46 人次参加培训。

（肖 硕）

【农业机械化年度数据】截至年底，通州区有农机服务组织及农户 275 个，农业机械总动力 12.24 万千瓦，机耕面积（包括主要农作物和经济作物）12.58 万亩，机播面积 18.45 万亩，机收面积 7.03 万亩。

（肖 硕）

【主要粮食作物机收减损采样测算】2023 年，区农机事务服务中心和区种业中心联合在“三夏三秋”农机安全检查时，对农机服务组织、农业生产企业、家庭农场进行农机减损宣传、采样、测算，开展机收减损工作 12 天，出动工作人员 40 人次，填写统计表格 20 张，汇总表格 2 张，汇总报告 2 份。小麦平均损失率为 0.51%，玉米平均损失率 0.29%。

（肖 硕）

【季节性裸露农田扬尘抑制技术推广】2023 年，区农业农村局在全区推广季节性裸露关键保护性耕作技术，减少、抑制农田扬尘，改善大气环境。主要推广农机深松整地、秸秆粉碎覆盖还田、少免耕播种作业的“少动土，多覆盖”保护性耕作技术。全年完成农机深松整地 3.29 万亩、秸秆粉碎覆盖还田 9.27 万亩、少免耕播种 9.17 万亩。

（肖 硕）

【农机安全隐患排查】6 月 13—15 日，区农机事务服务中心开展农机安全生产隐患排查工作，对全区 12 家农机合作社企业及农机服务组织进行安全检查，重点检查车辆的维护保养、人员的安全教育、安全制度、消防安全等安全可靠性相关内容，发现停车场堆放杂物、灭火器不合格等安全隐患 8 项，均已完成整改。

（肖 硕）

农业产业化经营

【概 况】2023 年，通州区围绕城市副中心建设对农业发展的新要求，依托首都高端人才、高端服务、高端研发等创新要素，全力打造“科技 + 生产 + 加工 + 服务”全产业链和发展“高科技、高效益、高附加值”农业，促进种业产业、观光农业；创新发展模式，跟紧自媒体时代发展，开展直播带货活动，带动农民增收。

（隗 征）

【种业产业】2023 年，通州区与中国农科院、中种集团、隆平高科等头部企业达成战略合作，引进 4 家优质种业企业落户通州。举办第三十届中国北京种业大会，10 位院士参会并作主旨报告，发布重点种业研发成果 10 项，展示种业振兴成果 331 项，503 家参展企业参加大会，实现交易及合作签约额 8.7 亿元，线上宣传浏览量达 1.3 亿余人次。强化育种基地与硬件设施建设，建成 1000 亩农作物新品种核心展示基地、3000 亩农作物生物育种产业化示范基地、400 亩航天育种基地。

（李子啸）

【观光农业】2023 年，通州区实施休闲农业“十百千万”（打造十余条精品线路，创建百余个美丽休闲乡村，提升千余个休闲农业园区，改造近万家民俗接待户）畅游行动项目 6 个，其中休闲农业园区提升项目 4 个、民俗接待示范户提升项目 1 个（1 户）、技术提升培训辅导项目 1 个。截至年底，接待游客 3.2 万人次，同比增长 70%；经营收入超 1210 万元，同比增长 52.34%；新增就业岗位 160 个，岗位人均收入 3920 元 / 月，带动工资收入 753 万元。

（高文博 隗 征）

【“家庭农场直播带货星推官”活动】2023 年，区农业农村局联合家庭农场、特色种植大户、农业合作社等 40 余家农业企业，在全市首次推出“家庭农场直播带货星推官”活动，推广通州区樱桃、黄瓜、草莓、鲜食蔬菜等几十种特色优质农产品。截至年底，直播热度达到 64.2 万，场观人数平均超过 5000 人，场观总量达到 22.1 万人次，关注粉丝超 21 万人，各门户网站累计转载约 250 次。

（隗 征）

▲ 5 月 20 日，“家庭农场直播带货星推官”活动直播现场推介西集樱桃

（区农业农村局提供）

工业和信息化

综 述

【经济指标】2023年，通州区有规模以上工业企业336家，完成工业总产值628.9亿元，同比增长2.1%，实现营业收入838.7亿元，与上年持平。

（金绍光）

【固定资产投资】2023年，通州区完成工业固定资产投资13.5亿元（不含台湖、马驹桥地区）；完成固定资产投资项目备案53个，其中，新备案项目42个（新建项目24个、技改项目17个、改扩建项目1个，其中变更备案项目7个），年前备案、年内变更项目4个，备案撤销项目7个，总投资56.4亿元。

（雷东哲）

【企业智能化绿色化转型】2023年，通州区经济和信息化局（简称区经信局）联动区发改委共同辅导、培育北京市春立正达医疗器械股份有限公司申报国家级企业技术中心并获批，通州区实现国家级企业技术中心零的突破。截至年底，通州区培育甘李药业股份有限公司（简称甘李药业）、罗克佳华科技集团股份有限公司、北京博格华纳汽车传动器有限公司等市级企业技术中心53家（含医药健康企业6家），培育北京福元医药股份有限公司（简称福元医药）等国家级“绿色工厂”企业8家、北京黎明文仪家具有限公司和甘李药业国家级“绿色供应链”企业2家。推动蒙牛高科乳制品（北京）有限责任公司、北京凯德石英股份有限公司等8家制造业企业开展绿色化技改提升，完成提质改造项目8项。

（雷东哲）

【“绿、数、融”领域产业】2023年，在绿色低碳方向，通州区重点布局储能产业，面向电化学储能、空气储能、飞轮储能等技术领域，引进新源劲吾（北京）科技有限公司、中瓴星能（北京）新能源科技有限公司、京清数电（北京）技术有限公司（简称京清数电）、北京思凌科数字能源科技有限公司等重点储能企业7家，其中京清数电全球首创第三代集中式储能变流器产品及模块化储能变流器产品，在张家湾镇成立京湾实验室并投入使用。在数字科技终端方向，引进人加智能机器人技术（北京）有限公司。截至年底，全区有北京智殷机器人科技有限公司、北京凌天智能装备集团股份有限公司、北京炎凌嘉业机电设备有限公司、易能智丰机器人科技（北京）有限公司等重点机器人企业9家，推动机器人领域产业链多场景集聚式发展。在融合发展领域，重点布局合成生物细分领域，引进北京华融生物科技有限公司在通州区建设北方总部，召开合成生物领域专项招商对接会，对接合成生物上下游关键核心企业9家。

（雷东哲）

【高精尖产业扶持】2023年，区经信局研究制定《通州区高精尖产业发展资金管理办法（试行）实施细则（2023版）》，增加“国际交流合作”“老旧厂房升级改造奖励”办法；针对本年度开门红奖励、产值规模奖励、产值增速奖励、升规企业奖励，采取免申即享方式给予企业支持；采取奖励、贴息、补助方式扩大对新一代信息技术企业支持范围，引导产业全方位高质量发展。做好市级高精尖政策宣讲，推荐甘李药业、北京芯能电子科技有限公司等28家企业28个项目申报市级高精尖资金奖励，福元医药等21家企业获得市级高精尖资金支持3487万元。

（雷东哲）

【“专精特新”企业培育】2023年，区经信局出台《关于进一步促进北京城市副中心“专精特新”企业高质量发展若干措施》，在3个方向9项措施提供政策支撑。全年培育市级“专精特新”中小企业92家，国家级专精特新“小巨人”企业7家。截至年底，全区累计培育市级“专精特新”中小企业348家，国家级专精特新“小巨人”企业33家。北京中科盛康科技有限公司入选中央财政建议继续支持的国家级专精特新“小巨人”企业名单。

（雷东哲）

【工业领域空气重污染应急】2023年，区经信局做好秋冬季空气质量保障工作，全年开展秋冬季空气质量应对保障8次，其中启动空气重污染橙色预警1次，参照橙色预警执行2次；参加调度会12次，走访检查企业509家次。

（雷东哲）

【制造业产业空间地图编制】2023年，区经信局会同区规自分局及各属地梳理通州区产业现状及存量可利用空间资源，建立通州区存量空间点位台账，协同区规自分局落位到空间地图。存量可用土地资源23块，地块面积2765.8亩（集中连片超过500亩土地2块，超过100亩土地4块）。存量闲置厂房资源24处，地块面积37万平方米。

（雷东哲）

【安全生产】2023年，区经信局制定并组织实施《通州区经济和信息化局2023年安全生产重点工作任务及责任分工方案》《区经信局服务保障全国两会工作方案》《区经信局安全生产专项整治深化年行动工作方案》《区经信局安全生产和火灾隐患大排查大整治工作方案》《区经信局2023年“安全生产月”活动方案》《区经信局2023年“119”消防宣传月活动方案》，按照《2023年安全生产工作任务书》要求，开展安全生产宣传指导，有序推进各项工作任务落实。出动检查1068人次，走访企业345家次，发放《安全生产指导工作记录表》1099份，指导督促企业落实安全生产主体责任。

（张桂明）

【信息业基本数据】2023年，通州区有规模以上信息传输、软件和信息服务业企业43家，实现营业收入61.1亿元，同比增长6.6%。信息传输、软件和信息服务业完成固定资产投资14.4亿元，同比增长20.4%。

（屠洪月）

【社会信用体系建设】2023年，通州区社会信用体系建设联席会议办公室（简称区信用办）制定下发《2023年北京市通州区社会信用体系建设重点工作任务》《2023年度社会信用体系建设专项考评指标绩效任务集》至全区66个成员单位，以绩效考核推动任务落实。全量报送双公示及5类数据信用信息，利用信用数据在政策兑现、评优选拔、行政审批等方面实现联合审查应用。全年归集双公示数据23005条，其中行政许可12631条，行政处罚10374条；报送5类数据190条，上报合规率100%。信用承诺履约践诺信息443464条。截至年底，自愿注册信用信息企业1120家。应用北京市大数据中心推送信用评价结果，将全区企业信用分级分类划分为四等九级，其中A级企业32063户，占企业总量28.4%；B级企业63408户，占企业总量56.17%；C级企业15425户，占企业总量13.66%；D级企业1996户，占企业总量1.77%。全年发布信用动态信息2450余条，发布失信被执行人信息12期。定期发布诚信“红黑名单”，全年累计发布红名单企业220个、黑名单企业84个、“通武廊”联合守信红名单160个。发布联合激励案例3864个，联合惩戒案例1873个。对群众反映强烈的十项诚信缺失突出问题、政务诚信失信被执行人等开展“屡禁不止、屡罚不改”专项治理工作，通过开展约谈、签订信用承诺书等形式进行整治。其中，4家多次受到行政处罚的企业信用修复完毕，完成整改任务；1家列入失信被执行人的企业被纳入失信“黑名单”，执行联合惩戒。发布信用修复机制，开展信用修复培训2期，160余家企业参加；开展企业信用核查5批次，90余家企业参加。全年完成信用修复730条，处理异议申诉4个。作为全市5个试点区之一，通州区率先实施专用信用报告代替无违法违规证明机制，便利企业上市、融资等经营活动，全区有53家企业下载专用报告112份。在2023年全国信用建设成果现场观摩会上，通州区获“2023年度信用建设成果观摩会城市组特色单位”称号。

（魏永刚）

【中小微企业智慧服务平台】 2023年，区经信局抓好通州区中小微企业智慧服务平台（简称平台）运营工作，通过整合社会及各行业优质资源，面向在区内注册的中小微企业提供政策解读、融资对接、法律服务、工商财税、数字化赋能等全方位综合服务。平台组织各类活动28场，服务企业471家次；截至年底，有注册中小微企业905家，促成企业服务订单773笔，发放补贴175万元；协助企业48家次，获得银行贷款授信2.2亿元；累计发布各类政策信息14027条次，触达企业6261家；入驻社会优质服务机构91家。与区市场监管局、区金融办、区财政局、区科委合力抓好平台整合工作，根据需求进行功能开发、整合，新增“通州区创贷贴息申请”“科技型中小企业评价”“重点项目信息”等功能，丰富金融产品类型，增加股权融资、担保增信和票据融资业务。组织电信科学技术仪表研究所有限公司和北京朗搏校准检测有限公司申报“2023年北京市中小企业服务体系质量提升项目”；经评审，电信科学技术仪表研究所有限公司获资金支持37.55万元。完成对可信数字化公共服务平台和融资信用服务平台跟踪指导及验收。制定印发《通州区2023年减轻企业负担工作实施方案》，明确各成员单位职责，加强对中小企业减负工作指导；组织完成中小企业负担调查32家；贯彻2023年北京市减轻企业负担政策宣贯会精神，利用平台开展《保障中小企业款项支付条例》等政策宣传，做好企业减负工作。

（刘建波）

医药健康产业

【概　况】 2023年，全区新增注册医药健康企业121家。截至年底，通州区有医药健康产业相关市场主体346家，涵盖北京市“专精特新”中小企业48家、国家级专精特新“小巨人”企业5家、上市企业5家。规模以上医药健康产业50家，形成以医药、医疗器械制造为主体，医药研发服务、医药健康服务为补充的产业布局。

（雷东哲）

【医产协同】 2023年，区经信局举办“2023北京城市副中心医产协同大会”“北京大学人民医院首届大运河论坛”“2023健康中国产业领袖论坛”“第四届远·见数字健康年度大会”等医产协同促进活动。指导“医产协同发展联盟”、“理实国际医产协同发展研究院”、“医产协同（北京大学人民医院）创新基地”和首都医科大学附属北京潞河医院“北京城市副中心医产协同创新中心”等组织成立。推进中金诺思格医疗产业基金成

▲6月25日，北京城市副中心医产协同创新中心揭牌典礼暨战略合作集中签约仪式在首都医科大学附属北京潞河医院举行　（区科委提供）

立，资金规模5亿元，助力创新药及创新器械早期投资落地。

（雷东哲）

【医药健康产业政策出台】2月6日，区经信局印发《北京城市副中心关于鼓励医药健康产业发展的十条措施》，具体包含3个方面、10条措施、28个着力点，全面支持医产协同发展、医药产品创新和高端要素集聚；开展首个年度项目征集，支持区内22家医疗机构、医药健康企业56个项目，涉及支持资金近3500万元。

（雷东哲）

【北京城市副中心医产协同大会】9月9日，北京城市副中心医产协同大会召开。大会以“医产联动 共谋发展”为主题，采用“线下会议+视频直播”的方式，包括开幕式、主论坛、2个平行论坛3部分，市级相关部门、医疗机构、医药健康企业、投资机构等多方代表参会。大会推介北京城市副中心及医药健康产业，发布《医产协同发展白皮书（2023）》；成立理实国际医产协同发展研究院，医产协同发展联盟启动；宣读《北京城市副中心医产协同全球邀请函》，向全球医药健康领域发出邀请。

（雷东哲）

数字产业

【概　况】2023年，区经信局深入贯彻落实《北京城市副中心推进数字经济标杆城市建设行动方案（2022—2024年）》，围绕数字产业培育、产业数字转型、数据要素供给、标杆工程建设、数字赋能服务方面，以数字产业化、产业数字化为关键抓手，优化产业数字转型，推进数字技术与实体经济深度融合发展，开拓数字经济标杆城市建设新局面。推进区内重点企业数据资产金融化，北京开运联合信息技术集团股份有限公司、罗克佳华科技集团股份有限公司获得北京国际大数据交易所颁发的“数据资产登记凭证”，成为北京市首批数据资产入表试点企业。北京市通州区网络安全产业集群入选北京市中小企业特色产业集群，北京城市副中心元宇宙创新中心投入使用。

（屠洪月）

【招商引资】2023年，区经信局围绕网络安全、元宇宙和智慧城市三大数字经济方向开展招商引资，三六零数字安全科技集团有限公司、东华软件股份公司、软通动力信息技术（集团）股份有限公司、厦门美亚柏科信息股份有限公司等行业头部企业相继在北京城市副中心注册落地子公司，中国联合网络通信集团有限公司与深圳市腾讯计算机系统有限公司合资公司云宙时代科技有限公司落地张家湾设计小镇。

（屠洪月）

【数字产业基础设施建设】2023年，西北工业大学北京研究院项目取得建筑工程施工许可证，进行地下室结构施工；中国信息通信研究院国家ICT产业创新基地取得土地所有权证书，开始推动土护降前期手续办理。数据中心建设持续推进，电投工业互联网数据安全信息港项目土建工程完成竣工验收，万国数据通州腾龙物联数据中心机柜设备上架运营。11月10日，北京数据基础制度先行区（以台湖区域为核心）启动运行，首信云技术有限公司作为首批数据要素市场主体率先在先行区落地。

（屠洪月）

【第三届全息数字经济与元宇宙产业生态峰会】2月25日，第三届全息数字经济与元宇宙产业生态峰会召

▲11月10日，北京数据基础制度先行区启动运行　（区经信局提供）

▲2月25日，第三届全息数字经济与元宇宙产业生态峰会召开

（区融媒体中心提供）

开。峰会围绕数字资产、双碳战略、数字孪生等热点话题开展主旨演讲30余场，探讨推进元宇宙在经济、金融、文旅、教育、政务等场景的规范发展和落地应用；围绕“数字经济与元宇宙建设”“元宇宙如何助力实体经济”2个热点议题展开圆桌对话探讨；发布《关于中国元宇宙与数字经济发展战略的十二条共识》《全球元宇宙产业共创计划》《未来三年九大预判——元宇宙+教育展望报告（2023）》。

（通鉴编）

智慧城市建设

【概　况】2023年，区经信局深入推进北京城市副中心智慧城市“十四五”规划实施，加大智慧城市建设项目统筹力度。以“优运行、保安全、促发展”为引领，保障区级网络安全运行，开展信息系统调研工作，摸清全区机房、感知体系、系统底账、系统上云、入链以及等级保护情况，为智慧城市建设提供决策支撑。落地一批数字技术与经济融合创新典型场景，对接智能感知、网络安全、智慧医疗、自动驾驶等相关企业，以信息技术助推经济、文化、旅游、交通、医疗等产业发展；同步相关信息至产业联盟，联盟对接企业46家。与华为技术有限公司签署战略合作协议，引入智慧城市上下游生态资源及相关解决方案。形成2023年北京城市副中心智慧城市建设项目清单，6月19日通过区政府常务会议审议。

（王　超　卢　迪）

【数字底座建设】2023年，区经信局夯实数字底座共建共享能力。在基站建设方面，区经信局与通州区通信建设管理办公室（简称区通管办）联合印发《关于进一步提升通州区重点场所5G网络覆盖的通知》，全年新建5G基站909个，累计建设3518个；在数据汇聚方面，完成全区视频资源归集与交换2万路、可视频实时查看单位24家；在数据上链方面，制定通州区目录链管理工作指南，目录上链委办局21家、业务系统75个；在数据安全方面，对政务云平台及云上系统定期开展安全检查及自查，节假日及重大活动期间启动重保预案，保障数据安全。

（卢　迪）

【场景应用】2023年，一批典型场景落地通州区。在数字消费领域，北京北投爱琴海购物公园信息消费体验中心、北京城市副中心元宇宙应用创新中心展示体验馆授牌为北京市信息消费体验中心；在数字文旅领域，以“三庙一塔”景区（即文庙、佑胜教寺、紫清宫及燃灯佛舍利塔）为核心，元宇宙助力大运河打造线上线下相结合沉浸式虚拟游览体验；在数字医疗领域，推进北京城市副中心智慧影像云平台建设工作，截至年底采集胶片101.74万例，医生可通过平台查看电子胶片AI辅助诊断结果，患者可随时通过公众号查看影像信息。

（屠洪月）

【自动驾驶扩区建设】2023年，区经信局推进通州区自动驾驶扩区建设工作，按《北京市高级别自动驾驶示范区3.0阶段实施方案》，编制完成《通州区自动驾驶扩区建设方案及领导小组成立方案》，成立自动驾驶专班；对接市级部门及平台公司完成道路设施及权属勘察摸底工作，完成对175平方千米范围内580个路口“路、杆、网、箱”的调研踏勘工作，形成“一路口，一台账”；完成部分路口建设方案详细设计。

（卢　迪）

【数字化社区试点建设】2023年，区经信局开展数字化社区试点建设，赋能基层治理。推进街道（乡镇）社区基本情况和需求调研，提升数字化社区基础平台承载能力，丰富应用场景与功能服务。4月，玉桥街道柳岸芳园社区管理平台上线运行，集成智慧物业子系统人、房、物数据功能，为数字化基层治理提供保障。

（卢　迪）

通信管理与服务

【概　况】2023年，区通管办履行通信行业管理部门职责，推动通信业政策落地、行业属地化管理，持续强化与通州区属地联系，协助区委、区政府落实通信规划、建设相关政策。与区经信局、区住建委、区应急管理局、区政务服务局等各政府单位建立常态化沟通机制，成为通州区防汛抗旱指挥部、通州区网络安全应急指挥部等多个政府工作专班成员单位。

（王志良　任　浩　王洪刚　范思宇）

【通信防汛保障】2023年，区通管办发挥职能作用，指导各通信企业做好应对强降雨工作，加强与区应急管理局、区经信局等主管单位工作联系与对接，做好防汛隐患排查整治、汛前通信保障准备、政务网络和信息系统安全保障等工作，提升防汛处置能力及响应度。北京“23·7”特大暴雨期间，区通管办成立防汛指挥部，全力支撑政府指挥调度处置突发事件，统筹各通信企业投入保障人员1286人次，出动各类应急保障车辆196辆次，启动油机发电25台、抽水机330余台次、卫星电话3部，处理各类通信设施故障140处，属地内网络整体运行平稳，未发生重大突发事件。

（王志良　任　浩　王洪刚　范思宇）

【区级堡垒基站建设】2023年，区通管办组织运营商及铁塔公司复盘北京“23·7”特大暴雨期间通信应急工作，重点围绕“网络抗灾”“网络快速恢复”，统筹建设一批区级堡垒基站支持5G及应急通信网络，初步在全区选取建设堡垒基站点位39个；统筹优化一批现有增强基站保障5G网络基本覆盖，选取增强站址点位435个，完成整改201处。

（王志良　任　浩　王洪刚　范思宇）

【241+5G网络信号质量提升专项行动】2023年，区通管办根据北京市5G基础设施建设联席会议办公室《关

于进一步提升北京市重要区域和重点场所5G网络信号覆盖质量的通知》要求，组织实施“241+5G网络信号质量提升专项行动”，形成区域特色的属地“241+”行动方案，围绕市级行政办公区、文化旅游区、重点医院及高校等九大重点场所，聚焦十大重点行业，建立重点项目清单19个，开展5G网络覆盖攻坚行动。联合各委办局，按照任务清单推进各重点项目落地，5G建设完成率100%，基本实现5G网络信号连续覆盖，市级行政办公区一期、北京环球度假区等重点区域实现5G网络信号深度覆盖。“241+”各项任务全部完成。

（王志良　任　浩　王洪刚　范思宇）

【规划方案联审】 2023年，区通管办加入区规自分局方案联审成员单位，在属地国土空间规划、街区控规、实施方案等不同层面规划中反馈有线、无线通信专业规划意见，助力通州区5G基础设施建设。参与土桥棚改项目、张家湾设计小镇广通街项目、八里桥规综项目、东小马地块、北建院北容总部项目等重点项目规划综合方案制定，反馈0102街区FZX-0102-0017地块、1104街区FZX-1104-6002等地块、0605街区FZX-0605-6004等地块、于家务回族乡TZ11-0501-6001地块规划类方案报告征求意见8次。

（王志良　任　浩　王洪刚　范思宇）

【建设工程竣工通信设施验收】 10月27日，区通管办对武夷花园南区中、西地块项目（即1#住宅楼等20项）开展现场验收。项目为北京城市副中心企业首次办理建设工程竣工验收的通信设施验收项目，也是全市领先落地房屋建筑和市政基础设施工程竣工验收通信行业实施办法的验收项目。区通管办验收人员结合政策文件、技术指导手册、实施细则，对现场通信管道设施条件、图纸、竣工材料等内容开展监督验收，以联合验收为归口统一评估施工质量，给出验收通过结论。

（王志良　任　浩　王洪刚　范思宇）

中国移动通信集团北京有限公司通州分公司

【概　述】 中国移动通信集团北京有限公司通州分公司（简称通州移动）是中国移动通信集团北京有限公司在北京城市副中心的分支机构，下辖永顺、潞城、梨园、张家湾、宋庄、漷县6个经营网格。2023年，通州移动有手机用户145万人、宽带用户30.2万户，集团收入同比增长43%。

（倪景新）

【网络建设】 2023年，通州移动有4G宏蜂窝基站1819个，5G宏蜂窝基站1613个，平均覆盖率99.1%。建设北京城市副中心5G精品网155平方千米，建成5G基站1139个，覆盖率99.44%，平均下载速率625Mbps；通燕高速和广渠路东延2条通勤线5G覆盖率99.52%，平均下载速率756Mbps。传输承载网覆盖率100%，分纤点密度14.9个/平方千米，平均接入网络距离217米。实现市级行政办公区、北京环球度假区等重点区域5G网络精品覆盖。

（倪景新）

【客户服务】 2023年，通州移动明确营业厅服务触点投诉处理规范，开展网络、家宽质差感知客户专项改善行动。全年投诉处理及时率96.35%，重复率同比减少32.56%。持续做好通信保障，全年出动应急通信车5次，完成各类通信保障工作20次，确保属地办公区、公园、各大商圈移动通信网络运行平稳。深入落实银发服务，组织社区养老驿站服务120场次，宽带上门义诊95场次，联合属地派出所开展老年人防范电信诈骗宣传30余场次。开展专属服务体验官邀请活动，覆盖客户1万余人，累计活动覆盖属地客户10万余人。

（倪景新）

【助力民生工程落地】 2023年，通州移动为属地43个村建成云广播和智能充电桩。安装240部智能喇叭，搭建特色智能云广播系统。为解决村民电动车室内充电着火事故频发难题，首批为23个试点村11240户村民安装具有自动识别危险、自动断电功能的智能充电桩，解决人车共屋充电安全问题。

（倪景新）

【“和对讲”项目】 2023年，通州移动完成消防“和对讲”项目，实现“两级管理、三级应用”。通过使用可视化对讲终端，实现现场执法视频实时回传，强化各重点单位消防微站通信手段，增强立体化综合防火效能，提升警情快速发现处理效率。项目覆盖街道乡镇22个、消防救援站25个、社区（村）633个、重点企业单位449家，交付“和对讲”设备1294台及拥有完整架构的综合调度指挥平台1套。

（倪景新）

【马拉松赛事通信保障】 4月9日，北京城市副中心马拉松举办。通州移动提前对马拉松竞赛路线开展测试和容量评估，制定通信保障方案，优化

▲4月9日，通州移动应急车保障北京城市副中心马拉松顺利进行

（通州移动提供）

竞赛站点信号23站次、调整3站次、扩容沿线小区信号22个。规划设置应急站点，4天内架设、开通和优化应急车2台。排查终点站通信隐患，针对保障期间负荷均衡方案开展提前演练，保障赛事顺利进行。

（倪景新）

中国联合网络通信有限公司北京市通州区分公司

【概　述】中国联合网络通信有限公司北京市通州区分公司（简称通州联通）隶属于中国联合网络通信有限公司北京市分公司，位于北京市通州区云景东路18号。下辖营服中心13个、营业厅8个、网络网格3个。2023年，通州联通在通信网络保障、智慧城市建设等方面践行央企使命任务，与政府深度合作，搭建多项政府小程序平台，投入自主研发产品，服务社会民生。

（刘　宇）

【助力智慧城市建设】2023年，通州联通发挥信息通信网络技术优势，深耕区公安分局“雪亮工程”维护项目、通州区智慧纪检平台项目，与各乡镇合作“湾事通”“12345热线”“反诈中心”等多个项目。承建的通州大运河智慧化景区系统项目作为2023年北京市文化和旅游科技创新应用场景十佳案例，亮相2023中国—东盟博览会旅游展。

（刘　宇）

【助力乡村振兴】2023年，通州联通结合自研产品优势，通过共享多个平台数字化应用，实现西槐庄村大棚菜园24小时无间断监测和预警警报，强化菜园实时管理。与西集镇政府、区农业农村局联合开展农产品购买活动，帮助西集镇属地村级合作社、农业大户销售西集特色农产品，用实际行动支农助农，推动乡村产业振兴。

（刘　宇）

【助力民生工程落地】2023年，通州联通坚持办好民生实事，以北京城市副中心“智慧养老平台”为抓手，发挥“终端+系统+服务+专席”一揽子服务优势，居家养老服务闭环监管覆盖重度失能老人2500户，为老人及其家庭提供安全、安心的驿站扶持、养老助餐、智能照护等养老照护服务。助力区卫健委紧急上线传染病复课证明微信小程序，实现学生家长线上申请、工作人员线上审核一站式服务。

（刘　宇）

【网络保障】2023年，通州联通完成地下空间网络覆盖建设47处，小区移网信号源头治理224个。通过设备新建及板卡增补，实现千兆用户10G PON承载率100%。开展PeOTN综合接入节点建设5处，为智慧专线敏捷开通提供保障，满足区域内各行业用户网络需求。为全国两会、北京城市副中心马拉松赛、通州运河半程马拉松赛等多项重保现场提供流畅、稳定、安全的通信网络。北京“23·7”特大暴雨期间，区防汛抗旱指挥部办公室启动防汛预警响应后，通州联通快速启动防汛保障预案，相关人员迅速到岗待命，领导带队24小时值守，时刻关注雨情，全力做好强降雨应对工作，及时处置突发事件，保障通州区通信网络正常运行。

（刘　宇）

【社会服务】2023年，通州联通通过精准服务、助老适老、助残便民、网

▲10月13日，通州联通承建的通州大运河智慧化景区系统项目亮相2023中国—东盟博览会旅游展（通州联通提供）

▲3月23日，通州联通漷县党支部与通州区漷县镇漷县村党总支开展支部共建活动，发放防电信诈骗宣传材料（通州联通提供）

络检测、反诈宣传等一系列便民举措持续开展“为民服务办实事”主题行动，累计精准服务用户13421户，设立适老窗口8个，开展助老银发小课堂507场，为用户提供体验关怀及优化解决问题，提升客户体验感知。基于群众通信需求，开展“联通光速万家服务”行动，深入社区一线为客户量身设计和优化家庭网络方案，解决上网慢、卡顿、Wi-Fi覆盖弱等问题，将服务延伸至“最后一厘米”。

（刘　宇）

中国电信股份有限公司北京城市副中心分公司

【概　述】中国电信股份有限公司北京城市副中心分公司（简称通州电信）隶属于中国电信股份有限公司北京分公司，位于北京市通州区永顺镇温榆西路金融街园中园5号院58号楼。2023年，通州电信下辖网格5个、营业厅6个。通州电信充分发挥云网融合优势，做好通信保障，助力通州区各行业各领域数字化转型、乡村振兴工作，为通州区政务云、雪亮工程网络、区公安分局内保处防诈宣传、北京城市图书馆通信、北京艺术中心通信、北京大运河博物馆网络等多个重要网络提供保障、优化和升级服务。获2023年度“城市副中心产业联盟”“数字+底座”卓越贡献奖。

（王瑞祥）

【助力乡村振兴】2023年，通州电信设计通州特色的数字乡村大脑，实现各类专题应用接入和数据资源共建共享，推进通州区农业农村具体业务场景数字化管理；推进城乡融合发展，夯实通州乡村数字底座和基础支撑。推进农村地区传统基础设施数字化改造升级与宽带提速降费，为乡镇政府提供互联网安全专线等级保护测评和密码测评等安全服务，中国电信政务云为多个数字乡村行业应用系统提供支撑，助力乡村振兴发展；依托电信全视通、天翼云会议、天翼大喇叭、云广播产品，为通州乡村视频收编及智能化赋能提供网络、算力、基础平台功能服务，以信息化助力乡村治理和产业振兴，提升乡村治理效能；搭建助农直播平台，在央视网直播宣传通州区特色农旅活动，助力通州农产品全国宣传销售，开展“原产地直供，天翼惠民行”系列活动，帮助本地品牌农场、农户、科技小院进企业、进社区宣传销售，实现乡村产业数字化发展；基于千兆光网智能客控产品，实现通州民宿、智慧家居、养老驿站智慧化管理，依托智能摄像头、门铃、燃气卫士等智慧家庭产品实现农村老人照护服务，提升村民日常生活质量和生活幸福指数。

（王瑞祥）

【助力智慧城市建设】2023年，通州电信与区内各委办局、各乡镇街道及企业单位对接，结合北京城市副中心“经济大脑”“城市大脑”“数字乡村大脑”等建设规划，优化提升区政务云平台性能、服务感知，打造智慧城市基础设施，为北京城市副中心基层治理和公共服务提供“数字底座”，为智慧城市多场景及新入驻企业提供云、信创、安全等信息化支撑。深入跟踪服务入驻企业，为中国工商银行、中国农业银行、北京银行等金融机构新大楼项目，中国长江三峡集团有限公司、北京首都旅游集团有限责任公司、小米科技有限责任公司等重点企业入驻赋能数字化建设，助力北京城市副中心产业发展；承办市科委运河文化复现数字孪生系统项目，形成现代场景数字孪生实景呈现，市民游客可以沉浸式体验大运河北京段文化。

（王瑞祥）

【社会服务】2023年，通州电信践行“用户至上 用心服务”的服务理念，完成商圈店、社区店建设20家。全区自有营业厅设置“爱心翼站”专区6处，提供“小哥加油站”“便民药箱”“关爱残障人士”等服务，为快递小哥、环卫工人、辅警等户外劳动者提供热水、充电设施、微波炉与节日关怀。加强宣传引导、做好人民服务，联合社区开展老年人、残疾人等特殊群体一对一爱心引导、科技助老微课堂、助老助残产品体验等有温度的专项服务与防诈反诈宣讲。

（王瑞祥）

中国铁塔股份有限公司北京市通州分公司

【概　述】中国铁塔股份有限公司北京市通州分公司（简称通州铁塔）是中国铁塔股份有限公司在通州区所设市级分支机构。2023年，通州铁塔持续推进中国人民大学通州校区5G网络建设，开展“安全宣传咨询日”活动，做好北京城市副中心绿色发展论坛主会场、北京大运河博物馆、市级行政办公区等重点活动、场所通信保障工作，建成万达广场首家换电站。

（王志良　任　浩　胡长坤　范思宇）

▲5月20日，通州电信“原产地直供，天翼惠民行”活动进社区宣传西槐庄科技小院农产品

（通州电信提供）

【中国人民大学通州校区5G网络建设】2023年，通州铁塔持续推进中国人民大学通州校区5G网络建设。3月30日，中国铁塔股份有限公司北京市分公司、通州铁塔与中国人民大学就合作完成中国人民大学通州校区5G网络建设工作开展座谈。座谈围绕通州校区5G室分建设、5G宏站建设的规划方案、双方对接机制等工作展开。通州铁塔按照“同步规划、同步设计、同步实施、同步交付”的工作原则，持续与校方就协议签订、设计对接、工程实施等具体工作展开对接，确定了2024年3月前完成校园内110公顷、105万平方米建筑物的室内室外5G信号全覆盖的工作目标。

（王志良　任　浩　胡长坤　范思宇）

▲3月30日，中国人民大学通州校区5G网络建设工作座谈会举行

（通州铁塔提供）

【电动自行车全链条管控】2023年，通州铁塔与区城管委和各街道、乡镇共同做好电动自行车全链条管控工作。开展端口普查工作，对各街道乡镇的现有端口实施升级改造。先后支撑台湖镇、新华街道、通运街道充电设施服务项目，建成端口11838个。为马驹桥镇提供充电端口改造服务，改造端口469个。

（王志良　任　浩　胡长坤　范思宇）

▲6月16日，通州铁塔在紫荆园社区开展“安全宣传咨询日”活动

（通州铁塔提供）

【北京大运河博物馆通信建设及开馆保障】2023年，通州铁塔在北京大运河博物馆通信项目建设中创新引入“新型室内分布系统”，以科技手段优化楼宇覆盖，确保信号全覆盖，提供稳定、高质量的通信服务。12月27日，北京大运河博物馆开馆当天，通州铁塔派遣通信保障团队全天候驻守现场，对室分系统及竖井机房进行全方位监视及检查，应对可能出现的通信问题，确保通信服务顺畅。

（王志良　任　浩　胡长坤　范思宇）

【安全宣传进社区】6月16日，通州铁塔在通运街道紫荆园社区开展“安全宣传咨询日”活动，围绕“人人讲安全、个个会应急”主题普及安全知识。活动现场，通州铁塔通过悬挂宣传横幅、设立咨询服务台、设置安全知识有奖问答活动、发放宣传材料等方式，宣传铁塔公司，讲解基站、安全用电、用气、防灾减灾、应急避险等知识，引导市民科学理性认识移动通信基站的电磁辐射，增强安全意识和提高自我防范能力。

（王志良　任　浩　胡长坤　范思宇）

【汛期极端天气应对】7月29日，通州铁塔接到区政府发布暴雨红色预警信号通知后，第一时间启动应急预案，加强对京哈高速、京津高速、通燕高速、入京检查站、市级行政办公区、城市绿心森林公园等重要道路、重要场所的重点巡查，对移动OLT、首信、正通等重要客户保障站址开展巡查巡视，投入保障人员32人，自有人员8人，出动保障车辆12辆、油机11台、锂电池包10个，完成安全生产和汛期保障工作。

（王志良　任　浩　胡长坤　范思宇）

商　务

国际消费中心城市建设

【概　况】2023年，通州区商务局（简称区商务局）按照北京城市副中心国际消费中心城市建设领导小组“一办十组”工作机制，统筹推进各项任务落实。远洋乐堤港开业运营，首开万象汇项目主体结构封顶，领展“拾味街”等特色商业街区集聚了一批引领消费风向的新业态。北京时装周永久会址、中国宋庄艺术市集先后亮相，国家大剧院台湖舞美艺术博物馆投入运营。举办“欢乐通州欢乐购”消费季、首届大运河仲夏消费季等系列活动。稳固“教医体”服务性消费基础，北京学校高中部启用，安贞医院通州院区基本完工，友谊医院通州院区二期开诊运行，潞城全民健身中心项目基本完工。

（王晨燕）

【商圈建设】2023年，通州区规划商圈9个，其中环球度假区商圈、运河核心区商圈、北京城市副中心交通枢纽站商圈3个商圈为城市级商圈；东夏园交通枢纽商圈、宋庄艺术创意小镇商圈、张家湾设计小镇商圈、台湖演艺小镇商圈、九棵树商圈、北苑商圈6个商圈为地区级商圈。截至年底，全区有大型商业设施项目（建筑面积大于5000平方米，含在建）27个，商业面积203.32万平方米。加速培育3个城市级商圈和4个地区级商圈，改造提升2个存量地区级商圈。区商务局开展“一圈一策”实施改造升级方案，加大对北苑和九棵树两个传统商圈改造提升力度，引入专业公司参与项目设计，一对一研究制定改造提升方案；加大商圈周边交通治理力度，会同相关单位实地调研北苑商圈万达广场交通状况，形成《通州区万达广场周边交通组织优化方案》并持续推进，在万达广场东北角增设非机动车停放区，万达金街进口设置非机动车停车位；用足用好各级资金支持政策，开展两轮2023年度市级支持商圈品质提升项目征集工作。

（吕　莹）

【万达商圈“夜经济”】2023年，万达广场以“东8yeah巷”作为新型消费街区，主打潮流文化和“夜经济”主题，打造北京城市副中心首个商业IP形象——布达洋，带动年轻人聚集。围绕“深夜食堂”定位，对万达广场下沉广场进行改造，举办夏日露营季、周末音乐会、露天电影等主题活动。开展经营帮扶，对街区商户进行团购补贴。建立商户专属社群，鼓励商户开展线上直播。举办“就业在北京——仲夏之约·万达夜市”大型招聘会，引导万达广场各餐饮、娱乐商户参与，提供工作岗位，拓宽“人才夜市”规模。以运动聚热度、促消费，在万达广场举办第四届“8·8”北京体育消费节，打造多项运动主题互动游戏区。自8月起，万达广场相关商户每晚组织全民健身操活动，激发居民健身热情和消费潜力。

（章一琪）

【北京城市副中心消费季】2月28日，2023年北京城市副中心“欢乐通州欢乐购”消费季启动。活动通过线上线下相结合的形式，聚焦美食、美妆、非遗、文旅、体育等板块，设置“嗨购副中心”“乐享副中心”“潮焕副中心”“食味副中心”“炫彩副中心”5大主题板块，打造28个北京城市副中心消费季标志性活动。线上联合区内文旅商体单位、企业开展直播活动，以主持人访谈视角畅聊“品质副中心”消费特色，围绕品质消费、品质文化、品质休闲、品质时尚4大板块，推介北京城市副中心消费季活动，全方位展现消费季亮点。线下活动围绕美食、文旅、运动品牌、非遗文创、特色乡镇果蔬、娱乐休闲、美妆7大板块设置花车及创意互动区，20余家本土品牌商家参与活动。

（鲍佳睿）

【远洋乐堤港开业】6月30日，位于运河商务区“五河交汇处”的远洋乐堤港开业，包括两栋LEED&WELL双金认证写字楼和10万平方米的购物中心。其中购物中心项目共7层，地上6层、地下1层。入驻远洋乐堤港购物中心的品牌260余家，首店及旗舰店近50家，引入七鲜超市、蔚来NIO HOUSE、华为MSC旗舰店等品牌，以

▲2月28日，2023年北京城市副中心“欢乐通州欢乐购”消费季启动

（区商务局提供）

▲远洋乐堤港开业夜景　（区商务局提供，摄于2023年7月）

家庭、白领、青年为主要辐射客群。

（曹万众）

商贸服务业

【概　况】2023年，区商务局开展运河滨水休闲活力带提升研究；推动《北京城市副中心（通州区）促进商务经济高质量发展若干措施》（简称“商十条”）落地执行和宣发，确定“商十条”配套申报指南；推动《北京城市副中心（通州区）商务服务产业高质量发展三年行动计划（2022—2024年）》落地见效。2023年全区规模以上商务服务业企业累计实现收入248.5亿元，同比下降15.8%，总量排名全市第7位。

（赵雪亚）

【商贸流通】截至2023年底，通州区有开业大型商业设施项目11个，商业面积总计60.6万平方米；在建大型商业设施项目16个，商业面积总计142.72万平方米；老字号企业10家。区内万达广场、爱琴海购物公园、领展购物广场·京通等重点商业企业聚焦春节、五一、金秋、双十一等消费热门节点，创新消费场景、升级消费体验，围绕服饰餐饮、亲子娱乐、黄金饰品等多品类推出折扣满减、积分兑换、豪礼抽奖等超值优惠，为市民购物提供多样消费体验。推进商贸物流转型升级。定期组织企业申报商贸物流项目，通过线下走访、召开座谈会等方式，加强相关资金政策解读，引导符合条件的企业联系区商务局申请市级商业流通发展资金支持。

（吕　莹　鲍佳睿　张　萌）

【市场建设】2023年，区商务局严格执行《北京市新增产业禁限目录》，防止已疏解市场反弹回潮。出台《促进生活服务业转型升级项目资金的通知》支持政策，对符合条件的农贸市场改造升级、菜店及生鲜超市新建连锁店铺等保民生项目给予资金支持，确保满足群众日常生活需求。

（曹万众）

【“商十条”落地执行】2023年，区商务局为做好“商十条”政策兑现和落实工作，研究制定“商十条”配套申报指南《关于申报2023年度北京城市副中心（通州区）促进商务经济高质量发展资金项目的通知》，于6月20日印发并启动申报工作。举办初审工作部署会暨政策解读会，针对重点企业召开专场解读会，推动政策惠企落地。

（章一琪）

【一刻钟便民生活圈】2023年，区商务局在全区划定62个一刻钟便民生活圈。开展“以评促建”，年内，28个一刻钟便民生活圈通过市商务局验

▲1月26日，领展购物广场·京通春节期间开展“2023，大展宏兔”消费活动

（区融媒体中心提供）

▲ 8 月 3 日，通州区被确立为商务部第三批“一刻钟便民生活圈”试点地区。图为车站路莱悦购物广场　　（区商务局提供）

收。8 月 3 日，通州区被确立为商务部第三批“一刻钟便民生活圈”试点地区。

（刘　灿）

【现代物流体系构建】 2023 年，区商务局在细化落实《北京物流专项规划》基础上，结合《北京城市副中心（通州区）物流设施选址规划及实施工作方案》，按照“加强协作、一点一策”原则，推进通州区 6 个物流节点建设。截至年底，于家务乡物流节点完成项目规划建设方案汇报，进入详细洽谈阶段；永乐店镇物流节点明确规划建设智慧供应链产业园项目，调整土地性质为仓储物流用地。

（张　萌）

【总部企业招商】 2023 年，通州区新增总部企业 2 家，总部企业数量增至 91 家。按总部类型划分，跨国公司地区总部企业 4 家、外资研发总部企业 1 家、行业示范总部企业 11 家、经济贡献重点总部企业 78 家（其中 2 家企业兼为跨国公司地区总部企业，1 家企业兼为外资研发总部企业），兑现年度总部企业奖励资金 159 万元。制定“加大总部企业引进扶持力度项目申报指南”，支持新迁入或首次认定总部的企业。面向重点企业多渠道开展总部政策宣传解读，联合市商务局在运河商务区举办市、区总部政策培训解读会。协助诺思格（北京）医药科技股份有限公司申报北京市外资研发总部认定，确定为通州区第一家外资研发总部企业。

（赵雪亚）

【老字号发展】 2023 年，区商务局指导区内企业北京怡丰园商贸有限公司（怡丰园）、北京迎春餐饮管理有限公司（东亚春）申请北京老字号品牌，并于 8 月份完成认定公示；实地走访北京一诺诚商贸有限公司，指导企业申请老字号商标；开展“中华老字号”示范创建推荐工作，协助北京二商肉类食品集团有限公司（简称二商肉食）申请“中华老字号”工作，通过初审。到朝阳区朗园 station 老字号连锁品牌老鼎丰糕点铺子调研学习，学习企业创意展厅的经验，打造老字号的新消费形式。开展政策解读培训，指导通州区丽新照相馆及二商肉食申报“2023 年老字号传承发展项目”，通过区内初审，涉及项目资金约 1435.56 万元。组织通州区老字号企业参加北京城市副中心特色产品品鉴展示会，活动两天时间销售额近 13 万元。拓宽宣传渠道，协助北京老字号协会举办运河手工艺大会启动仪式；协助对接丽新照相馆、大顺斋及怡丰园完成“一城三带”纪录片拍摄工作；为《北京日报》对接东亚春、怡丰园、小楼饭店、东兴楼进行采访，宣传通州区老字号企业特色。

（洪文健）

【电子商务】 2023 年，区商务局完成 9 家企业市级跨境电子商务发展项目材料初审工作；发布“商十条”，支持在通州区内开展跨境电子商务 B2C、B2B 进出口通关申报业务和新建跨境

▲ 9 月 20 日，老字号东亚春餐厅内景　　（区融媒体中心提供）

电商体验店；指导1家企业针对市商务局鼓励开展网络促销、直播电商活动培育壮大网络消费市场政策的材料初审，获得支持资金14万元。

（杨　月）

对外及对港澳台经济贸易

【概　况】2023年，区商务局利用2023年中国国际服务贸易交易会、第六届中国国际进口博览会等国家级展会平台，宣传展示北京城市副中心服务贸易、“两区”开放等创新发展成果。第六届中国国际进口博览会通州区交易分团完成线上云展台搭建企业292家，上报并通过审核成果项目12个，合同一年内可执行金额2.2亿美元。全区完成进出口233.9亿元，同比增长18.5%。其中，出口101.4亿元，同比增长13.2%；进口132.5亿元，同比增长22.9%。新设立外商投资企业102家，注册资本合计66418.92万美元，合同利用外资33819万美元，实际利用外资合计19811万美元，同比增长138.46%。

（乔　然）

【营商环境优化】2023年，区商务局推动市场准入负面清单事项全部实现网上办理，提升政务服务水平。加大对外资外贸企业的政策培训，举办“通州区外贸企业政策宣讲暨业务知识培训会”，进行政策专项解读。开展调研走访、座谈活动，对北京云锐国际文化传媒有限公司、天石在线（北京）文化传媒有限公司等重点龙头商务服务企业进行实地调研，为企业介绍各领域惠企助企政策。与中国出口信用保险公司（简称中国信保）加强联动服务，截至年底，中国信保为全区91家外贸出口企业提供出口信用保险服务，其中自付费投保企业13家，享受政府免费保单企业78家。

（赵雪亚　乔　然）

【重点企业监测】2023年，区商务局强化“双系统”平台企业监测，对纳入“开放北京——外贸管理信息系统”的25家外贸企业及北京市外贸企业信息管理的260余家重点企业不断加强监测预警与进出口数据统计管理，逐月跟踪在手订单动态。

（乔　然）

【外贸企业政策宣讲暨业务知识培训会】5月11日，区商务局围绕海关高级认证（AEO认证）、出口退税、出口信用保险等相关政策，联合通州海关、区税务局、中国信保等职能单位，举办“通州区外贸企业政策宣讲暨业务知识培训会”。各街道乡镇、园区管委会相关工作负责人、外贸企业代表等90余人参加培训。会上，区商务局对通州区外贸运行整体情况进行简要介绍；通州区海关相关业务负责人对海关高级认证政策相关规定、申请流程、最新认证标准等进行详细讲解；区税务局以具体实务为例针对“出口退税”政策为企业答疑；中国信保就出口信用保险相关问题进行解读；特邀嘉宾就开拓海外市场经验及海外市场机会进行分享交流。

（乔　然）

投资促进

【概　况】2023年，北京市通州区投资促进服务中心（简称区投促中心）围绕北京城市副中心功能定位和高质量发展要求，加强与央企、市属国企、各领域头部企业的招商对接，走访、接待企业400余家次，累计储备在谈项目604个，预计投资总额约2042亿元。其中2023年新增在谈项目147个，预计投资总额超232亿元。

（陈子杰）

【重点项目引进】2023年，通州区重点企业注册落地325个，注册资金总额超233亿元，亿元以上项目27个，形成税收超1.5亿元。区投促中心促成中建海外有限公司、国投云网数字科技有限公司、云宙时代科技有限公司（简称云宙时代）、中国航空工业新能源投资有限公司、中交城市运营管理有限公司、华兴海安集团有限公司等央企及子公司落户北京城市副中心。央企、市属国企累计落地158家，其中落户中国长江三峡集团有限公司、中国石油天然气集团有限公司、中国电力国际发展有限公司、中国建筑集团有限公司、中国核工业集团有限公司等央企二三级企业93家；落地北京首都旅游集团有限责任公司、北京城市副中心投资建设集团有限公司、北京保障房中心有限公司等市属国企65家，注册资本10亿元以上12家。引进重点民企亚太空列（北京）轨道交通有限公司、北京鱼道天下供应链管理有限公司以及知名外企IDC咨询（北京）有限公司（简称IDC咨询）等落户北京城市副中心。

（高　璐　贾一彤）

【投资推介】2023年，区投促中心参与投资峰会和推介等活动，促进企业投资交流，宣传推介北京城市副中心。5月26日，参加“2023投资北京全球峰会”及重大项目签约环节，区政府与东华软件股份公司签订战略合作协议，投资总额5亿元。6月9日，“北京招商引资宣传记者行”系列活动首站走进北京城市副中心，新华社、人民网等14家央级和市级媒体近20名记者参观北京市“两区”展示会客厅、运河商务区、张家湾设计小镇创新中心，采访上田八木货币经纪（中国）有限公司、博格华纳汽车零部件（北京）有限公司等区内重点企业。6月16日，举办“2023投资北京全球合作伙伴副中心行”活动，北京外商投资企业协会、英中贸易协会等投资北京全球合作伙伴及知名外资企业实地参观北京市“两区”展示会客厅、运河商务区等功能区，了解北京城市副中心投资环境和产业政策。9月2—6日，参加2023年中国国际服务贸易交易会，北京城市副中心分别与中建丝路建设投资有限公司、北京海昌海洋公园企业签署合作协议，“运通天下 未来之城”走进北京城市副中心主题活动举办，涵盖专业服务、城市建设、文创IP和绿色

▲ 6 月 16 日，“2023 投资北京全球合作伙伴副中心行”活动举办

（区融媒体中心提供）

科技等领域的 19 个新引进项目签约。9 月 8—11 日，参加在厦门市举办的第二十三届中国国际投资贸易洽谈会，推介北京城市副中心，对接法国威立雅、丹麦安徒生文化等 17 家企业。

（汪　蕙）

【“通八条”政策兑现】 2023 年，区投促中心持续做好《关于加快推进北京城市副中心高精尖产业发展实施意见》（简称“通八条”）惠企政策及实施细则落实工作，连续四年为通州区内 200 余家企业给予奖励支持，累计发放扶持资金超 6 亿元。通过采用“免申即享”的方式，全年向 107 家非金融类重点企业兑现扶持资金 1.86 亿元。

（王　婕）

【产业发展促进】 2023 年，通州区产业发展促进委员会组织召开 6 次会议，审议议题 31 个，协调解决重点项目引进落地、土地上市、人才引进、产业政策申请和兑现等方面事宜。同时，建立定期督办闭环管理机制，对重点项目进行跟踪督办，并将相关情况上报通州区政府。开展“通州区产业高质量发展指标体系”研究工作，通过量化指标评估通州区产业发展情况，分析发展短板，提出对策建议。与全区 50 余家相关单位对接，根据指标运行情况，研究编制完成《通州区产业高质量发展指标体系工作专报（2023 年上半年）》。完成指标体系的年度修订工作，《指标体系（2024 版）》设立一级指标 4 项、二级指标 34 项、三级指标 125 项。

（孙亚静　高　璐）

【企业服务】 2023 年，区投促中心协助云宙时代、IDC 咨询等 50 家企业完成注册手续；为北京中岩大地科技股份有限公司、IDC 咨询等重点企业协调工商注册地址变化，协调工商、税务联动，协助企业实现工商、税务跨区迁移。及时为企业提供惠企措施，助力企业发展。为企业提供落地配套服务，协调三峡集团、甘李药业等 26 家企业 93 名员工子女办理入学入园、转学事宜；为中建方程投资运营（北京）有限公司、云宙时代等 20 家企业 22 人协调办理落户和工作居住证手续；为北银理财有限责任公司、蒙牛高科乳制品（北京）有限责任公司等 71 家重点企业分配 186 个非京籍应届毕业生指标；协助中建新疆建工（集团）有限公司北京分公司等 13 家重点企业 20 人申请或申购住房。开展招商引资大讲堂系列培训活动，举办“政银企直通车”产业政策清单解读专题会、企业家大运河健步行、疏解企业购房政策解读会等活动，超百家重点企业参与。

（郭林梦　陈子杰）

【第二十六届北京·香港经济合作研讨洽谈会】 11 月 29—30 日，第二十六届北京·香港经济合作研讨洽谈会在香港举办。在京港产业合作论坛暨“投资北京”专题推介活动上，通州区政府与香港新华集团签署战略合作框架协议；北京市基础设施投资有限公司和香港铁路有限公司作为签约主体，就北京城市副中心站综合交通枢纽 TOD 项目合作意向协议进行签约。洽谈会期间召开“聚力副中心 共赢绿色新发展——副中心产业高质量发展推介会”，围绕北京城市副中心营商环境、产业空间、企业资源与合作机会、发展前景与优势等方面作专题推介；举行北京城市副中心国际招商联络站揭牌仪式，在《香港商报》设立第一家北京城市副中心海外招商联络站——香港站；向戴德梁行有限公司、香港北京高校校友联盟、粤港澳大湾区上市公司联合会授牌，成为投资北京城市副中心合作伙伴；区投促中心与中国万天控股有限公司（香港）、鑫桥联合金融控股集团（香港）有限公司、富华国际集团有限公司（香港）分别签署战略合作框架协议，运河商务区管委会与香港金融发展协会签署战略合作框架协议，中关村通州园管委会与杭州泰格医药科技股份有限公司、北京圣氏投资集团有限公司签署战略合作框架协议。

（汪　蕙）

粮油管理

【概　况】2023年，区商务局按照“耕地保护和粮食安全党政同责”要求，贯彻上级决策部署，履行粮食及物资行业管理职能，推进粮食安全及物资储备管理工作，做好成品油行业监管工作，保障全区粮食流通领域平稳运行、成品油行业规范化发展。

（王　茜）

【粮食流通监管】2023年，区商务局对区内入统涉粮企业开展“双随机、一公开”执法检查45家次，出动检查人数228人次，完成率100%，其中与区市场监管局“双随机、一公开”联合抽查22家次，出动检查人数150人次，区内企业抽查率100%。开展粮食安全风险隐患排查工作，办理涉粮违法违规线索，严肃查处涉粮案件，处罚金额11万余元。

（王　茜）

【粮食应急网点建设】2023年，区商务局根据辖区人口分布情况，在全区建立起含75家粮油应急网点的应急体系，辐射21个街道乡镇。

（王　茜）

【粮食安全宣传】2023年，区商务局以“储备安全，科学减损”为主题开展粮食科技周宣传活动，提高广大群众对粮食安全及粮食科技的认识。借助全国科普日活动，开展世界粮食日暨粮食安全宣传周活动，围绕“践行大食物观，保障粮食安全”主题，以“知识宣传”“实物展示”“趣味问答”三大板块为主线，通过耕作农具展示与互动体验相结合的形式，向公众普及粮油食品种类、营养膳食等内容，引导群众树立爱粮节粮、降油增绿、健康消费理念。

（王　茜）

【成品油行业监管】2023年，区商务局开展各加油站年检工作，主要核查加油站年检结果、核对成品油零售经营批准证书、营业执照、危险化学品经营许可证信息，协同区生态环境局、区市场监管局开展“双随机、一公开”检查工作。国家重大活动、会议，法定节假日期间，对辖区内重点地区、交通枢纽加油站开展安全生产督导检查。

（刘梦舟）

【物资保障】2023年，区商务局完善生活必需品保障体系，加强应急救灾物资管理，对区级应急救灾物资数量、种类、型号逐一盘查，严格按照规范化管理要求，确保救灾物资使用状况良好。全年向相关单位累计调拨物资棉帐篷10顶、棉大衣50件。强化“货源地—批发市场—零售网点”供应链，落实冬季耐储蔬菜储备任务，增强与山东、河北、内蒙古等主要生活必需品货源地的联系。

（王　茜　曹万众）

【《通州区储备粮管理办法》发布】9月4日，区政府发布《通州区储备粮管理办法》，内容涉及职责划分、储备管理、购销轮换、资金保障、监测预警、动用情形、监督管理等，共二十三项条款。《办法》有利于加强对通州区储备粮的管理，保证粮食安全，保护农民利益，维护粮食市场稳定，发挥区储备粮在政府宏观调控中的作用。

（通鉴编）

烟草专卖

【概　况】2023年，北京市通州区烟草专卖局（北京市通州烟草公司）（简称通州烟草公司）提高依法行政水平、卷烟市场有效供给和服务水平，为建设和打造和谐、宜居通州发挥积极作用。截至年底，全区烟草行政许可有效户3818户，正常经营户3742户。

（李　婧）

【烟草专卖经营】2023年，通州烟草公司完成年销量计划的103.22%，增长3.84%，实现税利比上年增长9.81%，实现毛利比上年增长8.96%。

（李　婧）

【烟草行政执法】2023年，通州烟草公司与区公安分局、区市场监管局召开座谈会，三方就《“护航·2023”卷烟市场专项整治行动实施方案》联合会签并印发执行。全年移送区公安分局涉刑案件4起，抄备区检察院案件4起，审核行政处罚案件111起，参评市烟草专卖局组织案卷评查1次，参评案卷5本。

（李　婧）

【烟草行政许可】2023年，通州烟草公司办理行政许可2798件，其中新办行政许可857件、变更行政许可147件、延续行政许可1298件；停业180件；恢复营业95件；补办8件，歇业112件；审批注销77件；收回24件。

（李　婧）

【专卖检查】2023年，通州烟草公司联合区市场监管局、经开区商务金融局开展“三无”电子烟专项检查。与区公安分局白庙检查站开展打击涉烟违法运输联合执法检查，检查封闭厢式货车、货拉拉等重点车型300余辆次。与区检察院、区公安分局环境食品药品和旅游安全保卫支队开展市场整顿清理联合执法检查，围绕“禁止向未成年人售烟售电子烟、公开摆卖和私藏暗卖假私非违法卷烟”等检查事项，重点对繁华街道的大型烟酒店进行联合执法检查。联合区市场监管局，组织开展第二季度“双随机、一公开”执法检查，重点检查公开摆卖假私非、经营场所证照相符、警示语张贴和守法经营等事项。与区市场监管局联合开展“守护成长”专项执法检查，检查校园周边无证经营行为、向未成年人售烟违法行为，重点对中小学校园周边无证经营、私藏暗卖卷烟等违法行为进行集中清理整治。

（李　婧）

【普法宣传】2023年，通州烟草公司借助“零售户之家”平台，通过线上直播的形式开展普法宣传活动，宣传内容包括常见烟草专卖违法行为、禁止通过信息网络销售卷烟的相关规定、电子烟相关政策规定。在《中华人民共和国烟草专卖法》颁布32周

▲ 5 月 29 日，通州烟草公司和区市场监管局联合开展执法检查

（通州烟草公司提供）

年之际，组织开展《中华人民共和国烟草专卖法》线上宣传工作。

（李 婧）

【专题培训】 5 月 16 日，通州烟草公司开展专卖执法行为规范培训，培训根据行政执法全过程记录案例和“四不两直”检查中暴露出的问题，深入浅出地讲解规范执法的技巧方法。对《北京烟草专卖执法规范和廉洁风险清单》理论知识进行学习，梳理执法过程中各个环节需要关注的重点，联系区局级行政执法、法律风险防控要求，讲解规范操作具体步骤及执法廉洁风险点。10 月 12 日，组织开展《烟草专卖行政处罚程序规定》专题培训，培训以解读《烟草专卖行政处罚程序规定》为主题，围绕管辖、法律适用、执法程序、处罚执行、执法监督等重点环节，对照新旧两版《烟草专卖行政处罚程序规定》异同，对修订背景及主要修订内容进行解读，并列举实际工作中可能遇到的证据采集等具体问题，深化《烟草专卖行政处罚程序规定》在执法实践中的运用。

（李 婧）

旅　游

综 述

【旅游业统计数据】 2023年，通州区景区旅游接待量1105.2万人次，住宿业接待量185.9万人次，乡村旅游接待量75.9万人次，净游客量1120.5万人次。旅游收入164.7亿元，其中餐饮类收入13.9亿元、住宿类收入16.3亿元、交通类收入21.5亿元、游览类收入9.4亿元、购物类收入23.9亿元、文化娱乐及其他类收入79.8亿元。

（王振硕）

【招商引资】 2023年，通州区文化和旅游局（简称区文旅局）扩大招商，积极推进文旅企业和项目落地。全年新引进文旅相关企业230家，注册资本15.2亿元，成功促成昌鲸控股集团有限公司总部迁入，外商独资文旅企业“爱莎安（北京）国际文化艺术发展有限公司”落户，北京开心麻花娱乐文化传媒股份有限公司、栩栩华生（北京）文化资讯传播有限公司、北京春风画面文化传媒有限公司等区外头部企业统计关系迁入，高端餐饮“北京宴”首家大运河主题餐厅开门迎客，为北京城市副中心旅游产业注入新活力，进一步推动北京城市副中心文旅产业高质量发展。

（王振硕）

【文旅消费券发放】 2023年，区文旅局研究制定《通州区文旅消费券工作方案》，全年分三阶段发放文旅消费券，发放对象包含酒店、景区、博物馆、乡村民宿、采摘园区等文化旅游业态单位，直接带动文旅消费超1008万元，进一步激发文旅消费潜力。

（王振硕）

【民宿产业发展】 2023年，区文旅局印发《通州区乡村民宿产业发展引导扶持办法（试行）》，整合镇村周边旅游消费资源，编制旅游线路，开展旅游宣传推广活动，拉长乡村民宿消费链。组织开展2023年乡村民宿奖补事项评定工作，评定精品民宿奖11家，其中“金质民宿”3家、“银质民宿”4家、“铜质民宿”4家；评定乡村民宿优秀设计奖8家、突出贡献奖2家；评定台湖镇唐大庄村为民宿集中村。开展“共创民宿新业态，共享繁荣副中心”主题交流活动，推动民宿新业态落地北京城市副中心。截至年底，37家乡村民宿通过合法化联审。年内，“文旅通州”微信公众号发布149篇乡村旅游（包含民宿）类信息，微博发布115篇，视频发布82条，直播9场。

（王振硕）

▲ 9月20日，“打造沉浸式演艺场景 推动文旅商体融合发展”文旅商体共创平台企业交流活动举办（区文旅局提供）

【旅游资源推介】 2023年，区文旅局协助北京市文化和旅游局（简称市文旅局）筹备中国展台，参加第44届贝尔格莱德国际旅游博览会、第五届大运河文化旅游博览会、第十三届中国旅游产业博览会和2023海丝之路文化和旅游博览会，重点展示北京环球度假区、文化旅游区、北京（通州）大运河文化旅游景区、张家湾设计小镇、台湖演艺小镇、宋庄艺术创意小镇等通州区代表性文化旅游资源及重点项目。协助市文旅局联合宁波市文化广电旅游局在保加利亚索非亚中国文化中心举办“运河明珠·魅力京甬”主题推介活动。

（王振硕）

【文旅商体共创平台企业交流活动】 9月20日，区文旅局举办文旅商体共创平台企业交流活动。活动以“打造沉浸式演艺场景 推动文旅商体融合发展”为主题，邀请旅游沉浸式演艺行业专家、标杆项目企业代表及通州区文旅商体共创平台企业单位，进行知识共享和经验交流。10月25日，在通州区肆叁陆文化产业园举办文旅商体共创平台企业交流活动，区内外企业代表及行业专家、产业协会及园区代表50余人参加。

（王振硕）

景区景点建设

【概 况】 截至2023年底，通州区有国家A级旅游景区4家，其中国家AAAA级旅游景区2家（大运河森林公园、韩美林艺术馆），国家AAA级旅游景区2家（运河公园、中国民兵武器装备陈列馆）。乡村旅游经营单位36家。

（王振硕）

通州区等级旅游景区一览表

表 6

序号	等级景区名称	等级	地址
1	大运河森林公园	AAAA	通州区张家湾镇通怀路
2	韩美林艺术馆	AAAA	通州区九棵树东路 68 号
3	运河公园	AAA	通州区通胡大街 70 号
4	中国民兵武器装备陈列馆	AAA	通州区焦王庄陈列馆路 25 号

【大运河文化旅游景区建设】 2023年，区文旅局持续推进北京（通州）大运河文化旅游景区国家AAAAA级旅游景区创建。实施完成景区旅游基础设施改造和旅游服务体系建设，保护利用核心文物，彰显运河文化，多元发展文旅体验项目，提升大运河城市段活力。重点完成“一环线、五片区”特色主题片区（即北运河河道两岸全长25千米的特色滨河游览环线及大光楼、一号码头、二号码头、漕运码头、柳荫广场码头五大特色片区）建设，对硬件进行提质升级，采用“游船+步行+电瓶车+自行车”多种交通方式串联整个景区，打造大运河水陆观光旅游精品线路。依托5G数字新基建建设，搭建智慧景区平台，借助科技手段将历史文脉转化为数字遗产，建设游客服务中心数字化展厅，为游客提供智能化服务，实现一部手机“游”运河的独特体验，推动景区数字化转型，提升旅游产业的抗风险与服务连续性能力。整合“三庙一塔”、运河公园、大运河森林公园三大核心景点，辐射城市绿心森林公园、北京环球度假区、路县故城、通州古城、张家湾古镇、西海子公园等北运河沿线文旅资源，打造集休闲、度假、体验、购物于一体的国家AAAAA级旅游景区。

（王振硕）

【旅游基础设施建设】 截至2023年底，通州区旅游景区配有厕所57座（其中配备家庭卫生间旅游厕所13座），厕位604个，游客服务中心4座，标识标牌1905.21平方米，人行步道182015.61平方米，长廊（观景平台、休息亭）9036平方米，无障碍坡道1584米，休息座椅1583个（套、组），垃圾桶880个，轮椅14个。年内，提升改造旅游厕所6座，厕位20个。

（王振硕）

【大运河游船恢复通航】 3月19日，大运河游船恢复通航。分别由大光楼码头、二号码头、漕运码头、柳荫广场码头出发，有多条游览线路，形成北京（通州）大运河文化旅游景区北区、中区和南区水上联动，景区水上单程12千米。大运河文旅公司为北运河（通州段）水上旅游项目运营主体，全年运营船只百余艘，含大型游船、摆渡船、脚踏船、电动船等，单船最大载客量100人。端午节运河夜游航线最高峰流量1500人。

（通鉴编）

【韩美林艺术馆重新开放】 6月26日，韩美林艺术馆完成改造提升工程恢复对公众开放。韩美林艺术馆改造提升工程主要集中在设备维护、水电改造、网络提升、导览视觉VI更新、展陈方案局部调整、展品维护等方面。同日，“1864——北京韩美林艺术馆熊猫特展”开展。1864是全国第四次大熊猫调查得出的野生大熊猫数量。韩美林以人类婴儿形象为参考，塑造了可爱的熊猫宝宝形象。2019年，世界自然基金会以韩美林设计授权的熊猫形象制作了1864只环保纸质大熊猫。特展中，纸质大熊猫与馆内艺术作品相映成趣，生动展现了韩美林“人与自然和谐相处，艺术与自然水乳交融”的创作理念。

（王振硕）

【运河文化旅游线路发布】 7月19日，“以文明·而闻名”2023年北京市文明旅游主题宣传活动在北京（通州）大运河文化旅游景区举行。活动现场，区文旅局发布“运河船韵——乘风破浪、感受千年韵味”文化旅游线路，以乘船畅游大运河为主线，以燃灯塔及周边古建筑群、运河文化广场、大运河森林公园为核心，游客可用一天时间品运河文化，赏沿岸风光，阅千年繁华，享古今同辉。

（王振硕）

旅游活动

【概　况】 2023年，区文旅局通过承办文化旅游商品展、北京城市副中心马拉松、北京绿道骑游周、仲夏消费

▲ 6月26日，韩美林艺术博物馆“1864——北京韩美林艺术馆熊猫特展”

（区融媒体中心提供）

季等文体活动，打造通州文旅品牌形象。开展“5·19”中国旅游日系列宣传活动，以文化创新为突破口，挖掘传统文化元素，融合现代潮流文化。举办“大运河春花儿”即时影像大赛、“北方春城 诗画运河”水上诗词雅集活动等，打造“北方春城”概念。举办2023年京津冀（通武廊）文化旅游交流季，促进三地文旅企业交流沟通，扩大三地文旅企业影响力。

（王振硕）

▲5月19日，“5·19”中国旅游日——京津冀鄂蒙五地特色文旅路线探访活动

（区文旅局提供）

【文化旅游商品展】 1月23—29日，区文旅局举办“畅游大运河 打卡副中心”文化旅游商品展。设3个主题展区，分别为“一区”（即文化旅游区）、“一河”（即大运河文化旅游景区）、“三镇”（即张家湾设计小镇、台湖演艺小镇、宋庄艺术创意小镇）展区。以展板和视频形式宣传通州区文化旅游资源；组织十余家文旅企业现场展示、销售旅游商品、文创产品、非遗产品，其中商品展示区和非遗展示区最受市民青睐。

（王振硕）

【第五届“大运河春花儿”即时影像大赛】 3—5月，区文旅局、区园林绿化局、区委网信办联合主办“花开见喜”——第五届“大运河春花儿”即时影像大赛。比赛要求围绕“北方春城”特色，以“春”为切入点，以“花”为媒，以“游”为骨，以拍花、拍景、拍春意等内容，充分体现北京城市副中心青春焕发和生机勃勃的绚丽景象。活动以“春花儿”拍摄点位为核心，精心串联并推出多条以“赏花＋文化”“赏花＋休闲”“赏花＋艺术”等形式组合的精品特色主题旅游路线，供市民和游客打卡。比赛收到参赛摄影作品146组1022张、微视频42个。经组委会评审后，通过对作品主题、创意、视觉效果和网络热度进行综合评选，评选出一二三等奖共22组摄影作品、14个微视频作品。通过线上和线下推广宣传，微博话题“大运河春花儿”总阅读人数2.1亿人次。组织新华社《摄影世界》官方微博、文旅北京官方微博、“青春河边集”等大V参与话题讨论，网友参与讨论近万次。

（王振硕）

▲3月21日，第五届“大运河春花儿”主题摄影大赛作品《春暖副中心　花香运河畔》

（区文旅局提供）

【“5·19”中国旅游日北京分会场通州区主题活动】 5月19日，“花漫副中心 好运‘通武廊’”2023年“5·19”中国旅游日北京分会场通州区主题活动在通州举办。“通武廊”三地及湖北省十堰市武当山特区相关部门，以及媒体记者、摄影爱好者、诗词爱好者和通州区自行车运动协会的会员们参加活动。活动推介京津冀鄂蒙五地特色文旅路线，为第五届“大运河春花儿”即时影像大赛的获奖者颁奖，向市民发布“惠民之花”文化旅游惠民服务包和“‘樱’有尽有亲子乐游”文旅消费券，促进文旅消费。

（王振硕）

【京津冀（通武廊）文化旅游交流季】 9月8日，2023京津冀（通武廊）文化旅游交流季在北京（通州）大运河文化旅游景区柳荫广场启幕。交流季主题为“上新了，通武廊”，以“新文化，新国潮”为切入点，以交通一体化为背景，推动“通武廊”文旅产业融合发展。活动发布全新路书计划，推出“城市印象”“红色之旅”“文化之旅”3条新主题旅游线路产品，将“通武廊”旅游资源进行新串联。上新三地文旅、民宿产品，详细介绍“通武廊”文旅新热线路看点、居所，为游客提供更多出行选择。发布“通武廊”文旅消费券。9—

10月，交流季举办特色游园会、“通武廊”文旅文化沙龙、“通武廊”文旅主题体验日、媒体采风之旅等形式丰富的文化交流活动和互动体验，激发三地文旅发展长效动能。

（王振硕）

【“大运河燃灯墨韵”AR文旅沉浸体验展】 12月5日，以“大运河燃灯墨韵”为主题的AR文旅沉浸体验展落地大运河文化旅游景区。该项目是北京市科学技术委员会重点扶持的全国首个超大空间AR文旅展，以空间地图引擎作为核心技术，运用AR和VR技术、超大场景AR空间计算技术等，将运河两岸的烟火气与历史记忆融汇到虚拟世界。游客可以通过手机看到大运河的历史面貌，也可与元宇宙世界中的角色互动，获得线上线下融合、虚实世界共生的新体验。

（通鉴编）

“遇见·运河”城市探访系列活动

【概　况】“遇见·运河”城市探访系列活动是北京城市副中心2022年推出的首个文旅融合创新品牌，获评“2022全国文化遗产旅游百强案例”。2023“遇见·运河”城市探访系列活动以“运河上的世界”为主题，涵盖多项文旅融合新产品、系列惠民体验活动、文旅产业论坛沙龙、创新文旅传播项目等，融合文化、旅游、商业、体育、农业、科技等众多领域，围绕北京城市副中心“一区一河三镇多点”文旅产业格局，助力北京城市副中心文化旅游高质量发展。

（王振硕）

【城市探访系列活动启动】 8月28日，2023“遇见·运河”城市探访系列活动启动仪式举办。启动仪式介绍2023年系列活动整体安排及亮点，发布“美丽通州——游目骋观身临运河之美”“美丽通州——副中心文化巡游”“畅游北京——延绵千里魅力之都”3条升级版文旅线路。发布大运河创新传播项目、北京城市副中心抖音号主题页面、携程通州暑期文旅数据报告等内容。北京大运河文化旅游发展有限公司等一批文旅商体企业进行战略合作签约。

（王振硕）

【“秋月满天”国风音乐会】 9月27日，由区文旅局主办的2023“遇见·运河”城市探访系列活动之“秋月满天”国风音乐会在北京（通州）大运河文化旅游景区北区文庙广场举办。国家一级演员冯满天及其乐队通过中国古典音乐元素与西方音乐元素跨界冲撞的方式，进行景区实景沉浸式演艺，将千年运河历史与中国古典音乐融合，为市民游客呈现了一场国风音乐的视听盛宴。

（王振硕）

【“FUN享时光”亲子游园会】 9月29日至10月1日，2023“遇见·运河”城市探访系列活动之“FUN享时光”亲子游园会在北京（通州）大运河文化旅游景区南区漕运码头举办。游园会通过让游客参与许愿树许愿祈福、亲子手作、萌宠乐园、诗词对答、趣味市集等形式与观众现场互动，带领游客体验有趣好玩的创新文化，为各个年龄段的游客带来精彩的节日体验，增进游客对中华优秀传统文化和大运河中秋文化的理解与传承。

（王振硕）

【“曲艺中秋·打卡积福”运河游船夜游会】 9月29日至10月1日，2023“遇见·运河”城市探访系列活动之“曲艺中秋·打卡积福”运河游船夜游会在北京（通州）大运河文化旅游景区南区漕运码头举办。活动船下船上联动，市民游客白天可通过领取游园会通行证及任务卡，在对应摊位、商铺打卡盖章积福，体验运河文创产品及互动活动，以优惠价格参与晚间夜游船体验活动；夜游可登船观赏漕运码头、北运河大桥、三大建筑及运河两岸的夜间景观，欣赏昆曲、京剧、豫剧、评剧等精彩戏曲表演。活动为市民游客打造沉浸式游船夜游体验，让游客感受夜色下千年运河文化的独特魅力。

（王振硕）

【骑遇运河 讲好大运河故事】 10月18日，“骑遇运河 讲好大运河故事”骑游活动在北京（通州）大运河文化旅游景区举办。从柳荫码头起沿大运河约20千米的骑行途中，“文化主理人”为参与者讲述大运河的故事，让参与者在骑行中深入体验大运河历史文化。活动以低碳环保的骑行方式，串联起月岛观景台、皇木古渡、土坝码头遗址、大光楼、三庙一塔等通州区知名历史、文化、生态打卡点，打造绿色健康的文旅体验，让市民游客感受大运河独特的活态文化遗产。

（王振硕）

▲9月29日，“遇见·运河”城市探访系列活动之“FUN享时光”亲子游园会举办

（区文旅局提供）

▲ 11 月 12 日，“遇见·运河”城市探访系列活动之音乐快闪活动举办

（区文旅局提供）

【音乐快闪活动】11 月 11—12 日，“遇见·运河”城市探访系列活动之音乐快闪在北京城市副中心举办。活动通过现代音乐、古典音乐和多种艺术表演形式，为市民游客呈现一场古今交融的音乐快闪体验，让市民游客深入感受大运河魅力。活动以商圈、景点为舞台，说唱歌手、唱跳演员、民乐演奏以及汉服角色扮演等人员用音乐的形式与市民游客进行互动。北京通州万达广场、领展购物广场·京通、月亮河休闲小镇等“通州区文旅商体共创平台”成员单位同步推出商品促销，与运河主题相呼应，为游客提供优惠折扣，景区联手商户推出特色美食、手工艺品等，助力北京城市副中心文旅消费。

（王振硕）

旅游行业管理

【概　况】2023 年，区文旅局组织开展住宿业服务质量培训，开展星级饭店、等级旅游景区年度复核工作。北京通州北投希尔顿酒店获评首批“北京市文明旅游示范单位”。强化文旅安全生产责任制落实，深化安全生产专项整治三年行动，推进安全生产和火灾隐患大排查大整治工作。加强重大活动、假日旅游安全服务保障。依法受理审批，持续做好“一网、一门、一次”工作。

（王振硕）

【旅行社监管】截至 2023 年底，通州区注册旅行社法人行社 359 家，备案旅行分社 21 家。年内，区文旅局围绕“五一”、端午、暑期、中秋、国庆和第三届“一带一路”国际合作高峰论坛等重要时间节点，加大对大运河森林公园、北京环球度假区、星级酒店等经营单位检查力度，深化属地部门协作，开展旅游市场专项整治，打击违法违规经营行为。全年，检查各类旅游行业经营单位 976 家次，受理涉旅行社投诉 732 件，立案 15 件，处罚 9 件（其中警告 1 件、责令停业整顿 1 件、罚款 7 件），不赋予处罚 1 件，撤案 5 件，罚款 10.7 万元。

（王振硕）

【住宿业单位服务质量提升项目】2023 年，区文旅局开展住宿业单位服务质量提升项目，对辖区宾馆酒店、乡村民宿服务质量及投诉落实情况进行线上摸底和线下走访，按照精品酒店、乡村民宿、社会旅馆等不同类型，多形式、分层级培训，全年举办培训 6 批次，参训人员 400 余人次。

（王振硕）

【文旅行业安全生产大排查大整治】2023 年，区文旅局在全区 22 个街道乡镇开展文旅行业全覆盖大排查大整治工作，制定并印发《关于开展全区文旅行业安全生产大检查工作方案》和《通州区文化和旅游行业安全生产和火灾隐患大排查工作方案》，开展“企安安”App 自查自纠信息系统专题培训，落实大排查大整治工作。

（王振硕）

【“6+4”一体化综合监管】2023 年，区文旅局选取北京环球度假区作为重点试点项目开展“6+4”一体化综合监管试点，制定《通州区“6+4”一体化综合监管重点项目创新试点实施方案》。“6”指实施风险监管、信用监管、分级分类监管、协同监管、科技监管、共治监管 6 项基本制度。“4”指在涉及多部门监管的行业领

▲ 9 月 21 日，区文旅局协同各部门到环球度假区开展“6+4”一体化联合检查

（区文旅局提供）

域，建立健全一个场景由一个行业主管部门牵头统筹、相关部门共同监管的工作机制，包括“一业一册”（即针对一个场景制定综合监管合规手册），“一业一单”（即针对一个场景制定执行统一检查单），“一业一查”（即对同一类市场主体统筹开展检查），“一业一评”（即针对每个场景中市场主体开展“风险 + 信用”综合评价）。协调各配合部门，在做到应检尽检、应查尽查的前提下加强各部门联动，探索通过非现场检查、检查事项互认、联合检查等方式降低检查频次，减少重复检查。

（王振硕）

【行政审批】 2023 年，区文旅局采取网上公示、网络年检、一次性告知等措施，严格执行审批时限，完成行政审批相关工作。全年，受理各类申请 325 件，其中营业性演出 201 件，娱乐场所 10 件，表演团体 5 件，变更 46 件，换证 25 件，备案 32 件，补证 1 件，注销 5 件。

（王振硕）

交通　邮政

道路建设与养护

【概　况】2023年，北京市交通委员会通州公路分局（简称区公路分局）按市交通委和通州区委、区政府工作部署，完成市区两级投资任务7.33亿元，其中工程投资3.94亿元、区级征拆3.39亿元。实施新改建工程7项、大修工程1项，完成遗留和新增5项养护工程。19条50千米乡村公路获评美丽乡村路，建设完成3条美丽乡村示范路，开展“路长制”绩效考评，完成108千米道路养护工程。汛期到房山和门头沟区支援受灾地区，抢通冲毁桥梁，快速打通生命通道。广渠快速路运通隧道BIM智能运维管理系统正式上线。完成2023年通州区重要民生实事账单58处，完成率100%。路网设备完好率100%。

（刘雅婧）

【公路桥梁日常养护管理】2023年，区公路分局管养县级以上公路桥梁192座（含匝道桥2座），其中一类桥39座、二类桥152座（含匝道桥2座）、三类桥1座，无四、五类桥。加强桥梁经常性检查，投入136万元开展桥梁定期检测，检测桥梁72座（非公路产权2座），特殊检查桥梁1座、584.9米，设置桥梁永久观测点1处。根据桥梁定检及特检报告，针对性制定桥梁养护计划，重点养护维修区内国、市道的中小桥梁66座。

（刘力璇）

【公路安全设施精细化提升整治】2023年，区公路分局推进公路交通安全设施精细化提升整治工作，开展道路限高架安全隐患问题专项整改，降低交通事故率。对京滨线、唐通线、通胡路等13条道路进行精细化提升，整治里程52千米，完成路面铣刨铺油6000平方米，施划标线27231.54平方米，彩铺非机动车道4938.9平方米，增设波形梁钢板护栏8922延米，增设、更换交通标志1220套，改造中央隔离带6处。

（刘力璇）

【重要通道沿线环境整治提升】2023年，区公路分局主要对通胡路和通怀路等重要区域和重要通道沿线环境进行整治提升，规范交通运行环境，提高道路服务水平。处理通胡路路面病害23492平方米，修复破损步道11407.52平方米、树池口44块，完成道路标线铣除及双组份标线重新施划，面积7056.49平方米；完成通怀路道路标线铣除和双组份标线重新施划，面积9209.89平方米。

（刘力璇）

【重大活动及重要节假日保障任务】2023年，区公路分局完成全国两会、“一带一路”、马拉松比赛等重大活动保障6次，春节、国庆等重要节假日保障6次，投入保障人员1230人次，车辆、设备132台次。设置张家湾、牛堡屯双保障站点布设格局，配备保障队伍及专业应急保障物资设备，提升道路应急服务保障能力和响应效率。

（刘力璇）

▲2月3日，美丽乡村示范路——台湖镇周坡路　（区公路分局提供）

【交调数据分析】2023年，区公路分局建立完善的交通量统计体系，利用路网运行监测平台，安排专人对每月道路交通量状况进行总结研究，汲取各方意见进行交通量分析总结，针对不同时期、不同周期进行统计分析。全年发布交通量运行简报12篇，发布重要节假日节前交通情况研判报告及节后交通情况总结8篇；总结2022年交通情况形成2022年路网运行年报。在保证报送效率及质量的基础上，对各项报告的内容及形式进行丰富及调整，提升报告质量，为公路建设和规划提供数据支撑。

（曹　闯）

【路网设备更新】2023年，区公路分局更新交调设备7套、情报板12套、视频设备10套，新建积水点视频1套，投入资金289万元。

（曹　闯）

【机电运维工作规范】2023年，区公路分局以日常养护为主，推进机电运维专业化、精细化养护管理，开展日常巡检、故障处置等工作。为提高公路运行状态监测能力，全年投资路网运维资金785万元，更新改造县级及以上普通公路机电设施345套，包括交调类设备119套、视频监控设备107套、可变情报板80套、非现场执法设备7套、车牌抓拍设备2套、水位监测设备10套、气象设备2套、卡口设备18套。

（曹　闯）

【乡村公路检查】2023年，区公路分局进一步加强乡村公路安全质量管理，按照《通州区乡村公路路长制实施方案》工作要求，围绕道路桥梁巡视和养护问题处理等内容开展“路长制”绩效考评。4月17日、18日，对在建项目监理开展行政检查，主要检查监理单位安全质量责任落实情况，排查安全质量隐患，强化安全质量责任落实。6月13日，对设计单位开展行政检查，强化设计单位安全质量责任落实，规范乡村公路行业市场行为，监督参建单位履职尽责，检查项目12个，涉及8家设计单位，覆盖所有乡镇。

（熊一力）

【道路工程】 截至年底，东六环改造工程盾构双线隧道贯通，路基加宽段完成。工程南起京哈高速，北至潞苑北大街，全长约16.3千米，其中路基加宽段长约7.1千米，隧道段长约9.2千米，主体工程于2019年11月30日开工建设。

孔兴路道路工程强电（毛庄—石槽）段迁改土建部分全部完成，弱电迁改工作全部完成。工程南起孔庄村北（房通路），北至京津公路，全长4.86千米。

九德路道路工程公路段所有地上物搬迁和管线迁改工作完成，施工单位进场施工；城镇段管线迁改工作开展招投标及迁改手续的申报工作；城镇段树木砍伐工作完成，施工单位进场施工。工程北起京哈高速，南至潞西路，全长约5.8千米。

漷马路道路工程除部分强电未迁改，其余管线均完成迁改。工程起点为九德路，终点为张采路，全长3.24千米。

通清路道路工程强电迁改剩余城镇段土建部分全部完成；城镇段弱电迁改剩余觅子店二街过路50米及九道过路需配合道路施工同步进行，其余土建工程完工。工程起点京津公路，终点市界，道路全长4.9千米。

漷台路道路工程强电、弱电迁改全部完成，剩余燃气工程完成管道施工。工程西起张采路，东至京塘路，全长约7.6千米。

通马路工程涉及台湖镇、梨园镇的苗木全部伐移完毕；非宅方面，梨园镇管委大院拆除完毕，台湖镇完成9户非宅拆除；民宅方面，完成63户签约和大部分拆除工作，交地率到99%。工程北起京哈高速公路，南至京津高速公路，全长约6千米，占地898.34亩，其中，梨园镇占地58.38亩、建筑物占地面积1.34亩，台湖镇占地839.96亩、建筑物占地面积136.7亩。

北苑高架主桥预防性养护工程于10月20日实施，12月15日完工。主要包括对钢混梁段钢梁外表面及全桥钢梁内表面进行打磨除锈及防腐处理，增设检修人孔及箱内排水孔，封闭桥梁混凝土裂缝，重做钢混梁段桥面沥青铺装层及防水层，更换全桥排水管等。

京滨线修复养护工程于9月20日开工，11月30日完工。工程起点张梁路路口南（K30+000），终点德觅路路口北（K50+000），道路等级为一级公路，设计速度60千米/小时，全长20千米。

厂通路道路工程于12月24日主体完工。工程西起春明路，东至市界，全长5.3千米，主要建设内容包括道路、桥梁、排水、交通、绿化、照明等工程。公路段总长4.3千米，进地率100%。

（刘　颖　于海波　刘力璇　王　永）

【极端天气应对】 2023年，区公路分局根据科学预报、云图分析，提前做出预判，成立11个防汛抢险小分队，负责8座泵站涉及的立交桥桥区和3个易积水点位的检测工作。成功应对暴雨及雷电预警，完成6月初至9月底的防汛工作，未发生积水断路情况。全年防汛备勤30次，出动15次，汛期投入备勤总人数5460人次，车辆、设备725台（套），出动总巡查人数120人次，车辆、设备60台（套），出动抢险人员3596人次，累计出动人数4921人次，车辆、设备580台（套）。8月，派出养护单位应急抢险人员100人、大型运输车辆50台、专业抢险车辆15台，动用“321型”装配式公路钢桥7座，完成房山区六渡和下圣路支线2座钢桥架设任务，抢通冲毁桥梁，重建生命通道。12月，组织值守人员通过公路路网视频监控系统及“雪亮”视频智能分析平台对分局管养路线全断面积雪情况进行24小时不间断视频巡查，保障管养路段顺畅通行。12月13—15日降雪，进行人员、机械及物资的部署准备，发布道路积雪预警信息；按照降雪量大小采取多种机械设备组合式除雪作业，出动巡查人数88人次、保障人员1800人次、除雪机械及设备366台次；并加强对人行步道、路侧边角等部位的补充作业，全力保障行车道、非机动车道路面见黑，清除路侧、步道、缘石底角等难点位置的残雪、残冰，快速恢复道路正常通行，保障市民出行顺畅、安全。

（曹　闯　刘力璇）

【政务服务】 2023年，区公路分局压缩审批时限，普通项目由法定20个工作日缩短为6个工作日，涉及营商环境项目由法定20个工作日缩短为5个工作日。入驻北京城市副中心政务大厅后台，为经办人提供“一站服务”，所有涉路许可业务实现在线办理启用电子印章，许可电子档案实现

▲12月24日，厂通路道路工程公路段主体完工　（区公路分局提供）

在线归档。积极对接京唐城际铁路项目涉及燃气、航油迁改、新建通济路上跨桥等工程，市级机关搬迁保障工程，市水务局新建温潮减河工程，地铁22号线项目修建运河商务区站、政务中心东站B1出入口暗挖下穿通济路，京秦高速西延项目前期勘探，北京市高级别自动驾驶示范区3.0扩区数字基础设施建设工程，安贞医院通州院区外电源及市政管线接入，通州区美丽乡村建设工程、电力架空线入地工程等项目，做好工程许可服务工作。全年办理超限运输许可7734件，在涉路工程许可方面办理公占挖（占用、挖掘公路、公路用地或者使公路改线审批）22件，公道口（在公路增设或改造平面交叉道口审批）16件，公跨埋（跨越、穿越公路及在公路用地范围内架设、埋设管线、电缆等设施，或者利用公路桥梁、公路隧道、涵洞铺设电缆等设施许可）19件，公建控（公路建筑控制区内埋设管线、电缆等设施许可）8件，公非标（设置非公路标志审批）1件。

（柳　戈）

【北运河东滨河路开通】1月，北运河东滨河路开通。北运河东滨河路（玉带河大街—广渠路东延段）北与通胡大街连接，南穿东六环，与东部地区连通，道路全长约1.1千米，是北京城市副中心一条重要的城市干路和中部地区对外联系的重要通道之一，承担着北运河东岸地区对外联系和内部集散的功能。

（通鉴编）

【“安全生产月”消防培训】6月30日，区公路分局组织开展消防技能培训。邀请潞城消防支队消防员在厂通路潮白河大桥项目现场对项目管理人员、专职安全员及施工人员开展“一警六员”（即消防民警，消防宣传员、消防巡查员、消防督导员、消防战斗员、消防知识讲解员和消防应急疏散引导员）消防技能培训。消防员演示灭火器及消防栓使用方法，讲解消防安全知识，并组织项目人员进行实操考核，熟练使用消防器材。

（刁君阳）

交通运输

【概　况】2023年，通州区有地面公交运营企业1家，从业人员967人，涉及运营线路71条、运营车辆596辆，其中清洁能源车辆占比100%；在用公交场站32个；巡游出租汽车企业12家（含区域巡游纯电动小客车企业1家），运营出租汽车车辆2177辆（运营纯电动车辆1410辆、个体出租汽车工商户车辆17辆），出租汽车驾驶员1950人；网约平台企业1家；旅游客运企业2家，运营车辆10辆，从业人员14人；汽车租赁备案经营企业32家，备案运营车辆5877辆，其中纯电动小客车5321辆，新能源占比约90%；道路货运经营企业2129户，车辆22823辆，合计载重量291628吨；化危运输企业27家，运输车辆822辆，从业人员1548人；水路运输企业2家，营运游船179艘，从业人员62人；备案机动车维修经营企业514户，其中一类企业41户、二类企业90户、三类企业356户、二类摩托车维修27户；机动车驾驶员培训机构11家，取得经营资质的机动车驾驶员培训学校有小型汽车教练车613辆、摩托车教练车211辆，教练员405人；铁路平交道口5处，铁路道口监护员65人。现场办理政务服务事项2万件，其中小客车类约1.3万件，占比65%；运政类7000余件，占比35%；电子审批系统共办理运政业务约3.8万件，其中全程网办事项约3.2万件，占比达86%，实现网办事项比例快速增长。

（丛　琳）

【交通运输行政执法】2023年，通州区交通局（简称区交通局）制定实施执法工作考核指标，从执法任务量、执法规范、案卷规范三方面，进行周通报、月排名、季考核、年评比，纳入内部年度绩效管理综合考评体系，通过层层传导压力，倒逼责任落实。全年行政检查23.8万起次，行政处罚案件5676起次，其中一般案件4793起次（占比84%），处罚金额833.41万元。检查量、处罚量、处罚金额指标数均位列全市郊区局前列。

（丛　琳）

【交通运输安全生产】2023年，区交通局传达部署调研各项安全生产工作77次、应急演练697次；开展重点时期、重点节日安全督导检查19次。修订安全生产党政同责、一岗双责工作意见，制定安全生产工作实施细则与全年重点任务；签订2023年安全生产和应急管理工作责任书1486份；全面推进安全风险预防控制体系建设，270家交通运输行业企业辨识风险源2808个，均已落实管控措施，无重大风险源；加大安责险推广力度，218家行业企业完成投保。开展交通运输领域安全生产和火灾隐患大排查大整治工作，2358家行业企业使用“企安安”系统完成法人注册与自查。

（丛　琳）

【交通运输行业信用监管】2023年，区交通局落实《通州区交通局开展信用分级分类监管的实施意见》，道路客运行业评出A级企业1家；机动车维修行业评出A级企业57家、B级企业266家；驾驶员培训行业评出A级企业2家、B级企业7家；道路货运行业评出A级企业0家、B级企业2013家、C级企业94家。开展交通运输领域失信突出问题专项治理工作，驾驶员诚信考核、企业信用修复有序推进。全年对21859名货运驾驶员和1996名客运驾驶员进行诚信等级确认，评出AA级驾驶员624名、A级驾驶员23227名、B级驾驶员4名。对全市45名有违法行为的驾驶员进行扣分，帮助企业进行信用修复24起。

（丛　琳）

【交通运行监测与评价】2023年，区交通局开展北京城市副中心交通运行月度、季度、半年和全年监测评价。全年辖区工作日高峰时段地面公交出行时间指数为3.15分钟/千米，较上年增长22%。高峰道路交通指数为4.30，较上年同期增长22%。

（丛　琳）

【智慧交通信息化项目建设】 2023年，区交通局建立部门信息化工作机制，完成4个已建信息化系统入云、上链、汇通等工作。持续推行进京入口重型柴油车信息化系统应用，累计用户注册量5.83万个，系统运政检查记录4.36万条，货运车辆注册1.16万辆，货运企业注册8467户，货运司机注册1.22万人，货运车道监测进京车次637.27万次，系统日常巡检475次，系统优化问题32个，迭代升级3次。针对北京城市副中心智慧交通一体化综合平台建设项目（一期），结合交通综合治理、交通运行监测等需求，进行细化设计，完成可行性研究报告编写工作。

（丛　琳）

【交通运输行政执法信息管理系统】 2023年，区交通局印发实施《智慧交通信息管理系统应用推广工作方案》，完成配套执法设备资产登记与配发，完成与市非税缴费系统、市司法局行政执法信息服务平台联通，完成22名执法人员账号激活认证和相关设备安装调试及培训使用，形成检查单数据392条，电子文书制作266套，在线执法模拟考试15次，系统优化问题32个，迭代升级5次。

（丛　琳）

【国家城乡交通运输一体化示范县创建】 2023年，区交通局针对国家城乡交通运输一体化示范县创建任务逐条逐项对标指标标准，开展统筹调度、线上线下调研120余次，确保全区25项创建任务实现目标。开设媒体平台专题专栏宣传、开展2轮次有奖知识竞答、投放创建工作车体广告，完善示范区创建专题汇报片。强化“客货邮”融合开展，组织公交、邮政企业完成区级合作协议签订，开通“交邮”合作线路，完成11处试点村邮站向村级邮快驿站转型，利用现有公交场站资源按需引入邮政业务。统筹组织全区各单位、部门开展验收现场点位2轮次踏勘，制定验收行程及措施，完成汇报会议和资料核查、随车讲解等工作细节筹备，完成为期3天的内、外业检查核验。

（丛　琳）

【公路超限超载治理】 2023年，区交通局围绕公路超限超载治理工作，加强综检站内部管理，保持治超高压态势，9个综检站共检测货运车辆546.67万辆，查获超限超载车辆5968辆，卸载3858辆；综检站24小时值守率100%；各站平均卸载率99.97%；综检站平均超限率0.07%；处罚率平均94.82%。组织流动治超101次；对辖区13家重点货运源头进行公示。

（丛　琳）

【道路运输安全生产监管】 2023年，区交通局分析道路运输事故原因和研判形势，加强对各类运输企业安全生产监管，对未建立隐患排查制度的18户企业，给予行政处罚6.5万元，对生产经营单位的主要负责人未履行安全生产管理职责的8户企业，给予行政处罚17万元。

（丛　琳）

【共享自行车企业监管】 2023年，区交通局参与共享单车联合执法检查3次，街乡吹哨2次，核查单车共计1800辆；约谈共享单车企业8次，与区城管委、交通支队、城管等部门对北关地铁站、物资学院、北运河西附近共享单车相关问题召开现场调研会2次，组织市静态管理处和市执法总

▲ 9月19日，区交通局开展路面执法检查　（区交通局提供）

▲ 11月20日，区交通局检查危险化学品运输企业各项制度落实和人员培训情况　（区交通局提供）

队十五支队开展共享单车治理调研会1次。对哈啰和美团2家共享单车企业违规行为作出行政处罚2起，罚没款2万元，各限制车辆投放3000辆。

（丛　琳）

【机动车维修行业监管】2023年，区交通局推进机动车维修行业监管全市试点“6+4”（6项基本制度：风险监管制度、信用监管制度、分级分类监管制度、协同监管制度、科技监管制度、共治监管制度；4项场景化措施：一业一册、一业一单、一业一查、一业一评）一体化综合监管工作，多次与市交通委、通州区事中事后监管联席会办公室开展会议和现场调研活动，强化落实“副中心”标准，完善污染绩效分级管理，将3户企业提级为B级（地方最高级），总数全市并列第2；辖区内1户机修企业首次通过北京市安全生产青年示范岗区级评审，组织“通武廊”汽修技能大赛和全国交通运输职业技能大赛北京地区选拔赛，获市交通委颁发“优秀组织奖”。

（丛　琳）

【非法营运车辆治理】2023年，区交通局对地铁站沿线、市级行政办公区及北京环球度假区等重点区域，加大联合执法频次，遏制非法营运车辆带来的安全隐患，为市民营造舒适、安全、畅通的出行环境。牵头组织联合执法78次，参加街乡吹哨和并肩治乱行动83次，其中参与全区服务保障环球主题公园综合执法中心联合执法行动33次，共检查车、业户5789件，对各类违规行为作出行政处罚1535起，罚款金额556.02万元。

（丛　琳）

【政务服务】2023年，区交通局实施“放管服”改革，事项全程网上可办率100%，推动政务事项下沉街道乡镇，打通京津冀“跨省通办”渠道，落实“减事项、减时限、减要件”“证照分离”改革举措。全年接待来人、来电、业务办理10万余人次，政务服务大厅现场办理约2万件，其中小客车类约1.3万件，占比65%；运政类7000余件，占比35%；电子审批系统共办理运政业务约3.8万件，其中全程网办事项约3.2万件，占比86%，实现网办事项比例快速增长。

（丛　琳）

【公交线路优化调整】2023年，区交通局优化调整公交线路26条，其中，新开线路6条，分别为T15路（地铁万盛西站至周坡庄）、T25路（地铁九棵树站至胡家垡）、913路（大兴海子角至古城西桥公交场站）、861路（怀柔火车站至通州西）、649路（赵公口客运站至东夏园地铁站）、803路（春明西路至大郊亭桥西）；优化调整18条，分别为587路（郝家府至苹果派小区）、666路（郝家府至大北窑东）、924路（土桥至南彩）、810路（通州西至香河总站）、807路（土桥至大北窑）、T1路（岗山至北苑）、T3路（平家疃至北苑）、T5路（九棵树至姚辛庄）、T37路（北关至王辛庄）、T76路（老庄户至王上公交场站）、T79路（通州北关站至平家疃）、T105路（地铁土桥至环湖小区）、T107路（通州赵登禹大街至花石匠小区东）、435路（常营体育公园至荟萃南路南口）、T11路（董村南至地铁北苑站）、T102（柴厂屯至北京胸科医院）、T18路（平家疃村北至田家府北街西口）、317路（怡乐南街公交场站至云杉路）；撤销2条，分别为T106路（合生世界村至地铁同济南路站）、T108路（地铁土桥站至枣林庄南口站）。

（丛　琳）

【913路公交车开通】2月25日，连接通州、亦庄和大兴三地的跨区公交913路开通。线路全程设92站，通州辖区内去往古城西桥公交场站方向43站，去往海子角方向42站，途经台湖演艺小镇、文化旅游区等重点区域和玉桥、梨园、武夷花园等人口稠密居住区，是北京城市副中心百姓往来亦庄开发区的又一新选择。

（通鉴编）

▲9月，区交通局组织区级专家评审机修企业绩效升级　（区交通局提供）

邮　政

【概　况】2023年，中国邮政集团有限公司北京市通州区分公司（简称邮政通州区分公司）在册职工900人，下辖9个邮政支局、35个邮政所、25个代理金融业务网点、14个寄递营业部。设置区内邮路11条，投递道段130条，其中，汽车投递道段23条、电动三轮车投递道段106条、机要投递道段1条，投递里程5812千米。有信筒信箱476个、村邮站479个。

（薛晓新）

【网点建设】2023年，邮政通州区分公司新接收统建配套局所3个，装修改造网点1个，微整治网点2个，建立主题邮局2所。12月27日，北京大运河博物馆主题邮局与北京艺术中心、北京城市图书馆、北京大运河博物馆同日开业。

（薛晓新）

▲12月27日，北京大运河博物馆主题邮局开业　（邮政通州区分公司提供）

【网业联动】 2023年，邮政通州区分公司加强网业联动，提升寄递队伍能力和标准化建设。借助通州区创建国家级城乡交通一体化示范县工作契机，与辖区内北京公交客二分公司、客五分公司、北京城市副中心分公司建立客运车辆代运邮件的交邮合作模式。开发建设自提点251个，逐步叠加自提点驿站功能；优化投递作业流程，实施“三合一”（普通邮件投递、商包投递和驿站投递三种投递方式合并）网格承包投递模式，提升各环节效率，确保邮路畅通和邮件投送时限。

（薛晓新）

【邮政服务质量提升】 2023年，邮政通州区分公司开展通州邮政客户服务体验提升年、邮政通州分公司普遍服务专项治理“回头看”检查、寄递业务“降投诉、提品质”专项整治活动、“保安全、稳时限、优体验”邮政寄递服务质量提升专项行动，深入基层驻点帮扶，客户投诉处理满意度保持100%。增加技术手段，引入云犀平台监测揽投员服务态度，降低工单投诉量。全年“接诉即办”工作响应率100%，解决率以及满意率均超过85%。

（薛晓新）

【安全防范建设】 2023年，邮政通州区分公司规范机动车和电动三轮车管理，制定电动两轮、三轮车管理办法，安排专人对三轮车驾驶员进行再培训、考试和交通法规的宣传，投递人员持证率95%；下发符合行业新标准的电动三轮车360辆。严格防范交通违法行为，定期深入最小单元，每月组织召开交通安全例会，督导交通安全工作，实现28年交通安全无事故，连续28年被评为“北京市交通安全先进单位”。

（薛晓新）

【文化宣传】 2023年，邮政通州区分公司参与“2023国际体育（北京）嘉年华”“2023北京城市副中心马拉松”“北京城市副中心夜跑”等各类文体市集活动70余场，提供现场邮政服务。开展“二十大”主题、红楼梦主题、大运河主题等主题直播活动86场。与各级政府和企事业单位开展“赏邮票 学党史 话成就”特色党课34场。开发第十一届国际潮青联谊年会定向邮册2000册和西集樱桃节定制型贺卡8000枚。

（薛晓新）

【助力乡村振兴】 2023年，邮政通州区分公司协同社区建立接龙客户群，通过西集樱桃、张湾金耳、古船面包等团购接龙活动扶农助农，开展社区团购424场，销售额300.95万元。结合通州区“一乡一镇一策”、“一村一品”开发工作要求，与漷县镇、西集镇、永乐店镇和于家务乡开展合作，根据各地农产品特点，按时间季节推进农产品销售。其中，投运西集大樱桃惠农项目订单3000余单，帮助农户销售樱桃1.19万斤，销售额53.8万元。全年农产品销售额167.27万元，整村授信整村开发3户，融资E贷款1578万元。

（薛晓新）

【党建共建进社区、村活动】 2023年，邮政通州区分公司开展党建共建进社区、村活动，与102家社区、村党支部建联，其中76家为行政村党支部。开展“赏邮票 学党史 话成就”特色党课、反诈骗讲座、健康体检、亲子活动等特色活动180余场。开展社区团购直播13轮，场观5200余人，销售各类农特产品2万份。8名支行长和理财经理成为乡村振兴“星推官”，在田间和大棚里直播带货10余场，场观量1.1万人。

（薛晓新）

▲10月12日，邮政通州区分公司在新华街道开展“赏邮票 学党史 话成就”特色党课　（邮政通州区分公司提供）

生态环境

综　述

【海绵城市建设】2023年，通州区新增（已完工）海绵城市建设项目14个，总占地面积约为3.29平方千米。其中，建筑小区类项目7个，占地面积约为0.16平方千米；城市道路类项目3个，占地面积约为0.05平方千米；公园绿地类项目4个，占地面积约为3.08平方千米。9月19日，区政府批复实施《北京城市副中心海绵城市建设实施方案（2023—2025年）》，以“符合北京城市副中心发展定位、保障管控力度、预期建成度高、推广示范性强”为原则，明确近三年年度建设指标与实施路径。年内，北京城市副中心建成区海绵城市达标面积比例为40.13%，完成年度建设任务计划，为完成未来三年通州区海绵城市建设目标奠定良好基础。

（吕雪莉）

【企业突发环境事件应急预案完善】2023年，通州区生态环境局（简称区生态环境局）实施“南阳实践”（突发环境事件应对长期实践中的经验总结和方法创新）项目（二期），完善辖区内9条河流的“一河一策一图”环境应急响应方案及河流基础信息清单。督促企业开展突发环境事件风险评估，修订突发环境事件应急预案，完成105家企业应急预案线上备案。对存在较大环境风险源单位加强检查，督促企业强化风险管控和隐患排查治理，落实环境安全防控主体责任。

（李璐瑶）

【健全区级突发环境事件应急预案】2023年，区生态环境局健全完善通州区突发环境事件应对体制机制，完成区级突发环境事件应急预案编制及修订工作。包括《北京市通州区突发环境事件应急预案（2023年修订）》《北京市通州区突发水环境事件应急预案》《北京市通州区饮用水水源保护区突发环境事件应急预案（2023年修订）》《通州区辐射突发环境事件应急预案》《北京市通州区突发土壤环境事件应急预案》，分别针对不同类型的突发环境事件，从总则、组织机构及职责、监测与预警、应急响应与处置、后期工作、应急保障、应急预案管理、附则8个部分细化应急响应和工作程序，规范各类突发环境事件处置。

（李璐瑶）

【两级督察问题整改落实】2023年，区生态环境局统筹推进中央、北京市生态环境保护督察整改。截至年底，通州区承办2020年第二轮中央督察整改任务24项，已销号21项、达到序时进度3项，137件信访问题全部办结销号；2021年第二轮北京市督察整改任务28项，已办结22项、达到序时进度6项，67件信访问题均办结。

（李璐瑶）

【行政许可】2023年，区生态环境局推进环评碳评一体化，主动对开展“碳评”的企业提供指导和帮扶，提出碳排放总量控制及减排要求，将企业开展“碳评”情况纳入企业绿色信用体系。实行行政许可申报材料清单化管理和一次性告知，审批时限压缩50%以上，材料精简容缺受理，优化事中事后监管，建立健全“双随机、一公开”检查清单。帮扶企业一次性排查环境管理问题，指导并督促企业整改。对企业采取差异化监管措施，坚持“无线索”不进行现场检查，违法情节轻微、及时改正的企业，不予行政处罚。全年办理环评审批项目40个，辐射安全许可项目70个，建设项目环境影响评价和“三同时”（即建设项目中防治污染的设施，与主体工程同时设计、同时施工、同时投产使用）执行率100%。

（李璐瑶）

▲7月，海绵城市建设之城市绿心森林公园雨水收集潜流湿地

（区融媒体中心提供）

环境质量

【大气环境质量】2023年，通州区$PM_{2.5}$累计浓度为38微克/立方米，较疫情前2019年同期下降8微克/立方米。可吸入颗粒物（PM_{10}）、二氧化氮（NO_2）、二氧化硫（SO_2）浓度分别为69微克/立方米、32微克/立方米、3微克/立方米。累计优良天数267天，占比73.2%，较2019年增加41天；重污染5天，较2019年减少8天。

（李璐瑶）

【水环境质量】2023年，通州区水环

▲ 10 月 9 日，通州区天蓝水绿，大气环境质量为优 （区融媒体中心提供）

境质量大幅提升，8 个国、市控考核断面全部实现Ⅳ类及以上水质，其中 4 个断面实现Ⅲ类水质。水污染专项执法检查 1862 家次，立案处罚 3 起，罚款金额 20.5 万元。

（李璐瑶）

【土壤环境质量】 2023 年，区生态环境局规范管理土壤重点监管单位，防控涉重金属重点行业污染，持续推进涉镉等重金属行业企业排查整治，加强潜在污染工业企业土壤环境管理，强化重点建设用地风险防控。年内，全区土壤环境质量安全稳定，重点建设用地安全利用率等重要指标保持 100%。

（李璐瑶）

资源保护

【土地资源保护】 2023 年，区生态环境局持续推进复耕工作，基本实现 17.27 万亩永久基本农田全部为长期稳定利用耕地，通过复垦验收形成入库指标 1605.36 亩；与区农业农村局联合下发《关于加快耕地保护空间土地复耕复种工作的通知》；配合区园林绿化局、各乡镇完成通州区百万亩造林绿化工程地块调整工作。持续开展生态修复，推进生态损害赔偿案件；开展区级国土空间生态修复规划编制工作，完成委托合同签订；推进拆违腾退用地的生态修复工作，做好拆后利用“后半篇文章”。开展日常国土变更调查，综合利用自然资源部下发的上半年地类变化监测成果、卫星影像数据、执法审批数据等，完成调查图斑总量 1.5 万余个；对耕地保护空间内 5000 余个非耕地图斑，逐一进行现场核实、举证、内业认定，新增耕地 2.2 万余亩。推动违法用地违法建设治理，推进案件查处，全年立案 407 件、系统办结 629 件（含上年结转），召开案件审理会 15 次，实质性行政处罚 22 件，全流程不予处罚案 8 件；移送涉刑案件 2 件，2022 年移送的涉刑案件下达刑事判决 1 件（该案为通州区 2023 年首例破坏耕地成功追究刑事责任的案件）。压茬推进卫片执法整改工作，2023 年 1—10 月卫片纳入约谈违法图斑，率先实现“动态清零”，创新运用“小卫星”科学治违，重点监测耕地和永久基本农田，组织图斑提取 11 期，派发疑似违法图斑 3118 宗，发现违法 809 宗，完成整改 506 宗。有序推动农村乱占耕地建房整治，完成农村乱占耕地建房 5700 余宗疑似图斑补充摸排上报和区级审核；研究于家务回族乡试点整治工作方案，纳入乱占耕地建房非宅类项目 288 宗，已完成整治项目 279 宗，整治完成率 96.9%。

（通鉴编）

【湿地资源保护】 2023 年，区生态环境局定期开展湿地巡查巡护，结合“世界湿地日”大力宣传湿地保护重要意义。8 月 31 日，《北京市通州区第一批区级湿地名录》公布，727.56 公顷湿地纳入名录，湿地保护率由 38.6% 提高至 94.21%，列全市第 3。

（李　影）

▲ 9 月 4 日，水生态治理与海绵城市事务中心在杨家洼取水采样

（区水务局提供）

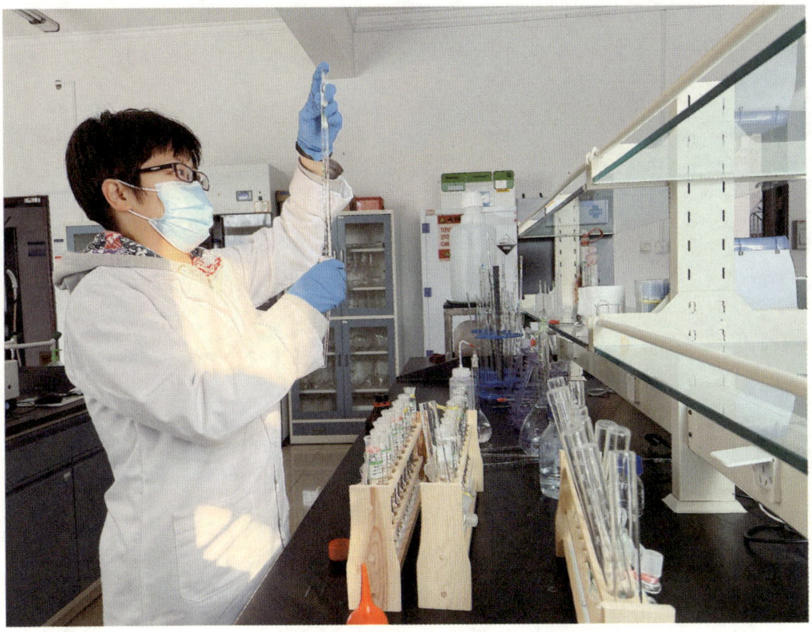

▲9月6日，水生态治理与海绵城市事务中心对水样进行检测

（区水务局提供）

【水质监测】2023年，区水务局打造“区—镇—村”三级饮水监测网络，完成供水工程采样、检测工作。每月对19处北京市地表水监测站点完成采样、检测，4月（枯水期）和9月（丰水期）对42处北京市地下水监测站点完成采样、检测；3—6月，每月对境内潮白河流域、北运河流域共11个地下水监测站点、4个地表水监测站点完成采样、检测，为生态补水提供全过程水质监测数据支持。

（王晓颖）

【水政执法】2023年，区水务局组织开展排水与水环境等6个专项执法行动。全年开展涉水执法检查3978件，查处案件32件，共处罚金43.04万元。

（徐　晨）

【水资源管理】2023年，区水务局印发《北京市通州区地下水禁止开采区机井处置细化实施方案》，建立健全地下水禁止开采区机井处置管理机制。制定并印发《通州区饮用水水源地名录》，实施动态管理，进一步规范和加强饮用水水源保护。完成313个取水项目平台销号，完成取用水管理专项整治行动整改提升后续工作。建立机井管理台账，持续开展水量扫码填报工作，全区水量数据汇聚率92.25%。完成地下水管理专项排查整治任务，排查区级问题机井10485眼，删除重复机井663眼，整改问题机井9822眼。持续推进地下水超采管控与治理，地下水埋深上升至6.50米，同比回升0.3米。

（柳　晨）

【河道管理】2023年，通州区区级河长巡河15人次，约54.8千米；各级河长巡河45749人次、约121595.6千米，巡河率均为100%。全区整改河道沟渠问题4511处，治理小微水体问题489处，清理河道垃圾1242.66立方米，有效改善全区水环境。开展节假日期间文明游河行动，全年累计开展河湖巡查3151人次、河湖保洁3181人次，劝阻滑野冰、河边烧纸等不文明行为。牵头开展汛期暑期防溺水专项行动，全区排查溺水风险点位26个，累计出动巡查人员4292人、定点看护人员1025人，引导清劝不安全行为68人次并新增标识警示标牌等提示、救生设备。

（邵春刚）

【节水管理】2023年，通州区生产生活用水总量为20657.8万立方米，占总指标的83.23%。区水务局加强计划用水管理，向1080个注册用水单位下达《2023年用水指标通知单》，严格区域用水总量控制。推动节水型社会建设，全年换装节水型花洒3850套，并开展94个节水型社区（村庄）和110家企事业单位的创建与复验工作，9家高耗水工业企业和79家党政机关全部创建为节水型单位；以《北京市节水条例》正式实施为契机，结合《北京市通州区落实〈北京市节水条例〉职责分工方案》《北京市通州区〈北京市节水条例〉宣贯工作方案》《北京市通州区节水联席会议制度》《通州区2023年节约用水宣传实施方案》开展节水宣传35次，进行宣传报道36次。

（张　思）

【河东资源循环利用中心一期项目投用】5月24日，通州区河东资源循环利用中心一期工程进入商业运行。该工程位于北京城市副中心东部，是一座下沉式再生水厂，占地面积约40.5亩，设计处理规模6万立方米/日，服务面积约24.5平方千米，规划服务人口约21万人。采用地下式“多模式A^2O+MBR”工艺，设计出水水质达到《城镇污水处理厂水污染物排放标准》中表1B标准，尾水退至北运河。截至年底，累计处理污水约625.56万吨，其中再生水输配量（泵送）331.86万立方米，北运河河道补水293.70万立方米，为北京城市副中心节能减排、水环境治理与修复做出重要贡献。

（张秀捷）

【《通州区饮用水水源地名录》公布】9月22日，《通州区饮用水水源地名录（2023年）》正式印发，公布340个水源地，其中区级水源地1个、乡镇级水源地23个、村级水源地316个，皆为地下水水源，实行动态管理。

（张秀捷）

生物多样性保护

【概　况】2023年，区生态环境局持续完善工作机制，以生态环境质量指数（EI）提升为抓手，以改善生态环境质量为核心，持续做好外来入侵物种监测防治、全区生物多样性调查监测、重点物种及栖息地保护等工作，推动生物多样性保护水平不断提升。制定印发《通州区生态保护2023年行动计划》《通州区绿视率提升行动方案责任分工（试行）》等文件并完善工作机制。开展生态红线范围及其污染源巡查10次，向相关责任部门累计移交问题线索5批。

（李璐瑶）

▲5月22日，“美丽运河畔　多样生物圈”第二届通州区小学生观鸟比赛举办
（区生态环境局提供）

【动物保护】 2023年，区生态环境局针对重点类群鸟类开展全域调查；区园林绿化局组织2次青少年观鸟活动，配合市野生动物救护中心举办1次野生鸟类放归活动。累计救护夜鹭、红隼、麻雀等品种的野生动物120只。针对7条重点河道周边区域开展野生动物保护巡查工作，巡查点位834次；开展野生动物保护专项联合执法检查16次。

（李璐瑶　李　影）

【古树保护】 2023年，区园林绿化局探索古树和纪念林管护新途径，完成新增11株古树挂牌，复壮保护16株，日常养护巡查1200株次；实施建设古树及其生境整体保护试点5处。

（李　影）

【外来入侵物种普查】 2023年，区园林绿化局完成园林绿化外来入侵物种及草原有害生物普查外业调查，发现园林绿化外来入侵物种55种，草原有害生物24种；区农业农村局开展农业外来入侵物种普查，发现农业外来入侵物种52种，发现水生入侵物种8种。

（李　影）

【生态修复】 2023年，区园林绿化局持续推进生态保护和修复，完成林分结构调整任务3.4万亩；建设生物多样性保育小区18处，利用生态保育小区建设小微湿地38处（面积4.27公顷）、本杰士堆96个、人工鸟巢440个、昆虫旅馆154个，种植食源性蜜源性植物1.21万株，种植花草地被面积1.28公顷。

（李　影）

【国际生物多样性日宣传活动】 5月22日，区生态环境局携手多家单位和公益环保组织，面向全区小学生组织开展第二届“美丽运河畔 多样生物圈”小学生生物多样性主题观鸟比赛，比赛共设置“实地观鸟赛”及“鸟类生态笔记作品评比”2个赛项，总计观测到鸟类58种，其中包含国家二级保护动物凤头蜂鹰、日本松雀鹰、红隼、红脚隼和燕隼等珍稀鸟类。

（李璐瑶）

▲12月，工作人员对梨园镇大稿村文庙古树进行修复　（区融媒体中心提供）

园林绿化

【概　况】 2023年，通州区园林绿化局（简称区园林绿化局）落实《北京城市副中心（通州区）“十四五”时期园林绿化发展规划》，高质量推进新一轮百万亩造林扫尾，深入挖潜2024年造林潜力，达标完成“留白增绿”3.85公顷，“揭网见绿”88.85公顷。运河生态公园、西小马公园、云景公园试开园，新增村头微型公园20处、区级示范性林场9处，结合5处口袋公园建设，填补城市小微绿地6公顷。完成4条林荫路改造，完成运

▲云景公园试开园 （区融媒体中心提供，摄于2023年9月）

潮减河—潮白河绿道10千米连通建设，大运河—城市绿心绿道4千米提质建设。推进宋庄蓄滞洪区一期、二期联通项目围堤工程、徐尹路连通涵工程与蓄滞洪区域连通及固堤工程。推进工程实名制管理，加强工程质量监管和大气污染专项治理。

（李　影）

【花园城市建设】 2023年，区园林绿化局印发《通州区园林绿化重大项目谋划工作方案》，统筹开展花园城市建设谋划。组织召开花园城市建设领域的运河郊野公园和绿道项目的设计方案讨论会，由专业设计团队通过对绿地系统规划、绿道规划、用地性质以及现状情况等系统分析，按照“一河两带六点多片”的空间结构，从田园牧歌、万舟骈集等8个方面讨论运河郊野公园设计方案，按照“四方五连、断点连通、全域成网”的近期设计策略和“千里璐道、一线六水、六环聚彩”的远期设计策略，以台湖绿道、马驹桥绿道等为例讨论全区绿道建设设计方案。年内，创建首都花园式社区1个、花园式单位1个、森林村庄5个，营造“植绿、爱绿、护绿”的社会氛围。

（李　影）

【公园管理】 2023年，区园林绿化局扎实做好游园管理、文明游园工作，共接待游客1020万人次。进一步完善局属四个公园基础设施建设，提升日常养护管理精细化水平，高质量接待各级参观考察近300批次。成立北京绿色使者志愿服务通州支队，完善公园志愿服务体系。制定《2023年通州区无界公园实施方案》，完成2116米围栏改造。深化公园分级分类，持续完善公园管理体系。扎实做好垃圾分类、防火防汛等工作，严格落实公园安全规范管理，建立公园安全检查台账，营造休闲、安全游园环境，提升公众绿色获得感和生活幸福感。

（李　影）

【绿地管理】 2023年，区园林绿化局持续提升城镇园林绿化精细化管养水平，补种乔灌木1.74万株，补植绿篱11.42万平方米、补植地被82.17万平方米；修剪国槐、白蜡等乔灌木38.66万株、绿篱229.21万平方米、地被529.57万平方米；喷洒药液5778.48吨。推进节约型园林建设，通过优化质量等级标准和绿地等级评定，强化合理的乔灌草搭配理念，推广使用节水、抗旱、易养护的乡土地被品种，完成更换冷季型草坪面积9.6公顷。启动节水型绿地建设试点工作，改造提升节水设施设备，推进再生水在绿地中的应用。

（李　影）

【执法工作】 2023年，区园林绿化局融合执法检查与资源管理，开展“打击毁林毁草专项行动”，采用警示约谈、林长考核、督察督办等多种方式方法，遏制毁林毁草现象；同时开展林地采伐、移植执法巡查等林木、林地保护相关执法巡查2179件次；核查各类疑似违法线索26件次；立案查处涉林违法行为7件，办结1件。全力推进“护松行动”，对森林病虫害防治情况、森林植物调运检疫情况及林木种子生产经营单位进行执法检查88件次。严格做好野生动物保护巡护执法工作，野保巡查点位727次，针对违法猎捕、运输及引进放生、野生动物日常执法检查1405件次；开展各类举报、移送案件线索核查执法行动22件次；没收、救助各类国家保护动物及“三有”（即有重要生态价值、有科学价值、有社会价值的陆生野生动物）动物117只；立案查处野生动物保护类案件3件，办结2件。

（李　影）

【综合审批】 2023年，通州区受理并审批林地占用类区级权限33件，林木伐移类区级权限749件，绿地占用类区级权限6件，树木伐移区级权限157件。累计办理林草种子生产经营许可证告知承诺制42个，其中新办22个、证照信息变更2个、注销许可证18个。森林植物及其产品的产地检疫办理103个，其中产地检疫102个、调运检疫1个。

（李　影）

【行业管理】 2023年，区园林绿化局组织开展管护技术、森林高质量经营等各类培训交流，提升行业管理水平。制定《北京市通州区园林绿化局招标采购管理办法》《通州区园林绿化局园林绿化项目第三方服务单位监督管理办法（试行）》等制度；将62个施工标段和养护项目纳入园林绿化局实名制管理平台监管，监督企业按照工程管理办法、实名制实施方案等管理要求保障农民工权益。持续加强对工程资料、工程现场、环境保护、工程质量等各环节的监督抽查，确保园林工程规范。进一步提高审批服务质量，确保全区重点项目审批效率；

简化涉及电路改造、地下水网建设相关工程的审批手续；全面推行林草植物检疫证书核发全程网上办理，林木种子生产经营许可证承诺制办理，优化营商环境。推进智慧园林系统平台运维提升，提高信息化管护水平。编制《北京市通州区公园文化活动管理实施细则》，规范、统一全区公园文化活动管理。

（李　影）

【义务植树】 2023 年，区园林绿化局完成重大义务植树活动服务保障、通州区 2023 年春季大型义务植树等工作。全区累计组织开展义务植树尽责活动近 400 场次，参加义务植树人数 20.5 万人次，完成（折合）植树 100 万余株。

（李　影）

【潮白河国家森林公园规划】 2023 年，区园林绿化局完成《潮白河国家森林公园控制性详细规划》阶段性成果，与河北省林业和草原局、廊坊市及北三县自然资源和规划局等相关单位建立两地对接关系，协同推进规划工作，统筹开展国家级植物园和山水林田湖草沙一体化治理先行示范项目规划方案设计。

（李　影）

【林业碳汇试点建设】 2023 年，区园林绿化局以协同推进区域碳达峰碳中和工作为目标，制发《北京城市副中心（通州区）林业碳汇试点建设三年行动方案（2023—2025 年）》，与中国林业科学研究院、北京林业大学、北京市园林绿化科学研究院等科研团队达成合作意向，为通州区碳汇试点建设提供技术服务保障。收集分析区域林木资源基础数据，初步核算全区碳汇总量家底，草拟《城市副中心（通州区）园林绿化应对气候变化三年行动计划》。在西集镇设立平原森林增汇减排示范区，共 38 个地块，面积 3115.14 亩。联合首通智城等企业，推进碳汇项目开发先期工作启动实施。

（李　影）

【园林绿化垃圾资源化利用试点】 2023 年，区园林绿化局编制完成《北京城市副中心（通州区）园林绿化垃圾资源化利用试点实施方案（2023—2024 年）》，推进完成减量化试点建设 1 处，做好园林绿化垃圾资源量摸底统计、科学处置工作，推进“无废城市”建设。

（李　影）

▲ 4 月 8 日，2023 年共和国部长义务植树活动在张家湾镇张家湾公园举行

（区融媒体中心提供）

【共和国部长义务植树活动】 4 月 8 日，2023 年共和国部长义务植树活动在张家湾镇张家湾公园举行。活动以“履行植树义务 共建美丽中国”为主题，来自中共中央直属机关、中央国家机关各部门和北京市的部级领导干部参加，共栽植油松、白皮松、北京桧、银杏、元宝枫、丝棉木、旱柳、山桃、碧桃、华北紫丁香等树苗 1200 余株。

（李　影）

污染防治

【概　况】 2023 年，通州区深入贯彻习近平生态文明思想，牢牢把握北京城市副中心战略定位，牢固树立绿色发展理念，克服气候周期转换、气象条件整体不利、社会经济活动水平回升、区域排放强度增加、遭遇多次外来沙尘等影响，深入打好污染防治攻坚战，推动北京城市副中心生态环境治理取得新成效。

（李璐瑶）

【大气污染防治】 2023 年，区生态环境局深入开展“一微克”行动，持续倡导自主减排，与天津武清区和廊坊北三县完善生态环境治理协同联动机制。实施氮氧化物减排专项行动，全年淘汰巡游出租汽车 205 辆，新增纯电动车 192 辆，累计完成充电桩建设 48 台。完成 50 辆新能源混凝土搅拌车、153 辆新能源渣土车推广任务，达到全年任务指标。深化挥发性有机物（VOCs）专项治理行动，全年完成 6 家企业“一厂一策”精细化治理工程，推进 5 家企业完成重污染绩效提级。提升城乡环境精细化管理水平，全年查处违规渣土车 1139 起，罚款 465.7 万元，查处违规工地 1198 起，罚款 2048 万元。开展“后半夜执法”4176 项次，检查施工工地 4232 家次，查处违规渣土车 508 辆，罚款 399.6 万元。统筹推进大气专项督察，全年检查点位 6055 处，同比增长 2.98%，发现各类涉气问题1692处，均移交责任单位，并督促整改。全年降尘量达到市级考核标准，全区降尘量为3.5吨/平方千米·月，同比改善12.5%，全市排名第6位，同比提升11位。全区工地出入口道路尘负荷1.78克/平方米，同比改善17.2%；全区道路尘负荷0.55克/平方米，同比改善14.1%；全区裸地未管控面积约4.6平方千米，同比降低16.4%。

（李璐瑶）

【土壤污染防治】 2023年，通州区有效管控土壤污染风险，农用地及重点建设用地安全利用得到有效保障。完成18个重点建设用地项目土壤调查联合评审工作，项目一次性评审通过率88.9%。对17个优先监管地块开展重点监测和制度控制，开展土壤污染状况详细调查和风险评估。对全区8个工业园区开展土壤污染防治方案编制工作，完成区内57家制药企业隐患排查，组织重点监管单位参加专项培训。对4家2022年度重点监管单位开展“回头看”，并对整改措施落实情况开展现场监督检查，全年隐患排查问题全部完成整改。年内，3家土壤重点监管单位均按时完成年度土壤隐患排查、自行监测等相关工作并提交报告。防控涉重金属重点行业污染，持续推进涉镉等重金属行业企业排查整治。根据《北京市通州区新增耕地联合验收工作流程》，完成96014.81亩复耕地联合验收，完成1618.48亩复垦耕地联合初验收与农业生产符合性评价，开展测土配方施肥技术推广23.5万亩，测土配方施肥田间示范面积1000亩，水肥一体化田间示范200亩，统防统治示范4.1万亩。

（李璐瑶）

【水污染防治】 2023年，区生态环境局聚焦农村环境整治，相关部门和属地合力推动完成40个农村村庄环境整治任务，生活污水处理率等四项指标均达到考核要求。常态化开展全区359个平房村农村人居环境整治巡查，共督办问题整改11000余处。加大汛期面源污染治理、污水直排混排入河监管巡查力度，全年完成整改水环境问题4100余处。加强环评审批许可，全年核发排污许可证154家，排污许可质量复核量共计365家。聚焦水环境流域监察重点，开展农村污水处理设施专项执法检查340余家次，工业企业未纳管网单位检查200余家次，工业园区污水处理厂执法检查50余家次。严厉打击向城市雨水管道排污及倾倒垃圾、向河道倾倒及填埋垃圾等违法行为。加大对医疗机构的检查力度，聚焦医疗污水监管重点，对发现的环境类问题进行严格整改。

（通鉴编）

【入河排污口整治】 2023年，区生态环境局推进入河排口整治工作，完成市级入河排口整治任务，完成“全国入河排污口监督管理信息化平台”填报工作。截至年底，辖区657个入河排口全部完成整治。完成全区2356.99千米雨水管涵、481千米雨污合流管涵、606.23千米道路边沟、685.76千米排水沟渠、117769处雨水口、37302处检查井、237处入河口等城乡公共和专用排水设施清掏治理，并全部完成10处雨污错接混接点和6处结构性缺陷治理。

（李璐瑶）

【水源地保护管理】 2023年，区生态环境局加强水源水、龙头水质量监测监管，按期推动水源水质监测工作落实，完成4个季度区级、乡镇级及千吨万人饮用水出厂水、龙头水、水源水质量检测工作，按季度公开水质信息。完成2023年度通州区区级、乡镇级和千吨万人集中式饮用水水源地环境保护状况评估及报告编制工作。2023年度通州区区级集中式饮用水水源地环境保护状况评估得分99.93，评估结果为优秀。检查水源保护地点位82个，发现问题8个，移送相关部门1个，督促整改7个。

（李璐瑶）

节能减排降碳

【概　况】 2023年，通州区统筹推进应对气候变化工作，完善应对气候变化综合管理制度，深入推进重点领域和重点区域温室气体排放控制，加强城市适应气候变化能力建设，积极推进气候投融资试点建设，推动全区绿色低碳发展步伐持续加快。

（李璐瑶）

【体制机制建设】 2023年，区生态环境局牵头推动应对气候变化工作稳步实施，制定印发《通州区应对气候变化2023年行动计划》并纳入《通州区深入打好污染防治攻坚战2023年行动计划》。牵头推动国家气候投融资试点建设，编制印发《北京城市副中心（通州区）气候投融资项目库管理办法（试行）》，确定气候投融资项目支持目录，明确入库范围，实现首单项目（北泡轻钢厂地源热泵供热、供冷系统工程项目）入库登记和基于碳账户的碳金融产品“碳e贷”创新设计及落地应用，碳金融产品创新工作获生态环境部高度肯定。持续完善绿色低碳能源结构，完成企业光伏备案19个，备案装机容量28.83MW（兆瓦），完成自然人光伏备案共170户，备案装机容量3594kW（千瓦）。

（李璐瑶）

【节能降碳】 2023年，通州区在全市率先开展用能和碳排放综合评价试点，九个项目节能审查意见获批，通过优化调整用能方案核减二氧化碳排放5795吨。绿色工程效益显著，北京城市副中心范围内新建民用建筑100%执行绿色建筑二星级标准，新建公共建筑100%执行绿色建筑三星级标准，为全市最高水平。城市绿心森林公园完成首个城市组团级区域绿色低碳能源全覆盖，实现“负碳”状态；新京报零碳研究院在城市绿心森林公园举办以“低碳”为主题的户外游园集市——零碳游园会，围绕“低碳”主题，开展节能降碳宣传活动。北京城市副中心三大文化建筑相比同类型未采取节能减排措施的公共建筑，每年可减少二氧化碳排放约1.02万吨，成为北京城市副中心低成本可复制的绿色建筑示范。

（李璐瑶）

【公共机构节能】 2023年，区机关服

▲ 6月17日，新京报零碳研究院在城市绿心森林公园举办零碳游园会

（区融媒体中心提供）

务中心开展节约型机关创建一对一指导，全区党政机关节约型机关创建率100%，完成17家单位节约型机关“回头看”抽查；举办公共机构能源资源消费统计培训会，300余家单位、400余名干部职工参加；完成438家公共机构能源资源消费统计工作；开展节能宣传周活动，辐射党政机关、医院和社区，80余家单位、5000余人参与；依照《机关食堂反食品浪费工作成效评估指标》对22个机关食堂开展实地抽查评估工作。

（王雨格）

【中俄水环境绿色低碳工程技术中心揭牌】 8月13日，由俄罗斯工程院中国中心与中国水环境集团共建的中俄水环境绿色低碳工程技术中心揭牌仪式在通州碧水下沉式再生水厂举行。中俄水环境绿色低碳工程技术中心由中俄双方生态环保领域的专家学者共同组成，旨在发挥双方优势，共同创造合作交流机会，高标准、高质量、高水平打造中俄绿色低碳、生态环保领域合作的重要平台。

（谷 雨）

【北京城市副中心气候投融资气候项目库及相关政策发布会】 12月28日，北京城市副中心（通州区）气候投融资政策发布会举办。会上发布《北京城市副中心（通州区）气候投融资项目库管理办法（试行）》等6项文件，并展示通州区一年多来气候投融资试点建设成效。区生态环境局与北京绿色交易所，工商银行城市副中心分行、北京银行城市副中心分行，中金公司、北投基金、通政基金等分别签订战略合作协议。此次气候投融资政策发布，北京城市副中心气候投融资“1+6”政策标准体系基本完成构建。

（李璐瑶）

生态环境监管

【概 况】 2023年，区生态环境局深化综合监管理念，聚力污染防治、环境执法、优化营商环境，聚焦主责主业，制定年度生态环境保护综合执法工作方案，统筹调度全区生态环境综合执法工作，着力解决突出生态环境问题，推动全区生态环境监管释放新效能。

（李璐瑶）

【企业污染监管】 2023年，区生态环境局深入转变监管理念，开展污染源综合执法监管，结合污染源分级分类，实施差异化执法检查，制定年度执法检查方案，完善37项执法工作任务表，依托移动执法系统规范执法监管流程。主动帮扶指导辖区企业，累计出动执法人员23886人次，检查排污单位4220家11209次，发现点位4095个，问题发现率36.5%。移送移交公安机关环境违法案件1起，查封扣押案件109起，五类重大案件办理量全市第1。

（李璐瑶）

【柴油车排放监管】 2023年，区生态环境局坚持“查、限、测、管”并举，提升监管效能，打击排放超标行为，重型柴油车路检处罚量、非道路移动机械处罚量、氮氧化物处罚量均全市排名第1。在辖区全部9个检查站和主要道路对进京、过境柴油车进行排放执法检查，全年人工检查柴油车30.55万辆，筛查超标12475辆。落实超标柴油车闭环管理，实现区内所有办证检查站24小时环保核查工作。进京环保审核窗口对于列入北京市排放超标重型柴油车数据库的外埠车辆，在其复检合格前不予出具进京证环保合格结果。全年进行环保核查并发放环保凭证55.94万张，其中柴油车5.05万张，劝返不符合标准车辆274辆。

（李璐瑶）

【辐射安全监管】 2023年，区生态环境局持续加强全区核技术利用企业辐射安全监管与技能培训，全年共组织召开全区核技术安全生产调度会1次，全国核技术利用安全申报网站注册更新培训会1次。更新全区200余家核技术利用企业信息，开展辐射专项执法检查154家次。健全、完善突发辐射环境事件应对机制，修订完善《北京市通州区突发辐射环境事件应急预案》。联合区反恐办、区消防救援支队等10家单位开展放射性物质联合应急演练，获第二届北京市环境应急检验性演练岗位建功活动辐射表面放射性活度测量项目一等奖。

（李璐瑶）

【环境质量监测】 2023年，区生态环境局开展空气质量监测，全年监测大气降水28次，pH年均值为7.13，无酸雨发生。

地下水饮用水源地环境质量监测。全年对1个区级地下水型饮用水源地和19个乡镇级地下水型水源地的饮用水按季度进行监测。通州区区级地下水饮用水源地水质与2022年相比，各项水质指标无明显变化，均符合《地下水质量标准》中Ⅲ类水质标准要求，全年通州区乡镇级地下水饮用水源地水质达标率为100%。

建成区声环境质量监测。2023年，123个区域环境噪声平均值53.6分贝，同比上升0.6分贝，网格达标率为95.1%。27条路段的道路交通噪声昼间平均值67.4分贝，同比下降0.5分贝，达标路段占比为88.9%；27条路段的平均值65.0分贝，比2018年下降2.8分贝，达标路段占比为96.3%（道路交通夜间噪声监测五年开展一次）。

土壤环境质量监测。全年对3家土壤污染重点监管单位、4家城镇污水集中处理设施和5个乡镇级地下水型饮用水水源地周边土壤进行年度监测，污染物不存在超标现象。全区重点建设用地安全利用率等重要指标保持100%。

农村环境质量监测。全年对2个农业面源污染控制断面进行季度水质监测；对43个农村“千吨万人”集中式饮用水水源进行季度监测，水质达标率100%，均符合《地下水质量标准》中Ⅲ类标准限值；对78个日处理能力20吨以上的农村生活污水处理设施出水水质进行年度监测，出水水质均符合相应排放标准限值要求，水质状况良好；对辖区内规模较大的2个农田灌溉区地下水井进行年度监测，农田灌溉水点位各项污染物浓度均小于《农田灌溉水质标准》中规定限值，水质达标率100%。

（李璐瑶）

【行刑衔接】2023年，区生态环境局持续严厉打击生态环境违法犯罪行为。5月，制定《通州区生态环境局2023年打击危险废物和重点排污单位自动监测数据弄虚作假环境违法犯罪行为专项行动方案》，与区公安分局、区检察院联动协作，开展生态环境领域违法犯罪法制专项培训1次，联合办理（大气和危险废物）篡改自动监测数据和危险废物违法经营的生态环境刑事案件2起，刑事拘留10人；办理水污染物环境违法行政案件1起，行政拘留1人。

（李璐瑶）

【生态环境损害赔偿案件查处】2023年，区生态环境局接收生态环境部下发线索14件，接收市生态环境局移送线索134件，均完成核查整改。累计开展生态环境损害赔偿案件14件，11件办结，3件进入磋商程序。其中区生态环境局主要办理并办结10件，生态环境损害赔偿金额326.8万余元；区农业农村局办理4件（3件未办结已进入磋商程序），生态环境损害赔偿金额0.11万元。区规自分局督促内军庄案当事人开展自行修复；区园林绿化局、区水务局对所属行业行政执法案件线索进行筛查，对符合开展生态环境损害赔偿的案件开展磋商工作。

（李璐瑶）

城乡建设与管理

城乡规划

【概　况】2023年，区规自分局注重规划引领，完善北京城市副中心“两级三类”国土空间规划体系，实现规划全覆盖。北京城市副中心拓展区规划获得市政府批复；9个乡镇国土空间规划报市级审查。挖掘用地潜力资源，发布北京城市副中心产业空间地图成果。落实北京城市副中心控规要求，形成《北京城市副中心控制性详细规划实施体检报告（2022年）》成果。

（寇晓蓉）

【重点项目规划编制】2023年，区规自分局推进乡镇层级规划编制报审工作，9个乡镇国土空间规划报送市级审查，其中《通州区宋庄镇国土空间规划及控制性详细规划（街区层面）（2021年—2035年）》通过北京城市副中心党工委审议。推进40余个项目规划综合实施方案和规划条件编制工作取得阶段性进展，张家湾镇渔场、于家务回族乡会展中心、区殡仪馆等20余个项目获批复；北京维通利电气有限公司、北京东方医用气体有限公司等6个项目通过市级审查；坚朗国际工业设计中心、八里桥棚改等4个项目报送北京城市副中心管委会审查；推进编制老城平房区棚改（一期）、北京金鹰铜业有限责任公司、山姆会员商店等10余个项目规划综合实施方案。

（寇晓蓉）

【《北京城市副中心（通州区）非建设空间规划及镇村实施指引》报审】2023年，区规自分局推进《北京城市副中心（通州区）非建设空间规划及镇村实施指引（2021年—2035年）》（简称《非建设空间规划》）申报，完成专家论证、公示、征求相关部门意见等工作。11月20日《非建设空间规划》通过区人大常委会主任会议审议，21日通过区人大常委会会议审议。规划聚焦耕地和永久基本农田保护、百万亩造林等重点任务，引导田林水要素合理配置，打造水清滩绿、蓝绿交织的生态样板。突出耕地保护优先，规划永久基本农田保护区约1.29公顷。实现高质量森林成带连网，规划非建设空间生态保护红线5640公顷。

（寇晓蓉）

【市政交通项目审批】2023年，区规自分局推进交通基础设施项目进度，构筑北京城市副中心综合立体交通网。推进轨道建设，批复M101线“多规合一”初审意见、选址意见书。加强与北三县交通联系，完成厂通路初步设计方案批复、春明路设计方案研究。搭建“十一横九纵”骨干路网，批复潞苑南一街、东六环西侧路等道路协同意见。加强基础设施建设，批复有机垃圾资源化综合处理中心等项目协同意见。批复玉带河大街泵站和进出水管线。

（寇晓蓉）

【北京城市副中心建设专项研究】2023年，区规自分局开展专项研究保障规划落地实施工作。组织开展《城市副中心重大投资项目谋划工作》，谋划项目643项，并分区域以“一图一表”形式展现谋划成果；编制完成2022—2023年《北京城市副中心建设项目外部配套市政交通实施统筹方案》，实现资金精准投放、配套市政交通与地块同步实施；推进《副中心竖向高程管控的工作意见》编制，保证北京城市副中心建设项目防洪排涝安全。

（寇晓蓉）

【建设项目规划验收】2023年，区规自分局办理建设工程规划核验57件，规划核验面积306.5万平方米；办理市政线性工程（含管线工程，管线附属设施及建筑工程）规划核验备案28件，备案管线长度90.97千米。

（寇晓蓉）

【“多规合一”审核意见核发】2023年，区规自分局核发“多规合一”审核意见207件。其中办理房建类审批案卷89件，包括“多规合一”初审26件、会商意见59件、供审函4件、设计方案审查意见函10件；办理市政类“多规合一”审查意见118件，其中“多规合一”初审66件、协同意见52件。

（寇晓蓉）

【地名工作】2023年，区规自分局完成8条市政道路命名（惠林路、凝翠路、松涛北街、松涛街、松涛南街、竹风北街、林韵东路、林韵西路），核准建筑物名称13件，编制门楼牌3件。

（寇晓蓉）

【北京城市副中心产业空间地图成果发布】2023年，区规自分局全面梳理新增经营性用地、集体产业用地和存量提升项目，挖掘用地潜力资源，形成详细可视化成果“北京城市副中心产业空间地图”和“近期资源清单”。3月20日，在2023北京城市副中心产业高质量发展大会上发布北京城市副中心产业空间地图，与全区56家相关单位部门共享信息资源。

（寇晓蓉）

【全市首个区级非建设空间系统规划发布】12月，北京城市副中心发布全市首个区级非建设空间系统规划，实现全域全要素系统治理有规可依。规划永久基本农田保护区约19.28万亩，空间上划定6个万亩级、55个千亩级永久基本农田集中连片区，优化布局；产业上引导都市创意农业、科技示范农业、大田高效农业发展，优化耕地种植结构。规划非建设空间生态保护红线56.4平方千米，划定14个万亩级、28个千亩级林地空间，推动林地空间集中布局。规划围绕“两水、两楔、一环、多廊、多田”生态框架，引导北京城市副中心田成方、林成网、水韵林海、绿野田园，避免田林水等生态要素“重叠打架”，打造水清滩绿、蓝绿交织的生态样板。聚焦耕地和永久基本农田保护、百万亩造林等重点任务，将田林水要素落实到一张底图上，确保各项任务层层推进。建立“三长联动”底图，将河长、林长、田长巡查图斑和空间范围落到同一底图上，实现“一巡三查”“一图三落”。

（通鉴编）

基础设施建设

【概　况】2023年，区城管委持续推进城市民生基础设施建设，根据实际需求及城市规划，完成北苑及温榆河慢行系统示范区建设，在重点区域增设交通信号灯、电动汽车充电桩、电动自行车充电设施等公共基础设施，满足居民出行、用电需求，保障民生安全，提升城市治理服务能力、治理水平现代化。

（通鉴编）

【北苑及温榆河慢行系统示范区建设】2023年，区城管委完成北苑及温榆河慢行系统示范区建设工作。北苑片区慢行示范区改造采用智慧行人安全过街系统、外卖及快递车辆电子围栏、交通路口全息感知、智慧交通非现场执法系统等科学技术手段并匹配相应硬件。结合道路所在具体片区，以安全、畅行、便捷、活力、宜居为主要设计目标，对城市道路设施进行设计，打造多元化交通和谐共处、更低碳便捷的交通系统。开展温榆河示范区建设，整合各类慢行空间资源，建设便捷可达、舒适健康、全龄友好的城市道路、绿道、滨水岸线“三网融合”慢行体系，通过局部改造融入部分交通功能，实现“水、路、绿”三网区域微循环，可有效分流城市道路超负荷的步行和自行车交通量，缓解交通压力。

（马婷婷）

【信号灯增设工程】2023年，区城管委完成信号灯增设工程，优化路口通行效能，降低路口交通安全风险隐患；完成怡乐西一路（支路）道路信号灯工程，7月具备通车条件；完成水仙东路二期（支路）0.72千米道路信号灯工程，9月具备通车条件；完成北运河东滨河路（玉带河大街—广渠路东延段）信号灯开通工程，提高北运河周边道路通行能力和服务水平；完成北京友谊医院通州院区过街设施，为就医患者提供便利。

（马婷婷）

【电动汽车充电桩建设】2023年，区城管委针对电动汽车充电难的问题，联合供电公司统筹协调推动，在运河商务区建成一个市级“统建统服”精品示范区试点充电场站、一座超充大型充电场站，解决周边地区电动车充电问题。截至年底，全区有充换电设施运营企业56家，充电接口、充电仓数8048个。

（马婷婷）

【电动自行车充电设施建设】2023年，通州区电动自行车保有量28.71万辆。区城管委新建电动自行车充电桩（柜）接口4万余个。截至年底，全区有11.3万个电动自行车充电接口，超额完成市级要求车与充电接口3∶1的比例，实现全区楼房居住小区电动自行车充电桩覆盖率100%。

（马婷婷）

▲2月13日，区城管委在北苑片区慢行示范区改造建设智慧行人安全过街系统　（区城管委提供）

重点城建项目

【概　况】2023年，区规自分局全力保障重点城市建设项目，推进北京市建筑设计研究院有限公司（简称北建院）、北京市工程咨询股份有限公司（简称北咨）总部项目，北京首都旅游集团有限责任公司（简称首旅集团）总部项目等一批建筑业、文旅业总部项目有序建设；紧扣时间节点，确保重大项目顺利推进，北京城市副中心投资建设集团有限公司（简称北投）大厦项目、博格华纳汽车零部件（北京）有限公司（简称博格华纳）新厂房项目实现竣工；以北京城市副中心规划建设发展为中心，推进重点项目规划审批，加快释放建设用地空间与施工进度，实现通州区首个“拿地即开工”项目。

（通鉴编）

【北投大厦项目】北投大厦项目位于市级行政办公区东侧，中国人民大学通州校区西侧。总建筑面积约11.2万平方米，工程总造价约8.4亿元。大厦按“绿色三星、健康三星”标准，采用“地源热泵+市政热力+冷水机组+冰蓄冷”复合式能源系统，屋顶布设光伏系统约3200平方米，装机规模413.5千瓦，全年发电量约40万千瓦时。由北京城市副中心投资建设集团有限公司建设、北京市建筑设计研究院有限公司设计、北京城建集团有限责任公司施工、北京双圆工程咨询监理有限公司监理。2022年1月27日开工建设，2023年12月23日竣工交付。

（朱　笛）

【首旅集团总部项目】首旅集团总部

▲ 5月26日，首旅集团总部项目完成土护降工程。图为项目施工鸟瞰图

（区住建委提供）

项目位于文化旅游区北部1202街区，在九棵树中路与曹园南街“一纵一横”景观大道交界区域，是北京环球度假区北入口门户节点，总用地面积1.61万平方米，总建筑规模8.3万平方米，地上11层、地下3层，建筑高度60米。建设主体是北京首旅城市副中心投资有限公司，建成后为首旅集团总部办公楼，是集商业、餐饮、酒店为一体的办公综合体。5月26日，项目取得建筑工程施工许可证，由土护降施工阶段转为主体结构施工阶段。

（杨云琪）

【北建院、北咨总部项目】 北建院、北咨总部项目相邻，均位于张家湾设计小镇范围内，其中北建院总部项目建设主体为北京未来科创建筑有限公司，总用地面积为1万平方米，总建筑规模为3.94万平方米（含地下），建成后为北建院总部办公楼；北咨总部项目建设主体为北京市工程咨询有限公司，总用地面积为0.55万平方米，总建设规模约为2.24万平方米（含地下），建成后为北咨总部办公楼。12月22日，北京建院、北咨总部项目取得建筑工程施工许可证，由土护降施工阶段转为主体结构施工阶段。

（杨云琪）

【博格华纳新厂房项目】 博格华纳新厂房项目位于潞城镇大甘棠村，总用地面积约1.89万平方米，总建设规模约1.59万平方米（含地下），包括联合厂房、研发中心及门卫室等配套用房，总造价1.04亿元。由北京潞阳精诚运营管理有限责任公司建设，中航建设集团有限公司施工，北京东方华太建设监理有限公司监理。2022年5月24日开工，2023年7月5日竣工，是通州区首个竣工的全程代办试点项目。

（朱　笛　杨云琪）

【首例“拿地即开工”项目】 2023年，永顺镇邓家窑及永顺村南部地块土地一级开发项目FZX-0501-6004、6005地块R2二类居住用地、A334托幼用地由北京万科企业有限公司通过招拍挂方式取得建设用地使用权，建设单位缴纳土地出让收益、土地补偿款满足交地前置要求，区规自分局完成建筑方案审查工作，区住建委完成土护降施工许可审查工作，实现方案稳定即开展评审，缴纳出让金即核发开工手续，是通州区首例实现“拿地即开工”项目。

（王　燕）

【河畔家园居住等非配套公建项目】 河畔家园居住、配套公建及商业等非配套公建项目（9号A塔办公塔楼等四项）位于永顺镇，运河商务区中心区域，总建筑面积约48.28万平方米，地上33.07万平方米，地下15.21万平方米，规划总用地面积3.34万平方米。北京顺开房地产开发有限公司建设，北京市建筑设计研究院有限公司设计，中建三局集团有限公司和广东珠江工程总承包有限公司联合体施工，广东珠江建设工程监理有限公司监理。2022年6月14日开工。

（朱　笛）

城市更新

【概　况】 2023年，通州区住房和城乡建设委员会（简称区住建委）全面下沉基层属地责任，持续开展老旧小区综合整治项目，由环境整治向社会、文化、经济和城市治理等多维度发展，探索城市更新长效治理机制，发展城市更新更多可能。“副中心城市绿心（原东方化工厂及周边地区）更新实践项目”入选第二届“北京城市更新最佳实践”项目。

（通鉴编）

【老旧小区综合整治】 2023年，通州区新确认19个老旧小区，建筑面积49.71万平方米；新开工老旧综合整治小区19个，建筑面积35万平方米；新完工老旧综合整治小区14个，建筑面积37万平方米。

（金晓晨）

【云景里“温暖旧改＋长效治理”项目】 2023年，云景里老旧小区改造项目基本完成。项目2022年10月开展实施改造工作，涉住宅楼16栋、居民672户，占地面积约4.33万平方米，总建筑面积约6.33万平方米。项目上下水改造同意率100%，外窗护栏拆除率100%，是全市同类项目最好成效；首推“施工楼栋长”机制，被市住建委在全市范围内推广；是通州区唯一列入建设部完整社区试点的旧改项目。

（金晓晨）

【怡乐园二区家园中心项目获许可证】 10月31日，怡乐园二区社区级家园中心项目取得施工许可证，进入施工阶段。项目位于杨庄街道，是将原小区内部礼堂改建成为社区级家园中心，改建后地上建筑面积2778平方米，建筑高度13.4米，包含社区食堂、综合超市及其他便民服务设施用房等。

（金晓晨）

市容环境管理

【概 况】 2023年，区城管委接市级下发脏乱点2388处、区级下发脏乱点4.04万处台账，协调督促属地单位全部整改完毕；利用区级小卫星月度监测成果，累计自查发现小卫星点位7305个，督促各属地清理整治。截至年底，全区有生活垃圾收转运车辆450辆，处置其他垃圾50.79万吨，厨余（餐厨）垃圾14.84万吨，生活垃圾无害处理率100%。编制印发《北京市通州区2023年环境卫生重点工作任务》《通州区生活垃圾分类考评指标方案》《关于加强全区工地渣土车闭环监管及渣土运输综合整治的工作方案》《北京市通州区2023年非法中转倾倒垃圾联合打击整治专项行动方案》《关于进一步完善京津冀建筑垃圾协同治理工作机制的实施方案（试行）》等11份行业指导文件。持续推进生活垃圾分类工作，14个社区（村）建立较为完善的可回收物和大件垃圾回收体系，其中7个社区（村）通过市级验收，并完成180个示范类、370个达标类小区（村）申报自查。持续推进北三县土方跨区域协同利用模式，推进4座农村生活垃圾转运站项目，完成工艺论证，取得规划条件批复，落实环卫行业违规电动三、四轮车综合治理，新置合规车辆982台，淘汰1531台。

（马婷婷）

【“接诉即办”责任体系】 2023年，通州区建立区领导高位统筹责任体系，推动“接诉即办”工作有效开展。区委书记每季度专题调度，区长每月调度帮扶月排名靠后街道乡镇，区委副书记、区纪委书记、区委组织部部长每月约谈排名靠后单位主要领导，区委副书记、组织部部长每月召开“接诉即办”改革专项小组会，主管副区长每周调度、每月实地调研，将会议开到现场，将经验分享请进会场，强化实操。全年召开80余次区级“接诉即办”会议，推动50余项重难点问题解决。

（张卫国）

【“接诉即办”运行机制】 2023年，通州区城市管理指挥中心（以下简称区城指中心）持续优化“接诉即办”工作机制，制定出台《通州区2023年“接诉即办”工作要点》《通州区关于提升全区“接诉即办”工作水平的措施文件选编》等5个工作指导文件。制定《关于进一步提升见面率的工作方案》，全区见面率从年初37%提升到81%。强化“接诉即办”事项7×24小时督办，全年督办事项9072件，原始满意率由48%上升至71%。形成《专报》12期，提级调度难点问题，诉求降量明显。核算“接诉即办”奖励资金5515.2万元，推动解决“接诉即办”民生事项和难点问题500余项。全年形成日报365期、周报52期、月报12期、年报1期，全面反映全区“接诉即办”工作情况。

（张卫国）

【治理类乡镇全部退出】 2023年，通州区制定治理类乡镇整治提升退出方案，每周发布数据预警监测，每月评估退出值差距。组织相关工作人员到北京市市民热线服务中心交流学习，提升专业素质和技能。实地走访座谈，摸清重难点问题情况，研究制定解决办法，推动诉求降量。3月，张家湾镇退出治理类乡镇，12月，马驹桥镇、台湖镇、宋庄镇退出治理类乡镇，通州区挂账治理类乡镇全部退出。

（张卫国）

【轨道交通沿线及出入口周边环境整治】 2023年，区城管委成立专项小组，组织专人对区内轨道交通沿线及出入口周边环境进行检查并建立台账。全年检查车站26座，出入口86个，检查发现环境类问题1439个，全部完成整改。

（马婷婷）

【架空线入地】 2023年，区城管委持续推进电力架空线及通信架空线入地工程。完成19条道路电力架空线入地工程建设并投产送电，新建电力工作井654座，新安装箱变54台、开闭器114台，架空线入地总长24千米；完成264条道路通信架空线入地任务，总长度约186千米，共布放线缆1.18万条，长度3392千米。

（马婷婷）

【景观布置】 2023年，区城管委在春节、国庆节等重要节点期间，在通济路、新华大街、芙蓉东路等主要道路，北苑桥、天成桥、东关大桥等重要地点安装传统灯饰，做好景观布置，营造节日氛围。在主干道上布置

▲ 4月13日，区城管委在怡乐南路开展架空线入地改造 （区城管委提供）

▲ 9月27日，区城管委在新华大街做好景观布置　（区融媒体中心提供）

常态化花箱，以时令花卉装扮，打造北京城市副中心“车在花中走，人在画中游”景观。

（马婷婷）

【“三庙一塔”夜景照明工程获“北京照明奖”二等奖】 2023年，通州区“三庙一塔”夜景照明工程项目获得2022年“北京照明奖”二等奖。“三庙一塔”夜景照明工程对“三庙一塔”、运河文化、历史文化等城市文脉进行分析，通过设计将建筑、景观、灯光三者融为一体，用光的浓、淡、明、暗来表现建筑的节奏感、韵律感和“三庙一塔”地区所蕴含的文化之光、人文之光、自然之光。

（马婷婷）

【8条街巷获评“2022年度首都文明街巷”】 2023年，通州区潞河中学北街、运河园路、西总村路、翠屏东路、翠屏路、上园西路、四员厅大街、荔景西路共8条街巷获评“2022年度首都文明街巷”。截至年底，全区有40条街巷获评首都文明街巷。

（马婷婷）

【漕运文化探访线路获评“漫步北京”最美胡同探访路线】 2023年，通州区漕运文化探访线路获评“漫步北京”最美胡同街巷探访路线。漕运文化路线全长约3.5千米，含乔庄后街、公安学校路、梨园中街一巷3条背街小巷，包含展现漕运景象的运河文化浮雕，展现楼门文化的十姊妹工作室手工艺品展示橱窗，展示森林拥抱城市主题的运河生态公园，塑造传统文化和现代文明交相辉映的城市特色风貌。

（马婷婷）

【垃圾分类】 2023年，区城管委强化垃圾分类日常检查，出动人员1374次，检查小区（村）6168次；完善14个社区可回收物和大件垃圾回收体系，实现投放站点设置合理、居民交投便捷、收运处置规范。上线“潞晓分”小程序拍照自查功能，全区359个村全部实施试点先行，自检上报率75%；确定5个“定时定点”试点小区（马驹桥镇融科钧庭小区、杨庄街道广通小区、梨园镇土桥plus、通运街道运河园小区、中仓街道同心家园），集中力量开展桶前值守。逐步由试点推广覆盖全区，实现无人值守，解决值守力量不足问题。

（马婷婷）

【生活垃圾精细化系统建设】 2023年，区城管委推进通州区生活垃圾精细化管理平台建设，全区有垃圾收运车辆450辆，其中371辆完成GPS定位设备和称重计量设备加装；推进全区居住小区排放登记管理工作，1111个小区（村）完成排放登记工作，登记率100%，信息补全率100%，提前完成市级考核目标；推动全区非居民厨余垃圾计量收费管理工作，共识别小区厨余垃圾清运数据8.25万条，累计清运量1.56万吨。识别小区其他垃圾清运数据185.85万条，累计清运量12.34万吨。识别非居民厨余垃圾清运数据3.4万条，累计清运量0.4万吨。

（马婷婷）

【环卫作业】 2023年，通州区有城区道路607条，道路面积1588.26万平方米，可上大型机械作业道路272条，道路面积703.26万平方米，机械作业率100%。全年出动人员112.8万人次，出动作业车辆8.5万车次，用水量56.96万吨。检测道路尘土残存量1300

▲ 1月29日，潞源街道朗清园社区智能垃圾分类桶站　（区城管委提供）

余条，城市道路洁净度总体良好。

（马婷婷）

【扫雪铲冰】 2023年，通州区累计出动雪中作业和雪后恢复工作一线作业人员3.34万人次、多功能除雪车489车次、融雪车583车次、撒布器419台次、滚刷254台次、推雪铲1246台次、步道除雪设备587台次、人工除雪设备2.12万台次，施撒固态融雪剂4764吨、融雪液3484吨。

（马婷婷）

【环卫检查可视化】 2023年，区城管委完成北京城市副中心核心区环境卫生及环卫设施视频检查项目中15座密闭式压缩清洁站和1座融盐池场站视频回传系统；完成与区经信局签订视频图像信息安全责任书，初步实现对全区大部分区域道路环境卫生可视检查功能，对北京城市副中心核心区所覆盖监控的环卫设施进行有效监管；完成生活垃圾精细化管理平台系统迁入，实现对部分环卫设施单位车辆进出场情况和卸料平台环境卫生情况进行可视化检查功能，将视频巡查与人工监督检查相结合，全面提升环卫监管智能化精细化管理水平；完成北京城市副中心核心区环境卫生及环卫设施手持拍照检查项目。

（马婷婷）

城管综合执法

【概　况】 2023年，通州区城市管理综合行政执法局（简称区城管执法局）有序推进疏解整治工作，完成重要节日、重点点位环境秩序保障任务。开展执法为民暖心解忧行动，持续提升"接诉即办"工作成效，提升"每月一题"整治成果，加大对非法小广告、店外经营、"门前三包"、私装地锁、非法运营等群众反映突出问题的整治。开展城市人居环境整治行动，做好生活垃圾、建筑垃圾综合治理，加强施工扬尘、渣土车遗撒泄漏、露天烧烤、露天焚烧等违法行为精细化整治。开展安全隐患排查治理行动，持续开展油、电、气、热等涉及城管执法职责安全领域隐患排查。全年作出执法决定3.22万件，罚款2706.9万元。

（于　鹏）

【"基本无违法建设区"创建】 2023年，通州区"基本无违法建设区"创建工作办公室制定《通州区2023年创建"基本无违法建设区"工作实施意见》，明确主要任务、责任分工、工作措施、验收准备等内容，确保各项工作有人抓、有人管、有人干。充分发挥区级高位统筹协调作用，区委、区政府主要领导亲自动员部署、亲自指挥调度、亲自调研指导，主管副区长高频调度，多次到各乡镇实地督导，推动拆违工作。制定《通州区关于开展创建工作涉及医疗、养老、教育、体育用房安全隐患排查工作实施方案》，指导街道乡镇对四类用房开展安全隐患排查工作，完成拆违腾地任务，加快推进"基本无违法建设区"创建验收，全年拆除违法建设305.2万平方米，腾退土地307.7公顷。

（于　鹏）

【占道经营专项整治】 2023年，区城管执法局制定《通州区2023年占道经营整治专项行动工作方案》，调整各辖区"动态清零"标准。结合"并肩行动"、"疏整促"工作、"城乡接合部重点村整治"等工作，整合发力，综合调度各街道乡镇开展整治工作。坚持以问题为导向，通过大数据动态监测，综合分析市民诉求数据，推动整治工作开展。全年占道经营诉求量3957件，处罚4713起，同比上升55.28%，罚款80.18万元，执法诉求比为119.11%。4个市级挂账点位完成销账任务。

（于　鹏）

【安全生产专项执法】 2023年，区城管执法局开展安全生产和火灾隐患大排查大整治工作，印发工作提示、加强使用"企安安"系统、强化安全生产执法检查，进一步规范日常执法检查单录入，切实提高"两量三率"（即人均检查量、人均隐患查处量，检查覆盖率、一般隐患整改率、重大隐患核销率）和问题发现能力。开展游商使用液化气罐专项整治行动，严查使用液化石油气罐从事街头无照经营违法行为。联合公安等部门对城乡接合部重点村餐饮企业开展液化石油气排查工作，紧盯购买、运输、储存、使用各环节，发现违法违规行为，及时督促整改。加强长输管道安全监管，规范涉及地下管线的施工及防范破坏管道行为。全年开展安全生产执法检查7.07万家次，发现问题4500个，立案查处3221起，

▲ 12月14日，环卫中心工作人员利用视频系统对积雪点位进行扫雪调度

（区城管委提供）

罚款 117.54 万元。

（于　鹏）

【大气污染防治执法】2023 年，区城管执法局开展建筑垃圾专项执法百日攻坚行动、第一波次施工工地“净尘”专项执法行动和建筑垃圾“每周行动日”污染防治专项整治行动，坚决做到发现一起，处罚一起，落实执法责任。持续开展好日间 + 夜间全天候联合执法检查工作，在运输线路上开展错时执法、精准执法，对违法行为保持高压态势。优化事前预警、事中监管、事后处罚“三步工作法”工作措施，持续加大夜施扰民执法力度。全年处罚施工扬尘和夜施扰民问题 1198 起，罚款 2048 万余元，处罚运输车辆及建筑垃圾 5035 起，罚款 486.6 万余元。

（于　鹏）

【垃圾分类专项执法】2023 年，区城管执法局坚持“三个纳入”（即纳入区长办公会、纳入书记月度点评会、纳入城乡环境建设考评）高位统筹和周分析、月考核通报以及重点问题督办销账等措施，持续推进“城管执法精准进社区”。依托大数据工作平台，对辖区内分类基础薄弱、不分类投放居民（村民）集中的居住小区（村），按照“执法时间差异化”工作要求，动态调整执法时间及执法力量，不定期开展“执法回头看”，切实提升“城管执法精准进社区”的执法质量和成效。以群众诉求、媒体曝光问题为导向，强化部门联动，形成整治合力，重点对垃圾清运不及时、混装混运、非法收集运输、非法倾倒等违法行为进行整治。全年录入生活垃圾分类投放检查单 1.38 万张，处罚违法行为 1.65 万起，罚款 104.67 万元。

（于　鹏）

【“静心 2023”中高考服务保障行动】6 月，区城管执法局开展“静心 2023”中高考服务保障行动。结合全系统安全生产和火灾隐患大排查大整治七个方面重点工作，依职责统筹相关属地执法队，提前对校园考点及周边单位开展拉网式排查，对重大隐患以及风险高、隐患多的单位，边查边改、立查立改，对影响考生学习生活的露天烧烤、违规夜市、无照经营等突出环境问题进行综合治理，重点点位挂账整治，全面开展执法工作，净化校园周边及考生备考环境。利用线上线下多种方式，对未经批准擅自进行夜间施工的企业进行告诫，进一步明确中高考期间严格禁止夜间施工等相关规定要求。考试当日，集中投入执法力量，保障考生复习和考试环境。

（于　鹏）

▲ 6 月 7 日，城管执法人员在高考考点开展高考保障志愿活动

（区城管执法局提供）

公用事业

供　水

【概　述】2023 年，北京市自来水集团有限责任公司通州分公司（简称自来水通州分公司）完成供水总量 6891.38 万立方米，销售水量 5604.91 万立方米。单位供水耗电量 0.29 千瓦时 / 立方米，水质综合合格率、管网压力合格率、修漏及时率均为 100%，全年未出现安全生产责任事故和死亡责任事故。完成全国两会、服贸会、第三届“一带一路”国际合作高峰论坛等重大会议供水服务保障任务。应对北京“23 · 7”特大暴雨，在确保汛期安全供水的同时，支援兄弟单位灾后重建工作。

（张小莉）

【水质管理】2023 年，自来水通州分公司严格落实集团三级水质检测制度，完成公司第一水厂、第二水厂、市级行政办公区及通州城区供水管网的水质检测任务和水质在线仪表的巡视维护工作，共计检测 3.85 万项次。

（张小莉）

【管网安全】2023 年，自来水通州分公司修漏干线 250 余处，修漏换管 200 余米，故障换表 140 余块，欠费撤复表 350 余次，换修 DN75 以上闸门 50 余次、DN75 以下闸门 370 余次，维修井盖 220 余次，维修消火栓 60 余次，上门服务零活小修 500 次，修漏及时率 100%。解决用户反映水压问题 780 次、水质类问题 80 次，非自来水通州分公司管辖用户报修 40 次。安装单流阀 1400 余个。全年完成管线巡视总长度 1.39 万千米。

（张小莉）

【供水高峰保障】2023 年，自来水通州分公司优化配置 4 路水源，做好相关数据采集和分析工作，制定迎高峰供水保障工作方案，实行高峰调度领导小组会商制，确保实现安全稳压供水目标。7 月 9 日，高峰日供水量为 22.05 万立方米。

（张小莉）

【安全生产管理】2023 年，自来水通州分公司持续开展安全生产标准化建设。5 月获得北京市水务局颁发的北京市二级安全生产标准化企业称号。

开展安全文化建设示范企业创建工作。12月获北京市应急管理局颁发的北京市安全文化建设示范企业称号。

（张小莉）

【重点工程建设】 2023年，自来水通州分公司启动市级行政办公区供水管线二期工程开工建设，完成保障房南北区、东南组团周边市政给水管线建设累计约11千米，通水运行正常，服务保障第二批市级机关搬迁工作。

（张小莉）

【民生工程】 2023年，自来水通州分公司完成砖厂中路201号院、云景里小区、京洲园3个自备井置换项目，怡乐北街小区、皓月苑、葛布店北里北区等11个老旧小区供水管线改造，两项工程共改造管网7.47千米，受益人口约1.3万人。配合宋庄镇政府，完成对旭辉御锦、首开香溪郡、格拉斯小镇、千章墅4个小区的智慧水务自备井切换，服务用户4500余人。

（张小莉）

供　电

【概　述】 2023年，国网北京通州供电公司（简称通州供电公司）管辖范围内有变电站50座，其中500千伏变电站2座（容量720万千伏安）、220千伏变电站10座（容量522万千伏安）、110千伏变电站34座（容量385.2万千伏安）、35千伏变电站4座（容量12万千伏安）。10千伏开闭站128座，电缆分界室748座，配电变压器9068台（容量3692.3兆伏安）。220千伏架空线路183.85千米，110千伏架空线路217.37千米，35千伏架空线路96.17千米，10千伏架空线路2596.3千米，10千伏电缆线路3282千米。地区电网最大用电负荷203.95万千瓦。固定资产投资4.82亿元，售电量90.42亿千瓦时，营业收入55.38亿元，资产总额43.86亿元，综合线损率2.89%。获评国网“一体四翼”（即以电网业务为主体，以金融业务、国际业务、支撑产业、战略性新兴产业为四翼）劳动竞赛先进集体、国家电网有限公司东西部人才帮扶工作先进集体等称号。

（宋三女）

【电网建设】 2023年，通州供电公司深入分析北京城市副中心用电热点区域，完成“十四五”规划中期调整。220千伏柴务站投产送电，梨园、创意园站开工建设。110千伏环保园区等6项输变电工程取得立项核准，110千伏商务园T接北苑等4项输变电工程投产，110千伏大营示范变电站开工建设，打造绿建融合零碳变电站样板。投产市级行政办公区二期外电源工程，保障第二批市级机关搬迁。完成北京城市副中心三大文化建筑配套用电工程，完成绿电交易180万千瓦时。制定重点企业用电“一户一策”，台马地区芯片企业、友谊医院通州院区二期等重点工程全部提前送电。“老城双修”加速推进，完成2座老旧小区改造，13条19千米道路架空入地工程竣工。促成北京市电力公司与通州区主要领导会谈，形成电网建设、机制创新等9项重点联合推进事项。促请政府建立电力项目建设及重点事项协同机制，统筹推进架空入地、重点项目配套迁改。推动投资到红线示范落地，全年外部资金到账1.24亿元。

（宋三女）

【安全生产】 2023年，通州供电公司严格落实管住计划、管住队伍、管住人员、管住现场“四个管住”要求，保障全年4227个作业现场、3489人次现场作业安全平稳。组织现场作业风险审核769项，桌面推演66次，安全管理体系建设通过国网公司验收。全年6000余项小型分散作业现场全部纳入“计划＋视频”管控，全面消除安全监督盲区。迎战北京“23·7”特大暴雨，主要领导亲自带队，58名干部职工13天完成门头沟抢险任务。超前完成度夏度冬工程23项，实施高损变压器更换249台、故障高发台区分换装42台，在持续恶劣天气下配电故障同比压降22%，平稳应对203.95万千瓦历史最大负荷考验。深化政企联动、警企联动，坚持“事前警示教育、事后依法追责”，实现输电线路全年零故障。

（宋三女）

【供电服务】 2023年，通州供电公司落实市政企业“五联”（即联合报装、联合勘查、联动施工、联合验收、联动过户）服务和占掘路“非禁免批”政策，走访133家报装接电企业，打造“电力＋通信”联办案例、2项高压“非禁免批”典型案例，优化营商环境。坚持助力乡村振兴，电力驿站实现“一镇一点”，2座驿站获得国网公司“村网共建”电力便民服务示范点称号，潞城镇前疃村获评国家电网公司乡村振兴优秀案例。大力增供扩销，新增接电

▲4月7日，通州供电公司工作人员开展安全检查工作

（通州供电公司提供　付洋摄）

79.13 万千伏安，同比增长 72.92%。完成计量表计改造更换 8.5 万具，电费采集抄表比率提升至 100%。

（宋三女）

【新型电力系统建设】 2023 年，《北京城市副中心新型电力系统 10 千伏及以下配电网设施配置技术规范》发布，成为全国首个新型电力系统地方标准、北京市首个区域地方标准，并在北京城市副中心三大文化建筑、台马组团智能制造基地等项目中率先落地。通州供电公司取得区政府授权开展虚拟电厂示范建设，全市首个虚拟电厂政策出台。取得区政府授权建设城市智慧能源管理系统（CIEMS），深化 5 大板块 87 个场景建设。构建“潞能超充”品牌充电网络，投产 2 座运河商务区超充示范区超充站。建成北京第一实验学校光伏项目，签约小米汽车工厂智慧运维，完成潞电聚合商注册，新型产业加速布局。北京城市副中心建设国家绿色发展示范区新型电力系统实验基地获得政府授牌，建成全国首条全自动充电设施检定检测流水线，“产学研用”链条初步贯通。完成群调群控平台 5235 户数据导入，实现分布式电源、可调负荷资源调控。配电源网荷储协同互动技术实验室获公司科技创新成果奖，取得授权专利。城市绿心森林公园“零碳”园区示范获评国家能源绿色低碳转型典型案例。通州分公司获评国网公司首批数字化配电网综合示范区培育单位，并首批开展国家电网现代智慧配电网综合示范建设。

（宋三女）

【大营 110 千伏输变电工程】 大营 110 千伏输变电工程位于北京城市副中心 0902 街区，总投资约 1.8 亿元，占地面积 5155 平方米，上级电源来自北京城市副中心 220 千伏站。施工项目包括安装 50 兆伏安有载调压变压器 2 台、10 千伏馈电出线 40 回，新建隧道 0.18 千米，敷设电缆 2.52 千米。2023 年 10 月开工建设。

（宋三女）

【电力爱心教室志愿活动】 6月21日，通州供电公司到北京学校开展“奉献光明 点亮梦想”国网“电力爱心教室”志愿活动。公司青年志愿者以“电力王国环游记”为主题，从电的认识、防止触电出发，全面科普生活用电、安全用电等小知识，40 余名学生参加活动，400 余名学生通过网络直播实时观看授课。课后，公司向北京学校赠送最新版的《电力王国寻电记》，让学生们通过阅读更加深入地了解电力的产生和传输，了解安全用电、应急逃生等知识。

（宋三女）

供 热

【概　述】 2023 年，通州区有供热企业 103 家、锅炉房（含 3 座燃电、5 座 CNG、LNG）176 座、换热站 369 座，供热面积约 5879.9 万平方米。供暖面积超过百万平方米的供热企业 7 家（5 家国企、2 家民企），其余 96 家为中小型民企，以分散燃气锅炉供热为主，涉及燃气锅炉房 111 座和电锅炉房 2 座。

（马婷婷）

【供热保障】 2023 年，区城管委推动区域散小热源整合，不断提高供热品质。结合“冬病夏治”“敲门温暖”等措施实施老旧管线设施改造，更换截门 5000 余个、换热板 500 余组、一次主管线 3500 余米、二次管线 1.3 万余米、室内公共管线 1.5 万米。

（马婷婷）

【供热重点项目】 2023 年，区城管委有序推进浅层地源热泵在新建公共建筑和工业建筑开展示范应用，北京城市副中心政务服务大厅、城市绿心森林公园配套建筑地源热泵供热供冷项目建设完工。推进全区公共区域集中供热热源互联互通，运河商务区核心区区域能源系统建设项目 DN1000 与 DN500 热力管道实现互联互通，具备区域内大型供热企业冬季供热互联互保功能。围绕并网三河电厂、华源管网等项目，开展余热利用的能源节约和能效提升，优化供热能源结构，全区供热资源统筹全面推进。

（马婷婷）

【首个中深层地热供暖试点示范项目开工】 12 月 30 日，中油热 1 井开钻，标志着北京城市副中心首个中深层地热供暖试点示范项目正式启动。项目为中深层地热供暖项目，为北京城市副中心 0701 街区保障房（D、F 地块）供暖，总供热面积为 35.3 万平方米，项目采用“取热不耗水，等量同层回灌”、地热资源精细评价技术以及全密闭高效地面工艺设计等核心技术，实现地热资源科学开发利用。采用“地热 +”多能耦合运营方式，通过智能化管控实现全过程高效换热，节能降耗率 60%，每年可利用地热资

▲ 6 月 1 日，供热公司工人在玉桥南里开展供热系统“冬病夏治”工作

（区城管委提供）

源量7.16万吉焦，减少天然气使用量200万立方米，减排二氧化碳7650吨，基本实现零碳排放。

（谷超男）

燃　气

【概　述】2023年，通州区有燃气供应企业17家。全区在册天然气居民用户63.94万户，天然气非居民用户5758户，液化石油气居民用户13.6万户。1月1日起，《关于通州区非居民用户禁用瓶装液化石油气的通告》施行，全区无液化石油气非居民用户。区城管委全年出动检查人员530人次，开展检查283次；完成22个街道乡镇641565户燃气非居民用户及居民用户入户巡检任务，做到“一户一台账”。

（马婷婷）

【燃气安全宣传】2023年，区城管委开展燃气安全宣传进社区、进企业、进校园，配合并督促属地政府、燃气供应企业开展燃气安全宣传活动20余次，发放各类《燃气安全使用手册》20余万份。组织开展农村液化气罐使用安全宣传活动5场次、社区家庭燃气安全宣传活动3场次、更换安全型配件宣传活动9场次，累计参与1316人次。通过现场用户讲解安全知识、现场演示使用方法、发放安全宣传手册、摆放展板等方式，提升居民燃气安全用气意识、安全用气常识和自救互救技能，从源头防范化解群众身边的安全风险，让用户掌握燃气应急、抢险自救、火灾防范化解技能。

（马婷婷）

【“煤改气”长效管护】2023年，区城管委供暖季期间调度各属地做好2022—2023年度取暖季长效管护工作，组织区级第三方公司检查各管护队伍售后服务网点100余次。组织长效管护队伍完成5.6万余户供暖季前入户巡检，部署区级第三方公司开展入户抽查。督促属地落实“煤改气”长效管护工作，完成巡检，有效降低设备故障率，确保农村“煤改气”住户冬季正常供暖。

（马婷婷）

【安全型配件推广安装】2023年，全区完成天然气配件安装16.76万户，超额完成原定任务目标13万户。完成液化石油气配件安装3.84万户，完成率172.97%。

（马婷婷）

建筑业管理

【概　况】2023年，通州区核发施工许可手续139件，其中施工许可证125件、施工准备函6件、施工登记意见函4件、简易低风险施工许可证4件，涉及建筑规模559万平方米、市政管线工程8.89万米，投资额约267亿元。有首次申请资质获批建筑企业63家，增项资质获批70家，延续资质获批335家，升级资质获批2家，迁出15家，资质证书变更316家（其中迁入21家）。截至年底，全区有资质有效期内建筑企业2177家（其中劳务备案企业1298家）。办理二级建造师变更注册290人次，企业名称变更14家36人次，注册地址变更20家153人次。

（王　燕　宋友香）

【招标投标管理】2023年，区住建委受理建设工程招投标项目入场64项，包括房建类项目31项（含老旧小区改造4项）、市政类项目8项、监理项目25项。房建类项目总建筑规模约193万平方米（含老旧小区改造约37万平方米），市政道路及管线长度约6.4千米，项目总投资额约145.8亿元，中标项目合同额约115.67亿元。

（薄　然）

【建筑节能与建材管理】2023年，通州区实施公共建筑节能绿色化改造78.42万平方米，改造内容包括供暖通风空调系统、照明系统及围护结构等。推进新能源应用，全区新增企业光伏备案容量29.81兆瓦、自然人光伏备案容量4.09兆瓦，核准热泵供暖面积144.16万平方米。持续推进“政府采购支持绿色建材促进建筑品质提升”工作，文旅区小学、黄城根小学（召里校区）等5个试点完成方案初步设计与建材比例计算。

（赵程鹏）

【建筑业企业资质管理】2023年，通州区有资质的施工总承包、专业承包建筑企业完成建筑业总产值2328.8亿元，同比增长7.4%。其中，房屋建筑业完成1481.6亿元，同比增长5.5%；土木工程建筑业完成785.7亿元，同比增长9.5%；建筑安装业完成11.3亿元，同比增长33.5%；建筑装饰和其他建筑业完成50.2亿元，同比增长31.7%。9月至年底，区住建委面向区内1月1日至7月31日期间取得建筑业企业资质的新设立企业，核查企

▲6月7日，区城管委联合燃气三分公司在黄城根小学开展燃气安全进校园宣传活动

（区城管委提供）

业注册建造师数量是否满足资质标准要求，向不符合资质标准条件的企业制发《责令改正通知书》。

（通鉴编）

【施工现场扬尘治理】2023年，区住建委结合“大气污染防治2023年行动计划”“施工现场扬尘治理百日行动”“建筑工程环境整治提升工作”，全面压实参建单位扬尘治理主体责任，开展施工现场扬尘治理执法检查2996项次，出动检查人员8089人次。开展“绿牌工地”创建工作，推行“绿牌工地”评审及管理，截至年底，14个项目获“绿牌工地”称号。督促施工现场非道路移动机械使用符合标准燃料，定期更新监管工程项目非道路移动机械动态台账报送至区生态环境局，全年开展非道路移动机械专项检查2677项次。

（傅　刚）

【工程质量检查】2023年，通州区新开工注册工程128项，其中房建工程105项，工程总面积514.95万平方米；市政工程23项，总造价6.53亿元。区住建委开展监督抽查685项，其中房建工程442项（包含保障性住房70项），工程总面积3210.26万平方米；市政基础设施工程169项，工程总规模90.76亿元；搅拌站和检测机构74项。

（朱　笛）

【消防验收】2023年，区住建委受理消防验收工程51项，出具消防验收意见书51份，其中合格40项、不合格11项。受理消防备案工程71项，备案抽中9项，其中合格7项。通州区消防验收、备案工程数量均在全市前列。

（朱　笛）

【安全管理培训】2023年，区住建委结合通州区工程建设情况，以线上线下相结合方式对委内执法人员、属地安全负责人员及项目参建三方开展安全生产培训10次，受训人数约1500人。培训内容包括消防管理、动火作业管理、基坑工程、高坠事故及模板坍塌事故原因分析及预防措施、限额以下工程管理等。

（傅　刚）

【重要活动服务保障】2023年，区住建委研究制定《通州区建筑工程施工现场全国两会服务保障工作方案》，成立保障工作小组，加大执法检查力度，出动416人次，检查施工工地149个次，视频巡查2984项次。营造良好考试环境，中高考期间督促考点周边建筑工程项目严格按照保障期间工作要求，严控夜间施工审批，所有在施工程全天不得进行产生噪声施工作业；加大执法检查力度，重点检查考点周边工地。服贸会保障期间，按照服贸会保障工作要求，开展施工现场执法监督检查单位51家次，出动执法人员125人次，视频巡查735项次。国庆期间，对建筑工程施工现场安全生产、消防安全、动火作业、应急值守、领导带班等开展执法检查，督促各施工项目做好安全隐患排查整改，开展施工现场执法监督检查单位100家次，出动执法人员220人次，视频巡查1287项次。

（傅　刚）

【通州建筑业联合会完成换届】6月21日，通州建筑业联合会组织召开第六届全体会员大会。会议审议联合会第五届理事会工作报告、财务工作报告，投票通过新的联合会章程、第六届联合会理事及监事名单。中建二局、中建一局三公司、中铁十六局等重点央企入会。

（宋友香）

房地产业管理

【概　况】2023年，区住建委持续开展通州区房地产市场指标监测，形成《通州区房地产市场监测分析报告》，探索通州区房地产发展趋势。印发《关于开展2023年通州区住房城乡建设系统“质量月”活动通知》，以“增强质量意识 推进高质量发展”为主题，举办通州区2023年住房城乡建设系统“质量月”活动。做好房地产市场监管信息公开，持续在毕业季、租房旺季做好住房租赁信息发布。

（罗慧敏）

【新建商品房市场成交】2023年，通州区新建商品住宅网签4129套，同比下降33.4%，除共有产权住房外，均价5.2万元/平方米，同比上升6.5%，均价上升主要由于项目区位和成交结构变化；商务型公寓网签442套，同比增长76.1%，均价3.7万元/平方米，同比下降16.2%，多数项目降价在10%以上；写字楼网签829套，同比下降24.9%，均价1.9万元/平方米，同比下降41.8%，主要由于成交结构带来均价变化以及项目网签价格下降，多数项目降价在10%以内；商业网签184套，同比上升7.6%，均价2.1万元/平方米，同比下降27.9%，主要由于成交结构带来均价变化以及部分项目网签价格下降。

（罗慧敏）

【新建商品住宅供应】2023年，通州区商品住宅供应面积64.8万平方米，同比增长167.6%（北京市同比减少23%），供应规模略低于近五年平均值。

（罗慧敏）

【房屋实测绘成果审核】2023年，区住建委完成房屋实测绘成果审核117件，其中初审项目93件，实预测对应项目13件，变更项目11件，楼栋个数为564栋，总面积494.9万平方米。

（郑　晴）

【房地产经纪和住房租赁企业备案】2023年，区住建委完成企业初始备案128家，其中经纪机构118家、分支机构3家、住房租赁企业7家；变更（重新）备案63家，其中经纪机构35家、分支机构5家、住房租赁企业23家；注销备案27家，其中经纪机构15家、分支机构3家、住房租赁企业9家。

（郑　晴）

【房地产中介领域行政执法】2023年，区住建委有序推进存量房交易、房屋租赁中介领域执法工作。房地产中介领域行政执法993家次，其中经纪机构618家次、住房租赁企业375家次。立案处罚6起，罚款金额7.75万元，其中经纪机构2起，罚款金额2.5万元；住房租赁企业4起，罚款金额5.25万元。

（郑　晴）

【经营性自建房安全责任保险投保】2023年，区住建委持续推进通州区经营性自建房安全责任保险试点，全区涉9个乡镇10个试点村。按照房屋安全责任人自主投保模式，西集镇张各庄村、漷县镇翟各庄及漷县村等8个村187户农户完成投保。按照镇政府统一出资投保模式，马驹桥镇在为全镇家庭投保“安全综合风险统保保险”基础上，扩充试点保险，覆盖全镇3000余户经营性自建房；永乐店镇制定方案，计划采用马驹桥模式，于保险到期后完善丰富原有方案；西集镇沙古堆村等非试点村17户民宿参照该保险自主投保。

（郑　晴）

【住房租赁服务平台】2023年，区住建委完成北京城市副中心住房租赁服务平台（立项名：北京城市副中心疏解企事业单位租赁服务平台）网页端和微信小程序端开发建设，提供市场租赁房源发布和求租信息，以及保障性租赁房源申请服务。12月15日，平台面向辖区重点企业发布，随着运行稳定逐步向社会面扩大使用范围。截至年底，注册各类用户2232个，线上可租商品房房源3232套（已租房源动态下架），展示保租房项目5个。

（郑　晴）

城市交通建设与管理

【概　况】2023年，北京城市副中心重点工程主要包括轨道工程、交通枢纽工程、道路工程、房建工程四部分，用于疏解整治促提升，促进京津冀协同发展，服务市级行政办公区。交通建设项目功能定位高、工程体量大。北京城市副中心站综合交通枢纽、东六环入地改造、轨道交通22号线（平谷线）、地铁6号线二期、轨道交通M101线等工程顺利实施。

（于海波　刘　颖）

【交通安全】2023年，北京市公安局公安交通管理局通州交通支队（简称区交通支队）牵头制定《通州区2023年交通安全综合治理专项行动工作方案》，全区21个部门、22个街道乡镇纳入交通安全工作体系，制定隐患治理、源头监管、安全宣传、执法整治4个方面工作账单，将多项工作重点纳入政府督查清单和专项绩效考核工作，坚持一月一调度、一季一分析。全年发现各类交通安全隐患331处，治理292处。加装修复隔离护栏720余延米、信号灯2处，修复信号灯黄闪灯等14处，安装阻车装置31处，增设支路、村口减速道梗减速带53处，完善安全警示标志反光镜等159处，施划复划标线7500余延米，修补路面破损71处。同时，联合区应急管理局、区交通局等单位，持续加大安全监管力度，开展联合安全检查420次，对存在安全隐患的1360家单位采取限行、限改措施1123次，罚款116万元。以“一盔一带”、全国中小学交通安全日等为主题，开展交通安全宣传23场，受众3300余人次。在高考、中考期间增加警力，维护考点学校周边交通秩序，保障考生交通安全。

（梁　林）

【交通秩序整治】2023年，区交通支队持续强化路面管理，创建良好交通秩序，依托“减量控大”“春夏平安行动”等工作平台开展集中整治行动，瞄准酒后、涉牌、货车超载超员等严重违法问题，紧盯违规电动三、四轮车淘汰

▲6月24日，民警在运河中学开展中考交通秩序维护工作

（区交通支队提供）

▲7月18日，民警在城区道路开展交通违法整治工作　（区交通支队提供）

清退工作，持续加大执法力度进行整治。全年查获各类交通违法行为248.9万余起，同比增长26.7%，其中现场执法35.3万起，同比增长27%；非现场执法213.5万起，同比增长26.6%。

（梁　林）

【信号灯管理】 2023年，区交通支队协调区相关部门新增信号灯28处，加快推进信号灯移交工作321处，完成信号灯现场验收和固定资产录入125处。定期召开信号灯配时策略研究会，结合12345市民热线诉求，对多处拥堵路口信号灯配时方案进行优化调整，运通隧道东出口、台湖收费站、马驹桥老桥等重点路口取得较明显优化效果。

（梁　林）

【非现场执法】 2023年，区交通支队协调区相关部门和上级业务主管部门新增各类非现场执法设备110套，广渠路东延通信设备联网、通怀路事故隐患路段补点、运通隧道非现场执法设备启用、通燕高速应急车道设备建设等项目相继完成。进一步强化与区公安分局警务支援部门协作，充分利用视频系统数据，追踪打击涉牌违法和高违法车辆。

（梁　林）

【北京城市副中心站综合交通枢纽工程】 北京城市副中心站综合交通枢纽工程东至东六环外路县故城遗址区，北起京哈南侧路，南至杨坨中路、杨坨一街区域，西至大运河，总用地规模约61万平方米。工程建成后可实现15分钟直达北京首都国际机场，35分钟直达北京大兴国际机场和唐山市，1小时直达雄安新区、天津等地，对完善北京城市副中心功能布局、促进京津冀交通一体化、带动区域经济发展有重要作用。截至年底，项目主体工程建设全面有序推进，总体进展顺利，首片“京帆”屋盖钢结构亮相，亚洲最大地下综合交通枢纽初现雏形。

（于海波）

【张家湾车辆段综合利用项目】 张家湾车辆段综合利用项目位于北京城市副中心12组团，建设主体为北京环汇置业有限公司，总用地面积20.44万平方米，总建筑面积47.58万平方米（含地下），包括商业、酒店、文旅小镇。年内，项目整体设计方案通过审议，命名为“湾里”。11月3日，项目上盖区取得建筑工程施工许可证，各地块全面启动主体结构施工。

（杨云琪）

【轨道交通M101线腾退】 2023年，通州区重大项目协调服务中心牵头协调沿线宋庄镇、永顺镇、潞邑街道、新华街道、通运街道、潞源街道、张家湾镇7个街道乡镇，有序推进轨道交通M101线站址及周边房屋和地上物腾退工作。截至年底，完成沿线地上物清登评估、树木伐移、国有土地上房屋征收、集体土地开展合作等工作。轨道交通M101线及周边站址涉及相关腾退地块38宗，具备腾退补偿签约条件、可保证京投公司如期进场地块35宗，完成地上物拆除总建筑面积1.35万平方米，达到场清地平条件地块15宗，占地总面积32.09万平方米。区重大项目协调服务中心协调各街道乡镇完成《腾退工作委托协议》确认工作，12月18日起开展腾退签约工作。

（刘　颖）

▲12月26日，北京城市副中心站综合交通枢纽工程首片“京帆”屋盖钢结构亮相

（区住建委提供）

水利建设

【概　况】 2023年，通州区水务局（简称区水务局）完成固定资产投资任务7.22亿元，其中建安投资5.27亿元。全区生产生活用水总量2.07亿立方米，占总指标83.23%，万元地区生产总值生产生活常规水用水量同比下降3%左右；累计处理污水约1.6亿吨，河东污泥处理厂累计处理污泥约3.94万吨。完成台湖镇银河湾、泰禾一号等多个小区以及宋庄镇千章墅、香溪郡等4个社区水源置换工程。全区海绵城市建设达标面积29.9平方千米，建成区海绵城市达标比例40.1%，超额完成年度任务。积极应对北京“23·7”特大暴雨过程中，与相关部门、属地共同保障北京城市副中心汛期安全，有力支持门头沟区、房山区防汛救灾工作。

（谷　雨）

【水务规划】 2023年，区水务局组织开展对《北京城市副中心（通州区）国民经济和社会发展第十四个五年规划和二〇三五年远景目标纲要》水务领域、《北京城市副中心（通州区）“十四五”时期水务发展与水系建设规划》中期评估工作，编制完成《北京城市副中心（通州区）“十四五”时期水务发展与水系建设规划》中期评估报告。先后以区政府名义印发《通州区全面打赢城乡水环境治理歼灭战三年行动方案（2023年—2025年）》《通州区推进供水高质量发展三年实施方案（2023年—2025年）》，为水环境治理和供水保障工作提供科学指引。

（张占研　谷　雨）

【水务重点工程建设】2023年，区级项目方面，5月24日河东资源循环利用中心一期工程进入商业运行，设计处理规模6万吨/天，为北运河以东、东部联络带以北、运潮减河以南地区约24.5平方千米21万规划人口提供污水处理、再生水利用等方面服务。完成萧太后河通州段景观提升及生态修复工程一期、港沟河治理工程（凉水河—凤港减河，凤港减河—市界）及凤港减河（通大交界—市界）治理工程。通惠河水环境综合治理二期工程河道左右岸3.03千米水下结构完成施工，河道右岸1.88千米水下结构部分实施中，总体工程形象进度完成50%；城南水网（漷牛片区）20条沟渠进场施工19条，累计完成河道治理约88千米，总体工程形象进度完成80%；翟减沟、减运沟总体工程形象进度分别完成83%、80%；城南水网（于永片区）取得东风干渠、西六支沟等20条沟渠“多规合一”协同意见、用地预审与选址意见书；取得凤河“多规合一”初审意见。城南水网（台马片区）取得老四支渠、通惠南干渠等9条沟渠“多规合一”协同意见、用地预审及选址意见书；新四支渠取得“多规合一”初审意见。市级项目方面，配合温潮减河征地拆迁工作，交付市水务局土地21.4公顷，先行启动区进场施工。地上物补偿协议签约率约40%；占用林地森林植被恢复费缴纳约4.22亿元；完成宋庄镇16个村征地补偿安置协议签订及征地预公告张贴工作；通信线路拆改及电力迁改工作按期推进。

（郭子彪）

【排水管线建设】2023年，区水务局结合市区两级美丽乡村治污工程，分批次开展农村污水管线建设。完成市级固投支持的第二批污水管线建设任务，40个村全部完工，新建管线约288千米；第三批40个村取得立项批复，15个村进场施工；第四批42个村，编制完成实施方案并向区规自分局及区生态环境局征求意见。针对未纳入市级固投的109个村开展区级管渠工程，年内完成57个村建设任务，新建排水管线约338千米。

（王建壹）

【汛期水情】2023年，通州区汛情总体平稳，水利工程和供排水设施运行安全，无洪涝灾情发生。汛期出现有量降雨29天，累计降雨量471.3毫米，汛情呈现“降雨前少后多、旱涝急转”特征，主汛期北京“23·7”特大暴雨过程，场次平均降水量接近汛期总降水量的50%。北京“23·7”特大暴雨过程中，通州区降水总量18.32亿立方米，北运河出现10年一遇洪水，境内潮白河、凉水河以及部分中小河道出现明显涨水过程，但均未达到警戒水位；降雨过程结束，各河道水位逐步回落，水势平稳。

（高珊珊）

【水利设施建设与运维】2023年，区水务局完成惠凉退水闸桥、北运河子河甘棠节制闸达标建设工作及规划稳定河道钉桩工作和水利工程钉桩工作。安全鉴定规模以上水闸34座。

（蔡殿卿）

【水库移民后期扶持】2023年，通州区农业移民人口2453人，发放移民扶持资金147.18万元，涉及11个乡镇258个村。“农转非”培训补贴人口860人，发放移民扶持资金48.216万元，涉及全区11个乡镇160个村及4个街道办事处32个居委会。专项资金项目（教育帮扶项目）使用资金94.7万元，补助学生人数520人。

（柳德明）

【政务服务】2023年，区水务局涉政务服务事项30项，涉及12个部门25名工作人员，受理事项4307件，认领行政许可事项18项，完成操作系统信息维护6个。办理生产建设项目水影响评价审批134件、取水许可审批732件、凿井更新审批51件、机井验收审批119件，完成施工降水备案2件、监测井备案5件。完成排水户排水许可证核发工作126家。

（徐　晨　柳　晨　张　香）

【合流制溢流治理方案通过专家验收】2月21日，“北京城市副中心合流制排水汛期对河道水质污染的监测分析与控制方案”项目成果通过专家验收。项目摸排北京城市副中心范围内主要合流制排口分布情况，通过对8个合流制排口和1个雨水排口连续两年水量水质监测，结合数值模型模拟等技术手段，分析北京城市副中心合流制溢流规律、负荷及污染物特征，在此基础上系统总结国内外合流制溢流污染控制常用措施及适用条件，选择典型排水分区开展源头海绵改造、过程控制、末端调蓄等技术手段适用性分析，提出北京城市副中心适宜的溢流污染控制目标和污染控制策略，对北方类似城市区域合流制溢流污染治理具有借鉴意义。项目研究成果支撑《通州区合流制溢流污染治理工作计划》编制、玉带河流域溢流污染控制前期工作开展、北京城市副中心管线普查工作开展，获北京市水利科技进步三等奖。

（孙　哲）

房屋管理

【概　况】2023年，区住建委秉承属地管理、分级负责、预防与防治并重原则，全面推进房屋安全检查工作。全年实施房屋安全检查216次、专项检查161次，现场整改80处，限期整改22处。防汛工作方面，出动622人次，检查平房2.14万间、楼房1223幢，及时处理漏雨房屋，确保居民住房安全。针对普通地下室违规使用问题，采取人防技防相结合措施，实现动态清零，全年完成安全检查217次、专项检查192次，整改问题42处。自建房安全专项整治方面，排查经营性自建房4.34万栋，发现隐患房屋9300栋，全部完成首轮整改；排查其他自建房32.67万栋，发现隐患房屋8005

栋，持续开展整治工作。

（徐　远）

【城镇房屋安全检查】2023年，区住建委制定并落实《2023年度通州区城镇房屋安全检查工作实施方案》，坚持属地为主、分级负责，预防为主、防治结合，全面检查、综合治理、确保安全的原则，探索房屋安全管理工作新手段、新途径。全年开展涉及房屋安全类检查216次、专项检查161次，现场整改80处，限期整改22处，年内均整改完成。督促属地落实相关解危方案，督促告知产权单位，制定“一房一策”及“转移启动”方案，加大检查力度，确保通州区城镇房屋安全平稳。

（徐　远）

【城镇房屋防汛】2023年，区住建委出动雨中查房622人次，开展漏雨房屋苫盖及雨水疏通、塌顶房屋拆建工作，检查平房2.14万间、建筑面积31.64万平方米，楼房1223幢、建筑面积442.51万平方米。雨后，立即组织房管所所有工作人员，对直管公房漏雨情况进行全面检查。对漏雨情况严重的房屋，做到维修不过夜，确保居民住房安全。全年开展城镇房屋及普通地下室防汛隐患排查324项次，发现问题22项，完成整改22项；开展建筑工程防汛隐患排查563项次，发现问题14项，完成整改14项。

（徐　远）

【普通地下室清理整治】2023年，区住建委制定并落实《通州区普通地下室综合整治工作方案》《普通地下室检查方案》，人防技防相结合，对存在违规使用的普通地下室“发现一处、清理一处”，保持普通地下室散租住人排查和自用性宿舍管理“动态清零”。完成通州区普通地下室安全日常检查217次、专项检查192次，发现问题42处，现场整改26处，限期整改16处，年内均整改完毕。

（徐　远）

【自建房安全专项整治】2023年，区住建委在自建房安全专项整治工作中，牵头抓总、统筹协调，以各街道、乡镇等为实施主体，以专业第三方机构为技术支撑，排查经营性自建房4.34万栋，发现隐患房屋9300栋；排查其他自建房32.67万栋，发现隐患房屋8005栋。严格审批管理经营性自建房，防止新增隐患房屋出现。

（徐　远）

【违法群租房整治】2023年，区住建委严格贯彻落实市、区两级“疏整促”专项行动部署，统筹协调各街道乡镇及公安、市场监管等部门开展违法群租房专项整治，按照“发现一处、整治一处”原则，摸排出租房屋1.82万处次，整治群租1679处次，实现全区群租房“动态清零”，组织创建“基本无群租房小区”20个，优选其中10个纳入市级“基本无群租房小区”，通过市级察访核验，推动落实违法群租行政执法工作，通州区成为北京市第2个实现群租房执法落地区县，年内累计处罚违规租住行为9起，罚款1.8万元。

（郑　晴）

【城镇直管公房修缮解危及大中修】2023年，区住建委房管所通过现场踏勘，制定2023年通州区城镇直管公房解危及大中修房屋修缮计划。项目5月开工，9月底全部竣工，解危加固房屋66间，大中修房屋181间，楼房、平房屋面防水9000平方米，疏通室外排水管道11611米，清掏排水井827座。

（毕中伟）

【城镇直管公房管理】2023年，区住建委房管所制定《房屋安全普查工作计划》，组织10个维修班开展2023年度房屋安全普查工作。全年普查房屋安全38.37万平方米，范围涉及通州城区、张家湾镇、马驹桥镇、永乐店镇。组建直管公房防汛领导小组，制定《2023年通州区直管公房防汛预案》《2023年通州区直管公房汛期突发灾害应急救援预案》《直管公房防汛工作手册》《2023年通州区直管公房防汛演练方案》，组织实施防汛工作。加固木结构房屋35间，拆砌危险墙体15处，房屋补漏128间。坚持“在岗、在职、在责”24小时防汛值班要求，所有防汛人员保持通信工具24小时畅通，遇险情及时到达现场。按照疏解整治促提升清理整治工作计划开展定期检查，出动6422人次，累计循环检查1974户。开展转租转借专项工作联合夜查和综合检查19次。

（毕中伟）

【南大街试点片区公房腾退】2023年，区住建委房管所响应宣传腾退政策，全力配合相关部门开展工作。南大街腾退保护更新项目（试点片区）腾退工作涉及直管公房南大街民租1315户、企租18户、试点片区41户。7月，完成试点片区入户调查41户，对于原承租人死亡情况进行收集材料、督促变更。

（毕中伟）

物业管理

【概　况】2023年，区住建委建立物业行业党建引领区域联动机制，推动“托底物业服务＋虚拟物业平台”物业管理创新模式试点落地，周密部署通州区物业行业安全生产大排查大整治工作，推进“6+4”一体化综合监管应用场景试点工作，指导区物业管理协会完成首次换届，指导各属地成立9个街镇级物业联盟（物业联席会），11个街道乡镇成立业委会（物管会）运行指导中心，召开全区物业领域工作培训会，发布《通州区物业管理融入社区治理案例集2.0》及物业管理法规选编，受理审核并备案38个小区320笔商品住宅专项维修资金申请使用业务。

（王劲松）

【物业管理法规选编发布】2023年，区住建委系统梳理《北京市物业管理条例条例》实施以来相关政策法规以及配套性文件70篇，分条例配套、专项治理、房屋及设施设备和其他4个部分，汇编发布《物业管理法规选编》，为各街道乡镇做好政策指导。

（王劲松）

【行业指导规范性建设】2023年，区住建委印发《关于规范业主委员会运作的相关意见》《通州区推动成立业主大会和选举业主委员会工作指引》《通州区物业服务人退出和进驻住宅物业项目工作指引》，为物业服务制定相应准入标准，规范业主委员会选任、履职、决策等过程，提高行业指导专业性和规范性。

（王劲松）

【托底物业服务试点】 2023年，区住建委创新“托底物业服务＋虚拟物业平台”物业管理模式，制定《通州区党建引领下的老旧小区治理引入国有企业托底物业管理试点工作方案》；借鉴“滴滴打车”模式，应用区块链、大数据、物联网等技术，搭建数字化“虚拟物业平台”；组织相关单位起草首批配套政策性文件，奠定托底物业试点工作开展基础。选取北京市通州兴华物业管理有限公司（简称兴华物业）作为首个国企托底物业公司进行“托底物业服务＋虚拟物业平台”试点工作，西营前街小区作为首批托底物业试点小区之一。11月11日，兴华物业与西营前街业委会签署《西营前街物业服务委托合同》《西营前街公共收益管理使用合同》等文件，完成首个托底物业服务市场化转型。

（王劲松）

【“6+4”一体化综合监管应用场景试点】 2023年，区住建委制定《通州区住宅项目物业服务综合监管场景试点实施方案》。实施方案探索创新“6+4”事中监管模式，实施风险监管、信用监管、分级分类监管、协同监管、科技监管、共治监管6项基本制度，在监管场景中试点推行“一业一册”“一业一单”“一业一查”“一业一评”4项场景化措施。结合通州区实际，拟定在梨园镇、杨庄街道、临河里街道开展住宅项目物业服务综合监管场景试点工作。完成3个试点细化落实方案及辖区内住宅项目综合监管风险评估打分。

（王劲松）

【物业协会首次换届】 10月19日，通州区物业管理协会召开第二届会员大会。会议选举产生通州区物业管理协会第二届理事会和监事会成员。新一届物业管理协会履行行业辅助管理职能，提升对会员单位及物业企业整体管理水平，加强行业自律建设，为各街乡镇提供法律、培训、检查方面专业化服务。落实末位淘汰机制，联动行政执法工作，对于侵害群众利益的物业企业严肃执法查处。

（王劲松）

【物业领域工作培训会】 11月28日，区住建委组织召开通州区物业领域工作培训会，健全完善物业管理体系，提升通州区物业管理水平提供专业指导。会议邀请市住建委物业指导中心相关专家授课，22个街道乡镇物业管理工作主管领导、相关科室负责人及社区（村）书记代表现场参会，其余社区（村）负责人、业委会（物管会）负责人、各物业企业项目负责人线上参会，线上累计观看1870人次。

（王劲松）

乡村振兴

综 述

【集体经济薄弱村帮扶专项行动】2023年，区农业农村局指导永乐店镇小南地村与区城市管理委员会、永乐店镇集体林场两家帮扶单位对接稳定帮扶关系并建立长效巩固提升机制，小南地村“消薄增收”，实现经营性收入38.9万元；扶持11个村开展2023年中央财政衔接推进乡村振兴补助（村集体经济）项目，利用补助资金购买机械设备出租获取租赁收益，购置林下种植所需菌种袋、发酵桔梗、滴管带等发展林下经济获得收益，不断增强村集体“造血”能力和内生发展动力。

（高文博）

【农民合作社扶持】2023年，区农业农村局指导北京陆陆源种植专业合作社、北京圆梦缘农业专业合作社等市级示范社使用北京市农民合作社财务管理系统规范财务管理；组织开展农民合作社培训3场、讲座1次，并制发辅导材料；开展“千员带万社”行动（是一项旨在加强新型农业经营主体辅导员队伍建设的行动，由农业农村部门负责聘任、管理从事组织建设、规范运营、财务会计、市场营销、绿色发展、技术支持等辅导服务工作的复合型人才，向农民合作社、家庭农场等新型农业经营主体精准提供辅导服务），聘任11名合作社辅导员，并填报至“全国新型农业经营主体辅导员名录库”；通过以奖代补的方式支持8家农民合作社建设仓储物流设施、改善农产品初加工及生产条件项目，进一步提升农民合作社经营发展水平。

（高文博）

【农民增收】2023年，区农业农村局根据2023年度任务清单研究制定《通州区2023年农民增收工作要点》，落实各项惠农增收政策，通过推进乡村产业融合发展、发展林下经济、加强公益性岗位托底安置、开展技能培训、发展壮大集体经济等方面措施多点发力，持续推进乡村振兴，促进农民收入持续快速增长。2023年农村居民人均可支配收入35769元，同比增长8.7%，增速位列全市第3，城乡收入比1.86，优于全市平均水平2.37。

（王京轩）

【农村审计】2023年，区农业农村局开展村级会计委托代理机构资金监管情况审计工作，对全区11个乡镇474个村级集体经济组织财务管理情况进行审计；组织指导各乡镇开展财务收支审计118个单位、干部任期审计275个单位、经济效益审计45个单位、干部离任审计6个单位、专项审计514个单位、其他审计5个单位；组织乡镇针对集体经济体量大、工程项目建设多、廉政风险高的158个村开展审计工作。指导各乡镇审计部门做好2022年度村级公益事业补助资金专项审计，审计474个单位，涉及资金1.46亿元。通过开展审计工作，加强对农村集体经济运行的监督管理，针对审计中出现的问题，建立问题台账督促整改，发挥审计工作成效。

（刘 娟）

【村级财务公开】2023年，区农业农村局定期对村级财务公开进行检查，474个村级经济组织实现村级财务100%公开。通过公开栏、微信小程序等方式拓宽财务公开渠道，11个乡

▲9月12日，通州区农民合作社专题培训班举办 （区农业农村局提供）

▲10月23日，潞城镇前疃村财务公开栏 （区农业农村局提供）

镇财务实现网络公开。

（潘　静）

【耕地保护及占补平衡】 2023年，通州区基本实现17.27万亩永久基本农田全部为长期稳定利用耕地的目标，通过复垦验收形成入库指标1605.36亩；区规自分局积极协调市规自委和北京经开区，为通州区养老院项目、中西医结合医院项目（北大人民医院项目）等7个项目落实耕地占补平衡，补充耕地671.93亩。

（寇晓蓉）

农村改革

【概　况】 2023年，区农业农村局深化农村改革赋能增收，推进农村集体产权制度改革，做好农村集体“三资”监管工作，通过农村产权流转交易市场保障农村产权依法自愿公开公正有序交易。

（高文博）

【农村集体“三资”监管体制机制健全】 2023年，区农业农村局制定《通州区关于规范村级集体企业监督管理的指导意见（试行）》，从村企设立、变更注销、运行管理、财务管理、审计监督等多方面指导乡镇加强村企监管。推进农村产权流转交易工作；修订《通州区农村产权交易管理办法》，规定农村集体资产出租、转让、拍卖等事项必须通过北京市农村产权交易平台进行公开交易的范围，规范农村集体资产出租工作程序，建立“市区镇村”四级联动工作体系。细化研究《关于进一步落实“村地区管”工作管理机制的实施细则》，从严格土地用途管控、规范用地程序、规范农村涉地合同管理及强化监督考核四方面，加强农村集体土地管理，保障农民长远利益。修订完善《通州区村级集体资金管理办法》，从资金收入管理、资金支出管理、票据管理三方面进行规范，进一步加强村级集体资金的监管。

（安玥凝）

【农村集体“三资”管理信息化建设】 2023年，区农业农村局更新通州农经监管平台（简称监管平台）审批流程，强化乡镇集体资产监督管理委员会对农村集体资产的监督管理。取得通州农经监管平台信息系统安全等级保护第二级备案证明。开展监管平台“银农直联”功能建设，通过“银农直联”实现银行系统和监管平台的融合对接，确保村级资金的使用安全合规，资金效益发挥到位。建设“数字乡村”信息平台，通过“数字乡村”一张图，多维度、全视角对农业农村各类情况进行综合统计分析，为日常监管提供有力抓手。年内，监管平台监管大额资金使用19221笔185.34亿元，否决不合理资金使用731笔10.17亿元。

（潘　静）

【农村集体资产资源数据管理可视化平台】 2023年，区农业农村局制定“村地区管”信息化管理流程，及时调整完善区、乡镇农村集体资产管理、涉地合同联预审、农村产权流转交易、涉地合同解除等管理流程，将“村地区管”线下管理流程做入“农村集体资产资源数据管理可视化平台”，变线下管理为线上管理，实现审核流程信息化、信息数据可视化。在农村涉地合同核查工作的基础上，将资产资源的基本信息、经营使用信息及相关农村涉地合同、历次流转（转租）合同主要信息录入“农村集体资产资源数据管理可视化平台”，实现资产资源和涉地合同进行关联，实行链条化、动态化、可视化管理，共计补充录入合同29357份。

（刘鹏飞）

【农村集体产权制度改革情况填报】 2023年，区农业农村局完成2022年度农村集体产权制度改革情况填报工作。截至2022年底，通州区累计按股分配总额56.3亿元，其中成员股东分配54.8亿元，集体股东分配1.1亿元。2022年有86个村实现按股分配，惠及成员股东7.3万人，股金分配总额4.99亿元，其中成员股东分配4.97亿元、集体股东分配0.02亿元，人均6798元，同比增长776元。

（晏　萱）

【农村产权交易项目】 2023年，通州区农村产权交易事项挂牌128宗，挂牌金额36.31亿元，成交89宗，成交金额27.67亿元。成交项目从业务类型上看，包括房屋出租类26宗、土地流转类4宗、股权转让类1宗、林木转让类1宗、机动车转让类1宗、其他类56宗；从地区划分来看，包括宋庄镇65宗、永顺镇7宗、马驹桥镇13宗、漷县镇2宗、永乐店镇2宗。

（刘　娟）

【“信息进村入户”服务平台运行】 11月，通州区“信息进村入户”服务平台上线运行。平台依托歌华有线高清数字电视网络传输优势和终端覆盖优势，为各个村庄提供专属服务主页，村民打开电视，即可快捷进入所在村定制化的服务页面。平台设置“为民服务”“政策宣传”“农村新动态”“村务服务”“党建引领”五大板块，涵盖乡村环境治理、农民种植养殖补贴政策、农村宅基地政策、养老机构信息、特色产业介绍、就业查询、三务公开信息、通知公告、村民娱乐活动等农民有需求、感兴趣的内容。截至年底，“信息进村入户”服务延伸至9个镇256个村，覆盖村民7万多户。

（通鉴编）

乡村产业

【概　况】 2023年，通州区依托首都高端人才、高端服务、高端研发等创新要素，打造“科技＋生产＋加工＋服务”全产业链，发展“高科技、高效益、高附加值”农业，推进现代农业产业园建设，挖掘村落文化资源，发展乡村产业，建成4个镇级蔬菜配送中心，提升鲜活农产品仓储保鲜冷链能力，为首都“菜篮子”稳产保供贡献力量，农民收入水平稳步提高。

（隗　征）

【国家现代农业产业园创建】2023年，通州区现代农业产业园入选国家现代农业产业园名单，是北京市唯一入选园区。园区位于通州区南部，范围包括于家务回族乡、永乐店镇、漷县镇、马驹桥镇4个乡镇93个村，面积216.33平方千米，其中耕地面积11.98万亩。总投资20.64亿元，其中中央专项资金0.70亿元、地方财政资金2.43亿元、社会资本17.51亿元。产业园以农作物种业和叶类蔬菜为主导产业，产业园实现总产值45.98亿元。

（隗　征）

【镇级配送中心项目】2023年，通州区在永乐店镇、于家务回族乡、马驹桥镇、漷县镇建成4个一体化智能蔬菜配送中心，具有清洗、分级、包装、预冷保鲜、加工、配送等功能。包括新建7条蔬菜智能洗选分切生产线，建设面积1900平方米的永乐店配送中心、1280平方米的于家务配送中心、1500平方米的马驹桥配送中心、5000平方米的漷县配送中心，日加工蔬菜产能190吨。

（隗　征）

【村落文化资源挖掘与乡村产业发展研究】2023年，区农业农村局以"运河畔"美丽乡村样板村建设为依托，深入挖掘大运河文化、农村民俗、农耕文化内涵，坚持以区政府为主导、乡镇为主体，微改造、精提升、强产业。由区农业农村局牵头、区相关部门为成员单位成立通州区运河文化资源挖掘与乡村振兴发展研究专班，对运河沿岸村落及重点文化村落进行文化挖掘与梳理，系统研究通州区运河沿岸村落的乡村文化。3月，完成《通州区运河畔村落文化资源挖掘与乡村产业发展研究报告》初稿；6月，通过区政府会议审议。

（王淑娟）

【"百千工程"示范片区（带）创建】2023年，区农业农村局组织乡镇申报创建"百千工程"示范区。根据各乡镇提供材料，编制团队经过现场沟通、实地调研、多次召开展座谈，形成"两片一带"初步设计方案。初步确定台湖镇环影宿游示范片区（以唐大庄村为核心）、农业科技创新发展示范片区（以永乐店和漷县蔬菜产业为主、以老槐庄村和柏庄村为核心）、运河畔农文旅融合发展示范带（以运河南北两岸的漷县马头村和西集沙古堆村为核心）的"两片一带"为示范片区（带）方案。

（王淑娟）

乡村建设

【概　况】2023年，通州区调整农村公路路网，完善农村基础设施，将基础设施建设与产业、文化相结合，改善农村环境面貌，持续推进美丽乡村建设。

（冯学佳）

【农村基础设施建设】2023年，区农业农村局完成199个村庄的补短板工程，统筹建设完成污水管网975千米、供水管网1638千米，新建、修缮街坊路700万平方米，新建绿化80万余平方米、路灯4700余盏、农村消防水池水鹤90余处，改造提升农村户厕260座，创建"美丽乡村路"66条、148.8千米。

（张华涛）

【美丽乡村建设】2023年，通州区有333个村纳入美丽乡村建设，涉及826个工程项目，主要包括街坊路、村庄照明、绿化美化、消防水池水鹤、污水供水管网及水质提升等建设内容。按照"先地下、后地上"的建设原则分三批实施，第一批建设项目涉及112个村庄235个工程，其中112个补短板工程、35个市级污水管网工程、35个区级污水管渠工程、53个供水管网工程，截至年底有104个村整村完工。第二批建设项目涉及115个村庄300个工程，其中115个补短板工程、45个市级污水管网工程、57个区级污水管渠工程、83个供水管网工程，截至年底有82个村整村完工。第三批建设项目涉及106个村庄294个工程，其中106个补短板工程、40个市级污水管网工程、59个区级污水管渠工程、89个供水管网工程，第一二批建设村庄、待拆迁村新增项目15个，与第三批村庄项目同步实施，截至年底，完工项目10个。

（张华涛）

【美丽乡村建设项目结算评审】截至2023年底，通州区第一批美丽乡村建设项目有18个合同还未完成施工，389个合同已完成施工，其中有102个合同完成结算评审，93个合同正在结算评审中，27个合同结算资料已上报正在完善中，167个合同还未上报结算评审。第二批美丽乡村建设项目有58个合同未完工，221个合同已完工，在已完工程中有23个合同完成结算评审，6个合同正在结算评审中，192个合同未上报结算评审。第三批美丽乡村建设项目补短板工程已完成41个村财评，23个村正在评审，33个村未报财评；供水工程已完成27个村财评，4个村正在评审，35个村未报财评；污水工程已完成6个村财评，正在评审2个，32个村未报财评。

（张华涛）

【美丽乡村路创建】2023年，通州区完成台湖镇周坡路、张家湾镇里二泗中路、于家务乡东神路的美丽乡村示范路建设。台湖镇周坡路美丽乡村路示范项目的乡村公路与区域产业融合发展模式得到广泛认可，被北京电视台报道，取得良好示范效应。8月8日，区公路分局组织开展美丽乡村路评估工作，经区交通委审验51千米，通过验收50千米。

（熊一力）

【农村公路路网调整】2023年，区公路分局开展全区农村道路调查工作，经第三方咨询单位评估，征求属地乡镇意见后，经区政府批准，将35.5千米符合乡村公路标准的道路纳入交通运输部公路网，对6.58千米已失去使用功能和不符合乡村公路标准的道路从公路网剔除。

（熊一力）

【乡村公路安全设施提升指南发布】2月3日，区公路分局编制完成《通州区乡村公路安全设施精细化提升设

▲ 10月20日，通州区农民丰收节艺术节系列活动举办　（区农业农村局提供）

计指南》，通过交管、设计、安全方面专家评审后发布。该指南内容涵盖常规公路安全隐患治理措施，同时结合通州区乡村公路特点，针对穿村道路、公园出入口、学校周边等道路隐患问题提出治理方案，指导乡镇干部开展交通安全隐患排查工作。

（熊一力）

【梁各庄棚改安置房项目】 梁各庄棚改安置房项目位于通州区张家湾镇北部，与城市绿心森林公园一路之隔，北距市级行政办公区5千米，西距北京环球度假区5千米。总投资16.9亿元，总建筑面积31.2万平方米，由区住房保障事务中心建设。项目工程分3个标段，2021年10月开工。截至年底，一二三标段均实现结构封顶。

（刘　霜）

【六小村棚改安置房项目】 六小村棚改安置房项目位于张家湾古镇南侧，地处京唐发展轴、六环创新发展轴、北京城市副中心1101街区西南部。工程总投资58.7亿元，总建筑面积87.7万平方米，由区住房保障事务中心建设，2021年11月开工。截至年底，主体结构、二次结构均完工。

（刘　霜）

乡村治理

【概　况】 2023年，通州区坚持党建引领乡村振兴，健全完善乡村治理体系，聚焦多元共治，构建乡村治理新格局，强化农村文化文明建设，举办农民艺术节、丰收节系列活动，培育文明乡风、良好家风、淳朴民风，有序推动乡村治理。

（王　艳）

▲ 9月13日，梁各庄棚改安置房项目　（区融媒体中心提供）

【农村乱占耕地建房问题摸排整改】 2023年，区规自分局摸排上报农村乱占耕地建房问题5700余宗；落实《国家试点工作方案》，选取于家务回族乡作为试点，纳入乱占耕地建房非宅类问题288宗，完成整治279宗，整治率96.9%，任务总量和完成任务量均列全市第1。

（寇晓蓉）

【非法占用农用地违法犯罪处置典型案例经验】 2023年，区规自分局发挥管理和技术优势，配合司法机关，依法追究非法占用耕地并造成10亩以上种植条件严重毁坏的涉嫌违法行为人，通过法律严惩。处置非法占用农用地违法犯罪典型案例获自然资源部推广。

（寇晓蓉）

【党员干部乡村振兴三年实践活动】 2023年，区农业农村局开展党员干部乡村振兴三年实践活动。15名农业农村系统党员干部走基层、进田间，进驻美丽乡村建设重点任务村、集体经济薄弱村、农村人居环境薄弱村、乡村治理示范推广村等乡村振兴任务重的一线村庄，发挥技术优势、业务特长，助力乡村振兴。

（王　艳）

【"农民双节"系列活动】 10月20日，第34届北京农民艺术节"乡村大舞台"通州区专场展演暨2023年通州区农民丰收节、艺术节系列活动在永

▲10月20日，通州区农民丰收节艺术节系列活动现场　（区融媒体中心提供）

乐店镇举办。活动以“乡情京韵颂盛世，凝心铸魂促振兴”为主题，将乡村振兴与传承非遗文化、农耕文化结合起来，多维度呈现通州区乡村文化和农业发展成果。“农民双节”系列活动还在永顺镇、潞城镇、漷县镇、马驹桥镇4个乡镇开展“村晚”群众文化演出；在全区范围内遴选出14个优秀特色村庄、28家优质现代农业产业园区，制作通州区“农业资源手绘地图”，打造农业文化名片，为城乡居民体验田园生活提供丰富选择，助力乡村振兴。

（王　艳）

【第一书记工作动员部署会】12月29日，通州区召开“百名书记助百村、百个支部联百村”工作推进会暨第一书记工作动员部署会，第七批来自市、区机关企事业单位的近百名第一书记，将开展为期2年的驻村帮扶工作。第七批第一书记来自中央在京单位、部属高校、北京市各级机关企事业单位，规模为历届最多，均按照“思想好、素质高、能力强、作风实”的标准，好中选优、择优选派，助力通州区乡村振兴。

（王　圆）

应急管理

综 述

【通州区应急指挥平台】 2023年，通州区应急指挥平台有高清视频终端76家。通州区应急管理局（简称区应急管理局）处置故障频次7次，完成应急指挥中心大屏幕空调系统、视频系统、通信系统的升级改造及UPS延保服务工作，保障大屏显示、横幅LED、中控等硬件设备设施正常运行。召开视频会议499次，其中参加市级调度会219次、市加密会62次，召开区级调度会218次，确保各类突发事件指挥、调度、处置等工作有序开展。

（徐　曼）

【应急避难场所建设管理】 2023年，区应急管理局完成全区应急避难场所现状全面检查与调研19处，截至年底，全区应急避难场所总面积约331万平方米，人均应急避难场所面积约1.8平方米。根据应急避难场所现状合理规划供水、供电、物资储备等功能性需求，研究编制应急避难场所疏散预案和应急手册，确保应急避难场所灾时预定应急功能实现。结合区域专项规划和长远布局，将应急避难场所建设作为城市基础设施和公共服务设施建设的重要内容，提前将防灾避险功能纳入规划建设配套设施之中并组织实施，区属多地老旧小区改造计划将建设应急救援站。通过汇总分析，完成通州区应急避难场所现状评估报告编制工作。

（王　岳）

【应急管理综合行政执法检查】 2023年，区应急管理综合执法队重点检查计划完成率、计划内“双随机”检查完成率、移动端执法检查率100%。全年检查各类生产经营单位9071家次，人均检查量245.16件，为全市第2名。发起相关部门联合开展“双随机、一公开”执法检查13批次，配合完成10批次，检查生产经营单位1225家次。

（步　凡）

【城市安全风险综合监测预警平台建设】 2023年，区应急管理局完成城市安全风险综合监测预警平台一期建设。主要建设内容包括新建排水监测点位135个，5座桥梁监测点位349个；接入燃气点位224个、供水点位90个、热力点位136个，万达广场19部电梯监测数据和文化旅游区综合管廊监测数据2025个；开发城市安全风险感知终端一张网、数据服务一中心、监测预警一张图、监测预警N应用；开发防汛一张图专项应用，对公安雪亮视频、气象雷达回波图、降雨量、下凹桥和河道水位监测数据进行整合；编制平台运行指南，对平台运行进行规范化管理；组织开展平台专项培训。12月6日，平台一期上线运行。

（王　岳）

【重点时期安全保障】 2023年，区应急管理局完成元旦、春节、全国两会、中高考、服贸会、中秋节、“一带一路”国际高峰论坛、国庆节等重要节点、重点时期的安全服务保障工作。全国两会期间，制定《通州区保障2023年全国两会突发事件应急处置工作方案》，及时启动应急机制，每日汇集重点对象服务保障、值班值守工作、应急准备工作、队伍备勤情况等方面数据，向区委、区政府报送全区当日安全服务保障总体情况。高考、中考期间，区应急管理综合执法队重点对考点周边200米范围内生产经营单位进行执法检查，检查安全主体责任落实、电气安全管理、有限空间作业、燃气使用、特种作业、应急值守等情况，出动人员778人次，执法检查389次；第三十届中国北京种业大会期间，开展全覆盖执法检查工作，出动人员836人次，检查企业418家次；第三届“一带一路”国际合作高峰论坛期间，加强重点行业、重点领域安全监管，出动人员18380人，检查企业9190家，查处隐患5960项；所有隐患问题均督促及时整改完成。

（王露　步凡）

【应急宣传】 2023年，区应急管理局动员各街道乡镇参与应急管理“法律十进”普法宣传活动，分安全生产法律法规、突发事件应对、防火防汛防震、隐患排查和事故调查、安全生产主体责任、安全生产违法行为处罚6个主题对法律法规适用进行宣讲，3名法制宣讲员均获北京市“优秀法治宣讲员”称号。开展“以案释法”活动，以动画短视频形式，宣传《工贸企业粉尘防爆安全规定》。联合区教委、区人力社保局、区司法局，组织新城职业学院和现代音乐学院师生4000余人，参加第四届全国应急管理普法知识竞赛活动。组织开展2023年通州区法治文艺大赛活动。年内，通州区上“2023年北京市应急先锋·北京榜样”个人奖年榜2人，个人奖月榜3人，个人奖周榜6人；获评2023年度“通州榜样 政务服务贴心标兵”1人；获评“2023年北京市应急管理十大青年榜样”1人。

（杨　非　王岩松）

【优秀公益宣传作品和新闻报道征集展示活动】 2023年，通州区安全生产委员会办公室（简称区安委办）积极推选优秀作品参加北京市应急管理优秀公益宣传作品和新闻报道征集展示活动，报送创意视频、创意设计等优秀公益宣传作品11篇，新媒体、报刊、电视广播等优秀新闻报道7部。其中，通州区消防救援支队（简称区消防救援支队）制作的创意视频《蓝蜀黍的实验室——夏季高温暴晒，你的爱车里面会发生？》获优秀公益宣传作品一等奖，“通州应急”公众号报道《闻“汛”而动、向“雨”逆行，通州区多措并举筑牢“安全堤”》防汛特别专辑获优秀新闻报道作品三等奖，区应急管理局和区消防救援支队获优秀组织奖。

（杨　非）

安全生产监督管理

【概　况】 2023年，区应急管理局健全完善安全生产督察考核机制，持续做好事故控制目标评价工作，深刻吸取事故教训，深入开展重大事故隐患专项排查整治行动，推进重点行业领域执法检查和专项治理。以区安委会名义印发《实验室危化品安全专项整治方案》，开展实验室危化品安全专项整治，监督问题实验室按期完成专项治理工作，建立涉危实验室基础信息台账，收录涉危实验室单位95家。指导医疗卫生机构安全使用氧气，联合区卫生健康部门对全区38家医疗卫生机构开展专项安全指导服务，出动检查人员162人次，检查医疗卫生机构74家次，消除隐患79项。严格按照规定程序和时限办理行政许可事项，全年办理危险化学品经营许可136件。

（游　伟　窦林娜　白　华）

【事故目标控制】 2023年，区应急管理局印发《通州区2023年安全生产重点工作任务及责任分工方案》。重点时期保障期间出动执法检查人员4721人次，检查企业3221家。提出2023年事故控制目标，“双下达”到各部门、街道乡镇。建立“一月一考评，一月一通报”制度，每月统计分析事故情况、年度控制目标进度，为各单位部门提供事故防范工作指南。

（游　伟）

【安全生产执法检查】 3月，区应急管理局制发《关于印发〈2023年度安全生产监督检查计划〉的通知》，对全年行政执法工作日、其他执法工作日、非执法工作日和监督检查生产经营单位家次等有关数据进行测算，确定全年计划检查生产经营单位606家，其中重点检查单位393家、一般检查单位213家。全年实际检查执法计划内生产经营单位606家次，其中，“双随机”抽查方式检查216家。

（王岩松）

【城乡接合部专项整治】 2023年，区应急管理局推进非首都功能疏解工作，开展城乡接合部重点地区安全生产专项整治工作，对挂账村进行实地考察、调研，全面摸底排查挂账村内各类生产经营单位安全生产情况。针对城乡接合部地区小微企业安全生产基础薄弱等特点，执法人员按照主要负责人是否具备相应安全管理能力、能否有效履行安全生产第一责任人职责、是否明确从业人员安全生产职责、是否违规用火用电用气等内容，进行严格对照检查，紧盯重点、加强隐患排查治理，逐一落实整改措施，确保安全监管无死角、无盲区。

（步　凡）

【安全生产排查整治】 2023年，区应急管理局组织召开岁末年初安全生产隐患专项整治和督导检查工作部署会议，印发《通州区岁末年初安全生产隐患专项整治方案》，明确7个整治重点；印发《通州区岁末年初安全生产隐患专项整治督导检查方案》，成立6个区级督导检查组，对各属地问题隐患整改情况进行抽查检查和实地检查，检查企业27214家，整改完成隐患15348项。严格执行“调度通报机制”，由区主要领导或主管领导组织召开大排查大整治工作调度会议，部署安全生产重点工作近30次。建设完善隐患排查体系，推动“企安安”系统使用，做好摸底排查及动态更新企业台账库，近3万家企事业单位依托系统开展自查自纠、45个部门属地依托系统开展执法检查；组织第三方机构开展明察暗访76次，核查企事业单位“企安安”系统使用情况和隐患治理情况1150家，开展安全隐患排查808家；全区排查发现重大隐患40项。截至年底，11个重大事故隐患点位完成整改9项，其中包含市级挂账重大火灾隐患2个。

（游　伟）

【安全生产信用体系建设】 2023年，区应急管理局提升信用监管效能，坚决杜绝瞒报、漏报、迟报、错报、不报等现象发生，上报行政许可信用信息135家、行政处罚信用信息121家。按照区经信局信用办要求，在“信用通州”网站更新行业动态112条、从业人员信息48条、曝光台48条，上传黑红名单各4条。

（游　伟）

【安全生产责任保险工作】 2023年，区应急管理局加大企业安全生产责任保险推进深度和宣传推广力度，完成企业宣导走访11929家次，走访宣传企业覆盖率87.01%，超额完成80%的目标任务；新增投保企业5269家，同比增长1385家。

（游　伟）

【安全生产标准化】 2023年，通州区以企业标准化周期复评工作为重点，全面部署开展2023年度标准化创建工作。全年完成标准化达标企业516家（其中三级达标企业208家、岗位达标企业308家），完成总任务的206.4%，超额完成2023年度目标责任书中任务目标。

（刘馨泽）

【有限空间作业监管】 2023年，区应急管理局推进涉爆粉尘、有限空间作业、工业企业涉危使用、电气焊等动火作业和劳动密集型工业企业安全出口专项整治，加强有限空间作业规范化管理。制发《关于开展工业企业涉氢使用专项治理的通知》《关于切实做好夏季高温汛期工业企业安全生产工作的通知》，将风险评估工作和企业台账更新工作、日常检查工作等相结合，多角度、多方向督促企业开展风险辨识评估工作，更新企业风险动态8178家次。加大企业督促检查工作力度，强化日常执法检查，推进生产经营单位生产安全事故应急预案备案工作，全年备案生产经营单位651家，其中491家单位为首次备案。印发《关于组织工业企业安全管理知识在线教育培训的通知》，组织街道乡镇安全监管人员、全区工业企业主要负责人、安全管理人员、相关重点岗位人员600余人参与“北京市安全应急管理培训系统”在线教育培训与考试，完成率100%。1月至3月下旬，在岁末年初安全生产重大隐患专项整治和督导检查中，出动检查人员2390人次，检查工贸企业1232家次，发现并整改一般问题隐患897项、较大及以上问题隐患1项。4月下旬至12月底，在全区开展工贸行业安全生产和火灾隐患大排查大整治，印发《通州区工贸行业安全生产和火灾隐患大排查大整治行动实施方案》，检查企业 271 家，帮扶指导重点街道乡镇 39 次，帮扶指导重点企业 79 家次，约谈企业 9 家。6—10 月，印发《北京市安全生产委员会办公室关于开展 2023 年重点区重点行业企业有限空间作业专家指导服务工作的通知》，加大对全区重点行业企业的专家指导服务力度，指导服务重点企业 15 家，发现问题 22 个，无重大隐患。9—12 月，对全区 30 人以上粉尘涉爆企业、10 人以上金属粉尘企业基本信息、涉尘信息、除尘系统信息、数据接入指标信息和视频系统信息进行摸底。

（刘馨泽）

【危险化学品监管】 2023 年，区应急管理局按照规定程序和时限办理行政许可事项，全年办理危险化学品经营许可 136 件。将危险化学品企业安全生产风险分级评估和安全生产信用评价工作纳入重点项目，申请专项资金投入，加大项目实施力度，聘请第三方服务机构开展专题培训和分级评估工作，完成 30 家化工医药制造企业安全生产风险分级评估和安全生产信用评价工作、95 家加油站风险评估和安全信用等级评价，确定各企业分级分类结果。对危险化学品运输进行监管，截至年底，全区有危险化学品运输企业 27 户，车辆 940 辆，驾驶员 736 人，押运员 682 人，依托交管部门对专业运输企业“逾期未检未报废车辆”“违法未清零”等风险隐患名单，采取上门提示、电话督促等多种形式，督促企业及时消除隐患；将高风险企业情况转递至区交通委等行业管理职能部门，采取约谈提示、联动惩戒、挂牌督办等措施，督促落实交通安全主体责任。全年走访危险化学品企业 340 余家次，停驶车辆 106 辆次，罚款 8 家次，罚金 8 万元；联合区交通委、区消防救援支队等职能单位，开展危险化学品运输车辆交通事故应急处置演练，提高车辆驾驶员与押运员突发情况处置能力；定期联合召开通州区危险化学品运输单位交通安全工作会，压实企业交通安全主体责任。提升危险化学品事故应急救援

▲ 11 月 23 日，区应急管理局开展 2023 年通州区危险化学品事故应急救援演练

（区应急管理局提供）

能力，修订完善《通州区危险化学品事故应急救援预案（2023 版）》。11 月 23 日，按照新修订的预案，在中国石化催化剂有限公司北京奥达分公司开展通州区危险化学品事故应急演练行动。完善危险化学品企业图像信息监控系统，对系统进行实地勘测、督促调试，每月巡检监控主机硬件、监控软件、操作系统及相应驱动程序、危险化学品从业单位图像监控数据中心服务器等，确保监控画面全部实现高清显示。与区公安系统“雪亮工程”完成对接，保障前端设备端口连接，落实被监管单位视频接口使用情况，确保危险化学品从业单位图像信息系统时效性。12 月 20 日，实地验收全区危险化学品重点企业联网情况 42 家。

（白　华　窦林娜　梁　林　徐　曼）

【重大危险源安全监管】 2023 年，区应急管理局联合区消防救援支队，开展两轮重大危险源企业专项督导检查，督促企业严格落实重大危险源安全生产主体责任。6 月配合海淀区应急管理局完成对通州区重大危险源企业督导检查工作，12 月配合昌平区应急管理局完成对通州区重大危险源企业督导检查工作，发现各类问题隐患 9 项。

（窦林娜）

【加油站阻隔防爆技术改造】 2023 年，区应急管理局贯彻落实新修订的《加油（气）站油（气）储存罐体阻隔防爆技术要求》（AQ/T3001—2021）和《阻隔防爆撬装式汽车加油（气）装置技术要求》（AQ/T3002—2021）两项标准，核查出需要进行阻隔防爆技术改造加油站 16 家，实际改造 42 家，实现北京城市副中心核心区内站点全覆盖，进一步提升重点加油站安全防范水平。

（窦林娜）

【安全评价机构执业行为督查】 2023 年，区应急管理局应用“执业行为五步检查法”（即明确检查内容、制定检查依据、提前检查预热、现场检查督导、跟进检查公示），总结“执业行为五环节”（即告知环节、现场检查环节、评价报告环节、专家评审环节、公示环节）全过程、全闭环、全流程监督方式，做到开展监督不留死角、实施检查直指问题、积极反馈提高质量，开展安全评价机构执业行为督查，实现告知书点击查看率、执业行为检查率、跟踪反馈率 100%。

（白　华）

【安全生产公益培训】 8 月 29 日，区应急管理局与区人力社保局联合举办 2023 北京市通州区安全生产公益培训。内容包括模拟灭火实操、模拟消火栓实操、烟雾逃生实操、疏散逃生防踩踏训练、模拟心肺复苏演练、“海姆立克急救法”演练等体验环节。通州区人力资源服务企业、劳务派遣企业、职能技师培训机构的安全负责人及安全员参加培训。

（杨　非）

【安全生产干部培训】 9 月 18—22 日，区应急管理局组织全区安全生产处级领导干部进行线上专题培训。内

容包括习近平总书记关于应急管理、安全生产、防灾减灾救灾的重要论述，安全和应急领域法律法规政策解读，应急处置、抢险救灾各环节要点工作，突发事件媒体应对，重大事故案例分析等。各街道乡镇、区安委会成员单位及区属国有企业安全生产和应急管理工作主管领导72人参加培训。

（杨 非）

应急救援

【概 况】 2023年，通州区突发事件应急委员会办公室（简称区应急办）着眼于北京城市副中心大安全、大应急框架体系建设，统筹协调通州区突发事件应急委员会（简称区应急委）人员配置及各专项应急指挥部机构设置，明确职责分工，层层压实责任；组织召开区应急委全体会议，会议审议通过《北京市通州区应急委2022年工作总结和2023年重点工作计划》；强化公共安全风险综合分析研判工作机制，定期组织召开全区公共安全形势分析会，推进公共安全风险评估工作，完善跨部门、多层级综合研判会商工作机制，推动形成以风险治理为中心的应急管理新模式。年内，通州区未发生较大及以上突发事件，社会秩序良好，城乡运行平稳。全年接报事故灾难、自然灾害、社会安全、公共卫生四大类突发情况448起，其中构成突发事件156起。

（王 露）

【应急值守】 2023年，区应急办制发《2023年通州区应急值守与应急指挥、救援协调与预案管理工作要点》，联合区政府办召开区政府系统月度例会12次，会议内容通过《通州值班快报》专刊报送至相关成员单位和全区各街道乡镇。向区委办、区政府办报送《通州值班快报》144期，通过三网智慧短信发送平台推送各类信息130次、21837条。区应急办通过值守电话、800兆电台、应急视频会议系统等方式检查各街道乡镇、相关单位应急值守情况54次，抽查各街道乡镇1122家次、委办局588家次；接受市级抽查应急值守情况90次。全年开展应急平台设备运维检查742次、各类调试1316次，应急单兵系统调试39次，保障区领导各类视频会议484场次。

（王 露）

【应急物资储备】 2023年，区应急办按照《北京市应急物资保障体系建设重点任务》工作要求，初步构建区级、专项、镇级、企业四级应急物资储备机制，即“以区级储备为统筹、专指储备为主导、乡镇储备为依托、企业储备为补充”的通州区应急物资储备体系。优化整合全区应急物资库，形成工作台账。初步建立和完善台湖综合库、宋庄综合库区级应急物资储备库。印发《北京市通州区突发事件救助应急预案》，明确全区Ⅱ级突发事件应急救助响应标准，细化救灾物资储备品种、数量。截至年底，全区储备棉帐篷640顶、棉大衣2787件、棉被1199床。各街道乡镇根据通州区域内常见突发事件，对大型车辆、大型救援装备、工程车辆、救灾设备、水泥、沙子、石灰等应急救援物资，采用政府储备和企业代储相结合的方式进行储备。重点企业根据实际情况制定本单位应急物资储备计划，针对发生频率较高的突发事件，采用实物储备、生产能力储备等方式，对存储环境要求不高、使用方便的应急物资进行储备。

（王 露）

【应急预案管理】 2023年，区应急办按照《北京市应急预案体系建设三年行动计划（2021—2023年）》工作要求，按计划推进全区应急预案修订工作。12月底，完成24个专项应急预案的修制定工作；按要求完成相关备案工作。

（王 露）

【应急队伍建设】 2023年，区应急办组织全区各级应急志愿服务队伍开展专项理论培训和训练演练，参与培训骨干队员300余人。充实应急第一响应人队伍，强化全区应急志愿服务协调联动机制，将29支大队纳入现有区级应急指挥体系，遇有突发情况，及时发布应急志愿服务需求，做好先期处置和协助救援相关工作。组织实施“应急志愿服务在行动 走进通州新光大中心”等科普宣教活动28次，发放应急志愿宣传品2800余份；参与京杭大运河通州段水上突发事件应急处置综合演练、通州区“南阳实践”专项应急演练等区级、街道乡镇级应急演练24次，参与人数180余人；完成第二届北京城市副中心运河赛艇大师赛水上安全保障任务、2023北京通州运河半程马拉松应急保障和国际体育（北京）嘉年华等重要应急志愿

▲4月19日，区应急管理局组织开展京杭大运河通州段水上突发事件应急处置综合演练

（区应急管理局提供）

服务活动，提升各级队伍应急处置综合能力。年内，全区各级应急志愿者队伍常态化开展各类应急志愿服务活动51场次，直接服务社会公众1.5万余人。

（王　露）

【预警信息发布】2023年，通州区预警信息发布中心发布各类预警信息193期，解除预警信息146期，发布和解除手机短信预警信息17万余条；发布暴雨预警12次，启动防汛预警响应13次。通过政务办公平台（OA）发送关于做好大风、高温、强降雨等极端天气预警应对工作的通知108次；通过“通州应急”公众号发布极端天气通知及安全提示信息64条，通过微信工作群发布大风、强降雨（雪）、寒潮等安全防范提示信息72次。

（王　露）

【森林防灭火工作部署会】3月14日，通州区森林防火指挥部办公室（简称区森防办）组织区应急管理局、区园林绿化局、区公安分局、区气象局、区民政局、区文旅局、区森林消防综合应急救援支队参加全市森林防灭火工作视频调度会，随后组织召开通州区森林防灭火工作部署会，根据全市会议精神，结合通州区森林防火工作实际，对全区森林防灭火工作进行全面部署。

（刘　迪）

防灾减灾

【概　况】2023年，区应急管理局制发《通州区突发事件救助应急预案（2023修订）》。定期会同区相关部门分析会商自然灾害风险信息数据，形成自然灾害风险形势月、季、年度分析报告。探索普查成果应用，利用已有普查数据，为开展全区应急避难场所评估提供信息支撑。聘请专业机构对22个街道乡镇的755位灾害信息员开展全覆盖培训。印发《北京市通州区2023年防汛抗旱工作要点》至各防汛专项分指挥部、各街道乡镇防汛指挥部、区防汛指挥部各成员单位，总体安排全年防汛抗旱工作；召开全区防汛工作准备会，明确工作要求，落实防汛措施；召开通州区防汛抗旱指挥部第一次会议。调整完善通州区“1+7+22+N”（即1个区级防汛指挥部、7个防汛专项分指挥部、22个街道乡镇防汛指挥部、N个区防汛指挥部成员单位和企事业单位）防汛工作组织架构和防汛责任人，压实防汛主体责任。组织各部门、各街道乡镇应对“23・7”强降雨等汛期降雨过程29次；开展“23・7”强降雨复盘，提升防汛能力。做好通州区自然灾害防治重点工程，结合自然灾害普查评估和区划成果，利用普查数据开展相关应用研究。完善应急避难场所规划建设。统筹推进韧性城市建设工作。

（王　岳）

【防汛应急预案完善】2023年，区应急管理局根据《北京市防汛应急预案（2023年修订）》，细化完善应急响应与处置等内容，印发新版《通州区防汛应急预案》；组织修编《通州区2023年超标准洪水防御预案》等防洪排涝专项应急预案；指导各单位修编各自防汛应急预案；组织开展区级防汛综合演练，以二十年一遇洪水为背景，重点演练地铁排水抢险、堤防险情处置、堤内村人员转移、在建工程深基坑排水等科目。

（王　岳）

【防汛物资和队伍储备】2023年，通州区防汛抗旱指挥部办公室（简称区防汛办）更新储备抢险舟、砂石料、大型作业灯、发电机、水泵等防汛物资；组建5支专业、35支其他防汛抢险队，成员共计1.3万余人；与国家消防救援局机动支队、区人民武装部、区消防救援支队进行沟通对接，完善联动机制，强化防汛抢险能力。

（王　岳）

【防汛重点部位管控】2023年，区防汛办针对23座下凹式铁路桥、300余项在建工程的86处深基坑、北运河及潮白河8处堤防豁口、运通隧道、北关环隧等防汛重点部位，明确责任单位、责任人、抢险措施等事项；针对18个堤内村、分洪淹没区内的49个村，制定人员转移方案，明确转移路线、责任人等事项。下发《关于开展2023年防汛隐患排查整治工作的通知》，重点开展水利工程、积水塌陷、城市基础设施等6类防汛隐患排查整治工作。联合区政府督查室发送督查通知，确保汛期安全。

（王　岳）

【极端天气应对】2023年，区防汛办提升防汛科学化智能化水平。城市安全风险综合监测预警平台新建135个雨水管线监测点位，接入雨水情、气象预报数据、雪亮工程视频探头，实时查看重点部位积水情况。针对“23・7”持续强降雨引发的灾情，由区应急管理局牵头，加强与农业、公路、园林、水务、住建等行业部门的灾情会商，加密与各属地间联系沟通，并对各属地报灾工作开展指导，严格贯彻落实灾情统计标准，规范建立灾情台账，加强与市局部门的工作沟通，按要求标准动态更新数据信息，全力做好灾情统计上报工作。建立健全全区抗旱责任制体系，落实抗旱应急措施，做好抗旱保供水等应急处置准备，全区储备供水车8辆、应急井1.12万眼，应急水源地供水能力1700万立方米。

（王　岳）

【支援抗洪救灾】2023年，通州区与房山区琉璃河镇、霞云岭乡及门头沟区城子街道建立结对帮扶关系，签订帮扶框架协议，建立“1+7”帮扶工作机制（即成立通州区结对帮扶灾后重建工作小组，下设资金项目帮扶、产业帮扶、消费合作帮扶、人才就业帮扶、公共服务帮扶、社会力量帮扶、宣传报道帮扶7个协调工作组，各小组协调配合统筹推进帮扶工作），形成2023年帮扶工作计划，动员全区28个相关部门及社会力量，围绕物资、产业、就业等方面开展工作。累计捐赠资金799.5万元，其中包括区级资金500万元，防汛救灾专项捐款资金228.2万元，区工商联、区红十字会、区总工会、华夏银行、区慈善协会援助资金71.3万元。援建吉洄路恢复重建工程、霞云岭乡建设应急物资储备库工程，其中吉洄路恢复重建工程实现建成通车。

（贾小波）

【“防灾减灾进社区（村）”系列宣传活动】 3—12月，区应急管理局部署开展“防灾减灾进社区（村）”系列宣传活动，就社区防灾宣传内容、形式、频次、职责分工进行明确要求，各属地每月常态化开展社区（村）防灾减灾和应急安全宣教活动，依托公共安全和消防安全科普教育基地、科技场馆等宣传教育场所，利用新媒体平台、微信群、户外大屏和社区橱窗等宣传途径，结合“5·12”全国防灾减灾日、“安全生产月”、“10·13”国际减灾日、“11·9”全国消防宣传月等重点时段，开展包括主题宣传、专题讲座、应急演练等形式的应急安全知识进社区（村）活动。全年全区开展防灾减灾进社区（村）活动635场次，发放各类宣传品10.2万份，参与人数6.3万人。

（杨　非）

【“5·12”全国防灾减灾日主题活动】5月12日，“防范灾害风险 护航高质量发展”主题活动举办。活动通过线上科普宣传和线下互动体验演练，为公众普及应急知识和避险技能。线上利用“通州应急”公众号播放地震预防科普视频、开展防灾减灾知识答题、转发防灾减灾科普知识。线下设立主题展示区、指挥体系展示区、地震预警救援区、防汛预警救援区、消防应急救援展示区、科普互动体验区、防汛应急演练区7个区域。现场展示便携式观测站、救生艇、大功率龙吸水车等各种大型应急装备20多套。市民可以与预警终端体感设备互动，根据提示做出相应的应急避险措施，掌握地震逃生技能；也可戴VR眼镜，通过玩闯关游戏的方式，了解火灾逃生知识、寻找室内隐患、掌握医疗急救技能。

（杨　非）

防震减灾

【概　况】 2023年，通州区围绕北京城市副中心功能定位要求，科学谋划，创新驱动，夯实监测预报、抗震设防基础，召开区级地震会议部署防震抗震各项工作，实施区级房屋设施加固工程，加强地震测报体系建设，提升地震响应能力，开展地震科普宣传，组织区级地震演练，完成北京市防震减灾重点任务清单各项工作任务。

（刘　璐　王　岳）

【地震测报体系建设】 2023年，通州区地震局（简称区地震局）协助市地震局新建10处强震台，提升通州区地震烈度速报精度，为地震预警工作奠定基础。完成郑庄地球物理观测台站升级改造，实现水位数字化自动观测，每分钟产出1组数据，经验收合格后，实时入库中国地震台网中心北京测试库。截至年底，区属6个地球物理台站全部实现数据自动化传输。

（刘　璐）

【地震应急响应能力】 2023年，区地震局针对22个街道乡镇、755位灾害信息员开展“灾害风险隐患信息报送系统”“自然灾害灾情管理系统（2023版本）”“全国信息员数据库系统”培训工作，确保灾情信息及时、准确、规范上报。组织开展应急志愿服务专题培训班，参与培训249人次；组织区应急志愿服务支队开展“应急志愿服务在行动”科普宣教活动2场，受众400余人。8月6日，山东省平原县地震发生后，组织开展内部工作复盘，进行响应工作程序和地震业务知识专题培训交流，提高信息收报环节处置能力。

（刘　璐）

【灾害救助物资保障】 2023年，区应急管理局联合区商务局、区财政局印发《北京市通州区应急救灾物资储备管理办法（试行）》《北京市通州区应急救灾物资调拨机制》，完善应急救灾物资储备管理、调拨制度。按计划申请500顶帐篷并入库。

（王　岳）

【“地震科普携手同行”主题宣传活动】 3月，区地震局组织全区中小学生观看“地震科普携手同行”主题活动年度首场直播活动，2万余名师生参与。9月，组织区教委、区民宗侨办、区科协在张湾镇民族小学和张湾村民族小学以“提升全民科学素质 助

▲5月12日，“防范灾害风险　护航高质量发展”主题活动举办，图为消防应急救援展示区工作人员正在讲解消防设备　（区应急管理局提供）

▲3月27日，区地震局在北京二中通州校区开展“地震科普携手同行”主题活动
（区地震局提供）

力科技自立自强”为主题，开展“地震科普 携手同行”主题宣传活动，900余名学生参与。

（刘　璐）

【防震减灾科普宣传】 5月6—12日，区地震局以“防范灾害风险 护航高质量发展”为主题，组织开展防灾减灾日宣传周活动，联合区应急管理局在“通州应急”公众号上发布《防震减灾小知识——地震预警来了怎么办》科普视频，联合区商务局在爱琴海购物公园开展防灾减灾日集中宣传。全国防灾减灾日和国际减轻自然灾害日期间，向全区常住人口发送宣传短信息25万余条。组织多家单位开展防灾减灾知识宣传，向医疗机构和敬老院等场所推送《防震减灾小知识——地震预警来了怎么办》科普视频，受众6200余人次；向各社区（村）提供《地震避险要诀》宣传折页及多种宣传纪念品，受众300余人次；向各学校推送“2023年全国防灾减灾日科普宣传资源包”。

（刘　璐）

▲5月12日，区地震局、区商务局在爱琴海购物公园开展“全国防灾减灾日”宣传活动
（区地震局提供）

消防救援

【概　况】 2023年，通州区消防救援支队（简称区消防救援支队）以“救民于水火、助民于危难”为职责使命，聚焦应急救援总任务，全年接警出动4131次，出动指战员7.05万人次，抢救被困群众344人。

（王　潇）

【火灾隐患排查整治】 2023年，通州区成立书记、区长双挂帅的火灾隐患排查整治工作领导小组，将大排查大整治纳入全区主题教育。区消防救援支队围绕医疗养老、施工动火等重点领域，组织全区开展专项整治行动18个，挂牌督办重大火灾隐患单位45家，累计检查单位1.31万家、督改隐患2.52万处，查封“三停”1424家、拘留116人、罚款2280.97万元，三项执法指标分列全市第1、第2和第4，全区消防安全环境显著改善。

（王　潇）

【消防值守】 2023年，区消防救援支队围绕市级行政办公区和北京环球度假区等重点区域，全年累计执勤3000余小时。针对全市统一开展的大排查大整治专项行动，首创派驻式看护模式，分别在通州区妇幼保健院和环湖养老中心调派指战员7×24小时值守，确保绝对安全。驰援门头沟区、房山区，营救、疏散受困群众1237人。

（王　潇）

【消防业务办理】 2023年，区消防救援支队全面实行公众聚集场所投入使用、营业前消防安全检查告知承诺制，办理行政许可案件159件，受理窗口接待来人、来电咨询累计350余人次，对不合格单位逐一帮扶指导，消除消防隐患问题，解决消防技术难题200余件。围绕“12345”热线办理和常态化文明城区创建，办理全区涉消工单2854件，解决率100%。

（王　潇）

【消防宣传培训】 2023年，区消防救援支队聚焦全民消防素质提升，启动“润雨”宣传行动，培训人数60余万人次；开辟进京检查站、农村大集、北京环球度假区花车巡游、消防主题公交线路、快递外卖消防志愿服务队等特色宣传阵地，“一警六员”实操实训3.5万人。着眼自防自救能力建设，举办2场全区自防自救力量大比武活动。借力“11·9”消防宣传月，推动媒体宣传形成矩阵效应。

（王　潇）

【森林消防指挥员培训】 10月，区森防办组织举办通州区森林消防指挥员培训班，邀请中国消防救援学院、北京林业大学专家教授，分别就北京森林防火形势和森林防火重要性、平原区森林防火如何开展、森林火灾扑救指挥流程和近几年北京森林火灾案例分析等方面进行授课，并对《关于全面加强新形势下森林草原防灭火工作的意见》《关于全面加强首都新形势下森林防灭火工作的实施方案》进行解读讲解。区有关部门、各街道乡镇负责人、主要公园景区负责人、区森林消防综合应急救援队伍负责人等共计120人参加。

（刘　迪）

▲10月19日，区森防办举办通州区森林消防指挥员培训班　（区应急管理局提供）

科　技

综 述

【科技创新“三量齐升”行动计划】 2023年，通州区科学技术委员会（简称区科委）以“三大三强”为主线，以主题教育为契机，从科技创新资源要素出发，开展全面调查研究，形成《扎实推动“三大三强”走深走实，以科技创新资源“三量齐升”助推城市副中心高质量发展的报告》，初步厘清全区科技创新资源现状，查找存在问题和短板，提出推动区域科技创新资源总量、增量、质量“三量齐升”的对策建议。结合主题教育，进一步细化对策建议，制定《北京城市副中心科技创新“三量齐升”行动计划（2024—2026年）》，系统提出未来三年推动科技创新工作的系列举措。

（闫 实）

【科技协同发展】 2023年，区科委加强与北京市其他区、京津冀科技部门间的工作交流，搭建合作平台，推动区域科技协同发展。4月10日，区科委联合天津市宝坻区科技局、河北省唐山市科技局召开“通宝唐”科技联席会议，围绕三地上下游产业链、科技创新资源对接等环节进行交流互动，共同发布《2023年“通宝唐”区域创新平台共享共用目录》。12月27日，联合天津市武清区科技局、河北省廊坊市科技局召开“通武廊”科技联席会议，就三地科技创新政策、科技成果转化、科技企业合作等方面进行深入交流，共同发布《2023年“通武廊”区域创新平台共享共用目录》。年内，到海淀区、朝阳区、西城区、北三县各类国家级、市级科技孵化器走访交流，围绕创新创业服务生态、入驻企业培养方式、吸引优秀孵育人才等情况进行学习研讨。京津冀国家技术创新中心通州中心实现运营，截至年底，中心组建7人团队，对接项目团队40家，引进科技成果2项，与北京通政国有资产经营公司合作共建首支通州技术成果转移转化基金，规模2200万元。

（司雨杰）

【科技创新人才支持】 2023年，区科委首次开展科技创新人才资助项目评选工作，年内资助优秀科技创新团队10个、杰出青年科技工作者30名。为深化“放管服”改革，对入选团队和人才科技攻关项目，施行“包干制”经费管理。实施“通州区高层次人才发展支持计划”，年内支持23家企业、33人。

（魏茂森）

科技管理

【概 况】 2023年，区科委起草制定科技项目管理办法、经费管理办法、实施细则等政策文件6项，制定内部规范化操作手册1项，完成科技创新政策体系“四梁八柱”构建，做好《通州区加强科技创新引领高质量发展支持办法》兑现落实工作。加快创新企业引育，聚焦数字孪生细分赛道产业培育，引进创业黑马集团与通州区发展合作建设数字孪生产业孵化器。

（通鉴编）

【高新技术企业服务】 2023年，北京市高新技术企业认定评审职能下放通州区，区科委首次承接市科委、中关村管委高新技术企业认定评审工作，组织评审企业345家次。年内，开展高新技术企业认定政策培训会12次，惠及企业210余家次。建立高新技术企业培育库，辅导库内59家企业申报高新技术企业。

（王林琳）

【科技创新政策制定】 6月1日，区科委出台《北京市通州区加强科技创新引领高质量发展支持办法实施细则》《北京市通州区科技计划项目管理办法》《北京市通州区科技计划项目经费管理办法》《北京市通州区科技创新人才资助项目经费使用“包干制”管理办法》《北京市通州区科学技术普及项目管理办法》《北京市通州区科技信用管理办法》6项政策文件，完善政策支持体系，加大财政投入力度，加快推动科技创新资源集聚。

（苏 颖）

【科技领导小组会议】 12月22日，通州区召开2023年科技领导小组会议。会议指出加强科技创新是北京城市副中心落实“3+1”功能定位和推动经济社会高质量发展的现实需要，应充分利用首都科技资源优势和北京城市副中心的政策优势，聚焦创新要素引育，布局高能级创新平台。以“要素+政策”增强科技创新原动力，推动涌现一批高水平标志性科技成果；以“平台+板块”促进产业集群化发展，依托“四区三镇三园”十大重点产业功能区，加快构建以六大产业为突破、以科技服务业为基础的高精尖产业体系；以“投资+场景”推动产业生态化发展，坚持场景招商育商，把北京城市副中心大体量投资建设优势转化为产业创新发展的生态土壤。会议研究审议《北京城市副中心科技创新“三量齐升”行动计划（2024—2026年）》，听取关于通州区科技工作2023年总结和2024年计划的汇报，安排部署下一步全区科技工作重点任务。

（通鉴编）

科学普及

【概 况】 截至2023年底，通州区有国家级科普基地1家、市级科普基地4家、区级科普基地16家。年内，区科委不断加强科普设施建设，支持科普项目20余项，持续提升科普基础设施惠民服务能力。

（闫 实）

【科普基地认定和管理】 2023年，区科委联合区教委、通州区科学技术协会（简称区科协）新认定区级科普基地4家，其中场馆类2家、自然资源类2家。指导各科普基地统一悬挂通州区科普基地标识，配置通州区科普基地导览地图、指引系统，增加特色

▲ 12 月 1 日，区科委新认定宋庄声音艺术博物馆为场馆类区级科普基地。图为 8 月 19 日小学生参观宋庄声音艺术博物馆 （区融媒体中心提供）

▲ 3 月 29 日，通州区新时代文明实践志愿服务总队在通运街道紫荆雅苑社区举行“水陆两栖飞机探秘”科学普及志愿服务活动 （区科委提供）

科普活动展示墙，对各基地特色宣教资源、游览路线、预约方式等内容进行展示。广泛开展“一粒种子的太空旅行”“探索树木的奥秘”“3D 打印体验与展示”等系列特色活动，增强科普基地服务能力。

（刘乔威）

【科普工作】 2023 年，区科委在 5 个街道乡镇围绕公共安全、健康生活、绿色环保、双碳知识等主题建设科普公园、科普长廊，丰富辖区基层科普服务资源，提升区域科普惠民服务能力。支持 4 家社会资源单位开展科普能力提升工作，充分调动科技企业参与科普工作的积极性，促进企业履行科普社会责任。支持 2 所学校分别开展航模主题、智慧生活主题科技探索实验室建设，增设模拟飞行驾驶舱、智能网联传感器等系列高科技设备和教具；开发主题校本课程，为青少年提供更多常态化科技教育固定场所，全年累计开展科技课程 284 课时，受众 3300 余人次。

（魏青青）

【科普联席会议】 3 月 24 日，区科委召开 2023 年通州区科普工作联席会议，制定下发《通州区科学技术普及工作三年行动方案（2023—2025 年）》《2023 年通州区科普工作要点》，对全区上年科普工作进行总结回顾，从加强组织领导、完善保障体系、加强科普能力建设、夯实支撑服务基础，培育科普活动品牌、提升公众科学素质，创新科普模式、深化科普资源建设和开发利用，加强科技传播能力建设、构建全媒体传播格局五个方面安排部署全区科普工作重点任务。

（崔伟侠）

科技合作与交流

【概　况】 2023 年，区科委和区科协举办各类科技活动，成立绿色发展创新服务平台，加强企业和科研机构对接联系，搭建政企研合作交流平台，推动全区科技事业高质量发展。支持和承接北京国际电影节第二届元宇宙电影论坛等系列品牌活动在通州区举办，线上线下活动 60 余场。导入国家级科普资源，连续两年争取全国科技周暨北京科技周在北京城市副中心设立主会场，营造良好科学普及和合作交流氛围。

（通鉴编）

【科技交流】 2023 年，区科协针对通州区产业发展定位，开展四次“北京市科协智库通州行”活动。积极开展“千人进千企”活动，举办第六届关键信息基础设施自主安全创新论坛暨纪念习近平总书记“4·19”讲话发表七周年活动、“首都学术”企业专场活动——春立医疗 2023 年部分膝关节置换论坛、新型电力系统绿色能源电气装备关键技术研讨会、2023 网络安全行业生态大会、智能制造与装备领域专场科技创新成果对接会。筹备召开数字驱动京津冀农业农村高质量发展大会与首届北京智慧城市大会。邀请北京测绘学会、地理信息专业技术人员与区政务服务局领导就智慧政务建设工作开展专题业务交流，达成建立长期合作意向。邀请市科协城市安全与应急管理专业智库基地专家到区生态环境局开展环境污染应急处置培训讲座，助力提升环境污染应急处置水平；邀请市科协制冷暖通空调与低温技术专业智库基地推荐的冰山冷热科技股份有限公司与中际联合（北京）科技股份有限公司开展智库对接沟通。

（肖　重）

【北京大数据协会元宇宙专业委员会成立】 2月15日，北京大数据协会元宇宙专业委员会成立大会举办。大会宣读北京大数据协会同意设立元宇宙专业委员会的决定。召开专委会第一届委员大会并选举产生专委会第一届理事会；召开专委会第一届理事会，选举产生专委会主任委员、副主任委员和秘书长，选举产生专委会理事34名。举办“北京城市副中心元宇宙应用场景大赛”启动仪式。

（通鉴编）

【北京国际电影节第二届元宇宙电影论坛】 4月25日，第二届元宇宙电影论坛在北京城市副中心“沉浸式数字元宇宙电影论坛空间”举办。论坛以“元宇宙里的数字大观”为主题，邀请业界重量级嘉宾及学者，在数字与现实融合的数字元宇宙电影论坛空间里展开现在与未来的双向互望，探讨数字影视技术发展及数字影视内容制作对社会文化、经济、生活、娱乐等各方面的影响。

（通鉴编）

【“科技服务 创新助力行”系列活动首场活动举办】 5月8日，区科委联合市科委、中关村管委共同举办“科技服务 创新助力行”系列活动首场活动。市科委、中关村管委率先在通州区设立科技服务工作站，探索以市级科技专项年度工作与工作站绑定的方式，持续导入企业、专家、技术等创新资源。

（通鉴编）

▲5月8日，“科技服务 创新助力行”系列活动启动，通州科技服务工作站正式启用（区科委提供）

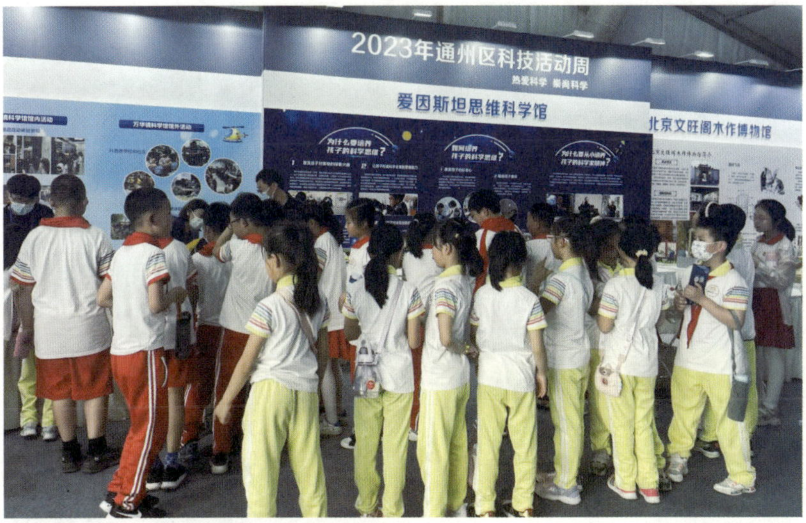

▲5月20日，青少年参观通州区科技活动周展览（区科委提供）

【全国科技活动周暨北京科技周】 5月20—31日，2023年全国科技活动周暨北京科技周举办。活动举办主题展览，重点展示人工智能、生物技术、“双碳”科技等国家重大科技创新成就和北京市科技成果，线下观展团体200余个、游客10万余人次。通州区科技活动周纳入分会场活动单独设置板块，围绕“科技创新 科学普及”主线，设置“城市副中心科技创新在行动”“探索海洋”“探秘宇宙”“科普资源展示”四大展区，通过仿真模型、VR沉浸式体验等高技术展示手段，打造沉浸式科普互动体验空间。其中，“城市副中心科技创新在行动”“蛟龙号模拟体验”等3个项目获评“北京科技周最受公众关注展项”。现场开展智能制造、航空航天、基础科学探秘活动近20场，营造浓厚科普氛围。

（李　牧）

【2023互联网3.0——北京城市副中心元宇宙专场项目路演活动】 7月6日，区科委、北京科技成果转化服务中心联合举办“2023互联网3.0——北京城市副中心元宇宙专场项目路演活动”。活动采取线上线下相结合的方式，分为主题演讲与科技成果路演对接两部分。发布“元宇宙产业现状及发展趋势”主题报告，阐述互联网3.0、元宇宙概念的起源与内涵，介绍元宇宙相关领域技术开发现状及应用场景，分析国产自主可控技术发展面临的主要问题。北京智谱华章科技有限公司、北京工业大学、北京邮电大学等单位互联网3.0相关领域项目参加路演。活动搭建科技成果转化交流合作平台，以需求为导向，面向各类创新主体开展政策解读、行业研讨、项目路演等对接服务，促进创新要素

融通，优化创新服务生态体系，推动优质科技成果在京转化落地。

（通鉴编）

【绿色发展创新服务平台成立】 12月22日，以“智慧驱动，绿色未来”为主题的北京城市副中心绿色发展创新服务平台成立仪式暨智慧绿色低碳创新技术交流会举办，“北京城市副中心绿色发展创新服务平台”揭牌成立。平台由区科协发起，北京能源学会、北京碳中和学会、北京环境科学学会、中国建筑节能协会建筑保温隔热专业委员会、北京制冷学会、北京应急管理学会、北京生态修复学会、北京社会企业质量协会、北京气象学会、廊坊市高新技术企业协会10家单位共同参与，聚焦双碳与绿色发展交叉学科、跨行业技术成果推广应用，集合专家学者、行业领袖，探讨行业绿色低碳转型路径，探索智慧、绿色、低碳新技术应用，立足北京城市副中心，服务北京市，辐射京津冀地区，带动国内外相关行业绿色创新发展。

（肖　重）

科技项目与成果

【概　况】 2023年，区科委围绕区域科技创新工作重点，立项支持文化和科技融合创新发展、新一代信息技术、生物医药工程与新医药、智能装备与新材料、节能环保、现代农业创新发展6个领域科技计划项目，通过科技项目实施示范带动产业技术研发攻关，促进科技成果转化落地。全区高新技术企业保有量首次突破1100家，技术合同成交额494亿元。

（苏　颖）

【应用场景项目建设】 2023年，区科委推动场景开放，提升营商服务水平。建立领域场景储备库，年初发布16项应用场景建设项目清单，会同各部门、北京城市副中心重点项目建设主体，梳理并初步建立区级应用场景储备库，纳入项目41项，其中高水平城市建设类6项、高效能社会治理类18项、高质量经济发展类17项，按照前期谋划、项目在建、建设完成等阶段对场景进行分级分类管理。深入落实《应用场景招商育商工作方案》，将场景工作纳入绩效考评体系；通过场景招商机制，招引北京元久能源科技有限公司、依文文化科技（北京）有限公司等36家企业落户；为京东方艺云科技有限公司、北京交研智慧科技有限公司、北京泰瑞数元科技发展有限责任公司等12家引进企业谋划匹配相关场景。强化应用场景项目设计组织，配合市科委、中关村管委启动应用场景案例征集，围绕北京（通州）大运河文化旅游景区、“三庙一塔”古建筑群、城市绿心森林公园等重点文旅区域，为6个项目争取到专项资金支持。推动应用场景项目建设，国家大剧院数字舞美平台、工程全过程数字化管理应用等十余项应用场景项目落地实施。完善应用场景建设机制，探索应用场景建设“揭榜挂帅”模式，向社会公开发布2023年北京城市副中心元宇宙应用场景“揭榜挂帅”项目榜单，征集解决方案，通过专家组多维度评审，拟定北京工业大学团队为揭榜团队。

（张立言）

【元宇宙产业发展】 2023年，区科委加速元宇宙产业布局。截至年底，元宇宙应用创新中心注册元宇宙企业54家，台湖音乐元宇宙场馆、宋庄数字艺术商业街区开工建设，城市绿心森林公园元宇宙图书馆正式投用。宋庄汇天网络科技有限公司、西集腾龙物联（北京）数据科技有限公司等大型数据中心和虚拟拍摄影棚加速布局。支持行业研究和标准创制，元宇宙三十人论坛、北京区块链技术应用协会等智库协会在通州区开展工作，发布《中国区块链发展报告（2023）》、《中国元宇宙发展报告（2023）》及产业图谱等系列行研成果。加大品牌宣传推广，承接和举办第三届全息数字经济与元宇宙产业生态峰会，北京国际电影节第二届元宇宙电影论坛，2023互联网3.0——北京城市副中心元宇宙专场项目路演活动，2023全球数字经济大会Web3.0发展趋势专题论坛暨区块链、元宇宙蓝皮书发布会等品牌活动。全年新增元宇宙企业46家，集聚企业累计超百家，提前完成元宇宙三年行动计划企业招引目标。

（王　云）

【元宇宙应用创新中心建成】 3月31日，北京城市副中心元宇宙应用创新中心建成投用。中心总建筑面积17136平方米，由1层元宇宙展示体验馆和2～6层元宇宙企业办公空间

▲7月6日，2023全球数字经济大会Web3.0发展趋势专题论坛暨区块链、元宇宙蓝皮书发布会举办

（区科委提供）

▲ 3 月 31 日，北京城市副中心元宇宙应用创新中心投入使用　（区科委提供）

构成。元宇宙展示体验馆分为前厅、序厅、展厅及体验区 4 个展览展示区域，场地 2154 平方米，展厅全部展示空间均为可变空间，所有展示内容均可替换、可更新，可在不同区域展示不同主题和内容，可作为发布厅或多功能会议厅，最多可容纳 150 人。企业办公空间提供 VIP 休息区、咖啡厅、会议室、交流区、洽谈室等配套设施区域。

（通鉴编）

【中关村技术交易与推广推介对接活动】 10 月 25 日，区科委与中关村政府采购促进中心、天津市科学技术发展战略研究院、区经信局、中关村通州园等单位联合举办中关村技术交易与推广推介对接活动——新技术新产品首发推介系列活动（医药健康专场）。活动首发推介北京理工大学、南开大学等 5 所京津高校及北京蓝田医疗设备有限公司、海杰亚（北京）医疗器械有限公司等 7 家医药健康领域创新创业企业的 12 项前沿技术成果及医药健康新产品，现场发布天津国家合成生物技术创新中心多肽药物合成新方法等 4 项生物制造技术需求，宣介北京城市副中心医药健康产业政策，推介通州区潞县医药健康产业聚集区等京津两地专业园区。积极响应《促进科技成果转化 协同推动京津冀高精尖重点产业发展工作方案（2023）》，建立京津两地科技合作和成果转化渠道，服务京津冀医药健康行业协同发展。

（通鉴编）

【“元宇宙 +”典型应用场景项目实施】 12 月 5 日，“大运河燃灯墨韵”AR 文旅沉浸体验展在“三庙一塔”景区落地展出。该项目是市科委重点扶持的全国首个超大空间 AR 文旅展，游客站在景区内扫描眼前建筑即可进入元宇宙世界，随游客行走，屏幕里的数字人也会相应移动，不仅能看到大运河的历史面貌，还能与元宇宙世界中的角色互动，更直观地感受运河文化。年内，BIM 三维智能化审查平台、北京城市副中心虚拟物业等项目建成投用，北京城市副中心虚拟建造仿真设计服务平台、“元宇宙 + 教育”示范工程项目等一批“元宇宙 +”典型应用场景加快建设。

（王　云）

气象测报

【概　况】 2023 年，通州区气象局（简称区气象局）推动市气象局与区政府共促气象事业高质量发展座谈会精神落实。《通州区“23・7”强降雨后防汛能力提升工作任务清单》提出三项推动区级气象事业高质量发展重点任务，为气象高质量发展提供重要支撑和强大助力。稳步推进智慧气象融入北京城市副中心城市精细化治理，在新型城市治理大脑平台总体框架下，建设专业化、精细化、智能化的智慧气象，应用气象核心技术和精细化产品，促进气象与文旅、环卫、交通、重要工程、防汛应急、电力等场景融合应用。上年区科技项目《北京通州文旅产业精细气象服务产品应用研究》通过验收。完成第九届国际樱桃大会、中国北京种业大会、北京科技周等 20 余项重大活动气象服务保障工作。全力做好强降雨、降雪等极端天气应对，强化有温度的高效主动服务，开展“短、平、快”直通式气象服务。6 月，为推动京津冀气象协同发展，加快推进三地更高水平气象现代化建设，区气象局、武清区气象局和廊坊市气象局续签《通武廊战略合作发展框架协议》。

（张明远）

【气候评价】 2023 年度通州区气候特点：气温、降水量、日照时数均与常年接近。2023 年度平均气温 13.1℃，与常年同期 13.2℃接近。其中 1 月、4—5 月、11 月平均气温比常年偏低，2 月、8—9 月平均气温与常年接近，3 月、6—7 月、10 月平均气温比常年偏高，12 月平均气温比常年明显偏低。年极端最高气温为 40.2℃，出现在 7 月 6 日；年极端最低气温为 -18.7℃，出现在 12 月 17 日。年降水量为 558.4 毫米，与常年 536.6 毫米接近。年内降水分布不均，1 月、3 月、5—6 月、8 月、10—11 月月降水量比常年偏少，2 月、4 月、7 月、9 月比常年偏多，12 月月降水量比常年明显偏多。年度最长连续无降水日数 60 天；日最大降水量 100.5 毫米，出现在 7 月 30 日。年日照时数为 2538.0 小时，与常年 2427.1 小时接近。其中 1 月、7 月、10—11 月月日照时数比常年偏多，3 月、12 月较常年偏多不足一成，2 月、4—5 月比常年偏少，8—9 月比常年偏少不足一成，6 月月日照时数比常年明显偏多。

（赵　岩）

【气象服务决策】 2023 年，区气象局履行各项观测职责，完成观测仪器检定及探测环境评估。所有探测设备运行稳定，探测数据准确可靠，超出考核标准要求。围绕北京城市副中心建设服务需求，开展预报服务精细化专项提升工作。完成北京城市副中心马拉松、首届大运河音乐节、中国北京种业大会等多项重大活动气象服务保障工作。全年发布预警信号193期、天气快报68期、重要天气报告58期、重大活动服务专报129期、天气预报370期、专项气象服务1031期。

（王雅琪）

【气象服务社会】 2023年，区气象局在气象为农服务中融入科普宣传，以北京葡香苑园艺场为试点开展气象为农服务示范建设，安装小型农业气象观测站，对区特色农产品张家湾葡萄进行气候品质评价，提高园区社会效益和经济效益，推动张家湾葡萄品牌提升。通过手机短信、微信、区OA平台等途径，向社会公众提供未来两天天气预报、气象灾害预警信息、未来七天天气趋势及月气候预测，手机短信累计发布54万余条。

（高晓容　王雅琪）

【防灾减灾宣传】 2023年，区气象局开拓宣传渠道，依托新媒体资源开展防灾减灾宣传，在今日头条“气象通州”官方账号定期推送科普文章、视频，丰富公众获取气象防灾减灾知识渠道。开展“世界气象日”系列气象防灾减灾主题宣传走进临河里街道玫瑰园社区、漷县镇活动；举行通州区气象科普馆开放日活动，邀请青少年参观学习；在梨园镇高楼金第社区开展“防灾减灾日”气象科普宣传。参加北京科技周，在通州展区开辟气象科普展位，配备AI机器人、降水雷电等天气和灾害互动装置供游客体验，讲解降雨形成机理和气象灾害预警信号等基础知识。

（高晓容）

【气象行政服务和执法】 2023年，区气象局持续优化政务服务，提升行政审批便民能力，做好雷电防护装置设计审核、竣工验收等气象行政许可办理，全年办结许可61件。依法依规开展通州区防雷安全、升放气球安全、气象设施和气象探测环境保护等行业安全监管，行政执法类型全覆盖，行政检查履职率100%。重点保障汛期防雷安全及全国两会、“一带一路”等重大活动期间禁飞安全，全年开展执法检查217次，未出现行业安全事故。加强联动协作，主动对接区应急管理局、区市场监管局、区城管委及朝阳区气象局、大兴区气象局等部门，联合开展“双随机、一公开”检查80次，联合开展“执法+专家”检查4次。加强气象法治宣传，坚持边执法边普法，普法与科普相结合，通过进企业、进社区、进网络等方式多渠道宣传气象法律法规。

（宋　明）

▲3月23日，区气象局举行通州区气象科普馆开放日活动，图为上店小学五、六年级学生参观区气象科普基地

（区融媒体中心提供）

【《北京通州文旅产业精细化气象服务产品应用研究》通过验收】 12月12日，区气象局召开上年通州区科技项目《北京通州文旅产业精细化气象服务产品应用研究》合同验收会。专家组听取建设单位关于项目背景、建设内容、建设成果的汇报，审阅验收文档资料，查看系统演示，经过质询和讨论，一致同意项目通过合同验收。项目将市气象局新一代快速更新多尺度预报系统（即睿图）引入区文旅产业气象服务中，运用3D可视化、人工智能、虚拟现实、混合现实、建模渲染等技术，为游客和管理者提供北运河通州段40千米航线“百米级、分钟级”精细化气象服务产品。项目建设紧密结合《北京城市副中心元宇宙创新发展行动计划》，实现元宇宙技术在气象服务领域的探索性应用。项目一期，实现区文旅局、大运河管委会、大运河游船运营单位管理及工作人员多用户分级使用。通过统一架构、云端部署，在电脑、大屏等终端实现多用户不同需求响应，极大提升气象服务质量和精细化服务水平。

（赵志泉）

教　育

综 述

【教育质量体系建设】 2023年，通州区教育委员会（简称区教委）开展2024年普惠托育学位试点工作，实现托班学位扩增，在17个园所建设托育学位623个。全区82所中小学全部与市区优质资源校建立“手拉手”结对帮扶关系。开展专题研究高中特色课程建设，分类整理9所高中特色课程17门，向市级申报多样化特色发展项目11个。运河中学“黄纬禄”科学家班挂牌成立，全区科学家实验班增至5个。持续探索科技创新人才培养新模式，促进教育教学内涵式发展。

（胡明玉）

【教育改革】 2023年，区教委聚焦“双减”内核点，构建北京城市副中心教育新生态，召开通州区提升小学教育教学质量研讨会6次，覆盖学校61所，约1.2万人次参会。搭建城区与东南片区农村学校、骨干教师与普通教师交流平台，完成114所完全小学约课指导工作，校本教研指导112场。按照“纵向贯通，横向联合”原则，多层次、多样态推进集团化办学改革，建成以引进校为主的跨区教育集团校12所、区内教育集团校12所、一体化办学学校6所，集团化办学覆盖率超60%。依托教育部“基于教学改革、融合信息技术的新型教与学模式”实验区八大行动，推进信息化项目建设20个，启动实施“元宇宙+教育”试点应用，探索大数据精准教学。完善教育云平台，上传微课1500节，形成系统完整的学科教学微课群。

（胡明玉）

【学校建设】 2023年，区教委加强在建工程项目管理，把握重要时间节点，协调解决工程进展，北京二中通州校区改扩建项目完工。扎实推进新建工程进度，文化旅游区中小学等新建工程前期手续进度提速，文化旅游区幼儿园取得开工许可，具备开工条件。接收多个住宅配套教育设施，完成台湖公租房配套小学（荣海小学）、万科城市之光东望配套幼儿园等9个配套教育设施接收工作，提供小学学位2640个、学前学位2490个。新签订配套教育设施建设协议书3项，审查配套教育设施方案24个。成立修缮项目建设管理领导小组，分11组完成教育系统各单位申报的190个修缮项目安全检查。

（胡明玉）

【教育经费投入】 2023年，通州区教育经费投入75.32亿元，国家财政性教育经费投入67.22亿元，一般公共预算教育经费投入52.28亿元。

（胡明玉）

【五育并举】 2023年，区教委拓宽德育工作路径，开展“运河少年行”育人工程，14名少年志愿者参与，获评“2023年度首都未成年人思想道德建设创新案例”；启动“运河小林长”三年行动计划，提升青少年生态文明素养；6万余名少先队员参与线上线下“清明祭扫”活动。探索智育发展新模式，推动16万人次参与“品读华夏经典 润泽诗韵童年”通州区第四届小学生诗词大会，2000多名学生参与通州区中小学生科技嘉年华活动，45名学生在全国模型、机器人、天文竞赛中取得金牌。积极发展体育、弘扬美育事业，2万人次参加通州区中小学生田径运动会、篮球联赛、冬季长跑等27项比赛，3658名学生参与“阳光下成长”第二十六届学生艺术节。印发《通州区关于全面加强新时代中小学劳动教育的实施意见》，举办首届“运河小工匠”活动，深入开

▲ 12月29日，聚焦“双减”内核点 构建副中心教育新生态研讨会第十场在运河中学举办 （区教委提供）

▲ 3月21日，史家小学通州分校大杜社校区学生在北京文旺阁木作博物馆，开启通州区首届大手拉小手“运河小工匠”选树活动第一堂课 （区教委提供）

展劳动教育。

（胡明玉）

教育管理

【概　况】2023年，区教委大力推进集团化办学改革，建设一批教育集团校，完成第三批、第四批集团化办学工作。印发《通州区学前教育发展提升三年行动计划（2023—2025）》，指导学前教育高质量发展。积极推进公办幼儿园建设进度，加快小区配套幼儿园接收进程，加大对民办幼儿园、非教育部门办幼儿园安全检查力度，规范幼儿园管理水平。巩固“双减”成效，持续监管与治理。加强有证机构监管，19址白名单机构全部完成同教育部全国校外教育培训监管与服务综合平台的对接工作；做好无证机构治理，制定《通州区学科类隐形变异培训防范治理工作实施方案》，22个街道乡镇上报无证周报290余次。发挥“双减”专线“80880520”举报监督作用，发现违规开展学科类培训机构6址，均做好先行处置，将问题化解在萌芽状态。进行非学科机构治理，完成校外培训监管数据稽核工作，制定《通州区“中小学生校外培训材料规范管理年”工作方案》，完成对7址机构、114份培训材料联合抽查工作。办理市折子、市实事任务9项，办理区折子、区实事任务8项，对照年度目标、点位标准，完成率100%。年内，为后南仓小学紫运校区等40余所新增学位学校（幼儿园）提供设备购置、装修改造项目资金2.4亿元。确保北京新城职业学校新增专业、第三批中小学操场改造等项目顺利开展，投入资金1.52亿元。

（胡明玉）

【集团化办学】2023年，区教委按照“纵向贯通，横向联合”原则，多层次、多样态，大力推进集团化办学改革，建成以引进校为主的跨区教育集团校12所、区内教育集团校12所、一体化办学学校6所，集团化办学覆盖率60%以上。与北京市十一学校合作办学，将原宋庄学校纳入北京市十一学校教育联盟，调整办学层次，组建北京市十一学校通州实验学校。完成第三批、第四批集团化办学工作，扩充潞河中学教育集团，成立东方小学教育集团、运河小学教育集团、官园小学教育集团3个教育集团，组建以北京学校为牵头校的教育集团，辐射带动周边5所学校。

（胡明玉）

【校园消防安全大整治专项行动】2023年，区教委开展校园消防安全大整治专项行动，制定印发紧急通知，召开安全工作部署会，进一步提高各学校对校园消防的重视程度，确保校园安全主体责任落实到位。联动消防部门和属地共同制定工作方案，启动覆盖全区学校及培训机构的消防安全大检查。检查发现各类校园安全隐患3618项，完成整改3573项，整改率98.8%。

（胡明玉）

【第一批城乡义务教育学校薄弱环节提升工程】2023年，区教委为87所学校教室照明改造、14所学校技防监控建设及59所学校信息化建设项目提供充足资金支持。批复基层学校修缮项目66项，不断改善办学条件。

（胡明玉）

【新时代学校美育实践】2月23日，通州区《全面加强和改进新时代学校美育工作行动方案》专家指导组、业务工作组成立大会召开。来自北京教育科学研究院、北京市少年宫、首都师范大学、中央戏剧学院以及北京物资学院等单位的6名美育专家组建市级专家指导组；来自通州区教师研修中心、青少年活动中心、潞河中学等单位的17名教师组建区级专家指导组；来自27家单位的31名市、区级骨干教师、学科带头人等教师共同组建业务工作组。会上宣读了专家指导组及业务工作组成员名单，为市、区级专家指导组成员颁发聘书。业务工作组、区级专家组、市级专家组代表进行交流发言。在座谈环节，区教委体美科、教师研修中心、青少年活动中心负责人分别从政策的制定、艺术教师的培训与教研以及学生美育实践活动3个方面做了详细介绍；区级专家指导组成员从农村地区美育教育的开展、艺术教师的成长方面提出建议；市级专家指导组成员从国家和市级层面剖析学校美育现状。

（胡明玉）

【健康校园行动专家指导组成立】2月28日，通州区推进健康校园行动专家指导组与业务工作组成立大会召开。3名市级专家组成员、11名区级专家组成员组成专家指导组，实时掌握通州区各校卫生健康工作开展情况，从科学运动、营养配餐、疾病预防、健康管理等多个方面及时给出专业意见，为区级层面青少年卫生健康工作的顶层设计提出科学建议，为学校课程设计、实践活动、教学研究等提供学术支撑。16名业务工作人员组成业务工作组，负责实施开展全区中小学、幼儿园卫生健康状况检查、指导、培训等。

（胡明玉）

【法治副校长进校园全覆盖】4月24日，区教委、区人民法院联合举行“法护‘未’来共‘通’成长——通州法院法治副校长进校园全覆盖”启动仪式。126名法官担任法治副校长，实现通州区中小学法治副校长进校园100%全覆盖，助力构建全方位推进、全领域覆盖的青少年综合保护工作格局。

（胡明玉）

【中芬教育交流研讨会暨友好校签约仪式举行】6月14日，中芬教育交流研讨会暨友好校签约仪式在通州区教师研修中心举行。中芬双方共10所学校签订合作协议，缔结友好学校。

（胡明玉）

【宋庄学校被纳入北京市十一学校一体化管理】7月31日，北京市十一学校通州实验学校工作启动会召开。区政府与北京市十一学校签订合作办学协议，共办通州区宋庄学校，实行一个法人一体化管理，宋庄学校更名为北京市十一学校通州实验学校，纳入北京市十一学校联盟。

（胡明玉）

▲12月8日，北京城市副中心小学教育高质量发展大家行暨首届“校园里的教育家”校长专业发展成长论坛启动　（区教委提供）

【北京城市副中心小学教育高质量发展大家行】 12月8日，北京城市副中心小学教育高质量发展大家行暨首届“校园里的教育家”校长专业发展成长论坛启动。活动分为“大家讲谈”“大家论坛”2个环节。“大家讲谈”围绕育人方式创新、教师发展、校长培养3个方面作主旨报告。“大家论坛”围绕学校价值文化建构、课程体系与治理体系建构主题，展示学校独特文化故事、课程故事，进行深入研讨。

（胡明玉）

师资队伍建设

【概　况】 2023年，通州区大力引进高学历人才，从外区引入成熟优秀人才、名教师、学科带头人和骨干教师。落实“银龄讲学计划”，返聘高级教师、正高级及特级教师9人。用足用好社会化教育人才政策，将一批优秀社会化教师补充到教育教学一线，一线岗位聘用1339人，实现“同工同酬同待遇”“同岗同质同管理”。整合完善传统人事调配、“区管校聘”等师资配置方式，扩大骨干教师资源供给范围。年内，中高级职称评审通过率96%。夯实分层分类分岗培训机制，保障区域教育人才可持续发展。截至年底，通州区有教职工12930人，含在编教职工11591人，社会化教育人才1339人。

（胡明玉）

【教育人才队伍建设】 2023年，区教委提高毕业生招聘质效。严格条件标准，将学历、专业作为硬性条件，大力引进高学历人才，全年招聘毕业生285人，其中硕士及以上学历144人，占比50.5%。积极破解教师队伍结构年轻问题，从北京市外区引入成熟优秀人才，吸引名教师、学科带头人和骨干教师到北京城市副中心任教，调入成熟型教师41人。实行教师干部分层分类分岗培训机制，统筹实施师干训项目119个，成立名师工作室11个，开办名师研习室15个。

（胡明玉）

【师资配置完善】 2023年，区教育系统坚持需求导向、实效导向，大力推进交流轮岗，进一步整合完善现有传统调配、“区管校聘”等师资配置方式，增强人力资源配置灵活度和针对性。年内，参与交流轮岗干部教师1257人，其中全职交流轮岗930人，骨干教师236人。

（胡明玉）

【评优和职评】 2023年，通州区有13人获评北京市特级教师，申报市级学科带头人34人、市级骨干教师171人、市级骨干班主任38人、市级优秀幼儿园主班教师25人。获评正高级教师13人，获评高级教师186人，获评一级教师208人，通过率96%。

（胡明玉）

【首届“新蕾杯”评优活动】 2023年，通州区小学第一届“新蕾杯”课堂教学评优活动举办。“新蕾杯”旨在为新教师搭建历练提升平台，营造助力青年教师学习与实践的氛围。47所学校248名教师参与，均为2020年后入职教师，涉及语文、数学、英语、科学、道德与法治、体育与健康、艺术、信息科技、劳动等16个学科。经过预赛、初赛、决赛，评选产生一等奖教师26人、二等奖教师38人、三等奖教师37人，优秀指导教师64人、先进集体21个和优秀组

▲8月28日，通州区小学第一届“春蕾杯”课堂教学评优活动举办

（区融媒体中心提供）

织单位4个。

（胡明玉）

【通州区教师研修中心学术年会】 2月24日，北京市教育学会基础教育发展论坛暨北京市通州区教师研修中心（分院）第三届学术年会——构建高质量研修体系 赋能城市副中心教育发展高端论坛举办。会上，区教委与教育部直属事业单位课程教材研究所签署合作协议，共建基础教育课程改革实验区，双方将以18个教育质量内涵提升项目和多个学科课程标准实验研究项目为抓手，聚焦队伍提升、课程建设、教学优化、教材研究、评价改革、创新实践、区域教育提升7个领域，通过探索重点、难点和热点问题的破解策略，进一步推动北京城市副中心基础教育高质量发展。

（胡明玉）

【通州区中学第九届“秋实杯”课堂教学评优活动】 2023年，通州区中学第九届“秋实杯”课堂教学评优活动举办。活动面向全区中学9年及以上教龄教师开展，主题为“基于深度学习的单元（主题）教学设计与实施”，来自全区34所学校的332名教师参与，涉及初中、高中学科各15个。经过教学设计笔试、教学录像评选、现场教学评优三个阶段，评选出一等奖24名、二等奖31名、三等奖119名。

（胡明玉）

学前教育

【概　况】 2023年，全区有幼儿园248所（其中教育部门办园39所、地方企业办园1所、事业单位办园1所、部队办园1所、集体办园30所、民办176所）。新建幼儿园1所。教学班2010个，入园15719人，离园20885人，在园52219人，教职工9686人，其中专任教师4774人。多维扩容，提升普及普惠水平，推动东方星幼儿园开园，区域学前教育普惠性幼儿园覆盖率保持90%以上。落实实事新增托班学位623个。向非教育部门公办和普惠性民办幼儿园拨付市级学前专项资金4.2亿元，其中生均定额补助3.83亿元，租金3729.40万元。支持乡镇中心幼儿园发展，向乡镇中心幼儿园拨付外聘教师人员工资992.24万元。

（胡明玉）

【“全程超前伴随式”家长培训】 2023年，区教委开展学前教育“全程超前伴随式”家长培训。全年培训20讲，每月2～3讲，参与培训家长近9万人次。

（张　京）

【非教育部门办园干部教师培训】 2023年，区教委、区教师研修中心、区民办教育服务中心对通州区非教育部门办幼儿园干部教师进行培训。培训分园长、举办者、法定代表人梯队，中层干部梯队，5年以上教师梯队，5年以下教师梯队和非专业转岗教师梯队5个梯队，有效提升非教育部门办幼儿园干部教师专业素养。

（张　京）

【“手拉手”结对帮扶活动】 2023年，通州区“手拉手”结对帮扶活动辐射范围逐步扩大，全区36所公办幼儿园全部承接帮扶任务，对接36所民办园，落实帮扶计划，共享教育资源，积极开展帮扶交流活动。

（赵东霞）

【北京市通州区新城东里幼儿园】 北京市通州区新城东里幼儿园（简称东里幼儿园）为日托制公办园。幼儿园一园两址，分别为东里幼儿园中大班部、玉桥东里小区小班部。幼儿园占地面积4712平方米，校舍建筑面积3213平方米。2023年，教育经费投入1928.02万元，均为国家拨款。固定资产1124.2万元。图书室藏书3727册，有音乐专用教室1个、普通教室11个。教职工59人，其中专任教师49人；专科以上58人，专业技术中级职称以上19人。保健医5人，均为本科以上学历。开设教学班11个，其中小班4个、中班3个、大班4个。幼儿入园98人，离园121人，在园290人。年内，东里幼儿园规范管理，形成《党组织领导的校长负责制工作手册》，落实1221议事决策流程。开发系列爱国主义教育课程，形成“我们的节日”“我爱家乡”“升旗啦”等爱国主义教育课程体系，出版书籍《中华优秀传统文化幼儿园启蒙教育之诵读论丛》。完成北京市教育学会课题12项、通州区规划课题5项。

（姜　珊）

【北京市通州区民族幼儿园】 北京市通州区民族幼儿园为区教委直属全日制幼儿园，占地面积4956平方米，校舍建筑面积5207平方米。2023年，教育经费投入2664万元，其中国家拨款2664万元。固定资产总值1446.34万元，有图书0.43万册、计算机80台，专用教室3个，普通教

▲6月7日，通州区五育并举幼儿园户外体育运动项目组走进新城东里幼儿园进行线上“云观摩”活动

（区教委提供）

室16个。教职工83人，包括专任教师64人；本科学历59人，中级以上专业技术职务23人；保健医4人，中级以上专业技术职务1人；专职保育员3人。开设教学班16个，小班6个、中班5个、大班5个，在园589人。年内，民族幼儿园建立科学、完备的园所文化理念体系，秉持“做有节律的教育”核心理念，通过建立有节律的教育环境，培养幼儿爱运动、学养生、乐探索、懂感恩、有自信、知时令、明礼节和做自己的品质；遵循“生活中学习、游戏中成长”园训，使园所课程贴近幼儿生活，学习符合幼儿特点及兴趣；建立“依时而学习、顺势而成长”课程理念，探索构建“节气与生活”园本课程，挖掘二十四节气中物候气候、风俗谚语等有教育价值的要素，开展适宜幼儿的活动，注重链接自然、链接生活、链接游戏、链接实践、链接家园社、传承与弘扬中华传统文化原则，五育并举助力幼儿健康成长与发展；以“圆融合德”为管理理念核心，促进园所和谐成为有机整体；形成“懂得教育时节的养正之师”教师团队理念，打造德才兼备、有教育情怀的教师团队；构建“四时合序”环境理念，强调物质环境和精神环境安全、舒适、温暖、有序，为幼儿全面发展奠定坚实基础。

（胡明玉）

【第十届“启蒙杯”半日活动评优】 4月，区教委启动通州区第十届“启蒙杯”半日活动评优，全区120个单位的1010名教师参与，参赛教师为一线带班教师，参评内容为幼儿园半日活动的设计及实践活动，主要从课程实施、教师与幼儿、课程方案3个方面，由市级骨干教师、区级骨干教师及各幼儿园的业务骨干组成专家评委综合评价，包括教师为幼儿营造的软硬件教育环境、创设的教育、生活、活动区、户外活动、教师专业素养及幼儿的反馈等，活动旨在提高通州区学前教育质量，发现、培养骨干教师，促进全区幼儿园教师队伍素质提高。截至年底，评优活动持续进行。

（赵东霞）

【幼儿园教师基本功展评活动】 11月，区教委组织开展2023年通州区幼儿园教师基本功展评活动。参评内容包含笔试和歌曲演唱2个部分，分别于11月21日、11月28日举行。来自83个单位的116名教师参加，评选出“基本功”一等奖13名、二等奖22名、三等奖23名。

（赵东霞）

▲9月19日，通州区民族幼儿园被北京市通州区牙病防治所首批授予“零龋齿幼儿园”试点单位称号

（通州区民族幼儿园提供）

中小学教育

【概　况】 2023年，通州区有小学48所（其中，教育部门办校44所、民办校4所），初级中学12所（均为教育部门办校），完全中学10所（教育部门办校9所、民办校1所），高级中学3所（民办校2所），九年一贯制学校16所（教育部门办校13所、民办校3所），十二年一贯制学校7所（教育部门办校5所、民办校2所）。教学班3282个（小学2277个、初中674个、普通高中331个），小学招生18399人、初中招生8954人、普通高中招生5210人；小学毕业10509人、初中毕业6965人、普通高中毕业3246人；在校小学生87848人、初中生23933人、普通高中生13422人。中小学（公办）总占地面积362.62万平方米，中小学（公办）总建筑面积198.77万平方米。开展校园精神文明创建工作，推荐北京市第五中学通州校区等7所学校申报首都文明校园。高中多样化特色发展力度攀升，依托通州区英才学校和9个学科基地学校，启动104课时的学科培优课程和竞赛课程，推动高中拔尖创新人才培养体系建设。专题研究高中特色课程建设工作，对9所高中17门特色课程分类整理，向市级申报多样化特色发展项目11个，申请资金471万元。

（胡明玉）

【义务教育阶段入学】 2023年，通州区义务教育阶段入学通过流程与技术创新实现“一网通办”新突破，为全市教育系统和政务大数据综合应用开创先河，实现二孩、三孩家庭“同家同校”“同家近校”服务目标；通过教育咨询服务专线62512345，答复入学咨询5万余次。北京第一实验学校、后南仓小学紫运校区、荣海小学投入使用，景山学校通州分校、潞河中学于家务校区高中部实现招生。积极挖潜校内资源，新增中小学学位1.3万余个。实现史家小学通州分校、教

▲8月31日，后南仓小学紫运校区投入使用（区融媒体中心提供）

科院第一实验小学、潞河中学附属学校等49所小学增班126个，扩充学位5040个；实现育才学校通州分校、运河中学东校区、五中通州校区等12所初中增班43个，扩充学位1720个，完成2.7万余人义务教育阶段入学工作。办理积分落户、京籍返京等学生转学459名。

（胡明玉）

【教学科研】2023年，区教委推进项目研究，完善教师发展体系。组织高质量教师研修体系课题工作会，多次研讨课题研究实施路径，总结出“一表两图”；参加“基于城市副中心教育发展需求的高质量教师研修体系研究”课题工作推进会，作《基于城市副中心教育发展需求的高质量教师研修体系研究的实践路径》汇报，解读课题研究框架思路。组织市、区级各类课题申报、检查、结题工作，在实践探索中形成“课题研究课＋说课＋中期报告交流”课题阶段成果展示区域模式，在区域课题研究规范、研究成果提炼、成果交流分享、互学互鉴方面，起到示范、引领、指导与服务作用。基于政策研究，开展北京城市副中心小初衔接项目研究，注重幼小、小初衔接，关注高中阶段学生、学科特点，为学生进一步学习做好准备。举办各类学术沙龙，系统梳理项目，形成区级专题报告；学习核心期刊，了解研究热点与专题研究；重视宣传，提升品牌影响力，显示全学科阅读项目5年成果，完成结题材料撰写。参加北京教科院基教研中心成果研究，开展全学科阅读案例交流研讨会，形成研究建议。

（胡明玉）

【基础教育课程改革】2023年，通州区开展“双减落实质量提升”校园行活动，组织专家驻校深度跟踪指导，深入中小学开展学科视导工作。全面监控各校课后服务情况，在“三个全覆盖”（即课后服务工作实现所有义务教育学校、所有工作日、对所有有意愿的学生覆盖）基础上提升课后服务质量，有效促进学校内涵发展。开展“四新”（即新课程、新教材、新课堂、新教学）背景下新课标研究与系统培训374次，引领教师把“新课标”教育理念和基本要求落实到课堂教学中。80名研修员完成一线课堂示范课，将课程研究转化为课堂实践。

（胡明玉）

【德育教育】2023年，区教委广泛开展“学习二十大”主题教育实践活动，录制推送“面向少先队员宣讲党的二十大精神”系列课程13节；抓好课程主渠道，举办“红心向党 做新时代接班人”大思政课一体化教研活动，将党的二十大精神全面贯穿、有机融入课堂教学。组织开展学习宣传贯彻党的二十大精神知识竞赛，学校教职员工覆盖率100%，组织103名思政课教师参与区级理论宣讲队伍。统筹推进主题教育与“三大三强”活动，扎实开展调研，聚焦校园管理、入园入学等群众反映集中的高频共性难题，确定集体调研选题，领导班子成员调研课题10项，在区级平台刊发经验做法5条。注重中小学生德育实践，10月1—6日，启动“颂通州志愿行——万名小小宣传员”活动，组织区内432名小学生到大运河沿岸燃灯塔及周边古建筑群、北运河游船、大运河森林公园、城市绿心森林公园、月岛观景台等地开展“国庆志愿行”宣传活动。

（胡明玉）

【体育教育】2023年，区教委承办北京市中学生田径运动会，通州区代表队获4金6银10铜，获初中团体总

▲10月1—6日，“颂通州·志愿行——万名小小宣传员”活动启动

（区教委提供）

分第2名、高中团体总分第3名；参加北京市第一届小学生运动会，通州区代表队获3金5银1铜，获甲组总分第2名、团体总分第4名。全面促进学生体质提升，将学生体质健康测试成绩作为各校体育工作评优评先重要指标；以体育课堂教学为主阵地，课外活动为延伸，保障学生在校锻炼时间。以体质健康测试项目为切入点举办全区运动会、片区比赛、专项比赛，做到“人人赛、项项赛、班班赛、校校赛”全员参与场面，提升全区学生体质健康水平；举办通州区中小学生田径运动会、篮球联赛、冬季长跑等比赛27项，参与学生超2万人次。组织召开通州区体育工作座谈会，重点就四、六、八年级体质健康测试安排、组考保障、考务布置等情况广泛听取意见建议，明确全面推进全区体育教育工作目标。

（胡明玉）

【科技教育】 2023年，区教委开展包括科技嘉年华在内区级科技竞赛活动25项，参与学生超2万人次。45名学生在全国模型、机器人、天文竞赛中取得金牌，192名学生获三等奖及以上成绩。整合资源，拓展实践活动空间，引导中小学利用首都科技馆、博物馆、重点实验室、设计中心等具有科普与科技研究功能的机构，以“请进来”“走出去”双向互动方式，丰富学生场景式、体验式科技实践活动，促进学生科学素养提升。10月，举办通州区中小学生机器人智能大赛，全区40余所学校的142支代表队470余人参与竞赛。11月，举办“共筑家园”全国青少年建筑模型教育竞赛活动，全国各地的1600余名选手参与竞赛，通州区代表队获一等奖6个、二等奖8个、三等奖4个、优胜奖2个。

（胡明玉）

【艺术教育】 2023年，通州区借助国家大剧院台湖舞美中心、北京交响乐团等高端资源优势，促进学校与社会公共文化艺术场馆、文艺院团、艺术家协会等机构深度合作，推动非遗进校园、民族艺术进校园、戏剧进校园等基本公共文化服务项目；发挥市级“金”字社团、特色校及示范校辐射带动作用，重点扶植以“韵之灵”艺术社团为代表的精品社团。3658名学生参与第26届学生艺术节舞蹈、器乐、书法、绘画等10项区级艺术展演、竞赛活动；38名学生在市级绘画、摄影、舞蹈比赛中获金奖，87名学生获二、三等奖。9月，举办通州区第26届学生艺术节器乐、舞蹈专场展演，邀请中国音乐学院、解放军军乐团专家担任器乐专场评委，近1400名学生参与，35个节目获奖。邀请中国舞蹈家协会、中国人民解放军总政歌舞团和解放军战友文工团专家担任舞蹈专场评委，近1500名学生参与，77个节目获奖。

（胡明玉）

【北京市通州区贡院小学】 北京市通州区贡院小学占地面积2.5万平方米。2023年，学校教职工111人，其中正高级职称1人、高级职称21人、一级职称36人。包括特级校长1人、特级教师1人、北京市骨干教师3人、北京市学科教学带头人2人、北京市骨干班主任2人。学校立足自身历史文化，提出明远教育的办学理念与实践体系，以“读书报国、为国育贤”为办学追求，以“明德致远”为核心价值观，以培养明德致远的中国少年为育人目标，开启贡院小学新篇章。学校先后获评中华优秀传统文化示范校、全国足球特色校、国防教育特色校、北京中小学文化建设示范校、北京书法示范校、首都文明校园、北京平安校园、北京课程建设先进校等。

（胡明玉）

【北京景山学校通州分校】 2023年，北京景山学校通州分校建筑面积9.7万平方米。教学班36个，在校生1444人。教职员工140人，其中正高级教师1人、特级教师1人、高级教师12人、一级教师18人。学校在优质教育资源、学校文化、教育理念、课程教材、师资队伍建设等方面与景山学校有机统一，实现共建、共享、共赢；积极适应通州区域发展特点，将运河文化、台湖镇艺术文化与景山文化有机融合，着力打造素质教育新标杆。

（胡明玉）

【北京市通州区潞河中学】 2023年，北京市通州区潞河中学占地面积17.06万平方米，建筑面积10.02万平方米，运动场地面积3.85万平方米，绿化用地面积6万平方米。图书馆藏书14.94万册。固定资产总值53253万元。全年教育经费投入1766万元。配置计算机1958台，多媒体教室8个，校园网出口宽带1.1GB，数字资源量2500GB，信息技术课程初中每周1课时、高中每周2课时。教职工

▲5月17日，聚焦“双减”内核点 构建副中心教育新生态研讨会第十一场在贡院小学举办

（区教委提供）

351人，其中正高级职称13人、高级职称136人、中级职称132人。专任教师303人，其中特级教师13人、市学科教学带头人2人、市骨干教师18人、市骨干班主任2人。开设教学班76个，其中初中班30个、高中班46个。毕业1056人（初中452人、高中604人）；招生1115人（初中416人、高中699人）；在校生3253人（初中1227人、高中2026人），其中寄宿生814人。高中录取分数线627分（通州区统招），应届高考本科上线率98.6%。

（徐　甲）

【通州区中小学生技术设计创意大赛】 3月18日，区教委举办“我是小小设计家”通州区中小学生技术设计创意大赛。活动结合科学及技术课程教学实际，根据学段，设置了不同的比赛项目。其中，高中阶段设置了挑战极限（悬臂梁）、服装再造、月球探秘3个项目，初中学段设置了挑战极限（悬臂梁）、风能利用2个项目，小学阶段设置了冰球大战、魅力校园——超级建筑师2个项目。大赛自2月启动，前期通过预选拔、预赛等程序，吸引来自全区38所学校近500名师生报名参加，参与现场活动队伍60余支200余人。北京教科院通州区第一实验小学杨庄校区、潞河中学、人大附中通州校区、运河中学、中山街小学分获魅力校园、服装再造、月球探秘、挑战极限和冰球大战项目冠军。该次竞赛各项目前三名代表通州区参加市级竞赛。

（胡明玉）

【通州区小学生第四届诗词大会总决赛】 4月12日，“品读华夏经典 润泽诗韵童年”通州区小学生第四届诗词大会总决赛举行。诗词大会历时2个月，设置了线上诗词挑战赛环节，面向全区小学生开展，分为低、中、高年级进行诗词闯关，约16万人次参加，最终约87.4%的参与者获得“诗词小达人”称号。线下诗词大会为期半个月，全区54所小学代表队经过初赛、半决赛选拔，有8支代表队进入总决赛。总决赛设置了诗句配对、火眼金睛、观图吟诗、融会贯通、引经据典、狭路相逢、飞花令七个环节，通州区东方小学代表队获金奖，通州区梨园学校、黄城根小学通州校区及北京第二实验小学通州分校代表队获银奖，北京教育科学研究院通州区第一实验小学、北京市育才学校通州分校、北京教育科学研究院通州区第一实验小学杨庄校区、通州区运河小学代表队获铜奖。

（胡明玉）

【全市首个“黄纬禄班”落地北京城市副中心】 6月16日，北京市首家“黄纬禄班”在通州区运河中学授权揭牌。运河中学组建了包括院士黄纬禄之女、高级工程师黄道群，北航陆士嘉实验室主任教授刘沛清，北航流体力学研究所所长屈秋林等在内的一流顾问专家团队。揭牌后，学校优化课程设置，制定科技拓展课程与研究类特色课程，满足学生群体与个性化发展要求，学有余力的学生可参加大学先修课程学习，获取强基计划资格；打造特色研学，定期组织学生走进科研院所、“两弹一星”纪念馆、高科技公司等开展系列专题研学活动，深入学习科学知识，拓宽学生视野；定期举办以弘扬黄纬禄为代表的老一辈功勋科学家的科学精神为主题的科普展览，组织本校及集团与联盟学校的学生到校参观学习，传承“爱国、创新、求实、奉献、协同、育人”的科学家精神；开展系列培训，定期进行科学家精神讲座与体会交流，学生按志趣分成4个科学小组，每组以主题形式进行科学探究，每学期至少完成两个科技主题活动；联手大学立体培养，走进大学实验室、图书馆、校园网等参与导师课题，或在导师指导下开展自身微型课题研究。

（胡明玉）

职业教育

【概　况】 北京新城职业学校（简称新城职业学校）建校于1984年，是直属通州区教委的唯一公办中等职业学校、省部级重点职业学校。学校位于台湖镇，2023年，占地面积20.18万平方米，校舍建筑面积4.96万平方米，运动场地面积4.23万平方米，纸质图书4.62万册。固定资产总值9647.71万元，全年教育经费投入6927.62万元。在编教职工109人，社会化人员4人，其中正高级教师1人、高级职称30人、中级职称35人。专任教师89人，本科以上学历100%，北京市骨干教师1人，北京市优秀教师1人，区级骨干教师5人、青年骨干教师5人、骨干班主任3人，“双师型”教师比例90.17%。招收新生519人，开设教学班37个，在校生1086人。校内实训室25个，覆盖所有专业。学校教学实习仪器设备资产6188.64万元。教室94个，其中网络多媒体教室57个、普通计算机房9个、苹果机房2个，各教室均配备多媒体教学设备和录播设备。校园网和数字化监控设备技术先进、功能齐全。年内，学校开设幼儿保育、数字媒体技术应用、电子商务、计算机应用、旅游服务与管理（北京环球度假区订单班）、汽车运用与维修、娱乐设施运营与维护（北京欢乐谷订单班）、中餐烹饪、西餐烹饪、舞台艺术设计与制作（国家大剧院台湖舞美艺术中心订单班）、钢琴调律（北京星海钢琴集团订单班）11个专业，均开展“3+2”中高职衔接。年内，师生在各类比赛中多次获奖，学校获北京市中小学艺术教育特色学校、北京市英语课程教学质量优秀奖等荣誉。

（胡明玉）

【教研成果】 2023年，新城职业学校课程思政成果集《润物无声・培植信仰 课程思政成果集》出版。《匠心筑梦：北京新城职业学校教学探索与研究成果集》出版。系列教材《蒙台梭利儿童敏感期：不打扰不焦虑的早教法》《蒙台梭利早教游戏养出自律好孩子》出版。

（刘　莹）

【对口支援】2023年，新城职业学校通过合作交流，共享优质教育资源，开拓办学思路，促进职业教育均衡发展。3月21日至4月14日，接收内蒙古自治区赤峰卫生学校到校跟岗干部、教师5名；6—7月，组织干部教师到奈曼旗民族职业中等专业学校及赤峰卫生学校送教交流；9月4—28日，接收奈曼旗民族职业中等专业学校到校跟岗干部1名。

（刘　莹）

【增设艺术类专业】2023年，新城职业学校启动演艺专业群建设，与国家大剧院台湖舞美艺术中心、北京星海钢琴集团合作，向市教委申报开设“舞台艺术设计与制作”“钢琴调律”专业，3月获准，9月招收首批新生。2个新增专业与北京戏曲艺术职业学院合作开展“3+2”中高职衔接办学。

（王　丹）

【创意花窗比赛获全国一等奖】2023年，新城职业学校3名教师带领6名学生参加第十八届青少年未来工程师博览与竞赛“创意花窗”赛项。“创意花窗”项目设计制作主题分别为“我的团队”“我的学校”“我的家乡”，作品充分融入通州运河文化元素，经过设计制作、3D打印、利用榫卯结构拼接组合花窗等过程，获国赛一等奖。

（通鉴编）

【汽修团队获北京市技能大赛一等奖并参加国赛】2023年，新城职业学校“汽车液压制动系统高频故障检修”团队（简称汽修团队）获2023年北京市职业院校技能大赛教学能力比赛中等职业教育组一等奖，学校师生团队参赛项目获一等奖2个、二等奖1个、三等奖2个。其中汽修团队于9月代表北京市参加2023年全国职业院校技能大赛教学能力比赛。

（通鉴编）

【“亮屋”志愿服务项目】2023年，新城职业学校继续实施“亮屋”志愿服务项目。项目自2022年4月1日起实施，由868名学生志愿者和115名教师志愿者组成，以“三守”（守校门、守校桶、守校花）“三亮”（亮校牌、亮校门、亮校舍）为主要内容，维护上下学期间校门口交通秩序，改善校内环境卫生和绿化美化情况。10月23日，项目获评2023年北京市中学生志愿服务示范项目。截至年底，累计参与志愿者1500余人次，服务总时长3000余小时。

（通鉴编）

【“丹佛斯”杯“通武廊”职业学校技能大赛】5月，2023年“丹佛斯”杯“通武廊”职业学校技能大赛举办。大赛设11个比赛项目，项目覆盖专业技能、基础课程、思政课程、教师能力、礼仪展示等多项内容，参赛师生260余人，产生一等奖26个、二等奖55个、三等奖86个、优秀指导教师133名、优秀组织奖5个。新城职业学校2人获一等奖、8人获二等奖、13人获三等奖，3人获优秀指导教师奖、26人次获指导教师奖。

（刘　莹）

▲2023年，新城职业学校学生参加第十八届青少年未来工程师博览与竞赛“创意花窗”赛项获奖

（区教委提供）

成人教育

【概　况】2023年，北京市通州区社区教育学院（北京开放大学通州分校）占地面积1.21万平方米，校舍建筑面积1.43万平方米。固定资产总值3006.66万元，数字终端460台，全年教育经费投入3060.01万元。教职工86人，本科以上学历72人，其中高级职称18人、中级职称20人。

（郑琛颖）

【学历教育】2023年，北京开放大学通州分校有在校生1184人，专、本科开设大数据与会计、人力资源、行政管理、工商管理、法学5个专业。年内办理专、本科毕业393人，其中开放教育本科134人、专科196人，奥鹏远程教育学习中心本科61人、专科2人。

（郑琛颖）

【非学历教育】2023年，北京开放大学通州分校推进文化驻乡活动，依托北京市农业广播电视学校乡镇工作站和田间学校，做好农民培训工作。在马驹桥镇、宋庄镇和于家务回族乡开设书法、绘画、手工制作等专业课程，完成社会文艺中专班教育教学工作，有社会文化艺术专业在籍生109人。

（郑琛颖）

【“智慧助老”公益活动】2023年，通州区社区教育学院自主研发“智慧助老”手机课程和京韵特色项目“绿色新运河”公益课程，以“智能手机便利生活”为主题，涵盖智能出行、就医、购物、短视频制作及剪辑、运河文化等多个日常生活场景，帮助老年群体融入数字社会，享受智慧生活。全年，举办线下培训10次，公益大讲堂活动3次、成果展示1次，累计培训人数310人，参与线上课程资源学习与分享3500余人次。

（郑琛颖）

【家庭教育指导服务体系建设】 4月，区妇联、区教委牵头成立通州区家庭教育指导中心和家庭教育工作指导委员会，设在通州区社区教育学院。成立专家智库，首批聘任11名来自高校、基础教育学校、专业机构、社会组织的知名教授、专家学者和名校长名教师为成员。实施“双百”礼德教育工程通州区家庭教育项目，走进学校、社区、政府机关举办家庭教育大讲堂14讲、家庭教育指导课程和实践活动84场。4月14日，通州区家庭教育指导中心成立大会召开，区教委与教育部学校规划建设发展中心主管的未来学校研究院礼仪教育中心共同签署家庭教育合作框架协议，通州区家庭教育指导中心和15个家庭教育指导工作站揭牌，推动北京城市副中心家庭教育工作高质量发展。9月26日，通州区家庭教育文化基地成立，认定首批家庭教育文化基地10个。年内，通州区社区教育学院入选中国成人教育协会家庭教育专业委员会第一届单位会员。

（胡明玉）

普通高等教育

【概　况】 2023年，通州区有高等教育学校6所，分别为北京工业大学通州校区、北京工商大学嘉华学院、中国人民大学通州校区（在建）、北京财贸职业学院、北京物资学院、北京卫生职业学院。其中，中国人民大学直属于教育部，北京工业大学、北京工商大学、北京财贸职业学院、北京物资学院、北京卫生职业学院为市属院校。年内，各高校贯彻落实党的二十大精神，落实立德树人根本任务，加快推进学科体系建设；中国人民大学通州校区建设项目和西北工业大学北京研究院项目取得新进展。

（通鉴编）

【高等学校建设项目】 11月9日，西北工业大学北京研究院项目工程开工建设。西北工业大学北京研究院项目计划总投资4.77亿元，占地面积2.03万平方米，总建筑面积约4.4万平方米（其中地上约2.44万平方米），工程位于国家网络安全产业园区（通州园），主要建筑用于工业研发用房、车库等，地上由4栋建筑组成。2023年，中国人民大学通州校区累计开工建筑组团12个、约66万平方米，其中完工组团3个、约12万平方米，基础设施、园林景观、智慧校园等建设工作有序推进。中国人民大学通州校区建设项目核准用地规模110.13万平方米，建筑规模105万平方米。2019年3月，中国人民大学通州校区首个建设项目——北区学生宿舍一期项目开工建设。

（董　祎　通鉴编）

【北京物资学院】 2023年，北京物资学院占地面积20.02万平方米，产权校舍建筑面积16.65万平方米，非产权建筑面积3.37万平方米。图书馆建筑面积1.26万平方米，图书存量134.89万册，电子图书197.58万册，电子期刊100.79万册，学位论文1078.04万册，音视频资源31816.35小时。设置教学院部11个，开设本科专业29个；设一级学科硕士点7个、二级学科硕士点20个、硕士专业学位授权类别10个，国家级一流本科专业建设点9个、北京市级一流本科专业建设点11个、北京高校重点建设一流专业1个、北京市特色专业建设点3个。有国家级人才培养模式创新实验区1个、国家级实验教学示范中心1个、北京市高等学校实验教学示范中心2个、北京重点实验室2个。年内，北京物资学院在校生8645人，其中，研究生1555人，普通本科生6453人，成人教育本专科生637人（本科生501人、专科生136人）；在校留学生126人。学历教育毕业生2596人，其中研究生697人，普通本科生1424人，成人教育本专科生475人（本科生417人、专科生58人）。招生2890人，其中学历教育学生中全日制研究生713人，普通本科生2046人，成人教育本专科生131人（本科生77人、专科生54人）。北京物资学院2023年高考北京地区提档线分别为不限选考专业组（1）507分；不限选考专业组（2）503分；物理必考（03）专业组509分；物理必考（05）专业组480分；物理/化学/生物（选考一门）专业组512分。全年，形成科研、社会、学术等各类调研报告69项。获批国家级一流本科课程2门，北京市教改项目、优质本科教材、优质本科教案各4项。获2023年“挑战杯”首都大学生创业计划竞赛特等奖7项。获批各级科研A类项目13项，获北

▲ 10月14日，期货产教融合联盟成立大会暨期货教育30年发展论坛举办

（北京物资学院提供）

京市哲学社会科学优秀成果奖二等奖 2 项。特种物流实验室获中国水利电力协会“大件供应链联合研究中心”授牌，获省部级批示 3 个，厅局级采纳意见 50 个。《中国流通经济》杂志进入“中国最具国际影响力学术期刊”前 5%。获评北京高校优秀本科育人团队 1 个，市级教学名师、青年名师各 1 名；获北京高校第 13 届青年教师教学技能大赛一等奖 3 项、单项奖 7 项。10 月 14 日，“期货产教融合联盟成立大会暨期货教育 30 年发展论坛”开幕，活动由北京物资学院与通州区运河商务区管委会承办，上海期货交易所、中国金融期货交易所、郑州商品交易所、广州期货交易所等期货行业领导，以及首都相关高校领导、学者等 200 余人参加论坛系列活动。

（丁兆博）

【北京财贸职业学院】 北京财贸职业学院是财经类市属公办普通高校，设有校区 4 个，设置院（系、部）11 个、研究院 2 个。占地面积 29.90 万平方米，产权校舍建筑面积 19.26 万平方米、非产权校舍建筑面积 10.64 万平方米。图书馆建筑面积 0.94 万平方米。2023 年，教育经费投入 47485.36 万元，其中，国家拨款 40860.59 万元、自筹经费 6624.77 万元。固定资产总值 86148.39 万元，其中，教学、科研仪器设备资产值 29075.38 万元。拥有图书 95.23 万册、计算机 3015 台。设网络信息点 16599 个，上网课程 491 门，电子邮件系统用户 13299 个，管理信息系统数据总量 693.14GB，数字资源量中电子图书 5.00 万册、电子期刊 7.99 万册、学位论文 9.50 万册、音视频 5902 小时。开设专业 32 个。有教职工 631 人。专任教师 352 人，包括教授及教授级高级工程师 17 人、副教授及高级工程师 118 人；博士 58 人，硕士 253 人；“双师型”教师 199 人。聘请校外教师 127 人。毕业生 2236 人，其中，高职生 1743 人、中职生 359 人、成人教育专科生 134 人。毕业生一次就业率 95.35%，一次签约率 88.70%。招生 2510 人，其中高职生 2228 人、中职生 270 人、成人教育专科生 12 人。在校生 5654 人，其中，高职生 4836 人、中职生 789 人、成人教育专科生 29 人。北京地区高考提档线 120 分。年内，《北京财经商贸高端技术技能人才七年贯通培养创新与实践》《高职院校实施扬长教育的改革与创新实践》项目分别获职业教育国家级教学成果奖一等奖和二等奖。教师获国家级教学成果一等奖、二等奖各 1 项，5 人获评北京市教育系统“育人先锋”。在 2023 年全国职业院校技能大赛教学能力比赛中，贯通教育学院英语教学团队、语文教学团队获全国二等奖，获奖项目 9 个。北京市职业院校技能大赛 50 支师生团队参加 28 项比赛，获一等奖 20 项、二等奖 15 项、三等奖 10 项，获奖比例 90%。教育部关工委“新时代好少年”主题教育读书活动中获一等奖、二等奖各 1 项。全年立项校级课题 31 项，完成纵向厅局级课题和横向课题立项 22 项。召开第十八届京商学术大会暨第十届北京国际商贸中心研究基地学术大会，参与北京大运河博物馆等北京城市副中心重大项目建设。深化产城教融合，依托运河商务区，与京东集团等企业组建北京城市副中心高端商务产教联合体。推动引企入教，拓展一批符合数字经济发展的优质校企合作育人资源，与企业签订校企合作协议 80 份，入选 2023 全国高职院校治理现代化特色案例院校，组织 22 个专业 1335 名学生到 58 家京内外企业开展为期 10 周的课程综合实践。牵头完成教育部财经商贸大类专业目录修订，申报婴幼儿托育服务与管理、建筑智能化工程技术 2 个新专业，重点培育现场工程师项目，初步形成契合高端商务服务、文化旅游、金融服务、城市建设等产业的专业群布局。“访企拓岗”走访企业近 500 家，举办招聘会 50 余场，毕业生毕业去向落实率 95.35%。组织召开职业教育新商科国际联盟第二次理事会及国际论坛。在服贸会上发布《国际专业标准评估认证与高职院校专业国际化建设》，职业教育财经商贸类专业国际标准化建设研究院揭牌。应邀出席英国国家学历学位评估认证中心 2023 全球学术年会并作主旨报告，获 2023 年国际专业标准开发领域学术贡献奖。2 月 18 日，获京城领军职业院校称号。4 月 8 日，与东大正保集团为正保数智财税产业学院和正保数字机器人工坊揭牌。6 月 20 日，与涿州市文化广电和旅游局签署战略合作协议。11 月，学校第一批 4 个特高项目（“特高校”、智慧会计专业群、金融科技专业群、莱百商学院）通过验收，验收等级全部为优。12 月，财务会计专业入选国家级职业教育“双师型”教师培训基地。

（宋冠宇）

▲ 1 月，北京财贸职业学院入选财务会计类国家级职业教育“双师型”教师培训基地

（北京财贸职业学院提供）

民办教育

【概　况】2023年，区民办教育服务中心通过日常督查、培训考核、惩戒处罚、社会公示等形式规范学科类培训机构、民办园、民办校办学行为，提升办学质量。截至年底，通州区有民办幼儿园176所、民办小学4所、民办高级中学2所、九年一贯制民办学校3所、十二年一贯制民办学校2所、民办完全中学1所、无民办初级中学，学科类培训机构19址。

（王振祥）

【民办幼儿园】2023年，通州区有民办幼儿园176所，在园幼儿34755人。区民办教育服务中心以日常监督与年度考核、全面覆盖与重点突出相结合为工作原则，全年对民办幼儿园进行督查970余次，约谈80余次，曝光9次，移送区市场监管局12次，督促幼儿园整改落实839项安全隐患问题。完成251万元违规收费的退费工作，协调解决357万元退费问题。组织全区非教育部门办幼儿园法人、园长、中层干部、骨干教师、新教师、转岗教师等分层培训5次，参训民办幼儿园干部教师1217人次。

（王振祥）

【民办中小学】2023年，通州区有民办小学4所，在校学生1433人；高级中学2所，在校学生351人；九年一贯制民办学校3所，在校学生967人。十二年一贯制民办学校2所，在校学生1126人；完全中学1所，在校学生209人。民办学校在校学生共4086人。年内，区教委投入民办义务教育生均经费161.47万元，民办义务教育免教科书费2.48万元。区民办教育服务中心开展6次全覆盖检查，消除校园安全隐患660余项；通过电话沟通、见面协调等方式处理家校纠纷133件，成立民办学校“接诉即办”工作组并组织多次培训，规范民办学校办学行为。

（王振祥）

【学科类培训机构】2023年，通州区有19址机构被列入学科类校外培训机构“白名单”。合规学科类培训机构均转为非营利性机构，接受区教委日常监管，并纳入教育部全国校外教育培训监管与服务综合平台。年内，区教委、区市场监管局、区公安分局及街道乡镇，累计出动1805人次，巡查597个点位，检查违规机构27址，立案查处7址，罚款3.67万元。

（王振祥　胡明玉）

特殊教育

【概　况】2023年，北京市通州区培智学校（简称培智学校）占地面积1.13万平方米，校舍建筑面积0.72万平方米，运动场地面积0.21万平方米。图书馆（室）藏书4259册。固定资产总值3038.41万元，全年，教育总支出2702.91万元。学校信息化经费投入58万元，拥有计算机121台、网络多媒体教室23个。校园网出口总带宽1000Mbps，数字资源量3614GB，信息技术课程2课时/周。教职工62人，其中专任教师61人，北京市骨干教师1人；本科以上学历62人；高级职称9人、中级职称25人。开设教学班23个（小学阶段19个、中职班4个）。十二年义务教育小学阶段毕业24人；招生43人（小学阶段29人，中职班14人）；在校生213人，其中孤独症85人、智力残疾83人、多重残疾39人、脑瘫6人。

（胡明玉）

【教育教学】2023年，培智学校开展以“聚焦教学方法策略，提高课堂教学质量”为主题的三校（通州区漷县镇中心小学、通州区教师研修中心实验学校、通州区培智学校）特级教师工作室活动、市教育学会课题《教学过程“绘本化”助力智障学生学习的策略研究》中期汇报活动。围绕“普特体育联合教研，助力教师专业成长”开展普特联合体育教研活动。

（刘红云　李福玉）

【德育建设】2023年，培智学校少先队结合校情、学情，以立德树人为根本任务，以爱国教育为主线，以实践体验为核心，全面开展“践行二十大”主题系列教育活动，全方位、深层次、多形式推进爱国教育进课堂。通过“学、诵、展”等形式帮助学生体验感悟爱国主义教育情怀。为深入贯彻落实“双减”政策，探索提质减负新路径，培智学校初心、熠彩2个班主任工作室在骨干班主任牵头下，以“同心、同学、同行”共研模式，开展“问题学生研讨”“骨干讲坛”“如何更好地开展家访工作”等系列活动，帮助一线班主任解决工作中的实际问题。组织学生开展“法润童心·点亮未

▲暑假期间，培智学校开展以“聚焦教学方法策略，提高课堂教学质量”为主题的三校特级教师工作室活动
（区教委提供）

来”开放日活动，在台湖法院做“小小法官”，沉浸式体验模拟庭审，感受法徽、法袍、法槌的内涵和功能，让学生知法、守法、用法。

（徐心蕊 吴 铮）

【基础设施建设】2023年，培智学校申请专项资金55.56万元对附属设施楼及室外暖气管道进行改造。所有教室安装护眼灯，保护学生视力。投入近16万元改造3间教室用于新学期班级教学工作，提升学校整体办学条件。申请专项资金采购多媒体触控一体机10套，价值29.85万元，保障班级正常教育教学需求，提升学校硬件设施标准。

（高 辉 李荣华）

【卫生防疫】6—9月，培智学校组织开展卫生防疫工作，对食堂、仓库、储藏室、排污井、绿地、垃圾站等重点区域，聘请专业消杀公司开展灭蚊蝇活动4次，创造卫生校园环境。11月，组织全体学生进行流感疫苗接种。

（高 辉 李荣华）

教育督导

【概 况】2023年，区教委对全区中小学校开展督导工作，确保督学全覆盖工作。完成2019—2023年第一轮300址幼儿园督评工作，按时开展中小学发展素质教育督导评估，完成春季开学初情况、校园安全、校车、心理健康等专项督导工作。

（胡明玉）

【新春责任督学座谈会】1月18日，区教委召开2023新春责任督学座谈会。会议指出要坚持以提高教育教学质量为中心，加强学校教育教学质量内部督导，把督学工作与教育教学高度融合。会上，责任督学代表围绕北京城市副中心教育高质量发展积极建言献策。

（曹海英）

【中小学校、幼儿园督学聘任】2月2日，区政府教育督导室发布《关于聘任2023年通州区中小学校、幼儿园挂牌责任督学的决定》，聘用25名中小学责任督学督导123所中小学校，聘用94名幼儿园责任督学督导280个幼儿园，为新设立、新审批的学校、幼儿园配备好责任督学，做好督学全覆盖，开展经常性督导和专项督导工作。

（曹海英）

【幼儿园办园质量督导评估】3月21—22日，区教委组织督评专家7组24人，开展幼儿园办园质量督导评估，完成44所幼儿园复评工作。2019—2023年第一轮幼儿园督评工作全部完成，300址督导评估合格。

（曹海英）

【国家义务教育质量监测】5月24—25日，通州区12所小学、8所初中学完成2023年国家义务教育质量监测现场测试。286名样本校校长、班主任和教师参加监测现场问卷调查。580名学生参加道德与法治课程、科学课程（八年级含物理、生物、地理）和劳动课程现场测试。

（曹海英）

【学校教育工作满意度调查】10月23—27日，区教委委托北京教育督导评估院，采用电子问卷填答方式开展“2023年学校教育工作满意度调查”工作。全区10780名教师、83004名家长参与。督导评估院对数据进行分析研究并撰写2023年通州区教育满意度调查报告，满意率均超85%。

（曹海英）

【专项督导】12月18—22日，区教委、区政府教育督导室分别组织94名幼儿园责任督学对全区275个幼儿园，25名中小学责任督学对全区122所中小学开展2023年第9次专项督导，内容涉及保育教育、教育教学、校园安全等方面。年内，组织挂牌责任督学完成春季开学、校园安全、“双减”、体育工作、心理健康、中小学德育、幼儿园保育等专项督导9次。责任督学通过督导信息平台提交督导报告单3600余份，为教育科学决策提供基础材料。

（曹海英）

文 化

公共文化

【概　况】2023年，区文旅局采取线上线下相结合方式有序开展公共文化服务，丰富市民精神文化生活。组织开展春节、劳动节、端午节等节日主题文化活动，完成1600余场次首都市民系列文化活动，55万人次参与；开展舞蹈、瑜伽、书法、葫芦丝等培训活动，举办公益电影放映、全民阅读、文化讲座、非遗体验等文化活动，强化公共文化服务供给与效能；对接市文化馆创新开展“走进文化馆 快乐动起来”文化馆服务宣传月系列活动，持续提升文化品牌活动影响力。

（王振硕）

【公共文化服务体系完善】2023年，区文旅局落实《北京市公共文化服务条例》要求，实现公共文化设施错峰、延时服务，通州区图书馆（简称区图书馆）开放日部分楼层（二层、七层）每天延时服务至22点；通州区文化馆（简称区文化馆）实施“通之韵”错峰开放服务，工作日期间延迟服务至21点，休息日延迟服务至24点；22个街道乡镇综合文化中心实施社会化运行，为民服务每周时长达到79个小时。创建国际化当代艺术馆，与中国收藏家协会名誉会长袁熙坤签订《创建袁熙坤艺术馆意向书》；梨园美术馆项目建议书（代可行性研究报告）得到批复，并完成项目立项。

（通鉴编）

【“国家一级图书馆”建设】截至2023年底，区图书馆在全区建有145个送书点，包括区内企事业单位、学校、部队、乡镇村、街道社区等，为各流动送书点送书7次，流转图书29732册。利用“通州区图书馆”微信公众号，投稿推送宣传通州区重大节日及品牌活动开展情况，全年报道100余篇。围绕“阅美副中心，图书‘活’起来”开展线上线下阅读推广活动600余场，直接参与10万余人次，惠及20万余名市民。开展各类志愿服务活动157场，组织志愿者培训12场，培训260余人，参加活动志愿者1050余名，服务受众10万人次。12月28日，在文化和旅游部发布的《关于公布第七次全国县级以上公共图书馆评估定级上等级馆名单的通知》中，区图书馆获“国家一级图书馆”称号。

（王振硕）

【实体书店建设】2023年，区委宣传部扎实推进实体书店建设，发布《北京城市副中心（通州区）实体书店发展扶持资金管理办法（2023年版）》，面向全区开展2023年度通州区实体书店扶持项目征集工作，并开展“书香副中心”“红领巾读书”等全民阅读活动。经过专家评定，共给予35家实体书店372.72万元资金扶持。

（李　曼）

【市井百工　昔日繁华——京城老行当展】1月14日至2月14日，北京文旺阁木作博物馆和通州区博物馆联合主办“市井百工 昔日繁华——京城老行当展”，展出展品近300件，均为旧时北京老行当系列，再现京城市井百工和昔日繁华。展览开幕式现场邀请太平燕、葫芦镶嵌、北京鬃人、北京面人、毛猴制作、流沙笺古风纸、拉洋片、单琴大鼓及老北京吆喝等非遗技艺传承人，演艺老北京传统文化技艺。“市井百工 昔日繁华——京城老行当展”座谈会同日举办。

（通鉴编）

【“图书馆文化之夜”系列活动】8月1日起，区图书馆开展“图书馆文化之夜”系列活动。每周六晚举办“家规家训 启迪智慧”家风读书会系列活动，为读者解读《朱子治家格言》背后的传统文化意涵；开展“爱上天文 爱上科学”天文望远镜观测活动，带领读者在天文体验空间学习天文科学知识，利用天文望远镜进行星系观测；举办“超炫酷沉浸式化学表演”科技星期天科学秀，弘扬科学精神，普及科学知识，将实验融入舞台，激发市民对科学的求知欲；举办“名家笔下的最美情书”七夕特别展，分享历史上名人名家笔下的最美情书，让读者体验古人的浪漫与美好。“文化之夜”将传统文化与现代科技相结合，以“沉浸、体验”的主题阅读形式为读者带来文化畅享之夜。

（王振硕）

【首届文化馆服务宣传月活动】8月5日，北京市首届文化馆服务宣传月暨第五届全民艺术普及月活动在区文化馆启动。市文化馆在区文化馆设立主会场，在各区文化馆设立分会场，全方位展现首都公共文化发展成果。活动期间，区文化馆以周为节点，围绕“抹不去的记忆”“唱不够

▲1月14日，“市井百工 昔日繁华——京城老行当展”开幕式

（区文旅局提供）

▲8月5日，北京市首届文化馆服务宣传月暨第五届全民艺术普及月活动启动仪式舞蹈节目
（区文旅局提供）

的心声”“画不尽的情感”“舞不完的幸福”四大主题，设计“文化馆奇妙夜”主题系列活动，并在当日延长开放时间至24时，馆内同步组织文化集市，展示面人、花丝镶嵌、通草花等非遗作品。每周末开展公益讲座，涉及北京特色文化历史讲解、音乐创作方法思考、非遗项目介绍和制作等内容。开展“通之韵”错峰培训特色品牌活动，每周开放时间不低于84小时。邀请专业院团专家老师与各区“文化能人”，开展面向群众的培训活动，满足人民群众多元化、多样化、多维化的文化需求。9月8日，首届文化馆服务宣传月通州区总结表彰会举办，对活动期间先进个人、先进集体、典型示范项目进行表彰，颁发荣誉证书。

（王振硕）

【北京城市副中心三大文化建筑对外开放】 12月27日，北京城市副中心三大文化建筑——北京艺术中心、北京城市图书馆、北京大运河博物馆正式对公众开放。三大文化建筑位于城市绿心森林公园内，2019年10月28日开工，建筑规模约30万平方米，配套共享设施建筑规模约30万平方米，运营单位分别是国家大剧院、首都图书馆、首都博物馆。北京艺术中心体量与西长安街的国家大剧院本址相当，包括歌剧院、音乐厅、戏剧院、多功能厅和室外剧场。北京城市图书馆藏书能力800万册，设少年儿童馆、非遗文献馆、古籍文献馆、艺术文献馆4个特色资源主题馆，以及元宇宙图书馆、文化交流区等多元服务空间，是世界最大的单体阅览室、国内藏量最大的智能化立体书库、国内首家综合性非遗文献阅览空间、国内面积最大的少儿室外阅读活动空间和最专业的视听艺术馆。北京大运河博物馆上展文物约6000件，与首都博物馆一东一西配合诠释好“都”与“城”的关系。

（通鉴编）

群众文化

【概　况】 2023年，区文旅局开展首都市民系列文化活动1600余场，推进文化活动进社区、进乡村。举办“运河清风”廉洁文化系列活动、北京国际非遗周通州分会场活动、“文化有约 向美而行”系列文化活动、“声乐演出下基层 走进城市副中心”活动。开展“文艺演出星火工程”“周末场演出计划”“百姓周末大舞台”等惠民演出800余场。区委宣传部开展各类活动，打造文化品牌，推动北京城市副中心演艺集聚区建设，推进公益电影放映，推动书香社会建设，引导群众积极投身文化事业。

（王振硕）

【“运河有戏”演艺品牌打造】 2023年，区委宣传部聚合区内外54家演出团体和社会主体，成立“运河有戏”演出联盟。9—10月，举办2023“运河有戏”演出季，充分利用剧场剧院、公园绿地、运河游船等多元场景，推出喜剧、曲剧、交响音乐会、儿童剧等多门类展演130余场。研究制定北京城市副中心演艺产业引导培育政策，健全工作体系，积极培

▲9月22日，2023年“运河清风”廉洁文化系列活动——“清风吹来的时候”文艺活动在区文化馆举行
（区融媒体中心提供）

育新型演艺空间，全力打造北京城市副中心演艺集聚区。

（张　祎）

【“书香副中心”全民阅读活动】 4月23日，2023“书香副中心”全民阅读活动启动仪式在北京（通州）大运河文化旅游景区北区举行，各成员单位、实体书店、读者等代表100余人参加。全年开展“书香副中心”系列阅读分享会、“党的孕育地”等线上线下阅读活动2000余场，大力推进书香机关、书香社区、书香家庭、书香校园建设，受众近100万人。

（李　曼）

【公益电影放映】 2023年，区委宣传部持续推进公益电影放映，努力打造北京城市副中心电影公益文化新名片。开展全区电影公益放映工作部署会、放映员培训会，完成全年电影公益放映2.7万场次，吸引观众60余万人次。举办“光影映画 大美运河”电影公益放映月活动，涵盖“光影微展览”“露天电影＋电影文创市集”“电影大讲堂”等内容，吸引观众2万余人次。深入民兵训练营、运河商务区等点位开展“光影运河行”露天电影展映活动，累计放映15场，参与观众1万余人次。

（孟晓雪）

【第三期“大运讲述人”活动】 2023年，区文旅局开展第三期“大运讲述人”项目，精选8名“大运讲述人”，制作8部微纪录片，每部4～5分钟，每期一个文化主题，在2023京杭对话会期间作为重点项目推出。“大运讲述人”微纪录片及宣传片在《北京您早》《特别关注》《北京新闻》《都市晚高峰》《首都晚间报道》等多档新闻节目播出，并在《这里是北京》栏目内整体推出。同时，通过北京广播电视台新闻融媒体矩阵、北京时间融媒体矩阵，在微博、微信、抖音、快手、B站、今日头条等多个平台全面传播。

（王振硕）

【“文化有约 向美而行”系列文化活动】 2023年，区文旅局开展“文化有约 向美而行”系列文化活动。开展文化普法培训，聘请公共文化领域老师到22个街道乡镇综合文化中心，为文化专管员、文化组织员、文化工作者等1000余人解读《北京市公共文化服务保障条例》内容，发放宣传册3000余本，着力提升文化普法实效。举办文艺演出活动，引入优秀演出团队，表演京剧、评剧、京韵大鼓、快板、相声等文艺演出23场，1500余人观看演出。组织生活美学类培训88场；开展群众文化艺术指导88场，培训人群覆盖各个年龄群体，3500余名社区（村）文艺骨干参加。

（王振硕）

▲4月23日，“书香副中心”全民阅读活动启动仪式举行　（区融媒体中心提供）

【“我们的节日”文化系列活动】 2023年，区委宣传部以“我们的节日——副中心 令人向往的美好家园”为主题，组织开展“我们的节日”系列文化活动1230余场，元宵、清明、端午等网上直播活动累积观看量达750万余人次。同时，在“融汇副中心”客户端围绕系列主题活动开设专题网页，总浏览量超150万次。

（赵　昕）

文化创意产业培育

【概　况】 2023年，区委宣传部聚焦推动文化产业园区高质量发展，制定《通州区文化产业园区高质量发展三年行动计划》，修订《通州区文化产业园区（空间）认定管理办法》，引导发展智慧园区、绿色园区，协助园区申报北京市文化产业园区及北京市文化和科技融合示范基地。深入企业开展人才引进、“专精特新”企业申报、“房租通”等政策解读工作。搭建文化产业综合服务平台，实现产业服务能级提升。推动网络视听产业发展，培育文化产业新动力源和增长极。年内，举办5期“运河扬帆”文产园新舟会活动，设立“文产园新舟会会客厅”，促进国内外高端文旅项目洽谈合作，打造文旅产业招商品牌活动。

（周　朗）

【文化产业园区智慧政务服务】 2023年，区委宣传部印发《通州区文化产业园区智慧政务服务机制细则》，凡是获得认定的通州区文化产业园区，可申请设立政务服务站、政务服务窗口，园区内企业可在园区内享受与北京城市副中心政务大厅同质同效的政务服务，实现不出园区、一窗受理。6月5日，通州区首家文化产业园区内的政务服务站——弘祥1979文创园政务服务站正式启用，站点设置综合办理、导办服务、自助服务等功能区域，开设2个人工窗口、1套智能化便民自助终端。依托北京城市副中心“云窗”系统，企业可办理市、区

▲6月5日，通州区首家文化产业园区内的政务服务站——弘祥1979文化创意园政务服务站正式启用 （区融媒体中心提供）

▲9月25日，首届北京网络视听艺术大会优酷“人文雅集·雅聚通州”活动举行 （区融媒体中心提供）

两级3488项政务服务业务，覆盖企业发展全生命周期所需各类许可服务事项；依托政务便民终端，个人可以办理261项业务，包括社保、公积金、不动产等便民服务的打印、查询。全年，推动5家文化产业园区设立政务服务站。

（周　朗）

【文化产业园区深化改革】 2023年，区委宣传部召开区委全面深化改革委员会文化教育体制改革专项小组会，专题研究《关于优化文化产业园区入园企业注册问题的调研报告》及相关建议。会议同意由文化产业园区向属地政府承诺当年引入企业的纳税总额并提交承诺书，属地政府根据集群注册纳税标准向园区分配对应数量的注册指标；会议通过《通州区文化产业园区营业性演出场所审批实施意见（报审稿）》。年内，针对文化企业及园区诉求，探索优化集体土地园区企业注册路径及在文化产业园区开展营业性演出场所备案工作机制可行性。

（周　朗）

【网络视听产业发展】 2023年，区委宣传部成立专题调研小组，对接国家广电总局、市广电局广泛征求网络视听产业发展政策建议。实地走访北京、浙江四家国家级视听产业园区，学习运营经验与发展模式。调研爱奇艺、优酷、快手、抖音、小红书等网络视听领域头部企业，开展座谈会23场，累计接触企业80余家。组织爱奇艺、腾讯视频、优酷等14家网络视听头部企业到北京城市副中心考察调研，推动阿里大文娱旗下子公司北京娱有想法影视文化有限公司落户通州。

（周　朗）

【第三届大运河文化创新创意设计大赛】 7月28—30日，第三届大运河文化创新创意设计大赛系列活动举办。活动以“创意，应运而生”为主题，开设大运河文化IP形象设计、数字文创、北京（通州）大运河文化旅游景区、北京城市副中心公共文化、文化遗产、老字号与品牌六大赛道，包含产品设计、平面设计、数字文创设计三大组别，广泛邀请设计爱好者和设计单位围绕运河文化进行创意设计。大赛启动仪式发布第三届大赛先行数字文创产品，首次对《通州古城》《潞河督运图》进行三维全景式复原展示。活动评选结果于2024年公示。

（缪　颖）

【北京城市副中心文旅专题展】 9月2—6日，以“古今‘通’辉·活力之城”为主题的北京城市副中心文旅专题展在中国国际服务贸易交易会上展出。专题展位于首钢园区2号馆，面积270平方米，以大运河为轴线，分为天下通“运”·古今同辉、活力新“运”·未来可期、文创有“运”·美美与共三个板块，设置融合历史文化、科技、旅游、产业等元素，首次全景展示数字三维复原后的通州古城，彰显北京城市副中心由古及今、古今同辉的城市魅力与活力。服贸会期间有参展企业37家。

（周　朗）

大运河文化带建设

【概　况】 2023年，通州区发布《通州区大运河文化带保护建设三年行动计划（2023年—2025年）》，依托大运河历史文化遗产和自然景观，积极打造融经济、生态、民生于一体的“文化玉带”。高质量办好2023北京（国际）运河文化节（通州场）、大运河“开漕节”主题宣传系列等特色品牌活动，持续提升大运河知名度和影响力。举办首届大运河音乐节，不断丰富运河文化旅游业态产品及消费场景，打造开放乐享、特色鲜明的运河文化品牌，助力文化建设与经济繁荣融会贯通。加强非遗项目保护传承，梳理大运河沿线文物资源，重点推进李贽（字宏甫，号卓吾，别号温陵居士、百泉居士）墓保护和周边文化展示，不断提升大运河文化阐释能力水平。深入挖掘大运河历史文化内涵，依托“漕运古镇、红学载体”等多元优势，展现红学文化与大运河的深厚渊源，实现历史与当下的“古今连通”。

（通鉴编）

【运河水系标识系统工程】 2023年，区文旅局挖掘整理通州境内运河沿线历史文化遗存及相关村落，最终确定在燃灯塔、张家湾城墙遗址及通运桥、大运河滚水坝遗址等24处重要点位，启动实施通州区运河水系标识系统工程。工程在参照大运河遗产规划和申遗文本筛选出相关点位后，在标识系统的样式和文字上做到景观和文物说明相结合，以景观说明碑的形式展示宣传世界文化遗产，加强公众参与感，完善北京城市副中心文化内涵，更好地保护和展示运河文化。

（王振硕）

【李卓吾墓周边文化元素展示工程】 2023年，李卓吾墓周边文化元素展示工程完工。工程结合墓园所在的西海子公园现状，以自然生态化的手法，丰富文化展示载体和内容，在公园4个主入口和公园内3处交通节点增加李卓吾墓指引牌，为市民参观指引路径。入口处设置2块立石石碑，介绍李卓吾生平、人生轨迹，石材选自李卓吾故乡福建泉州，石碑旁装饰代表大运河文化带视觉符号的水纹图样。从入口处进入墓园后，沿路植栽76棵流苏树（李卓吾享年76岁，流苏树为其家乡树种）；在墓园左侧新增供游人停留的小广场，设置“李贽与通州”石碑，说明李卓吾与通州的关系，配以石楠、女贞、矮紫衫等常绿阔叶植物，营造李卓吾家乡自然环境氛围。墓园出口处设置一块立石石碑，介绍李卓吾主要思想，同时配以水池、喷泉，寓意李卓吾影响甚广，彰显运河之畔南北文化的交流融合。墓园东侧游廊增设李卓吾楹联诗句牌匾，配合李卓吾诗句“只此在通州，居然足胜游”，结合公园原有池塘，新增种植睡莲、荷花，营造诗中描绘的“曲水系荷舟”场景。

（马学武）

【大运河“开漕节”主题宣传系列活动】 4月16—23日，2023年大运河“开漕节”主题宣传系列活动举办。活动围绕传统重现、新潮玩法、亲民活动三大板块，涵盖综合性传统文艺表演、国风汉服走秀互动活动、大运河美食文化展示、运河非遗展示展演等内容。活动设置主题文化日，包括运河游船、书法研学、自行车骑行、图书签售、摄影展、花朝节市集、潞县民间美食节等内容，为市民提供全新文旅体验。

（张 祎）

【《通州区大运河文化带保护建设三年行动计划（2023年—2025年）》发布】 5月9日，通州区召开推进全国文化中心建设领导小组会议，发布《通州区大运河文化带保护建设三年行动计划（2023年—2025年）》（简称《三年行动计划》）和《通州区推进全国文化中心建设2023年折子工程》（简称《折子工程》）。《三年行动计划》结合北京城市副中心“十四五”规划和通州区大运河文化带保护建设规划，从文化遗产挖掘保护、生态水系治理、产业发展、运河景观风貌和品牌塑造、文化交流合作5个方面提出具体要求。《折子工程》包括大运河文化带建设组、文化内涵挖掘组、文化建设组和产业发展组4个专项组，共38项工作任务。规划到2025年，基本形成通州区大运河特色历史文化体系，全面彰显清新明亮、水城共融的生态城市格局，建成北京市大运河文化带保护建设示范区。

（张 祎）

【张家湾古镇红学文化雅集活动】 9月15日，通州区张家湾古镇红学文化雅集活动举办。活动含开幕式、红学文化大讲堂、文化市集和“超越时空话红楼”四部分，邀请红学大师、非遗文化传承人以及1987年电视剧《红楼梦》主创人员参加。活动现场演绎了北方昆曲剧院《红楼梦》的经典片段，展示唐人坊绢人、景泰蓝、面塑、剪纸等非遗工艺作品，并通过红学大讲堂、文化论坛、文化市集、“超越时空话红楼”等多场主题活动，挖掘张家湾漕运古镇文化价值，展现红学文化与大运河的深厚渊源。央视频全程直播活动，光明网发表报道文章，北京广播电视台、《北京日报》等多家市区媒体报道。微信视频号、抖音“超越时空话红楼”活动直播在线观看人数30万。

（马学武）

【2023北京（国际）运河文化节（通州场）】 9月30日，2023年北京（国际）运河文化节（通州场）启动。文化节以“游运河，行大运”为主题，整合沿线文化、旅游、体育等资源，推出“旌旗·长河”国际运河对话、“锦绣·长河”运河主题非遗博物展览、“粉墨·长河”运河主题艺术演出、“印象·长河”运河主题阅读四大主题系列活动，涵盖文艺展演、展览、服饰秀、阅读、运河对话、非遗文创市集等方面。其中，“旌旗·长河”国际运河对话活动主要依托《运河会客舫》主题节目，邀请多位大运河文化相关专家，从遗产保护、生态环境、人文研究、城市更新、文化传承等角度进行现场对话；“锦绣·长河”运河主题非遗博物展览系列活动主要由“运河印迹——大运河文化篆刻艺术展”和“珠连玉带——运河流域非遗文创艺术展”两个展览构成；“粉墨·长河”包括一场国潮汉服秀和运河主题文艺系列展演；“印象·长河”运河主题阅读系列活动包括大运河阅读行动计划、“大运河杯”运河主题游记短视频作品征集及运河沿线公共图书馆特色文献展览。9月29日至10月6日，运河文化派对同步在运河公园二号码头主会场和台湖演艺

▲ 9 月 30 日，2023 北京（国际）运河文化节（通州场）启动仪式举办
（区融媒体中心提供）

▲ 10 月 6 日，首届大运河音乐节《潮涌大运河——京津冀三团交响音乐会》开幕演出
（区融媒体中心提供）

车间分会场进行，内容主要有文创市集、演艺巡游、非遗展示等，活动再现千年大运河北首集市盛景，其间，每天有两场传统文化演出。此外，活动还向公众发放“船票”消费券，使用范围涵盖文化遗产、特色博物馆、水岸景观、游船夜航、公园花海、特色餐饮、旅游度假区、采摘园、消费地标等，促进文旅消费。

（王振硕）

【首届大运河音乐节】 10 月 6—8 日，首届大运河音乐节在运河文化广场举办。京津冀三地交响乐团音乐家联手打造《潮涌大运河——京津冀三团交响音乐会》开幕演出，之后杭盖乐队带来《运河奔腾之夜——杭盖与铜管跨界音乐会》。中国电影乐团演出《运河奇幻之夜——致敬中国动画百年上美影视听交响音乐会》，将现场音乐与动画画面相配合，采取交响乐加中国民族乐器组合方式呈现“西风国韵”融合之美。北京交响乐团《荣耀征战之夜——王者荣耀电竞交响音乐会》闭幕演出，是顶流手游《王者荣耀》2023 年度在北京唯一一场正版授权音乐会。音乐节现场设置创意生活市集，包括特色美食、创意饮品、露营休闲、新能源车体验、亲子乐园等区域，吸引市民体验、消费。音乐节期间，到场欣赏演出、游览市集的市民游客约 2 万人次，四场演出平均上座率近 90%，7 日晚演出上座率 99.1%。

（翟洪娟）

文化遗产保护

【概　况】 2023 年，区文旅局开展第五批非遗传承人和第六批非遗传承项目申报及评审工作，24 名非遗传承人、20 个项目入选推荐名单并公示。截至年底，通州区有 107 个非遗项目、82 名传承人被列入区级非物质文化遗产保护名录，其中花丝镶嵌制作技艺、“面人汤”面塑技艺 2 个项目被列入国家级非物质文化遗产名录。年内，与 22 个街道乡镇签署文物安全保护责任书；制作和安置 2 处国家级文物保护单位共 6 个点位的文物安全直接责任人公告公示牌。

（王振硕）

【琉球国人墓地遗址保护】 2023 年，区文旅局对张家湾镇立禅庵村琉球国人墓地遗址开展保护及文物定级公布工作。通过寻找遗址所在地附近老人开展两次口述史访谈，邀请相关文史专家进行座谈论证，查找、收集相关史料，对琉球国人墓地遗址历史沿革进行全面梳理。配合北京市考古研究院开展考古勘探，召开现场工作会，现场安保、机械支援等辅助工作同时推进，保障安全和工期。结合史料、现场踏勘情况和专家意见，依法推进文物认定相关程序。琉球国人墓地遗址于 9 月 12 日通过通州区司法局合法性审核，10 月 7 日通过区政府第 78 次常务会审议，11 月正式公布为区级文物保护单位。

（王振硕）

【非遗探店直播系列活动】 2023 年，区文旅局举办非遗保护与传承项目——非遗探店直播活动十余场，以“赏非遗、品非遗、学非遗、购非遗”等形式，深入多个街道社区、文创园区和中小学，采用“线上 + 线下”方式，将北京绢人、太平燕、空竹、风筝、团花剪纸、绢花、毛猴等通州特色非遗技艺带入公众视野，提高公众对非遗的认识和了解，加强非遗传播。12 月 19 日，举办“迎新年”非遗主题市集暨非遗探店直

▲ 12 月 19 日，“迎新年”非遗主题市集暨非遗探店直播系列活动总结座谈会市集展览展出雕漆工艺品（区文旅局提供）

播系列活动总结座谈会，通过市集展览、非遗体验、总结座谈、专家培训等多种形式，全面展示通州非遗风采，提升非遗传承人品牌化和市场转化能力，非遗领域专家学者、通州区非遗项目代表性传承人及周边社区群众 200 余人参会。

（王振硕）

【文物安全】 2023 年，区文旅局对区属部分文物古建进行集中摸排检查 3 次，出动检查组 5 组、人员 10 人，检查文物点位和文物施工工地 50 处。举办 2023 年通州区文保单位消防应急演练。向全区各街道乡镇及文保单位下发相关工作通知，进行安全提示，不定期对文物建筑单位防雷、防汛、防雪、防风等工作预案及落实情况进行专项检查。

（王振硕）

【张家湾城墙遗址及通运桥文物保护与修缮工程】 2023 年，区文旅局对张家湾城墙遗址及通运桥实施文物保护与修缮工程，对张家湾城墙遗址西段开展整体保护工程，对大运河张家湾城墙遗址及通运桥周边开展环境整治工程，适当对通运桥文物本体及其残损石制构件进行修整。

（王振硕）

【平津战役指挥部宋庄旧址环境整治工程】 2023 年，区文旅局开展全区革命文物资源底数和保护状况梳理工作，完成平津战役指挥部宋庄旧址环境整治工程。工程主要涉及环境场地及其功能设施改造，新建入口大门 1 处、雕像墙 1 处、纪念广场 1 处、纪念景墙 1 座、停车场地 2 处，对场地及道路进行硬化，完善绿化建设、水、电、暖、座椅、照明等基础配套设施。

（王振硕）

【烧酒巷村古墓发掘】 4 月 10 日，通州区张家湾镇烧酒巷村发现疑似明朝墓地，经北京市考古研究院抢救性考古发掘，发掘出墓志铭、石碑、铜钱、簪子等物品。14 日，挖掘完毕，并进行回填掩埋。经交接，出土物品由北京市考古研究院带回进行下一步研究。

（王振硕）

【北京国际非遗周通州分会场活动】 10 月 21—27 日，区文旅局举办首届北京国际非遗周通州分会场活动，通过“非遗周启动式”“非遗嘉年华”“把非遗带回家”三个主板块，实现通州非遗品牌国际化传播，促进文化产业消费。非遗周通州分会场启动式通过特色非遗展演让观众领略非遗魅力，市民可通过网络直播间观看；同步发布征集通州非遗 LOGO 活动，鼓励市民群众在了解通州非遗的基础上激发创造力；开展线下主题分享论坛，邀请专家学者、非遗传承人等代表，探讨通州非遗传承保护及创新发展模式。“非遗嘉年华”板块包括非遗主题市集、非遗活态传承体验活动、研学活动等，市民游客可亲身体验传统技艺、传统美术和民俗美食等经典非遗产品。“把非遗带回家”板块分为线上和线下活动，线上非遗传承人在直播间分享非遗故事、传统文化；线下“非遗美食荟”走进街道社区，在非遗传承人带领下开展美食品鉴、制作活动。

（王振硕）

▲ 10 月 21 日，首届北京国际非遗周通州分会场启动式举办（区文旅局提供）

通州区国家级不可移动文物一览表

表 7

序号	名称		年代	类别	公布时间	位置
1	通州近代学校建筑群	富育女校教士楼、百友楼旧址	清光绪二十七年（1901）	近现代重要史迹及代表性建筑	2013 年 3 月	通州区北苑街道玉带河西街 28 号
2		潞河中学原教学楼	清光绪二十七年至民国 24 年（1901—1935）	近现代重要史迹及代表性建筑	2013 年 3 月	通州区北苑街道新华南路 135 号
3		博唐亭	民国 14 年（1925）	近现代重要史迹及代表性建筑	2013 年 3 月	通州区北苑街道新华南路 135 号
4		协和书院教士楼	清光绪二十七年（1901）	近现代重要史迹及代表性建筑	2013 年 3 月	通州区北苑街道玉带河西街 20 号
5		北京护校洋楼	清末	近现代重要史迹及代表性建筑	2013 年 3 月	通州区北苑街道玉带河西街 24 号
6	大运河	京杭大运河通州段	宋辽金	古遗址	2006 年 5 月	通州区永顺镇新建村至西集镇牛牧屯村
7		燃灯佛舍利塔	北周	古建筑	2019 年 10 月	通州区新华街道大成街 1 号
8		张家湾城墙及通运桥	明	古遗址	2013 年 3 月	通州区张家湾镇张湾村旧址南口

通州区北京市级不可移动文物一览表

表 8

序号	名称	年代	类别	公布时间	位置
1	李卓吾墓	明	古墓葬	1984 年 5 月	通州区新华街道西海子西街 12 号
2	通州兵营旧址	中华民国	近现代重要史迹及代表性建筑	2011 年 6 月	通州区中仓街道东营前街 64 号
3	通州清真寺	明	古建筑	1995 年 10 月	通州区中仓街道南大街清真寺胡同 1 号
4	通州文庙	清	古建筑	2021 年 8 月	通州区新华街道大成街 1 号
5	平津战役指挥部宋庄旧址	中华民国	近现代重要史迹及代表性建筑	2021 年 8 月	通州区宋庄镇宋庄村中街北侧
6	路县故城遗址	汉	古遗址	2021 年 8 月	通州区潞城镇古城村西北角

通州区区级不可移动文物一览表

表 9

序号	名称	年代	类别	公布时间	位置
1	王芝祥故居	清	近现代重要史迹及代表性建筑	2001 年 9 月	通州区北苑街道新城南街 9 号
2	永济渠故道	隋、唐、清	古遗址	2007 年 5 月	通州区永乐店镇半截河村东部、马驹桥镇前堰上村东
3	京兆男子师范学校教室	民国 5 年（1916）	近现代重要史迹及代表性建筑	2007 年 5 月	通州区北苑街道中山大街 163 号
4	日本侵华罪证碑	中华民国	石窟寺及石刻	2001 年 9 月	通州区梨园镇小街村西

续表 9

序号	名称	年代	类别	公布时间	位置
5	紫清宫	清	古建筑	2001 年 9 月	通州区新华街道大成街 1 号
6	张家门楼	中华民国	近现代重要史迹及代表性建筑	1985 年 9 月	通州区梨园镇北杨洼村
7	通永道署遗存	元	其他	1959 年 7 月	通州区新华街道大成街 1 号
8	石像生群	明	石窟寺及石刻	2001 年 9 月	通州区新华街道西海子西街 12 号
9	笥沟故道	三国	古遗址	2007 年 5 月	通州区漷县镇漷县村东口外
10	宝通银号暨日寇慰安妇所旧址	清	古建筑	2007 年 5 月	通州区新华街道北大街 142 号
11	谕祭国柱碑、文孚碑	清	石窟寺及石刻	2001 年 9 月	通州区梨园镇北杨洼村东部
12	通州北城垣遗址	明	古遗址	2007 年 5 月	通州区新华街道西海子西街 12 号
13	通州起义指挥部旧址	清	近现代重要史迹及代表性建筑	2001 年 9 月	通州区新华街道东大街 83 号
14	程家大院	清	古建筑	2007 年 5 月	通州区新华街道北大街贡院胡同 5 号
15	静安寺	清	古建筑	1985 年 9 月	通州区新华街道北大街静安寺胡同 12 号
16	金代闸河遗址	金—清	古遗址	2007 年 5 月	通州区永顺镇、新华街道
17	北齐土长城遗址	南北朝	古遗址	2001 年 9 月	通州区永顺镇窑厂村北部
18	万字会院	中华民国	近现代重要史迹及代表性建筑	1985 年 9 月	通州区中仓街道西大街 9 号
19	宝光寺遗存	明	其他	1959 年 7 月	通州区中仓街道西大街 9 号
20	中仓仓墙遗址	明	古遗址	2007 年 5 月	通州区中仓街道中仓路街 10 号
21	三义庙	清	古建筑	2001 年 9 月	通州区中仓街道玉带河东街 358 号
22	通县发电厂自来水塔	中华民国	近现代重要史迹及代表性建筑	2007 年 5 月	通州区永顺镇小圣庙村滨河中路 10 号
23	晾鹰台	战国—汉	古墓葬	1985 年 9 月	通州区永乐店镇德仁务村后街西口
24	三大冢	汉	古墓葬	1959 年 7 月	通州区永乐店镇德仁务村东南
25	詹府客厅壁画	清	其他	2007 年 5 月	通州区潞城镇卜落垡村
26	金口新河故道	元	古遗址	2007 年 5 月	通州区台湖镇新河村西口
27	张家湾清真寺	清	古建筑	1985 年 9 月	通州区张家湾镇张湾镇村
28	萧太后运粮河故道	宋辽金	古遗址	2007 年 5 月	通州区张家湾镇张湾村至大高力庄段
29	通惠河故道及 3 座石桥	元、明、清	古遗址	2007 年 5 月	通州区张家湾镇土桥村至张湾村间
30	于家务清真寺	明	古建筑	1985 年 9 月	通州区于家务乡于家务村三街 96 号院
31	真武庙	清	古建筑	2001 年 9 月	通州区于家务乡北辛店村东北
32	黄带子坟	清	古墓葬	1985 年 9 月	通州区马驹桥镇西马各庄村东北
33	马驹桥清真寺	清	古建筑	1985 年 9 月	通州区马驹桥镇北门口村中心
34	大辛庄关帝庙	清	古建筑	2017 年 5 月	通州区张家湾镇大辛庄村东口

续表 9

序号	名称	年代	类别	公布时间	位置
35	三士庙	清、中华民国	古建筑	1985 年 9 月	通州区张家湾镇陆辛庄村东北部
36	土桥镇水兽	明	石窟寺及石刻	1959 年 7 月	通州区张家湾镇土桥村
37	垡头村菩萨庙	清	古建筑	2017 年 5 月	通州区张家湾镇垡头村北部
38	日寇机窝、暗堡	中华民国	近现代重要史迹及代表性建筑	2007 年 5 月	通州区张家湾镇三间房村
39	漷县东门石桥	清光绪	古建筑	1985 年 9 月	通州区漷县镇漷县村东港沟河上
40	曹氏祠	清乾隆四十九年（1784）	古建筑	2017 年 5 月	通州区漷县镇曹庄村西北角
41	乾隆谕祭徐元梦碑	清	石窟寺及石刻	2001 年 9 月	通州区宋庄镇草寺村北
42	通州区立禅庵村琉球国人墓地遗址	清	古遗址	2023 年 11 月	通州区张家湾镇立禅庵村东南

通州区非物质文化遗产代表性项目名录

表 10

序号	项目类别	项目名称	保护单位	项目级别		
				区级	市级	国家级
1	传统技艺	区级：“面人汤”面塑技艺 市级：“面人汤”面塑 国家级：面人（面人汤）	通州区档案局和通州区文化馆	★	★	★
2	传统技艺	区级：花丝镶嵌制作技艺 市级：北京花丝镶嵌制作技艺 国家级：花丝镶嵌制作技艺	通州区工艺美术行业协会和通州区文化馆	★	★	★
3	传统技艺	区级：骨雕技艺 市级：通州骨雕	梨园镇政府	★	★	
4	传统技艺	大顺斋糖火烧制作技艺	中仓街道办事处	★	★	
5	传统技艺	区级：风车制作技艺 市级：通州大风车	西集镇政府	★	★	
6	传统舞蹈	通州运河龙灯	漷县镇政府	★	★	
7	传统音乐	通州运河船工号子	通州区文化馆	★	★	
8	传统舞蹈	徐官屯路灯老会	漷县镇政府	★		
9	传统舞蹈	半截河武跷会	永乐店镇政府	★		
10	传统戏剧	郭村“蹦蹦戏”	马驹桥镇政府	★		
11	曲艺	通州单琴大鼓	马驹桥镇政府	★		
12	传统体育、游艺与杂技	陆辛庄少林武术	张家湾镇政府	★		
13	传统舞蹈	大松垡高跷会	马驹桥镇政府	★		
14	传统技艺	靛庄景泰蓝制作技艺	漷县镇政府	★		
15	传统技艺	空竹制作技艺	宋庄镇政府	★		
16	传统音乐	兴各庄吹歌	潞城镇政府	★		

续表 10

序号	项目类别	项目名称	保护单位	项目级别		
				区级	市级	国家级
17	传统技艺	料器制作技艺	台湖镇政府	★		
18	传统音乐	半截河道教音乐	永乐店镇政府	★		
19	传统技艺	风筝制作技艺	永乐店镇政府	★		
20	传统技艺	“枯木陶”陶器制作技艺	中仓街道办事处	★		
21	传统技艺	小楼烧鲇鱼制作技艺	中仓街道办事处	★		
22	传统音乐	西后街夯歌	马驹桥镇政府	★		
23	民俗	李氏续家谱习俗	漷县镇政府	★		
24	民俗	“六月初六节”习俗	于家务乡政府	★		
25	民俗	通州饹馇饸	梨园镇政府	★	★	
26	传统舞蹈	通州里二泗小车会	张家湾镇政府	★		
27	传统舞蹈	通州里二泗高跷会	张家湾镇政府	★		
28	传统技艺	通州玉器制作技艺	台湖镇政府	★		
29	传统技艺	通州青铜器制作技艺	张家湾镇政府	★		
30	传统技艺	通州雕漆制作技艺	漷县镇政府	★		
31	传统技艺	通州团花剪纸制作技艺	西集镇政府	★		
32	传统美术	通州大辛庄剪纸制作技艺	张家湾镇政府	★		
33	民间文学	大运河的传说	通州区文化馆	★		
34	传统音乐	延寿圣会音乐	张家湾镇前街村村委会	★	★	
35	传统舞蹈	东堡高跷会	潞城镇东堡村委会	★		
36	传统体育、游艺与杂技	五行通臂拳	通州区通臂拳研究会	★		
37	传统体育、游艺与杂技	吴式太极拳	北京君和天地文化发展有限公司	★		
38	传统体育、游艺与杂技	口技	北京大运河翰林艺术团	★		
39	传统美术	烙画制作技艺	北京葫芦张烙画艺术院	★		
40	传统美术	京剧彩塑脸谱	北京兴鑫京艺文化中心	★		
41	传统美术	北京绢人	北京唐人坊文化发展有限公司	★		
42	传统技艺	雕漆制作技艺（王慧茹）	北京殷秀云艺术设计有限公司	★		
43	传统技艺	雕漆制作技艺（王继勇）	北京漆艺缘雕刻工艺坊	★		
44	传统技艺	黄铜掐丝珐琅制作技艺	北京汉艺煌景泰蓝工艺品有限公司	★		
45	传统技艺	花丝镶嵌制作技艺（赵春明）	北京东方明艺工艺品有限公司	★		
46	传统技艺	花丝镶嵌制作技艺（赵云亮）	北京文智达文化发展有限公司	★		
47	传统技艺	毛猴制作技艺（张政）	北京市通州区民间艺术协会	★		
48	传统技艺	仙源腐乳制作技艺	北京仙源食品酿造有限公司	★		

续表 10

序号	项目类别	项目名称	保护单位	项目级别		
				区级	市级	国家级
49	传统医药	邵氏中医按摩针灸疗法	北京通州运河中医院	★		
50	传统舞蹈	枣林庄民族小车会	北京市通州区张家湾镇枣林庄村民委员会	★		
51	传统戏剧	福艳皮影戏	北京福艳国际文化传媒发展有限公司	★		
52	传统体育、游艺与杂技	少北拳	中开国际文化传媒（北京）有限公司	★		
53	传统美术	太平燕	北京兰竹文化传播有限公司	★		
54	传统美术	绢花制作	北京京绢制花厂	★		
55	传统技艺	景泰蓝技艺	北京通州区惠民工艺品厂	★		
56	传统技艺	莫家菜之葵花大斩肉	怀莫缘（北京）餐饮管理有限公司	★		
57	传统技艺	陈记白酒酿造工艺	北京京东明珠文化发展有限公司	★		
58	传统技艺	椒麻鸭翅烹饪技艺	北京怡丰园商贸有限公司	★		
59	传统技艺	烙画葫芦技艺	于家务乡东垡村	★		
60	传统技艺	宣明典居百宝嵌	北京宣明典居古典家具厂	★		
61	传统技艺	老南关串茶（黄芩茶）制作技艺	北京茗源华鑫顺商贸有限公司	★		
62	传统技艺	传统琵琶制作技艺	北京卫东乐器厂	★		
63	传统技艺	古法琢玉技艺	北京金鼎源华文化发展有限公司	★		
64	传统技艺	手工笤帚制作技艺	北京聚牧源农业专业合作社	★		
65	传统技艺	通草花制作技艺	北京纸娃娃家陈列艺术有限公司	★		
66	传统技艺	毛猴制作技艺	裕朗（北京）文化传播有限公司	★		
67	传统医药	王氏拔罐刺络疗法	北京紫祥斋养生技术有限公司	★		
68	传统音乐	传统吟诵	北京道炁长存文化传播有限公司	★		
69	传统音乐	古琴艺术（九嶷派）	北京琴耕古韵文化艺术发展有限公司	★		
70	传统舞蹈	运河潞灯会	锦秋华章（北京）有限公司北京通州分公司	★		
71	曲艺	西河大鼓（田派）	北京金榜艺苑艺术团有限公司	★		
72	传统体育、游艺与杂技	风筝放飞技艺	北京市天力人体育用品有限公司	★		
73	传统美术	简牍书法	北京韵仁广告有限公司	★		
74	传统美术	面塑	北京兰竹文化传播有限公司	★		
75	传统美术	花馍（通州）	北京运河人家食品科技发展有限责任公司	★		
76	传统美术	传拓技艺	北京正林堂文化中心	★		
77	传统美术	锡雕	唐丰硕达文化艺术有限公司	★		
78	传统美术	鱼拓技艺	北京韵仁广告有限公司	★		

续表 10

序号	项目类别	项目名称	保护单位	项目级别		
				区级	市级	国家级
79	传统技艺	古法斫琴技艺	北京鸿冀飞翔体育文化发展有限公司	★		
80	传统技艺	纸塑制作技艺	北京叹为观纸文化传播有限公司	★		
81	传统技艺	古旧家具修复技艺	北京文旺阁木作博物馆	★		
82	传统技艺	锔瓷	唐丰硕达文化艺术有限公司	★		
83	传统技艺	纸翻花制作技艺	北京百年世界老电话博物馆	★		
84	传统技艺	金属锻錾技艺（通州）	北京瑞茂金属装饰有限公司	★		
85	传统技艺	刘记酱卤技艺	北京怡丰园商贸有限公司	★		
86	传统技艺	马头齐记香油制作技艺	锦秋华章（北京）有限公司北京通州分公司	★		
87	传统技艺	毛笔制作技艺（周氏）	北京百年弘文工艺美术有限公司	★		
88	传统音乐	古琴艺术（闽派）	北京闻天阁文化传播有限公司	★		
89	传统戏剧	皮影戏	北京崔永平皮影艺术博物馆	★		
90	曲艺	京东大鼓	北京数字运河文化发展有限公司	★		
91	传统体育、游艺与杂技	民间土棋	北京百年世界老电话博物馆	★		
92	传统体育、游艺与杂技	李氏太极拳	北京市通州区武术运动协会	★		
93	传统美术	面塑	北京净心传承教育咨询有限公司	★		
94	传统美术	金属錾刻技艺	北京悦心山房文化发展有限公司	★		
95	传统美术	景泰蓝制作技艺	北京景瑞泰和文化有限公司	★		
96	传统技艺	纪各庄豆腐制作工艺	通州区漷县镇纪各庄村村民委员会	★		
97	传统技艺	花馍制作技艺	北京艺禾糖小苑旅游发展有限公司	★		
98	传统技艺	结绳技艺	北京祁开心艺术发展有限公司	★		
99	传统技艺	北派动物标本制作技艺	北京瑞麟晟泰科技有限公司	★		
100	传统技艺	景泰蓝制作技艺	北京蓝色土壤文化有限公司	★		
101	传统技艺	马尾绣技艺	北京丽鑫服饰文化有限公司	★		
102	传统技艺	书画装裱修复技艺	北京市通州区郎府文雅斋裱画部	★		
103	传统技艺	传统烧鸽技艺	南北鸽（北京）餐饮文化有限公司	★		
104	传统技艺	书画装裱修复技艺（苏裱）	北京海玉文化发展有限公司	★		
105	传统技艺	书画装裱技艺	北京潞通堂文化发展有限公司	★		
106	传统技艺	京绣	针线温柔（北京）文化有限公司	★		
107	传统技艺	通州瓤豆腐制作技艺	北京鑫农禾农业发展有限公司	★		

文化市场监管

【概　况】2023年，通州区文化市场综合执法大队检查全区各类文化和旅游经营单位3759家次，查办案件111件，处罚案件37件，罚没款119.95万元，没收非法出版物617册、画作10幅。联合区公安分局、区卫健委、区市场监管局等部门开展“双随机”检查，全年发起检查24次，检查各类文化和旅游经营单位270家次。

（王振硕）

【文化娱乐场所监管】2023年，区文旅局定期开展文娱市场专项整治工作。重点检查互联网上网服务场所违规接纳未成年人、未按规定核对登记上网消费者身份信息、脱离技术监管等违法经营行为；对剧本娱乐场所开展摸底排查，全面核对完善剧本娱乐场所台账，加强内容监管，严格按照违禁剧本名录逐一核对，严防涉及恐怖、血腥、暴力等问题剧本；加大隐患排查力度，督促安全生产制度落实。

（王振硕）

【出版物市场专项整治】2023年，区文旅局开展“正道”“新风”“护苗”“净网”“问题日历台历清查”“涉政有害出版物清查”等十余项专项行动，定期对中小学校园周边书店、学习用品商店及印刷企业开展专项检查；开展网络巡查，以打击整治违禁有害、宗教极端出版物为重点，对淘宝、拼多多、亚马逊、孔夫子旧书网、微店等网络服务平台上店铺经营情况、实际经营地址和进销货平台进行定期摸排，发现问题立即整改。

（王振硕）

【文化艺术经营活动监管】2023年，区文旅局重点检查宋庄艺术园区、美术馆等场所，定期开展艺术品经营单位联合检查，快速处置发现的问题线索和紧急情况；大力巡查通州区宗教场所，取缔非法宗教活动场所8家次。

（王振硕）

【非法卫星电视接收设施专项整治】2023年，区文旅局开展卫星电视地面接收设施专项整治行动，深入街道乡镇、社区、城乡接合部、集贸市场、宾馆酒店等场所，着力清查非法安装“小耳朵”“大铁锅”行为，拆除非法卫星设施5处。

（王振硕）

【法治宣传】2023年，区文旅局深入社区、企业、校园，开展《中华人民共和国反有组织犯罪法》、“4·26”世界知识产权日、“绿书签进校园”、“12·4”国家宪法日等宣传活动，深入解读扫黄打非、版权、防范诈骗等有关法律知识，累计印发文旅市场系列宣传册千余份。依托“文旅通州”微信公众号和旅行社、宾馆酒店等行业管理群，精准推送普法信息。

（王振硕）

【文化艺术类校外培训机构行业管理工作部署会】4月7日，区文旅局召开文化艺术类校外培训机构行业管理工作部署会，发布《通州区营利性文化艺术类校外培训机构培训课程预付费管理实施方案》。方案适用于在通州区行政区域内登记注册营利性文化艺术类校外培训机构，包括音乐、舞蹈、美术、戏曲戏剧、曲艺5大类。《方案》规定，文化艺术类校外培训机构通过预付费收取费用的，可自主选择区文旅局指定的通州辖区内1家商业银行作为存管银行，在区文旅局指导下签署预付费存管服务协议，开设预付费存管专用账户，预收资金全部直接进入专用账户，全额纳入监管范围，以保障培训课程预付费安全，切实维护文化艺术类校外培训机构和学员合法权益。

（王振硕）

媒体传播

【概　况】2023年，通州区融媒体中心（简称区融媒体中心）持续推动媒体融合工作纵深发展，在内容建设、平台建设、产品打造等方面推陈出新，做优做强以“北京通州发布”“融汇副中心”为代表的新型传播平台。截至年底，由微信公众号、微博、今日头条号、视频号、抖音号、快手号构成的“北京通州发布”新媒体矩阵总粉丝量为238.8万。年内，发布各类短视频5168条次，总浏览量超1亿次，“融汇副中心”App客户端各平台下载量176.4万次。

（张维颖）

【主题宣传】2023年，区融媒体中心在《北京城市副中心报》、通州区广播电视台、“融汇副中心”App等媒体平台开设“新时代、新征程、新伟业——贯彻党的二十大精神基层行”专栏，展现通州区各领域创新举措，聚焦全区重要政务活动及全市性重大新闻等内容，刊登时政稿件，传递党和政府的声音，学习宣传贯彻党的二十大精神。在通州区广播电视台、《北京城市副中心报》及多个新媒体平台开设“接诉即办”板块，聚焦12345热线中市民反映的揪心事、烦心事，深入新闻现场开展报道，全年发布主题报道35条，做好“接诉即办”相关宣传工作。开设“推进‘三大三强’答好‘二十年之问’”专栏，采取融媒专题访谈、深度报道、系列报道等形式总结成果，加强新媒体宣传，进行全方位报道。结合通州区主题教育工作实际开展情况，开设“学思想 强党性 重实践 建新功”全媒体专栏，积极做好主题教育新闻宣传工作。与各乡镇、委办局联办业务宣传专题，制作完成短视频《融汇副中心——最美潞城》12期、《融汇副中心——大家看法》6期、《融汇副中心——大市政新市容》12期、《融汇副中心——就业保障》6期、《融汇副中心——艺术宋庄》1期、《融汇副中心—文明通州》48期。

（张维颖）

【全媒体矩阵建设】2023年，通州区广播电视台《副中心新闻》发稿2800余篇，北京广播电视台《北京城市副中心新闻》发稿800余篇。年内，区

▲6月29日，区融媒体中心与北京广播电视台共同打造“瓣瓣同心”2023京津冀新闻栏目启动仪式（区融媒体中心提供）

融媒体中心在《北京新闻》《北京您早》《特别关注》发稿40余篇，《新闻联播》及央视新闻发稿频次不断增加，“副中心三八妇女节活动”“宋庄声音博物馆”“北京东六环改造工程西线隧道贯通 新装备 新工艺助推改造工程建设”“城市副中心多部门多举措应对强降雨”“烈日炎炎 向高温下的工作者致敬”等内容在中央级媒体播出。与北京城市广播副中心之声继续打造精品栏目《副中心会客厅》，以丰富的视听手段、表达方式展现高质量发展的“副中心实践经验”，播发首播节目220余期，通过城市广播副中心之声收听78.3万人次、“听听FM”收听51.2万人次，新媒体端互动及阅读量超440万次。

（张维颖）

【有线电视】 2023年，北京歌华有线电视网络股份有限公司通州分公司对所属2个中心机房、3个二级机房和多个三级机房进行升级改造，降低有线电视和宽带故障率。启动富河园营业厅、梨园营业厅升级改造工程。全年开展“服务进社区”便民活动425场，覆盖群众约32万人，收到群众各类表扬477例。双向网新建和双向网改造覆盖27863户，实现全区双向网100%覆盖。主导开发机顶盒视频通话功能，在西集镇侯各庄村80岁以上独居老人家中进行生活测试。全年处理政务网故障报修400次，抢修智慧交通项目故障55次。完成城市指挥中心机房搬迁、区政务外网交接、区市场监管局专网系统升级改造及下属25个管理所网络规划和设备部署等行政单位信息化服务工作。在春节、两会、杭州亚运会、国庆等重要时段内，出动保障人员1400人次、保障车辆280辆次，完成安全传输保障服务。配合区经信局推进政务网、医保网建设和相关单位接入工作。截至年底，完成政务网接入单位814家、医保网接入单位55家。为区公安分局30余个公安网警务站开通信号。开展潞城镇大甘棠村监控、综合执法大厅等信息化项目建设工作。获北京城市副中心智慧城市产业联盟“‘数字+底座’卓越贡献奖”。

（梁 悦）

【《北京城市副中心报》】 2023年，区融媒体中心与北京日报社深入合作，成立联合编辑部，实现市、区两级媒体新闻资源共享、采编力量共用、发布平台共通，全年发行《北京城市副中心报》254期。报纸紧扣北京城市副中心功能定位，重点从京津冀协同发展、北京城市副中心日新月异的发展变化、各方面积极支持和参与北京城市副中心建设等领域加强报道，记录千年之城拔节生长的伟大进程。围绕区委中心工作抓好重点宣传，开设“学习进行时”专栏，刊发习近平总书记重要论述，推动习近平新时代中国特色社会主义思想和党的二十大精神深入人心。在《北京城市副中心生机勃发》《协同发展绘新篇》《推进三大三强 答好二十年之问》《基层治理促提升》《接诉即办 未诉先办》等精品栏目上持续发力，讲好北京城市副中心高质量发展、京津冀协同发展故事。围绕重要时间节点，推出重点策划，推出“沿着习总书记指引的方向，‘2·26’重要讲话周年特别报道”；推出“新时代首都发展巡礼——京津冀协同发展”系列报道，专题宣传推广。

（张维颖）

【通州融媒5G消息上线】 2023年，通州区“两会”期间，通州融媒5G消息正式上线，设置“5G通两会”专题，将5G消息推送与VR技术进行有机结合，开设“VR看两会”板块，用户可通过5G消息推送同步观看区“两会”开幕、闭幕会及其他重要会议的VR视频。“通州融媒”首条5G消息，分别为参加区“两会”的人大代表、政协委员推送参会指南，代表、委员通过点击相关链接就可便捷获悉会议日程安排。会议期间，5G消息成功推送信息11项、4485条次。

（张维颖）

【“5G+品牌直播+云导播”实践】 4月4日，在“铭刻我们奋勇向前——忆满京城 情思华夏清明节文化活动”中，区融媒体中心首次尝试通过5G+VR技术在“通州融媒”视频号进行直播，带给观众全景沉浸式新体验，万余人次线上收看。4月21—22日，在通州区漷县镇第二届民间美食节直播中首次使用5G超高清伴随式云融合媒体生产制作系统，采用多网聚合技术，配合云导播台实现5G背包信号间帧级同步。云导播台采用云计算，将主要算力部署于云服务器，实现传统导播台的功能，以全云化、全IP化的低成本转播模式，替代传统的重资产转播设备投入，降低转播成本、拉低转播门槛。

（张维颖）

【北京城市副中心马拉松赛事宣传报道】 4月9日，在2023北京银行北京城市副中心马拉松赛事报道中，“北京通州发布”视频号、抖音号、快手号总观看量310.6万、点赞量2.1万，其中观看量超100万短视频1条，观看量超10万短视频5条。北京城市副中心马拉松相关话题分别登上当天抖音号同城热点和快手号热度榜榜首。

（张维颖）

【媒体新平台上线】 5月27日，区融媒体中心在“学习强国”App上线北京城市副中心学习平台，开设“新思想在城市副中心”“生机勃发”“文明风尚”等16个栏目。8月25日，“通通来运动”微信公众号上线试运行，该公众号由区委宣传部、区融媒体中心、区体育局联手打造，旨在更好展现北京城市副中心体育赛事品牌知名度、美誉度和影响力，促进体育事业发展。截至年底，签发稿件2200余篇；在北京日报客户端上线“聚焦副中心”专题，围绕北京城市副中心高质量发展重点任务，设“拔节生长”“绿色示范”“六大产业”“瓣瓣同心”等子栏目，全面展示北京城市副中心高质量发展最新成果，进一步丰富和提升北京城市副中心媒体矩阵。

（张维颖）

【“副中心之声”开播三周年台庆】 10月20日，北京城市广播副中心之声开播三周年台庆特别直播节目——“潮涌大运河，乐活副中心”音视频融媒体节目在“副中心之声号”游船上举办，现场举行“副中心之声号”字牌揭幕仪式、“72小时寻美大运河”首都大学生文创活动作品颁奖仪式。现场演出并同步直播相声《运河知多少》、越剧《红楼梦·黛玉葬花》、诗朗诵《静静的为你守候》等节目。“副中心之声”多档节目主创人员分享讲好北京城市副中心故事、传递北京城市副中心声音的感受。

（通鉴编）

文联工作

【概　况】 2023年，通州区文学艺术界联合会（简称区文联）以“文艺赋能基层治理”为工作主线，紧紧围绕“三大三强”活动、主题教育等重点任务，通过与文艺工作者同行、与基层文联并行、让品牌活动先行，不断增强文联组织凝聚力和向心力，推动北京城市副中心文艺事业高质量发展。年内，加强与协会、广大文艺工作者沟通交流，组织各类座谈6次，进行走访调研40余次，组织100余名会员代表参观三大建筑，开展“艺心向党 凝心铸魂”文艺工作者能力素质提升培训。

（程怀宇）

【文艺活动】 2023年，区文联结合文明城区创建工作，组织文艺工作者在传统节日深入社区、乡村、基层一线单位，开展讲座、培训、演出等文艺志愿服务，组织书法、摄影、民间文艺、舞蹈、文学等各类文艺活动30余次。举办“万福进万家，问需走上门”新春送福系列活动，组织近100名书法家，书写春联、福字万余幅，送进乡村、社区、机关、医院、警营。深入挖掘大运河文化，举办“运河忆”系列活动，服务市民游客近2万人次。

（程怀宇）

【基层文联建设】 4月14日，通州区首家街道级文联——通运街道文学艺术界联合会成立并召开第一届理事会第一次会议，选举产生主席、副主席、理事。9月25日，永乐店镇文学艺术界联合会成立并召开第一届理事会第一次会议，选举产生主席、副主席、理事。截至年底，全区有3家街道乡镇基层文联。

（程怀宇）

【“运河忆·七夕”文化节活动】 8月20日，区文联主办的“运河忆·七夕”文化节活动在北京（通州）大运河文化旅游景区南区举办。活动现场搭建七夕主题文化场景，设置拍照打卡区域，多名专业摄影师为游客免费拍摄写真；当天穿汉服、唐服者可免费领取书画家们现场绘制的团扇；民间艺术家现场讲解剪纸、面塑等传统技艺。此外还设有百姓舞台、七夕知识有奖竞答、汉服试穿等环节。参与市民游客1.5万余人次，活动云相册浏览量近10万次。

（程怀宇）

【“翰墨情缘促协同 两翼齐飞谱新篇”书法作品展】 9月28日至10月28

▲1月11日，2023年“万福进万家，问需走上门”系列活动之北京城市副中心2023年“送福上门，主动问需”新春书法笔会活动举办　（区文联提供）

日，“翰墨情缘促协同 两翼齐飞谱新篇”北京城市副中心·河北雄安新区书法作品展在雄安举办。活动展出北京城市副中心和河北雄安新区百余名中国书法家协会会员和优秀书法家作品，主要包括歌颂中国共产党光辉奋斗历程、祖国发展建设伟大成就，宣传党的方针政策，展现两地文化特色风貌，赞美祖国大好河山，弘扬祖国传统文化等方面内容的古今诗词、曲、赋、文，具有较高的艺术价值和鉴赏价值，有效促进两地文化交流。

（程怀宇）

【第二届“话·运河”文学大赛】 10月9日，由区委宣传部、区文联联合举办的第二届“话·运河”文学大赛正式启动。大赛以运河为主题，旨在挖掘和展示京津冀地区丰富的文化底蕴，以及协同发展十年来的巨大变化。活动收到参赛稿件2786篇，其中小说45篇、散文2493篇、诗歌248篇。

（程怀宇）

【“画·运河”通州区2023年书画摄影系列展】 10月30日至11月25日，活力副中心 出彩京津冀——“画·运河”通州区2023年书画摄影系列展举办。展览征集到全国书画摄影作品3000余件，精选出其中500余幅优秀作品展出，分为“副中心·雄安新区”两翼书法展、简牍书法邀请展、大众书法作品展、国画展、油画展、摄影展6部分。展览期间，区文联同步在微信公众号及相关媒体推出网上展厅，为社会各界和文艺爱好者提供观展交流平台。

（程怀宇）

【“舞·运河”通州区2023年舞蹈大赛】 10月，区文联组织开展“舞·运河”通州区2023年舞蹈大赛活动，历时2个多月，共收到报名作品246个，参赛选手2927名。经大赛评委会评选，《京燕一梦》等15个作品获一等奖，《潞水绘轻丝》等29个作品获二等奖，《运河画卷》等41个作品获三等奖。

（程怀宇）

▲12月23日，“舞·运河”通州区2023年舞蹈大赛决赛举办（区文联提供）

档案工作

【概　况】 2023年，通州区档案工作进一步服务北京城市副中心建设大局，推进“两馆”（即通州区档案馆新馆和通州区数字档案馆）建设，档案监督指导、管理利用、宣传培训、行政执法检查、信息化建设等各项工作顺利开展。解决现有库房危房隐患，通州区档案馆（简称区档案馆）迁入临时馆址，建筑面积2755平方米，档案库房763平方米，含8个展厅、1个特藏库。截至年底，馆藏全宗138个，档案246315卷、28640件（其中文书档案132221卷、28640件，专门档案113397卷，科技档案697卷），资料8655册，总排架长度2135米。照片档案2114张，光盘74张，录像档案27盘，实物9474件。整理《通州区新冠疫情防控纪实掠影》一书，编印《档案与文化》第十五期。完成馆藏复转军人档案核查，补录目录4016条，完成馆藏档案同城备份。

（陈晨白云）

【“两馆”建设】 通州区档案馆新馆项目位于潞邑街道，建设主体为通州区机关事务服务中心，总用地面积1.42万平方米，总建筑规模4.66万平方米，包括档案库房、对外服务用房、档案业务和技术用房、办公室用房、部分附属用房等。5月，项目完成地下主体结构施工；9月，实现主体结构封顶，进行二次结构施工，并通过北京市结构长城杯及北京市绿色安全工地验收；截至年底，完成项目建议书（代可行性研究报告）批复、市级补助资金（4960万元）批复，施工图通过外审并出具蓝图，取得多规合一协同平台会商意见。通州区数字档案馆建设项目为区级重点项目，采用“数字档案馆建设项目全过程管理”模式进行建设。年内，项目一阶段建设纳入区智慧城市建设整体项目中统筹推进，重新完成立项、技术评价、财务评价等工作。截至年底，完成与项目总集单位、项目监理单位合同签订，准备启动项目建设工作。

（陈晨白云）

【档案工作监督指导】 2023年，通州区档案局（简称区档案局）深入区级机关及企事业单位、街道乡镇及其所辖社区（村），对档案工作进行指导检查，着重做好重点工作、重大活动、突发事件档案监督指导工作。加强对新成立单位及临时办公场所档案的指导及检查，强化对档案实体和信息安全的监督指导。结合执法检查，对照“九防”（即防火、防潮、防光、防鼠、防盗、防尘、防虫、防高温、防污染）要求开展档案库房达标专项行动，专项检查档案库房设施设备配备情况，排查安全隐患，加强档案安全监督指导。全年开展业务指导 120 余次。

（陈　晨）

【依法治档】 2023 年，区档案局制发《北京市通州区档案局关于建立健全档案工作责任制的通知》《北京市通州区档案局关于做好重大战略、重大项目、重大活动、重大事件档案工作的实施意见》等文件，规范全区档案工作。转发《北京市村级档案管理办法》《关于加强档案服务外包安全工作的意见》，指导推进基层档案工作标准化、规范化，消除档案服务外包安全隐患。严格落实档案行政执法“三项制度”（即档案行政执法公示制度、执法全过程记录制度、重大执法决定审核制度），加大执法检查力度。以新修订《中华人民共和国档案法》及北京市档案局档案行政执法检查指标为依据，结合通州区档案工作实际修改调整，确定 86 条检查标准，优化检查结果运用，将档案工作纳入通州区月度工作点评会点评内容，推动先进做法在全区形成示范。全年对 55 家单位进行档案行政执法检查，占全部监督指导单位的 63%。

（陈　晨）

【档案法治宣传】 2023 年，区档案局开展“法治宣传进学校、进社区、进农村”系列活动。国际档案日活动期间局馆联动，开展以“奋进新征程 兰台谱新篇”为主题的系列宣传活动，将法治宣传资料发放至全区教育系统、各街道乡镇及社区（村），充分开展基层宣传。联合市委办公厅（市档案局）到西集镇儒林村开展“法治宣传进乡村”活动，向村民普及档案知识。联合玉桥南里社区、东方小学、第一实验小学和芙蓉小学焦王庄校区等单位开展“法治宣传进社区、进学校”活动。

（陈　晨）

【档案业务培训】 2023 年，区档案局举办为期 10 天的全区档案系统大规模培训，通过专题讲座、分组研讨及实地参观相结合方式，对 400 余名学员进行档案工作全流程培训。根据各单位对档案业务培训的需求反馈，分门别类设置文书档案管理、会计档案管理、档案整理实际操作等专项培训，全面提升培训的针对性和实效性。年内，有 14 家区属单位、970 余名专兼职档案人员参与专项培训。继续实行档案员顶岗轮训机制，组织各立档单位专兼职档案员开展为期 1 ~ 2 个月的全脱产顶岗培训。

（陈　晨）

【村级档案管理】 2023 年，区委办按照通州区主题教育整体工作部署，将“加强村级档案规范化管理”列入领导班子调研主题，通过打造村级档案规范化管理“样板间”，以点带面，逐步推动全区村级档案工作整体提升。经过对全区 470 个行政村的摸底梳理、部分特色村的实地走访，确定以潞城镇前疃村、于家务回族乡西垈村为试点，投入资金 12.6 万元开展档案室升级改造、室藏档案规范整理、数字化扫描等工作。

（陈　晨）

【档案接收】 2023 年，区档案馆先后到 42 家立档单位调研检查 51 次，累计核查电子目录 187494 条；接收区财政局、区水务局等 7 家单位 12355 卷（件）文书档案，21487 卷专门档案；接收档案数字化副本 44.22GB。

（白　云）

【档案开放审核】 2023 年，区档案馆完成馆藏 85 个全宗 59932 件档案的开放初审，对馆藏 1991—1993 年形成的 71 个全宗 84131 件档案进行复审，对馆藏 1993 年宅基地确权登记 135738 件档案进行专项审核，开放档案新增 4121 件，累计开放档案 36399 件。

（白　云）

【档案查档利用与服务】 2023 年，区档案馆接待社会各界利用者 4404 人次，利用档案 6542 卷次，出具各类证明 5111 份 15088 页，受理跨馆利用 187 人次，协办 518 件次；积极参与市、区两级综合档案馆民生档案跨馆查阅、异地出证利用体系，将复转军人、独生子女两类纳入跨馆利用范围；与天津市宝坻区、滨海新区及河北省邢台市档案馆签订跨馆利用服务协议；依托“京通”小程序及全国档案查询利用服务平台，以“移动互联网 + 档案服务”方式，为利用者提供线上查档途径。

（白　云）

【档案征集】 2023 年，区档案馆征集到画家王志学《京杭大运河》图卷、红学家李希凡手稿、抗美援朝烈士家书、区级非物质文化遗产“团花剪纸”“料器”作品、国家级非物质

▲ 5 月 12 日，区档案馆向区级非物质文化遗产“料器”传承人刘长兴征集档案（区档案馆提供）

文化遗产“花丝镶嵌制作技艺”作品等实物档案1226件、照片16张、底片48张、电子照片1479张，电子资料16.5GB，视频29GB，录音带3盘。

（白 云）

【爱国主义教育基地】 2023年，区档案馆爱国主义教育基地新建画家王志学艺术馆和通州非物质文化遗产展厅，基地全年接待参观者834人次。举办“雷锋精神，薪火相传”活动，在全区20所中小学校开展雷锋精神宣讲；邀请北京作家协会会员、北京市通州区政协文史和学习委员会特邀委员刘福田作“弘扬乡土文学 传承优秀运河文化”主题讲座；与芙蓉小学等学校签订共建协议，在芙蓉小学开学典礼上，以“以档育人”为主题给同学们上了“开学第一课”。

（白 云）

【“通武廊”档案工作交流】 4月26日，“通武廊”三地档案部门以“传承运河文化 三地协同发展”为主题，围绕建设档案资源共享新机制、开展档案线上主题展览、加强运河历史档案挖掘、抓实档案开发利用、推进档案基础业务交流、发挥档案馆爱国主义教育功能等方面进行深度研讨。

（陈 晨 白 云）

【“国际档案日”活动】 6月9日，区档案馆在“北京时间·京华丹心”平台推出“镜头里的通州巨变”“激情燃烧的岁月——通州区人民支援抗美援朝”系列主题网展，浏览量13487人次；在馆内举办“胡同映像——北京通州胡同风貌展”，接待观众700余人次；携手区档案局在玉桥南里社区开展“奋进新征程 兰台谱新篇”主题宣传活动，发放《档案与文化》及编研精品书籍千余本，并现场展出“胡同映像——北京通州胡同风貌展”；开展含有运河文化元素的文创产品折扇的制作活动；在“第二届首都档案治理体系高端论坛”上，作题为《立足京津冀协同发展探索“通武廊”三地档案工作合作路径》的发言。

（白 云）

▲6月9日，区档案馆携手区档案局在玉桥南里社区开展“奋进新征程 兰台谱新篇”主题宣传活动（区档案馆提供）

地方志工作

【概 况】 2023年，区委党史办（区地方志办）加强与全区各单位联系沟通，创新向撰稿人发送感谢函，编纂出版《北京通州年鉴（2023）》，完成《北京年鉴（2023）》《北京农村年鉴（2022）》《北京农村年鉴（2023）》供稿，积极推进通州区乡镇街道志编修工程，指导行业志书、基层志书编纂，开展地情、地方志宣传教育和业务培训等工作。

（张 莉）

【年鉴业务培训】 2023年，区委党史办（区地方志办）加强年鉴业务培训，从源头提升年鉴稿件质量。2月16日，举办2023年通州区年鉴业务知识培训，全区100余家单位近120名撰稿人参加培训；4月3日，以“志鉴通州”为主题，开展“志鉴课堂”走进杨庄街道活动，从地方志基础知识、方志通州、北京通州年鉴撰写要求三个方面，为街道及社区的30余人进行业务知识普及；11月17日，开展年鉴课堂下基层活动，再次到杨庄街道进行年鉴和大事记撰写培训授课；12月20日，举办2024年通州区年鉴业务培训，首次同步开展2023

▲12月20日，2024年通州区年鉴业务培训举办（区委党史办提供）

年度年鉴工作满意度调查，全区相关单位近110名撰稿人参加培训。

（张　莉）

【基层修志工作推进】 2023年，区委党史办（区地方志办）根据全区史志工作部署，积极推进通州区乡镇街道志编修工程工作。认真研究全国范围内乡镇街道志书编修工作开展情况，摸底调查通州区乡镇街道志书编修情况，完成《盛世修志 志载盛世——通州区乡镇街道志编修工程可行性研究报告》，报请区领导同意后，完成《通州区乡镇街道志编修工程实施方案（征求意见稿）》，并向相关单位征求意见。截至年底，已按照相关单位意见完成方案修改。

（张　莉）

【旧志整理】 2023年，区委党史办（区地方志办）对通州区旧志进行梳理整理。通州区现存旧志8部，明嘉靖《通州志略》、清康熙《通州志》、清雍正《通州新志》、清乾隆《通州志》、清光绪《通州志》、清道光《漷阴志略》、民国21年《通县编纂省志材料》、民国30年《通县志要》。另有明万历年间《通粮厅志》和明嘉靖年间《通惠河志》。现存所有志稿均为影印件。

（张　莉）

【方志信息化建设】 2023年，区委党史办（区地方志办）推进数字史志馆——“史志副中心”小程序建设，上传《北京通州年鉴（2022）》《北京市通州区地名志》两本电子版书籍，通过培训课堂、公众号、史志“七进”等方式宣传推广，提升小程序使用率。

（张　莉）

【市级年鉴稿件撰写】 2023年，根据中共北京市委党史研究室、北京市地方志办公室工作安排，区委党史办（区地方志办）完成《北京年鉴（2023）》供稿工作，文稿8000余字，图片8张；完成《北京农村年鉴（2022）》供稿工作，文稿15000字，图片8张；完成《北京农村年鉴（2023）》供稿工作，文稿15000字，图片4张。

（张　莉）

【《通州区水务志（1991—2010年）》复审会】 3月1日，《通州区水务志（1991—2010年）》（以下简称《水务志》）复审会在通州区水务局召开，参会人员有《水务志》编纂委员会、《北京市水务志丛书》编委会和审查小组、区水务局、区委党史办（区地方志办）相关工作人员和水务专家等。经相关专家研究讨论，认为复审稿内容全面、结构合理、资料翔实，具有通州水务地方特色和行业特点，符合要求，通过复审。

（张　莉）

【《北京通州年鉴（2023）》出版发行】 12月，《北京通州年鉴（2023）》由方志出版社出版，设区情概览、特载、专文、大事记、中国共产党北京市通州区委员会、通州区人民代表大会、通州区人民政府、中国人民政治协商会议通州区委员会、纪检监察、民主党派、人民团体、法治、军事、功能区建设、经济管理、农业 农村、工业 信息化、建筑业 房地产业、商贸 服务业、金融、旅游、交通 邮政 通信、生态环境、城乡规划与建设、城乡管理、应急管理、科技、教育、文化、卫生健康、体育、社会建设、社会生活、街道 乡镇、人物 荣誉、附录36个类目，下设分目209个、次分目21个、条目1788个，收录图片235幅、表格35张、地图1幅。卷首新增全称简称对照表，专题图片设“数字副中心”“热烈庆祝党的二十大胜利召开”“庆祝北京冬奥会和冬残奥会成功举办”“重点工程建设”“产业发展”“文化”“旅游”“体育”“社会民生”“生态环境”“新时代文明实践活动”，卷末附统计资料、组织机构及负责人名录、文件辑录等。全书96.8万字，大16开，图文混排，全彩印制，版面活泼，可读性强，为首次编纂出版以来连续出版的第25卷。

（赵龙刚）

卫生健康

综 述

【医疗卫生机构】 2023年，通州区卫生健康委员会（简称区卫健委）系统有事业单位37个，其中全额事业单位6个、差额事业单位31个。包括公立医院7个，其中，三级医院3个（首都医科大学附属北京潞河医院、区中医医院、区妇幼保健院）、二级医院4个（区中西医结合医院、区新华医院、区老年病医院、区精神病医院），社区卫生服务中心22个（其中马驹桥社区卫生服务中心加挂第二医院牌子），公共卫生机构3个（区120紧急救援中心、区疾病预防控制中心、区中心血站），其他医辅机构5个（区社区卫生服务管理中心、区卫生健康事业发展综合保障事务中心、区人口生育服务中心、区公共卫生应急处置事务中心、区老龄事业发展中心）。

2023年通州区医疗机构一览表

表11

序号	单位名称	序号	单位名称
1	通州区社区卫生服务管理中心	20	通州区潞城镇甘棠社区卫生服务中心（通州区甘棠卫生院）
2	通州区中心血站	21	通州区漷县镇漷县社区卫生服务中心（通州区漷县卫生院）
3	通州区人口生育服务中心	22	通州区西集镇郎府社区卫生服务中心（通州区郎府卫生院）
4	通州区公共卫生应急处置事务中心	23	通州区潞城镇潞城社区卫生服务中心（通州区潞城卫生院）
5	通州区卫生健康事业发展综合保障事务中心	24	漷县镇觅子店社区卫生服务中心（通州区觅子店卫生院）
6	通州区老龄事业发展中心	25	通州区张家湾镇牛堡屯社区卫生服务中心（通州区牛堡屯卫生院）
7	首都医科大学附属北京潞河医院	26	通州区宋庄镇宋庄社区卫生服务中心（通州区宋庄卫生院）
8	通州区中医医院	27	通州区台湖镇台湖社区卫生服务中心（通州区台湖卫生院）
9	通州区新华医院（通州区临河里街道社区卫生服务中心）	28	通州区西集镇西集社区卫生服务中心（通州区西集卫生院）
10	通州区妇幼保健计划生育服务中心（通州区妇幼保健院）	29	通州区宋庄镇徐辛庄社区卫生服务中心（通州区徐辛庄卫生院）
11	通州区中西医结合医院	30	通州区于家务回族乡于家务社区卫生服务中心（通州区于家务卫生院）
12	通州区疾病预防控制中心（通州区结核病防治所）	31	通州区张家湾镇张家湾社区卫生服务中心（通州区张家湾卫生院）
13	通州区精神病医院	32	通州区老年病医院
14	通州区永乐店镇永乐店社区卫生服务中心（通州区永乐店卫生院）	33	通州区120紧急救援中心
15	通州区永顺镇永顺社区卫生服务中心（北京市通州区永顺卫生院）	34	通州区北苑街道社区卫生服务中心
16	通州区梨园镇梨园社区卫生服务中心（通州区梨园卫生院）	35	通州区中仓街道社区卫生服务中心
17	通州区台湖镇次渠社区卫生服务中心（通州区次渠卫生院）	36	通州区新华街道社区卫生服务中心
18	通州区马驹桥镇大杜社社区卫生服务中心（通州区大杜社卫生院）	37	通州区玉桥街道社区卫生服务中心
19	通州区马驹桥镇马驹桥社区卫生服务中心（通州区第二医院）		

（乔园园）

【医疗卫生人员】 截至2023年底，区卫健委系统37家事业单位有职工9456名，其中7家公立医院共有职工5818名，22家基层医疗卫生机构共有职工3120名，3家公共卫生机构共有职工469名，5家医辅机构共有职工49名。有各级各类卫生技术人员13482人，其中执业（助理）医师5102人、注册护士5732人、其他卫技人员2648人，每千常住人口拥有卫生技术人员7.31人、执业（助理）医师2.77人、注册护士3.11人。

（乔园园　孟维静）

【医疗卫生改革】 2023年，区卫健委积极推动通州区医药卫生体制改革工作。10月，召开全区深化医改工作会，印发《北京市通州区深化医药卫生体制改革近期重点工作任务》，部署筹划医改工作。引导和鼓励社会资本创办优质医疗机构，做好行政审批及技术准入工作。研究制定并出台《通州区社会办医疗机构设置指引（试行）》。与多部门联合印发《通州区深入推进基层转诊促进分级诊疗工作实施方案》，积极引导患者向基层分流。

（张宁宁）

【对口支援】 2023年，区卫健委派出13名医务人员到内蒙古自治区开展为期6～12个月的支医活动。5月10日、6月19日，首都医科大学附属北京潞河医院、北京中医药大学东直门医院通州院区、区卫生健康监督所、区疾控中心、区妇幼保健院、区中西医结合医院及12家社区卫生服务中心分2批次接收来自内蒙古通辽市奈曼旗、内蒙古赤峰市翁牛特旗59名跟岗培训医师，开展1个月培训。6月、10月，首都医科大学附属北京潞河医院先后派出1名护士长、1名医政管理者、1名骨干护士到拉萨市城关区八廓社区卫生服务中心指导工作。全年14家医疗卫生机构累计捐赠设备71台，总价值999.82万元；区疾病预防控制中心开展支援武当山特区疾控中心工作，支援病原微生物学、水质快速监测等20种检验设备，总金额约30万元。

（田　震）

【受援帮扶】 2023年，按照市卫健委工作安排，通州区作为受援区，由回龙观医院支援通州区精神病医院；北京友谊医院通州院区支援通州区4家社区卫生服务中心；北京朝阳医院支援通州区8家医疗机构；北京博爱医院支援通州区中西医结合医院；应急总医院、华信医院、回民医院分别支援1家社区卫生服务中心。

（常晓晓）

医疗卫生资源

【概　况】 2023年，通州区实有床位总数6231张，其中综合医院、中西医结合医院等医院5609张；基层医疗卫生机构421张；专业公共卫生机构201张；每千人床位数3.38张。全区各医疗卫生单位建筑总面积111.15万平方米，其中业务用房面积96.55万平方米。全系统有百万元以上医疗设备1030台（套）。

（李　珺　孟维静）

【人才引进】 2023年，区卫健委通过公开招聘（143人）、高级人才引进、博士后出站、外区调入（19人）等方式，共引进162人，其中硕士研究生学历共99人、博士研究生共24人。

（乔园园）

【基础设施建设】 2023年，区卫健委全力协调配合市级项目有序推进，友谊医院通州院区二期投入使用，安贞医院通州院区室内装饰装修、机电安装等工作有序开展，首儿所通州院区完成土护降施工，胸科医院危房改建主体结构封顶，市疾控中心建设工程进行主体结构施工。在区级层面，全力推进北京城市副中心公共卫生体系服务能力提升项目和基层医疗卫生服务能力提升三年行动计划项目实施。投资1.09亿元用于基础设施建设，升级改造二级以上医院4家、一级卫生院5家、社区卫生服务站30家。

（陈柏彤　许　超）

【信息化项目建设】 2023年，区卫健委建设智慧城市——智慧医疗服务信息化提升项目。包括北京城市副中心智慧影像云平台、智慧村医一期项目建设，公共卫生应急管理体系综合信息化应用项目建设，潞河医院信用+医疗试点建设，潞河医院、妇幼保健院互联网诊疗系统建设。持续推进潞河医院、妇幼保健院114预约挂号平台直连、医保移动支付、检验检查报告上传、医疗影像上传4项工作。

（金　瑜）

【首家中西医肿瘤微创医学中心落户】 1月8日，国内第一家中西医肿瘤微创医学中心“北京市中西医肿瘤微创医学中心”建设发展研讨会暨中心揭

▲12月22日，友谊医院通州院区二期开诊　（区融媒体中心提供）

牌仪式在北京中医药大学东直门医院通州院区举行。该中心由北京市中医管理局批准设立，北京中医药大学东直门医院作为建设单位负责中心运营和管理，东直门医院通州院区肿瘤科作为日常工作的承办单位。中心聘请国内肿瘤微创领域专家郑加生教授为中心主任。中心为肿瘤患者搭建“双微理论”平台，为肝癌、肺癌、肾癌、乳腺癌、甲状腺癌、前列腺癌、骨与软组织等良恶性肿瘤精准微创治疗提供新思路。

（张　艳）

医政药政管理

【概　况】2023年，通州区积极开展药学质控相关工作。指导潞河医院就心血管、内分泌、肾脏病、高血压、抗菌药为主题，组织召开12期2023基层“慢病管理与合理用药”专题培训。推动处方前置审核系统在22家社区卫生服务中心上线，采用ICD10诊断标准，不断提升基层机构处方规范性。持续规范抗菌药物信息化管理。

（窦宏博）

【区域医联体建设】2023年，通州区片区医联体有4家核心医院，其中，友谊医院通州院区有成员单位5家，潞河医院有成员单位6家，东直门医院通州院区有成员单位6家，北大人民医院通州院区有成员单位5家。有3个紧密医联体：北京潞河医院—郎府卫生院、通州区老年病医院；友谊医院通州院区—徐辛庄社区卫生服务中心；北京大学人民医院通州院区—牛堡屯社区卫生服务中心。专科医联体均不同程度扩展成员单位：北京胸科医院带动肺癌专病医联体与18家社区中心协作联动，潞河医院内分泌科带动Mmc1+x慢病医联体与21家社区中心协作联动，区妇幼保健院带动儿科专病医联体与16家社区中心协作联动，中西医结合医院带动康复专病医联体与22家社区中心协作联动，潞河医院影像科带动影像专病医联体与17家社区中心协作联动，新华医院带动口腔专病医联体与17家社区中心协作联动，通州精神病医院带动精神专病医联体与22家社区中心协作联动，潞河医院消化科带动消化专病医联体与18家社区中心协作联动。

（常晓晓）

【公共卫生应急管理】2023年，通州区急救站点呼叫满足率稳定在99%以上，同比提升1.29%，平均反应时间12.26分钟，同比缩短6.34分钟。加强院前急救人员队伍建设，印发《通州区定期选派二三级医院医师参与院前急救工作实施方案》，组建81支救援队伍，确保应急状态下“派得出，到得快”。着力推进社会急救能力建设，提升公众急救能力，在公园景区、养老院等重点公共场所安装配备AED500余台。

（安　爽）

【血液管理】2023年，通州区区属医院用血总量2.69万单位，其中红细胞类血液1.32万单位、血浆1.02万单位、血小板0.34万单位。区内采血点4个，街头采血点3个。全年采血量11.66万单位，包括机采血小板2.57万单位，全血9.1万单位。向临床供血20.36万单位，其中红细胞类血液9.02万单位、血浆8.77万单位、血小板2.57万单位。

（常晓晓）

【药政管理】2023年，区卫健委完成抗菌药物和麻精药品处方权及调配权考核工作。印发《北京市通州区医疗机构抗菌药物培训考核工作实施方案》《北京市通州区医疗机构麻醉药品和第一类精神药品培训考核工作实施方案》，完成一级及以下医疗机构抗菌药物和麻醉药品、第一类精神药品的处方权及调剂权培训考核工作，完成抗菌药物静脉输注资质现场实操培训考核工作。提升医疗机构合理用药水平，上报2022年公立医疗卫生机构药品使用监测数据，完成全部二、三级公立医疗机构及政府办社区卫生服务中心机构信息更新、YPID编码比对和数据上报工作。持续规范抗菌药物信息化管理，药学质控平台使用范围扩大至82家医疗机构，做好每月抗菌药物数据上报工作，持续做好短缺药品上报和处置工作。

（窦宏博）

【北京城市副中心医产协同创新中心揭牌】6月25日，首都医科大学附属潞河医院“北京城市副中心医产协同创新中心”揭牌仪式在北京潞河医院举办。仪式上介绍了潞河医院科技创新转化工作情况，并为“北京城市副中心医产协同创新中心”揭牌。理实国际投资管理（北京）有限公司、甘李药业股份有限公司、北京市春立正达医疗器械股份有限公司、北京福元医药股份有限公司、北京诺思兰德生物技术股份有限公司、百洋医药集团有限公司6家首批战略合作企业和潞河医院签署框架合作协议。中心成

▲6月25日，北京城市副中心医产协同创新中心揭牌典礼暨战略合作集中签约仪式举办

（潞河医院提供）

立为成果的转移、转化，概念的验证、孵化，提供完整的科技成果转化链条。是首都医科大学附属北京潞河医院结合自身优势，积极联合医药健康企业，全力打造的以医产协同为特色的医药健康产业平台。

（徐　聪）

疾病预防控制

【概　况】2023年，通州区疾病预防控制工作以国家慢性病综合防控示范区和国家卫生区评审、健康县区创建等工作为抓手，持续推进健康促进和健康素养提升。持续做好传染病综合防控、重点人群健康和营养监测以及免疫预防服务工作，强化政府主导，多部门合作工作模式。开展基层服务指导，组建校园健康科普团队并打造科普基地，创办北京城市副中心营养与健康论坛，多方位提升公共卫生服务和应急处置综合能力。

（张宁宁）

【传染病防治】2023年，通州区甲类传染病发病数1人，无死亡。乙类传染病发病14229人、死亡3人。发病率前三位为流行性感冒、新冠感染、手足口病。肺结核病患病人数534人，其中新发病497人；艾滋病患病人数36人，其中新发病27人，死亡2人。人畜共患疾病（狂犬病、人禽流感、布病等）发病17人，无死亡。

（安　爽）

【流感疫苗接种】2023年，通州区接种流感疫苗18.26万剂次，同比增长19.8%。其中，学生接种8.69万剂次，60岁以上老人接种6.7万剂次，保障人群接种2693剂次，医务人员接种0.18万剂次，中小学教师接种0.15万剂次，其他人群接种2.27万剂次，自费接种2.53万剂次。

（安　爽）

【精神卫生】2023年，通州区有精神障碍患者5473人，报告患病率2.97‰，其中6类严重精神障碍患者5051人。年内，区卫健委随访精神障碍患者24189人次，其中入户访视11368人次、门诊访视5356人次、电话访视7465人次、危险度评估24189人次。在管患者规范管理率98.82%，在册规范管理率96.56%，在册规律服药率89.71%，精神分裂症在册规律服药率89.76%，在册患者面访率97.36%。办理监护人补贴4505人，已发放3338人。办理免费服药4393人，其中免药3615人、补助患者778人。

（安　爽）

【慢性病防治】2023年，通州区高血压患者健康管理人数12.68万人，达到市级10万人目标任务，其中规范管理人数10.35万人，规范管理率81.6%，达到市级76%目标任务；2型糖尿病患者健康管理人数5.87万人，达到市级4.15万人目标任务，其中规范管理4.88万人，规范管理率83.1%，达到市级76%目标任务。全年全区22所社区中心培养家庭保健员920人。

（孟维静）

【区首支校园健康科普团队成立】10月，通州区疾病预防控制中心成立校园健康科普团队，成员为潞河医院、区妇幼保健院等医疗卫生机构的32名医务人员。年内开展健康科普活动36场，到区内20余所幼儿园、中小学校、职业学校科普常见传染病、肥胖、近视、心理、控烟、碘缺乏病等知识，发放健康教育宣传册/折页、书籍等3000余份，受众9000余人。

（安　爽）

基层卫生

【概　况】2023年，区卫健委制定《2023年通州区基层医疗卫生服务能力提升工作计划实施方案》，印发《通州区深入推进双向转诊促进分级诊疗制度落地实施方案》《北京市通州区深化医药卫生体制改革近期重点工作任务》《通州区加快提升农村地区医疗卫生服务能力工作实施方案》《北京市通州区新建街道社区卫生服务中心建设三年行动方案（2023—2025年）》，完成永顺地区、新华街道、梨园地区社区卫生服务站统筹规划，"一体化"管理进程进一步加快。截至年底，全区有社区卫生服务中心23家，社区卫生服务站67家，其中社会经办12家、政府经办55家。

（孟维静）

【社区卫生】2023年，通州区社区卫生中心（站）全部完成标准化建设，社区卫生机构上门服务2574人次。家庭医生签约常住人口76.13万人，签约率41.3%。其中，重点人群签约31.34万人，签约率97.2%。家庭医生为行动不便居民提供上门服务4114人次。全区22所社区卫生服务中心上转患者13.14万人次，二、三级医疗机构下转患者1.66万人次。全年建立居民电子健康档案147.57万份，建档率80.07%（常住人口底数184.3万人）。其中，居民规范化电子健康档案覆盖人数130.54万人，覆盖率70.82%。动态使用健康档案94.47万份，使用率64.01%。

（赵　莹　常晓晓　孟维静）

【农村卫生】2023年，通州区有注册村卫生室335家，均为村办机构；通州区在岗乡村医生471人，乡村医生定向生14人，各社区卫生服务中心公开招募村卫生室派驻人员57人。36家村卫生室取得抗菌药物静脉输注资质。全年诊疗19.79万人次。

（赵　莹）

中医中药工作

【概　况】2023年，通州区建立健全以东直门医院为龙头的中医服务重点专科辐射网络，重点打造基层社区卫生服务中心"一院一品"特色专科项目，实现区域社区卫生服务中心医联体全覆盖。在东直门医院、区中西医结合医院（区级中医医院）开展"两专科一中心"建设，并形成2个以上中医特色优势专科和1个区域中医药适宜技术推广中心。截至年底，全区有中医执业（助理）医师961人，占执业（助理）医师总数的18.84%。

（李　珺　孟维静）

【专病专治】 2023年，通州区注重中医适宜技术推广应用，充分发挥中医特色诊疗在基层卫生健康服务中的作用。东直门医院制定微针强通法《腰椎间盘突出症中医诊疗方案》《颈椎病中医诊疗方案》诊疗推广方案，就诊人数及治愈率均有大幅提升。社区中医发挥家庭医生的健康管理作用，早期有效识别并管控疾病风险，及时顺畅上下转诊，建立以症状管理贯穿始终的中医药健康管理新模式，解决百姓居家常见症状引起的健康问题。东直门医院在中医医联体6个单位间开展眩晕专病指导工作，实现方案、路径、用药、康复等一整套完善的、操作性强、容易掌握、适宜推广、百姓体验好的专病治疗方案。

（高　昂）

【中医药人才队伍建设】 2023年，通州区申报3家北京中医药薪火传承“3+3”基层老中医传承工作室，1家北京中医药薪火传承“新3+3”（即打造集“名医、名师、名家”于一身的“三名”传承工作室，形成中医药继承“门人、传人、学人”的“三人”传承谱）工程名医传人工作站。启动首届通州区运河中医药人才培养计划，培养51名继承人。完成中医健康养老护理员、家医中医药服务能力提升、基层中医非药物疗法师资骨干、北京市中医馆骨干人才、“西学中”项目等各类培训400余人。

（陈立鹏）

【大运河中医药文化节】 10月14日，2023北京通州大运河中医药文化节在通州区“三庙一塔”广场举办。活动以“续运河医药文化、联贯南北岐黄精华”为主题，分为岐黄文化蓬勃发展、科技教育传承创新、先锋榜样树立标杆、协同发展谱写新篇、健康惠民保驾护航5个板块。其间，北京市中医可视化联创中心落地北京中医药大学东直门医院，北京市中医管理局牵头成立首批运河中医药交流促进专家咨询委员会。

（陈立鹏）

【京津冀中医药高质量发展圆桌论坛】 10月14日，京津冀中医药高质量发展圆桌论坛举办。论坛涉及中医临床学科建设与交流，主题包括中医脑病的传承与创新、中西医结合临床学科的特色与优势、中医肾病学科的理论创新与实践，并进行京津冀一体化专题研讨。河北省廊坊市大厂回族自治县中医医院、香河县中医医院、三河市中医医院，天津市武清区中医医院参加论坛。东直门医院与区域内26家医疗机构、区域外津冀地区4家医疗机构签订中医医联体合作协议。东直门医院通州院区以“1+5+N”（即1家核心三级甲等医院，5家片区医联体单位，22家基层社区卫生服务中心及4家京津冀中医医联体成员单位和3家民营中医医院）确立区域内东直门医院中医医联体规模，以5个“先行”（管理、技术、导师、培训、文化）建立北京城市副中心中医医联体“东直门模式”，以督导管理、精准会诊、人才培养、专病门诊、家医联动“五大模块”积极推进京津冀及区域内医联体各项工作有序开展。

（高　昂　王梓舟）

▲10月14日，2023北京通州大运河中医药文化节举办

（融媒体中心提供）

老年健康

【概　况】 2023年，通州区加快发展老龄健康服务能力，制定《北京市通州区老龄工作委员会2023年工作要点》，开展人口老龄化国情、市情、区情主题教育，进行老年友好型社区建设工作，开展智慧助老行动，夯实老年健康服务体系。持续推进老年友善医疗机构和老年健康规范化社区建设，开展百岁老年人健康服务行动、老年口腔健康项目、心理关爱和失能失智老年人管理项目。全区常住人口及户籍人口中有65周岁及以上老年人口21.9万人，占11.9%。65岁及以上接受健康管理老年人12.38万人，管理率56.51%。

（李　珺　杨　晨）

【老年健康服务机构】 2023年，通州区有各级医疗机构创建老年友善医疗机构28家，22家社区卫生服务中心全部完成老年友善医疗机构建设。全区已备案且正常运营养老机构27家，均与属地社区卫生服务中心签订医养结合合作协议，为在院服务对象提供建立健康档案、医疗巡诊、转诊等服务，养老机构100%实现医养结合。徐辛庄社区卫生服务中心和牛堡屯社区卫生服务中心参与北京市老年护理中心转型创建工作，相关设施已投入使用。首都医科大学附属北京潞河医院郎府院区被确定为区安宁疗护中心。

（王梓舟）

【老龄宣传】 2023年，“通州老龄”

微信公众号发布信息32期、103条，内容涵盖疫苗接种、老年常见病和慢性病防治、老年人防跌倒、老年人健康管理等老龄健康知识。区卫健委依托老年健康宣传周、敬老月开展系列健康主题宣传活动；与区委老干部局、区老年协会联合举办以“积极老龄观，健康老龄化”为主题的庆祝2023年“敬老节”暨阳光老人事迹宣讲大会。

（杨　晨）

妇幼保健

【概　况】2023年，通州区严格按照北京市保障孕产妇安全筑基工作要求，加强助产机构产科质量管理，协调转会诊，开展质控督导、飞行检查，保障母婴安康。持续开展“婚前医学检查、孕前优生健康检查、婚姻登记、优生咨询指导”一站式服务。婚检实现24小时内向受检群众分类推送检验结果，婚前医学检查率、孕前优生健康检查率位于北京市前列。成功申报“两癌”筛查试点，成为北京市首批在校适龄女生人乳头瘤病毒（HPV）疫苗接种工作试点区，首针接种率60%。

（鲍　筝　安　爽）

【婚检孕检】2023年，通州区初婚婚检率108.57%，位于北京市前列。孕前优生健康检查率177.69%，达到北京市指标要求。婚检实现24小时内向受检群众分类推送检验结果。

（安　爽）

【儿童免疫】2023年，通州区儿童免疫规划疫苗接种率保持在95%以上，全区疫苗可预防疾病发病率大幅下降，保持连续39年无脊髓灰质炎野病毒病例、连续28年无白喉病例、连续21年无新生儿破伤风病例，其他疫苗可预防疾病处于平稳可控状态。

（安　爽）

【托育服务】2023年，通州区新增4家“北京市托育服务示范单位”。各类托育服务机构增至64家，提供托位数3410个，千人口托位数1.85个，完成2023年度托位任务目标。首批参与普惠托育服务试点机构6家，提供托位数418个，发放租金补助13万余元。

（王梓舟）

【“两癌”筛查】2023年，通州区“两癌”筛查及长效体检完成宫颈癌筛查21692人，乳腺癌筛查22425人。转诊阴道镜检查505人，转诊乳腺X线4659人。宫颈癌及癌前病变共检出79例，其中微小浸润癌1例、宫颈浸润癌1例。乳腺癌及癌前病变共检出26例，其中乳腺癌20例，获得TNM分期18例，早期癌18例。

（侯海鸥）

【妇女病普查】2023年，通州区妇女常见病普查76416人，其中包括“两癌”筛查19668人，长效体检2757人，妇女病筛查38682人，女职工体检15309人，妇女常见病筛查率为88.05%。

（侯海鸥）

【全区妇幼保健涉及指标情况】2023年，通州区孕产妇建档10509人（常住），死亡1人（常住），死亡率9.39/10万（常住）；活产剖宫产率48.57%，活产数10650人（常住）。新生儿死亡6人（常住）、死亡率0.56‰，婴儿死亡6人（常住）、死亡率0.56‰，5岁以下儿童死亡11人（常住）、死亡率1.03‰。围产期出生缺陷发生率34.43‰（常住），主要出生缺陷病种有先天性心脏病、多并指（趾）、肾积水、外耳畸形、隐睾。

（安　爽）

卫生监督

【概　况】2023年，通州区对全区5612家管理相对人开展各类监督执法12819户次，行政处罚505起，罚没款303.92万元，完成食品企业标准备案45件。完成1993户次国家卫生区复审指标检查，办结督办件54件，通过市级专家明查。稽查各类案卷835份，入选市级卫生监督执法优秀案例2例。

（怀凤芝）

【公共卫生监督】2023年，通州区取得卫生许可公共场所2415户，完成量化分级2220户，量化分级比例91.92%。完成监督执法2370户，监督覆盖率98.13%；完成监督执法4986户次，合格4583户次，合格率91.91%。执行行政处罚403起，处罚金额5.9万元。

（怀凤芝）

【生活饮用水卫生监督】2023年，通州区取得卫生许可供水单位730户，完成监督执法701户，监督覆盖率96.02%；完成监督执法992户次，合格975户次，合格率98.28%。执行行政处罚17起，处罚金额0.3万元。

（怀凤芝）

【学校卫生监督】2023年，区卫生健康监督所监管学校卫生单位162户，完成监督执法162户，监督覆盖率100%；完成监督执法258户次，合格254户次，合格率98.44%。执行行政处罚4起，无罚款。

（怀凤芝）

【托育机构监督】2023年，通州区备案托育机构9户，未备案机构15户，完成监督执法12户，监督覆盖率50%，无处罚。

（怀凤芝）

【医疗机构监督】2023年，区卫生健康监督所监管有效期内医疗机构592户，完成监督426户，监督覆盖率71.96%；完成监督1998户次，合格1977户次，合格率98.94%。执行行政处罚21起，其中简易程序12起、一般程序9起，累计处罚金额13.1万元。

（怀凤芝）

【传染病监督】2023年，区卫生健康监督所监管传染病消毒单位640户，完成监督629户，监督覆盖率98.28%；完成监督2796户次，合格2769户次，合格率99.03%。执行行政处罚27起，其中简易程序22起、一般程序5起，累计处罚金额1万元。

（怀凤芝）

【职业卫生监督】2023年，区卫生健

康监督所监管存在职业病危害因素用人单位379户、技术服务机构2户，共计381户，完成监督244户，监督覆盖率64.04%；完成监督361户次，合格360户次，合格率99.72%。执行行政处罚1起，处罚金额5万元。

（怀凤芝）

【放射卫生监督】2023年，区卫生健康监督所监管放射卫生单位78户，完成监督64户，监督覆盖率82.05%；完成监督85户次，合格70户次，合格率82.35%。执行行政处罚15起，均为简易程序，累计处罚金额7701元。

（怀凤芝）

【血液监督】2023年，区卫生健康监督所监管血液管理单位7户，完成监督7户，监督覆盖率100%；完成监督7户次，合格7户次，合格率100%。

（怀凤芝）

【母婴保健监督】2023年，区卫生健康监督所监管母婴保健单位31户，完成监督27户，监督覆盖率87.1%；监督66户次，合格66户次，合格率100%。

（怀凤芝）

【联合执法监督】2023年，区卫生健康监督所与区公安分局治安支队、区市场监管局等部门联合执法12次。立案行政处罚无证行医37件，累计罚没金额278.01万元，没收药品13箱，没收器械91件。

（怀凤芝）

爱国卫生

【概　况】2023年，通州区实现北京市卫生乡镇全覆盖，西集镇年内通过北京市卫生乡镇验收。漷县镇、永顺镇、宋庄镇、马驹桥镇、于家务回族乡开展国家卫生乡镇创建工作，7月通过市级暗访，12月通过市级现场评估。

（魏全赞）

【环境卫生整治】2023年，通州区持续开展“周末大扫除”和“周末卫生日”活动。全年开展“周末大扫除”活动38次，参加活动17.85万人次，清运废弃物垃圾2.92万吨，清理卫生死角10.31万处，清除“四害”孳生地5.13万处；开展“周末卫生日”活动12次，参加活动4.06万人次，清运废弃物垃圾7236.44吨，清理卫生死角2.33万处，清除“四害”孳生地1.54万处。全年开展控烟知识、除“四害”、垃圾分类、健康知识等宣传5009场次，发放宣传品6.25万份。4月，开展爱国卫生月系列活动，清理卫生死角8623处，清理垃圾2651.43万吨，发放宣传材料6016份。

（魏全赞）

【病媒生物防制】2023年，区卫健委公开招标8家专业消杀公司，在国家卫生区范围内主要水体及周边绿地、公共区域、重点场所及部分办公区域进行消杀，强化各类公共场所的病媒生物防制工作，同时招标第三方监测公司对消杀工作每月进行一次监测。购买20万元除“四害”药械发放到各属地，在全区范围组织开展2轮统一灭鼠、1轮统一灭蟑和4轮统一灭蚊蝇活动。全面清理病媒生物孳生地。累计投放鼠药5201千克，使用灭蚊蝇药品4391.2千克，布放灭鼠毒饵站2.27万个，发放除“四害”宣传海报5000余张，组织专业人员在社区开展除“四害”培训28次。

（魏全赞）

【控烟工作】2023年，通州区各属地、市场监管、烟草专卖等执法部门加强控烟执法检查，全年出动执法人员6113人次，检查1.39万户次，罚款1.38万元。开展以“无烟——为成长护航”为主题的第36个世界无烟日控烟宣传活动和冬季控烟宣传活动。临河里街道华业玫瑰步行街获评全市首批达标控烟示范街区。

（魏全赞）

【健康影响评价评估】2023年，通州区全面推进健康影响评价制度试点建设。根据北京市爱卫会相关文件要求，在全区范围内开展健康影响评价专家遴选工作，向各行业主管部门印发《关于开展通州区健康影响评价专家遴选的工作通知》，遴选出12位行业专家，扩大区级专家组。组织5位相关行业专家，按照提交登记、组建专家组、筛选、分析评估、出具评价报告、评价结果备案、评价结果使用、监测评估8个步骤对《梨园美术馆建设项目》进行健康影响评价评估。

（魏全赞）

【健康教育及科普】2023年，通州区开展“第四批北京健康科普专家遴选”工作，全区29家医疗机构参与遴选，筛选出5位专家成为市级健康科普专家，进一步充实市级健康科普专家资源。组织全区居民参与“健康提素”“健康北京周”等主题活动，普及健康生活常识，倡导健康生活方式，受众人数21万余人次。

（魏全赞）

【“传承爱卫新风，欢度健康佳节”周末卫生日活动】1月10日，区爱卫办开展以“传承爱卫新风，欢度健康佳节”为主题的周末卫生日专项行动。各属地、单位积极组织辖区居（村）民、单位职工、新时代文明实践志愿者在各个社区（村）、单位开展卫生大扫除、卫生健康宣传等活动，以小区卫生死角为重点，清扫小区楼宇街边落叶、垃圾，捡拾烟蒂；清理个人及楼道堆物；在灭鼠、灭蟑重点区域投放鼠药和蟑螂药；对垃圾桶旁边、墙角边、杂物堆旁进行药物消杀；对宣传栏、垃圾桶进行擦拭。全区共有499个社区、村、单位，6141人参加活动，清理卫生死角3422处，清理垃圾1300.52吨，发放各类宣传品2394份。

（魏全赞）

家庭发展

【生育服务】2023年，通州区独生子女低保家庭补助标准200元/人，共发放补助资金11.49万元。发放独生子女父母三项奖励587.66万元。全年一孩生育登记7817例，二孩生育登记3304例，三孩生育登记278例。

（王梓轩）

【优生促进工程】2023年，利用“5·29”世界肠道健康日、“7·11”世界人口日等契机，组织开展优生优育健康咨询暨义诊活动，通过设立咨询台、免费义诊、发放宣传资料等，为辖区居民免费提供生育咨询、健康宣讲、免费检查等服务，大力宣传国家三孩生育政策、奖励扶助、生育服务等各项政策，鼓励引导广大群众适龄婚育、优生优育。通过问卷调查和访谈了解通州区托育服务供给体系现状，形成《有效构建“副中心”0～3岁婴幼儿照护服务体系的政策思考》调研报告，建立托育服务供给体系理论框架，构建托育服务供给体系模型。

（王梓轩）

【计生技术服务】2023年，通州区以“畅通渠道、保障供应、方便群众、提高效益”为原则，积极拓展免费计划生育药具发放渠道，设置24小时自助发放网点808个，做到在“自主、自助、有助”前提下的“全天候、多功能、开放式”。加强人员培训，提升药具发放服务质量，保障药具质量安全，提高群众对计划生育药具的易得性和满意率。

（王梓轩）

▲6月9日，潞河医院签约Med-Inn医学驿站北京城市副中心总部项目

（潞河医院提供）

医疗机构选介

首都医科大学附属北京潞河医院

【概　况】2023年，首都医科大学附属北京潞河医院（简称潞河医院）严格按照等级评审和高质量发展要求，推进各项工作落实。在上级各部门的支持下，北京城市副中心医产协同创新中心落户潞河医院，与首都医科大学签订Med-Inn医学驿站北京城市副中心总部项目，医院电子医疗票据正式上线。通过国家胸痛中心复审，成为国家标准化心力衰竭中心、中国罕见病联盟血友病治疗中心、国家卫健委疼痛综合管理试点医院、中国额颞叶痴呆及相关疾病联盟单位、国家癌症中心第一批肝癌规范化诊疗质量控制筹建单位、北京市公安局监所管理总队医疗协作基地。2022年国家三级公立医院绩效考核等级为A级。

（赵　娜）

【医疗成果】2023年，潞河医院注重医师能力提升，全年完成“三基三严”（即基本理论、基本知识、基本技能，即严格要求、严谨态度、严肃作风）和18项核心制度培训以及考核8场、VTE防控培训16场。10个临床科室开展的19项新技术、新业务通过评审。内分泌中心各专业组以中心治疗模式为患者终生管理打下坚实基础，基因检测实现疾病的精准治疗；血管外科推进静脉曲张的日间手术诊疗，完成40例高难度瓣膜修复手术。神经内科卒中中心急诊血管内治疗位列北京市第1位；神经外科开展有创神经调控技术（SCS）治疗慢性意识障碍、神经内镜技术、PEEK颅骨修补，填补京东医疗区新材料学颅骨修补上的空白。骨中心重症监护病房投入使用，实施首例机器人辅助全膝关节置换术。普外科四级手术数量及质量持续提升，减重代谢手术量由上年的31例增加至78例，获批北京市首批“减重与代谢外科专业质量控制合格单位”；心脏中心心内科主

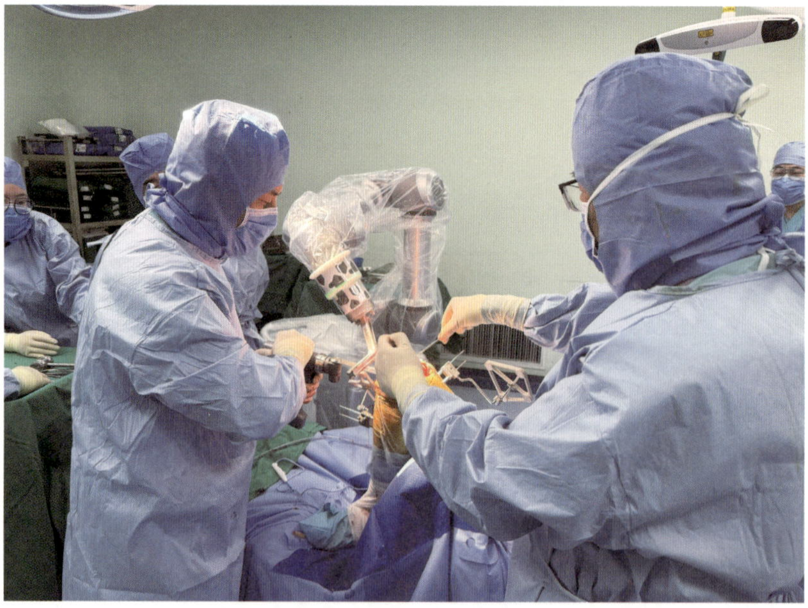

▲12月16日，潞河医院成功实施首例机器人辅助全膝关节置换术

（潞河医院提供）

诊医师负责制全面落实，大力开展新技术，包括冠脉准分子激光技术、冠脉振波球囊技术、局麻下经股动脉单纯主动脉瓣反流 TAVR 术、完全生物可吸收卵圆孔未闭封堵术等，均属北京城市副中心零的突破，其中冠脉准分子激光手术数量达全国领先。肿瘤中心开展多模态影像导航精准介入手术，成为国家癌症中心第一批肝癌规范化诊疗质量控制筹建单位，在规范诊疗的基础上“以病人为中心”开展个体化综合治疗，成为北京市肿瘤质控中心成员单位。放疗科可开展 CT 引导下肺肿瘤穿刺活检术。中医中心成立中医呼吸道康复门诊，并开展多项中医美容特色技术，介入疼痛科持续强化银质针导热软组织松解术、影像引导下经皮穿刺神经疼痛射频或热凝术等优势项目。

（赵　娜）

【医疗卫生】 2023 年，潞河医院全年出院 6.74 万人次，床位周转 51.26 人次，床位使用率 85.99%，平均住院日 6.14 天。住院手术 4.8 万例，其中三级手术占 47.94%、四级手术占 24.54%、剖宫产率 56.1%、围产儿死亡 4 人。开展临床路径的科室 21 个、病种 45 个，全年临床用血总量 1.69 万单位，自体输血 509 人次 1508.55 单位。

（赵　娜）

【医保费用】 2023 年，潞河医院本地医保门诊 188.03 万人次、次均费用 438.95 元，医保出院 4.5 万人次、次均费用 1.81 万元；异地医保出院 1.4 万人次、次均费用 2.3 万元。

（赵　娜）

【护理工作建设】 2023 年，潞河医院注册护士 1256 人。护理人员中具有大专及以上学历者占 98%，本科及以上 51%，有专科护士 194 人。与通州区 22 家社区卫生服务中心成立“潞河护理联盟”。举办护理相关国家级继续教育项目 2 项、市级继续教育项目 13 项、区级继续教育项目 49 项，为中德伤口治疗师（北京）培训学校临床教学基地。促进护理科研发展，全年获批局级课题 1 项、校级课题 9 项、区级课题 1 项、院级课题 11 项；发表护理类论文 10 篇，主编、参编护理教材 2 部；申请护理专利 84 项，转化专利 57 项。

（赵　娜）

【医学教育】 2023 年，潞河医院完成 3 个专业、6 个班级本科生的全日制教学任务，获得首都医科大学学生临床技能大赛团体一等奖。健全研究生教育培养体系，内分泌代谢与免疫性疾病中心获批院内首个博士研究生培养点。截至年底，有 17 个硕士研究生培养点，5 名博士生导师、33 名硕士生导师。获批北京市“十四五”规划课题、首医校级教改课题、北京市住培提升项目等各类教学课题 51 项。全年举办国家级继续教育项目 6 项、市级继续教育项目 33 项、区级继续教育项目 93 项。组织开展美国心脏协会（AHA）培训、全科转岗及社区研修人员培训等，共培训 1.81 万人次。

（赵　娜）

【科研成果】 2023 年，潞河医院立项科研项目 120 项，总在研课题 282 项，全院发表 SCI 论文 81 篇、中文核心期刊论文 66 篇。作为第一完成单位，获批首都医科大学科学技术奖自然科学奖三等奖 1 项。医院获授权专利 153 件，实施专利权转让 79 件，专利权许可 8 件，获第一类医疗器械备案 1 件。

（赵　娜）

【临床试验】 2023 年，潞河医院药物临床试验资质专业达到 20 个，医疗器械临床试验资质专业 35 个，特医食品临床试验资质专业 1 个。全年受理临床试验 81 项，启动 74 项，结题 48 项。

（赵　娜）

【信息化建设】 2023 年，潞河医院着力打造智慧医疗、智慧管理、智慧服务、智慧科研模式下的潞河智慧信息系统建设，借助智慧化建设，实现医院各项工作高效运行。互联网诊疗平台上线运行，智能诊前助手让诊疗更加便捷。自助预约系统、门诊医生工作站预约系统、移动端预约系统集成，统一预约模式实现。住院电子病历系统全院上线使用；门诊医生工作站持续升级优化，通过电子病历系统功能水平分级四级评审。完成与区域卫生信息平台数据对接和全量数据上传，为实现全区医疗数据互联互通做好铺垫。

（赵　娜）

通州区妇幼保健院

【概　况】 2023 年，通州区 0 ~ 6 岁儿童保健管理 10.2 万人，新生儿访视 2.34 万人次，儿童入托体检 1.95 万人次。有托幼机构 209 所，在园儿童 5.2 万人。孕产妇建册 9946 人，孕产妇访视 2.04 万人次，高危孕产妇追访 6.57 万人次，重点高危追访 412 人次（包括区级追访），严重高危入户访视 13 人次，新生儿死亡率 0.62‰、婴儿死亡率 0.62‰、5 岁以下儿童死亡率 1.11‰。3 岁以下儿童系统服务率 97.82%，7 岁以下儿童健康服务率 99.43%，0 ~ 6 岁儿童眼保健和视力检查覆盖率 99.65%，0 ~ 6 岁儿童残疾筛查率为 99.43%。0 ~ 6 月龄纯母乳喂养率为 74.54%，5 岁以下儿童贫血患病率 1.42%，5 岁以下儿童生长迟缓率 0.23%，均达到“十四五”规划指标。5 岁以下儿童超重率 11.01%，5 岁以下儿童肥胖率 3.24%，儿童肥胖率上升趋势得到有效控制。孕产妇系统服务率为 99.55%，达到指标要求。通州区妇幼保健院（简称区妇幼保健院）获评首批国家婚前保健特色专科建设单位。在全国妇幼绩效考核中列全国第 51 名，北京市第 2 名，A+ 等级。

（许雪莲）

【医疗卫生】 2023 年，区妇幼保健院门诊接诊 94.1 万人次，预约挂号占门诊总人次 99%。开放床位 201 张，出院 1.63 万人次，床位周转 80.94 次，床位使用率 85.22%，平均住院 3.77 日。住院手术 9895 例。住院分娩量 5697 例，剖宫产率为 45.36%，产后出血率 0.87%，无孕产妇死亡，无早期新生儿死亡，围产儿死亡率 0.28‰。实施临床路径管理，自然临产阴道分娩、计划性剖宫产、乳腺癌、子宫肌瘤、支气管肺炎、腹股沟斜疝等

11309例。

（许雪莲）

【医保管理】 2023年，区妇幼保健院医保患者出院13487人次（含生育险），住院次均费用6352元；门诊实时结算61.1万人次，次均费用345元。全年申请医保基金1.05亿元（含生育险）。

（许雪莲）

【护理保健】 2023年，区妇幼保健院有护理人员339人，其中本科204人。医护比1∶1.09，床护比0.66∶1，新生儿重症床位10张，护理单元19个。护理不良事件上报率100%，整改率100%。护理技术操作考核451人次，合格率96%；护理理论考核504人次，合格率90%。组织业务培训35场，1896人次参加。选派2名护士参加儿科专科护士资格认证培训、1名护士参加新生儿专科护士资格认证培训、1名护士参加产科专科护士资格认证培训、1名护士参加助产专科护士资格认证培训、1名护士参加手术室专科护士资格认证培训、1名护士参加肿瘤专科护士资格认证培训。

（许雪莲）

【科研成果】 2023年，区妇幼保健院发表《北京市通州区产妇泌乳启动延迟发生情况及相关影响因素研究》《孕期运动门诊背景下孕中晚期孕妇的运动感预计效果研究》《硬膜外间隙应用地塞米松对炎症因子及产时发热的影响》等核心期刊论文49篇、SCI论文2篇。2项市级科研项目“通州区儿童青少年心理健康状态调查及预防与康复体系建设”“哺乳期急性乳腺炎与乳汁菌群及肠道菌群的相关性研究”立项，“妊娠糖尿病风险预测评分表建立和应用”“北京市通州区婴幼儿照护服务现状及医教结合新模式的探究”等11项区级科研项目立项，资助金额62万元，匹配经费31万元。1项市级课题“脂肪因子 Chemerin 在孕妇血清及脐带血的表达水平与妊娠糖尿病及新生儿出生体重的相关性研究”结题，“不同针刺方法对产后尿失禁患者盆底肌力的影响”等13项区级课题结题。与北京大学第三医院、首都医科大学附属北京妇产医院、北京市通州区疾病预防控制中心等著名三甲医院合作高层次公共卫生技术人才建设项目培养计划、首都卫生发展科研专项等7项课题，获经费12.35万元。

（许雪莲）

▲9月14日，区妇幼保健院与北京卫生职业学院签订战略合作框架协议

（区妇幼保健院提供）

【医务人员队伍建设】 2023年，区妇幼保健院医务人员外出进修42人，截至年底在外规培5人；参加学历教育32人，其中博士5人、硕士10人；接受外院进修39人，包括基层研修7人；接受外院实习、见习4人。9月14日，与北京卫生职业学院签订战略合作框架协议，成为北京卫生职业学院教学基地。

（许雪莲）

【学术交流】 2023年，医务人员外出参加各级各类学术交流221人次，学术委员会任职114人次。举办继教培训106场，其中市级学术会6场。举办降低阴道分娩并发症专题产科学术会、京东地区儿童生长发育相关问题研讨会、第三届京东地区儿童保健及儿童心理行为论坛、第二届京东地区妇幼心身健康研讨会、2023年临床触诊阴性乳腺病变诊疗专题京东地区乳腺病学术研讨会、2023年“中医＋妇幼”之中医药在妇女全生命周期的健康服务学习班等学术交流会。

（许雪莲）

【信息化建设】 2023年，区妇幼保健院进行医保移动扩面、检验检查共享、114挂号“五统一”（放号时间统一、放号周期统一、科室设置统一、放号量统一、支持放当日号源统一）直连工作，以“京通”小程序作为医保便民服务移动端主要入口，为参保人员提供预约挂号、医保移动支付、业务办理、信息查询等便民服务。儿科就诊高峰期上线候诊查号小程序，精准提示患者候诊情况；儿科上线智能输液叫号系统，解决患者输液高峰人员密集问题，智能提示准确输液时间。加快互联网医院建设，以互联网为载体、以患者为中心，重构医院信息化，优化就诊流程，提升患者就医体验。

（许雪莲）

体 育

综 述

【体育场地建设】 2023年，通州区体育局（简称区体育局）加强群众身边体育场地建设，根据各属地需求，在全区范围内建设篮球场10处、足球场10处，购置室内台球桌30张和乒乓桌40张、全民健身工程器材80套、零散健身器材300件等一批室内外健身场地设施。争取国家体育总局、市体育局相关建设项目政策补贴，提升改造刘庄体育公园、张家湾体育公园、宋庄体育公园和台湖全民健身中心，每处公园内均配建有健身场地，打造全民健身场地集合体。

（冯晶晶）

【体育场地普查】 2023年，区体育局开展体育场地普查工作，充分梳理各类体育场地面积及比例，为科学配建体育场地提供依据。全区有体育场地3111个，体育场地总面积470.21万平方米，人均体育场地面积2.55平方米（按全区常住人口184.5万人计算）。

（冯晶晶）

【体育协会管理】 2023年，区体育局对游泳、田径、棋牌、排球等协会有关章程、资金、人员资格、场所设备等内容进行审查并批复准予成立；完成围棋协会、赛艇协会注册。截至年底，全区有一级一类单项体育协会30家、民办非企业单位9家、二级体育社团12家。

（冯晶晶）

【京津冀体育协同发展】 2023年，通州区推动京津冀区域体育事业协同发展，举办7场各类赛事活动。包括第四届“通武廊”足球邀请赛，参与人数200余人；2023鑫日通达杯北京城市副中心乒乓球邀请赛，参与人数25人；2023北京城市副中心毽球公开赛暨京津冀邀请赛，150余名运动员参加；2023京津冀武术邀请赛暨通州区第十二届武术比赛，近200人参加；2023年北京城市副中心·通州第四届篮球联赛暨北三县篮球邀请赛，400余人参加；2023年京津冀风筝邀请赛暨通州区第十二届风筝比赛，18支代表队180余人参加；2023年京津冀健身操舞交流展示比赛暨通州区第十届健身操舞大赛，400余人参加。

（冯晶晶）

“通通来运动”品牌建设

【概　况】 2023年，通州区通过加强组织部署、建设运营微信公众号、设计品牌LOGO、加强宣传等多项措施打造“通通来运动”品牌，让“体育+”成为产业融合新引擎，让北京城市副中心动起来、活起来、人气旺起来。

（冯晶晶）

▲10月12日，2023年全民健身场地项目——西集镇曹刘村足球场

（区体育局提供）

【微信公众号运行】 2023年，区委宣传部、区融媒体中心、区体育局联手打造北京城市副中心体育运动官方微信公众号“通通来运动”。公众号于8月上线试运行，9月正式上线发布。截至年底，设赛事通晓、场馆通览、打卡通关3个板块，发布赛事咨询、竞技文化、赛事报名、专业场馆、运动处方等内容，关注人数8500余人。

（冯晶晶）

【赛事活动新闻通气会】 7月13日，“通通来运动”北京城市副中心体育赛事活动新闻通气会在区融媒体中心新闻发布厅举行。会上介绍了2023年下半年举办的涵盖滨河亲水、绿色生态、体商文旅融合精品体育赛事三大类别20余项体育赛事活动。其中，有以“运河+体育”为主题举办的北京通州运河半程马拉松、北京城市副中心运河赛艇大师赛、“大运河之夜”北京城市副中心夜跑活动、北京城市副中心飞盘公开赛、“寻找美丽中华”全国旅游城市定向系列赛等品牌赛事活动；有通州区承办的第二届北京桨板公开赛、第二届北京飞盘公开赛、第六届高校1+1半程马拉松接力赛、首都儿童运动嘉年华暨通州城市绿心森林公园亲子缤纷跑活动、极驰青少儿跑酷竞速公开赛等市级赛事活动；以及结合重点节假日组织开展的通州运河青少年轮滑邀请赛、通州区运河徒步大会及京津冀武术、风筝和健身操舞等群众赛事活动。

（冯晶晶）

【品牌LOGO征集】 8—12月，区体育局面向社会公开征集体育品牌“通通来运动”LOGO，征集到具有原创性、时尚性和体育性，并带有北京城市副中心重要元素的设计作品86件，最终评选出最佳设计奖1名，优秀设计奖5名。

（冯晶晶）

【原创短视频大赛征集活动】 8—12月，区体育局、区委网信办、区融媒体中心联合举办2023年通州区体育运动原创短视频大赛征集活动。活动

▲ 7 月 13 日，“通通来运动”北京城市副中心体育赛事活动新闻通气会举行
（区融媒体中心提供）

面向短视频爱好者和运动达人，征集以北京城市副中心体育运动为主题的短视频作品，由活动组委会统一审核，符合参赛条件的作品在“通通来运动”官方抖音上进行公开展示，以在线播放量、点赞量、转发量等为参考，选取优秀作品进行网络投票，通过专家和媒体评委打分相结合的方式进行最终评选，活动征集到短视频作品 89 个，通过内容创意、表现形式、影响力等方面评比，最终评选出一等奖 1 名、二等奖 2 名、三等奖 3 名、优秀奖 5 名。

（冯晶晶）

【赛事直播宣传】 8 月 7 日、8 月 28 日、9 月 6 日、10 月 25 日，“通通来运动”品牌 4 场赛事活动——“大运河之夜”夜跑活动、首届飞盘公开赛、“寻找美丽中华”全国旅游城市定向系列赛、2023 北京通州运河半程马拉松活动，通过北京城市广播副中心之声广播电台——“运河之上”栏目开展直播宣传，分别吸引为 3 万、5.5 万、4.4 万、2.8 万名听众收听。

（冯晶晶）

▲ 5 月 14 日，北京自行车联赛（通州站）举办　（区体育局提供）

▲ 9 月 23 日，2023 年“寻找美丽中华”全国旅游城市定向系列赛——北京城市副中心站开幕
（区融媒体中心提供）

群众体育

【概　况】 2023 年，区体育局加强相关部门资源整合，充分调动社会力量，形成政府主导、部门协同、全社会共同参与的全民健身“大群体”工作格局。打造具有区域特色的全民健身品牌活动，促进区域协同发展。全力组织区级赛事活动，积极参加市级活动。健全社会体育指导员培训，加强科学健身指导服务。

（冯晶晶）

【全民健身活动】 2023 年，通州区强化政府引导，丰富和创新“运河 + 体育”全民健身品牌活动，促进通州区“文旅商体”融合发展，打造一系列具有通州区域特色的全民健身活动。

（冯晶晶）

2023年通州区全民健身活动一览表

表12

活动时间	活动名称
4月9日	2023北京银行北京城市副中心马拉松
5月4日	2023首都高职院校五四长跑活动
5月14日	北京自行车联赛（通州站）
6月24日	2023北京城市副中心运河骑游季启动仪式暨京津冀骑游大运河活动
7月15日	2023年全国电动冲浪板联赛北京大运河站
8月6日	“8·8北京体育消费节”首届高德地图科技健身跑
8月26日	2023“大运河之夜”北京城市副中心夜跑活动
8月27日	第二届北京桨板公开赛
9月2—3日	首届北京城市副中心飞盘公开赛
9月23日	2023年“寻找美丽中华”全国旅游城市定向系列赛——北京城市副中心站
9月24日	2023第二届北京城市副中心运河赛艇大师赛
10月21—22日	2023国际体育（北京）嘉年华
10月28日	2023年徒步京津冀活动
11月5日	北京通州运河半程马拉松赛
12月9日	2023（第八届）北京徒友嘉年华暨通州区徒步大会

【群众体育赛事活动】 2023年，区体育局先后举办足球、羽毛球、乒乓球和篮球等赛事，近1600人参赛。开展毽球、轮滑、武术、自行车、空竹等13项次协会区级赛事活动，4030人次参与。各协会自主开展风筝、自行车、骑游、空竹、乒乓球、围棋、徒步7项37次赛事活动，4600人次参与。参加市第十一届民族传统体育运动会、市第三届社区杯八人制足球赛、市首届及第二届“社区杯”三人篮球赛、和谐杯乒乓球总决赛、第十九届北京市民羽毛球挑战赛、中国毽球公开赛（天津站）、第十八届华北地区门球精英赛、市《国家体育锻炼标准》测试赛、市健身气功站点联赛均取得优异成绩。

（冯晶晶）

【社会体育指导员培训】 2023年，区体育局加大社会体育指导员培训力度，2100人通过培训及考试，获得三级社会体育指导员资质。截至年底，全区有社会体育指导员7200人，以2022年底全区常住人口184.3万人计算，每千人拥有社会体育指导员3.91人，实现每千人拥有社会体育指导员不低于3.4人的目标。培训裁判组302人，涉及篮球等项目。

（冯晶晶）

【居民体质和国家体育锻炼标准测试】 7—11月，区体育局在各街道、乡镇及体育局监测站点开展居民体质测试和国家体育锻炼标准测试工作。累计参与居民体质测试人数12540人，测试达标率95.06%，同比增长1.06%。累计参与国家体育锻炼标准测试人数4083人，测试达标率89.45%，同比增长2.6%。

（冯晶晶）

【学校体育】 2023年，区教委印发《2023年通州区学生体质健康测试统测实施方案》，完成2023年义务教育国家学生体质健康测试四、六、八年级统测现场考试和2022年受疫情影响未能参加测试的考生补考工作。下发《关于做好2023年通州区高中体育与健康学业水平考试工作的通知》，制定高中体育与健康学业水平考试方案，并组织完成考试工作。开展短跨单项赛等阳光体育竞赛，启动冰雪嘉年华、定向越野比赛、跆拳道比赛等活动。承办北京市第59届中学生运动会暨北京学生金奥运动队田径运动会。选拔通州区集训队运动员，组成通州区市运会集训队参加北京市中学生运动会，获得乙组高中团体总分第3名、初中团体总分第2名、初高中总成绩第3名的成绩。参加北京市第一届小学生运动会，获得甲组团体总分第2名、甲乙组团体总分第4名的成绩。

（通鉴编）

竞技体育

【概 况】 2023年，区体育局以建设北京城市副中心为契机，努力培养高质量体育人才为目标，统筹竞技体育项目平衡发展；组织体育训练发展模式调研，探索业余训练新发展模式；积极参加各级各类体育赛事；坚持做好反兴奋剂工作，促进通州区竞技体育持续健康发展。年度运动员注册人数1500余人，参赛体育竞技项目27个，向市级队伍上报游泳、自行车、羽毛球项目优秀运动员16名。

（冯晶晶）

【业余训练新发展模式】 2023年，区体育局完成业余训练新发展模式调研，根据调研成果，就皮划艇及赛艇项目，与俱乐部和协会协调新项目设立合作事宜；与北京理工大学附属中学通州分校、首都师范大学附属中学通州校区、中国人民大学附属中学通州校区合作，加强垒球、棒球、排球、田径、篮球等项目训练力度；与区内11家高水平俱乐部展开战略合作，推动体校和社会力量联合办训，打通更多生源渠道，实现人才共享，开展11个项目的业余训练，其中手球、垒球、击剑、拳击、霹雳舞、射箭、射击、乒乓球、马术9个项目为新设立的项目。

（冯晶晶）

▲7月29日，通州区新设立手球项目　（区体育局提供）

【竞技体育赛事】 2023年，通州区开展的青少年竞技体育项目实现了参赛全覆盖，27个项目全部参加了北京市青少年U系列冠军赛，经冠军赛筛选有拳击、网球、摔跤、马术、羽毛球等13个项目获取锦标赛参赛资格，冠军赛、锦标赛共获得43金、76银、101铜。

（冯晶晶）

2023年通州区参加北京市青少年U系列体育赛事统计表

表13

序号	项目	冠军赛	金牌	银牌	铜牌	锦标赛	金牌	银牌	铜牌
1	拳击	冠军赛				锦标赛	1		
2	网球	冠军赛	2	1		锦标赛		1	
3	摔跤	冠军赛	1	1		锦标赛			
4	马术	冠军赛			1	锦标赛			
5	羽毛球	冠军赛	7	7	3	锦标赛	2	3	1
6	武术套路	冠军赛	3	5	9	锦标赛	4	6	8
7	武术散打	冠军赛				锦标赛		1	
8	自行车	冠军赛		2	8	锦标赛		3	7
9	空手道	冠军赛	2	8	12	锦标赛	4	3	8
10	游泳	冠军赛	2	7	9	锦标赛	3	10	10
11	篮球	冠军赛				锦标赛		1	
12	跆拳道	冠军赛	4	6	11	锦标赛	3	4	7
13	田径	冠军赛	2	4	4	锦标赛	3	3	3

【冰雪运动】 2023年，通州区推动冰雪运动发展。举办通州区冰雪嘉年华活动，为全区中小学采购2000张滑冰体验门票（冬季真冰、夏季旱冰）。组织居民参与冰雪运动，购置发放4000张冰上体验票和555张雪上体验

票；3月，组织200名居民参与陆地冰壶体验赛。为短道速滑、冰壶、滑雪3支冰雪项目运动队采购装备，提供教练和场地支持；组织参加北京市第二届冬运会，其中短道速滑项目获得第2、第3名成绩，滑雪项目获得第2名成绩。

（冯晶晶）

【北京城市副中心马拉松比赛】 4月9日，2023年在北京举办的首场全程马拉松赛事——北京城市副中心马拉松比赛开赛。赛事路线以大运河文化带为核心，途经燃灯佛舍利塔、通惠河、运潮减河、京杭大运河、城市绿心森林公园、大运河森林公园、运河奥体公园等大运河文化旅游景区核心景点。来自中国、澳大利亚、美国、英国、肯尼亚、埃塞俄比亚、德国、马来西亚、老挝、泰国、南非、委内瑞拉、日本等15个国家和地区的万名选手参与比赛。肯尼亚选手基普罗杰克以2小时18分30秒夺取男子组冠军，中国选手李岩以2小时19分25秒夺得男子组亚军；女子组比赛中，中国选手赵雅新以2小时55分09秒夺得冠军。

（通鉴编）

体育安全管理

【概　况】 2023年，区体育局健全工作机制，严格落实安全生产责任；扎实推进安全生产监督检查，聚焦重点场所，严查重点问题；落实十项硬措施，统筹好发展和安全，全区安全生产总体情况平稳。

（冯晶晶）

【反兴奋剂工作】 2023年，区体育局继续完善反兴奋剂管理体系，探索建立兴奋剂综合治理长效工作机制，做好备战青少年竞技体育运动员、教练员及相关工作人员的反兴奋剂工作。全面落实反兴奋剂教育资格准入制度，开展反兴奋剂教育宣讲活动。制定体校反兴奋剂责任书（包括教练员及运动员），在年度运动员注册时教练员及运动员责任书随注册材料一并签字上交；印制反兴奋剂宣传海报及易拉宝，下发至全区各运动队并要求张贴在训练馆内；召开体校全体人员大会，请有相关资质人员开展反兴奋剂讲座，普及反兴奋剂知识；举办反兴奋剂拓展学习活动，在柔道、散打、跆拳道、空手道等重点项目中开展拓展学习活动，通过进行飞镖转盘投掷答题、跳远问答等游戏的方式加深运动员们对反兴奋剂工作的认同，150余名运动员参与。

（冯晶晶）

【体育行业安全生产监督】 2023年，区体育局研究制定《北京市通州区体育局安全生产和火灾隐患大排查大整治工作方案》和《关于开展全区游泳场馆安全隐患专项排查整治工作方案》，建立“1+7+14”（1个工作专班，7个管理片区，14名执法人员）安全检查机制，形成从点到面、上下贯通、沟通协调的工作运转流程；组织召开安全生产和火灾隐患大排查大整治工作调度会议，定期听取各片区执法人员汇报隐患排查整改情况。

（冯晶晶）

【“企安安”信息系统】 2023年，区体育局各执法人员使用京办“企安安”隐患排查治理信息系统检查端，实现监督检查过程标准化、规范化，按照安全检查清单对区内334家企事业体育运动项目经营单位开展全覆盖安全检查，形成全区体育经营单位台账、全区游泳场馆台账、全区青少年体育培训机构台账3本台账，年内完成全部排查工作。

（冯晶晶）

【安全隐患排查整治】 2023年，区体育局对照《关于进一步加强安全生产和消防工作坚决防范压减事故的若干措施》，深入开展安全生产和火灾隐患大排查大整治，检查游泳场所危化品存储使用情况，开展体育运动项目经营单位安全生产企业主体责任培训，利用微信公众号等方式加大安全生产和消防工作警示教育宣传力度。全年检查体育经营单位420余家次，发现问题隐患并完成整改54项，检查覆盖率100%，隐患核销率100%。开展游泳场所专项整治培训、部署会2次，消防安全应急演练1次，安全应急知识培训1次。

（冯晶晶）

▲7月14日，区体育局对中童游泳馆进行安全生产检查　（区体育局提供）

社会生活

人口家庭

【人口监测】2023年，通州区有户籍人口417148户859566人（男423675人、女435891人），其中非农业人口609638人、农业户口249928人。全年登记出生6102人（男3010人、女3092人），死亡9777人（男5526人、女4251人），迁入26921人［省内迁入16817（跨区）人；省外迁入10104人］，迁出13177人［迁往省内12799（跨区）人；迁往省外378人］。截至年底，通州区常住人口184.5万人，登记流动人口1113019人，办居住证438372人，携带16岁以下儿童26117人。登记出租房屋205796户，建立出租房屋管理站288个（来京人员和出租房屋服务站），配备专职协管员341人。

（于跃庞偲）

2023年末通州区常住人口及构成表

表14

指标	人数（万人）	比重（%）
常住人口	184.5	100.0
按城乡分		
城镇	135.2	73.3
乡村	49.3	26.7
按性别分		
男性	97.1	52.6
女性	87.4	47.4
按年龄组分		
0～14岁	23.0	12.5
15～64岁	136.2	73.8
65岁及以上	25.3	13.7

【婚姻登记】2023年，通州区婚姻登记服务中心办理结婚登记7649对，受理离婚申请4321对，办理离婚登记2886对，补领婚姻登记证2024对，核查小客车摇号、夫妻过户、离婚析产业务5679人次，出具婚姻登记证明9份，配合相关部门调查当事人婚姻登记情况693次，核查相关当事人婚姻登记情况3584件，接待群众咨询3万余人次。6月1日起，开展“跨省通办试点”工作，办理跨省结婚登记1630对，离婚登记221对，离婚申请349对。协助派出所调查外迁人员婚姻信息339条，配合纪检、法院、检察院、公证处、政府拆迁办、部队等部门调查当事人婚姻登记情况510人次。

（胡汉）

【殡葬管理】2023年，通州区民政局（简称区民政局）按照《通州区城乡无丧葬补助居民丧葬补贴办法》，核准丧葬补贴申请915件，区、镇（乡）两级财政负担丧葬补贴资金471万元。深入推进“零百千万”工程（即零元骨灰撒海、百元骨灰盒、千元殡仪服务、万元墓地），全年销售百元骨灰盒218个，提供千元殡仪服务3710次；举行告别仪式2847场，其中个性化定制告别仪式1724场；提交骨灰撒海30份，自然葬21份。对平价超市内所售商品降至进价1.8倍销售；将原棺罩200元/个调至120元/个；将中厅（驾鹤）由400元/次调

▲8月22日，区婚姻登记服务中心开展“七夕”主题活动

（区民政局提供）

至200元/次，小厅（紫竹、青松、翠柏）由300元/次调至100元/次。对商品标价、标识进行规范展示，确保有据可依。

（卢　怡）

居民生活

【概　况】2023年，通州区城乡居民收入稳步增长，消费结构继续优化。年内，区居民人均可支配收入55715元，同比增长7.9%；城镇居民人均可支配收入66586元，同比增长7.7%；农村居民人均可支配收入35769元，同比增长8.7%。截至年底，银行人民币个人存款余额2886亿元，较年初增加333.2亿元。

（范丽华）

【全区居民人均可支配收入】2023年，全区居民人均可支配收入55715元，比上年增长7.9%。从四项收入构成看，全区居民人均工资性收入41694元，同比增长11.3%；人均经营净收入712元，同比增长9.7%；人均财产净收入5773元，同比下降10.3%；人均转移净收入7536元，同比增长6.7%。人均工资性收入、经营净收入、财产净收入、转移净收入占可支配收入的比重分别为75%、1%、10%和14%。

（范丽华）

【全区居民人均消费性支出】2023年，通州区居民人均消费支出37677元，同比增长13.7%，八大类消费支出“七升一降”。其中，增速居前三位的分别是教育、文化娱乐、居住及衣着支出，增速分别为19.1%、18.2%和16.4%；医疗保健支出同比下降7.8%。农村居民人均消费支出27131元，同比增长12.2%。

（范丽华）

【城镇居民人均可支配收入】2023年，城镇居民人均可支配收入66586元，同比增长7.7%。其中，城镇居民人均工资性收入49137元，同比增长11.2%；人均经营净收入723元，同比增长10.6%；人均财产净收入8181元，同比下降8.3%；人均转移净收入8545元，同比增长5.9%。人均工资性收入、经营净收入、财产净收入、转移净收入占可支配收入的比重分别为74%、1%、12%和13%，工资依然是居民家庭最重要的收入来源。

（范丽华）

【城镇居民人均消费性支出】2023年，城镇居民人均消费支出43426元，同比增长14.1%，八大类消费支出“七升一降”。其中，增速居前三位的分别是衣着，教育、文化娱乐，及其他用品及服务支出，增速分别达到21.1%、20.7%和18%；医疗保健支出同比下降13.5%。

（范丽华）

【耐用消费品拥有量】2023年，从通州区城镇居民家庭平均每百户耐用消费品年末拥有量数据来看，每个家庭至少拥有2台空调器和2部移动电话，每个家庭都拥有1台洗衣机、1台电冰箱、1台热水器和1台彩色电视机，一半以上的家庭拥有1辆家用汽车、1台计算机和1台微波炉。拥有家庭摩托车、中高档乐器的比例持平，拥有助力车、照相机、固定电话、空气净化器（含新风系统）、吸尘器、健身器材等的家庭同比下降，拥有洗碗机的家庭增长比例为上年的200%。

（范丽华）

2022—2023年通州区城镇居民家庭平均每百户耐用消费品年末拥有量一览表

表15

项目	单位	2023	2022
摩托车	辆	6	6
助力车	辆	10	34
家用汽车	辆	56	67
洗衣机	台	100	102
电冰箱	台	103	107
彩色电视机	台	99	119
计算机	台	78	91
照相机	架	23	30
中高档乐器	件	18	18
微波炉	台	72	79
空调器	台	211	229
热水器	台	99	103
空气净化器（含新风系统）	台	32	37

续表 15

项目	单位	2023	2022
吸尘器	台	31	37
洗碗机	台	6	3
健身器材	套	8	9
固定电话	部	11	27
移动电话	部	218	251

劳动就业

【概　况】 2023 年，通州区人力资源和社会保障局（简称区人力社保局）围绕北京城市副中心经济社会发展需要，深入实施就业优先战略，综合施策守好就业基本盘。充分发挥就业工作领导小组力量，建立“政府 + 市场”就业岗位供给机制，构建常态化援企稳岗帮扶体系，实施就业困难人员“一村一法”、农村劳动力“一镇一策”，促进北京城市副中心更加充分更高质量就业。全年促进城乡劳动力就业 24978 人，登记失业率 3.83%，城镇登记失业人员就业率 66.6%。立足北京城市副中心产业行业发展，开启“市 + 区 + 街 + 产业 / 行业 / 商圈”四级联动模式，提供高效便捷的用工保障，累计采集就业岗位 6.5 万个，举办招聘活动 357 场。

（马宜坤）

【重点群体就业服务】 2023 年，区人力社保局坚持完善“四精准”（即精准识别、精准指导、精准匹配、精准支持）就业服务模式，为重点群体提供就业服务。在农村劳动力就业“一镇一策”的基础上，向“一村一法”延伸。开展入户调研，建立个性化就业帮扶清单，实行“一人一策”，确保有就业意愿的就业困难人员实现就业。全年促进农村劳动力就业参保 6065 人，促进登记失业就业困难人员实现就业 17135 人。

（任　俊　马宜坤）

【就业困难人员托底安置】 2023 年，区人力社保局细化社会公益性就业组织管理制度，出台《规范通州区社会公益性就业组织管理工作实施细则》，加强公益性就业岗位实地核查力度。年内，全区 16 家社会公益性就业组织累计安置 3094 人，为社会公益性就业组织安置人员申请市区补贴 1.97 亿元，促进零就业家庭、残疾人、“4050”人员等就业困难人员托底安置。

（段文靖　马宜坤）

【高校毕业生就业】 2023 年，通州区落实毕业生就业创业工作“一把手”工程，成立高校毕业生就业创业专班进行统筹调度，压实岗位开发、结对帮扶、招聘对接等责任落实。年内，辖区有户籍毕业生 4267 人，实现就业 4176 人，就业率 97.9%，其中有就业意愿的困难家庭毕业生全部实现就业。形成全市首家标准化服务操作流程《通州区离校未就业高校毕业生就业创业服务规范“六步法”》，通过对数据接收、状态摸排、精准服务、台账完善、跟踪帮扶、典型挖掘 6 个环节的规范服务，提升就业服务实效。

（尉迟焱楠　马宜坤）

【创业服务】 2023 年，通州区打造创业服务品牌，持续释放创业带动就业政策红利，完成创业担保贷款资格认定 189 个，累计发放创业担保贷款 2.97 亿元，新增创业参保单位 5623 家，带动就业 21397 人。肆叁陆文化产业园获评北京创业孵化示范基地。截至年底，全区有区级创业孵化示范基地 10 家、市级创业孵化示范基地 2 家。

（孝博强　马宜坤）

【就业服务专项行动】 1—3 月，通州区开展以“春风送真情　援助暖民心”为主题的春风行动就业专项服务，聚焦重点行业、重点人群、重点区域，全区各级公共就业服务机构累计举办

▲ 3 月 25 日，区人力社保局联合北苑街道在万达广场举办 2023 春风行动暨就业援助月“百姓就业”进社区招聘服务活动　（区人力社保局提供）

线上线下招聘会77场，1360家企业参与，提供就业岗位5.86万个。

（冯　洋　马宜坤）

人力资源管理

【概　况】2023年，区人力社保局强化人事人才管理，加强博士后工作站建设，立足北京城市副中心“3+1”功能定位，联合各行业主管部门举办农业科技、绿色金融等领域博士后政策系列宣讲会，挖掘更多优质经济主体设立博士后工作站。截至年底，全区有国家级博士后科研工作站分站28家（年内新增6家），引进培养博士后人才51人，工作经验被《北京新闻》等市级媒体多次报道。组建全区编外用工管理工作专班，开展“三摸准、两确定、一动态”（即摸准编外用工底数、摸准编外用工岗位类别、摸准编外用工资金渠道；确定编外用工审批依据、确定编外用工规范化管理合同；统一一个编外用工动态管理系统）专项行动，制定《关于进一步规范编外用工管理实施方案》，推进全区编外用工规范化管理。

（马宜坤）

【事业单位人事管理】2023年，通州区完成444家事业单位2.2万名编制人员备案工作。办理事业单位人员调转手续299人，其中调入236人、调出63人，完成公务员调任转任签批工资手续54人，协同区退役军人事务局安置退役士兵和退出消防员。开展事业单位公开招聘工作，聘用人员644人。

（李　蔚　马宜坤）

【人事考试工作机制完善】2023年，区人力社保局建立人事考试协调联动机制，制定并印发《通州区关于进一步做好人事考试工作建立联席会议制度的通知》，明确各成员单位职责分工，提升考点内外交通、治安、医疗、电力等应急保障水平，形成职责明确、分工合理、协调有序的考试工作管理体系。全年完成考试工作24项，组织各类考试2378场，参加考试人员近18万人次，同比增长80%，累计出动巡考人员1000余人次。

（郭　扬　马宜坤）

【毕业生人才引进】2023年，通州区持续推进毕业生引进工作，全年引进毕业生409人，其中为重点企业引进优秀毕业生25人。

（李　蔚　马宜坤）

【外籍人员全流程服务体系打造】2023年，区人力社保局经办外国人来华工作许可证一级预审814笔、受理718笔，外国人来华工作许可、居留许可“两证联办”117笔。在“通州人社”等公众号开设外籍人员办事指南专栏，对接辖区重点雇佣外籍人员企业，提供“管家式”人社服务，提升外籍人员在京参保服务水平。在中国北京人力资源服务产业园通州园区设立外国人来华工作服务窗口，为外籍人才引进提供便捷通道。安排外语能力强的业务骨干，为外籍人员提供维权政策解读及咨询服务，全年受理外籍人员劳动仲裁案件5件。开展新版境外职业资格认可目录政策宣讲，组织北京环球度假区、北京潞河国际教育学园等7家重点企业负责人参加培训，覆盖外籍人员268人。

（马宜坤）

【乡村振兴协理员队伍建设】2023年，通州区组织开展2023年度乡村振兴协理员公开招聘工作，经过层层筛选，录用44名优秀高校毕业生担任乡村振兴协理员。全区在岗乡村振兴协理员共189名，累计覆盖全区近200个村域。

（郭　扬　马宜坤）

【职业技能培训】2023年，区人力社保局落实北京市“金蓝领”培育行动计划，开展重点群体、项目制、学徒制等各类技能培训6308人次，涉及中式面点师、电子商务、电工、园林绿化、消防设施操作员等多个工种。完善高技能人才体系建设，草拟《通州区大师工作室建设项目管理办法》《通州区高技能人才研修培训管理办法》，认定北京电子信息技师学院、蒙牛高科乳制品（北京）有限责任公司等7家单位为实训基地，涵盖乳品品鉴师、种苗繁育员、网络与信息安全管理员等21个职业工种。

（马宜坤）

【百日千万网络招聘专项行动】6—9月，区人力社保局开展以“职引未来 筑梦青春”为主题的百日千万网络招聘专项行动，重点面向高校应届毕业生、高校离校未就业毕业生、登记失业人员和在京务工人员等重点群体，全区各级公共就业服务机构累计举办线上线下招聘会96场，1564家企业参与，提供就业岗位6.89万个。

（冯　洋　马宜坤）

【京津冀职业技能高质量发展推进会】12月2日，第二届京津冀“四区三市”（即北京市通州区，天津市武清区、宝坻区，河北雄安新区、廊坊市、唐山市，山东省德州市）职业技能高质量发展推进会暨技能人才专场招聘会举办。招聘会以“融合、创新、发展、共享”为主题，举行京津冀职业技能发展蓝皮书撰写启动仪式，参会单位签订校校、校企合作协议。京津冀人社部门领导、国家职业教育研究专家、高校学者等围绕“职业教育产教融合的难点与制度创新”“新时代新技术 新职业 新发展”“推进京津冀职业技能人才培养”等主题开展研讨交流。活动还以线下、线上直播带岗等形式举办招聘会，近100家企业提供就业岗位2000余个，3000余人次参与应聘。

（马宜坤）

社会保险

【概　况】2023年，通州区有参保单位6.9万家，同比增长7.3%；养老、失业和工伤保险参保人数分别为93.25万人、58.01万人和54.0万人。各项社会保险基金累计收缴146.46亿元，支出104.39亿元。

（臧　炜　马宜坤）

【养老保险】2023年，通州区有享受

▲ 12 月 2 日，第二届京津冀职业技能高质量发展推进会暨京津冀技能人才专场招聘会举办（区人力社保局提供）

养老保险待遇人员 10.94 万人，区人力社保局按政策调整基本养老金标准，人均养老金为 4348.54 元，同比增长 3.3%。年内，完成 8215 名参保人基本养老保险待遇核准，服务京津冀“跨省通办”养老保险转入转出 2300 人次。完成 8 家参保单位企业年金备案，覆盖职工 31 人；累计完成 14 家，覆盖职工 485 人。

（臧　炜　马宜坤）

【工伤保险】 2023 年，通州区有工伤保险参保单位 6.9 万户，参保人数 54.04 万人。年内，工伤保险基金收入 2.29 亿元，支出 2.09 亿元。

（臧　炜　马宜坤）

【失业保险】 2023 年，通州区有失业保险参保单位 6.9 万户，参保人数 58.02 万人。年内，失业保险基金收入 5.16 亿元，支出 11.12 亿元。

（臧　炜　马宜坤）

【社保基金监管】 2023 年，区人力社保局依托大数据督查，开展疑似数据核查工作，对疑点数据及时检查清理，核实各类疑点数据 11418 条，追回各类待遇 46.68 万元。开展各项社保基金专项检查，检查范围扩大至 22 家街道乡镇便民服务中心、16 家公益性就业组织及 15 家享受区级培训补贴的培训机构，将“四位一体”（即政策、经办、信息、监督）风险防控意识转化为协同检查机制，达到“检查一个点，完善一条线”防范效果，追回基金 146.49 万元。

（丁　喆　马宜坤）

【助企纾困】 2023 年，区社保中心及时落实延长北京市阶段性缓缴社会保险还款期限政策，逐月对未缴费企业台账进行销号式数据比对，掌握底数做好监管，通过手机短信、企业微信群、微信公众号等媒介发布温馨提示，提醒各企业按期完成缴费，引导企业补缴缓缴费款，助力复工复产。全年有 1522 家企业补齐缓缴费款 3.28 亿元。

（臧　炜　马宜坤）

医疗保障

【概　况】 2023 年，通州区医疗保险参保 102.17 万人，同比下降 26.69%。其中，城镇职工基本医疗保险参保 68.79 万人，同比下降 35.61%；城乡居民基本医疗保险参保 33.38 万人，同比增长 3.44%。

（王立娜）

【医保结算支付】 2023 年，通州区医疗保障局（简称区医保局）采用“线上＋线下”相结合的费用审核模式，做好医药费用审核结算工作。支付医保基金 51.71 亿元，同比增长 50.36%，其中支付医药费报销 48.56 亿元（个人账户支出 5.94 亿元）、生育津贴 3.15 亿元。审结支付大病医保费用 2083.76 万元、医疗救助费用 1578.28 万元。加快推进定点医药机构开通门诊直接结算业务，同步支持社会保障卡及国家医保电子凭证就医，卡码通结。开展跨省异地直接结算政策落地执行的摸底调查工作，支持异地直接结算的医疗机构有 115 家，零售药店有 73 家，审结异地医疗费 70.45 万笔，支付费用 5.54 亿元。推进医保移动支付工作，首都医科大学附属北京胸科医院、首都医科大学附属北京潞河医院和通州区妇幼保健院通过使用“京通”小程序实现医保移动支付，北京胸科医院自有程序也可实现医保移动支付。

（王立娜）

【医保行业监管】 2023 年，区医保局完成部分耗材自查自纠工作，全区有 4 家医疗机构涉及药物球囊申报，经自查及现场核查，发现问题并完成整改，涉及违规费用均已追回。开展口腔种植医疗服务收费和耗材价格专项治理，完成 22 家非公立医疗机构价格备案工作，督促开展口腔种植的医疗机构做好发放“一封信”及价格政策落实工作，持续监督检查，加强非公立非医保定点医疗机构正向引导。12 月 26 日，区医保局与河北省廊坊市医疗保障局共同签署《北京市通州区、河北省廊坊市医保基金异地协同监管框架协议》，围绕异地就医数据核查方式开展深度合作，建立医保基金大额费用核查和工作反馈机制，加强医保基金异地协同监管。

（王立娜）

【定点医药机构管理】 2023 年，区医保局完成 188 家定点医药机构协议的续签考核，分别对 115 家定点医疗机构和 73 家定点零售药店进行资质查验和考核信息核对，以上定点机构均通过区级考核。完成第一批和第二批新增定点医药机构的材料接收和区级审核工作，接收 22 家医药机构的申报材料，其中8家医疗机构和8家零售药店通过市区两级评估，完成信息系统改造后即可签订医保服务协议。

（王立娜）

【CHS-DRG付费改革】 2023年，区医保局按照全市统一部署，自6月1日起在全部定点医疗机构推广CHS-DRG复杂脊柱疾患或3节段及以上脊柱融合手术、翻修手术等25个病组实际付费工作，充分发挥DRG付费改革与医用耗材集采的联动作用。全年审结支付CHS-DRG费用7.79亿元。

（王立娜）

【医保便民服务】 2023年，区医保局构建“一次告知、一表申请、一套材料、一窗受理、一网办理”全流程服务模式，设立“容缺办理”“绿色通道”等便民服务措施。“委托受理”和“授权审批”政务服务事项全部进驻北京城市副中心政务服务中心，涉及行政确认、行政给付、其他行政权力、公共服务4类事项46项。针对办事人员反映强烈的负面问题，优化医保业务线上预约和现场叫号服务，引入“云客服”智能服务系统，提高群众满意率。

（王立娜）

【医保基金监管法律法规宣传】 4月20日，区医保局联合中仓街道西上园社区开展以“安全规范用基金，守好人民‘看病钱’”为主题的新时代文明实践志愿服务活动。通过现场摆放易拉宝、播放打击欺诈骗保小视频等形式向社区居民宣传医保基金监管法律法规，帮助群众懂法守法，呼吁广大群众实事求是举报各类欺诈骗保违法违规行为，充分发挥群众作为医保基金安全宣传员、监督员作用。

（王立娜）

住房保障

【概　况】 2023年，区住建委研究优化中心城区功能疏解购房保障政策，统筹市区房源，解决首都医科大学附属北京友谊医院通州院区、北京学校、北京第一实验学校等疏解职工住房难题；研究制定市级机关退休职工住房保障方案，完善人才公寓配租政策，更好匹配各类人群住房需求。全年筹建保障性租赁住房1.1万余套，竣工1.6万余套。推动帅府君园等8个新供地项目入市，供应商品房近0.5万套。推进北京城市副中心首个医养结合试点半壁店恭和家园项目落地。初步建成住房租赁服务平台并推广使用。

（通鉴编）

【保障性租赁住房】 2023年，区住建委通过投资调度、现场督促等方式，确保保障性住房项目顺利进行。全年完成全社会投资16.6亿元，完成任务率128.9%；完成建安投资14.4亿元，完成任务率132%。通过新建、改建、转化等多种方式筹集5094套保障性租赁住房，包括安寓公司运营的保租房1308套，于家务塑钢门窗厂改建的保租房52套，麦金利房地产公司运营的K2百合湾保租房89套，区保障房中心运营的武夷花园南区保租房182套和首寰度假酒店改建的保租房3463套。年内，各类保障性住房竣工16906套，超额完成任务。

（暴　晓）

【住房租赁补贴】 2023年，区住建委全面推进住房租赁补贴工作，解决中低收入家庭住房困难问题。年内，对符合条件的家庭进行摸底调查，建立租赁补贴档案，通过信息系统实现动态管理，确保补贴发放的及时性和准确性。全年发放住房租赁补贴2144.71万元，惠及群众18957人次。

（黎国林）

【公租房管理】 2023年，区住建委强化对公租房租户的监督管理，严格执行租户准入和退出机制，确保公租房资源的合理分配和有效利用。在公租房园区内加大安全生产宣传力度，通过张贴宣传海报、悬挂条幅等方式，普及安全知识，提高租户的安全意识。制定《通州区公租房安全生产隐患排查整治专项工作方案》，开展公租房安全生产隐患排查整治工作。通过与公租房产权单位北京市燕东保障性住房投资有限公司协作，对公租房项目进行全面安全检查，及时发现并整改杂物堆积、防火门被阻挡等多项安全隐患。

（黎国林）

【住房公积金】 2023年，北京住房公积金管理中心通州管理部有缴存单位44624个，当年新增缴存单位3648个，全市占比7.11%；缴存职工457030人，当年新增缴存职工25647人，全市占比3.91%。归集金额66.97亿元，全市占比2.72%，同比增加5.84亿元。提取金额53.20亿元，全市占比2.67%，同比增加11.41亿元。年内，发放贷款2714笔，金额19.83亿元，平均贷款额度73.08万元。其中

▲4月20日，区医保局开展“安全规范用基金，守好人民‘看病钱’”集中宣传月活动

（区医保局提供）

二手房发放贷款 1766 笔，金额 12.74 亿元；商品房发放贷款 759 笔，金额 5.64 亿元；政策性住房发放贷款 189 笔，金额 1.45 亿元。首套房贷款占比 67.17%，体现住房公积金对购房刚需群体的有力支持，促进房地产市场平稳健康发展。

（北京住房公积金管理中心通州管理部）

【农村住房改造】 截至 2023 年底，区住建委拨付补助资金 81 万元，指导相关乡镇完成 2022 年危房改造任务、9 户农宅改造的竣工验收工作。拨付奖励资金 307 万元，完成 2023 年抗震节能农宅建设，涉及 139 户农宅改造的竣工验收工作。完成 21.07 万户农村房屋安全隐患排查整治信息的平台录入工作，其中完成整治 C、D 级危房 1114 户，整治率 100%。

（刘爱武）

【人才住房保障】 2 月，区住建委组织召开人才租赁住房配租部署会，开展人才租赁住房分配，指导产权单位进行合同签订，完成人才家庭入住办理工作，为 37 家机关、企事业单位 105 名人才解决住房困难问题。年内，根据区委组织部相关工作安排，积极协调区财政局、北京潞城安寓置业有限公司、北京市燕东保障性住房建设投资有限公司等单位多次召开人才公寓工作对接会，对《城市副中心支持人才发展若干措施（征求意见稿）》、《城市副中心人才评选标准（征求意见稿）》、《安居操作指引》及后续人才公寓分配工作细节等事项进行研究，形成《人才公寓相关情况汇报》《通州区人才公寓申请审核分配工作流程图》。实地查看专家小院、人才公寓房源情况，为后续分配工作做好准备。

（仝亚楠）

【国风尚城共有产权房交付】 6 月，国风尚城共有产权房交付。项目位于宋庄镇疃里村，总建筑面积约 25 万平方米，住宅总套数 1685 套。项目包含三居住宅 698 套，建筑面积约 87 ~ 120 平方米；两居住宅 974 套，建筑面积 80 ~ 90 平方米；一居 13 套，

▲ 6 月，国风尚城共有产权房交付　　（区住建委提供）

建筑面积 60 ~ 70 平方米；为全装修配置，售价 2.1 万元 / 平方米。房屋产权由购房人与政府按份共有，单套住房的购房人持 50% 产权份额，北京市燕东保障性住房建设投资有限公司持 50% 产权份额。

（朱　笛）

社会救助

【概　况】 2023 年，区民政局建立“救助管家”三级分层服务困难群众机制，以救助管家为服务主体，以“主动发现 + 链接 + 整合”为“三件套”服务核心，为困难群众提供精准救助服务，建立以民政、人力社保、医保、残联等政府救助政策为主，慈善、基金会、社会组织等社会力量为补充的救助联动机制，实现精准救助效果最大化。强化社会支持网络，为困难群众及家庭成员提供心理疏导、精神慰藉等关爱服务。细化全区流浪乞讨人员救助管理工作中区民政局、区公安分局、区卫健委、区城管执法局等 27 个委办局及 22 个街道乡镇职责分工，提升救助工作效率。区社会福利院加挂区未成年人救助保护中心牌子，深化区级儿童福利机构和未成年人救助保护机构的转型发展与优化服务。

（于　峰）

【儿童福利保障政策落实与帮扶】 2023 年，区社会福利院落实生活保障政策，为 149 名困境儿童发放生活费 298.83 万元；元旦、春节为 107 名困境儿童发放慰问金 5.35 万元；为 89 名困境儿童发放物价补贴 3560 元。落实医疗保障政策，为 1 名事实无人抚养儿童报销医疗保障费 1634.08 元。落实助学保障政策，为 6 名孤儿发放助学金 3.75 万元，为 16 名事实无人抚养儿童发放助学金 7.61 万元。委托专业社会组织对 2 名成年孤儿进行社会安置前适应能力社会调查评估，分别拨付安置费 15 万元，协助两人完成保障性住房申办手续，并帮助其就业。组织困境儿童和留守儿童关爱巡视探访项目和儿童福利服务项目，委托专业社会组织，为 22 个街道乡镇未成年人保护工作站增加力量，针对辖区内未成年人开展小组活动、社区活动和个案帮扶等未成年人保护工作。全年开展社区儿童活动 305 场，个案帮扶 1300 余人次。与区慈善协会共同开展“六一礼包”和“九月开学礼包”活动，为全区困境儿童生活

费保障对象发放生活和学习用品，累计帮助儿童150余人。

（缪　怡）

【未成年人保护体系建设】2023年，区社会福利院根据市级要求制定《通州区规范化建设试点工作方案》，选取宋庄镇为试点乡镇，开展未成年人保护工作站有关工作，编制《宋庄镇未成年人保护工作站手册》，内容包括工作站工作原则、功能定位和管理细则等，规范工作站建设。实施通州区困境未成年人法律服务项目，提供专业法律指导和个案法律评估与法律意见书；优化未成年人保护制度体系，持续完善"区—街道—社区"三级未成年人保护网络体系，完成《通州区街道乡镇未成年人保护工作站工作手册》《北京市通州区社会福利院转型未成年人救助保护中心经验研究报告》；开展未成年人家庭监护能力评估建设体系项目，为个案家庭提供监护能力评估服务30人次，制定《通州区困境儿童风险评估及干预规范指引》。更新《通州区社会福利院制度汇编》《通州区社会福利院内部工作分工》。继续与专业社会组织合作开展"康教融合"项目，为院内儿童提供康教融合教学服务，分为两个班级，设置十大课程，为院内儿童提供康教融合教学服务。

（缪　怡）

【特困人员救助】2023年，通州区有特困供养对象433户、445人，其中集中供养特困人员151人、分散供养特困人员294人。年内，特困人员生活费标准提高至2092.5元/月·人，照料费最高标准为1452元/月·人，全年发放生活费及照料费1581.91万元。为3271户城乡低保、低收入、分散特困家庭发放2023—2024采暖季采暖补助金386.91万元；为81名困难大学生发放助学金35.98万元；为24户44人因病、因灾等特殊原因造成生活暂时困难的家庭发放临时救助金11.26万元。为城乡低保（特困供养）对象发放电价补贴20.01万元。为城乡低保（特困供养）提供个案帮扶300例，全区累计投入社会救助服务资金443.221万元。

（王　哲　邓佳琳）

【最低生活保障】2023年，通州区城乡低保标准提高至1395元/月·人。全区有城市低保对象1008户1588人，发放年保障资金2715.19万元；农村低保对象2022户3351人，发放年保障资金5379.53万元；低收入家庭134户234人，其中59人享受生活补助，发放低收入家庭生活补助28.95万元。

（邓佳琳）

【流浪乞讨等人员救助管理】2023年，通州区救助站救助各类流浪乞讨及临时遇困人员472人（站内救助296人、长期托养58人、街面救助118人）。区救助站开展站内照料、送医救治、街面巡视、跨省护送等多种救助服务，全年提供日常照料服务205人次，协助受助人员购票返乡91次，帮助受助人员寻亲成功12次，护送特殊受助人员57人，协调属地或亲属接领103人，组织跨省护送工作18次。印发《关于调整通州区流浪乞讨人员救助管理工作联席会议成员单位和职责的通知》《城市流浪乞讨人员中危重病人、精神病人救治工作的实施方案》，进一步完善各单位职责分工。联合区公安分局、区城管执法局、各街道乡镇开展集中救助活动10余次，检查点位200余个，出动工作人员400余人次、车辆100余台次，劝导露宿人员110余人次。会同区卫健委、区公安分局等相关职能部门为疑似精神障碍的受助人员提供协调送医、跨省护送等服务，全年救助精神障碍、传染病人、危重病人等各类特殊人员91人。

（于顺子）

养老服务

【概　况】2023年，区民政局有备案养老机构28家，其中公办公营4家、公办民营7家、公建民营2家、民办民营15家，设置机构养老床位7938张。完成通州区养老院项目建设，推进养老服务驿站建设，建立动态登记管理台账，截至年底，全区有养老服务驿站174家，其中年内新建10家，养老照料中心1家。全区街道乡镇养老助餐服务实现全覆盖。

（徐璐漪）

【居家养老服务】2023年，区民政局实施养老家庭照护床位项目。年内，有2000名养老家庭照护床位服务对象签约，并全部完成家庭适老化改造，由护理人员提供上门照护，累计有2500名服务对象享受家床服务。实现"一键呼"助老设备愿装尽装，全年安装5800户，可一键直接电话联系120急救、居委会、卫生站、养老驿站、物业等服务机构。按期发放困难老年人养老服务补贴、失能老年人护理补贴和高龄老年人津贴，全年发放困难老年人养老服务补贴28152人次558.18万元，失能老年人护理补贴

▲11月30日，区养老服务指导中心建设运营机构项目终期验收会召开

（区民政局提供）

228529 人次 13521.56 万元，高龄老年人津贴 294860 人次 4335.88 万元。

（王东克）

【老年人合法权益保障】 2023 年，通州区组织各普法责任单位进社区、进基层开展维护老年人合法权益普法宣传活动。九棵树街道组织司法所邀请辖区村居法律顾问为辖区老年人开展《中华人民共和国老年人权益保障法》讲座，引用交通出行、电信诈骗、财产纠纷等方面案例，明确老年人需要特别防范的问题，以及在发现问题后如何维护合法权益。西集镇政务服务大厅开展“敬老月”公共法律服务专项维权活动，现场发放《中华人民共和国民法典》、法律援助知识宣传单，结合《中华人民共和国老年人权益保障法》及案例，向群众介绍养生、中奖、网购、低价促销、理财等常用诈骗套路和后果危害。马驹桥镇组织司法所在西田阳村和东店村开展敬老月法治宣传教育活动，以《中华人民共和国民法典》“继承编”为主题，围绕遗产、法定继承、遗嘱继承等内容进行讲解，向老年群众普及与继承有关的法律知识。

（通鉴编）

【养老服务设施检查】 2023 年，区民政局联合区消防支队成立 14 个专项督导检查组，对辖区养老机构开展多轮次全覆盖消防安全检查，重点对燃气安全、施工现场、电动自行车、电动轮椅、消防设备维护、食品安全、自建房安全、有限空间作业等方面进行排查。全年检查 357 家次，整改安全隐患问题 234 条。

（王　泽）

社会组织

【概　况】 2023 年，区民政局坚持两手抓、两促进，一手抓引导发展，通过大力扶持培育，打造品牌社区社会组织，一手抓严格依法管理，做好社会组织登记工作，加强监管，规范社会组织建设，全面促进社会组织健康发展。

（曹新亮　杨　翠）

【社会组织登记管理】 2023 年，区民政局依法依规开展社会组织成立、变更、注销、换证等工作。全年办理社会团体成立登记 5 个，变更登记 7 个，注销登记 1 个，换发证书 25 个；办理民办非企业单位成立登记 7 个，变更登记 47 个，注销登记 8 个，换发证书 65 个；截至年底，共登记注册社会组织 540 个，备案社区社会组织 10736 个。

（曹新亮　杨　翠）

【社会组织规范建设】 2023 年，区民政局按时按规完成社会组织年度检查工作，严格审查各社会组织人员变动、经费支出、重大活动、党组织建设、遵纪守法等方面情况，办结年检事项 469 件，合格率超 98%。坚持以评促建、以评促进，从制定评估细则、完善评估标准、“一对一”走访辅导、组建专家队伍、开展专题培训及现场评估等方面着手，完成 100 家社会组织等级评估工作。加强对社会组织的监管工作，对 50 个社会组织开展“双随机”抽查，对 14 个职业技能培训学校开展跨部门联合抽查，对 7 个志愿服务组织开展服务记录与证明检查工作。开展社会组织能力建设课程 6 次，培训 400 余人次，推进通州区社会组织发展提升、能力提升、服务提升，激活社会组织活力。

（曹新亮　杨　翠）

【社会组织扶持培育】 2023 年，区民政局依托区—街道乡镇—社区三级社会组织孵化培育体系，扶持培育公益性、服务性、互助性社会组织。依法依规开展登记审批，发挥登记工作的导向作用，支持符合北京城市副中心建设和社会治理需要的组织成立，联合区工商联通过专题会议及培训的方式推动街道乡镇商会登记工作。截至年底，全区登记注册社会组织 540 家，其中民办非企业单位 432 家、社会团体 108 家。

（曹新亮　杨　翠）

【打击非法社会组织专项行动】 2023 年，区民政局联合 10 个部门及 22 个街道乡镇建立区级层面打击整治非法社会组织专项行动协调机制。通过“通州社会建设和民政”微信公众号发布如何识别非法社会组织提示，动员各街道乡镇基层民政部门组织网格员、志愿者入户巡查，重点关注带有“中国”“中华”字样的社会组织。针对重点区域宋庄镇、教培机构聚集区域北苑街道，开展实地走访调查 4 次，发现线索 10 余条，劝散非法社会组织 1 家。

（曹新亮　杨　翠）

【品牌社区社会组织打造】 3 月，区民政局开展“十百千”（根据市民政局《北京市选树“十百千”示范品牌

▲ 8 月 16 日，北京市“十百千”示范品牌社区社会组织宣传推广互学互访活动（通州区）举办

（区民政局提供）

社区社会组织宣传推广活动方案》，“十”即选树10家区级或街道乡镇级社会组织培育孵化示范机构；“百”即选树100名社区社会组织领军人物；“千”即选树1000家示范品牌社区社会组织）示范品牌社区社会组织选树活动，组织各街道乡镇报送推荐名单，根据材料择优推荐至市民政局，全区最终形成3家孵化示范机构、12个社区社会组织领军人物、121个品牌社区社会组织。同时，利用“互学互访、社区邻里节”进行宣传展示。

（曹新亮　杨　翠）

基层治理

【概　况】2023年，区民政局印发《通州区社区工作者管理办法（2023年修订）》《通州区进一步规范社区工作者工资待遇的实施方案（2023年修订）》，进一步规范社区工作者管理和工资待遇。按照全市统一部署，会同区人力社保局、区委组织部、区委编办开展面向优秀社区书记和优秀社区工作者定向招聘事业编工作，定向招录26名优秀社区党组织书记、6名优秀社区工作者为事业编。推进北京城市副中心社区工作者队伍建设，全年向社会公开招聘81名社区工作者。

（王　禹）

【社区建设】2023年，区民政局完成社区建设重点项目3个。建成8个社区服务空间开放式点位，坚持“办公空间最小化、服务空间最大化”，最大限度释放社区办公空间资源，按照咨询服务区、居民活动区、议事协商区、特色服务区、宣传展示区和社区办公区等功能空间要求，打造“有颜值、有文化、有温度、有认同”的社区服务公共空间。建设3个农村综合服务提升试点，建设村级一站式服务大厅，完善服务设施，提供民政、社保、综治、法律咨询服务等一站式服务，培育和引进公益组织，为村内老年人、儿童、残疾人提供服务。建设2个生活垃圾分类社区动员发动试点，通过党建引领，建立健全生活垃圾分类引导、动员发动、奖惩措施等机制，通过居民公约修订、桶前值守、开展宣讲活动等方式，引导居民养成良好的生活习惯和生活方式，形成良好示范效应。

（张　涛）

【村（居）民公约】2023年，区民政局组织各社区居委会开展居民公约修订工作。督促完成居委会选举但尚未制定居民公约的新建社区及时完成居民公约制定工作。指导各村开展村规民约的修订完善，将移风易俗等内容纳入村规民约。

（王　喆）

【人员培训】2023年，区民政局广泛开展社区工作者培训工作。举办通州区社区党组织书记轮训3期，180人参训；举办通州区社区“两委”负责人示范培训1期，40人参训。强化基层干部队伍建设，举办通州区2023年度城乡基层组织成员能力提升培训，120人参训；举办新入职社区工作者培训，80人参训。培训均以线上线下相结合的方式，通过专题讲座、案例分析、互动研讨等模式激发学员的学习兴趣与参与热情，增强对培训内容的理解和掌握。举办2023年提升基层协商共治实效性专题培训班，设置党建引领协商共治的政策与实务、北京市“接诉即办”工作条例解读、提升人际沟通和群众工作能力等课程，各街道乡镇、社区干部和工作人员参加培训。推荐4名副书记参加北京市社区党组织副书记能力提升培训，5名优秀社区工作者参加北京市社区工作者示范培训。

（王　禹）

【志愿者管理】2023年，区民政局印发《关于进一步推动志愿者参与社区志愿服务活动的通知》，推动志愿者走进社区、走进乡村、走进基层，参与社区日常和应急志愿服务。制定《北京市通州区志愿服务记录与证明抽查工作方案》，通过座谈、询问、查阅核对相关资料等方式，重点抽查区内12家志愿服务组织进行志愿服务记录、记录证明等工作，形成工作总结报告。组织全区志愿服务负责人参加专业培训，学习《北京市志愿者服务管理办法》、社区志愿服务站建设和规范指引、“志愿北京”信息平台操作及常见问题等方面内容，提升志愿服务者能力水平。

（曹新亮　杨　翠）

残疾人事业

【概　况】2023年，通州区户籍人口中有持证残疾人38539人，其中视力残疾3791人、听力残疾2225人、言语残疾173人、肢体残疾25529人、智力残疾3073人、精神残疾2198人、多重残疾1550人。全年新办残疾人

▲8月17日，2023年提升基层协商共治实效性专题培训班举办

（区民政局提供）

证3061件。有543个社区（村）设立残疾人协会。

（李春美）

【残疾人就业服务】 2023年，通州区残疾人联合会（简称区残联）审核按比例安排残疾人就业单位932家，安排残疾人就业2472人。开展技能培训，搭建就业平台，举办残疾人招聘会4场，首次组织95家企业举办雇主培训及残疾人大学生就业促进会；支持永顺镇温馨家园、梨园镇开展非物质文化遗产技艺水族马尾绣培训，鼓励残疾人参与文化产业创业就业。与中国农业银行北京城市副中心分行合作，通过“残联推荐，农行办贷，残疾人受益”服务方式，通过“e推客”系统为5名重点服务对象申请融资办贷，辐射带动更多残疾人就业增收。

（李春美）

【残疾人社会保障】 2023年，区残联元旦、春节走访慰问困难残疾人家庭7518户，发放补助金额610.5万元；发放残疾人岗位补贴和社会保险补贴1408.92万元；毕业生社会保险补贴0.74万元；残疾人自主创业就业社会保险补贴2223.07万元；残疾人危房改造补贴5.6万元；为全区16～59周岁无工作重残人员发放居家助残服务补贴250.05万元；为24名残疾人学生和生活困难的残疾人子女学生申请助学补助资金11.01万元；投入130万元开展内蒙古奈曼旗、翁牛特旗对口支援合作工作，主要为奈曼旗95名困难残疾人提供假肢适配服务，帮助翁牛特旗开展残疾人就业创业培训工作等。

（李春美）

【残疾人权益保障】 2023年，区残联依托温馨家园、社区、村开展20场次“庭院式”法律宣讲服务，500多名有法律需求的残疾人及亲友参加。开展残疾人服务问需工作，完成37662位残疾人入户访视，收集社区、村残疾人登记表655份，了解残疾人实际需求，提升相应服务质量。

（李春美）

【残疾人文体事业】 2023年，区残联开展、组织、参与各类文体活动10余次，参与残疾人1000余人次。依托职康站开展残疾人活动400余次，温馨家园开展残疾人活动1239次，残疾人专门协会开展系列活动26次。

（李春美）

【康复服务】 2023年，区残联持续落实三项康复政策补贴工作，全区残疾人基本康复服务覆盖率99.98%。为1100余人补贴成人康复经费258.46万元，为持证及疑似残疾儿童385人补贴康复经费889.29万元，为残疾人申请7.4万余件辅具补贴经费1002.74万元，为914名残疾人发放燃油补贴24.46万元。全面完善全区无障碍设施，完成通州区全国文明城区常态化创建领导小组办公室整改问题254个；为514户有需求的残疾人家庭进行居家无障碍改造，超额完成区为民办实事工程；首次在北京城市副中心电视台公共频道启用人工智能手语新闻播报系统，提供翻译服务；首次在通州区培智学校开展辅具进校园试点活动，为残疾学生提供按需适配、精准服务。

（李春美）

【“柔肩担重任，奋斗新征程”主题活动】 3月7日，区残联与区手递手残疾人服务中心开展“柔肩担重任，奋斗新征程”主题活动。活动在北投爱琴海购物公园手递手星星直播间开展，展示中仓街道职康站学员们带来的手语表演《听我说谢谢你》、非洲鼓表演《布谷鸟》等节目，参与活动的残疾人还体验扎染制作、咖啡和烘焙制作。“手递手星星直播间”是通州区首个公益助残直播间，融合公益商业，打通产供销链条，是通州区迈出探索“互联网+助残”全新模式的一步。活动在线上平台进行全程直播。

（通鉴编）

红十字事业

【概　况】 2023年，通州区红十字会（简称区红十字会）围绕“三救三献”（即应急救援、应急救护、人道救助，无偿献血、捐献造血干细胞、捐献遗体和人体器官）核心业务，充分发挥党和政府在人道领域联系群众的桥梁纽带作用，指导基层红十字组织发挥人道救助主体作用，在全市范围内率先实现街道乡镇红十字博爱基金全覆盖，救助总量持续居全市前列。

（畅绍丽）

【困难群体帮扶】 2023年，区红十字会聚焦各类困难群体开展多项为民办实事项目，全年发放救助款物267.36万元，救助困难家庭1665户。元旦、

▲5月6日，区残联与区特教中心共同举办“辅具进校园”家长咨询会

（区残疾人联合会提供）

春节送温暖发放救助款物 62.83 万元，受益困难家庭 1098 户；救助低保家庭大学生 34 人，发放助学款 14.4 万元。

（畅绍丽）

【人道募捐】 2023 年，区红十字会共募集款物 272.6 万元。其中，5 月参与北京市“5·8”人道公益日线上众筹募捐，筹集善款 13.91 万元，43 个爱心团队、5059 人次参与；8 月接收三峡集团定向捐款 100 万元，用于困难群众救助和突发事件处置；其他捐赠款物 158.69 万元。

（畅绍丽）

【应急救护与应急救援培训】 2023 年，区红十字会开展应急救护知识“五进”（即进学校、进企业、进社区、进机关、进农村）活动，组织讲座 47 期、参与人员 6661 人次，发放急救手册等宣传折页 3 万份。组织应急救护取证培训 193 期、受训人员 7873 人次。11 月，举办应急救援志愿服务业务培训班，培训内容包括绳结教学、心肺复苏术、海姆利克法、AED 的使用、创伤救护技术等，区蓝天救援队队员、应急救援志愿者近 30 人参加。

（畅绍丽）

【红十字志愿服务】 2023 年，区红十字会组织参与新时代文明实践志愿服务队大集、文明游园主题宣传等志愿服务活动 6 场，服务内容包括应急救护、心肺复苏等技能展示，并为群众发放日常急救手册、外伤急救包等宣传资料和宣传品。参加活动志愿者 2000 余人次。

（畅绍丽）

【“三献”事业】 2023 年，区红十字会推进通州区“三献”事业发展。举办“无偿献血、造血干细胞志愿者招募”活动 5 场，发放宣传材料和宣传品 6000 余份。全年新增造血干细胞捐献志愿者 109 名，完成通州区第 6、7、8 例非亲缘造血干细胞捐献。依托“生命永恒工作室”开展遗体和人体器官捐献志愿服务，有 9 名志愿者办理遗体捐献登记，1 名志愿者完成遗体捐献。

（畅绍丽）

▲ 6 月 14 日，区红十字会开展“汇聚青春正能量 无偿献血传爱心”2023 年世界献血日活动

（区红十字会提供）

▲ 10 月 26 日，通州区首支红十字会无偿献血志愿服务队成立

（区红十字会提供）

【首支红十字无偿献血志愿服务队成立】 10 月 26 日，区红十字会联合北京中保伟业保安服务有限公司，成立通州区首支红十字会无偿献血志愿服务队，助力北京城市副中心无偿献血事业高质量发展。无偿献血志愿服务队旨在出现突发事件或季节性缺血、血液偏型等情况时，发挥应急献血作用，协助保障人民群众的身体健康和生命安全。

（畅绍丽）

民族宗教事务

【概　况】 2023 年，通州区有汉族、满族、回族、蒙古族、朝鲜族、土家族、壮族、苗族等 54 个民族，少数民族人口约 8.7 万人。有于家务回族乡 1 个民族乡，中仓街道、张家湾镇、马驹桥镇 3 个民族工作重点街镇，于家务回族乡于家务村，张家湾镇张湾镇村、张湾村、枣林庄村，马驹桥镇北门口村 5 个民族村。有区伊斯兰教协会、区天主教爱国会、区基督教“三自”（即自治、自养、自传）爱国运动委员会 3 个区级宗教团体。有依法登记的主要宗教活动场所 15 处，其中佛教寺庙 1 座、道教宫观 1 座、清真寺 9 座、天主教堂 3 座、基督教堂 1 座。有天主教弥撒点 4 个。有教职人员 41 人，其中法师 5 名、道长 9 名、阿訇 17 名、天主教神父 7 名、基督教牧师 3 名。

（赖昭祥　杨　浩　李大权）

2023年通州区依法登记主要宗教活动场所一览表

表16

序号	名称
1	通州清真寺
2	北关清真寺
3	西关清真寺
4	张家湾清真寺
5	垡头清真寺
6	枣林庄清真寺
7	马驹桥清真寺
8	永乐店清真寺
9	于家务清真寺
10	北京市基督教通州堂
11	贾后疃天主教堂
12	龙庄天主教堂
13	牛牧屯天主教堂
14	佑胜教寺
15	佑民观

【民族经济服务】 2023年，通州区民族宗教侨务办公室（简称区民宗侨办）与区政务服务局对接，持续推进集中审批业务改革试点，全年办厘清真食品生产加工经营许可20件。加快实施市级铸牢中华民族共同体意识项目，向于家务回族乡连栋温室大棚、景观建设、氛围营造等项目投入扶持资金233万元。

（赖昭祥　杨　浩　李大权）

【宗教界支援灾区】 2023年，通州区宗教界向甘肃省临夏回族自治州积石山保安族东乡族撒拉族自治县地震灾区捐款23.81万元。其中，区天主教爱国会捐款1.09万元，区基督教“三自”爱国运动委员会捐款5万元，区伊斯兰教协会捐款5.09万元，通州区佑胜教寺捐款1.2万元，通州区佑民观捐款11.43万元。

（赖昭祥　杨　浩　李大权）

【京冀民族宗教领域合作交流】 3月24日，区委统战部，河北省廊坊市委统战部、廊坊市民族宗教局在廊坊市大厂回族自治县签订《关于建立民族团结进步创建联建共享机制的协议书》等，并参观调研了大厂金漆宫、北坞回族小学、大厂镇小厂村清真寺和少数民族特色村寨建设等，深化民族宗教领域对接合作，进一步加强通州区与廊坊市在民族宗教工作方面的合作交流，促进两地民族宗教领域和谐。

（赖昭祥　杨　浩　李大权）

【民族宗教培训】 10月24—27日，区民宗侨办举办通州区2023年度民族宗教工作培训班，各街道乡镇主管民族宗教工作领导、部分村（居）委会书记、五大宗教团体（场所）负责人共40余人参加培训。培训将理论与现场教学相结合，围绕党的二十大精神和民族宗教工作重要会议精神等方面内容进行授课。安排学员到京津冀

▲10月24日，通州区2023年度民族宗教工作培训班举办　（区委党校提供）

地区实地参观学习，观摩怀柔区“京韵满乡民族团结文旅精品示范带”建设、廊坊市坚持宗教中国化方向教育基地、天津市宗教场所规范化管理等，学习宗教中国化、民族团结进步的经验做法，提升民族宗教干部和代表人士的综合素质。

（赖昭祥　杨　浩　李大权）

【民族团结进步表彰】 12月5日，第九届首都民族团结进步表彰大会召开。于家务回族乡党委、张家湾镇中心小学、潞河中学、马驹桥镇北门口村党支部4个集体，赖昭祥等9名个人获第九届“首都民族团结进步奖”表彰。于家务回族乡、通州区民族小学、中仓街道莲花寺社区被确定为市级行业示范类铸牢中华民族共同体意识教育实践基地。通州区佑胜教寺、佑民观、通州清真寺3个场所获市级宗教活动示范场所命名，佑民观负责人在全市示范场所命名暨经验交流会上作交流发言。

（赖昭祥　杨　浩　李大权）

精神文明建设

【概　况】 2023年，区委宣传部充分发挥统筹指导、全面协调作用，一体化推进文明培育、文明创建、文明实践。巩固文明单位、文明村镇、文明校园、文明家庭创建成果，开展相关主题活动1000余次。深化移风易俗，成立移风易俗管理队伍390余个。印发《通州区2023年精神文明宣传视屏和乡情村史陈列室建设实施意见》，夯实基层精神文明宣传阵地建设。构建“15分钟文明实践服务圈”，整合公共文化服务阵地1053个，开展文明实践活动6500余场。搭建“文明实践、信息发布、政务服务”一体化综合服务平台，推出“文明实践码”“文明实践地图”。深入实施“百人百讲进基层”“等灯 等灯”“三为三帮”等志愿服务项目，“北京环球度假区周边保障”文明实践志愿服务项目获第六届中国青年志愿服务项目大赛银奖。做好志愿服务先进典型推选表彰，19个集体和个人获评2022年首都学雷锋志愿服务“五个100”先进典型。北京城市副中心“文明数治”管理平台获评首都精神文明建设工作十佳案例。

（翟洪娟）

【文明城区常态化创建】 2023年，区委宣传部修订印发《通州区2023年全国文明城区常态化创建工作督查方案》，完成问题整改16.9万余个。深化“创城＋热线＋网格”联动互促机制，延伸督办市民热线群众反映强烈的18类集中诉求，问题解决率95.01%。扩大“副中心市民文明观察团”规模，1154名群众志愿者通过“文明随手拍”参与和监督创建全过程。开展“文明示范小区”创建工作，制定56项文明示范小区创建标准，打造中上园5号院、东方化工厂生活区等文明示范小区试点。启动“创城＋消防·365”专项行动，实现文明创建和火灾隐患大排查大整治工作同推进、同落实。

（侯　洋）

【新时代文明实践中心建设】 2023年，区委宣传部实施新时代文明实践中心规范化建设提升工程，组建北京城市副中心文明实践工作智库，开展培训及实地调研77场次。区博物馆、区文化馆、台湖演艺车间、北京文旺阁木作博物馆获评北京市新时代文明实践基地。

（尹　静）

【公共文明引导】 2023年，区委宣传部组织全区489名公共文明引导员开展常态化文明交通引导工作，累计志愿服务时长2.3万余小时。参与市区两级重大活动服务保障30次。开展“我认领 我服务”文明单位路口文明引导活动，设立“文明单位路口引导日”，制作发放引导牌、引导旗帜，组建文明引导宣讲队伍到机关、企业、工地等开展宣传活动11场。

（米朝晖　杨　可）

【未成年人思想道德建设】 2023年，区委宣传部启动“运河小林长”三年行动，实施“十百千万”培育工程。开办“文明交通第一课——文明交通与你‘童’行”直播课堂，点赞量超370万。开展“清明祭英烈”“向国旗敬礼”等活动，共6万余人参与。组织未成年人思想道德建设创新案例征集评选，“运河少年行”项目获评2023年度首都未成年人思想道德建设创新案例。推选区级“美德少年”“新时代好少年”176名，2人获评首都“新时代好少年”。

（米朝晖）

【榜样选树】 2023年，区委宣传部开展“通州榜样”主题教育，选树“通州榜样”36人，5人获评“北京榜样”，3人荣登“中国好人榜”。打造“政务榜样”“交通榜样”等子品牌。组织榜样人物参与“舟行运河 粽香端午”等活动。

（孟　思）

【诚信教育】 2023年，区委宣传部举办“‘诚’就新未来‘信’聚副中心，通州区‘百业联盟’成立暨‘副中心严选’诚信商品放心购”活动。活动现场，诚信企业代表向全区发起诚信经营倡议，号召各行各业诚信服务、履约践诺，共同参与“百业万企共铸诚信行动”。发布原创公益歌曲《诚信通州》，推广“以诚信品质换市场”营商理念，助力北京城市副中心产业发展行稳致远。活动参与人数8.7万人次，销售额230余万元。定期发布诚信“红黑榜”，培育诚信典型，北京绿色动力环保有限公司等12家企业获评2022年度“北京市共铸诚信企业”。

（孟　思）

【公益志愿服务】 2023年，区委宣传部整合形成文明实践资源清单217项，新时代文明实践中心网上平台志愿服务活动总发布量达4.7万余场，服务群众126万余人次，群众满意率99.7%。通州区图书馆志愿服务队获评全国学雷锋“四个100”最佳志愿服务组织，北京环球度假区周边保障志愿服务项目等21个先进典型入选首都学雷锋志愿服务“五个100”。

（尹　静）

▲1月19日，志愿者在北京环球度假区周边开展公益志愿服务

（区委宣传部提供）

▲4月23日，北京城市副中心城市文明议事厅第一次活动举办

（区委宣传部提供）

【首都精神文明创建工作先进单位参选推荐】 2023年，区委宣传部制定并印发《通州区2021—2023年度首都精神文明创建工作先进单位推荐评选工作实施方案》，积极参与首都精神文明创建工作先进单位评选工作。经首都文明委测评、审核、公示、审定命名等环节，全区278个单位（家庭）被首都文明委授予2021—2023年度首都文明村镇、文明单位、文明家庭、文明校园称号。其中，获评首都文明村镇105个（复查保留称号92个、新推选13个），首都文明单位130个（复查保留称号91个、新推选39个），首都文明家庭20个（复查保留称号11个、新推选9个），首都文明校园23个（复查保留称号16个、新推选7个）。

（杨　可）

【城市文明议事厅】 4月23日，区委宣传部举办北京城市副中心城市文明议事厅第一次活动，来自全区10个街道的45名市民代表和区住建委、区城管委等11个政府部门的工作人员、基层治理专家，围绕“我心目中的文明城区”主题为文明城区创建建言献策，共提出包括社区文明养犬、垃圾分类、楼道堆物堆料等12个热点议题，形成老旧小区绿化空间微改造、志愿者队伍建设等5个焦点议题。年内，开展议事活动8次，打造市民群众、政府部门、专家学者共议城市文明新模式。

（尹　静）

街道　乡镇

新华街道

【概 况】通州区新华街道办事处（简称新华街道）地处运河商务区起步区和“三庙一塔”风景区，是北京城市副中心商务服务功能的重要承载地及“老城双修”、新老融合发展建设的关键区域。辖区东至芙蓉路，南至新华东街—通胡大街，西至新华北路，北至温榆河—运潮减河，面积4.48平方千米。下辖如意、天桥湾、盛业家园、京贸国际城、京贸北区、河畔雅园6个社区和保利绿地、新光大中心、侨商总部基地3个试运行商务公寓工作站。2023年有常住人口3.73万人，其中户籍居民9510户、1.54万人，流动人口2.23万人。东大街、贡院、司空、新建和北关5个拆迁社区居委会于2020年5月撤销，新华街道仍管辖空挂居民2029户。

（周佳昕）

【基层党建】2023年，新华街道依托运河商务区党群服务中心和新华街道党群服务中心，抓实新业态新就业群体党建工作，构建区域党建发展共同体，成立5个“两新”党组织，整建制接收北京侨商会党支部，与中国银行、浙商银行等企业签约党建共建。进一步发挥社区党组织领导核心作用和组织动员优势，引导居民全程介入议题征集讨论、项目资源筹集、过程监督，解决机动车占用消防通道、电动车停车难等问题。发挥新时代文明站、所等宣传阵地作用，整合“新华情”相声俱乐部等社会资源和专家资源，组建理论宣讲志愿服务队伍，开展群众性主题宣传教育活动。

（周佳昕）

【市民服务热线办理】2023年，新华街道加强统筹调度，定期对热线办理情况进行复盘分析，对诉求数据做好周统计、月分析，分析原因、查找不足，推动诉求解决。进一步理顺内部机制，规范流程，动态调整职责清单，强化街道内吹哨机制，机关各部门和社区主动认领、联合办理，切实解决“最后一公里”落实问题。以群众诉求“件件有落实、事事有回音”为出发点，强化干部主动上门、见面沟通意识，相继解决珠江阙大坑、远洋乐堤港地下车库安全隐患等一批“老大难”问题。全年受理12345市民热线诉求案件5503件，其中市级直派案件1946件、区级分转案件3557件，累计纳入市直派考核622件，响应率100%，解决率94.75%，满意率95.86%，综合成绩95.72分。

（周佳昕）

【城市管理】2023年，新华街道紧盯工地、裸地、道路扬尘污染，固化“快速发现、快速转办、快速解决”闭环管理机制，综合行政执法队、环保、交通等执法部门协同联动，持续加大对重点区域、重点问题、重点时段施工工地土石方作业、工地物料苫盖及渣土运输车辆、路面遗撒等问题综合治理力度，每月至少开展2次零点执法，提高问题发现率、查处率、整改率。全年检查各类点位5779家次，发现并处置问题2427个；立案处罚违法渣土车辆、夜间施工等违法行为201起；处置河岸垃圾、排污等水污染上账问题5起；完成京贸国际城西侧路和京杭府周边点位裸地治理工作。搭建“网格化”数据资源梳理、归集和共享交换平台架构，调整重划网格，明确由基层社工担任网格长，建立街道、社区两级专兼职网格员双重负责管理体系，安监、城管、环保等职能部门304名工作人员全部纳入76个基础网格，接收各委办局到辖区网格报道719人，实行“走动式办公”，让各类问题在网格内发现、网格内解决。通过区网格化城市管理系统上报事件6399件，第一时间解决道路破损、机动车乱停、废弃家具乱放、游商无照经营和装修垃圾乱堆乱放等问题6321个。持续开展常态化创建全国文明城区工作，收到区常态办督办单147件。深入推进重点路段交通安全隐患排查治理和秩序优化行动，在吉祥路道路两侧施划停车位96个，开展打击“黑车”专项整治行动18次，查获非法营运车辆70辆，及时劝离违法停车近800辆，整治乱停车、“僵尸车”、违规圈地建停车场等交通秩序问题60个。拆除违法建设9处，面积1161.19平方米。创建“基本无违法建设区”，定期全辖区巡查，及时发现、处理违法线索，快速拆除新生在施违建，完成图斑举证任务，部市两级卫片未出现违法图斑。查处地铁口、通胡大街等人流密集场所占道经营等相关违法行为80起，实现动态清零；动态治理街面秩序，对店外经营、违规牌匾等违法行为每周全覆盖检查1次，查处乱堆物

▲5月18日，新华街道举办运河商务区新业态新就业群体调研座谈会

（新华街道提供）

料、违规广告等行为68起，无证无照经营和“开墙打洞”持续动态清零；引导居民主动承担违法“群租房”发现、上报、监督义务，治理有隔断、上下铺等各类安全隐患违法群租房8户，疏解人员31人。

（周佳昕）

【平安建设】2023年，新华街道启动安全生产和火灾隐患大排查大整治、网格化安全隐患基础信息摸排行动，面向辖区企事业单位深入开展“人地事物组织”基础信息摸排、安全隐患自查自纠、即查即纠等工作，重点加强高层楼宇、高层地下、人员密集场所、建筑施工、特种设备、有限空间、文物古建等重点区域、重点行业领域安全监管。全年整改各类安全隐患4055项，隐患排查治理信息系统整改完成率100%，重大隐患整改率100%。督促企事业单位落实主体责任，深入推进“企安安”系统使用，台账内1105家企事业单位全部完成安全隐患自查自纠和隐患上报。组织辖区重点单位开展应急演练和宣讲活动6次。做好防汛工作，应对7月29日至8月2日强降雨，组建40余名机关年轻干部参加筑堤抢险队，投入26.44万元连夜封堵北运河左堤月亮河豁口，确保北运河行洪安全。排查化解社会矛盾纠纷，整合综治、纪检、司法、信访、派出所等职能部门力量，建立联合型工作平台，做好人民调解、司法调解和行政调解工作，受理群众来信来访43件。完成全国两会、国家级绿交所启动仪式、全国电动冲浪板联赛、2023北京城市副中心马拉松、北京城市副中心运河赛艇大师赛等重大会议、活动期间安保和秩序管控工作。加强对运河商务区施工工地和楼宇企业劳动用工情况日常巡查检查，及时督促整改、化解欠薪隐患，依法调处建筑工地现场讨薪、来人来访等问题51件，涉及金额3320余万元。

（周佳昕）

【社区建设】2023年，新华街道构建以社区为平台、社会组织为载体、社会工作人才队伍为支撑的“三位一体”社会治理模式，搭建“新家园发声人”议事协商平台，在京贸北区、河畔雅园、盛业家园开展“月月有协商、人人会协商”微协商活动。全年开展议事会议24场，引导居民从议题征集、项目讨论、项目实施、资源筹集、项目监督全程介入，实现“做群众工作”到“群众做工作”转变。加强基层治理队伍建设，探索试点将公众评价引入社区考核，按季度开展辖区居民和企业对社区班子、社区干部工作评判满意度测评，覆盖街道10694户居民、3057户公寓住户、716家辖区企业，总体参与率85%。

（周佳昕）

【民生保障】2023年，新华街道对新增低保、低收入、特困及其他享受困难待遇等人群实施全面走访和精准救助服务工作，开展政策宣讲8次、个案服务4户。残疾人温馨家园常态化运营，浙商银行北京城市副中心分行“爱心基地”签约落户，浙北家园善行工作室慈善平台筹备建立。与北京市人力资源产业园建立日常联系机制，开展残疾人就业培训雇主政策宣讲、扶残助残、残疾人就业、康复进家庭等多场服务活动。为退役军人建立台账，定期对优抚对象、参加抗日战争老战士以及军烈属、困难退役军人进行走访慰问。如意、天桥湾、盛业养老驿站和2个助餐点实现常态化运营，为154名基本养老和79名家庭床位服务对象提供助餐1.27万人次，提供康复护理、个人清洁、日间照料等服务2313人次。按照“政府主导、专业支撑、家庭参与”原则，建成50张家庭照护床位，3个养老驿站7月份开始提供呼叫服务、代办咨询、入户探访等家床服务，服务家床老人48名，累计服务时长1576小时。

（周佳昕）

【财源建设】2023年，新华街道开展“梳网清格、扫楼明企”专项行动，76名网格员组成财源网格专干队伍，对网格内楼宇、园区、街巷中企业情况进行摸底梳理，形成集产业载体剩余空间、异地经营、异地纳税和产业集聚等情况为一体的信息台账。加强税源服务能力建设，班子成员、包社区干部定期对32家重点企业进行走访，抽调专业力量加强涉企走访和数据监测，多渠道走访企业8252家。年内，全口径税收实际入库23.71亿元，完成区财源分配目标86.88%。辖区有纳税千万元以上企业43家，百万元以上企业103家，10万～100万元企业502家，10万元以下企业3097家，零纳税企业5734家，退税企业101家。

（周佳昕）

【新时代邻里互助节活动】1月23日，新华街道在月亮河休闲小镇开展新时代邻里互助节活动。活动以“以邻为伴与邻为善·共建美好幸福家园”为主题，现场设非遗文化作品展示、便民服务、美食、互动游戏和趣味竞赛等板块，展示传统手工艺品、地方特色文化产品，提供免费的法律咨询、旅游、健康义诊等服务项目，参与互动游戏和趣味竞赛，为居民提供相互交流、增进友谊的平台。

（周佳昕）

【“魅力副中心·乐享在新华”系列文化活动】6月，新华街道第三届“魅力副中心·乐享在新华”系列文化活动举办。活动主题为“绽放光辉”，包含舞蹈、歌曲、戏曲、武术、杂技等各类节目展演，开展“踏红色足迹寻英雄之路观影活动”“Power‘新’势力摇滚音乐会”“画缤纷·笔弄韶华书画活动”“‘骑’行有我·乐在‘骑’中金秋骑行活动”“文脉传承·尽享非遗活动”“梨园尽风华国粹演出”等多场活动。

（周佳昕）

2023 年通州区新华街道社区居委会一览表

表 17

序号	名称	地址
1	如意社区居委会	如意园甲 15-1-2
2	天桥湾社区居委会	天桥湾小区 13 号楼北侧平房
3	盛业家园社区居委会	通胡大街 23 号盛业大厦 2 层
4	京贸国际城社区居委会	芙蓉路 1 号
5	京贸北区社区居委会	京贸国际城南门东侧
6	河畔雅园社区居委会	河滨路 1 号工艺 B 楼

北苑街道

【概　况】通州区北苑街道办事处（简称北苑街道）位于通州城区西部，东起新华北路、新华南路中心线，西南至京通快速路—北苑南路，西至翠屏西路，南至运河西大街中心线，北至通惠河中心线。辖区面积 3.35 平方千米，下辖 13 个社区，以及果元村、杨庄村和杨富店村部分区域。2023 年，辖区常住人口 7.03 万人，流动人口 3.48 万人。有企业商户 7662 个。

（雷雨涵）

【基层党建】2023 年，北苑街道融合“理论 + 百姓 + 文艺”等多种元素，开展党的二十大精神百姓宣讲、知识竞赛等活动 1100 余场，受众 5 万余人。抓好“两新”组织党建，以万达商圈为重点，探索组织圈、平台圈、服务圈、交流圈、共治圈和安全圈“六圈共建”模式，为新就业群体提供多元化、体验式服务与支持，引导新就业群体主动参与商圈治理，协助解决万达周边停车难、停车乱问题。西关社区万达楼宇党群服务站党支部“六圈共建”党建品牌获评北京市 100 个“党建强、发展强”“两新”组织党建品牌。

（雷雨涵）

【市民服务热线办理】2023 年，北苑街道推进“热线 +”工作模式，完成网格单元调整更新，基本实现“专职力量一格一员、专业力量一员多格、兼职力量一格多员”格局。深化“有事您找我”基层治理品牌，在解决物业、住房两大类问题的基础上，通过组建 8 支队伍（即安全督导队、桶前值守队、纠纷调解队、养老助残队、议事协商队、文明宣讲队、工单处置队、环境保护队），对标解决社区治理 8 个痛点问题。利用吹哨报到机制，与企业、社区联动，吹哨 143 次。全年接到市民诉求 11853 件，其中市直派 5449 件，区分转 6404 件，响应率为 100%，解决率为 95.89%，满意率 96.82%。市直派平均成绩为 96.68 分，排名通州区第 7 名，区分转平均成绩为 93.64 分，综合成绩为 96.68 分。

（雷雨涵）

【城市管理】2023 年，北苑街道推动老旧小区改造全覆盖，将 2000 年之前建成的 22 个小区纳入改造范围，改造面积 24.73 万平方米，年底完成 6 个施工改造项目。坚持小微项目惠民生，申报小微项目 30 个，项目总金额 349.38 万元。充分利用铁路沿线闲置空地，建成由居民参与设计的“长桥皓月”全龄公园，设篮球场、儿童乐园、棋牌场地等，全面满足不同年龄群体对文体活动的需求。优化改善万达广场周边交通环境秩序，新增 2000 个非机动车停车位。推进物业“三率”（即业委会 / 物管会组建率、物业服务覆盖率、党的组织和工作覆盖率）工作，68 个单元实现物业管理全覆盖，组建业委会 21 个，65 个单元完成业委会 / 物管会覆盖，占比 95.6%。完成“基本无违法建设区”创建，拆除并销账违法建设 32 处、面积 2671.63 平方

▲ 12 月 8 日，入选 2023 年十大“北京最美街巷”的北苑北路

（北苑街道提供）

米。推动城市精细化管理，开展全天候执法，集中整治占道经营、非法小广告、不按规定投放垃圾等违法行为。整治背街小巷，重新规划北苑北路机动车道，实现机非分流，增设立体植物墙、休闲廊架、休憩座椅，北苑北路入选2023年十大“北京最美街巷”。推进裸地扬尘整治，治理裸地5995.59平方米，其中生物覆盖4668.24平方米、硬化1327.35平方米。

（雷雨涵）

【平安建设】 2023年，北苑街道开展2轮次全覆盖隐患排查，检查各类生产经营单位5138家次，发现并整改隐患5224处，整改率100%。推广“企安安”系统安装，辖区1550家企业单位使用率、检查覆盖率100%。对校园、医疗机构、建筑施工、养老驿站、餐饮娱乐等氧气瓶使用单位，开展专项“点对点”隐患排查，检查2009家次，治理隐患2266处。推进应急体系建设，创建“全国综合减灾示范社区”6个、“北京市综合减灾示范社区”2个；通过“北京市安全社区”复评，为全区唯一一个通过复评的街道。安装“电梯智能阻止系统”170套，实现8个高层小区电动车阻车器全覆盖。推动违规电动三、四轮车淘汰工作有序转段，辖区371辆违规电动三、四轮车全部淘汰清零。

（雷雨涵）

【社区建设】 2023年，北苑街道推进社区共建共治，举办北苑街道社区社会组织联合会“星选计划”项目提案大赛，评选出16份可实操、可复制、可推广的公益项目品牌，在16个社区（村）开展居民自治、环境美化、助老帮扶等基层治理活动128场，直接服务群众2155人，间接带动周边居民1.2万余人，参与志愿者600余人。在后南仓、复兴南里、官园、果园西4个社区建设社区议事厅，开展议事协商156次。打造6处特色文化楼门。建成西关商业文化生活圈、北苑桥新兴住宅生活圈、新华西街老北京式胡同邻里生活圈、官园老城区住宅生活圈、复兴南里城乡接合部生活圈、玉带路高等学院生活圈6个一刻钟便民生活圈，实现16个社区（村）全覆盖，其中新华西街生活圈被市商务局评为优秀生活圈。

▲6月27日，北苑街道举办社区社会组织联合会“星选计划”项目提案大赛（北苑街道提供）

（雷雨涵）

【民生保障】 2023年，北苑街道促进本辖区户籍登记失业及就业困难人员583人实现就业，城镇登记失业人员就业率67.43%。帮助居民就地就近就业，开展线上、线下招聘会8场，提供岗位200余个，招聘人数800余人。组织严重精神障碍患者筛查22场，对191名疑似患者开展现场筛查，新增确诊严重精神障碍患者99人，截至年底，在册严重精神障碍患者235人，报告患病率3.46%。完成家庭养老照料床位适老化改造，建成床位130张，130名对象享受到照料服务。北苑社区卫生服务中心完成家庭医生签约381人，为3636名65岁以上老年人提供体检服务。围绕女性健康、健康饮食、骨骼健康、口腔健康等主题开展52场宣传活动和健康讲座，组织义诊45次，惠及2800余人次。两节、“八一”期间对退役军人、优抚对象、老战士等进行走访慰问。

（雷雨涵）

【财源建设】 2023年，北苑街道开展“梳网清格 扫楼明企”专项工作，全面摸清辖区企业基本情况，摸排企业7551家。走访问需36家重点“服务包”企业，收集并解决企业诉求125条，响应率、解决率和好评率均为100%。协调商务楼宇、产业园区、行业中介等，开展招商引资工作，新增企业1483家，其中，完成“两区”建设储备项目71个，投入资金6.5亿元。联系走访9个行业90家规模以上企业，推动经济增长指标提速，实现税收收入约5亿元；其中，批发和零售业销售额同比增长9.9%，住宿和餐饮业营业额同比增长60.5%。

（雷雨涵）

【“和谐北苑”App上线】 2023年，北苑街道探索“互联网+文明实践”模式，上线“和谐北苑”App，搭建地区“睦邻文化”平台，开设资讯发布、便民服务、需求收集、邻里社交等多个功能。结合辖区“有事您找我”品牌，在App内设置“有事您说话”线上反馈区域，居民可通过文字、图片形式向物业公司进行诉求反馈，帮助居民解决停车纠纷、管线“跑冒滴漏”等急难愁盼问题。截至年底，总下载量6624次，发布信息29229条、评论31925条。

（雷雨涵）

【首届商会吸收会员动员大会召开】 11月28日，新华街道首届商会吸收会员动员大会召开，各社区（村）财源建设专干及辖区7000余家企业代表出席活动。大会对北苑街道商会组建工作方案进行介绍和说明，向企业代表详细阐述街道商会成立目的、意义及作用，向辖区优秀企业发出入会动员，号召广大企业代表积极加入街道商会组织。

（雷雨涵）

2023 年通州区北苑街道社区居委会、村委会一览表

表 18

序号	名称	地址
1	后南仓社区居委会	后南仓小区 12 号楼北侧平房
2	果园西社区居委会	北苑南路 48 号院内平房
3	新华西街社区居委会	新华西街 15 号院北门外
4	中山街社区居委会	新仓路 2 号院 1 号楼底商 1–2
5	新城南街社区居委会	富力金禧花园小区 3 号楼一层
6	北苑桥社区居委会	八里桥南街一号院 F 座 303
7	滨惠南三街社区居委会	北苑一路一号院 2–4 底商
8	帅府社区居委会	帅府园一期 40 号楼对面平房
9	西关社区居委会	北苑一路 1 号院万方家园锦园 C1–14
10	复兴南里社区居委会	北苑南路 38 号院底商 2–6
11	玉带路社区居委会	潞河中学北街 13 号
12	长桥园社区居委会	八里桥南街 87 号院 3 号楼 3 单元 312
13	官园社区居委会	中山大街 56 号院 2 号楼
14	杨富店村村委会	果园轻铁站南侧
15	果元村村委会	永顺镇果元村委会 205 室
16	杨庄村村委会	杨庄街道杨庄路西 8 号

中仓街道

【概　况】 中仓街道位于北京城市副中心核心区域，属于老城中心区，东起滨河中路毗邻北运河，与通运街道相隔；西至新华南路与北苑街道相邻；南至京秦铁路与玉桥街道为邻；北至新华东街，与新华街道为邻。2023 年，辖区面积约 3.45 平方千米，有街巷 56 条；下辖 13 个社区、1 个运河商务区服务站、2 个行政村，有 75 个党支部；常住人口 6.68 万人，户籍人口 2 万人，流动人口 4.67 万人。

（张香宁）

【基层党建】 2023 年，中仓街道新建佟麟阁、西上园 2 个社区党群服务站，以全区首个网格党群服务站——佟麟阁社区网格党群服务站为枢纽，辐射 7 个精品社区党群服务站，形成“一刻钟党群服务圈”。

（张香宁）

【市民服务热线办理】 2023 年，中仓街道制定《中仓街道进一步深化接诉即办工作的实施方案》，明确日通报、周调度、月总结机制，剔除工单签批机制、重点工单督办机制，提升街道整体解决率、满意率。全年办结市民服务热线工单 6031 件，吹哨 30 次，获得市民来电表扬工单 45 件，录制、播出《接诉即办》专栏节目 3 期。

（张香宁）

【城市管理】 2023 年，中仓街道开展环境整治工作，发挥街巷长、小巷管家的优势作用，主动发现问题 150 余件，均及时完成整改；协调相关部门整改督办单 200 余件，整改率 100%。街道总河长累计牵头巡查并督查指导分河长履职情况 15 次，各段河长日常巡查 30 余次。年内，辖区有污染源点位 379 个，出动检查人员 7500 人次，检查重点点位 4370 处，发现环境污染问题 675 起，均整改完毕。落实油烟排放管控工作，安装 24 小时在线监测系统，对辖区内餐饮企业油烟排放进行随机检测，出动检查力量 328 人次，检查餐饮企业 227 家，发现问题 36 个，移交区生态环境局监测 6 家。推进散煤及“煤改电”后续管控工作，安装天然气用户 6521 户。推进老旧小区综合整治工作，完成 4 处老旧小区综合整治，加装 5 部电梯并投入使用，实施 31 项小微项目惠民生工程，西上园一区“新芽”项目全面竣工开放。坚持新生违法建设“零容忍”，拆除销账违建 3 处，面积 19.98 平方米，督促各单位自拆消除违法建设 3 处，面积约 180 平方米。以南大街 19 号院作为“样板院落”，完成腾退房屋认定及公示 188 户，其中提出腾退申请 98 户，达成整院申请 61 户，整院腾退申请率约

28%；公示安置房源信息240套，涉及4个小区，稳步推进腾退工作。

（张香宁）

【平安建设】 2023年，中仓街道与13个社区、2个村、1个运河商务区服务站、50余家重点单位签订《安全工作责任书》，并要求社区与辖区“六小场所”和沿街门店签订安全生产责任书。完成全国两会期间安全生产大检查工作，共检查辖区单位327家，出动检查人员654人次，发现、整改隐患41处。推进违规电动三、四轮车综合治理工作，结合社区台账数量，开展线下回收活动12场、政策宣传活动50余场。截至年底，辖区违规三、四轮车全部清零，累计淘汰回收违规电动三、四轮车630辆。全面开展隐患排查整治行动，出动检查力量14197人次，检查辖区单位4928家，发现、整改隐患789处，查封15家，关停2家，罚款57.64万元。推进“企安安”系统的推广使用，企业覆盖率100%。

（张香宁）

【社区建设】 2023年，中仓街道推进社区服务工作，精耕细作“一社一品”亮点工程，其中，中上园5号院凭借“码上办”小程序服务系统、“文明议事亭”、“主动上门”协商议事机制等特点，入选市级“美好家园”项目。持续开展“网格＋志愿”工作，有序推进“精微计划”“V爱中仓”“爱绿护绿”等主题志愿服务，为辖区居民提供多项“小而美、真而实”服务，“精微计划”获评“首都最佳志愿服务项目”。依托社会组织联合会，培育“佟邻人”志愿服务队、“6组1队”小区改造服务居民组织等多支社会组织力量。深化法治推进基层治理工作，中仓民族多元调解室获批全区首批重点建设“品牌调解室”，街道法律明白人培养项目获评全区第四批法治政府建设示范项目。不断提升物业服务质量，以西营前街小区作为首批托底物业试点小区，结合“托底物业＋虚拟物业平台”管理模式，通过“先尝后买”方式，借助小程序自助报修、物业上门维修方式解决居民生活诉求。

（张香宁）

【民生保障】 2023年，中仓街道就业形势整体平稳，160余家企业提供2500余个就业岗位，积极为个人求职及企业招聘搭建供需平台，全年帮扶639名就业困难人员、231名高校毕业生实现就业。建成2家养老服务驿站及150张家庭养老照护床位。年内，中仓街道温馨家园获评北京市五星级温馨家园，联手外贸公司针对特殊群体就业需求，提供“量体裁衣”式劳动项目协议，为辖区内100余名、全区300余名残障人士提供服务。建成中仓生活圈并被评定为优秀等次，打通居民幸福生活“最后一公里”。

（张香宁）

【财源建设】 2023年，中仓街道统筹运用经济普查、条块联动等措施，全年实现税收收入12亿余元，超额完成年度目标任务。财源建设与“服务包”机制双驱动，引导商业资产、通房开等“服务包”企业新设族群机构3个，注册资本3.59亿元。探索招商引资新路径，加大市场化招商力度，打造中仓楼宇、餐饮经济。协助48号文创园区落地通州并开展招商工作。指导兴业银行等2家企业获得“通八条”“金七条”奖励资金。全年招商落地24家科技服务、商贸等相关企业，17个“两区”建设项目，注册资金共2.22亿元。

（张香宁）

【“精微计划”志愿服务】 2023年，中仓街道持续发挥志愿者支部帮手作用，立足80岁以上低收入人群、重度残疾人、军烈属等96位特定困难群众的实际需求，先后联动1200名社区志愿者，上门送菜3047次、保洁169次、理发132次，服务6.14万个小时，项目获评“首都最佳志愿服务项目”。累计开展“V爱中仓”“爱绿护绿”“万’粽’邻里情”“托起希望”等主题志愿服务50余次，在“志愿北京”平台申报服务项目87个，参与2027人，共计服务3.85万个小时。

（张香宁）

【“社商居”联盟推进多元共治】 2023年，中仓街道聚焦基层治理，推动“社商居”互融，实现社区、企业、居民良性互动。西上园社区联合辖区单位、门店，成立社区商居联盟，制定《西上园社区“商居联盟”公约》，推出“微光行动”，商居联盟成员单位开展独居老人健康监测、夏日送清凉、“我们的节日”等多种类型“助安心”系列活动。四员厅社区构建融合式党建模式，在社区党总支领导下，开展集体议事，组建“暖阳志愿服务队”“商户联盟服务队”“退伍军

▲7月14日，中仓街道环境清洁志愿服务项目　（中仓街道提供）

人兄弟联志愿服务队”三支以党员为主体，商户、居民为补充的志愿服务队，为居民提供义诊义剪、自行车维修、家政服务、健康体验及饮食文化、医药知识、金融服务政策宣传等活动，形成多元参与、“社商居”共赢基层治理新局面。

（张香宁）

【敬老爱老活动】 2023年，中仓街道各社区发挥新时代文明实践站阵地作用，开展丰富多彩的敬老爱老活动。小园社区开展“玩转桌游·益智你我”老年人趣味活动，锻炼老年人动脑、动手能力，“老有所玩”战队应邀参加2023年中国（北京）休闲大会首届“老有所玩”老年游戏挑战赛，在增强老年人辨识能力的“五彩瓷窑”项目中获得冠军。莲花寺社区开展“志愿义剪进社区”文明实践活动，在家门口为老人们提供免费理发服务。白将军社区开展老年人防范电信诈骗宣传讲座，通过播放真实案例、发放宣传资料、现场解答等方式，详细讲解常见电信诈骗作案方式和特点以及遇到诈骗时的应对处理方法，提高老年人防范诈骗意识。

（张香宁）

▲8月10日，中仓街道四员厅社区“童心助老”活动小朋友慰问高龄独居老人

（中仓街道提供）

2023年通州区中仓街道社区居委会、村委会一览表

表19

序号	名称	地址
1	白将军社区居委会	东顺城街7号院附属楼二层
2	滨河社区居委会	玉带河东街2号院运河明珠二号楼三单元四层
3	东里社区居委会	新城东里27号楼后小院
4	莲花寺社区居委会	莲花寺胡同5号
5	四员厅社区居委会	车站路19号
6	佟麟阁社区居委会	中山大街35号4-10
7	悟仙观社区居委会	南大街47号
8	西上园社区居委会	西上园小区甲13号一层
9	西营社区居委会	中仓街道西营前街18号楼下
10	小园社区居委会	中仓街道东营前街6号楼
11	新华园社区居委会	新华东街48号北人家园三区2号楼
12	中仓社区居委会	东方生活区8号楼东侧院内
13	中上园社区居委会	玉带河东街145号、147号
14	运河商务区（非居委会）	中上园9号院北区28号楼2层
15	上营村村委会	中上园9号院小区25号楼北侧平房内
16	南关村村委会	玉桥西里1号楼底商

玉桥街道

【概　况】 玉桥街道位于通州城区东南部，东至北运河、运河西大街、玉桥东一路，西南至新华南路、果园环岛路、九棵树西路、九棵树东路，南至梨园南街，北至京秦铁路。2023年，辖区面积5.2平方千米，人口10.5万余人，下辖19个社区、6个行政村。实现税收收入3.72亿元，全年任务完成率103.06%。

（赵　洁）

【基层党建】 2023年，玉桥街道发挥党建引领作用和老干部、老战士、老专家、老教师、老模范“五老”资源作用，做好关心下一代工作，打造“爱国爱家、文明友善、勤学善思、志愿服务、敬老爱亲、博学多才”玉桥好少年品牌。依托区域化党建形式，互通资源，通过咖啡师、小小银行家、小法官、公交车司机等7大职业体验，培养青少年综合素质，累计参与人数210人，线上发帖打卡1819条，互动点赞量9873人次。有序开展老年大学课程、学习加油站、志愿服务市集、21天先锋打卡等活动，传递地区文明。

（冯　洁）

【市民服务热线办理】 2023年，玉桥街道完善工作机制，针对纳入街道“内部吹哨、协同办理”工单诉求，由市民诉求处置中心全程跟踪督办，发挥街道层面重协调解决、社区层面重做好居民工作的联动机制，有效解决群众关心急难愁盼问题。利用“吹哨报到”机制，协调区级职能部门参与解决居民疑难诉求110件。开展“听民意、解民忧”活动，街道领导接听居民来电，解决葛布店东里103号楼底商空调室外机扰民等问题16个。收集“接诉即办”典型案例信息133篇，其中柳馨园社区报送的“管道漏水、地面下沉”素材被北京电视台《接诉即办》专栏节目报道。全年接到市民诉求11968件，其中市直派6273件、区分转5695件，响应率88.71%，解决率58.68%，满意率70.32%。市直派平均成绩为94.31分，区分转平均成绩为88.9分，综合成绩为91.69分。

（侯　然　曹艺萌）

【城市管理】 2023年，玉桥街道完善街道城市精细化管理体系，依托专业化队伍进行以点带片常态化巡查，并逐步采用“巡察、引导、劝诫、执法”四步法进行点对点式精细治理，发现并处置问题900余个。对辖区19条背街小巷进行常态化、精细化管理，清理堆物堆料54吨，补种绿植4200株，修剪清理绿地，处置各类网格事件2262件，“小巷管家”处理各类事件1.4万余件。通过各类媒介组织多种形式宣传垃圾分类活动486场，入户宣传806场次。在7个小区运用视频监控、语音提示等智能监控设备、技术手段助力垃圾分类，全年垃圾分类考核列全区前三。河长、林长累计巡视48次。

（田　昕）

【平安建设】 2023年，玉桥街道全面开展安全生产和火灾隐患大排查大整治工作，检查生产经营单位7070家次，消除安全隐患5679项。企业自查率、监管部门检查覆盖率、隐患整改率均为100%。开展安全生产宣传活动30余场，发放宣传资料1.6万余份。全面检验“自防自救”建设成果和综合能力素质水平，参加区防火委举办的全区“自防自救力量”春、秋两季消防技能竞赛活动，分别获得总成绩第1名和第2名。在万国城MOMA开展消防知识进社区活动，邻里守望志愿者、社区群众、物业管理人员共100余人参加，被《中国应急管理报》《北京日报》《北京青年报》三家媒体报道。为995名80岁以上老年人家庭配发火灾逃生四件套和独立烟感报警器，讲解灭火毯、防烟面罩、家用灭火器、阻燃床单被罩等器材的使用方法及日常保养注意事项，提高家庭防火安全意识。

（张　晓　张　燕）

【社区建设】 2023年，玉桥街道制定基层治理工作实施方案、任务书等文件，明确各部门基层治理工作的重点任务和完成时限。召开基层治理工作部署会、专题学习会、品牌创新研讨会，邀请专家老师为玉桥基层治理品牌建言献策。举办“打造城市副中心新时代楼门文化高质量发展典范”研讨会，组织开展点亮楼门微行动成果展示会、“金点子”提案大赛、楼门文化文艺大赛、楼院众筹“共享工具箱”等特色活动，增强居民参与意识和自治意识。制作“温暖楼门、和谐邻里”楼门文化宣传册、指导手册、宣传片，提升打造90余个各具特色的精品文化楼门，新挖掘楼门骨干75人，开展楼门活动100余场，服务2400余人次。“温暖楼门、和谐邻里”楼门治

▲5月23日，玉桥街道举办“打造城市副中心新时代楼门文化高质量发展典范”研讨会

（玉桥街道提供）

理品牌获评全国社会治理创新案例。不断强化“玉事好商量”机制，深化“1+19+N”（“1”即建立街道级议事指导中心；“19”即规范19个社区议事厅建设；“N”即打造N个灵活议事平台）议事体系，严格落实“月月有协商”工作，常态化社区议事协商机制向管理网格、小区、楼门、院落等基层治理单元延伸。围绕停车管理、楼院治理、文明养犬、物业作用发挥、志愿能力提升、12345、文体队伍培育组建等难题，开展协商议事240余次，解决一批居民急难愁盼问题。实施“优才计划”，成立6个社区社会工作服务站点，确定26名街道级优才社工，组织开展业委会规范化履职、议事协商能力提升、社会工作专业方法、“解忧计划”项目提案大赛等社工能力提升活动20余次。实施“三营三助”（即开展社工成长营、社工实训营、社工研发营、实施专业助力、资源助力、社区社会组织助力）助推社区“接诉即办”能力提升计划，开展“接诉即办”沟通技巧培训会、工作实务案例分析研讨会、经验分享会等能力提升培训10余次，完成治理类组织培育、破损道路维护、文明养犬等9个社区“微提案”项目。

（赵　洁）

【民生保障】 2023年，玉桥街道持续推进“1+2+3+N”（即搭建一个政府养老服务平台，依托政府和社会两种力量，建立街道—社区—居家“三位一体”综合养老服务体系，提供N种居家精准服务）养老服务联合体建设，整合养老机构和医疗、心理、法律等方面30余家共建单位，全面促进养老服务体系高质量发展。辖区养老驿站服务431人，助餐服务24619人次，举办义诊等活动186场，对271名失能老人、重度残疾人进行服务需求评估并制定“一对一”养老家庭照护床位服务方案。维修无障碍设施58处，巡查一刻钟无障碍生活圈22次。为低保、低收入、困难人群、严重精神障碍患者等群体发放补贴31万余元。实施精准救助项目，全面掌握困难群众基础底数和帮扶需求，入户回访200户次，为8户低保户开展个案帮扶服务41次。搭建困难家庭邻里互助平台，开展6场小组活动、11场社区活动。审核公租房申请资格276户，办理公租补贴登记108户；办理市场租房补贴登记42户；配合市、区住建委两级部门年审复核49个批次310户。日常巡查检查辖区167家用人单位，严格监管施工企业，处理劳动争议27起，解决欠薪8万余元。开展爱国卫生运动，组织社区周末大扫除活动40余场次，参与居民1000余人次，开展灭蚊蝇活动8次、控烟宣传活动3次。

（吕小燕　赵　欣）

【财源建设】 2023年，玉桥街道印发《玉桥街道助企服务工作机制》，提升服务企业效能。与区经信局、区发改委协调沟通，助推古船面包营业执照成功增项，增加产品品类。与区投促局对接，协助北京城市副中心通政融资担保有限公司完成营业执照申领，实现项目落地，注册资金2亿元。安排专员“一对一”服务，加快企业注册业务办理速度，完成北京通投兴乔置业有限公司注册、营业执照申领，注册资金2亿元。与政协玉桥地区委员工作站紧密配合，搭建政企交流平台，畅通对接渠道，助力辖区企业破堵点、解难题，深入调研为企业发展支招献计。组织辖区10余家企业负责人召开“精准服务携手发展共创双赢”企业联席会，就经济恢复不稳定、外部环境复杂、市场需求不足、政府如何搭平台促发展等企业经营发展存在短板、不足等问题进行深入交流和探讨，提振企业经营发展士气。

（刘信钰）

【流动供销社进社区】 2023年，玉桥街道调研居民需求，协调各社区、域内企业、区内资源，联合供销社，在传统电商和线下直营店以外，打造“从农村到社区，从地头到楼门”供应链体系，消除物流、信息流、资金流堵点，以供销社进社区销售模式，为居民提供茶叶、蜂蜜、果蔬、玉米、陈醋、香油、橄榄油、面包等本土产品。全年举办便民服务大集5次。

（刘　群）

【五星级温馨家园创建】 2023年，玉桥街道温馨家园开展五星级温馨家园创建工作。探索助残服务模式，打造区域特色资源地图，整合辖区190余家单位，为残疾人提供教育、医疗、康复、法律援助等服务，形成区域化助残网络，开展服务活动120余场，公益资源参与服务活动近50场。成立“同在一片蓝天下”助残志愿服务队，建立无障碍监督员队伍。将服务场地拓展到社区和村党群服务中心、养老驿站，在部分场地设置残疾人专用文体器材，打造城市15分钟“残疾人服务圈”，确保残疾人服务全响应、全覆盖。对接专业资源，提供上门理发、代买代办、陪同就医、“呼叫”服务（送药、紧急就医）等“一对一”志愿服务；畅通诉求，推进“面对面”服务，解决残疾人政策不理解、网络操作不熟练、出门办事不方便等问题。

（李　季）

2023年通州区玉桥街道社区居委会、村委会一览表

表20

序号	名称	地址
1	新通国际社区居委会	梨园西里21号楼南侧
2	玉桥东里南社区居委会	玉桥东里115号楼2层
3	玉桥东里社区居委会	玉桥东里6号楼底商1号2号

续表 20

序号	名称	地址
4	玉桥北里社区居委会	玉桥北里 47 号楼
5	玉桥南里南社区居委会	玉桥南里 50 号院 2 号楼底商
6	柳馨园社区居委会	乔庄东区 91 号院南侧灰楼 1 层
7	乔庄北街社区居委会	乔庄东区 91 号院南侧灰楼 1 层
8	运河大街社区居委会	葛布店东里 12 楼南平房
9	葛布店南里社区居委会	当代名筑小区葛布店东里 100–8 号
10	玉桥南里社区居委会	玉桥南里 22 号楼北平房
11	艺苑西里社区居委会	艺苑西里 7 号楼 111
12	梨花园社区居委会	梨园北街 18 号院 6 号楼前平房
13	葛布店北里社区居委会	果园 47 号（蓝山国际）2 号楼 102
14	柳岸方园社区居委会	玉桥西里中街 28 号
15	艺苑东里社区居委会	艺苑东里小区 A3 号楼 1 单元 1 层
16	运乔嘉园社区居委会	乔庄东区（博客园）62 号楼 4 单元 1 层
17	葛布店东里社区居委会	北杨洼小区 28 号楼南平房
18	梨园东里社区居委会	梨园东里南区 39 号楼对面物业楼一层西侧
19	玉桥西里社区居委会	梨园路 31 号 1 至 2 层
20	梨园村村委会	梨园新村南区内梨园综合办公楼
21	三间房村村委会	梨园路与玉桥西里中街交叉路口南
22	北杨家洼村村委会	北杨洼小区 19 号创越基业写字楼附近
23	乔庄村村委会	乔庄西区 18 号楼 4 层
24	南关村村委会	玉桥西里小区 1 号楼底商
25	九棵树村村委会	九棵树家园

潞源街道

【概　况】潞源街道地处市级行政办公区，是北京市委、市政府等 76 家市级机关办公驻地。东至通济路，南临北运河，西起东六环，北靠运潮减河。面积约 8.7 平方千米（行政区划 7.09 平方千米，代管区域 1.61 平方千米）。下辖含英园东社区、含英园西社区、朗清园北社区、朗清园南社区、朗清园东社区 5 个社区，常住人口 1.7 万余人，有社区工作者 102 名。

（林梦楠）

【基层党建】2023 年，潞源街道组织开展主题教育，围绕服务保障市级行政办公区调研 63 次，发现并解决问题 47 个。全年发展党员 16 名，转正党员 17 名。发挥党群服务中心红色阵地作用，常态化开展党员教育、科技文化、协商议事等活动，获评“北京市党群服务中心示范点”。联合党建工作协调委员会成员单位、辖区居民、社区文艺团体等开展“赞歌献给党”歌咏比赛活动。建立通州区首个以个人名义命名的志愿者服务工作室——金敬聪志愿服务工作室，将街道志愿服务工作向制度化、特色化推进。借助新时代文明实践所、站宣传阵地，全年开展非遗、义诊、社区大集、科普、理论学习等各类活动 300 余场次。

（陈　思）

【市民服务热线办理】2023 年，潞源街道接收市民服务热线派单 1252 单，市级考核成绩 6 次获全市第 1。搜集居民各类诉求，狠抓落实，发挥“小微项目惠民生”最大效用，进行“微改造、微治理”，维修 14 栋楼楼顶防水面积 1.64 万平方米，安装电动自行车防雨棚 11 座、近 6000 平方米，重新粉刷 16 栋居民楼一层墙面，维修、更换小区内闭路监控系统。提升“热线＋网格”工作水平，根据区城管委工作部署，按照地缘重新调整划分网格，将辖区细化成26个网格（含朗清园、警务中心），建立闭环工作机制，做到问题点位日日巡、周周清。优化管理，增进服务效能，将由13人组成巡查队伍分为3组，每季度对各组巡查区域进行轮换，全年出动巡查队伍1280组次、3840人次，发现并处置事件3479件；向区级“社管通”平台上报事件5662件，考核内容全部达标。

（葛　帅　姬景浩　王晓龙）

【城市管理】2023年，潞源街道一株国槐被认证为二级古树名木，街道启动古树及其生境整体保护工作，保护经验被《北京日报》报道宣传。引导广大市民群众积极参与绿化美化，在朗清园东社区建设“互联网＋义务植树基地”，创建首都绿化美化花园式社区。完善垃圾分类硬件设施，推进“点、站”体系建设，新建含英园生活垃圾暂存点，提升改造古月佳园西区生活垃圾暂存点，设置分类垃圾桶站65处、垃圾分类投放驿站7个，配置35名普法监督员指导居民垃圾分类。6月，通过市级垃圾分类检查，成功创建无问题小区2个。全年上报“社网通”事件6298件，考核内容全部达标，网格综合成绩全年排名第4。2023年城乡环境考评月度排名持续靠前，全年综合排名全区第1，获评首都城市环境建设管理样板单位。全力保障重点项目正常施工，促进各工程按时完成进度，助力市级机关二期搬迁，东南组团项目、160地块项目、留庄路项目完成施工。

（张　莹）

【平安建设】2023年，潞源街道印发《潞源街道安全生产和火灾隐患大排查大整治工作方案》，按照全国重大事故隐患专项排查整治2023行动总体要求，成立大排查大整治工作专班，建立“周调度、月通报、重点时期日调度”机制，召开调度会24次，排查整治安全隐患1812项。依托“企安安”系统录入单位场所信息186条，自查完成率100%；开展自查自纠1763次，发现问题隐患415个，处置率99.4%。街道安全生产检查队检查辖区在册企业163家，检查1023家次，发现隐患1758项，整改隐患1732项。参与通州区自防自救力量“2023年秋季消防技能竞赛”，在街道乡镇总成绩排名第3。投入9.18万元提升消防安全重点关爱人群自救能力水平。组织开展消防安全大宣讲活动6场，培训183人。制定《潞源街道2023年春节烟花爆竹安全管理工作方案》，在元旦、春节期间进行拉网式排查，出动机关和群防群治志愿者1000余人，实现辖区“零燃放”目标。常态化开展出租房屋整治工作，出动检查力量2100余人次，排查出租房屋4396户次，发放各类宣传品800余件。通过进机关、进校园、进社区、进工地及微信公众号推送等方式开展各种主题宣传活动，发放各类宣传品3000余件。采取专业安保力量定点值守、社区志愿者参与、机关干部上街巡逻等多种方式开展社会面治安防控工作，圆满完成全国两会等重点时段安保任务。清理铁路周边安全隐患问题11处，销账7处市级挂账点位。根据区委政法委关于铁路沿线绿化提升工作要求，稳步推进京哈铁路沿线西侧1千米区域绿化提升工作，确保辖区铁路交通安全。

（郭媛媛）

【社区建设】2023年，潞源街道开展各类科普活动240余场，建成朗清园南社区200平方米科普长廊。组织300余场社区活动，覆盖中青年、老人和少年儿童等群体，参与人数3万余人次。以邻里互助、邻里帮扶为基础，组织开展经常性睦邻、友邻、助邻等邻里活动75场。推动全民健身示范街道建设，举办社区杯篮球赛，开展青少年体质检测。组织青少年活动76场，开办暑期夏令营、文化研学9期，共38天。建设“1个街道级综合文化中心+2个微型图书馆+3处24小时智能文化空间+4个社区多功能活动室+5个社区居民议事厅”的12345文化设施体系。完成2022年度社区及社工年度绩效考核，70名社工通过绩效考评，其中优秀等次15人。制定《潞源街道社区工作者考核试点评议办法（试行）》，推进居民参与社区共治、共建、共享，采取入户走访和线上测评相结合形式，开展群众满意度测评，及时掌握社情民意，完成6021户居民代表对社区工作者的工作评价，户参与率89.50%。召开朗清园3个社区居民委员会选举大会，产生社区居委会成员25名，包括居委会主任3名、副主任5名、委员17名。

（钟晓玲）

【民生保障】2023年，潞源街道完善就近就便托育服务供给，朗清园托班于6月1日开园。建设朗清园一刻钟便民生活圈，建成基本保障类、品质提升类商户80家，形成“基本保障找得到，品质提升做得好”民生保障供给格局。持续推进政务服务事项便民化、流程规范化、服务专业化、办理智能化，全年办理业务1755件，受理群众咨询1559件。组织开展“健康义诊”“健康讲座”“健康体检”“家医签约”等活动35场，参与人数5500余人次。为1146名65岁以上老人免费体检，帮助5432人成功签约家庭医生服务。加强线上、线下病媒生物防治联动宣传，邀请专业公司进行“除四害”专项消杀及培训，统一发放药物药具，及时开展夏季灭蚊蝇、秋冬春季灭鼠灭蟑活动。持续组织动员社区群众践行文明生活方式，开展“清洁家园”“周末大扫除”活动52次。组织160余人参加无偿献血活动，92人成功献血，献血量20600毫升，超额完成献血指标。组织开展红色教育、志愿服务、双拥共建3大类活动19场次，覆盖退役军人及优抚对象450人次，完成退役军人建档立卡和优待证申领业务以及发放光荣牌工作。

（甄秋菊）

【基层治理】2023年，潞源街道开展文化赋能基层治理三年行动计划，以文化为切入点，聘请专家智囊团，完善基层治理现代化机制，提升基层治理能力。孵化培育“草根”组织60支，通过公益微创投的方式，对其中

11家社区社会组织予以资金支持和专业指导，开展活动30余场次，服务居民700余人次。统筹推进潞源街道社会工作服务中心建设，组建25人的社工专才队伍，开展社工培训19场，产出服务案例15个，提供专业督导42.1小时。以“金敬聪志愿服务工作室”为阵地，开展“礼让斑马线”、清洁家园等常态化志愿服务122次。推动社区协商常态化建设，利用好居民议事厅，实现“居民的事居民议”。开展人大代表“问政问需”活动，召开“问需”座谈会3场，收集意见建议80条，经梳理，提交区人大常委会建议7条，街道办理建议13条。

（钟晓玲）

【统计工作】 2023年，潞源街道完成第五次全国经济普查单位清查阶段工作。划分普查小区10个，标绘建筑物337个，清查法人及产业活动单位369家、个体经营户2家。

（蔡　曲）

【绿色发展】 2023年，潞源街道创新林长制工作方法，打造“开窗见景、步移景异”园林风貌，累计揭网见绿面积超45万平方米，获评首都绿化美化先进集体。打造全龄友好、四季友好慢行公共环境，引入市场化共享单车公司加强自行车停放秩序管理，对7个重点区域、53个重点路段、234处重点点位定点布控、日常值守、定段巡查，全年骑行人数超102万人次，累计骑行减碳量达220吨，被北京电视台、北京城市副中心电视台报道。

（林梦楠）

【朗清园社区居委会选举】 10月14日，潞源街道朗清园3个社区召开社区居民委员会选举大会，为服务社区群众选出新班子。根据选举工作整体安排，朗清园3个社区成立社区居民选举委员会，按照宣传动员、入户摸底、选民登记、确定候选人等工作流程，制定详细的选举实施方案，向居民公示。3个社区均采取户代表选举方式，通过差额选举，经过投票、清点到会人数、开箱验票、填写选票、当场唱票、计票等环节，产生社区居民委员会成员共计25名，包括居委会主任3名、副主任5名、委员17名。

（通鉴编）

▲ 10月14日，潞源街道朗清园北社区居民委员会选举大会现场

（潞源街道提供）

2023年通州区潞源街道社区居委会一览表

表21

序号	名称	地址
1	含英园东社区居委会	含英园十区9号楼二、三层
2	含英园西社区居委会	古月佳园小区18号楼2单元201、202
3	朗清园北社区居委会	朗清园一区14号楼底商14–2、14–3
4	朗清园南社区居委会	朗清园二区10号楼底商10–1、10–3
5	朗清园东社区居委会	朗清园三区8–1、8–2

通运街道

【概　况】 通运街道北至通胡大街—芙蓉路—运潮减河一线，东至六环路，西南至北运河。辖区面积5.5平方千米，辖运河湾、运河园、星河、水仙园、紫荆雅园、荔景园、京贸家园、融御、牡丹园、芙蓉10个社区，东杨庄、魏庄、霍屯、杨坨4个行政村；紫运南里筹备一组、紫运南里筹备二组、苑璟嘉园筹备组3个社区筹备组。2023年，有户数2.34万户，常住人口6.04万人。辖区有规模以上企业33家。

（梁建霞）

【基层党建】 2023年，通运街道聚焦

“三大三强”，邀请教授专家学者进行系统培训，开展学习贯彻党的二十大精神暨“邻家邻·强队伍 党建强”基层干部能力提升主题培训，覆盖全体机关干部、社区工作者、综合协管员。强化组织覆盖，对社区“两委”班子进行日常考察，加强基层党组织标准化规范化建设；对共建单位、在职党员实行网格化管理，在网格上成立党支部，网格党组织覆盖率100%。激励社区干部担当作为，在社区“两委”考核中完善群众评价机制。打造共建共享共赢区域化党建新格局，强化组织引领，做实两级党建工作协调共理委员会，调动61家共建单位参与社区治理。探索实行基层治理“邻家邻”工作法，入选“全国社会治理创新案例”，被《人民日报》《北京日报》等媒体报道。

（焦　杰）

【市民服务热线办理】 2023年，通运街道健全矛盾纠纷“前端预防—中端化解—末端提升再预防”闭环调解工作机制，采取“专职律师＋专职调解员＋心理咨询师＋轮值法官＋轮值检察官＋社区民警＋党员志愿者＋职能部门”等多元参与工作模式，形成了多元主体从各自角度共同发力“整体效应”，集中力量解决疑难复杂12345工单。全年受理市民热线诉求6166件，诉求量列全区街道乡镇第19位，占全区街道乡镇总体诉求量的2.37%，同比减少35.14%，原始响应率100%、解决率62.94%、满意率79.05%，综合成绩73.09分。市直派成绩97.09分，全市排名第153名，全区排名第4名。

（南　楠　汪子博）

【城市管理】 2023年，通运街道盯紧拆违控违“时间表”，实地踏勘432宗、38万平方米创建图斑，限期整治类图斑销账7600平方米，拆除M101地上物面积450平方米；实施3批22项小微工程；运河园路、荔景西路获评“首都文明街巷”。在水仙园小区、通胡大街15号院召开线下答疑会，增加老旧小区改造内容普及度。街巷长、小巷管家志愿者、协管员进行每日巡查，建立涵盖停车治理、绿地垃圾、堆物堆料等方面的共883个问题的创城“问题清单”并进行整改。关注水、电、气、热、扫雪铲冰、极端天气应对等城市运行工作，强化与辖区相关单位的沟通协作，形成有效衔接；开展燃气用户大整治行动，建立非居民、居民燃气用户台账，联合多部门开展日常检查及消隐工作，出动巡查2000余人次，其中执法力量408人次，联合检查338家次，发现并整改安全隐患75处。多次召开吹哨报到会，解决“运河一号”商务楼供冷、老旧小区改造、冬季供暖、施工噪声扰民等重点诉求。

▲9月26日，通运街道召开“冬病秋治”供暖诉求专题调度会

（通运街道提供）

（昝　欣）

【平安建设】 2023年，通运街道与辖区内10个社区、4个村及106家重点生产经营单位签订《通运街道办事处2023年安全生产和消防工作任务书》，使社区、村和单位安全主体责任层层分解，落到实处。对辖区307家生产经营企业台账信息进行动态更新并建立检查台账，及时发现安全隐患并督促整改，全年出动4554人次，检查单位2277家次，检查隐患1731项，整改完成1729项，限期责改文书下达率27.42%，隐患核销率100%。

（张　蕊）

【社区建设】 2023年，通运街道通过“优才计划”、社会工作理论和实务培训、“社工大比武”等活动，培养专业社工人才，社工持证率由27%提升至54%。完成星河社区服务空间开放式建设。管理社区公益金115万元，指导各社区开展各类活动220场次。推进五社联动机制落地基层，培育支持社区社会组织166个，其中品牌组织25个，指导社区绘制“社区资源地图”，纳入志愿、便民等各类服务资源，将绘制成果广泛应用于居民服务中。依托街道物业指导中心，开展“拉网＋清单”式安全生产评估工作，建立问题台账，督促整改小区物业问题506个。推动水仙园小区业委会组建工作。完成2023年义务教育入学材料审核工作，做好中高考、学业水平考试及成人教育各类考试保障工作，定期开展校园安全联合检查，配合做好通学公交线路踏勘等工作，在辖区学校开展家长教育活动6场，构建“家校政社”协同育人新生态。

（支慧斌）

【民生保障】 2023年，通运街道政务服务中心成立，实现88项业务进驻，北京城市副中心一体化政务服务平台100%一网通办。全年办理申请失业431人，领取失业金152人，就业登记335人，为各类人员办理报销金额88万余元。城乡居民基本医疗保险参保255人；社保卡业务办理624人次；办理退役军人优待证，慰问困难退役军人。为低保户、特困户等30人发放生活保障资金31万余元；为残疾人、高龄老人等401位服务对象发放各类补贴103万余元。新增保障性住房申请13户，领取市场租房补贴4户共9.35万元，领取公租房租金补贴3户共4.62万元。审核生育登记服务单129单，核查新生儿141人，发放计生用品35箱。开展无偿献血活动，完成有效采集333人、427个单位。为514名持证残疾人发放补贴金22.64万元，申请辅助器具140余件，走访慰问残疾人家庭104户，发放慰问金8.15万元。接到农民工讨薪案件21件，涉及农民工56人，涉案金额48万余元，解决率100%。

（张　锋）

【财源建设】2023年4月，通运街道财源建设办公室成立。开展“梳网清格，扫楼明企”专项工作，对辖区内企业进行逐户探访，走访摸排企业7091家、楼宇7处，摸排实地经营企业832家、工商注册企业6204家、税务注册企业5140家，初步建立辖区财源税源基本情况台账。街道依托新设立的集群注册区招商落地企业268家，总注册资本20.5亿元，其中1000万元以上企业39家。东华软件全资子公司落地通运街道，注册资金5亿元。以“服务包”企业为重点，由主要领导带队到“服务包”企业进行服务走访座谈，针对企业提出的痛点难点提供有效帮助，开展实地走访30余次、线上服务80余次，解决惠企政策、周边公共设施服务、企业注册等各类问题30余个。

（续　慧）

【楼门文化建设】2023年，通运街道将协商自治、邻里互助、环境美化等活动深入楼门，培育社区公共精神。以文化润人心，开展亲子阅读、非遗剪纸、太极晨练等260余场丰富多彩的楼门文化活动，增进邻里亲情。楼门长带领居民开展暖心编织赠送高龄老人、冬至共同包饺子、老年人智能手机课堂、儿童跳蚤市场、公益集市等互助活动百余场，在社区内形成“邻里一家亲”和谐氛围。发动楼内居民参与，楼门邻里共同行动，提升楼门环境，打造平安和谐社区，开展消防安全演练、公共卫生大扫除、共建楼门花园等楼门治理活动60余场。

（通鉴编）

【通运街道邻家邻社区基金成立】3月，通州区首家社区基金——通运街道邻家邻社区基金成立。全年募捐善款49.9万元。通过志愿组织培育、个案帮扶等方式，实施便民缝纫服务、紫运南里体育健身设施建设等公益服务项目8个，直接受益人数3000余人次，推动形成多元共治社区治理氛围。

（支慧斌）

【通运街道文联成立】4月14日，通州区首个街道级文联——通运街道文联成立。年内开展红心向党·文艺赋能“邻家邻”社区文化年启动仪式等文化活动83场，举办传统文化古琴等各类培训86次，组织观演11次，开展文化宣传、志愿服务6次，发动70余个社区社会组织参与社区文化建设，探索文艺赋能基层治理新路径。

（支慧斌）

▲3月26日，通运街道在减河公园举办“邻家邻”社区基金公益嘉年华活动

（通运街道提供）

2023年通州区通运街道社区居委会、村委会一览表

表22

序号	名称	地址
1	运河园社区居委会	通州区动物疫病防控中心院内
2	星河社区居委会	水仙西路89号
3	运河湾社区居委会	水仙西路83号
4	水仙园社区居委会	通胡大街68号底商
5	荔景园社区居委会	荔景园新区26号楼2层
6	紫荆雅园社区居委会	通胡大街1号月季园10号楼
7	京贸家园社区居委会	芙蓉园310号楼2层

续表 22

序号	名称	地址
8	牡丹园社区居委会	通胡大街水恋晶城综合楼 4 层
9	芙蓉社区居委会	通胡大街 78 号京贸中心 308 室
10	融御社区居委会	紫运北街 1 号院 9 号楼
11	紫运南里筹备一组	紫运南里 28 号院综合文化中心
12	紫运南里筹备二组	紫运南里二区 9 号楼二层
13	苑璟嘉园筹备组	融御二期 2 号楼 1 单元 101 室
14	东杨庄村村委会	潞城镇魏庄村甲 14 号
15	魏庄村村委会	潞城镇魏庄村甲 14 号
16	霍屯村村委会	潞城镇三元村紫运园 2 号楼 101
17	杨坨村村委会	紫运南里三区 5 号楼

文景街道

【概　况】 文景街道地处北京城市副中心西南部，东北至张采路，东南至东六环路，西南至京哈高速、西北至九棵树西路，北至万盛南街、群芳南街。面积约 12 平方千米，下辖 1 个行政村。2023 年，有常住人口约 1.8 万人，基层党支部 11 个，规模以上企业 13 家。

（赵小静）

【基层党建】 2023 年，文景街道创新开展“守纪律、立规矩”廉政党课专题讲座、“清风悦读”荐书分享交流会、廉政党课下基层等区域化党风廉政建设系列活动，覆盖辖区企事业单位 20 余家，参与活动 400 多人次。着力打造文景廉洁共同体和“清廉文景”品牌，在永丰里回迁小区打造廉洁文化墙，引导广大党员干部自觉筑牢拒腐防变思想防线。探索成立永丰里小区功能型党支部。创建 12 个区域化党建共建项目，与市人大常委会办公厅、北京环球度假区等单位开展联建共建活动 16 场。首次邀请人大代表列席主任办公会，开展人大代表、政协委员问政问需活动 17 次。官方公众号“乐游文景”发布内容 1200 余条，通过市区媒体报道重点工作 80 余次。开展春节、学雷锋纪念日等主题活动 30 余场，“党群阵地 @ 你”等系列活动 52 场。

（赵小静）

【市民服务热线办理】 2023 年，文景街道制定《文景街道接诉即办工作奖励激励和责任追究办法》《工单处置意见审核八查五避免》等文件。落实四级调度机制，固化每周双调度、月点评、半年评比、年度总结模式，优化“诉求核查 + 跟踪问效 + 定期复查”闭环链条，市直派 + 区分转综合平均成绩 96.84 分，处于全区前列。探索并构建“一二三四五”工作法，依托“党建引领”一个核心，搭建“上下联动”两个平台，抓好“为民办事”三项清单，树牢“四化”基本原则，强化“五大”工作机制（纵横闭环、“357”会商、“33”预警、每月一题、“1+1”机制），相关经验做法被《中国社区报》报道。

（赵小静）

【城市管理】 2023 年，文景街道全力推动“三合一”网格化管理体系建设，处置市区下派环境、创卫、网格等方面问题 4238 个，主动发现并处置安全隐患、环境垃圾等问题 6325 个，完成核查治理图斑 290 宗。辖区河道出境断面考核提升至Ⅱ类水质标准，街道河长制工作 11 次列全区第 1 名。完成通州区交通综合治理及创建城乡交通一体化示范区验收工作。做好治理扬尘工作，立案调查施工工地和运输流体物料车辆问题 79 起，行政罚款 96.1 万元。实施三段式极端天气预警常态化执法，确保工程项目暴雨、寒潮等极端天气施工现场秩序良好。开展垃圾分类 3 周年系列宣传活动，依托“综合执法进社区”，定期举办垃圾分类等普法讲座，垃圾分类月考核成绩 4 次位于全区前三名。创建“嵌入式”综合执法品牌，联勤联动公安、市场、文旅、交管等多个部门，将执法监管与企业运营嵌入融合，开展北京环球度假区周边“黑车”整治等专项联合执法行动 84 次，处置“黑导游”行为 246 起。汇聚公安、综合执法、环球防损、安保处置四方力量，查处北京环球度假区周边无照经营、擅自散发广告等违法行为 450 起。围绕北京环球度假区商铺、特种设备等方面进行监督指导，对 20 余家食品生产经营主体联合开展食品安全督导检查，保障游客食品安全。

（赵小静）

【平安建设】 2023 年，文景街道开展安全检查行动 100 余次，召开安全生产会议 6 场、专题约谈会 20 余场。深化“驻站式”安全监管机制，检查企

▲6月13日，文景街道举办应急处置综合演练　（文景街道提供）

事业单位及施工工地3165家次，督促隐患整改4462处。依托“企安安”系统督导企业开展自查2767次，整改隐患1350项。组建防汛抢险队伍，摸排北京环球度假区及周边、深基坑工程、居民小区等防汛隐患，开展应急处突演练32次，完成10余场强降雨应对工作，实现辖区平稳度汛。联合社区民警、综合执法等力量，账单式推进违规电动三、四轮车综合治理工作。开展“线上＋线下”安全宣传活动20余场，发放宣传品8000余份，发布信息600余篇。

（赵小静）

【民生保障】 2023年，文景街道组建永丰里小区管理专班，初步构建“五治”（即政治、法治、德治、自治、智治）融合社区治理体系，保障大马庄村顺利回迁。建立居民基础信息台账，开展入户走访2124户，问需4555人次，增设健身器材、儿童娱乐设施30余件。协调增加辖区内公交线路4条，补充施画共享单车停车位13处，调整封闭道路红绿灯7处，100%实现辖区地铁、公交、公共自行车近距离接驳。做好就业帮扶，提供就业岗位176个，招聘3601人次。成立街道家庭教育指导工作站，举办首届启蒙开笔礼活动。处理劳动矛盾纠纷60余起，追回欠款600余万元，获北京市“优秀监察单位”称号。落实物业管理总结月报及“每月一题”制度，开展物业检查8次、组织培训7次。建设完成街道综合文化中心，孵化培育社区社会组织20个，举办心理科普、艺术插花等活动110余场。深化“驻站式”执法进社区，开展垃圾分类、噪声防治等普法宣传30余次，保障回迁小区人居环境。

（赵小静）

【财源建设】 2023年，文景街道制定《文景街道财源建设工作方案》，明确街道领导分包服务企业任务。建立辖区企业走访机制，完成3轮次“扫楼明企”摸排工作，实现57家注册企业全覆盖，核查北京环球度假区商圈商业实地经营法人及产业单位16家。建立辖区企业基本信息、税收信息、诉求办理3类台账，坚持重点企业“一企一策”专员对接，完成市区推送走访任务4项，开展“服务包”企业走访90余次，办理诉求97条，办结率、满意率均100%。重点关注辖区商业综合体建设、运营进展，全流程跟踪优质税源企业入驻。引导存量企业新增业务板块，新设分公司5家、子公司2家。依托“环球度假区”特色，打造具有鲜明特色的消费季系列活动，协助企业举办促消费活动24场。创新建立“管家式”服务机制，为15个在施项目提供定制服务，协助11家工地解决22项困难事项。

（赵小静）

【环球主题公园运行服务保障】 2023年，文景街道优化完善政企对话机制，组织召开季度专题会，确保园区“惊彩环球”等大型特色项目活动如期顺利举办。依托综合指挥中心平台，协同做好设施设备运行、极端天气应对等工作，服务保障市区调研16次，承接重要会议10余次。启动综合指挥中心高峰运营模式，实行志愿服务潮汐式调配制度，采取“专项检查＋联合执法＋视频巡控”机制，构建“园内＋园外”环境秩序、安全维稳服务体系，服务暑期游客225万人次，单日多次突破5万人次，保障环球主题公园运营平稳有序。优化北京环球度假区周边保障志愿服务项目品牌，举办第二届志愿服务沙龙

▲9月2日，文景街道家庭教育指导工作站授牌仪式举办　（文景街道提供）

分享会，正式发布项目品牌IP形象、Slogan及志愿服务蓝皮书。创新志愿服务模式，联合北京环球度假区员工公寓启梦苑孵化志愿合唱团，开展“合唱+公益”新型志愿服务活动。联合通州区潞河国际教育学院、环球供电服务中心等6家单位，开展“旅游英语科普”“国庆”等特色月主题志愿服务活动10余场。开展常态化志愿服务活动300余场。丰富员工文化生活，开展常态化摄影培训、国风市集等“相约环球”系列文化活动86场。

（赵小静）

【北京环球度假区“惊彩环球”活动】10月7日至11月11日，北京环球度假区推出“惊彩环球”活动。活动内容涵盖日场怪物小黄人限定装扮、暗黑料理与周边产品、夜场新角色南瓜怪杰、夜场新空间惊奇农场4部分，同时推出晚间体验门票、指定0.5日门票（无晚间）、“早鸟优惠”门票和晚间体验票+红龙酒廊啤酒畅饮套餐、指定0.5日门票+城市大道指定餐厅套餐、环球大酒店万圣节套餐等“惊彩”套餐等多种全新门票及套餐，吸引广大游客到北京环球度假区体验。

（通鉴编）

2023年通州区文景街道村委会一览表

表23

序号	名称	地址
1	曹园村村委会	永安路与曹园南街交叉口西北80米曹园逸家小区内

九棵树街道

【概　况】九棵树街道东起九棵树东路，西至翠屏西路，南起云景南大街，北至通朝大街，面积3.7平方千米。2023年，辖12个社区和7个行政村。有户籍人口2.2万人，常住人口8.05万人，流动人口4.89万人。

（李　鑫）

【基层党建】2023年，九棵树街道以“品牌理念”创新党建工作，打造街道“树下人家·阳光党建”品牌，立足“将百姓大大小小的事都办好”，组织各社区开展“学在社区、美在社区、乐在社区、爱在社区、安在社区、心在社区”活动，为居民提供精细化的服务，把党建优势转化为基层治理优势。创新打造“金成中心楼宇党建”“云景东里社区书记工作室”“头雁领航基层党组织培训”等系列党建品牌。组织社区“两委”及社工开展“头雁领航”示范班及“群雁齐飞”技能提升班培训。

（李　鑫）

【市民服务热线办理】2023年，九棵树街道召开带否工单、重难点工单调度会89次。全年承办工单11923件，承办量前5类诉求共计7869件，占总承办量的66.0%，其中住房类2990件、物业管理类1781件、环境保护类1292件、城乡建设类1076件、公共安全类730件。解决翠景北里老旧小区漏水问题、云景里小区告别28年自备井接入市政水举措被北京电视台《接诉即办》栏目报道。

（李　鑫）

【城市管理】2023年，九棵树街道开展4批小微工程，涉及17个项目，总投资260.3万元。其中园景西区车库棚顶更换项目入选2023北京市城市更新优秀案例。开展老旧小区翠屏里、怡乐北街、市政家属院、云景里住宅小区等改造项目9个，惠及辖区居民3396户。推动错时共享停车模式，提高停车位利用率，协调领展购物广场·京通停车场、东郎停车场、英特塑料机械总厂路外停车场，增设691个有偿错时共享停车位。对辖区内27个小区垃圾分类桶站基础设施进行维修更换，基础设施建设合格率83%；居民自主分类投放合格率20%，桶站值守合格率18%，厨余分类纯净率40%。组织拆除东郎文化产业园南侧、老汽配城保安房、蓝调沙龙等小区的违法建设27处，拆违面积2989.57平方米。稳步推进云景公园一期建设项目，云景公园一期12.92万平方米进度完成99%，基本具备开园条件。将物业、房产中介、社区居民志愿者等纳入“群租治理合伙人”队伍，并在翠屏东路设立群租房主题宣传墙，在街道20个社区（村）、1400个单元门安装宣传牌。搭建群租房线上软件管理系统，逐步完善群租房数据库，审核房屋1073套，处理群租房屋990个。

（李　鑫）

【平安建设】2023年，九棵树街道深入检查辖区重点企业68家，开展安全生产督查活动27次，出动检查人员2100人次，检查企业6415家次，消除安全隐患4687处。在12个社区、7个村开展可燃物清理专项行动，清理可燃物800余吨、120车，出动湿化车辆36次，用水62吨，湿化面积23万平方米。检查人防工程及161处普通地下室，出动300余人次，检查中发现安全隐患175处，立即整改98处，限期整改77处。网上信访信息系统共签收信访件20件，信访事项及时受理率、信访事项按期办结率、信访满意率均为100%。接待来访群众10名，反映问题及时处置并回复。创新“法润九棵树”分支品牌，围绕妇女权益保护、民法典宣传、国家安全、未成年人权益保障等主题，开展普法宣传51场次，发放宣传材料2000余份；排查并化解矛盾纠纷29件。

（李　鑫）

【社区建设】2023年，九棵树街道制定《九棵树街道实施代管制，强化辖区村、居自治工作无缝衔接全覆盖工作方案》，将管理空白区域纳入社区代管。组织各社区召开居民会议，累计通过议题52个。指导云景北里、翠景北里、翠屏北里等6个社区完成社区主任、副主任等7人补选工作。打造社区公益金“一社一品”格局，指导社区使用公益金开展活动380余场。组织参加“2023年通州区社工大比武”活动，获社工大比武“优秀奖”“优秀个人奖”。打造“树下贤聊”协商议事品牌，组织各社区围绕老旧小区改造、堆物堆料、环境整治等居民关心的社区事务开展协商议事活动100余场，被北京电视台、副中心新闻、北京通州发布专项报道。打造5支街道层面的品牌社区社会组织队伍。推进九棵树街道绿融科普微广场项目，针对老人、青少年开展科普活动10余场。做好辖区非遗传承工作，完成2名非遗传承人的专项资金拨付。完成街道级图书分馆、综合文化活动中心设置，新增公共文化设施面积2.8万平方米。

（李　鑫）

【民生保障】 2023年，九棵树街道完成社会救助家庭救助金试算工作，保证救助金及时发放，累计发放救助金43.99万元。积极开展线上募捐，筹集3826.36元善款。建立金侨时代社区养老服务驿站、格瑞雅居社区养老服务驿站、云景里社区养老服务驿站、龙鼎园社区养老驿站、翠屏北里社区养老驿站5家养老服务驿站，签约222名基本养老服务对象，不定期组织老人开展培训活动、义诊、防养老欺诈活动、消防安全活动等。为25名残疾人提供居家环境无障碍改造、残疾人服务器申请等服务。通过电话沟通、上门走访进行职业指导，动态推进登记失业人员管理，全年登记失业人员2069人次。与企业一对一对接招聘需求，动员10家企业参与“民营企业招聘月”线上招聘活动，提供空岗46个。举办线上、线下招聘会10场和职业指导等公共就业服务帮扶活动，建立“一生一策”帮扶台账，107名应届毕业生就业率94.36%。为95户家庭分别办理廉租房申请、补贴及复核工作。

（李　鑫）

【财源建设】 2023年，九棵树街道持续推动街区更新高质量发展，怡乐北街金融街片区更新项目，通过环境提升、慢行系统、公共交往空间建设等措施，改善片区环境，打造特色商圈，带动街区整体环境提升，项目通过市发改委联审会议审查。解决“服务包”企业诉求107项，办结率100%、满意率100%，开展“服务包”企业走访工作40余次。结合街道产业发展特点，引入大新华运通（北京）国际商务旅游有限公司、埃安4S店等优质企业。全年“两区”建设项目入库15家，落地13家，注册资金3.88亿元。制作《北京城市副中心九棵树商圈招商手册》，举办九棵树商圈招商推介系列活动，人民网、《北京城市副中心报》、副中心新闻等十余家媒体先后报道。开展各类促消费活动50余项，协助东郎园区开展通利福尼亚夜间市集和音乐啤酒嘉年华活动。

（李　鑫）

【“传统文化进社区　感受浓浓京味”活动】 2023年，九棵树街道新城嘉园社区开展“传统文化进社区 感受浓浓京味”活动，通过各种传统文化活动，充分展示和传承北京独特的文化特色。以“京韵”为主线，以“京学”为载体，组织居民开展民俗节庆表演、传统手工艺制作、书法绘画、文化讲座活动。成立健康操队及太极扇、柔力球、舞蹈、合唱、书画队伍，由居民骨干担任队长，负责组织人员，充分发挥居民自治作用。开展“非遗小匠人”“我的梦想世界”“益童行手工制作”等多场非遗体验活动，让孩子们体验空竹、糖画、草编等多种传统技艺。“传统文化进社区 感受浓浓京味”项目获评“通州区京韵特色社区教育示范项目”。

（通鉴编）

【新业态新就业群体服务站】 2月9日，九棵树街道党群服务中心新业态新就业群体服务站揭牌仪式举行。服务站配备放映厅、图书室、活动室等硬件设施，设立暖“新”驿站，提供饮水、充电、方便食品、报刊、桌椅等便捷服务用品，打造“党建领航宣传站、贴心便利服务站、工作续航补给站、个人成长加油站、暖心互动交流站”，是九棵树街道党群服务中心阵地的拓展和延伸。

（李　鑫）

▲2月9日，“九棵树街道党群服务中心新业态新就业群体服务站”揭牌仪式举行

（九棵树街道提供）

2023年通州区九棵树街道社区居委会、村委会一览表

表24

序号	名称	地址
1	翠景北里社区居委会	瑞都国际小区9号楼物业客服部二层
2	翠屏北里社区居委会	翠屏北里西区底商16号
3	格瑞雅居社区居委会	翠屏里204号楼、怡乐中街71号
4	金侨时代社区居委会	云景东里365号楼商7号
5	龙鼎园社区居委会	云景南大街45号新翠景园底商
6	苏荷雅居社区居委会	通朝大街196号葵花社小区底商
7	新城嘉园社区居委会	新城嘉园小区107号楼1单元101室
8	怡乐中街社区居委会	龙湖蔚澜香醍小区101号楼101室
9	玉兰湾社区居委会	翠景北里29号楼（玉兰湾小区3号楼北侧会所）
10	云景北里社区居委会	新城阳光小区32号楼511–513室
11	云景东里社区居委会	园景阁东区南门平房
12	云景里社区居委会	云景里10号楼前三层小楼一层社区服务站
13	车里坟村村委会	云景东路51号
14	西总屯村村委会	翠屏里218号楼
15	西小马村村委会	翠屏南里街与翠屏西路交叉路口往东约100米
16	东总屯村村委会	东总屯小区205号楼
17	九棵树村村委会	九棵树家园
18	刘老公庄村委会	九棵树西路273号
19	孙王场村村委会	孙王场小区28号楼

临河里街道

【概　况】 临河里街道位于通州区东部，东至东六环路，南至九棵树东路，西至梨园南街、玉桥东一路，北至运河西大街、北运河。辖区总面积5.15平方千米。2023年，辖12个社区、7个村，有常住人口约7.31万人。有规模以上法人单位48家，其中企业41家、事业单位7家。

（王梦琪）

【基层党建】 2023年，临河里街道铭悦园社区、潞阳桥社区党支部升为党总支；成立北京京彩城商业有限公司党支部、北京信通碧水再生水有限公司党支部、朗芳园党支部，建立朗芳园党建协调委员会分会。

（罗　佳　李紫潇）

【市民服务热线办理】 2023年，临河里街道接到市民服务热线工单11269件，其中市直派6288件、区分转4981件，响应率96.02%，解决率62.01%，满意率71.78%。市直派平均成绩96.89分，排名通州区第5名，区分转平均成绩92.17分，综合成绩94.53分。

（王　璐）

【城市管理】 2023年，临河里街道创建完成市级垃圾分类示范小区11个、示范商务楼宇4个，创建率居全区前列。暑期开展“垃圾分类，童我做起”主题活动，实现“家校社”联动，活动共有2200余名小学生参与，覆盖全部35个小区，被北京卫视宣传报道。加强驿站管理，推动8个分类驿站在区城管委完成备案。加大各类污染源检查力度，配合区水务局、自来水集团完成砖厂中路201号院自备井置换。创建“无违法建设街道”，完成图斑成果固化1019处，全区率先达到100%举证。配合区园林绿化局完成碧水公园二期园林景观工程项目约1.8万平方米揭网见绿等工作，碧水公园二期于6月开园。联合区交通支队、区城管委重点完成运河中学附属小学周边违法停车专项整治工作。累计对接开放华业商业大厦等有偿错时共享停车场6个，释放共享停车位280个。重点推进违规电动三、四轮车综合治理工作，累计回收淘汰违规

▲7月4日，东六环（京哈高速—潞苑北大街）改造工程（临河里段）国有土地上非住宅房屋和地上物腾退与补偿项目（金隅地块）签订腾退补偿协议签约现场
（临河里街道提供）

车辆1101辆，处置率100%。作为全区首个担任征拆实施主体的街道，完成街道层面金隅地块腾退工作。实施完成5批19个小微项目、34个小修快补项目。严格落实食品安全“两个责任”，包保督导完成率100%。

（张　苗）

【平安建设】 2023年，临河里街道启动5轮矛盾摸排化解，主动化解矛盾纠纷3件次，处理网信38件。持续推进安全生产和火灾隐患大排查大整治专项行动，辖区内注册“企安安”系统企业1194家，街道检查1882家次，发现并整改隐患2121处，企业自查1197家次，发现并整改隐患5232处，检查覆盖率100%，隐患整改率100%。全年对84个限额以下小型工程施工开展监管工作，未发生安全事故。承办通州区2023年“安全生产月宣传咨询日”暨第十八届安全文化节启动仪式活动，组织“润雨计划——消防安全大宣讲活动”37场。完成小型消防站建设。为辖区老弱病残等特殊群体安装联网式烟感报警器389个、为80岁以上老人配备消防“四件套”223套。铭悦园社区青年志愿者服务队获评首都“最佳应急志愿服务组织”，运河滨江社区获评首都“最美应急志愿服务社区”。全面落实内外法律顾问制度和法制审核工作，持续做好社区矫正和安置帮教“两类人员”监管工作。

（张　苗　宋墨涵）

【社区建设】 2023年，临河里街道完成新建社区居委会选举和部分居委会补选工作，完成华锦园社区、华星园社区、净水园社区、土桥社区、潞阳桥社区办公环境规范化建设；梳理形成街道《社区制度及工作指导手册》，规范12个社区微信宣传平台。社区议事品牌“临河邻里汇”助力“多元共商”，累计收集议题150余条，解决居民关切事项90余件，打造砖厂南里“解忧杂货铺”等社区议事品牌4个。社会动员助力“多元共治”，街道社区社会组织总数突破200个。成立业委会（物管会）指导中心，开展物业企业、业委会（物管会）培训20次。开展社工各类培训23场，社工师持证率45.8%；搭建社区间互访共鉴平台，分级分层开展社区间“大学习 大调研 大讨论”，通过社区间携手共进凝聚街道基层治理合力，开展“1+3+12”（即1个街道层面“督导交流”平台、3个片区“伙伴交流”平台、12个社区“实训平台”）社区交流学习活动56场。

（李　锦）

【民生保障】 2023年，临河里街道完善基层公共卫生基础建设，推动临河里社区卫生服务中心挂牌新华医院。临河里街道社区卫生服务中心、临河里小街社区卫生服务站于12月30日揭牌成立。新建运河滨江社区养老服务驿站，探索建设养老服务联合体，开展助餐、巡视探访、生活照料等20项服务。举办线上招聘会9场，提供招聘岗位2967个。帮助失业人员成功实现就业704人。协调处理劳动讨薪13件，帮助136人追讨欠薪45万余元。深入推进政务服务向社区、村延伸，让群众不出社区即可办理53项便民业务。建成华业东方玫瑰、华远好天地2个一刻钟便民生活圈，其中华业东方玫瑰便民生活圈获评市级优秀便民生活圈。举办文化活动280余场，新建健身场地8处，“双减”巡查400余家次，助力578人通过非北京市户籍适龄儿童入学材料审核。

（王晓楠）

【财源建设】 2023年，临河里街道完成地方级财政收入2.97亿元，全年走访辖区企业110余家，与有税企业、潜力企业建立沟通联系机制。“招商+孵化”联动增效，充分利用好辖区3万余平方米闲置空间、5个建筑工程项目、2个重点园区和1个集中办公区等资源，做实全流程招商工作。深挖70余个存量企业新设项目和潜力增收新设企业，完成36个“两区”项目，新增注册金额2.84亿元；121家企业落地集中办公区。持续完善“一一二四”（即建立1套服务机制、梳理1份服务清单、搭建2条沟通渠道、明确4项服务要求）服务企业模式，服务清单增至6类32项。

（王雪薇）

【灾害员气象员队伍建设】 2023年，临河里街道推动灾害信息员和气象信息员共建共享共用，实现“多员合一、一员多用”，街道机关和社区（村）设至少1名灾害信息员；通过“请进来听专家讲座、走出去现场实践学习”方式，聘请专家开展专题培训8次，组织信息员深入社区（村）实地摸排走访，加强对街道、社区（村）两级信息员开展灾害预警、灾情统计报送、防灾减灾救灾等方面知识的培训，提高信息员队伍防灾减灾工作水平，全员年度培训参加率100%。落实灾情预警和上报制度，各社区（村）信息员通过居民群、网格群、朋友圈等平台转发重要气象预报和预警信息，温馨提醒居民做好防范措施。防汛期间，信息员对电厂平房区、易达路南侧路段、金隅7090小区下沉广场、金隅花石匠一期东区下沉广场等防汛重点点位进行全面细致地巡查检查，对净水园社区电厂平房区2户房屋滴漏居民进行耐心劝导，使其安全度过汛期。

（通鉴编）

【首场政企圆桌会】3月27日，临河里街道首场政企圆桌会召开。会议邀请北京银行城市副中心分行等10家重点企业以及区发改委、区投促局、区税务局等部门参加，共同为企业解决难题，聚焦企业诉求，为企业送出“街道能为企业干什么”5项21条服务清单和北京城市副中心重点产业政策名录等“专属服务包”。

（通鉴编）

2023年通州区临河里街道社区居委会、村委会一览表

表25

序号	名称	地址
1	运河滨江社区居委会	玉桥东里合生滨江帝景二期122号楼一层
2	潞阳桥社区居委会	通和园小区101号楼1单元101室
3	净水园社区居委会	净水园小区12号楼
4	铭悦园社区居委会	梨园镇砖厂南里23号楼二层203
5	玫瑰园社区居委会	华业东方玫瑰小区D区9号楼123号
6	华悦园社区居委会	华业东方玫瑰小区A区8号楼一单元二楼旁
7	华星园社区居委会	华业东方玫瑰小区A区8号楼一单元二楼旁
8	华锦园社区居委会	华业东方玫瑰小区D区9号楼123号
9	土桥社区居委会	方恒东景小区106号楼首二层
10	砖厂南里社区居委会	砖厂南里43号楼3单元南侧
11	花石苑社区居委会	砖厂北里133号楼406
12	裕馨社区居委会	裕馨家园小区西侧平房
13	小街一队村委会	梨园东里南区39号楼对面2层
14	小街二队村委会	九棵树东路386号7层
15	小街三队村委会	临河里街道临河里路2号
16	砖厂村村委会	砖厂南里23号楼502
17	上马头村村委会	临河里街道郎芳园六区1号楼三单元101室
18	张辛庄村村委会	贾各庄村36号
19	小圣庙村村委会	临河里街道郎芳园三区5号楼二单元101室

杨庄街道

【概　况】杨庄街道位于通州区西部，东北至北苑南路，东至翠屏西路，南至怡乐南街，西至区界，北至京通快速路，面积4.7平方千米。下辖18个社区、2个行政村。2023年，有党组织24个（含机关支部2个、社区党总支18个、“两新”党支部4个），党员2777人；法人企业2329家，小学2所，幼儿园17所。全年实现税收收入1.3亿元，完成全年任务的131.62%，同比增长43.76%。

（张梓菁）

【基层党建】2023年，杨庄街道开展主题教育宣讲党课活动14次。强化党建引领，关心关爱新业态、新就业群体，开展“暖新暖杨·点亮微光”“6·18”专场党建活动，到京东快递站点，赠送“快递小哥”们包含帽子、冰袖、防晒霜等物资的防晒抗暑清凉包；邀请潞河医院医生现场提供义诊，测量血压，发放健康宣传材料，解答各种健康问题，科普健康保健知识。制定《杨庄街道2023年基层党校教育培训实施方案》，组织社区“两委”班子、“两新”党组织负责人培训班，开展基层党组织委员专题培训。拍摄《社区暖晴天》党员教育电视片，通过影像记录社区党组织书记真实故事。开展群众性新时代文

▲ 12月25日，杨庄街道举办基层党组织委员培训班　（杨庄街道提供）

明实践活动1500余场；探索开展“邻里圆梦”试点项目，建立由19名青少年组成的特色志愿服务队伍，通过能力提升、志愿服务、志愿回馈等形式，提升志愿队伍服务能力，提高居民对社区建设和发展关注度，扩大文明实践影响力。开展孝星评选活动，评选出区级孝星1人。深入社区、企业开展“习近平新时代中国特色社会主义思想进社区、进企业”活动39场。组织社区围绕“新时代10年的伟大成就”等主题深入开展成就宣传和形势政策教育主题活动34场。

（王琦玮）

【市民服务热线办理】 2023年，杨庄街道制定《杨庄街道12345市民热线诉求职责清单（第三版）》，梳理日常类问题124项、公共卫生类问题39项。协助街道各科室、社区吹哨85次，推动供暖、施工安全、中水等重难点问题解决。全年受理工单9343件，实际承办8510件，响应率94.97%，解决率79.28%，满意率86.28%，全年市级排名第147，区级排名第3。全年接收区网格派单案件2442件，完成上报案件任务数12959件，月度考核满分9次，综合成绩96.95分，综合排名位于22个街道乡镇第8名、街道类第5名。

（孟慧琪）

【城市管理】 2023年，杨庄街道持续开展生态环境检查，7×24小时不间断巡查，出动网格员800余人次，检查点位2900余个，检查工程58项次，发现问题并立即整改700余个，治理裸地2.5万平方米；拆除朗峰嘉园等一批历史遗留违建3000平方米。在志愿北京平台注册社区、村级志愿者服务队14支，发布志愿者项目47项，志愿者成员952人，累计活动时长9488.5个小时；接收并承办整改市级问题194个、区级问题1669个、小卫星问题29个，整治完成率100%；铁路沿线巡查、处理上报问题点位42处，自查问题点位9处，已完成整治。创新“校家社”三方联动垃圾分类宣传共建机制，通过送课进校园方式发动3000余名师生参与垃圾分类。创建完成“五有四好”（即有明确的管理责任人、有规范的投放点、有清晰的垃圾流向、有便捷的可回收和大件及装修垃圾交投处置渠道，投放环境好、日常管理好、组织发动好、分类效果好）示范小区10个、“五有四好”达标小区5个。更换垃圾分类公示牌41块，新增桶站公示牌与每日巡查公示栏544块，维修垃圾分类方舱1258处。开展“小微项目惠民生”项目20个，投入资金额182万余元，解决12345诉求182件；制定《杨庄街道自建房安全专项整治工作目标和工作方案》，排查自建房239处，涉及严重安全隐患3处、一般安全隐患5处，全部签订安全责任书。

（张琦玉）

【平安建设】 2023年，杨庄街道完成两节两会、“一带一路”等重点时期安全保障任务，发放宣传材料9万余份。开展交通安全宣传36次，发放宣传材料7500余份；联合区交通支队开展执法检查25次，出动人员1200余人。17个社区、1个村实现“平安社区（村）”创建。纳入“企安安”系统正式库台账企业839家，企业自查3482次，检查1899次，实现检查全覆盖，隐患整改率100%，推动单位参加“安责险”162家。建成小型消防站1座，实现社区微型消防站全覆盖，配备移车器、对讲机等自救设备；完成全民消防云平台注册和“一警六员”培训任务；为重点关爱人群配发消防自救“四件套”1321套，为3个小区1049个家庭安装联网式烟感报警器。检查地下空间、人防工程1499次，发现并整改各类隐患199处。联合区交通支队开展交通安全及违规电动三、四轮车清退宣传30余次，设置展板24块，发放宣传材料1万余份，组织各方人员力量开展主要路口日常值守，出动各类工作人员1800余人次，清退违规电动三、四轮车488辆。联合区交通部门对北苑地铁站、公交场站周边非法运营情况执法检查8次，约谈处罚非法运营司机20余人。组织应急演练3次，建立3支片区协调处置队和20人应急处置分队。

（张　萌）

【社区建设】 2023年，杨庄街道落实《杨庄街道物业管理评价办法》，组织物业评价17次，编纂物业专刊12期，召开物业管理工作例会4次。联合14家物业服务企业成立“红色物业联盟”，成立功能型党支部，实现物业管理资源平台化、物业管理规范化。实现杨庄街道业委会组建率32.3%，物业服务市场化完成率75%，为9家物业企业提供18万元物业奖励金。调研小区停车情况38次，增加新华联家园南小区停车位180个。开展物业行业安全情况检查40余次，试点场景综合检查8次。引入国企物业托底机制，提升辖区物业退出小区应对能力。联合校园开展心理健康、未成年保护等主题宣讲10余场。举办社区邻里节、趣味运动会、各级体育赛事、健身培训活动等活动102场，覆盖人群6000余人。开展各类文化活动、公益培训、文艺演出等线上线下活动112场，参与人数5000余人次。围绕“以邻为伴·与邻为善·共建美好幸福家园”主题，在通州区邻里节主会场设置“老有所玩”互动区展位，并在“红杨先锋”线上平台展示，被北京市邻里节主会场连线现场报道。培育全民健身示范社区品牌，更新健身器材19件（套），打造全民健身角。设立街社两级“文体巡查员”，全年出动检查700余人次。挖掘公共文化空间，新增公共文化设施面积2.8万余平方米。建设社区之家2家，开展“老玩童”活动，打造杨庄“乐活空间”，形成“社区养老服务+基层治理”模式。新北苑社区拆分为科印社区和杨庄北街社区；成立杨庄北街社区居民委员会；调整新北苑、杨庄南里西区社区2个社区居民委员会管辖范围和规模；完成新北苑社区居民委员会更名工作。完成17个社区公益金项目立项173个，涉及资金约287.63万元，开展活动800余场，参与活动人数累计超2.6万人次。

（郭田田）

【民生保障】2023年，杨庄街道新建社区养老驿站2家，实现养老驿站全覆盖。为重度失能老人等基本养老服务对象建设家庭照护床位80张。建立创建卫生城市“周调度”机制，建立问题台账，整改完成率90.95%。举办健康讲座及义诊活动44次，参与居民3000余人次。建设一刻钟便民生活圈2个，新建商业便民网点2家，完善粮食应急网点建设4家。稳定劳动关系，走访企业和在施工地近百家，重点监测规模较大企业劳动合同签订及变更等情况；通过“鑫薪调解室”，办理案件50余件。加大社会救助力度，完成45户低保、特困家庭入户核查和信息采集工作，更新“一户一档”。发放社会化救助金100余万元。帮扶困境老人2名，协助联系养老院及家人妥善安置。开展“首善有我”志愿捐款活动，筹集1万余元，为贫困家庭贡献爱心。

▲7月3日，通广嘉园社区养老驿站开业运营　（杨庄街道提供）

（李瑞琦）

【财源建设】2023年，杨庄街道制发《杨庄街道财源建设工作方案》《杨庄街道精准服务企业方案》《杨庄街道集中登记地登记注册管理工作办法》。健全企业诉求“一本账”工作机制，走访辖区重点企业20余家，召开“吹哨报到会”12场、企业座谈会12场。摸排企业2329家，摸排实地经营企业1599家、工商注册地2114家、税务注册地1851家。落实3处集中注册地址备案，完成企业招商639家（含市属国企1家），其中注册资金500万元以上企业281家。

（张梓菁）

【法律服务】2023年，杨庄街道成立“红杨先锋”公共法律服务队，开展服务活动1200余个小时。与区委政法委对接成立北京睦邻法律服务中心杨庄街道公益法律服务站，开展活动16次。区法院刑事法庭在杨庄街道设立普法驿站，开展普法讲座活动1次。区检察院与杨庄街道党工委签署《诉源治理共建协议》，建立驻杨庄街道诉源治理检察工作站。

（张范杨）

【“智慧统计”数据管理平台】2023年，杨庄街道推进“智慧统计”建设，解决“数据孤岛”问题，探索搭建数据集中化管理平台。年内完成平台功能开发、系统部署和功能调试等环节工作，实现数据采集、整理、传输、管理全过程信息化管理。平台有人口普查数据集、经济普查数据集、企业名录库数据集、规模以上企业数据集、“服务包”企业数据集5个数据库，形成历史与实时、统计与工商税务等多方数据有效融合的数据资源中心。平台采用“统一管理、分级负责”账号管理模式，依托政务云进行数据采集、处理等全流程安全管理，建立辖区经济运行分析报告模板，深度挖掘数据服务价值，通过数据“一键更新”功能，及时生成辖区最新经济运行情况报告，实现经济运行多维度监测，服务街道经济决策。

（通鉴编）

2023 年通州区杨庄街道社区居委会、村委会一览表

表 26

序号	名称	地址
1	新华联家园南区社区居委会	新华联家园南区 10 号楼 511 室
2	怡乐园社区居委会	探矿家属院 28 号楼 2 层西侧
3	靓景明居社区居委会	怡乐三区甲 21 号楼东北侧二层
4	京贸南区社区居委会	怡乐中街 336 号院 1 号楼 0104 室
5	世纪星城兴业园社区居委会	世纪星城 77 号楼 6 单元 101、102 室
6	世纪星城西社区居委会	长城国际 66 号楼 D9 单元 3 层 106 室
7	杨庄南里南区社区居委会	杨庄小区 13 号楼路西
8	杨庄南里西区社区居委会	杨庄小区 1 号楼 7 单元对面平房院内
9	杨庄通广嘉园社区居委会	杨庄怡乐一区 123 号楼底商 14–15 号
10	广通社区居委会	广通小区 1 号楼 2 单元 102 室
11	锦园社区居委会	五里店西路 6 号院 6 号楼底商 1011
12	五里店社区居委会	杨庄路 5 号
13	科印社区居委会	杨庄南街 1 号
14	京贸国际社区居委会	八里桥南街 68 号院 1 号楼 107 室
15	天时名苑社区居委会	天时名苑小区 10 号楼 1 单元 102 室
16	新华联家园北区社区居委会	新华联家园北区东北门旁
17	京铁社区居委会	京铁潞园小区 7 号楼一层
18	杨庄北街社区居委会	朗峰家园 1 号楼
19	杨庄村村委会	杨庄路西 8 号
20	李老公庄村村委会	怡乐园一区 82 号楼东侧

潞邑街道

【概　况】潞邑街道位于通州城区北部，东至东六环路，南至运潮减河，西至小中河，北至潞苑四街、疃里大街，毗邻新华街道、永顺镇、宋庄镇，面积约 7.8 平方千米，下辖 12 个社区和 8 个行政村。2023 年，辖区常住人口 8.67 万人，户籍人口 3.18 万人（与永顺镇惠兰美居小区户籍人口有交叉），流动人口 4.84 万人。街道党工委直属基层党组织 22 个，包括机关党总支、焦王庄派出所党支部、社区党组织 12 个、“两新”党组织 8 个；有党员 1741 人。

（谢一英）

【基层党建】2023 年，潞邑街道研究制定并实施《潞邑街道高质量发展三年行动计划》；持续深化“户联网”党建工作，细化网格 57 个，建立社区网格党支部 11 个。探索“多元数据，一体调度”模式，在通瑞嘉苑、通瑞嘉苑西、潞苑嘉园社区开展居民微信群整合工作；落实街道党建协调工作委员会机制，在“社区党总支—网格党支部—楼门党小组—党员”4 个层级建立微信群，完成通瑞嘉苑、潞苑嘉园社区等 12 个社区居民微信群整合工作。在街道层面建立统筹调度中心，围绕“辖区一张图，全域数字化”目标，打破各部门之间“数字壁垒”，解决数据碎片化问题；召开区域化党建工作协调委员会会议，收集资源清单 31 项、需求清单 19 项，实施项目清单 5 项；开展“两新”组织“访千企、强党建、促发展”活动，实地走访“两新”组织 27 家，召开“两新”组织座谈会 5 场，收集并帮助解决非公企业诉求 67 项，成立北京炎凌嘉业机电设备有限公司和中科融城科技集团有限公司 2 个非公企业党支部；坚持党建引领物业管理，构建“社区党组织 + 社区居委

会 + 业委会（物管会）+ 物业服务企业”社区管理机制，建立清水湾业委会和至善家园业委会党支部，实现辖区 25 个业委会（物管会）党组织全覆盖。

（郑玉华　谢一英）

【市民服务热线办理】 2023 年，潞邑街道坚持高位统筹，组建由街道班子成员组成的“接诉即办”领导小组，全年召开“接诉即办”专题调度会 49 次，刊发街道日报 365 期；强化案例宣传，上报“我为群众办实事”典型案例 52 个，在区级及以上媒体刊登优秀案例或典型经验 23 个；落实“未诉先办”，建立“接诉即办”与“自查自纠”两线并一线工作模式，推行“社区吹哨，科室报到”，处理街巷长热线反映问题 22 件，网格诉求单 1.4 万件。强化协商议事，推动解决新潞文创园内健身房欠费失联、小区房屋漏雨、社区道路维修及文教机构间不良竞争等群众关注焦点问题。全年接到市民服务热线工单 1.21 万件，其中市直派 4542 件、区分转 7557 件，响应率 100%，解决率 47.7%，满意率 62.32%。2023 年市直派平均成绩 93.97 分，排名通州区第 21 名，区分转平均成绩 89.40 分，综合成绩 91.68 分。

（周　为）

【城市管理】 2023 年，潞邑街道规范网格化管理工作，将街道划分成三级网格 25 个、四级网格 106 个，网格化覆盖率 100%；深化环境治理，对辖区 6 个在施工地进行常态化、高频次巡查。开展裸露地块综合治理专项行动，3 处裸地点位及周边范围实施绿化治理；持续抓好垃圾分类，开展垃圾分类宣传活动 399 场次，入户宣传 523 次，全年参与桶前值守志愿服务人员 1.31 万人次，服务时长 3.67 万个小时；开展“五有四好”小区创建工作，整改大小公示牌问题 565 个，规范大件、装修投放点 148 处；集中开展违规电动三、四轮车综合治理行动，全年整改违规电动三、四轮车 960 辆。龙旺庄小区实现市政供暖；新潮嘉园二区 707 户居民告别自备井，用上市政水。

（秦敬岚）

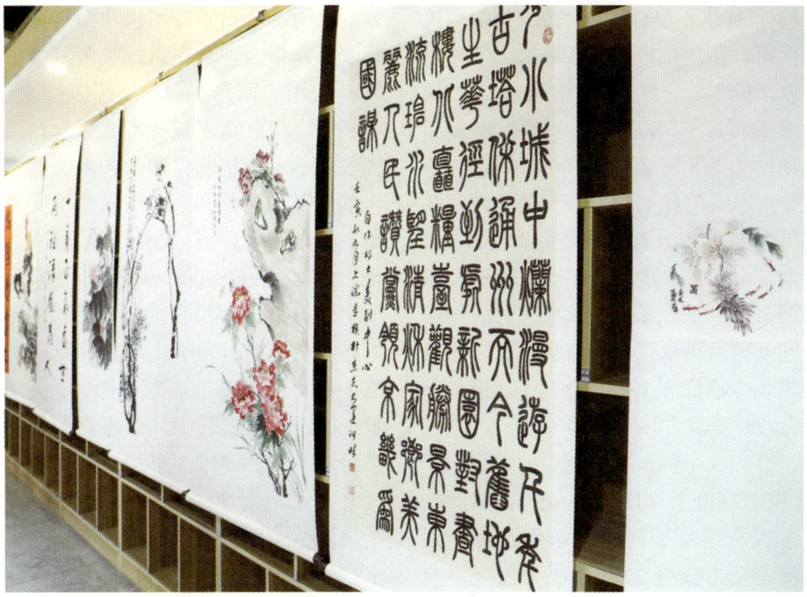

▲ 2 月 22 日，潞邑街道举办首届“爱我潞邑”主题书画展　（潞邑街道提供）

【平安建设】 2023 年，潞邑街道开展安全生产和火灾隐患大排查大整治，出动检查人员 2700 余人次，检查单位 1968 家次，发现并督促整改安全隐患 1386 处。指导企业开展自查 918 家次，完成率 100%；实施安全生产专项整治深化年行动，围绕安全生产执法检查效能专题及消防安全、交通安全、危化品等 8 个专项开展深化整治，全面排查安全生产各领域安全风险隐患，检查单位 2725 家次，发现安全隐患 2074 处，整改 1962 处；落实消防安全十条工作措施，为 454 名失能老人全覆盖配发火灾逃生自救“四件套”、联网式烟感报警器；为 2 个火灾风险较高小区公共区域配备联网式烟感火灾报警器 924 部；居民小区电梯阻断系统实现全覆盖安装；成立消防安全宣讲团，开展消防安全大宣讲及“一警六员”消防基本技能实操培训 20 次。统筹做好防汛工作，汛期处置完成积水点位 8 处、道路坍塌 1 处。

（石雨芳）

【社区建设】 2023 年，潞邑街道依托街道综合文化中心举办文体活动 60 场、公益培训讲座 50 场、线上活动 16 场；加大公共文化服务供给力度，举办“爱我潞邑”“百姓大舞台”等系列主题文化活动 48 场，全年指导各社区高效使用社区公益金，组织开展各类邻里活动累计 200 余场。新增各类体育健身设施 62 件，完成体育场地建设 2 处。联动辖区单位、社会组织、底商商户等多元主体，举办大型文艺演出、义诊义剪等活动 20 余次，形成“邑 + 亲”志愿联盟等社区品牌；发动街道“三师一员”（即律师、心理咨询师、社会工作师，人民调解员）参与调处化解矛盾，稳步推进 1 个社区协商议事厅市级示范点、3 个区级推广点和 3 个楼门治理区级推广点建设；完善街道社区社会组织联合会建设，开展专题培训、联合公益月活动等 44 次，6 个社区社会组织典型入选 2023 年通州区示范品牌社区社会组织。推动至善家园和上潞园 2 个老旧小区物业费及停车费涨费工作，完成枫露皇苑小区物业更换。

（贾尚擎）

【民生保障】 2023 年，潞邑街道完成社区（村）政务服务规范化建设全覆盖，实现 53 项政务服务事项“上门办”“就近办”，推进政务服务“好差评”机制纵向延伸至社区（村）；深化“放管服”改革，开通“跨省通办”窗口，依托北京城市副中心统一接收受理平台，承接跨区域生育登记等 10 项政务服务事项；开展政务服务专项培训34次；坚持就业优先，增加岗位供给，新增创业单位186家，带动就业岗位732个；组织“春风行动”“民营招聘月”“金秋十月”等招聘会10场，为118家企业发布259个岗位，采集空岗信息1735条。受理欠薪讨薪等各类诉求61起，涉及劳动者87人，涉及金额280万元，结案率100%；围绕12345市民服务热线反映的高频问题及群众诉求强烈的事项，申请区发改委专项资金128.94万元，实施“小微项目惠民生”项目10个。

（李德永　郝悦莹　崔祥慧）

【财源建设】 2023年，潞邑街道严格落实街道班子成员联系重点企业制度，全力做好22家“服务包”企业走访服务，主动上门走访问需，解决企业平台诉求136件；依托“潞邑街道企业服务群”及时发布行业现状、政策规定，举办通州区惠企政策新潞园区宣讲会、高新技术企业面对面政策解读座谈会，全面做好政策宣传解读；运用“四所一队”（即派出所、市场所、统计所、税务所和综合行政执法队）工作机制，调动各方力量参与基层财源建设，进一步优化治安环境、城市治理环境，改善区域营商环境；将辖区9个点位、48套闲置空间的地理位置、面积、租金、配套设施等各类信息进行整合，推出“潞邑街道产业空间智慧地图”，推动地区闲置低效资产改造转型；引进财源储备项目131个，促成1家注册资金3亿元和2家注册资金6400万元的企业落地潞邑；助力辖区北京炎凌嘉业机电设备有限公司获评国家级专精特新“小巨人”企业。

（吴　瑾　马溶榕）

【政务开放日活动】 12月22日，潞邑街道举办2023年“政务开放 你我同行”政务开放日活动，邀请区人大代表、“全能社工”、企业代表、居民代表等10余人参观政务服务中心，深入体验基层政务服务建设成果，感受潞邑街道政务服务工作再升级、营商环境再优化的新形象、新气象。

（郝悦莹）

【焦王庄社区养老服务驿站开业】 12月27日，潞邑街道焦王庄社区养老服务驿站揭牌开业，成为辖区第6家养老服务驿站。驿站位于东潞苑小区，配备有呼叫服务台、文化娱乐区、助餐服务区、日间照料室、健康指导室、心理慰藉室等设施，能为周边老年人提供中医理疗、健康问诊、法律知识讲座等综合性服务，举办舞蹈、唱歌、八段锦等文体活动，丰富老年人精神文化生活。

（郭昕昕）

2023年通州区潞邑街道社区居委会、村委会一览表

表27

序号	名称	地址
1	龙旺庄社区居委会	龙旺庄南街龙旺庄煤气站东院停车场院内平房
2	潞苑南里社区居委会	潞苑南大街25号东亚逸品阁20号楼2层
3	潞苑南里西社区居委会	京榆旧线路珠江丽景64号楼底商
4	东潞苑西区社区居委会	潞苑中路东潞苑甲12号楼（尚东综合楼四层）
5	潞邑社区居委会	潞苑南大街185号院新潮嘉园三期21号楼商业2层
6	运通园社区居委会	潞苑南大街614号院澜花语岸小区9号楼西侧平房
7	潞苑嘉园社区居委会	陈列馆路永顺镇社会服务管理中心西二楼
8	潞苑北里社区居委会	潞苑东路40号院（珠江拉维小镇）30号楼二层
9	通瑞嘉苑社区居委会	潞苑五街东潞苑一区2号楼二层208-210
10	清水湾社区居委会	龙旺西里133号楼街边底商
11	静水园东社区居委会	疃里南区5号楼（红杉溪谷why健身房）二层
12	通瑞嘉苑西社区居委会	通瑞嘉苑小区17号楼3层
13	刘庄村村委会	刘庄村警务工作室
14	焦王庄村村委会	潞苑四街南80米
15	王家场村村委会	王家场小区12号楼
16	小潞邑村村委会	潞邑西路2号院
17	耿庄村村委会	潞苑南大街290号

续表 27

序号	名称	地址
18	龙旺庄村村委会	芙蓉东路华龙老年公寓
19	苏坨村村委会	苏坨新村内
20	孙各庄村村委会	孙各庄家园小区

永顺镇

【概　况】永顺镇位于北京城市副中心西北部，东至新华北路、小中河，南至通惠河、温榆河、潞苑二街，西至通州区界，与朝阳区接壤，北至潞苑北大街，面积 19.46 平方千米。下辖 8 个行政村、12 个社区、1 个村级合作社。2023 年，常住人口 11.5 万人，户籍人口 3.3 万人（其中，农业户籍人口数 3897 人）。年内，完成税收 24.6 亿元，形成区财力 7.3 亿元；完成固定资产投资 38.5 亿元，建安投资 4.31 亿元。引进注册企业 1594 家，注册资金 156.58 亿元，其中注册资金亿元以上企业 17 家，5000 万元以上 21 家，1000 万元以上 177 家。

（栾慧明）

【基层党建】2023 年，永顺镇优化干部队伍建设，接收预备党员 57 名，全镇 21 个村配备后备干部 48 名。组织 700 余名党务工作者参加“党支部云课堂”，开展“永顺幸福 +”基层干部能力提升培训 11 场，实现党员教育“全域覆盖、全员轮训、全面提升”。激发基层党组织活力，着力办好群众服务、社区环境治理等“微实事”，全年投入党群活动经费 1500 余万元。新成立北京融远保安服务有限公司、北京德聚招标有限公司、坤泽盛兴有限公司 3 个非公企业党组织。深化基层党建品牌建设，提升“南悦彩虹”“家里说事儿”等党建品牌影响力，形成以品牌推动党建、以党建引领发展、以发展带动全局的工作格局。建强“通州永顺”公众号，在区级及以上媒体发布正面报道 128 条。广泛培育和践行社会主义核心价值观，以全镇 22 个新时代文明实践所站为载体，持续开展“永顺文明朋友圈”实践活动 500 余次。

（栾慧明）

【市民服务热线办理】2023 年，永顺镇持续提升“未诉先办”工作效能，实施网格精细化管理，主动发现并办理网格案件 5.7 万余件。开展“入户听民声、为民谋实事”主题实践活动，办好事、实事 887 件。健全议事协商机制，各社区召开议事协商会议 167 次。全年接到市民服务热线工单 1.46 万件，同比下降 61.67%，其中市直派 7807 件、区分转 6759 件，响应率 99.99%，解决率 95.86%，满意率 96.58%。市直派平均成绩 96.58 分，综合排名通州区第 6 名，区分转平均成绩 94.82 分，综合成绩 95.82 分。新成立业委会 6 个、物管会 14 个。

（栾慧明）

【乡村振兴】2023 年，永顺镇实施完成“小微惠民生”项目 16 个。开展社区空间改造，引入“新芽”项目，打造天赐良园二期中心广场“碧谷会客厅”环境提升改造项目。增强市政设施服务保障能力，完成朝通嘉园小区、西马庄园小区自备井置换，数千名居民喝上“放心水”；改造完成富河园等 4 个小区配电设施；建成北京城市副中心首个全龄体育公园——刘庄公园。推进创建“基本无违建乡镇”工作，图斑举证率和通过率均 100%。壮大集体经济，通过北京农村产权交易平台竞价交易项目 14 宗，交易面积 12.3 万平方米，交易首年租金 1 亿余元，年租金增加约 0.8 亿元。

（栾慧明）

【生态环境】2023 年，永顺镇落实工地、道路、裸地“三尘”精细化管控，制定大气污染防治攻坚行动实施方案，强化统筹调度，多部门联动协作，加大执法检查力度，空气质量显著改善，全年 $PM_{2.5}$ 浓度和 TSP 浓度排名均位于通州区首位。开展巡林 1200 余次，养护管理园林绿化林木资源 900 亩。推进揭网见绿和见缝补绿工作，增绿面积约 1 万平方米，镇域森林覆盖率和绿化覆盖率 33%。落实“清管行动”和河道岸坡治理任务，对公共、专用、城乡接合部、农村地区排水设施以及道路边沟等雨水设施进行全面清掏，超标设施全部疏通，巡河里程达 2591 千米，发现解决问题 69 个，水环境质量稳中向好。落实垃圾源头减量，在社区全面推行“一袋式”垃圾上门回收便民服务模式，全年资源化处理可回收物 260 吨。加强常态化巡查管控，对已关停和取缔的“散乱污”企业和“开墙打洞”点位进行长效监管，保持辖区内“开墙打洞”及“散乱污”企业“动态清零”。

（栾慧明）

【平安建设】2023 年，永顺镇不断加强社会治安防控体系建设，完成第三届“一带一路”国际合作高峰论坛等重大活动服务保障工作。推进社会矛盾纠纷排查化解专项行动，打造集约高效、便民利民、智慧精准、多元融汇的矛盾纠纷调解平台。开展安全生产和火灾隐患大排查大整治行动，检查各类生产经营单位 4171 家次，出动检查人员 4330 人次，发现并消除各类安全隐患 387 处。开展普通地下室巡查检查，日常检查 453 次，联合多部门检查 12 次。夯实安全生产责任，辖区企业完成“企安安”系统注册率 100%。投资建成小型消防站 2 座。整治违规电动三、四轮车，累计淘汰 3088 辆。

（栾慧明）

【民生保障】 2023年，永顺镇继续完善公共服务体系，推进居家和社区养老服务，4个养老服务驿站基本养老服务覆盖2万余人次。着力稳定扩大就业，开展线上线下招聘活动12场，实现就业困难人员就业1125人。完善社会救助体系，开展养老、低保等困难群体帮扶工作，救助920人。提升生活性服务业品质，建成一刻钟便民生活圈2个。深入开展全民健康生活方式行动，创建健康社区10个。完善粮食应急保障体系，新建粮食应急供应网点5家。

（栾慧明）

【“永顺幸福＋青春放光彩”终身学习品牌项目】 2023年，永顺镇团委以习近平新时代中国特色社会主义思想为指导，全面学习贯彻党的二十大精神，积极引领广大青年埋头苦学，奋勇前进，探索构建“永顺幸福＋青春放光彩”终身学习品牌项目。项目以引领青年、凝聚青年为主线，开展伟大成就和国情形势教育讲座；以党政中心工作为指导，开展内容丰富的多领域课堂培训；以青年为中心工作导向，开展形式多样的主题活动，参与青年2万余人次。

（通鉴编）

【首个公共区域职工之家成立】 10月11日，永顺镇首个公共区域职工之家揭牌成立。永顺镇春昇体育文化产业园公共区域职工之家着力打造共享会议室、共享儿童活动室、强国学习小站及暖心驿站等功能区，建设面积约200平方米，为附近园区4000余名职工提供个性化、专业化服务，打通服务职工的“最后一公里”，成为服务职工的“温馨之家”“和谐之家”。

（通鉴编）

▲ 10月11日，永顺镇首个公共区域职工之家成立 （永顺镇提供）

2023年通州区永顺镇社区居委会、村委会一览表

表28

序号	名称	地址
1	惠兰美居社区居委会	潞苑北里四区8号楼2层
2	榆东一街社区居委会	金地格林格林小区南区1号楼1单元侧楼二层
3	永顺东里社区居委会	新华北路59号院3号楼西侧平房
4	永顺南里社区居委会	永顺南街234号
5	永顺西里社区居委会	通惠北路12号楼底商6–7
6	富河园社区居委会	富河园小区甲2号院
7	西马庄社区居委会	西马庄小区34号楼东侧平房
8	天赐良园社区居委会	榆景苑二期8哩岛小区22号楼底商东侧
9	西潞苑北区社区居委会	安顺路368号三楼
10	悦澜家园社区居委会	安顺路2号院1号楼1单元1层
11	岳庄社区居委会	永顺路45号
12	竹木厂社区居委会	竹木厂小区西区16号楼西侧
13	西马庄村村委会	西马庄村10号楼9单元
14	邓家窑村村委会	朝阳北路与金榆路丁字口路北黄色五层小楼

续表 28

序号	名称	地址
15	李庄村村委会	李庄佳苑小区 10 号楼
16	新建村村委会	新建村二期高层南区新建村村委会
17	北马庄村村委会	北马庄村安顺北里甲 17 号
18	前上坡村村委会	永顺南里小区 1 号院甲 3 号
19	永顺村村委会	永顺南街 109 号
20	范庄村村委会	范庄村西潞苑小区临 21 号楼
21	后窑社区股份合作社	后窑小区院内平房

梨园镇

【概　况】梨园镇位于北京城市副中心西南部，紧邻文化旅游区北京环球度假区，西至大稿村与朝阳区交界，北至怡乐南大街—翠屏西路—云景南大街，东至九棵树东路，南至万盛南街。面积约 9.2 平方千米。2023 年，有常住人口 12.7 万人，其中户籍人口 4 万人。下辖 10 个村、17 个社区，居民小区 46 个，划分物业管理单元 37 个，业委会（物管会）组建率 100%，物业服务覆盖率 100%，党组织覆盖率 100%。固定资产投资 53.40 亿元，建安投资 10.27 亿元，分别完成全年任务的 231% 和 211%。税收 18.67 亿元，同比增长 25.8%。社会消费品零售总额 6.76 亿元，同比增长 4%。

（潘佳骏）

【基层党建】2023 年，梨园镇指导 63 个基层党组织分类 236 次，按任务清单推进“首都高质量发展先锋行动”，开展“我为群众办实事”“立足岗位做贡献”等各类活动 114 次。在“零距梨”官方微信公众号设置“理论学习”专栏，发布专篇 9 条。基层党支部开展“副中心高质量发展和高效能社会治理”专题研讨交流 118 次。举办建镇 50 周年纪念日天安门广场国旗展陈仪式。强化宣传思想阵地，制作疫情防控主题纪录片《大方无虞》，获中国网络视听服务节目协会和市广电局优秀作品奖。在基层组织开展二十大精神知识竞赛。“醴润梨园”百姓宣讲团在区级宣讲比赛中获一等奖。首部全面总结地区发展史书籍《醴润梨园》出版。

（潘佳骏）

【市民服务热线办理】2023 年，梨园镇强化“每月一题”重难点问题攻坚，坚持靶向施策，依托“领导签批 + 专题调度 + 吹哨报到”工作机制，对问题集中工单迅速反应，将“当下改”与“长久立”相结合，建立“回头看”制度和工单落实台账，确保调度有回音、有实效。全年受理市民服务热线工单 1.28 万件，市回访解决率 95.19%、满意率 96.37%，综合成绩 96.14 分，全市排名第 248，同比提升 2 名；全区排名第 13，同比提升 1 名。

（潘佳骏）

【乡村振兴】2023 年，梨园镇按照“活力迸发、商业繁荣、生态绿色、民生兴旺”总体目标，锚定文旅休闲、生态商务、特色商业三大产业方向，持续推进城市化转型，优化提升城市功能。承接北京环球度假区溢出效应，推进文化旅游商务融合发展，引入商业运营公司，打造北京环球度假区十二街区主题商业街，举办“环影 12 街区京彩消费季啤酒狂欢节”活动，融合主题特色餐饮、主题酒店、主题娱乐等产业元素，构建与北京环球度假区相互衔接又特色鲜明的文旅产业新生态。依托韩美林艺术馆、现代音乐研修学院、大稿国际艺术区，构建梨园特色文化艺术产业集群。与中关村数字媒体产业联盟合作，以“当代艺术 + 科技”为核心，创建国内首个“元宇宙数字艺术区”，联合中央美院数字艺术研究中心、中国传媒大学（媒体）研究中心等多家数字艺术机构，共创元宇宙实验工作室，逐步形成数字艺术示范园区。

（潘佳骏）

【生态环境】2023 年，梨园镇降尘量累计均值 4.9 吨 / 平方千米・月，首次实现降尘量达标。处理市区两级环境问题台账 850 件。解决群众关心问题，实施阿尔法 C 区环境提升工程，协调修缮旗舰凯旋小区周边区域。创建垃圾分类示范小区，全镇 44 个小区达到“五有四好”考核标准 36 个。坚持绿色生态优先，启动花园城市建设方案设计，西小马公园、梨园城市森林公园竣工验收；文化休闲公园入园环境精细化改善，新增绿化面积 420 亩。

（潘佳骏）

【平安建设】2023 年，梨园镇开展安全生产专项整治深化年、安全生产和火灾隐患大排查大整治、重大事故隐患专项排查整治行动，通过安全生产专项整治信息系统动态更新问题隐患清单 60 家，整改 60 家，挂账隐患整改合格率 100%。云景东路小型消防站和消防安全实操实训基地建成投入使用。“企安安”系统正式库录入单位场所 903 家，单位自查完成率 100%。依托“企安安”系统开展检查 3930 次，发现并消除问题隐患 3875 项，督促

▲5月23日，梨园镇城市森林公园一角　（梨园镇提供）

辖区内企事业单位自查自纠13747次，检查覆盖率、处置率均100%。开展燃气专项整治，检查非居民燃气用户842家次，整改隐患622处。进村、社区开展安全知识培训54场，培训2570余人。"一核多元共治中心"投入使用，融合"公、检、法、司"等专业力量共同参与基层治理，社会形势保持稳定。完成全国两会、"一带一路"、服贸会等重大活动期间安全保障。开展地毯式摸排，清理违规电动三、四轮车1145辆，实现"双清零"。

（潘佳骏）

【民生保障】 2023年，梨园镇公共服务配套"软硬件"建设同向发力，便民服务事项实现进驻率、委托受理率双100%，完成基层便民服务站建设27个，为群众办事6269件，实现区域全覆盖。教育事业进一步发展，辖区幼儿园提供学位达4000个，普惠学位占比提升至86.2%，5所中小学新招学生2428人。促进城乡劳动力就业，开展免费技能培训5期，培训190人；实现就业困难人员就业700人；应届大学毕业生就业率95.6%。稳步提升老年人生活品质，养老服务、失能护理、高龄老人津贴享受21600人次；走访慰问基础养老服务对象，完成巡访服务22320次。慰问困难残疾人家庭179户，发放津贴15.53万元；实施居家环境无障碍改造4户，申请机动轮椅燃油补贴35人、9100元。

（潘佳骏）

【集体"三资"监管】 2023年，梨园镇集资委议事机构制度在全区率先实行，全年召开集资委专题会议12次，审议村级经济合同559份，涉及金额7.97亿元，在市、区村级财务工作专项检查中实现"零差错"。建立规范化工程评审合同、合同履约告知书机制，为村集体节省资金294万元，催缴收回合同款6472万元。实施"一柜双锁"（即一个柜子两把锁、两把钥匙，镇村各一把）双向监督，对26个村90枚印章实行两级联动，审议各类用章事项8595件，退回不符合要求事项203件，有效保障村集体利益。

（潘佳骏）

【社区治理】 2023年，梨园镇成立党建引领品牌"新治汇"社区书记工作室，探索党建引领基层治理难题破解新模式，着重开展基层治理建设经验交流、人才培育、人才挖掘等基层治理人才队伍建设和人才素质能力提升工作，社区基层治理经验形成优秀案例集。大方居北区开展"志愿小屋"服务项目，通过完善空间场地布置，置办理发、维修、缝纫等服务工具，解决居民生活中遇到的各种小难题，开展助老服务活动13场。组织社区书记等人员到上海学习，开展社工职业素质大赛等社区队伍建设"五大活动"（即社工大培训、大练兵、大比武、大走访、大调研活动），社工师持证率由17%提升至45%。梨园镇社工代表队在全区大比武中获得第1名。

（潘佳骏）

【梨园镇宣传贯彻党的二十大精神文艺演出】 1月15日，奋进新征程建功新时代——梨园镇宣传贯彻党的二十大精神文艺演出举办。演出以宣传贯彻党的二十大精神为主题，带领广大党员干部群众一起回顾自1972年梨园公社成立以来梨园50多年波澜壮阔的发展历程。演出分为"春色满园""梨园新篇""锦绣梨园"三大篇章，全镇党员干部群众以优秀文艺作品展现新时代新气象，用歌舞、表演、镜头表达奋进新征程、建功新时代的豪情，真实再现历代梨园群众奋斗史，

▲1月15日，奋进新征程建功新时代——梨园镇宣传贯彻党的二十大精神文艺演出举办　（区融媒体中心提供）

呈现梨园镇半个多世纪华彩篇章。

（通鉴编）

【西总屯撤村建居】 西总屯村总人口327人，其中非农人口246人、农业人口81人，集体土地符合70%以上征占比条件。2023年1月，西总屯村整建制农转非工作获市政府批复。4月，完成81名农民转非工作，全体村民纳入北京市社会保障体系。8月，启用西总屯村社区股份经济合作社，村集体资产全部平移到社区股份经济合作社名下。10月28日，召开撤销村民委员会建制投票大会，全票通过撤销村民委员会建制事项。撤村不撤社，村集体资产有序经营管理，村民个人和集体利益得到保护，基层社会和谐稳定发展。

（潘佳骏）

2023年通州区梨园镇社区居委会、村委会一览表

表 29

序号	名称	地址
1	大方居社区居委会	大方居小区331号楼1层
2	大方居北区社区居委会	大方居小区323号楼二单元一层
3	怡然社区居委会	怡然世家小区271号1单元1层
4	京洲园社区居委会	中泽馨园413号楼1层
5	欣达园社区居委会	桃花岛小区15号楼4单元412室
6	万盛北里社区居委会	万盛北里380号楼2层居委会
7	曼城家园社区居委会	万盛北里甲420号楼三层305
8	通大家园社区居委会	通大家园2号楼1单元103室
9	群芳一园社区居委会	海棠湾小区14号楼一层
10	颐瑞北区社区居委会	土桥PLUS配套5号楼105
11	群芳雅园社区居委会	群芳园小区物业楼二层
12	群芳园社区居委会	花涧溪小区物业楼二楼
13	颐瑞东里社区居委会	颐瑞东里C区147号2层
14	新城乐居社区居委会	新城乐居社区207号楼2层
15	晟世嘉园社区居委会	晟世嘉园小区61号楼南侧三层楼
16	通景园社区居委会	通景园小区194号楼2层
17	颐瑞西里社区居委会	群芳中二街152号瑞都公园世家小区5号楼
18	魏家坟村村委会	群芳二园小区
19	大稿村村委会	大稿新村10号楼
20	大马庄村村委会	大马庄新园西侧
21	公庄村村委会	群芳三园85号楼
22	孙庄村村委会	孙庄村村委会
23	将军坟村村委会	桃花岛底商西90号
24	高楼金村村委会	高楼金地小区东侧
25	东小马庄村村委会	东小马村69号楼
26	小稿村村委会	小稿村西社区服务站
27	半壁店村村委会	半壁店新村269号楼

宋庄镇

【概　况】宋庄镇位于通州区北部，西邻朝阳区，北接顺义区，东与河北省廊坊市燕郊镇接壤，南部紧靠市级行政办公区，是北京城市副中心重要组成部分、京津冀协同发展关键地带。2023年，镇域面积约115平方千米，是通州区面积最大的乡镇；下辖行政村47个。2023年，全镇常住人口16.9万人，其中户籍人口7.9万人，流动人口6.28万人。有基层党组织105个，其中村级党组织47个，“两新”组织44个，机关党组织8个，事业单位党组织6个；党员4185人。镇域内注册经营企业6100余家，医院4所，中小学及幼儿园38所。宋庄镇是北京城市副中心北部绿色生态屏障和北京市东部水源保护地，温榆河、潮白河、运潮减河、温潮减河四河环绕，全镇森林覆盖率44%。宋庄镇立足规划定位，以艺术原创资源为核心，全年完成税收21.97亿元，完成区级财力9.6亿元。

（许璐璐　侯海涛）

【基层党建】2023年，宋庄镇完成红色试点村——宋庄村平津战役指挥部旧址修缮及旧址外围环境综合整治项目。着力打造“艺术+党建”特色品牌，组织艺术家举办“同心向党·‘艺’心筑梦，庆祝党的二十大”主题展览；开展红色主题教育，重点打造党建引领“艺术赋能 乡村振兴”等特色党建项目，推动党建品牌创新提优。

（许璐璐　侯海涛）

【市民服务热线办理】2023年，宋庄镇全力推进“接诉即办”向“主动治理”转变，紧扣群众关心关注的重点难点问题，高频调度、持续推进。全年接办市民服务热线工单2.47万件，同比减少9292件，下降27.36%。其中市级派单7988件、区级派单16686件，市、区综合成绩92.12分，全区排名第19名。市直派综合评分平均分96.11分，全市排名第250名，区分转综合评分平均分87.79分，全区排名第22名。退治周期期间，市直派诉求量全市排名第73名，达到退出治理类乡镇标准。

（许璐璐　侯海涛）

【乡村振兴】2023年，宋庄镇巩固农业发展优势，促进绿色高质量发展。蔬菜播种面积1.1万亩，产量2.8万吨；粮食播种面积4500亩，产量1600吨。发挥集体农场作用，结合“一园一策”（即一处田园一处提升策略）示范基地项目，打造“宋庄农场—宋庄胡萝卜主题园区”，完成“宋庄农场”商标申请。打造以胡萝卜为主题的特色农业镇，与中国农业科学院蔬菜花卉研究所胡萝卜课题组合作，围绕“科研+选种”“加工+生产”“园区+品牌”“宣传+营销”“培训+就业”，申报共建北京科技小院。整治农村人居环境，完成公路小修总面积9483平方米，总长1.69千米；完成中修总面积7027平方米，总长1.41千米；完成热熔标线总面积924平方米。改善自备井村庄供水安全，完成21个村47口自备井改造提升工程。智慧水务平台基本建成。市政管线引入工程新建供水管线4000余米，首开香溪郡、千章墅等多个社区接通市政水。提高水厂出水水质，完成翟减沟泵站提升工程、碧富源水厂综合处理改造工程。提升村容村貌，完成第二批美丽乡村建设项目和补短板项目22个，徐平路、双小路路灯实现亮灯。持续加强清洁取暖设备长效管护，全覆盖式检查、维修取暖设备2.95万台，保障村民清洁温暖过冬。

（许璐璐　侯海涛）

▲11月12日，宋庄镇“艺术赋能　乡村振兴”特色党建项目——喇嘛庄村艺术家参与村集体协商议事
（宋庄镇提供）

【生态环境】2023年，宋庄镇继续提升生态环境建设水平，加强大气污染源管控，$PM_{2.5}$月均浓度41微克/立方米，改善率全区第1。推进村级污水处理站建设，完成草寺、岗子、大庞村、富豪、徐辛庄、尹各庄村污水及供水管网改造工程，基本实现全镇污水全收集全处理。改善镇域水环境质量，镇村两级河长巡河率100%。围绕北京城市副中心碳达峰碳中和目标，持续巩固提升生态环境建设成果，构建绿色空间，建设蓝绿交织、清新明亮的绿色宋庄，完成平原重点区域造林绿化工程苗木栽植1350亩，留白增绿任务面积1.3万平方米。

（许璐璐　侯海涛）

【平安建设】2023年，宋庄镇发动党员、村民代表、社会志愿者开展基层群防群治，发动群防群治力量6200余人次，确保首都外围防线安全稳定。开展非法劳务市场专项整治，重点点位专项清理，市民投诉率降低。完成禁毒宣传29次，宣传内容被“北京禁毒”公众号、“中国禁毒”微博、

"今日头条"等媒介转载刊登，与农业种植户签订《禁种铲毒责任书》600余份；开展综合执法检查1.48万次，立案处罚1487起，罚款276万余元。

（许璐璐　侯海涛）

【民生保障】2023年，宋庄镇大力支持丁各庄公租房、小堡艺术区集租房、北京城市副中心万套保障房等项目建设。全力保障安贞医院通州院区、首都儿科研究所、北京市疾控中心等医疗机构建成投入使用。推进绿色通道，采取"帮办、延时办、上门办、预约办"等便民举措，利用跨省通办窗口，减少群众跑动。设置"办不成事"窗口，专门帮助群众解决各类困难问题。拓宽服务方式，在线解答疑难问题3000余条。提升宋庄镇旅游咨询服务品质，设立北京旅游咨询（通州宋庄）服务站。全年开展就业帮扶4次，完成帮扶对象实现就业75人次，开展困难救助356户次，救助573人，发放补贴资金484万余元。

（许璐璐　侯海涛）

【镇域规划】2023年，宋庄镇国土空间规划及控制性详细规划（街区层面）由北京城市副中心管理委员会审议通过，成为首个规划成果稳定的特色小镇，形成"两带、两区"城市空间结构，围绕温榆河流域、潮白河流域组织城镇与郊野功能，发展生态游憩、文化交往、临空经济服务、高品质居住功能；沿创新发展轴及其延长线，打造"艺术+"原真艺术生态小镇和产城融合、生活便利、独具美学特色的枢纽生活服务小镇。拆除违建123.49万平方米，腾退土地98.95万平方米，复耕面积3798.63亩。用好"一镇一策"手段，梳理与暂时保留一批艺术家工作室、美术场馆和文化创意类建筑。

（许璐璐　侯海涛）

【与李可染画院签订合作协议】4月13日，宋庄镇与李可染画院签订合作协议，将设立李可染画院宋庄艺术中心，入驻李可染纪念博物馆和图形学美术史艺术馆，成立李可染画院青年画院，宋庄镇新添一个国家级画院。画院继承李可染为"祖国河山立传、为人民群众立碑"艺术思想和艺术精神，以科学研究、普及美术、艺术创作、文化交流为主要工作内容，团结本地知名书画家，培养青年艺术家。

（许璐璐　侯海涛）

▲4月13日，李可染画院入驻宋庄镇签约仪式举办　（宋庄镇提供）

2023年通州区宋庄镇村委会一览表

表30

序号	名称	地址
1	白庙村村委会	白庙村西街92号
2	北刘各庄村村委会	北刘各庄村白师路西侧
3	北寺庄村村委会	北寺庄村东侧
4	北窑上村村委会	北窑上村窑平路北侧
5	菜园村村委会	菜园村菜师路西侧
6	草寺村村委会	草寺村通顺路东侧
7	大邓各庄村村委会	大邓各庄村堡师路西侧
8	大庞村村委会	大庞村徐尹路南侧
9	大兴庄村委会	大兴庄村潞苑北大街南侧
10	丁各庄村委会	丁各庄村通怀路西侧
11	富豪村村委会	富豪村东侧
12	岗子村村委会	岗子村窑平路北侧

续表 30

序号	名称	地址
13	港北村村委会	港北村东北侧
14	高各庄村村委会	高各庄村西南侧
15	高辛庄村村委会	高辛庄村西北侧
16	葛渠村村委会	葛渠村西北侧
17	沟渠庄村村委会	沟渠庄村西北侧
18	关辛庄村村委会	关辛庄村任李路西侧
19	管头村村委会	管头村北侧
20	郝各庄村村委会	郝各庄村右堤路西侧
21	后夏公庄村村委会	后夏公庄通怀路东侧
22	喇嘛庄村村委会	喇嘛庄村潞苑北大街北侧
23	六合村村委会	六合新村一区南侧
24	南马庄村村委会	南马庄村徐尹路北侧
25	内军庄村村委会	内军庄徐内路东侧
26	平家疃村村委会	平家疃村通怀路东侧
27	前夏公庄村村委会	前夏公庄村通怀路东侧
28	任庄村村委会	任庄村村中
29	师姑庄村村委会	师姑庄村白师路西侧
30	双阜头村村委会	双阜头村东南侧
31	宋庄村村委会	宋庄村 99 号公寓
32	疃里村村委会	潞苑北大街四海公寓 6 号
33	王辛庄村村委会	王辛庄村窑平路北侧
34	吴各庄村村委会	窑管路北侧
35	西赵村村委会	西赵村任李路西侧
36	小堡村村委会	小堡南街 38 号
37	小邓各村村委会	邓各庄村堡师路南侧
38	小杨各庄村委会	小杨各庄村任李路东侧
39	小营村	小营村窑平路南侧
40	辛店村	辛店村潞苑北大街北侧
41	邢各庄村	邢各庄村西南侧
42	徐辛庄村	徐辛庄徐尹路北侧
43	摇不动村村委会	摇不动村白师路东侧
44	尹各庄村村委会	尹各庄村徐尹路北侧

续表 30

序号	名称	地址
45	翟里村村委会	翟里村任李路北侧
46	寨里村村委会	寨里村壁富路东侧
47	寨辛庄村村委会	寨辛庄村壁富路东侧

潞城镇

【概 况】潞城镇地处首都百里长安街延长线最东端，京唐秦发展轴线上，距离天安门约30千米。西邻北京城市副中心，东接河北省大厂县与燕郊镇，北邻宋庄镇，南靠西集镇。镇域面积59.86平方千米。下辖54个行政村。2023年，有户籍人口5.16万人，常住人口6.36万人，流动人口1.75万人。镇域内建成“五横四纵三全域”道路框架（“五横”自北向南为通燕高速、通胡大街、玉带河大街、运河东大街、武兴路；“四纵”自西向东为六环西辅路、六环路、通济路、潞城中路；“三全域”自西向东为运河左堤路、胡郎路、潮白河右堤路），初步形成主干路与次、支路相结合的网状交通格局。

（李宾宾）

【基层党建】2023年，潞城镇制定《潞城镇关于深入推进“四微一行”党建引领模式的实施方案》，完善“四微一行”（即微党校、微协商、微联盟、微志愿，文明银行）党建引领模式及活动机制，打造具有社会影响力、潞城基因和本土特色的党建引领品牌。完善“潞城之路”学习精品线路，将镇域内潞城党建公园、优秀非公企业、先进示范村等18个红色点位串连成线，形成党建引领精品路线。严格落实《党支部工作条例》，严抓制度建设、队伍建设和阵地建设。重新修订《2023年潞城镇村级工作千分考核办法》，系统化考核标准，以考核推进工作。充分发挥党员先锋模范作用和党支部战斗堡垒作用，提升基层治理能力和水平。以潞城基层党校为阵地，推进新时代基层干部能力提升，开展基层党组织红色教育专题培训3期，培训学员140人。

（李宾宾）

【市民服务热线办理】2023年，潞城镇组建“接诉即办”领导小组，对“未解决不满意”事项及重点诉求开展集中调度，不断提升解决率、满意率。全年办理市民服务热线工单1.11万件，同比下降30.20%；解决率63.00%，同比上升2.20%；满意率68.93%，同比上升3.64%。吹哨94次，其中镇内吹哨32次、区级吹哨62次，解决大豆各庄村电线杆挪移、贾后疃村大车撞坏电线杆等问题。

（李宾宾）

【乡村振兴】2023年，潞城镇制定《招商引资机构管理考核办法》《潞城镇各村、社区招商引资工作制度》，累计注册企业2008家，纳税27.1亿元。完成固定资产投资11207万元，建安投资5087万元。助力企业发展，采取实地走访、座谈交流、午餐会、线上会谈等多种方式，及时了解企业存在的困难诉求，为35家公司协调解决工商地址异常、增加发票面值、人员招聘等问题。25家企业享受到30项区级政策支持，享受发展支持资金3000余万元，15家企业先后进入“专精特新”“国家高新技术”等榜单企业行列。为企业提供人才公寓300余套。

（李宾宾）

【生态环境】2023年，潞城镇$PM_{2.5}$浓度年均值42微克/立方米，全区排名并列第3，降尘量全年累计均值同比改善16.4%，全区排名第5。深入开展“一微克”行动，检查工地2316场次，发现问题1386起，立案处罚473起。强化裸地治理，实施精细化管控措施，采取生物覆绿等方式有效治理裸地扬尘问题。从严从紧管控夜间扬尘污染，检查点位310余处，发现问题100余处。探索差异化低碳发展，前疃村获评全市首个数字化微网“零碳村庄”，蒙牛高科乳制品（北京）有限责任公司实现生产环节节能降碳，北京博格华纳汽车传动器有限公司实现厂区内部温室气体排放中和。集中治理污染显著坑塘36处，各项指标达到合格标准。新增林地1534亩，治理草荒3.88余万亩，林地总面积4.7万亩，森林覆盖率37.78%。

（李宾宾）

【平安建设】2023年，潞城镇每月召开大会研究部署安全生产、消防和应急管理工作。研究制定《潞城镇安全生产专项整治深化年行动实施方案》《潞城镇安全生产和火灾隐患大排查大整治工作方案》等系列文件，重点解决安全生产安全隐患整治问题。完善安全生产责任体系，以潞城镇政府名义，在全镇印发《北京市通州区潞城镇党政领导干部安全生产职责清单》。持续开展隐患排查整治工作，检查生产经营单位444家，企业检查覆盖率97.24%，责改文书下达率24.07%。摸排流动人口1.75万人、出租房屋4368户，对出租房屋情况建立台账。重大活动期间每日发动专业警力64名、警车13辆对潞城地铁站进行定点设卡，对堡东路等重要路段进行巡逻防控；发动村民志愿者1545人、村“两委”300人、专兼职网格员33人、巡防队员53人、流管员24人、行业力量189人共2146人组成群防群治队伍，与派出所警力形成作战单元，结合大防控设立执勤点位229个，完成各项重大活动期间安全保障工作。

（李宾宾）

【民生保障】 2023年，潞城镇举办招聘会11场，提供岗位360个，招聘人数2860人，推荐求职人员532人成功入职。与219家企业签订日常服务协议，跟踪服务656次。解决就业1512人，技能培训858人。落实“春蕾计划——梦想未来”行动公益项目，形成女童资助服务体系，筹集女童帮扶资金3万余元。完善救助体系，持续关注、帮扶女性“两癌”患者，关爱慰问新增“两癌”患者6人。严格审核社会救助申请人办理条件，加强社会救助对象动态管理，截至年底，全镇有社会救助人员205户，其中低保户187户、低收入户5户、特困人员13户，为社会救助对象发放救助金500余万元。慰问困难残疾人家庭306户，发放慰问金22.5万元。为37户残疾人家庭改造无障碍设施。持续发挥红白理事会制度作用，举办潞城镇第九届集体婚礼，服务新人118对。为55岁以上男性、50岁以上女性居民提供体检服务，守护群众健康。

（李宾宾）

【法治工作】 2023年，潞城镇全面开展法治工作，审核村级合同112件、镇级合同125件，行政诉讼案件新收案18件，民事诉讼新收案9件，行政履职2件，指导回复检察建议7件，完成重大执法案件法制审查8件。“两类人员”社区矫正在矫13人，帮教对象105人。参与12345及重点领域纠纷化解45次。公共法律服务站及一站式解纷中心入驻市民中心，接待法律咨询、引导法律援助450余人次。组织16名法治及执法人员完成执法培训40个学时；组织1人参加执法资格证书考试；完成执法案件案卷评查工作，开展重点案件法治研讨，组织执法人员旁听审判。代表通州区完成北京市“八五”普法中期验收，完成市级民主法治示范村复核；组织开展法治文艺大赛初赛，选送法治文艺作品并获区三等奖。完成“潞同行”品牌调解室方案制定、初步选址及硬件设计方案，项目纳入全区第一批品牌调解室建设序列。

（李宾宾）

【“潞城镇企业联盟”成立】 6月29日，潞城镇召开“潞城镇企业联盟”成立大会。联盟成员单位由136家规模体量大、示范引领作用强、对地方经济发展贡献突出的企业组成，按照行业关联度将成员单位划分为5个联盟小组，推选出联盟理事长、秘书长，推选11家优质企业为理事单位。潞城镇企业联盟搭建起政企之间、企业之间沟通交流平台，助力企业快速发展。

（李宾宾）

▲ 6月29日，潞城镇企业联盟成立大会召开 （潞城镇提供）

2023年通州区潞城镇村委会一览表

表31

序号	名称	地址
1	东杨庄村村委会	三元村小区
2	南刘各庄村村委会	南刘各庄村
3	后北营村村委会	古月家园项目提升指挥部
4	堡辛村村委会	东堡村委会东侧
5	前北营村村委会	古月家园东区3-3-102
6	霍屯村村委会	紫运园小区2号楼一单元
7	常屯村村委会	古城小区3号楼9单元102室
8	七级村村委会	七级村
9	黎辛庄村村委会	东堡村委会东侧

续表 31

序号	名称	地址
10	杨坨村村委会	杨坨村
11	郝家府村村委会	古月家园项目提升指挥部
12	大营村村委会	大营村
13	留庄村村委会	东堡村委会东侧
14	辛安屯村村委会	东堡村委会东侧
15	侉店村村委会	侉店村
16	西堡村村委会	西堡村
17	胡各庄村村委会	古月佳园西区东门底商
18	召里村村委会	召里家园 6 号楼
19	八各庄村村委会	八各庄村
20	东夏园村村委会	东堡村委会东侧
21	古城村村委会	古月家园项目提升指挥部
22	东堡村村委会	东堡村
23	魏庄村村委会	三元村甲 14 号楼
24	东小营村村委会	古月家园项目提升指挥部
25	后屯村村委会	孙各庄家园东区
26	孙各庄村村委会	孙各庄家园东区
27	庙上村村委会	庙上村委会（潞城地铁站西 150 米）
28	大台村村委会	古月家园项目提升指挥部
29	岔道村村委会	岔道村
30	太子府村村委会	太子府村
31	小甘棠村村委会	小甘棠村
32	燕山营村村委会	燕山营村
33	兴各庄村村委会	兴各庄村
34	东刘庄村村委会	东刘庄村
35	李疃村村委会	李疃村
36	崔家楼村村委会	崔家楼村
37	后榆村村委会	镇后榆村
38	前榆林庄村村委会	前榆林庄村
39	武窑村村委会	武窑村
40	大东各庄村村委会	大东各庄村
41	前疃村村委会	前疃村

续表 31

序号	名称	地址
42	肖庄村村委会	肖庄村
43	小豆各庄村村委会	小豆各庄村
44	夏店村村委会	夏店村
45	大豆各庄村村委会	大豆各庄村
46	武疃村村委会	武疃村
47	卜落垡村村委会	卜落垡村
48	东前营村村委会	东前营村
49	贾后疃村村委会	贾后疃村
50	凌家庙村村委会	凌家庙村
51	谢楼村村委会	谢楼村
52	大甘棠村村委会	大甘棠村
53	康各庄村村委会	康各庄村
54	小东各庄村村委会	小东各庄村

西集镇

【概　况】西集镇位于通州区东南部，东临潮白河，与河北省大厂回族自治县、香河县隔河为邻；西、南临北运河，西隔河与张家湾镇相望，南与漷县镇、香河县隔河相接，北与潞城镇相连。镇域面积91.4平方千米。下辖57个行政村、2个社区。户籍总数2.77万户，户籍人口4.87万人；外来人口1.26万人，出租房屋3241户。2023年完成工业总产值31.2亿元，税收9.55亿元，同比增长26.97%，实现区级财力2.5亿元，同比增长30%。完成全社会固定资产投资8亿元，其中建安投资2.2亿元。

（周君薇　侯晓利）

【基层党建】2023年，西集镇完成镇级党群服务中心改造，挂牌成立镇级党校。持续加强基层骨干队伍建设，落实“星火计划”和“头雁工程”，有后备人才171名，实现57个党支部人才台账建立和提前储备。组织党的二十大精神知识竞赛活动，获通州区党的二十大精神知识竞赛“优秀组织奖”。开展党的二十大精神系列宣讲活动，成立“颐和西集”百姓宣讲团，获得2023通州区学习贯彻党的二十大精神百姓宣讲团评选比赛团体二等奖。加强与国家级、市区媒体联动，在“学习强国”学习平台及《北京日报》《城市副中心报》等国家级、市级主流媒体刊登发布“三大三强”进行时、民宿旅游、樱桃采摘季、网安园、乡村振兴等新闻稿件389篇，在区级主流新媒体刊登发布新闻稿件36篇。深化文明村镇创建，8个首都文明村通过复评，尹家河村、太平庄村入围首都文明村候选名单。

（李珊珊　宋泓庆）

【市民服务热线办理】2023年，西集镇不断完善市民服务热线办理工作机制，强化“领导领办＋多方联办”工作模式，化解高频难点诉求33个。深化“热线＋网格”融合，通过“网格吹哨部门报道”主动化解问题于萌芽状态，热线诉求量大幅下降，五一期间潮白河河道管理诉求量同比下降75%。全年接到市民服务热线工单1.14万件，其中市直派6502件、区分转4860件。区回访原始响应率83.66%，解决率29.53%，满意率33.56%。市直派平均成绩96.64分，排名通州区第12名，区分转平均成绩92.11分，综合成绩94.47分。

（李　净）

【乡村振兴】2023年，西集镇围绕“生态休闲”＋“网络安全”功能定位，加大项目招引力度，360数字安全集团、软通动力信息技术（集团）股份有限公司、厦门市美亚柏科信息股份有限公司等行业龙头子公司落户西集。网安园注册资金1000万元以上企业达60%，有国家级专精特新“小巨人”企业4家、市级“专精特新”企业40余家、高新技术企业百余家。3家企业获批设立博士后科研工作站分站，2家企业获评国家级“绿色工厂”。网络安全产业集群入选2023年度北京市中小企业特色产业集群名单。提升企业服务水平，通过座谈会、实地走访等方式服务企业140余家次，解决企业诉求171件，办结率、

▲ 5 月 27 日，第三届西集家宴厨娘擂台赛决赛参赛作品　　（西集镇提供）

满意率均 100%。加强耕地保护，完成复耕和种植总面积 1.9 万亩，实现粮食产量 3500 吨，蔬菜产量 1.7 万吨。举办第十八届“北京·西集樱桃节”，销售樱桃 150 万斤。发展休闲农业，培育家庭农场 50 家，申报曹女、薛光家庭农场“星推官”。打造“西集家宴”品牌，举办第三届西集家宴厨娘擂台赛。统筹市级家庭农场、民俗馆、村史馆，打造特色旅游路线，入选市级“乡村 walk 地图”主题线路、漫步北京—北京康养旅游线路，形成新型运河文旅产业链。推动 3 家休闲农业园区提升改造，沙古堆村入选市级 50 个小众景点之一。

（曹　梦　胡颖超　和　爽）

【生态环境】 2023 年，西集镇持续开展散乱污企业动态清零、裸地扬尘治理、挥发性有机物减排、绿网苫盖等多项行动。超额完成 8.6 万平方米拆违任务，开展“大棚房”问题专项清理整治行动“回头看”，巩固治理成果。创建肖家林、大灰店等 7 个市级垃圾分类示范村，人居环境持续向好。完成 23 个村污水治理工程和供水管线改造工程。开展见缝插绿行动，实现村庄林木绿化率 30.4%，乡村道路绿化率 74%，集体林场看护林地面积 2.8 万余亩，带动本地绿岗就业 475 人，获评全区首个“北京市森林康养旅游示范基地”。推进林业碳汇发展，依托北京城市副中心林业碳汇试点建设工作，建设西集镇林草固碳增汇技术集成示范区，完成相关选址工作并进行初步勘探。

（王龙灿　张云杰　赵紫薇）

【平安建设】 2023 年，西集镇继续做好消防安全、气象防灾、防汛演练等日常应急管理。汛期排查全镇危房，安排撤离 60 户。采取人防、技防、物防“三防”举措，构建社会面立体化社会治安防控体系，动员和鼓励群防群治力量上岗执勤，维护双节、全国两会、国庆节等重点时期社会面和谐有序。综合治理违规电动三、四轮车，淘汰个人违规电动三、四轮车 1.02 万辆。依托“清源”“护苗”等专项行动，开展“扫黄打非”工作，获评北京市“扫黄打非”进基层示范点。深化基层平安创建工作，申报通过“平安村”9 个。

（夏妍然　于　凯　曹艳杰）

【民生保障】 2023 年，西集镇养老照料中心建成并投入运营，全镇有养老服务驿站 34 家，覆盖率全区第 1。深化基础设施建设，实施服务设施改善、医疗卫生提升、公共空间改造等小微工程 33 个，覆盖村 26 个。完成社会救助、抚恤金和养老助残券发放等工作。全力促进就业再就业工作，提供就业岗位 2686 个，促成困难劳动力再就业 1245 人。解决危房翻建解危难题，制发农村宅基地建房批准书 218 户。建成镇级社会工作服务中心，配置 12 个村（社区）站点，委托专业机构建立“中心 + 站点”两级运营社会工作服务体系。建设便民文化站，开办厨娘大赛、公益惠民演出等活动，丰富群众精神生活。强化法治保障，利用矛盾纠纷联排联调机制，调解案件 126 件。配合行政复议应诉，推进重大行政决策法治化，依申请公开回复率 100%。健全村级自治机制，开展村级“民主日”活动，落实“四议一审两公开”，实现“红白理事会”全覆盖。

（史优伟　王英骏）

【第十八届樱桃节】 5 月 20 日，“樱雄辈出 遗脉相承”北京西集第十八届樱桃节开幕。西集镇以“樱桃之乡”

▲ 5 月 20 日，西集镇第十八届樱桃节开幕　　（西集镇提供）

闻名，全镇樱桃总种植面积上万亩，“通州大樱桃”是国家农产品地理标志登记认证产品，有汁多、肉厚、果甜等特点，主要种植品种有早大果、红灯等10余个优质品种。万亩大樱桃陆续成熟进入采摘期，采摘时间持续至6月中下旬。樱桃节开幕式活动把农业观光、文化旅游和乡村振兴有效衔接，全力激活三产融合互动新引擎。樱桃节期间，西集镇举行萌宠群樱会、“西集家宴”厨娘擂台赛决赛、诚信欢乐购、非遗展示等活动，满足市民采摘、休闲需求，市民可摘樱桃、游生态休闲小镇、畅享大运河风光。北京邮政通过线上直播、社区接龙、樱桃采摘券等形式，帮助果农进行销售和引流；优化邮路，确保樱桃寄递高效、畅通。

（通鉴编）

【网安园（通州）网络安全领军人才培育基地项目】 11月16日，网安园（通州）网络安全领军人才培育基地首栋建筑封顶，是国家网络安全产业园区（通州园）启动区规划范围内首座封顶楼宇，标志着项目建设进入新阶段。通州网安园网络安全领军人才培育基地项目总建筑面积2.9万平方米。其中，地上建筑面积2.08万平方米、地下建筑面积8171.4平方米。建设内容包括工业研发楼、工业研发配套用房、人防和地下车库等。工程转入二次结构施工、机电安装和室内装饰装修阶段。国家网络安全产业园区（通州）先进技术创新应用示范基地、成果转化基地、国际化产业合作基地、检测验证等社会化服务基地、人才培训与科普基地等一体化重要集群示范中心初具雏形。

（通鉴编）

2023年通州区西集镇社区居委会、村委会一览表

表32

序号	名称	地址
1	运潮馨苑社区居委会	仪府路12号院2号楼3层
2	西仪家园社区居委会	于岳路西仪佳园小区1-1-101
3	曹刘各庄村村委会	曹留各庄村内
4	南小庄村村委会	南小庄村113号
5	上坡村村委会	上坡村临282号
6	和合站村村委会	和合站村南
7	安辛庄村村委会	安辛庄村主街
8	吕家湾村村委会	吕佳湾村内
9	杨家洼村村委会	杨家洼村167号
10	辛集村村委会	辛集村西路北
11	肖家林村村委会	肖家林村267号
12	前寨府村村委会	前寨府村内
13	后寨府村村委会	后寨府村内
14	东辛庄村村委会	东辛庄村西
15	大灰店村村委会	大灰店村内
16	小灰店村村委会	小灰店村内
17	大沙务村村委会	大沙务村195号
18	小沙务村村委会	小沙务村南临1号
19	牛牧屯村村委会	牛牧屯村内
20	桥上村村委会	桥上村内
21	杜店村村委会	杜店村内
22	前东仪村村委会	前东仪村西尹路北

续表 32

序号	名称	地址
23	史东仪村村委会	史东仪村西尹路南
24	侯东仪村村委会	侯东仪村内
25	黄东仪村村委会	黄东仪村内
26	尹家河村村委会	尹家河村内
27	赵庄村村委会	赵庄村内
28	侯各庄村村委会	侯各庄村 35 号
29	于辛庄村村委会	于辛庄村 160 号
30	车屯村村委会	车屯村北
31	武辛庄村村委会	武辛庄村南
32	胡庄村村委会	胡庄村内
33	协各庄村村委会	协各庄村内
34	西集村村委会	西尹路旁
35	石上村村委会	石上村内东南部
36	王上村村委会	王上村南纪西路东
37	岳上村村委会	岳上村内
38	林屯村村委会	林屯村内
39	郎东村村委会	郎东村 7 号
40	郎西村村委会	郎西村 126 号
41	老庄户村村委会	老庄户村内
42	冯各庄村村委会	冯格庄村临 5 号
43	耿楼村村委会	耿楼村 247 号
44	陈桁村村委会	陈桁村内
45	小屯村村委会	小屯村内
46	何各庄村村委会	何各庄村 88 号
47	金各庄村村委会	金各庄内
48	张各庄村村委会	张各庄村内
49	望君疃村村委会	望君疃村内
50	马坊村村委会	马坊村 187 号
51	小辛庄村村委会	小辛庄村小老路北
52	供给店村村委会	供给店村内
53	儒林村村委会	儒林村 117 号
54	沙古堆村村委会	沙古堆村内

续表 32

序号	名称	地址
55	太平庄村村委会	太平庄村内
56	王庄村村委会	王庄村内
57	杜柳棵村村委会	杜柳棵村内
58	任辛庄村村委会	任辛庄村内
59	金坨村村委会	金坨村内

漷县镇

【概　况】漷县镇位于通州区东南部，北至张家湾镇，东至河北省香河县安平镇，南至永乐店镇，西至于家务回族乡，面积113.7平方千米。下辖61个行政村、3个社区。常住人口7.03万人，户籍人口6.05万人。2023年，实现税收11.68亿元，完成全社会固定资产投资7.7亿元，其中建安投资4.6亿元。

（金珏雯）

【基层党建】2023年，漷县镇强化党员阵地建设，改造提升北堤寺、东寺庄等村党员活动室。从严把控党员发展标准和程序，发展预备党员60人，党员转正83人。印发《关于深化党建引领基层治理·“三网融合共治”的实施意见》，深化品牌建设，“党建引领基层治理·‘三网融合共治’”模式作为典型经验在全区推广。创新理论宣传，以“大运河林下讲习所”为载体推进党的政策理论宣传，宣讲党的二十大精神100余场次。强化结对共建，与北京财贸职业学院、市农业农村局、北京科技大学、北京联合大学等5家单位签约结对，市级、区级结对单位24家，形成共建共享、共同发展格局。加强基层文化阵地建设，张庄村龙灯博物馆、敬老文化广场改造完毕，漷县村村史馆正式对外开放，完善镇文化馆、图书馆总分馆制管理制度。巩固拓展宣传舆论阵地，营造良好网络舆论氛围，围绕乡村振兴、特色农业、医药产业发展、非遗民俗文化等重点工作在市、区级以上媒体发表原创稿件100余条；利用“漷县书院”微信公众平台发布原创稿件700余篇。

（金珏雯）

▲6月30日，漷县镇党建引领基层治理与北京财贸职业学院结对共建签约

（漷县镇提供）

【市民服务热线办理】2023年，漷县镇研究制定《漷县镇12345服务热线+网格化管理工作制度》，推进“接诉即办”和网格管理深度融合。压实“主要领导—包片领导—包村干部—支部书记”主体责任，完善处置机制、调度机制、考核机制，构建一站式多元解纷模式。全年接到市民服务热线工单1.28万件，其中市直派8636件、区分转4143件，响应率100.00%，解决率47.68%，满意率50.44%。市直派平均成绩94.36分，排名通州区第19名，区分转平均成绩91.64分，综合成绩93.00分。

（金珏雯）

【乡村振兴】2023年，漷县镇切实扛起稳产保供责任，完成复耕复垦任务2.96万亩，粮食播种面积3.48万亩、产量1.45万吨，蔬菜播种面积2.6万亩、产量9.29万吨。完成高标准农田建设4739亩。加快国家现代农业产业园建设，建成蔬菜加工配送中心、产业园大数据中心、种苗集约化生产基地及千亩设施蔬菜基地。打造区域性特色蔬菜品牌，申请注册“漷县菜园”商标，召开“漷县菜园”品牌发布会，重点培育6个子品牌，提升农产品附加值，推动农村经济发展。扶持农业园区和农民专业合作社发展，壮大家庭农场实力，构建“一村一特、一园一品”农业产业发展格局。实施美丽乡村建设，完善《漷县镇农村人居环境提升及长效管护考核办法

▲2月4日，漷县镇举办第二届民俗文化节　（漷县镇提供）

（试行版）》，完成第二批美丽乡村涉水工程建设，改造污水管线103.5千米、供水管线256.3千米；完成道路工程45.95万平方米。建成森林文化科普教育基地，入选通州区“社会大课堂”资源单位。持续开展“公益演出下基层”活动，完成“星火工程文艺演出”99场。进一步打响“两节一花海”文化品牌，举办第二届民俗文化节、民间美食节、牡丹节活动。举办牡丹园游园活动，访客量突破6万人次。开展“全民健身”羽毛球比赛、“和谐杯”乒乓球比赛、骑行等活动，推进体育特色乡镇蓬勃发展。

（金珏雯）

【生态环境】 2023年，漷县镇全年$PM_{2.5}$监测数值41微克/立方米。全年平均降尘量6.2吨/平方千米·月。镇村两级河长巡河率100%。全年完成河道整治点位827处，疏通截污大梁沟尚武集村段、漷县护城河、一干渠大香仪村段排污口至污水处理设施。完成平原生态林养护3.2万亩。综合整治环境，开展清理垃圾、乱堆乱放、非法小广告等清脏治乱工作，清运其他垃圾2万余吨、厨余垃圾6500吨、建筑垃圾28.6万立方米，处置大件垃圾800余车，清理整治点位3300余处。组织垃圾分类宣传活动40场次，发放垃圾分类宣传材料1万余份，入户宣传1万余户，激励居民从源头做好垃圾分类。

（金珏雯）

【平安建设】 2023年，漷县镇持续开展安全生产和火灾隐患大排查大整治，完成安全隐患整改1878项；全镇1340家企事业单位使用“企安安”系统开展隐患自查6019次，完成安全隐患整改1873项。开展“煤改电”“煤改气”设备售后和供暖保障工作，完成46个村20599台“煤改电”设备、15个村7445户“煤改气”壁挂炉巡检工作。为穆家坟、凌庄、沈庄、南屯4个消防重点村投资新建电动自行车充电口600个。开展安全宣传教育“五进”活动、消防大宣讲活动、“5·12”全国防灾减灾日、安全生产月、119消防宣传月等主题宣传活动。在全国两会、中关村论坛、第14届达沃斯论坛、第19届亚洲运动会、第4届残疾人运动会、中秋节及国庆节等重要会议和活动期间，加强组织领导，强化力量，群防群治，完成安全保障工作。

（金珏雯）

【民生保障】 2023年，漷县镇城镇登记失业人员就业率67.01%；促进本镇农村劳动力就业参保911人；促进登记失业就业困难人员实现就业1222人；高校毕业生就业率97.17%，其中家庭困难毕业生就业率100%。筹备技能培训工种27个，登记报名1500人。开展主食制作、西式面点等技能培训班4期，培训学员127人。开展精准救助服务项目，个案帮扶特困人员38名，入户走访低保特困人员1121次。审批社会救助对象医疗救助168人次，发放医疗救助金21.38万元；审批临时救助3户，发放救助金2.64万元；申报慈善大病救助市级救助4人，发放救助金7.3万元；申报区级救助10人，发放救助金7.4万元。漷县、李辛庄建成并正式运营养老驿站2家。政务服务大厅综合窗口接待3.7万人次，现场业务办结2.9万件，现场咨询8700余件，电话咨询8100余件。漷县、马头、东鲁、军屯、丁庄、绿茵小区、西区、金三角8个村居服务站点和镇政务大厅1个镇级服务站点被评为通州区示范样板服务站点。

（金珏雯）

【首个村级综合政务服务大厅投入使用】 5月，漷县镇首个村级综合政务服务大厅在漷县村投入使用，为村民提供医疗保险缴费等各种政务服务，实现“办事不出村”。制定村干部坐班制度，每天至少有1名村干部在村综合政务服务大厅办公值班，随时受理群众服务需求。漷县村为打通服务群众“最后一公里”，重点聚焦老年人、残疾人等特殊群体，调动村“两委”干部、网格员、协理员工作积极性，全面推行退休待遇资格领取认证等业务上门办理。

（通鉴编）

【村史馆建设】 6月，张庄村大运河龙灯文化博物馆开馆运营。张庄村龙灯会于2005年被列为北京市非物质文化遗产保护项目。基于本地非遗保护成果，张庄村构建首个全面展示运河城市龙灯文化的主题博物馆。展馆图、文、物并用，呈现11个运河城市的龙灯、龙舞文化，以及不同运河城市龙灯、龙舞发展和演变过程。展馆融入多媒体元素，让观众能身临其境观赏舞龙灯盛会；内设手工制作区，观众可亲手制作龙灯模型留念，打造具有习近平新时代中国特色的运河龙灯文化展示平台。

（任　爽）

【秋冬季重大动物疫病防控】 2023年，漷县镇落实市、区两级各项动物防疫措施，开展秋冬季重大动物疫病防控工作。对养殖场及其周边等区域进行重点巡查，督导养殖场严控人流物流，禁止外源性动物及产品带入养殖场户，严防病原传入。严格落实封闭管理措施，加大消毒频次与密度，增强消毒效果，切断疫病传播途径。对口蹄疫、高致病性禽流感、牛羊“布病”、羊小反刍兽疫、犬狂犬病实施程序化强制免疫，做到“应免尽免、不留空当”和“真打、真有效”。通过悬挂横幅及加强《中华人民共和国动物防疫法》《北京市动物防疫条例》等相关法律法规科普，进一步提高养殖场主体动物防疫意识和法律意识。

（通鉴编）

【党建引领基层治理结对共建活动】 11月22日，漷县镇与北京联合大学旅游学院开展党建引领基层治理结对共建活动，深入加强资源对接，力促优势互补谋双赢。活动双方到张庄村“龙灯博物馆”“运河启航——森林文化科普教育基地”进行实地调研参观，深入挖掘张庄舞龙发展史、藏品、教育基地建设、布局设计、课程特色、育人效果、牡丹园活动等文旅资源特色，围绕如何挖掘运河资源、打造文旅特色品牌、推动乡村振兴等方面进行座谈交流。漷县镇就如何深入开展合作对接，共促文旅融合发展，进一步推进优势互补等问题，从“挖掘资源优势，做好品牌设计；持续优化提升，发挥带动效应；加强文旅赋能，助力乡村振兴；聚焦人才培养，深化校镇合作”方面提出合作建议。

（通鉴编）

2023年通州区漷县镇社区居委会、村委会一览表

表33

序号	名称	地址
1	绿茵小区社区居委会	绿茵小区8号楼北侧
2	绿荫西区社区居委会	绿茵西区二期院内西北角
3	金三角社区居委会	金三角工贸城内
4	马头村村委会	马头村村内
5	马堤村村委会	马头小学西南200米
6	石槽村村委会	石槽村北
7	毛庄村村委会	毛庄村北区1号
8	高庄村村委会	马黄路与漷大路交叉路口
9	沈庄村村委会	沈庄村村内
10	后地村村委会	后地村村内
11	小香仪村村委会	小香仪村村内
12	三黄庄村村委会	三黄庄村村内
13	大香仪村村委会	大香仪村村内
14	东黄垡村村委会	石东路北侧
15	西黄垡村村委会	漷大路西侧
16	漷县村村委会	漷马路北侧
17	杨堤村村委会	杨堤村村内
18	长凌营村村委会	长凌营村村内
19	榆林庄村村委会	京塘路西侧
20	苏庄村村委会	苏庄村村内
21	马务村村委会	马务村吴东路附近
22	翟各庄村村委会	吴东路东100米

续表 33

序号	名称	地址
23	许各庄村村委会	许各庄村村内
24	南阳村村委会	南阳路西侧
25	靛庄村村委会	凉水河右堤路南 200 米
26	吴营村村委会	小靛路靛庄小学东北侧约 220 米
27	王楼村村委会	王楼村委会
28	郭庄村村委会	郭庄路东侧
29	中辛庄村村委会	小靛路南侧
30	南丁庄村村委会	南丁庄村村内
31	东鲁村村委会	东鲁村吴东路西侧
32	西鲁村村委会	西鲁村村内
33	草厂村村委会	草厂村田南路北侧
34	周起营村村委会	周起营村东南侧
35	北堤寺村村委会	永路南 50 米西黄垡村漷大路西侧
36	黄厂铺村村委会	黄厂铺村村内
37	小屯村村委会	小屯村村南头影院
38	曹庄村村委会	曹庄村南侧
39	纪各庄村村委会	纪各庄村南侧
40	侯黄庄村村委会	侯黄庄村东纪路北侧
41	马庄村村委会	马庄村石小路南侧
42	张庄村村委会	张庄村东纪路北侧
43	东寺庄村村委会	东寺庄村东纪路南侧
44	凌庄村村委会	凌庄村村内
45	前尖平村村委会	前尖平村示范路北侧
46	后尖平村村委会	后尖平村西路南口北 50 米
47	大柳树村村委会	大柳树村南口北 50 米
48	徐官屯村村委会	徐官屯村漷大路北侧
49	东定安村村委会	东定安村村东口
50	西定安村村委会	西定安村村内
51	军屯村村委会	漷大路北 100 米
52	柏庄村村委会	漷大路南 100 米
53	龙庄村村委会	龙军路东侧
54	李辛庄村村委会	李辛庄村村内

续表 33

序号	名称	地址
55	尚武集村村委会	永觅路北侧
56	觅子店村村委会	永觅路北侧
57	南屯村村委会	南屯村村内
58	穆家坟村村委会	穆家坟村村内
59	军庄村村委会	军庄村东口 300 米路南
60	边槐庄村村委会	德觅路西侧
61	梁家务村村委会	罗梁路南侧
62	罗庄村村委会	罗庄村西侧
63	前元化村村委会	前元化村北侧
64	后元化村村委会	后元化村东口（德觅路北侧）

张家湾镇

【概　况】张家湾镇位于通州区东南，东至北运河与漷县镇比邻，西邻北京环球度假区，北临市级行政办公区、城市绿心森林公园和大运河森林公园，南至凤港减河。面积 101.63 平方千米。下辖 57 个行政村，其中 24 个行政村在北京城市副中心核心区范围内。2023 年，常住人口 12.97 万人，户籍人口 7.5 万人，流动人口 5.29 万人。有公办学校、幼儿园 11 所，民办普惠园 20 所；乡镇卫生院 2 所，村卫生室 53 个，有国家级不可移动文物张家湾城墙遗址及通运桥、区级文物保护单位 8 处。工农业基础雄厚，围绕"设计小镇""创新设计 + 城市科技"产业，紧抓元宇宙产业发展先机，北京国际设计周、北京城市建筑双年展、北京国际时装周永久会址落户张家湾设计小镇。有规模以上工业企业 42 家，工业总产值 50.6 亿元，营业收入 44.33 亿元，商业销售额 151.55 亿元，税收 18 亿元，全区排名第 4。粮食种植面积 1.65 万亩，产量 6487.1 吨；蔬菜播种面积 8986.3 亩，产量 19287.6 吨。张家湾葡萄（张湾葡萄）为国家地理标志保护产品。

（姜春杰）

【基层党建】2023 年，张家湾镇党建引领各项事业，落地落实全面从严治党主体责任清单。出台《张家湾镇抓党建促乡村振兴实施方案》；与 57 个村签订《意识形态责任书》；庆祝中国共产党成立 102 周年，张家湾新时代"枫桥经验"实践发布"党建引领多元有你"项目 10 个；创建党群阵地示范村 5 个；规范使用党组织服务群众经费 2280 万元；成立新业态新就业群体企业党组织 2 个。镇党群服务中心教育宣传、展示活动一体化基地开展党组织活动 294 次。村干部"三会一课""两委"绩效考核推行"亮身份、亮承诺、亮职责"，"比学习、比贡献、比服务"。"奋进新征程 筑梦副中心"百姓宣讲团下社区、村开展宣讲活动 18 场，在通州区"奋进新征程 筑梦副中心"优秀百姓宣讲团比赛中获二等奖。"林下讲习所""草根学者 + 非遗传承人 + 文化志愿者 + 小小传承人""驰骋湾里"宣讲团宣讲历史文化 18 次。年内，市、区新闻媒体报道张家湾镇稿件 110 篇。"漕

▲ 2 月 6 日，百姓宣讲团在张家湾集体林场宣讲党的二十大精神

（张家湾镇提供）

运古镇张家湾”微信公众号推送稿件288期、900篇，浏览量48万人次，用户4万余人；发布短视频48条，浏览量7万人次。张家湾镇代表团获通州区党的二十大知识竞赛二等奖，乡镇街道中排名第1。文明城区创建通过中央检查组年度验收。

（姜春杰）

【市民服务热线办理】 2023年，张家湾镇接到市民服务热线工单1.76万件，其中市直派8509件、区分转9121件，响应率99.96%，解决率93.98%，满意率94.43%。市直派平均成绩97.40分，排名通州区第2名，区分转平均成绩92.58分，综合成绩95.20分。组织调度高频难点民生诉求220次，召开问题诉求转化会9次，发布预警提示12期。依托法院、检察院、律师、心理专家多元力量，解决历史遗留、涉法涉诉、邻里矛盾问题1000件。吹哨报到现场办公、集体会诊、共建共管共治联合行动解决问题11次。走动式协商工作法典型案例“鉴事 见人 建情”“有事没事转一转”“三民三量三心”被市级报刊报道1次、区级媒体报道16次。

（姜春杰）

【乡村振兴】 2023年，张家湾镇擦亮“张家湾葡萄（张湾葡萄）国家地理标志农产品”金名片，举办集采摘、观光休闲、美食品鉴、文化体验多功能于一体的葡萄文化节。张家湾农产品联盟注册“湾农优”品牌，创建家庭农场示范户6户。发展“森林+”林下经济，建成药材基地500亩，后南关、南大化村种植赤松茸增收50万元。张家湾公园二期候鸟森林工程竣工，再现漕运古镇千年景致。推进美丽乡村建设，根据历史文化、产业定位确定41个村庄特色形象建设，完成47个村人居环境治理提升、27个村外墙保温工程、9个村公厕改造及一村一室建设。完成烧酒巷村民宿小院园林景观工程、柳营村风貌提升工程、后青山村分散式污水处理一体化设备改造工程、西永和屯村运河畔样板工程。全镇有村庄路灯1.27万盏，亮灯率98%。管护公厕68座、户厕1.6910户。维保清洁能源取暖设备“煤改电”34个村1.24万户、“煤改气”12个村9405户，补贴燃气取暖费1万户，新增电价补贴147户、液化石油气补贴90户。8个村庄成立物业化管理中心。完成张家湾设计小镇及周边综合治理提升项目，张家湾镇共治中心室外环境示范区、设计小镇风貌展示、敞开空间改造工程，牛堡屯卫生院120急救中心急救车专用洗消站公益项目。南火堡集租房建设项目完成主楼主体结构施工。六环入地项目拆迁腾退进场。漷马路、漷台路、九德路改建非住宅签约进场施工。轨道M101项目、梁各庄π入110千伏湖张—武支线路工程签约。张家湾小学周边公共空间更新提升停车场6300平方米、文化墙1.9万平方米。耕地保护空间范围划定2.47万亩，其中永久农田2.25万亩、储备0.22万亩。公路大修7条9.3千米，中小修6条2.14万平方米。道路桥梁养护修复20座、2000平方米。工业大院腾退618户、14.2万平方米。

（姜春杰）

【生态环境】 2023年，张家湾镇空气质量$PM_{2.5}$累计浓度42微克/立方米。治理裸地98.51万平方米，查处并整

▲ 9月2日，古镇张家湾葡萄文化节开幕　（张家湾镇提供）

▲ 7月19日，张家湾镇为8个村庄物业化管理示范村发放营业执照
（张家湾镇提供）

改扬尘污染问题3831起、大气污染问题362起。治理水环境市考核断面1个、出境断面2个、主要河流排口3个、入河排污口52个。土壤污染防治巡查599块。土桥中路至萧太后河段公共空间景观提升项目修建完成景观绿植、人行步道、小憩设施。设置垃圾分类修缮投放点20个、桶站267个、公示牌700个，清运各类垃圾20.82万吨。6个村被评为市级垃圾分类示范村，3个单位被评为市级示范楼宇。为大型活动提供环境保障172次，出动人员、车辆6714人次、318辆车次，安装移动公厕10组。完成平原造林绿化、战略留白建设工程。

（姜春杰）

【平安建设】 2023年，张家湾镇强化社会面安保，落实群防群治，建立“社会面防控安保工作台账”，52个村完成平安村创建，治安发案数15件，同比下降45%。排查出租房屋1.56万户，核查流动人口约3万人，整治群租房28户。排查自建房994栋，整改隐患3处。清理通道杂物3.5吨，安装感烟报警器345个。发放《中华人民共和国国家安全法》学习手册5000份、禁毒宣传品5000份。利用微信小程序“湾事通”平台，排查处置隐患1947处，整改隐患1875处。镇内154家企业投保“安责险”。建成小型消防站4座，配备联网式烟感火灾报警器、智能阻车器545台。村消防站配备扩音器110个、电台55部。整改交通安全隐患47处，在学校周边安装警示灯22处，施划标线1142米，查处违章单位45家、停驶车辆71辆，淘汰电动三、四轮车1200辆。排查家庭安全隐患2195处，为1167户鳏寡群体及80岁以上老人装置联网式烟感火灾报警器，发放逃生阻燃“4件套”400套，入户宣传安全用气用电1742场次。入户发放《致广大居民消防安全的一封信》和安全宣传折页5658户。

（姜春杰）

【民生保障】 2023年，张家湾镇城乡医保参保2.6万人，养老参保1.3万人，发放丧葬、清户及遗属补助金500人次，公益性岗位安置222人，接待办事群众2.66万人次。农转非安置张辛庄、上马头村6人。服务社会化管理退休人员5236名。开展“两节送温暖”活动，慰问55人。帮助1172名失业、就业困难人员就业，帮扶创业户178户。劳动争议结案359宗，调处诉求130件，为359人追讨工资1061万元。办理老年人失能评估800人，完成退役军人建档立卡、优待证办理工作。残疾人社会保险补贴134人，儿童康复补贴19人，助学补贴3人，居家无障碍改造26户，协助居家就业续签协议42人，家庭慰问1106户。发放低保及持证低收入家庭“爱心救助簿”285户，发放低保大学生助学金6名。发放独生子女家庭最低生活保障、特困大病补助89户，独生子女父母奖励3737人，精神障碍患者监护人补贴306人。宅基地建房联审52户，批准30户，竣工验收8户。危房改造和抗震节能改造完成低收入3户，节能保温补助300户。保障房受理70件，补贴35件，复核337件，选房意向登记120户，优先家庭选房2户。农民报装电表337块，增容61块。

（姜春杰）

【基层治理】 2023年，张家湾镇立足现有基础和实际问题，制定《张家湾镇基层治理标准化体系》，聚焦“党建引领、组织健全”“吹哨报到、接诉即办”“能力建设、服务有效”“自治强基、公众参与”“德治教化、法治保障”“精细治理、智慧赋能”“多元共治、协同治理”七方面，明确基层治理目标和任务，规范基层治理行为和方式。结合“鉴事、见人、建情”“有事没事转一转”常态长效机制，进一步推广“走动式协商”经验，探索建立《新时代“枫桥经验”张家湾镇实践评价体系》，聚焦“党建引领”“矛盾不上交”“平安不出事”“服务不缺位”四方面，通过发挥示范引领、以点带面作用，助推张家湾镇实践新时代“枫桥经验”。“两个体系”旨在助力张家湾镇实现基层治理态势精准研判、居民需求精准回应、矛盾纠纷精准调控等目标。

（姜春杰）

【“六小村”棚改项目】 6月20日，“六小村”棚改项目启动，截至年底，张家湾镇唐小庄、宽街、瓜厂、施园、立禅庵、南许场、张湾镇村“六小村”棚改项目（最初计划六个村实施棚改，后增加瓜厂村）整体签约率98%，其中唐小庄、宽街、瓜厂村签约100%。“六小村”棚改惠民项目涉及7个村1703宗宅基地，是通州区近年来由镇级政府单独作为主体牵头实施的第一个项目。

（姜春杰）

【张家湾古镇文化挖掘】 9月15—17日，张家湾镇发挥漕运古镇、红学重镇特色优势，举办张家湾古镇红学文

▲10月26日，张家湾镇与区法院联合开展走动式协商议事会

（张家湾镇提供）

化雅集大型系列传统文化体验活动，中国艺术研究院红楼梦研究所授予张家湾镇“实践基地”牌匾，张家湾镇聘请数位红学专家为红学顾问，推进“红学圣地”建设，挺进文旅新赛道。活动分为红学大讲堂、文化论坛、文化市集、“超越时空话红楼”四个主题板块，汇集研、赏、吃、玩、购，游客可现场品尝红楼菜，观看昆曲《红楼梦》、漕运故事皮影剧、红学主题民乐演奏，到唐人坊绢人、面塑、剪纸等非遗展位前体验手工制作，看张家湾非遗小车会表演，体验红学主题汉服拍照，购买红楼梦主题邮票、书籍等，参与红学爱好者1万余人。年内，张家湾城墙遗址、通运桥保护修缮工程主体竣工；充实修订《漕运古镇张家湾（2014年版）》文史资料；大运河张家湾遗址及通运桥周边环境整治工程设计变更方案获北京市文物局批复。

（姜春杰）

2023年通州区张家湾镇村委会一览表

表34

序号	名称	地址
1	张湾村村委会	张湾村张湾博物馆旁边
2	张湾镇村村委会	张湾镇村7号
3	施园村村委会	施园村102号
4	宽街村村委会	马营祥和乐园东底商北
5	唐小庄村村委会	唐小庄村
6	立禅庵村村委会	立禅庵村西张台路北侧
7	大高力庄村村委会	高丽园小区223号
8	南许场村村委会	南许场村村南
9	北许场村村委会	北许场新村底商13号
10	土桥村村委会	土桥村
11	皇木场村村委会	皇木厂村指挥部院内
12	上马头村村委会	临河里街道郎芳园六区1号楼三单元101室
13	张辛庄村村委会	贾各庄村36号
14	梁各庄村村委会	环湖小镇东区底商
15	东定福庄村村委会	东定福庄村72号
16	西定福庄村村委会	西定福庄村环湖小镇东底商1号
17	贾各庄村村委会	贾各庄村62号
18	姚辛庄村村委会	姚辛庄村
19	里二泗村村委会	里二泗村481号
20	烧酒巷村村委会	烧酒巷村90号
21	上店村村委会	上店村430号
22	大辛庄村村委会	大辛庄村沟渠南侧
23	枣林庄村村委会	枣林庄民族小学东200米
24	何各庄村村委会	何各庄村16号楼5单元512室
25	瓜场村村委会	瓜厂村瓜厂路西侧
26	南姚园村村委会	南姚园村齐姚路南侧路边

续表 34

序号	名称	地址
27	齐善庄村村委会	齐善庄村南齐姚路向西 200 米路北
28	牌楼营村村委会	牌楼营村
29	马营村村委会	马营祥和乐园东商北停车场口 150 米
30	前街村村委会	前街村村南
31	中街村村委会	中街村 268 号
32	后街村村委会	后街村张采路西侧
33	后坨村村委会	后坨村村东
34	小耕垡村村委会	小耕垡村 247 号
35	前南关村村委会	前南关村 1 号
36	后南关村村委会	后南关村东南六支渠西侧
37	前青山村村委会	前青山村主街路往南 50 米
38	后青山村村委会	后青山村 54 号
39	苍上村村委会	苍上村 153 号
40	北仪阁村村委会	北仪阁村 402 号
41	王各庄村村委会	王各庄村西 300 米路北
42	东永和屯村村委会	东永和屯村村东
43	西永和屯村村委会	西永和屯村 275 号
44	小北关村村委会	小北关村诚意超市对面
45	大北关村村委会	大北关村 339 号
46	垡头村村委会	垡头村委员会
47	三间房村村委会	三间房村三仓路成人学校对面
48	北大化村村委会	北大化村 658 号
49	柳营村村委会	柳营村北路向西 800 米北侧
50	南大化村村委会	南大化幼儿园二楼
51	陆辛庄村村委会	陆辛庄村 340 号
52	十里庄村村委会	十里庄村 61 号
53	苍头村村委会	苍头村东口三仓路北
54	南火垡村村委会	南火垡九州路南 10 米
55	坨堤村村委会	坨堤村牛高路北
56	高营村村委会	高营村 453 号
57	样田村村委会	样田村 8 号

台湖镇

【概　况】台湖镇位于通州区西南部，五环路和六环路之间，北至京哈高速，与文景街道紧邻；南至经海九路，与亦庄开发区接壤；西至通马路，与朝阳区相邻；东至凉水河，与张家湾镇邻接，京哈高速、京津高速、京沪高速和六环路在镇内交会贯通。镇域面积81.3平方千米。2023年，下辖41个村、13个社区。有户籍人口60917人，常住人口15.5万人，流动人口9.5万人。新注册企业2354家，迁入企业1638家，有规模以上工业企业40家。完成固定资产投资103.7亿元，同比增长90.2%；实现税收27.33亿元，同比增长16.7%，全区排名第2；形成区财力7.57亿元，同比增长27.1%，全区排名第4；工业产值78.4亿元，同比增长2%。

（崔淑艳　阮蓉蓉）

【基层党建】2023年，台湖镇新成立9个非公企业党组织和1个社会组织党组织，党建工作覆盖率100%。成立20余家物管会党支部（功能性党支部），物业管理“三率”均为100%。党组织服务群众经费向人居环境、基础设施、便民服务等方面延伸，全年使用经费3505.7万元。探索极具特色的基层党建活动形式，契合台湖演艺小镇主题，将红色教育、剧本与演艺相结合，推出全息“红色剧本杀”《迢迢》。

（崔淑艳　阮蓉蓉）

【市民服务热线办理】2023年，台湖镇制定“十办”（即提级办、带头办、马上办、主动办、一次办、上门办、一起办、规范办、监督办、激励办）工作法，建立每日通报、每周分析、每月总结的工作机制，坚持应见尽见原则，将“见面率”纳入月度考核。打造“乐和说说议事厅”居民议事品牌，实现共商“公家事”、共议“大家事”、共解“自家事”，共同议事协商解决诉求问题。成立“一站式”多元解纷中心，选任法官、特邀调解员等专业力量入驻解纷中心，提高矛盾纠纷化解率。全年接到12345工单27502件，全部办结，响应率100%，其中纳入考核1537件，解决率95.82%，满意率95.65%。

（崔淑艳　阮蓉蓉）

▲8月4日，台湖镇唐大庄村民宿项目　（台湖镇提供）

【乡村振兴】2023年，台湖镇成立乡村振兴领导小组，推进民宿产业发展，承接环球溢出效应，登记申请民宿77户，验收通过30户。以唐大庄村为样板重点打造民宿集中村，暑期唐大庄村20余个民宿小院接待游客2万余人，住宿营收240万元，其他消费收入约50万元。12月，唐大庄被区文旅局评定并授予“民宿集中村”称号；被《中国农村》杂志社评为2023“和美乡村百佳范例”；在北京市第五批乡村旅游重点村评选中，被推荐为全国旅游乡村重点村。加强民宿片区系统管理与谋划，以唐大庄为示范村，以东下营、北姚园、西下营、玉甫上营为提升村的台湖镇环影宿游片区入选北京市“百千工程”第一批示范片区创建名额。完成全镇土地流转、整理，其中演艺小镇复耕复垦地块种植率约90%。统筹利用集体产业用地，万科集租房实现开工；保利集租房、老北京文化园等项目推进顺利，全年营收超2400万元。

（崔淑艳　阮蓉蓉）

【生态环境】2023年，台湖镇整治市级平台人居环境问题点位509处，整改率100%；第二季度人居环境市级考核全区排名第4名。首批超额完成区级拆违指标，拆违销账4.3万平方米。开展垃圾分类宣传52场，组织桶前值守志愿活动24次，创建“五有四好”市级垃圾分类示范小区（村）7个，完成19个平房村美丽乡村补短板任务。全年$PM_{2.5}$监测数值43微克/立方米，全年平均降尘量4.8吨/平方千米·月。

（崔淑艳　阮蓉蓉）

【平安建设】2023年，台湖镇推进违法群租房、自建房安全隐患排查及整治工作，全面提升社会治安、安全管理水平，镇域内安全形势持续稳定。筑牢安全生产屏障，以“十项硬措施”为总抓手，持续做好工贸企业、安全生产深化年等各类安全专项整治行动。完成29项限额以下工程备案工作，做到应报尽报、应备尽备。强化应急处置能力，构建以专业队站为中心，四方联动的应急网络，督促指导社区、村健全完善消防自防自救力量建设。开展安全生产和火灾隐患大排查大整治，检查单位场所1110家6286次，督改隐患问题10297项。组织消防宣传培训7次，“一警六员”培训演练14次。

（崔淑艳　阮蓉蓉）

【民生保障】2023年，台湖镇荣海小学建成并投入使用，北京新城职业学校新增舞台"艺术设计与制作"和"钢琴调律"两个艺术类专业，为演艺小镇、环球主题公园输送技能人才。分批对全镇50周岁以上人群、育龄妇女进行体检及"两癌"筛查等。加强基层卫生组织建设，将8个村级卫生室纳入医保定点单位。开展就业专项活动，实现失业登记人员就业率指标65.32%。为毕业生提供精准就业服务，新增公益性岗托底安置困难人员17人。加强对物业的监督和指导，聘请专家团队结合实际实行"一小区一方案"对物业进行监管。完成东居时代小区道路改造等5个小微项目惠民生工程、怡芳园小区楼道粉刷等9个老旧小区综合整治工程。统筹利用市、区、镇资金整治提升老旧公共服务设施、充电设施等民生项目86项。完成站前街IV–1区域水源置换，1.5万户居民使用上大市政水。完成崔家窑南街与经海九路供水管线接驳工程。启动站前街、地铁站周边等区域停车秩序治理，缓解"停车难"问题。

（崔淑艳　阮蓉蓉）

【拆迁腾退】2023年，台湖镇拆违销账4.3万平方米，超额完成区级拆违指标。限期整治类项目图斑销账率达到创建标准要求，待核查类图斑销账率100%。完成通马路道路工程1户非宅和63户住宅签约和大部分拆除工作，交地率99%。完成总部基地区域滞留户住宅签约16户，非宅签约5户，预签约1户。完成台湖再生水厂一期项目8户滞留户签约，伐除、移植项目用地上2万余株树木，项目达到开工条件。开展集中攻坚，完成B–19地块、B–21地块滞留户签约10户，达到场清地平，做好地块上市前期准备工作。启动丁庄村、马庄村、白庄村拆迁工作，与区规自分局就董村搬迁工作进行初步研究。

（崔淑艳　阮蓉蓉）

【北京数据基础制度先行区启动会议】11月10日，北京数据基础制度先行区启动会议在北京数据先行区管理服务中心举办。先行区总体规划面积68平方千米，建有数据要素相关产业园区18个，市场主体4.57万家，已有数据要素类重点企业30余家，产业可利用面积261.7万平方米。其中有约36平方千米位于通州，涵盖台湖演艺小镇。根据先行区总体功能布局，将在北投台湖产业园建设数据先行区管理服务中心，包括先行区建设办公室、公共数据资产登记中心、公共数据开放创新基地、社会数据资产登记中心、数据资产评估服务站、数据跨境服务中心、数据仲裁中心、数据权益巡回审判法庭；在信创园建设智能算力中心、数据训练基地等；在台湖演艺小镇图书城改造项目等地布局数据总部基地，包括金融数据专区、文旅数据专区等。

（通鉴编）

【台湖镇演亦市集开集】11月16日，台湖镇演亦市集开集。市集位于台湖镇次渠大街以北、通马路以南的东石公园内，紧邻亦庄线、17号线地铁，每逢农历初四、初九、十四、十九、二十四、二十九开集。市集除设有传统市集摊位区外，还增加文创潮玩摊位区、网红直播区、演艺舞台区以及夜市等板块。传统市集区有水果蔬菜区、水产海鲜区、肉禽蛋区、熟食面点区、调味品区、干果散货区、服装鞋帽区、花鸟鱼虫区、五金百货区、休闲餐饮区等摊位。文创潮玩摊位区有手工区、工艺品区、文玩区、国潮区、跳蚤市集区、亲子文娱区等摊位。网红直播区有网红才艺直播、网红带货直播、网红游戏直播等区域。演艺舞台区有个体演艺、团体演艺等区域。

（通鉴编）

2023年通州区台湖镇社区居委会、村委会一览表

表35

序号	名称	地址
1	定海园一里社区居委会	定海园一里7号楼底商
2	定海园二里社区居委会	定海园二里9号楼底商
3	拾景园社区居委会	拾景园小区4号楼
4	润枫领尚社区居委会	兴光三街9号院22号楼
5	印象台湖北里社区居委会	印象台湖25号楼三层南侧
6	印象台湖南里社区居委会	印象台湖26号楼三层南侧
7	银河湾社区居委会	泰禾一号街区4号院外面底商
8	东惠南里社区居委会	东惠家园1期3号院9号楼
9	东惠北里社区居委会	东惠家园二期1号院东小门（院外）7号楼
10	阳光花庭社区居委会	嘉创一路1号院小区5号楼

续表 35

序号	名称	地址
11	璟秀欣苑社区居委会	璟秀欣苑 7 号院 1 号楼
12	盛达嘉园社区居委会	站前街南三街二楼
13	通和社区居委会	通和家园 6 号院 4 号楼
14	外郎营村村委会	外郎营村 50 号
15	北火垡村村委会	北火垡临 1 号
16	北姚园村村委会	北姚园村村委会
17	丁庄村村委会	丁庄村 41 号
18	董 村村委会	董村 133 号
19	周坡庄村村委会	周坡庄村临 3 号
20	次二村村委会	次渠南里 109 号楼二层
21	台湖村村委会	台湖村村北水厂院内
22	马庄村村委会	马庄夺 60 号
23	唐大庄村村委会	唐大庄村村委会
24	兴武林村村委会	兴武林村 4 号
25	蒋辛庄村村委会	蒋辛庄村村委会
26	北神树村村委会	次渠北里 5 区公建房 2 层
27	白庄村村委会	白庄村 1 号
28	永隆屯村村委会	次渠北里二区 107 号楼二层
29	胡家垡村村委会	胡家垡村村委会
30	西太平庄村村委会	次渠嘉园 7 区公建房
31	前营村 委会	前营村 357 号
32	麦庄村村委会	次渠嘉园 7 区公建房
33	桑元村村委会	次渠南里 109 号楼二层
34	西下营村村委会	西下营村村委会
35	高古庄村村委会	次渠北里 5 区 135 号楼 2 层
36	水南村村委会	次渠南里 109 号楼二层
37	新河村村委会	次渠嘉园 7 区公建房
38	次一村村委会	次渠南里 109 号楼二层
39	江场村村委会	江场村 139 号
40	窑上村村委会	窑上村临 155 号
41	东下营村村委会	东下营村村委会
42	口子村村委会	口子村村委会

续表 35

序号	名称	地址
43	垛子村村委会	次渠嘉园 7 区公建房
44	玉甫上营村村委会	玉甫上营村 394 号
45	大地村村委会	次渠南里 109 号楼二层
46	田府村村委会	萧太后河北岸 7 号
47	朱家垡村村委会	朱家垡村村委会
48	桂家坟村村委会	次渠北里二区 107 号楼二层
49	东石村村委会	次渠南里 109 号楼二层
50	碱厂村村委会	碱厂村 290 号
51	徐庄村村委会	徐庄村 22 号
52	北小营村村委会	次渠南里 109 号楼二层
53	铺头村村委会	萧太后河北岸 7 号
54	尖垡村村委会	尖垡村 96 号

马驹桥镇

【概　况】马驹桥镇位于北京东南郊、通州区西南部，外接亦庄、大兴区，内联台湖镇、张家湾镇、于家务回族乡，历史上是北京最大的湿地，是辽、金、元、明、清五朝皇家猎场和明、清两朝皇家园囿。镇域面积 82 平方千米。2023 年，下辖 45 个行政村、12 个社区。居住人口 18.25 万余人，其中，常住人口 15.98 万余人、来住地不满半年 2.27 万余人。有基层党组织 84 个，党员 3346 名。

（毛青媛）

【基层党建】2023 年，马驹桥镇强化理论武装，举办两期主题教育专题读书班 14 次，举办基层干部轮训班和“龙马菁英”思享会。组建马桥“好声音”发声人队伍、马驹桥市民文明观察团，健全完善“魅力马桥”“马桥近邻”政务新媒体矩阵，发布推文视频 2000 余条。深化“马桥近邻”基层治理品牌打造，开展首届“新时代　好邻居”评选活动，在全镇范围内评选出 50 名好邻居榜样，并举行表彰大会。

（毛青媛）

【市民服务热线办理】2023 年，马驹桥镇融合“热线＋网格”治理机制，健全镇村（居）五级联动机制，下沉执法力量入网入格，推动“执法网格、治理网格、工作网格”三网融合，逐渐向楼门、向村民小组延伸细化。优化“接诉即办”工作机制，完善村居考核办法，开展“无诉求村、满分村、提升村”“三创”活动。完善物业考核办法，提升“接诉即办”月考核比例，表彰排名靠前物业企业，处罚排名后 3 的物业企业。依托“近邻客厅”平台解决市民诉求，吸附“接诉即办”工单。开通“马小邻”服务热线，主动精准治理群众关注的重难点问题。成立协同专班，以

▲ 8 月 10 日，马驹桥镇举办首届“新时代　好邻居”评选活动

（马驹桥镇提供）

联合会诊、通力协作方式解决职能交叉问题。强化主动治理，将问题化解在萌芽初期，推动“接诉即办”向“未诉先办”转变。

（毛青媛）

【乡村振兴】2023年，马驹桥镇完成美丽乡村建设第一批13个村63个工程、第二批7个村22个工程、第三批1个村2个工程。全年开展20余次人居环境整治专项行动，发现问题6787个，整改率100%。做好“煤改电”“煤改气”管护维修工作，保障村民温暖过冬。探索“一村一特色”发展路径，通过“村庄+”模式、“林下生金”“艺术赋能”“马桥夜巷”“农地焕新”等路径，建成“无限时光”露营地、邻里农场等生态旅游项目。持续推进创建无违建乡镇，销账21.03万平方米，销账完成率100.14%，卫片监测新生违法项目保持“动态清零”。

（毛青媛）

【生态环境】2023年，马驹桥镇制定《马驹桥镇2023年大气污染防治行动计划》等一系列工作方案，将各项工作任务逐一分解，确保各项措施得到有效落实。持续做好未利用土地、中高风险企业、重点监管单位、疑似污染地块监管及巡查工作，采取生物覆盖、绿化、苫盖等多种举措，对裸地进行综合整治。落实入河排口“一点位一方案”整治方案，五支沟上游污水基本得到整治。扩建完成六马沟污水处理站、柏福污水处理站、西柏边沟污水处理站。加强生活垃圾清运保障，平稳推动转运站规范运营，实现环境卫生工作“全方位覆盖、无缝隙对接”。

（毛青媛）

【平安建设】2023年，马驹桥镇完成各类重大活动安全保障工作。完善镇级应急预案，备齐各类应急物资与抢险队伍，汛情期间对河道、沟渠等排洪设施进行全方位大检查，及时清淤排堵，消除安全隐患，并在汛情结束后做好重建与修复工作。分四批对中心镇8个村进行综合整治并开展“回头看”，排查整治安全隐患，清退三层及以上村民自建出租房、拆除防护窗整改天井雨棚、整改无证无照经营门店、清理街头游商点位，总体安全环境明显改善。通过微信公众号、居民微信群、发放宣传品等方式广泛宣传回收工作，开展“小手拉大手”活动引导学生绿色出行并做好家长及接送人员的思想工作，联合重点使用违规三、四轮电动车的行业主管部门加强监管，疏堵结合有序推进违规电动三、四轮车淘汰处置工作，共计淘汰处置7265辆。持续发扬“枫桥经验”，组建基层治理志愿调解员队伍，在安抚信访人情绪、区分信访人诉求等方面发挥了积极良好作用。

（毛青媛）

【民生保障】2023年，马驹桥镇开展就业服务工作，组织召开线上线下招聘会8场，提供岗位257个，招聘人数2353人。加强各类保障对象的动态排查力度，完善救助对象家庭情况动态台账，切实保障残疾人、老年人等弱势群体的权益。推进文化基础设施建设，新增公共文化设施面积3.17万平方米，为16个村居安装乒乓球桌20张、台球桌5张，配备室外健身器材10套，实现文体资源共建共享。开展“近邻大舞台”“马桥近邻年俗故事周”等文化活动300余场，持续丰富群众文艺生活。推动劳动保障监察工作实现网格化、网络化管理，取缔辖区“黑中介”，引导农民工到正规职业介绍部门求职应聘。政务服务事项进驻率、委托受理率100%。2个村（社区）被推选为政务服务示范样板。完成政务服务“好差评”事项全覆盖、场所全覆盖。

（毛青媛）

【基层治理】2023年，马驹桥镇进一步深化“马桥近邻”品牌，升华“近邻”理念，推动支部共建，用好志愿服务队伍，引入“社区法律服务团”，打通党群关系服务“最后一米”。深化党建“1+1”（即坚持党建引领，充分发挥基层党组织和党员两个“1”作用，激发党员、村民代表履行职责使命的内生动力）赋能乡村治理工作机制，建立党建“1+1”积分管理线上小程序，实现积分申请、审批、公示和兑换一体化在线处理，将积分结果与评选评优挂钩，还可通过获得积分兑换线上商城商品，发挥激励作用。创新无村居小区管理，探索建立4个近邻便民服务站（工作站），解决16个无村居组织管理小区管理缺失、服务不到位等问题。实施“头马、骏马、千里马”三马工程，将科室负责人、镇管企业负责人和村（社区）党支部书记培养成“头马”队伍，依托“龙马菁英思享会”助力中层干部成为“骏马”，让新入职年轻干部在基层一线、关键吃劲岗位长才干，努力成长为“千里马”。全面分析研判村“两委”班子情况，拓宽村级后备人才来源渠道，每村后备人才储备100%。

（毛青媛）

【“创建袁熙坤艺术馆意向书”签约仪式】4月26日，马驹桥镇“创建袁熙坤艺术馆意向书”签约仪式在金台艺术馆完成。仪式上，由袁熙坤设计的马驹桥镇LOGO正式上线，LOGO以繁体字“马”的形态呈现，象征着马驹桥源远流长的历史文化底蕴与驰而不息的龙马精神；在金台国际友谊主题邮局，同步揭幕“主题发布LOGO纪念封”。签约仪式后，与会人员一同参观北京金台艺术馆。袁熙坤艺术馆建成后主要展示美术作品、世界名人肖像、国际名人雕塑、奥林匹克艺术作品及海外回归文物。

（毛青媛）

【全市首个大葱大田全程机械化种植落地】5月6日，马驹桥镇柏福村引进全程机械化种植服务管理模式，投用农机具10台（套），涵盖大葱种植整个生长期，作业效率最高为人工作业的20倍，在北京率先实现大葱大田全程机械化种植。应用机械化生产模式，亩产大葱可达1.5万斤，240亩地可为北京市场提供360万斤大葱，成本比传统种植降低约20%，产量提高20%到30%。

（毛青媛）

【马驹桥镇汽车产业联盟成立】11月25日，“建创新链体系·塑产业链格局”马驹桥镇汽车产业协同发展大会暨汽车产业联盟启动仪式举办。大会以“建创新链体系·塑产业链格局”为主题，会上成立马驹桥镇汽车产业联盟，并达成《2023年“建创新链体系·塑产业链格局”北京马驹桥汽车产业协同发展合作宣言》。

（毛青媛）

2023年通州区马驹桥镇社区居委会、村委会一览表

表36

序号	名称	地址
1	新海北里社区居委会	新海南里39号楼3单元101室
2	新海祥和社区居委会	新海祥和8号楼1单元101室
3	新海南里社区居委会	新海南里39号楼1单元101室
4	瑞晶苑社区居委会	景盛北二街15号院9号楼2层瑞晶苑社区居委会
5	宏仁社区居委会	马桥路228号院1号楼宏仁家园社区服务站
6	香雪兰溪社区居委会	景盛北二街3号院14号楼二单元1层饮水机旁边社区服务站香雪兰溪社区
7	国风美仑社区居委会	国风美仑社区7号院6号楼1层社区服务站
8	富力尚悦居社区居委会	兴贸二区富力尚悦居B区05号楼居委会
9	逸景家园社区居委会	珠江逸景小区228楼底商居委会
10	兴贸北街社区居委会	燕保马驹桥家园6号楼
11	景盛社区居委会	合生世界村H区5号楼103（永辉超市收货处旁）
12	橡树湾社区居委会	兴桥东街10号院亦庄橡树湾南区18号楼
13	北门口村村委会	北门口村
14	一街村村委会	马一街村
15	二街村村委会	马二街村
16	三街村村委会	马三街村
17	西后街村村委会	西后街村
18	辛屯村村委会	辛屯小区22号楼外
19	大葛庄村村委会	大葛庄村
20	东店村村委会	东店村
21	西店村村委会	兴华南街327号院6号楼2层
22	马村村委会	兴华南街327号院6号楼2层
23	大白村村委会	兴华南街327号院6号楼2层
24	小白村村委会	温馨家园西区29号楼151室
25	姚村村委会	温馨家园东区10号楼851室
26	张各庄村村委会	温馨家园东区9B号楼3单元361室
27	张村村委会	温馨家园西区16号楼1单元161室
28	古庄村村委会	温馨家园东区10号楼7单元761室
29	房辛店村村委会	房辛店村
30	小张湾村村委会	小张湾村

续表 36

序号	名称	地址
31	周营村村委会	周营村
32	杨秀店村村委会	杨秀店村
33	郭村村委会	温馨家园南区物业楼一层
34	柴务村村委会	温馨家园南区物业楼二层
35	小周易村村委会	小周易村
36	大周易村村委会	大周易村委会（马驹桥三号桥东侧）
37	史村村委会	史村村
38	前银子村村委会	前银子村
39	后银子村村委会	后银子村
40	驸马庄村村委会	国风美仑小区 7 号院 5 号楼 1 层
41	南堤村村委会	国风美仑小区 5 号楼 1 单元 1 层
42	大杜社村村委会	大杜社村
43	小杜社村村委会	小杜社村
44	西马各庄村村委会	西马各庄村
45	六郎庄村村委会	六郎庄村
46	小松垡村村委会	小松垡村
47	神驹村村委会	神驹村
48	柏福村村委会	柏福村
49	东田阳村村委会	东田阳村
50	南小营村村委会	南小营村
51	团瓢庄村村委会	团瓢庄村
52	姚辛庄村村委会	姚辛庄村
53	前堰上村村委会	前堰上村
54	后堰上村村委会	后堰上村
55	陈各庄村村委会	陈各庄村
56	西田阳村村委会	西田阳村
57	大松垡村村委会	大松垡村

永乐店镇

【概　况】永乐店镇位于通州区东南部，地处京、津、冀交界处，东与天津市武清区高村镇相接，南与河北省廊坊市广阳区南尖塔镇相连，西与于家务回族乡毗邻，北接漷县镇，面积104.68平方千米。2023年，下辖38个行政村，有常住户数1.7万户，常住人口4.84万人，户籍人口4.66万人，其中农业户籍人口2.88万人。完成工业总产值21.2亿元，同比下降12.5%；增加值5.1亿元，同比上涨21.8%；利润总额2.2亿元，同比下降0.5%；实现区级财力2.4亿元，同比增长9.7%；税收9.8亿元，同比增长15%。新增注册企业3758户，其中注册资金500万元以上企业888户，同比增长276.55%。完成全社会固定资产投资3.02亿元，其中建安投资2.45亿元。

（王 爽）

【基层党建】2023年，永乐店镇通过“上理论课”“读辅导书”“学音视频”等方式，引导党员干部修好理想信念、基层治理、知行合一3门“党建必修课”，学习贯彻党的二十大精神。开展为期5天的主题培训班，覆盖2391名党员干部，提升基层履职尽责能力。强化党建引领基层社会治理模式创新，启动“党建引领基层治理‘永乐汇’”品牌建设，发挥人大代表、政协委员和专家智库作用，激发村民群众参与热情，实现多元共治。完善村“两委”班子公众评价考核体系，调整公众评价考核比重、测评频次及参与范围，研发公众评价小程序，通过“线上+线下”相结合的方式，顺利完成对村“两委”班子的上半年公众评价测评，参与率92.30%，满意率99.45%。

（王 爽）

【市民服务热线办理】2023年，永乐店镇强化基层治理，每月在各村开展“接单日”活动，通过“百姓点单”形式，解决基础诉求，共接到“百姓点单”72件，主要集中在村务管理、公共服务等方面，年内全部解决。全年接到市民服务热线工单9015件，办结8982件，有效回访8233件，响应率90.06%，解决率59.75%，满意率65.86%。

（王 爽）

【乡村振兴】2023年，永乐店镇恢复耕地500余亩，粮食播种面积4.11万亩，产量1.48万吨。承办通州区农民丰收节、艺术节活动，促进农民增收。拆除违建12.2万平方米。编制完善《通州区永乐店镇国土空间规划及控制性详细规划（街区层面）（2021年—2035年）》。坚持“党委引领、包片督办、包村指导、村庄执行、群众响应”五级联动管理体系，明确压实各级责任，镇村合力攻坚解决人居环境挂账问题。在第一季度、第二季度市级人居环境核查中，分别获北京市第8名、通州区第1名，北京市第7名、通州区第1名。加强农村公厕、路灯、街坊路、阳光浴室、绿化等基础设施管护，严格遵守管护运营规范，维修路灯3000余盏，修复路面1200余平方米。引入社会资本，盘活珠江永乐店项目12万平方米闲置厂房；配合完成通州区有机垃圾资源化综合处理中心项目前期手续办理和项目公司属地注册；加快办理智慧供应链产业园项目前期手续，加紧洽谈米小圈无动力乐园项目和蓝天智慧租洗项目。

（王 爽）

▲8月29日，永乐店镇小务村改造30余亩荒坑种植的水稻　（永乐店镇提供）

【生态环境】2023年，永乐店镇完成市区级脏乱点点位整治2642处，自查自改环境卫生问题7700余处，处理网格环境问题1600余处，捡拾白色垃圾180余千克，处理卫生死角520余处，循环清厘清洗桥面260余处，人工清洗公交站台12处，累计出动保洁员4100余人次。精细化管控道路扬尘，按照工作台账及作业标准，采取“冲、扫、洗、收”新工艺，“单项作业、组合作业、人机结合”的作业方式全面清洁辖区道路，加大沿街主要街道果皮箱清掏和清洁力度，开展违规张贴小广告的联合治理，城市道路车行道机械化作业率97%，重点区域重点道路尘土残存量控制在20克/平方米以内。开展多部门综合检查垃圾分类行动6次，排查非居民单位130余家、可回收物企业20余家。定期组织垃圾分类宣传进社区、进学校活动。入户宣传垃圾分类1.2万户次，发放垃圾分类宣传材料1.2万份，张贴宣传海报400余张，悬挂宣传条幅85条，桶前值守与指导1.27万人次。创建市级垃圾分类示范村4个。优化居住小区、村固定桶站布局，合理设置大件垃圾和装修垃圾投放点、村级可回收物交投点、有害垃圾暂存点。更换50升垃圾桶1200个、240升投放点垃圾桶980个。遏防大气污染物超标排放，强化“全时”监督，开展“后半夜执法”专项行动，累计巡查74次，巡查点位258处，对重点问题点位进行突击检查，发现问题立行立改。

（王 爽）

【平安建设】2023年，永乐店镇通过召开专题会议动员部署，制定工作方案明确职责细化分工，开展领导带队检查、日常检查、联合执法、全员备勤等形式，完成重大活动和节日期间安全保障工作。开展“燃气安全使用”等系列宣传咨询活动5次，发放各类宣传材料3万余份，并通过微信平台、公众号、制作动漫视频等方式向居民宣传防灾减灾知识。开通液化石油气送气到村服务，完成540户居民液化气安全辅件更换工作。在16个村安装电动自行车充电口5408个。组织各村志愿消防队、企业职工1600余人开展消防培训，为各村（社区）志愿消防队配备消防战斗服、消防水带、移车器等装备。消防安全检查企业296家，查封43家次，关停2家，罚款85.42

万元。摸排违规电动三、四轮车 9040 辆，淘汰 4965 辆，个人处置 4075 辆。全年接待群众来访 77 批 139 人，同比下降 36.8%。结合市域边界特点，对镇域内 11 个边界村 29 千米外围防线进行全面摸排、巡查，切实做好边界外围管控，守好首都东南大门。

（王 爽）

【民生保障】 2023 年，城乡居民医疗保险参保 1.83 万人，城乡居民养老保险参保 1.05 万人，领取养老待遇 1.13 万人，申请享受政策补贴灵活就业 1507 人，公益性组织托底安置就业困难人员 303 人。全镇有低收入、低保、特困等人员 251 户 406 人，发放各类救助金、照料费、取暖补贴等 775.89 万元，发放残疾人两项补贴 1.31 万人次、505.18 万元。组织开展多工种针对性、订单式职业技能培训 12 班次，505 人参训。举办线上线下招聘会 12 场，有 139 家企业为求职者提供就业岗位近 1000 个，招聘人数 3100 余人。完成 220 名高龄老年人高龄津贴申请、6 名老年人养老服务补贴申请、367 名失能护理补贴申请公示及 321 名失能护理补贴申请登记等工作。关注、促进养老服务机构建设，持续做好全镇 11 家幸福晚年驿站监督管理。

（王 爽）

▲ 4 月 7 日，永乐店镇史馆揭牌（永乐店镇提供）

【永乐店镇镇史馆】 4 月，永乐店镇史馆建成开馆。建筑面积 380 平方米，馆舍使用面积 350 平方米。展示内容包括引导区、形象区、“千年永乐，祥瑞之源”、“农场岁月，战天斗地”、“红色传承，初心如故”、“党建引领，发展有力”、“凝心聚力，谱写华章”七大板块，通过 500 余组图片、影像、实物，展示镇容镇貌、乡土风情、民俗文化、历史沿革和生活变迁，记述历史事件、先辈经历以及获得的荣誉。全年接待观众 1 万余人次。

（王 爽）

【110 千伏变电站扩建工程竣工】 5 月 11 日，永乐店 110 千伏变电站扩建工程竣工。工程分为输电换线及增容改造两部分，输电部分换线工作 4 月 18 日开始，历时 7 天，更换导线路径总长度约 3.2 千米，换线位置为漷县镇及于家务回族乡 2 镇 7 村。换线后，导线负载率大幅提升；增容改造后，永乐店 110 千伏变电站容量提升幅度超过 58%，容量将由原来的 6.3 万千瓦提升至 10 万千瓦以上。

（通鉴编）

2023 年通州区永乐店镇村委会一览表

表 37

序号	名称	地址
1	永乐店一村村委会	永乐大街 80 号
2	永乐店二村村委会	老工商所斜对面
3	永乐店三村村委会	永乐店三村 143 号
4	小南地村村委会	小南地村 28 号
5	新西庄村村委会	新西庄村 1 号
6	南堤寺东村村委会	南堤寺东村 317 号
7	南堤寺西村村委会	南堤寺西村 158 号
8	马合店村村委会	马合店村 330 号
9	大羊村村委会	大羊村 202 号
10	孔庄村村委会	孔庄村 1 号

续表 37

序号	名称	地址
11	老槐庄村村委会	老槐庄村 385 号
12	陈辛庄村村委会	陈辛庄村 1 号
13	邓庄村村委会	邓庄村 24 号
14	后甫村村委会	后甫村 26 号
15	东张各庄村村委会	东张各庄村 207 号
16	德仁务前街村村委会	德仁务前街村（无号）
17	德仁务中街村村委会	德仁务中街村 521 号
18	德仁务后街村村委会	德仁务后街村 331 号
19	西河村村委会	西河村 103 号
20	东河村村委会	东河村 236 号
21	小务村村委会	小务村 151 号
22	大务村村委会	大务村 586 号
23	鲁城村村委会	鲁城村 236 号
24	后营村村委会	后营村 243 号
25	西槐庄村村委会	西槐庄村 40 号
26	坚村村委会	坚村 79 号
27	小安村村委会	小安村 19 号
28	临沟屯村村委会	临沟屯村 285 号
29	应寺村村委会	应寺村 310 号
30	胡家村村委会	胡家村 229 号
31	柴厂屯村村委会	柴厂屯村 136 号
32	熬硝营村村委会	熬硝营村（无号）
33	小甸屯村村委会	小甸屯村 215 号
34	三垡村村委会	三垡村 141 号
35	半截河村村委会	半截河村 496 号
36	兴隆庄村村委会	兴隆庄村 122 号
37	前马坊村村委会	前马坊村 119 号
38	后马坊村村委会	后马坊村 51 号

于家务回族乡

【概　况】 于家务回族乡（简称于家务乡）位于通州区南部，距通州城区21千米，是北京市5个少数民族乡之一，也是通州区唯一的少数民族乡。东与永乐店镇、漷县镇相接，南与大兴区采育镇接壤，西临马驹桥镇，北隔凤港减河与张家湾镇相望，面积65.7平方千米。2023年，下辖23个行政村（1个回族村）、2个社区，有常住人口3.35万人，户籍人口2.9万人，流动人口1.05万人。实现税收

▲ 10 月 12 日，于家务回族乡校（院）地党建共建签约暨乡村振兴与现代种业发展专家顾问聘请仪式举行（于家务乡提供）

7.93 亿元，完成工业产值 29.6 亿元，完成全社会固定资产投资 4.45 亿元，其中建安投资 3.44 亿元。

（邵　欣）

【基层党建】2023 年，于家务乡发挥农村基层党员先锋模范作用，探索“党建＋网格”“热线＋网格”，做深做实基层党员联系农户制度。联合中国农业大学农学院、水利与土木工程学院和北京市农林科学院玉米研究所、蔬菜研究所、林业果树研究所、杂交小麦研究所“两院四所”开展校（院）地党建共建交流合作，创新共建载体，打造引才平台。

（邵　欣）

【市民服务热线办理】2023 年，于家务乡推动市民服务热线和网格管理并轨运行，建立重点案件主要领导调度机制，推动工单办理向高质量发展，稳步提升“三率”水平。村（社区）开通“24 小时便民服务热线”，依托大数据分析，实现诉求数据动态监测和分析研判，做到未诉先办。全年接到市民诉求 6585 件，其中市直派 4061 件、区分转 2524 件，响应率 100%，解决率 95.75%，满意率 96.47%。市直派平均成绩 96.67 分，排名通州区第 8 名，区分转平均成绩 95.43 分，综合成绩 96.05 分。

（邵　欣）

【乡村振兴】2023 年，于家务乡与北三县、天津市武清区等周边地区产业园区开展技术交流合作，探索“种业发展引领城市副中心城乡融合、以优良品种带动京津冀农业转型、以优良农产品满足首都人民需求”都市型现代农业发展。召开“促种业发展·护粮食安全”主题论坛，举办于家务回族乡校（院）地党建共建签约暨乡村振兴与现代种业发展专家顾问第一次联席会议，举办第三十届中国北京种业大会、现代种业博览会、京津冀番茄黄瓜擂台赛、北京鲜食玉米节、玉米种子及全产业链大会、现代农业智能装备展等各类大型农业展会活动。与华能华北分公司签订战略合作协议，启动北京市首家综合性绿色低碳智慧小镇建设。“黄精等林下中药材生态培育技术在北京的示范与推广”项目获北京市园林绿化局批复。修订《于家务回族乡 2023 年垃圾分类工作实施方案》，制定《关于进一步完善和加强农村人居环境长效管护机制工作实施方案》。乡域内公厕及市政设施每天定时巡查，公厕环境卫生评比连续 3 个月全区第 1。完成北辛店北路、永北路、西六支桥、张后路、西垡北环路、后伏北路、东马各庄西路和东马各庄南环路 8 项道路中修工程。完成于王路、创业园北一路、西神路、于小路、养殖场路和东神路 3030 平方米路面小修工程。果村路面修复工程等 2022 年第五批 9 个小微项目完工，南刘庄村巷道改造项目等 2023 年第二批 2 个小微项目完成验收，2023 年第四批小微项目完成申报。

（邵　欣）

【生态环境】2023 年，于家务乡制定《于家务乡关于进一步加强扬尘专项治理的工作方案》，对乡域内腾退区域、闲置裸地建立动态更新台账，整改裸地扬尘 382 处、小微施工扬尘 39 起。落实“一厂一策”管控要求，对全乡 28 家工业企业加大检查力度，整改治理设施使用不规范、车间门窗关闭不严无组织排放等各类环境问题 119 起。定期对已经划定的水源保护区进行巡查，确保水源保护区周边 30 米内无任何与供水无关的建设项目、排污口、垃圾堆等，确保饮用水水源水质安全。凤港减河断面考核从入境（六郎庄桥）到出境（南仪阁桥）水质改善率分别为化学需氧量改善 8.7%、氨氮改善 14.3%、总磷改善 30.3%。柏凤沟高尔夫考核断面水质均值为 III 类水质，水质达标。结合“田长制”管理，利用“通州区永久基本农田数字化平台”系统对全乡 3.19 万亩耕地和农业设施开展乡、村两级田长及田管员的日常巡查工作。落实森林防火责任，协调林场及乡村两级林长、林管员加大 2 万亩林地资源管护巡查力度。基本完成 2022 年 2274 亩平原地区造林工程建设，南三间房获得“首都森林村庄”称号。改造神仙村、东垡村村头片林，提升平原造林地块景观游憩功能；完成林分结构地块数据调查工作，涉及地块 33 个，面积 3809.22 亩。

（邵　欣）

【平安建设】2023 年，于家务乡完成重点时期社会面巡逻防控工作，未发生重（特）大案（事）件。及时掌握矛盾纠纷线索，依法依规调处纠纷，实现问题不出村、不出乡，开展矛盾纠纷排查 6 次，调解 15 次。成立违规电动三、四轮车治理工作专班，深入村、社区集中开展违规电动三、四轮车“过渡期”宣传活动，淘汰处置个人违规电动三轮车2827辆。持续开展社会治安重点地区排查整治、防范电信网络诈骗、禁种铲毒、铁路护路联防、反邪教等工作，维护全乡政治安定、社会稳定。对工商在册9439家企业逐一进行筛查，将941家实体经营企业录入“企安安”系统。为全乡782名80岁以上老人配置火灾自救逃生“四件套”、797名80岁以上老人及失能人员安装独立烟感报警器。重大节日和重点时期启动应急备勤机制。在通州区“自防自救力量·2023年春季消防技能竞赛”中总成绩排名全区第3。

（邵　欣）

【民生保障】 2023年，于家务乡持续加大对困难家庭、特殊人群的保障力度，建成养老家庭照护床位100张，发放各类养老补贴、慰问金500余万元，累计发放社会救助金、困境儿童生活费、退役军人慰问金等各类补贴1400余万元。举办“春风行动”等网络招聘会11期，带动就业岗位1100余个，城镇登记失业人员就业率完成全年任务的108%。接待劳动者来信、来访（电话）咨询、举报（投诉）15起，涉及劳动者308人，为308人追补工资等243万元。出台《关于提升于家务回族乡养老助餐服务管理水平的实施方案（试行）》，对全乡16家助餐单位提出助餐考核要求。支持社会组织联合会建设，购买困难群众精准帮扶、残疾人职康站等项目，督导跟进项目开展；完成社会心理服务中心建设，开展系列活动，服务2000余人。巩固和完善健康促进体制机制，签订23个村、2个社区卫生健康工作目标管理责任书，把健康促进示范区创建工作及慢病防控工作纳入责任书全年重点工作。做好健康主题公园、健康步道、健康小屋、健康一条街等已建成场所健康知识宣传工作。

（邵　欣）

【24小时智能文化空间投用】 2023年，于家务乡24小时智能文化空间建成投入使用。智能文化空间占地300平方米，集成RFID、自动控制、人脸识别等科技元素，配备电子借阅机、朗读亭等智能设施；收藏图书2万册，涵盖政治类、设计类、文学类等十余种类别，并添加文化娱乐以及书友会等活动内容模块。

（邵　欣）

【绿色低碳智慧小镇启动建设】 6月16日，于家务乡举行绿色低碳智慧小镇建设启动仪式，于家务乡人民政府与中国华能集团有限公司华北分公司签署战略合作协议，从光伏、风电、绿电交易、供热储能、换电站及充电桩一体化、虚拟电厂六个方面，制定绿色低碳小镇建设整体解决方案，率先打造集新能源产业、新能源技术、新能源文化于一体的综合性低碳小镇。

（邵　欣）

▲6月16日，于家务乡绿色低碳智慧小镇建设正式启动　（于家务乡提供）

2023年通州区于家务回族乡社区居委会、村委会一览表

表38

序号	名称	地址
1	于家务西里社区居委会	于家务西里26号楼
2	永济社区居委会	紫峰九院城四区14号楼
3	于家务村村委会	于家务村五街64号北100米
4	东马各庄村村委会	东马各庄村433号
5	西马坊村村委会	西马坊村69号
6	果村村委会	果村4号
7	神仙村委会	神仙村147号
8	北辛店村村委会	北辛店村304号

续表 38

序号	名称	地址
9	大耕垡村村委会	大耕垡村 128 号
10	南仪阁村村委会	南仪阁村 114 号
11	南刘庄村村委会	南刘庄村 1 号
12	吴寺村村委会	吴寺村 114 号
13	仇庄村村委会	仇庄村 227 号
14	枣林村村委会	枣林村甲 6 号
15	小海字村村委会	小海字村 037 号
16	渠头村村委会	渠头村 244 号
17	南三间房村村委会	南三间房村 60 号
18	富各庄村村委会	富各庄 2 号
19	王各庄村村委会	三区 105 号
20	满庄村村委会	满庄村 47 号
21	崔各庄村村委会	崔各庄村 116 号
22	东垡村村委会	东垡村 45 号
23	西垡村村委会	西垡村 161 号
24	前伏村村委会	前伏村 55 号
25	后伏村村委会	后伏村 101 号

人物　荣誉

先进个人

全国（含系统）先进个人

2023 年全国五一劳动奖章

陈金香

中国好人榜

王淑玲 韩 磊 王丽平

2022 年度查处重大侵权盗版案件有功个人

赵智一

2022 年打击治理洗钱违法犯罪工作成绩突出个人

赵程宇

第三届全国检察机关未检业务竞赛“业务标兵”

田云惠

全国模范人民调解员

杨 平

2019—2022 年全国公安机关“护校安园”专项工作成绩突出个人

袁 旭

全国公安机关成绩突出女民警

马 妣

全国退役军人服务中心（站）“百名优秀主任（站长）”

马清文

北京市（含系统）先进个人

首都劳动奖章

张爱民 韩燕平 陈长春 张更弦 彭凯泉
丽 华 杜金茹 傅 刚 陈信坊 黄 震
高 敏 晏 武 豆 鹏

首都禁毒工作先进个人

刘印松

首都最美巾帼奋斗者

李福荣 田兆迎

北京市最美妇联执委

李少华 李博佳 杨 婧 张颖华

北京市社会建设与民政工作先进个人

胡 汉 赵双庆 王 泽 高广新 吴 锋

北京市未成年人保护工作先进个人

李石宇 全亚楠 董鑫源 马新宇 王洁玲
闫 菲 孟 思 卢 旭 敖志国

北京市退役军人工作先进个人

李 杭

首都“新时代好少年”

任紫玥 赵欣扬

2022 年度首都绿化美化先进个人

郝忠刚 王 伟 刘 平 魏 多 李 颖
胡 斌 石军伟

2021—2023 年度北京市森林防灭火先进个人

张更弦

第九届首都民族团结进步先进个人

张玉林

2022 年度优秀街巷长

王国中

2023 年首都乡村振兴青年先锋

张立平 张慧慧

通州区获二等功以上退役军人

英模

蔡有固

全军劳动模范荣誉称号

刘文军

一等功

邓先春 赵晓明 张茂忠 吴丽虹（女） 孙凤阳
张振生 瞿友清

二等功

冯小诺 李殿良 王桂胜 赵 崧 张 超 鲍振华
宋志平 贾海杰 王增宝 李汉良 刘安伟 宫宝文
刘海涛 田 军 付立汉 高 明 王海洋 张春明
曹松林 陈海港 刘志平 张建资 祝业民 张付臣
关志军 杨会秒 张加齐 车绍家 常战营 李洪涛
王老虎 宗富强 张继华（女） 侯金才 王 硕
杨登岩 陈 勇 戴中良 盛 鑫 闫桂臣 李明庆
石锁富 赵永建 雷 喜 李侍卫 刘旭光 刘书标
郭向忠 曹 鲁 王 学 康玉宝 李继光 王崇伟
周克斌 魏永林 曹水利 刘述先 李世贵 王宪清
杨松胜 张艳军 卢银柱 付田林 李志田 赵秀兵
窦学鹏 祖国灵 张志华 李树起 李海泉 邵东坡
徐维刚 袁卫松 李德志 苗学宏 曹友贵 高振义
李勇杰 陈德林 梁宝贵 宋昌盛 程 广 刘大学
董艳军 王 磊 杨守锋 左燕鹏 孟祥素 徐士林
耿志增 郑光傲 刘铁柱 周君芳 严明栋 孙振中
邓东峰 李刚伟 李怀成 王美霞（女） 张晓维
金 鹏 危福荣 李元升 吴永胜 杨夕友 于庆祝
杨红军 祁凤云 钟郁鸿（女） 张学军 周建民
秦达华 耿 海 马士杰 陈宝兵 张定国 许卓亮
孙宗平 孙利仁 孙树林 赵文波 王 杰 吴景兰（女）
姚伟旋 崔志强 石志刚 白志林 宋亚夫（女）
宋景国 白 雳（女） 张志礼 郭经武 武 雄

闫瑞常　宋庆权　张武佃　李玉焕（女）　金　林
王来宝　刘茂忠　王家祥　温树凯　程根印　康树林
刘长江　郭恩华（女）　柳茂云（女）　金国俊
师宏超　仇永久　管树堂　余　勇　肖秋生　曹秀忠
朱光石　刘　兵　陆存山　张余清　朱俊祥　徐学启
郭昭彬　李洪亮　朱德启　李树元　石锡山　李全利
明根锁　李　薇（女）　丁宗康　吕满海　赵柏元
郭耀东　程英武　吴月钦　刘泽强　孙　剑

先进集体

全国（含系统）先进集体

全国五一劳动奖状
北京市通州区疾病预防控制中心通州疾控免疫预防科
全国巾帼文明岗
北京教育科学研究院通州区第一实验小学
首都医科大学附属北京潞河医院感染性疾病科
全国巾帼建功先进集体
北京圆梦缘农业专业合作社
全国学雷锋“四个100”最佳志愿服务组织
通州区图书馆志愿服务队
2022年度查处重大侵权盗版案件有功单位
通州区法院刑事审判庭
集体一等功
通州区人民检察院
全国检察机关控告申诉检察部门接待窗口深化开展“为民办实事”实践活动表现优秀团队
通州区人民检察院第四检察部
第21届全国青年文明号
公安局通州分局潞源派出所
2022中国版权金奖（保护奖）
公安局通州分局环境食品药品和旅游安全保卫支队
松材线虫病疫情防控攻坚行动先进单位
通州区园林绿化局
节约型机关
通州区住房和城乡建设委员会
通州区城市管理委
全国最美工会户外站点
通州联通梨园营业厅
第三批全国乡村治理示范村
通州区于家务回族乡富各庄村
第九批“全国民主法治示范村（社区）”
通州区于家务回族乡南三间房村

北京市（含系统）先进集体

北京市工人先锋号
北京市通州区住房保障事务中心棚户区改造科
北京市通州区路城集体林场养护一部
北京市通州区北苑街道安全生产检查队
北京京和连山物业管理有限公司中上园五号院物业
首都劳动奖状
北京市通州区不动产登记中心
北京市通州区妇幼保健院
罗克佳华科技集团股份有限公司
北京铁建永泰新型建材有限公司
第十三届书香中国·北京阅读季书香社区
中仓街道西上园社区
第十三届书香中国·北京阅读季书香机关提名奖
永乐店镇人民政府
2022—2023年度北京市“扫黄打非”暨文化市场管理工作先进集体
北京市公安局通州分局治安支队
2018—2022年度北京市司法行政系统先进集体
通州区人民法院诉前人民调解委员会
2022—2023年度“北京市青年文明号集体”
永乐店镇市民诉求处置中心
区税务局第三税务所
区人民检察院第四检察部
区人民法院台湖人民法庭（环境资源法庭）
区公安局反恐怖和特巡警支队特警大队
区人民检察院第五检察部
西集镇便民服务中心
杨庄街道便民服务中心
北京联东物业管理股份有限公司客服管理中心
北京市思想政治工作优秀单位
通州区人民检察院政治部
2022年度北京市事业单位“记大功”奖励
通州区司法局政府复议接待室
律师行业先进基层党组织
通州区律师协会
第十一届北京市“人民满意的政法单位”争创奖
通州区司法局法治调研科
首都禁毒工作先进集体
公安局通州分局刑侦支队禁毒大队
2022年度施工安全管理扬尘治理示范单位
通州区住房和城乡建设委员会
北京市社会建设与民政工作先进集体
通州区婚姻登记服务中心
通州区殡仪馆

通州区永顺镇敬老院

北京市未成年人保护工作先进集体

通州区民政局

通州区人民检察院第一检察部

通州区人民法院刑事审判庭（少年法庭）

通州区公安分局内保支队

通州区培智学校

2023 年“首都全民义务植树先进单位”

通州区生态环境局

通州区新华街道

通州区西集镇人民政府

通州区永乐店镇人民政府

北京金牌劳动人事争议调解组织

通州区劳动争议调解委员会

北京市安全社区

通州区北苑街道平安建设办公室

通州区于家务回族乡

2023 十大“北京最美街巷”

通州区北苑北路

优秀监察单位

通州区文景街道民生保障办公室

第九届“首都民族团结进步先进集体”

通州区于家务回族乡委员会

首都森林村庄

通州区于家务回族乡南三间房村

2021 年度北京市平原生态林“十佳生物多样性保育小区”（2023 年颁奖）

于家务集体林场

2023 年度北京市最佳应急志愿服务组织

通州区临河里街道铭悦园社区青年志愿者服务队

2023 年度北京市最美应急志愿服务社区

通州区临河里街道运河滨江社区

北京市控烟示范街区试点

通州区临河里街道华业东方玫瑰步行街

2023 年优秀民生实事一刻钟便民生活圈

华业东方玫瑰生活圈

2021—2023 年度北京市森林防灭火先进集体

通州区西集镇人民政府

优秀环保公益组织

通州区西集集体林场绿色之友先锋队

附　录

统计资料

社会经济主要指标（一）

表 39

项目	单位	2023 年	2022 年	增速（%）
区域概况				
全区土地面积	平方公里	906	906	—
乡镇数	个	11	11	—
#镇	个	10	10	—
街道办事处	个	11	11	—
村民委员会	个	470	470	—
平均气温	度	13.1	12.5	4.8
常住人口				
年末常住人口	万人	184.5	184.3	0.1
#常住外来人口	万人	89.1	89.9	-0.9
按性别分				
男性	万人	97.1	96.7	0.4
女性	万人	87.4	87.6	-0.2
按城乡分				
城镇人口	万人	135.2	137.3	-1.5
乡村人口	万人	49.3	47.0	4.9
按年龄分组情况				
#0 ~ 14 岁人口	万人	23.0	23.2	-0.9
15 ~ 64 岁人口	万人	136.2	139.4	-2.3
60 岁及以上人口	万人	35.9	32.1	11.8
65 岁及以上人口	万人	25.3	21.7	16.6
户籍人口情况				
户籍人口	人	859566	848888	1.3
按性别分				
男	人	423675	419410	1.0
女	人	435891	429478	1.5
按户籍性质分				
农业人口	人	249928	253513	-1.4

续表 39

项目	单位	2023 年	2022 年	增速（%）
非农业人口	人	609638	595375	2.4
总户数	户		414719	-100.0
农业户	户	125560	126721	-0.9
非农业户	户	291624	287998	1.3

注：部门数据来源于中共通州区委社会工作委员会通州区民政局、气象局、生态环境局、北京市公安局通州分局、北京市规划自然委员会通州分局

社会经济主要指标（二）

表 40

项目	单位	2023 年	2022 年	增速（%）
国民经济核算				
地区生产总值（初步核算数）	万元	13035953	12356784	5.0
按产业分				
第一产业	万元	130878	133505	-2.7
第二产业	万元	4682818	4575287	2.0
第三产业	万元	8222257	7647992	7.0
财政税收金融				
地方财政收入	万元	1637325	1792148	-8.6
#一般公共预算收入	万元	941062	894345	5.2
地方财政支出	万元	5150780	4220124	22.1
#一般公共预算支出	万元	3951122	3062536	29.0
各项税费收入	万元	21531502	23526858	-8.5
人民币各项存款余额	万元	83773317	68762562	21.8
人民币各项贷款余额	万元	26813153	25533816	5.0
对外贸易				
实际利用外资	万美元	19811	8307.6	138.5
新增外商投资企业数量	家	101	59	71.2
进出口贸易总额	亿元	233.9	197.5	18.4
#出口创汇总额	亿元	101.4	89.6	13.2
固定资产投资				
固定资产投资（不含农户）		—	—	-0.5
#民间投资		—	—	4.6

续表 40

项目	单位	2023 年	2022 年	增速（%）
基础设施投资		—	—	9.0
建安投资		—	—	-8.8
按产业划分				
第一产业		—	—	12.2
第二产业		—	—	12.6
#工　业		—	—	12.6
第三产业		—	—	-3.6
房地产开发投资		—	—	5.2

注：1. 部门数据来源于通州区财政局、税务局、商务局；
2. 存贷款数据来源于北京市统计局；
3. 全社会固定资产投资为项目建设地口径；地区生产总值产业划分依据国家统计局 2018 年修订的《三次产业划分规定》，行业划分依据《国民经济行业分类》（GB/T 4754—2017）。为可比价增速

社会经济主要指标（三）

表 41

项目	单位	2023 年	2022 年	增速（%）
农村经济				
农林牧渔业总产值（现价）	万元	303976	312698	-2.8
#农　业	万元	173380	175991	-1.5
林　业	万元	90003	96408	-6.6
牧　业	万元	35750	34333	4.1
渔　业	万元	4416	5260	-16.0
农林牧渔服务业	万元	427	707	-39.6
粮食总产量	吨	58402	27640	111.3
夏　粮	吨	27546	7013	292.8
秋　粮	吨	30856	20627	49.6
农作物总播种面积	公顷	24714	15219	62.4
粮食作物	公顷	10260	4787	114.4
经济作物	公顷	391	483	-18.9
其他作物	公顷	14063	9950	41.3
农副产品产量				
蔬菜产量	吨	382164.1	382115.1	0.0
出栏生猪	头	379.0	12162.0	-96.9
出栏羊	只	2979.0	2936.0	1.5

续表 41

项目	单位	2023 年	2022 年	增速（%）
出栏牛	头	1685.0	1594.0	5.7
水产品	吨	1573.0	1325.0	18.7
鲜奶产量	吨	69365.7	62315.2	11.3
鲜蛋产量	吨	9.8	8.7	12.4
园林水果产量	吨	6813.3	7506.7	-9.2
瓜果类产量	吨	2949.9	3263.9	-9.6
鲜切花产量	万枝	133.7	96.9	38.0
盆栽花产量	万盆	412.9	396.0	4.3
都市型现代农业				
观光农业				
农业观光园	个	113	120	-5.8
接待人数	人次	555115	368753	50.5
观光园总收入	万元	18212	17988	1.2
设施农业				
设施农业实际利用面积	公顷	1591.5	1628.2	-2.3
温　室	公顷	790.8	834.2	-5.2
大　棚	公顷	766.3	721.9	6.2
中小棚	公顷	34.4	72.1	-52.3
设施农业收入	万元	68241.5	76722.3	-11.1
种　业				
种业收入	万元	2284.2	4573.4	-50.1
农　业	万元	2047.9	1576.2	29.9
林　业	万元	1.2	2887.3	-100.0
牧　业	万元	1.1		
渔　业	万元	234.0	109.9	112.9
销往外埠收入	万元	1016.4	502.0	102.5

社会经济主要指标（四）

表 42

项目	单位	2023 年	2022 年	增速（%）
工　业				
规模以上工业总产值（现价）	万元	6406717	6105016	4.9

续表 42

项目	单位	2023 年	2022 年	增速（%）
#高技术制造业	万元	1565350	1571618	-0.4
规模以上工业主营业务收入	万元	8360277	8160718	2.4
#高技术制造业	万元	1562088	1486529	5.1
规模以上工业利润总额	万元	424243	351768	20.6
#高技术制造业	万元	174515	105234	65.8
建筑业				
建筑业企业数量	家	210	198	6.1
建筑业总产值	万元	23289611	21680425	7.4
按行业类别				
房屋工程建筑业	万元	15093897	14041510	7.5
土木工程建筑业	万元	7601804	7173265	6.0
建筑安装业	万元	98433	84468	16.5
建筑装饰和其他建筑业	万元	495478	381183	30.0
房屋施工面积	万平方米	18531	19023	-2.6
#本年新开工面积	万平方米	3222	3085	4.4
房屋竣工面积	万平方米	2949	4102	-28.1
竣工产值	万元	9883812	12720638	-22.3
签订合同额	万元	79761158	69676954	14.5
#本年新签订合同额	万元	29975964	28003360	7.0
消　费				
社会消费品零售额	万元	5634635	5396493	4.4
#限上批发零售业、住宿餐饮业网上零售额	万元	2371834	2347254	1.0
按消费形态分				
商品零售	万元	5154118	5044356	2.2
餐饮收入	万元	480517	352137	36.5
人民生活				
全区居民人均可支配收入	元	55715	51618	7.9
全区居民人均消费支出	元	37677	33143	13.7
城镇居民人均可支配收入	元	66586	61841	7.7
城镇居民人均消费支出	元	43426	38068	14.1
个人存款余额	万元	28860046	25528422	13.1

注：1. 规模以上工业为年主营业务收入 2000 万元及以上的工业法人单位；
2. 社会消费品零售额按“产业在地”原则核算；
3. 个人存款余额来源于北京市统计局

社会经济主要指标（五）

表 43

项目	单位	2023 年	2022 年	增速（%）
社会保障				
参加企业职工基本养老保险单位数	个	69012	63521	8.6
参加企业职工基本养老保险人数	人	708493	684102	3.6
参加失业保险单位数	个	69085	63392	9.0
参加失业保险人数	人	580165	566435	2.4
领取失业保险金金额	万元	111211	98748	12.6
参加城乡居民养老保险人数	人	168351	182704	–7.9
参加工伤保险人数	人	540423	510765	5.8
领取工伤保险金金额	万元	20931	13039	60.5
劳动就业				
城镇登记失业率	%	3.83	3.92	
城镇登记失业人员就业率	%	66.60	66.89	
城镇登记失业人员实现就业人数	人	16414	16192	1.4
人力资源服务机构数	人	383	304	26.0
失业人员参加培训人数	人	1504	1624	–7.4
年末实有“4050”失业人数	人	4746	4745	0.0
职业技能鉴定总人数	人	2471	2870	–13.9
职工最低工资标准	元 / 月	2420	2320	4.3
企业退休人员基本养老金最低标准	元 / 月	1714	1714	0.0
企业退职人员基本养老金最低标准	元 / 月	1559	1559	0.0
企业退养人员基本养老金最低标准	元 / 月	1418	1418	0.0
失业保险金最低标准	元 / 月	2124	2034	4.4
基本养老金平均增加水平	元 / 月	187.5	189.1	–0.9

注：数据来源于通州区人力资源和社会保障局

社会经济主要指标（六）

表 44

项目	单位	2023 年	2022 年	增速（%）
文　化				
公共图书馆	个	1	1	0.0
公共图书馆藏书	万册	85.6	81.3	5.3
区级以上非物质文化遗产项目	项	49	49	0.0

续表 44

项目	单位	2023 年	2022 年	增速（%）
教　育				
幼儿园				
幼儿园数	所	245	245	0.0
在园人数	人	52219	58926	-11.4
小　学				
小学校数	所	48	44	9.1
毕业生数	人	10509	9204	14.2
招生数	人	18399	14743	24.8
在校生数	人	87848	81793	7.4
中　学				
中学校数	所	48	48	0.0
毕业生数	人	10081	9187	9.7
招生数	人	13911	12399	12.2
在校生数	人	36718	34241	7.2
卫　生				
卫生机构	个	620	626	-1.0
医　院	个	22	21	4.8
基层医疗卫生机构	个	579	586	-1.2
# 社区卫生服务中心（站）	个	90	90	0.0
专业公共卫生机构	个	6	6	0.0
其他机构	个	13	13	0.0
实有床位数	张	6231	5855	6.4
# 医院	张	5609	5226	7.3
社区卫生服务中心（站）	张	421	424	-0.7
卫生技术人员	人	13482	12877	4.7
# 执业（助理）医师	人	5102	4871	4.7
注册护士	人	5732	5352	7.1
公共卫生类执业（助理）医师数	人	229	228	0.4
5 岁以下儿童死亡率	‰	0.38	2.82	
婴儿死亡率	‰	0.19	1.69	
公共设施				
公　园	个	54	51	5.9

续表 44

项目	单位	2023 年	2022 年	增速（%）
体育俱乐部	个	17	18	–5.6
更新全民健身器工程器材	套	80	50	60.0
全区公路总里程	公里	2541	2518	0.9

注：数据来源于通州区文化旅游局、教委、卫生健康委、园林绿化局、公路分局

名词解释

“特载”名词解释

1.“二十年之问”：在学习贯彻党的二十大精神开局之年伊始，市委立足新时代首都发展，聚焦高水平建设北京城市副中心，提出了发人深省的“二十年之问”，即“城市副中心2016年启动，到2035年我国基本实现社会主义现代化，能否利用这20年时间把城市副中心打造成为中国式现代化进程中的城市发展样板”。

2.“三大三强”：为学习贯彻党的二十大精神，回答好市委“二十年之问”，通州区委在全区开展“大学习、大调研、大讨论”，进一步实现“强素质、强作风、强效能”活动。

3.文化旅游区六大重点项目：通马路综合交通枢纽、环球影城北综合交通枢纽、张家湾车辆段综合利用（又称“湾里”）、国际人才社区、首旅集团总部、国际IP室内综合体项目。

4.“医药十条”：《北京城市副中心关于鼓励医药健康产业发展的十条措施》（通经信局〔2023〕6号），简称“医药十条”。

5.“通八条”：《关于加快推进北京城市副中心高精尖产业发展若干措施》，简称“通八条”。

6.“金七条”：《北京城市副中心促进金融业发展措施》（通政发〔2021〕7号），简称“金七条”。

7.“种十条”：《关于鼓励现代种业发展的若干措施》（通政办发〔2022〕19号），简称“种十条”。

8.“云窗口”服务模式：利用5G技术、云计算、人工智能等新技术，实现企业群众全程在线办理政务服务事项的模式。

9.“一刻钟便民生活圈”：通过多业态集聚形成的社区商圈，满足社区居民步行15分钟范围内的日常生活基本消费和品质消费等活动。

10.“评定分离”机制：在老旧小区综合整治项目招标工作中，将“评标”与“定标”过程作为两个环节独立分离，评标环节由评标委员会按法定招标程序向招标人推荐候选人，定标环节由居民、社区等多方主体组建定标委员会，对中标候选人逐一进行问询，最终按照评、定环节一定比例权重择优确定中标人的工作机制。

11.“施工楼栋长”机制：施工单位管理人员分片负责1—2栋施工楼宇的居民协调事宜的工作机制。

12.“党建引领多元有你”工作法：张家湾镇围绕“法治湾家、幸福湾家、文化湾家、智慧湾家”搭建一核多元共治中心实体平台，探索形成以平台建设为主抓手的整体性治理路径。

13.“马桥近邻”“零距梨”“邻家邻”“临河邻里”：分别是马驹桥镇、梨园镇、通运街道、临河里街道服务群众的特色基层治理品牌。

14.“经济大脑”：综合分析调度经济发展情况的数字化、智能化平台。

15.“城市治理大脑”：针对道路交通、消防、应急等城市基础设施运行情况进行全域感知、及时预警、快速处置的城市运行指挥调度平台。

16.ESG：环境（Environmental）、社会（Social）和公司治理（Governance）三个英文单词的首字母组合，倡导经济价值与社会价值的内在统一，旨在推动环境、社会和治理的可持续发展。

17.“企安安”：安全生产检查和隐患治理信息系统，用于支撑全市安全生产和火灾隐患大排查大整治工作。

18.“交地即交证”：土地使用单位缴清有关税费后，行政机关交付土地的同时，核发不动产权证、建设工程规划许可证等审批文件的模式。

19.“拿地即开工”：土地移交当天同时核发不动产权证、建设工程规划许可证等规划审批文件以及施工手续的模式，可有效提升规划和建设手续办理效率。

20.“带押过户通州方案”：买卖双方和买方银行一次申请转移和抵押登记，完成后卖方银行注销其原有抵押登记的过户方案。

21.“11311”工作体系：第一个“1”是指以“二十年之问”为目标，第二个“1”是指以党建为统领，“3”是指以高水平城市建设、高质量经济发展、高效能社会治理“三驾马车”并进为重点，第三个“1”是指以数字化转型为支撑，第四个“1”是指以增进民生福祉为追求。

22.“四区结对”机制：通州区与西城区、朝阳区和海淀区产业协同发展结对工作机制。

23.“轨道＋土地”：通过捆绑轨道周边土地收益，反哺轨道建设资金的资金平衡模式。

24.六大产业：数字经济、现代金融、先进制造、商务服务、文化旅游、现代种业。

25.产业空间地图：集成近、中、远期可利用的产业空间资源信息，形成一张图、一张表的展示形式。

26.“1+N”产业政策体系：“1”是指“通八条”综合类政策，“N”是指各产业领域专项政策。

27.“双管家”模式：行业主管部门作为“行业管家”，各街道乡镇、园区管委会作为“服务管家”，分别负责企业的落地发展和日常服务。

28.“6+4”一体化综合监管：北京市推出的跨部门

综合监管的重要举措。“6”是指实施“风险监管”“信用监管”“分级分类监管”“协同监管”“科技监管”“共治监管”6项制度，“4”是指“一业一册”“一业一单”“一业一评”“一业一查”4项措施。

29.“无废细胞”：在社会生活中按照“无废城市”建设要求开展固体废物减量和处理等工作的各个组成单元，包括机关、企事业单位、饭店、商场、村镇、工地等。

30.“无废城市”：通过固体废物源头减量和资源化利用，将固体废物对环境影响降至最低的城市发展模式。

31.城市大脑“1+3+1”体系：主要包括1个数字底座、3个领域大脑（经济、城市治理、社会治理）、1个区级调度指挥平台。

32.副中心“双马”：在通州区举办的全程和半程两个马拉松赛事。

“专文”名词解释

1.“1+25+N”党群服务中心体系：“1”即北京城市副中心党群服务中心；“25”即街道乡镇、园区党群服务中心；“N”即366个社区村、网格党群服务站点。

2.三项清单：需求清单、资源清单、项目清单。

3.四个双向：属地和驻区单位双向需求征集、双向提供服务、双向沟通反馈、双向考核评价。

4.“五微联治”工作法：即以“微力量”促进党群联动，定期组织社区社会组织开展理论学习；以“微组织”拉动组织联建，孵化群众自治组织，推动规范化建设；以“微项目”推动品牌联育，培育楼门品牌项目、扶持村民公益类微项目；以“微平台”实现镇村联办，强化一体化平台建设，搭建镇村两级社会治理创新平台；以“微公益”激发多方联享，引导志愿组织自发开展公益活动。

5.“1+3+8+N”新时代文明实践志愿服务工作体系：“1”即1个新时代文明实践志愿服务线上平台；“3”即新时代文明实践志愿服务总队、中队、小队3级志愿服务组织；“8”即理论宣讲、文化文艺、医疗健身等8类区级常设志愿服务队伍；“N”即爱分类主妇联盟、友爱家园等特色文明实践志愿服务队伍。

6.“11311”工作体系：以“二十年之问”为目标，以党建为统领，以高水平城市建设、高质量经济发展、高效能社会治理“三驾马车”并进为重点，以数字化转型为支撑，以民生福祉为追求的“11311”工作体系。

7.北京城市副中心“1+N”基层治理政策体系：以《北京城市副中心（通州区）基层治理五年行动计划（2022年—2026年）》为纲领，出台实施若干重点领域改革文件和系列实施细则，配套社区商业、社区党群服务中心、家园中心等若干专项规划导则，基本形成系统完备、衔接高效、规范有序的政策体系。

其他

1.主题教育：全面开展学习贯彻习近平新时代中国特色社会主义思想主题教育。

2.北三县：地处北京市与天津市交界处的三个隶属于河北省廊坊市的县级行政区，包括三河市、大厂回族自治县以及香河县。

3.“专精特新”：指具有“专业化、精细化、特色化、新颖化”特征的中小企业，企业规模必须符合国家《中小企业划型标准》的规定。

4.“两区”：国家服务业扩大开放综合示范区和中国（北京）自由贸易试验区。

5.“七有”“五性”：“七有”即党的十九大报告指出的必须多谋民生之利、多解民生之忧，在发展中补齐民生短板、促进社会公平正义，在幼有所育、学有所教、劳有所得、病有所医、老有所养、住有所居、弱有所扶上不断取得新进展；“五性”即北京市提出的随着我国社会主要矛盾转化为人民日益增长的美好生活需要和不平衡不充分的发展之间的矛盾，北京市民对美好生活的需要呈现出“便利性、宜居性、多样性、公正性、安全性”的新特点。

6.“通武廊”：北京市通州区、天津市武清区、河北省廊坊市三地的合称。

7.“通宝唐”：北京市通州区、天津市宝坻区、河北省唐山市三地的合称。

8.“一区一河三镇”：一区指文化旅游区，一河指大运河文化旅游景区，三镇指张家湾设计小镇（包括张家湾古镇）、台湖演艺小镇、宋庄艺术创意小镇。

9.“三庙一塔”：三庙即儒家的文庙、佛教的佑胜教寺、道教的紫清宫；一塔指佛教的燃灯佛舍利塔。

10.“一河、三区、多点”：一河指具有世界影响力的魅力长河；三区指运河水城展示区，运河文旅体验区，运河生态观光区；多点指丰富多样的文化功能支撑点。

11.“四区三镇三园”十大重点产业功能区：四区即市级行政办公区、运河商务区、文化旅游区和台马地区；三镇即张家湾设计小镇、台湖演艺小镇和宋庄艺术创意小镇；三园即国家网络安全产业园区（通州园）、漷县镇医药健康产业集聚区和北京通州国际种业科技园区。

12.“两新”组织：即新经济组织和新社会组织。

13.“两新”群体：即新业态、新就业群体。

14.“商十条”：《北京城市副中心（通州区）促进商务经济高质量发展若干措施》，简称“商十条”。

组织机构及其负责人名单

区委序列

中国共产党北京市通州区委员会

书　　记　赵　磊（2月免）
　　　　　孟景伟（2月任）
副 书 记　孟景伟（2月免）
　　　　　郑　皓（女，朝鲜族，2月任）
　　　　　陈江华（7月免）
常　　委　汤一原（5月免）
　　　　　郑　皓（女，朝鲜族，2月免）
　　　　　王永杰（8月任）
　　　　　吴　斌
　　　　　孙学伟（3月任）
　　　　　侯健美（女，5月任）
　　　　　王永民
　　　　　韩向军
　　　　　苏国斌（5月免）
　　　　　吴孔安
　　　　　杨　磊（7月任）

区委组织部

部　　长　陈江华（4月免）
　　　　　孙学伟（4月任）
常务副部长　汪　维（女，满族）

区委政法委员会

书　　记　王永民
常务副书记　朱战芳

区委宣传部

部　　长　汤一原（6月免）
　　　　　侯健美（女，6月任）
常务副部长　焦善鸣

区委办公室

主　　任　房亚军

区委统一战线工作部

部　　长　吴孔安（8月免）
　　　　　杨　磊（8月任）
常务副部长　张洪亮

区委、区政府研究室

主　　任　毕小京

区委机构编制委员会办公室

主　　任　李　军（11月免）
　　　　　曾祥正（11月任）

区直机关工作委员会

常务副书记　陆德启

区委党校

常务副校长　张立芳（女）

区委党史工作办公室（区地方志办公室）

主　　任　朱军辉

区委老干部局

局　　长　甄　朋

区委网络安全和信息化委员会办公室

主　　任　谢振平

区档案局

局　　长　常华堂（11月任）

区档案馆

馆　　长　刘海涛

中国共产党北京市通州区纪律检查委员会
中国共产党北京市通州区监察委员会

纪委书记　吴　斌
纪委副书记　吴　涛
　　　　　蒋　啸（回族）
　　　　　刘　宁（女）
纪委常委　张健姝（女）
　　　　　王洪波（女，6月免）
　　　　　毛家宏
　　　　　刘伶艳（女）
　　　　　曾凡博
　　　　　郝　洁（女，8月任）
监委主任　吴　斌
监委副主任　吴　涛
　　　　　蒋　啸（回族）
　　　　　刘　宁（女）
监委委员　王洪波（女，10月免）
　　　　　毛家宏
　　　　　刘伶艳（女）
　　　　　甄国清（女，12月免）
　　　　　刘立民
　　　　　郝　洁（女，10月任）

人大序列

区人民代表大会常务委员会

主　　任　赵玉影
副 主 任　王岩石
　　　　　程卫民
　　　　　孙奎亮

鲁新红
刘秀杰（女，不驻会）

办公室

主　　任　姚华峰（10月免）
李文龙（10月任）

法制办公室

主　　任　郭宝圣（10月免）
周庭桂（女，10月任）

财政经济办公室

主　　任　张东凤（女，10月免）
唐荣光（10月任）

教科文卫体办公室

主　　任　蔡力凯

城建环保办公室

主　　任　李智敏（女，10月免）
曹树常（10月任）

农村办公室

主　　任　刘美俊（女，2月免）
王德松（2月任）

代表联络室

主　　任　杨东莲（女，10月免）
姚华峰（10月任）

研究室

主　　任　刘志刚（10月免）
李智敏（女，10月任）

信访办公室

主　　任　王立艳（女）

政府序列

区人民政府

区　　长　孟景伟（3月免）
郑　皓（女，朝鲜族，5月任）
副 区 长　郑　皓（女，朝鲜族，5月免）
王永杰（9月任）
吴孔安（5月任）
苏国斌（5月免）
董明慧（女）
董亦军（5月免）
倪德才
杨　磊（8月免）
秦　涛
卢庆雷
王翔宇
谭　强（6月任）
姚伟龙（8月任）

区政府办公室

主　　任　裴志刚

区信访办公室

党组书记　林长春
主　　任　林长春

区国防动员办公室

党组书记　樊广杰
主　　任　杜　彤

区经济和信息化局

党组书记　耿　磊
局　　长　耿　磊

运河商务区管理委员会

工委书记　林正航
主　　任　林正航

中关村科技园区通州园管理委员会

主　　任　苏国斌（3月免）
林正航（3月任）
党工委书记　吴孔安（9月任）
常务副主任　余　龙（6月免）

区住房和城乡建设委员会

党组书记　曾　勃
主　　任　曾　勃

区住房保障办公室

主　　任　曾　勃

区房屋征收办公室

主　　任　曾　勃

区重大项目协调服务中心

主　　任　赵　明

区房屋征收事务中心

主　　任　张　剑（9月免）

区教育工作委员会

书　　记　刘青松

区教育委员会

主　　任　曾祥正（12月免）
刘中阁（12月任）

区教育督导室

主　　任　曾祥正（11月免）
刘中阁（12月任）

区商务局

党组书记　李　霞（女，9月免）
杨　希（9月任）
局　　长　李　霞（女，10月免）
杨　希（10月任）

区科学技术委员会

党组书记　郭澜涛
主　　任　郭澜涛

区发展和改革委员会

党组书记　姚伟龙
主　　任　姚伟龙

区金融服务办公室
党组书记 李俊霞（女）
主　　任 李俊霞（女）

区国有资产监督管理委员会
党委书记 吴长利
主　　任 吴长利

区城市管理委员会
党组书记 刘学军（5月任）
主　　任 刘学军（6月任）

区文化和旅游局
党组书记 张　华
局　　长 张　华

区人力资源和社会保障局
党组书记 于立东
局　　长 于立东

区医疗保障局
党组书记 纪福民
局　　长 田春华（女）

区财政局
党组书记 王付轩
局　　长 王付轩

区审计局
党组书记 杜　伟
局　　长 杜　伟

区生态环境局
党组书记 张卫东
局　　长 张卫东

区统计局
党组书记 杨连元
局　　长 杨连元

区经济社会调查队
队　　长 刘宗刚

区体育局
党组书记 邓小民
局　　长 邓小民

区卫生健康委员会
书　　记 白玉光（蒙古族）
主　　任 白玉光（蒙古族）

区交通局
党组书记 赵　军
局　　长 赵　军

区园林绿化局
党组书记 郭　军
局　　长 胡克诚（满族）

区农业农村局
党组书记 王　艳（女）
局　　长 王德松（2月免）
　　　　 王　艳（女，2月任）

区水务局
党组书记 曹树常（9月免）
　　　　 张　剑（9月任）
局　　长 曹树常（10月免）
　　　　 张　剑（10月任）

区民政局
工委书记 张全启
局　　长 张全启

区退役军人事务局
党组书记 徐景发（11月免）
　　　　 钱海潮（11月任）
局　　长 徐景发

区司法局
党组书记 石建华
局　　长 石建华

区应急管理局
党组书记 刘永忠
局　　长 刘永忠

区城市管理综合行政执法局
局　　长 殷　磊（5月任）

区政务服务管理局
党组书记 张胜勇
局　　长 张胜勇

区机关事务服务中心
党组书记 李长风
主　　任 李长风

区地震局
党组书记 曹东波（8月免）
局　　长 曹东波（8月免）

区投资促进服务中心
党组书记 杨东风（9月免）
　　　　 李　霞（女，9月任）
主　　任 吴　涛

区融媒体中心
党组书记 卫　欣
主　　任 卫　欣

北京物资学院
党委书记 王文举（4月免）
　　　　 吴　惠（5月任）
院　　长 刘　军（8月免）

通州区行政学院
院　　长 郑　皓（女，朝鲜族，9月免）
　　　　 王永杰（9月任）
常务副院长 张立芳（女）

通州区社会主义学院
院　　长 吴孔安（8月免）
　　　　 杨　磊（8月任）
常务副院长 张立芳（女）

首都医科大学附属北京潞河医院
党委书记　全俊亚
院　　长　吴英锋

区红十字会
会　　长　董明慧（女）
常务副会长　贾立军（女）
秘 书 长　相洪河

政协机关

中国人民政治协商会议北京市通州区委员会
主　　席　张德启
副 主 席　尚祖国
　　　　　甄　宇
　　　　　冯利英（女）
　　　　　田春华（女，不驻会）
　　　　　金文岭（不驻会）
　　　　　吴　涛（不驻会）
秘 书 长　陈立军
办公室主任　吴绍伟
研究室主任　谢京文
专委会工作一室主任　胡晓东
专委会工作二室主任　皮联仿
专委会工作三室主任　纪万成
专委会工作四室主任　程行利
专委会工作五室主任　李雅静（女）
专委会工作六室主任　孔庆媛（女，2月免）
　　　　　杨玉洁（女，2月任）

法院　检察院

区人民法院
党组书记　李经纬（12月免）
　　　　　谭劲松（12月任）
院　　长　李经纬（12月免）
代理院长　谭劲松（12月任）

区人民检察院
党组书记　李　辰（女）
检 察 长　李　辰（女）

人民团体

区总工会
主　　席　尚祖国
党组书记　关　平

共青团北京市通州区委员会
书　　记　张　逢

区妇女联合会
党组书记　樊淑玲（女）
主　　席　樊淑玲（女）

区工商业联合会
党组书记　靳国旺
主　　席　赵　静（女）

区文学艺术界联合会
主　　席　王雪艳（女）

区科学技术协会
党组书记　西宝生
主　　席　金文岭

区残疾人联合会
党组书记　陈凤香（女）
理 事 长　陈凤香（女）

街道　乡镇

潞源街道
工委书记　刘　鑫（11月免）
办事处主任　马　骎（女）

通运街道
工委书记　刘学军（6月免）
　　　　　余　龙（6月任）
办事处主任　李　翔

中仓街道
工委书记　宗　飞（8月免）
　　　　　魏　欣（女，9月任）
办事处主任　安文崑

新华街道
工委书记　何海龙（回族）
办事处主任　李佳佳（女）

北苑街道
工委书记　李彦明（9月免）
　　　　　成前锋（9月任）
办事处主任　成前锋（9月免）
　　　　　高福东（9月任）

玉桥街道
工委书记　孙雪松（女）
办事处主任　陈世忠

文景街道
工委书记　赵志刚
办事处主任　王立夫

杨庄街道
工委书记　张民平
办事处主任　李永海（裕固族）

九棵树街道
工委书记　杜德耕

办事处主任　杨　希（10月免）
　　　　　　冯　宁（女，12月任）

潞邑街道
工委书记　陈新全（11月免）
办事处主任　郭春杰

临河里街道
工委书记　华　飞（女）
办事处主任　童　露（9月免）
　　　　　　张　阳（9月任）

永顺镇
党委书记　邓忠义（11月免）
　　　　　刘　鑫（11月任）
镇　　长　谢　楠

梨园镇
党委书记　王　鑫
镇　　长　王志佳

宋庄镇
党委书记　任存高
镇　　长　魏　欣（女，10月免）
　　　　　刘　磊（10月任）

张家湾镇
党委书记　邹海涛
镇　　长　周　丰

漷县镇
党委书记　郭　枫
镇　　长　郝红芬（女）

马驹桥镇
党委书记　何志达
镇　　长　唐殿科

西集镇
党委书记　马清文
镇　　长　于　军

潞城镇
党委书记　张旭辉
镇　　长　吴亚西

台湖镇
党委书记　古　剑（回族）
镇　　长　初庆宝（满族）

永乐店镇
党委书记　陈洪波（10月免）
　　　　　彭凯泉（11月任）
镇　　长　彭凯泉（11月免）

于家务回族乡
党委书记　陈树立
乡　　长　李亚军

双管单位

北京市规划和自然资源委员会通州分局
党组书记　郭宝峰
局　　长　李　晋

北京市交通委员会通州公路分局
党委书记　李金钟（10月免）
　　　　　刘　宇（10月任）
局　　长　李金钟（10月免）
　　　　　刘　宇（10月任）

区气象局
党组书记　李文华（6月免）
局　　长　李文华（6月免）

中国邮政集团有限公司北京市通州区分公司
党委书记　曹立冬
总 经 理　曹立冬

区人民武装部
部　　长　韩向军
政治委员　董丽献

区税务局
党委书记　闫旭峰
局　　长　闫旭峰

区市场监督管理局（区知识产权局）
党组书记　冯　源
局　　长　冯　源

北京市公安局通州分局
党委书记　董亦军（4月免）
　　　　　谭　强（5月任）
党委副书记　张　雲（女）
分 局 长　董亦军（4月免）
　　　　　谭　强（5月任）
政　　委　张　雲（女）

区消防救援支队
党委书记　雷永利
支 队 长　张敬军
政　　委　雷永利

区交通支队
党委书记　黄培新
支 队 长　黄培新
政　　委　林　强

北京市通信管理局通州区通信建设管理办公室
主　　任　顾国政

其他单位

中国联合网络通信有限公司北京市通州区分公司
党委书记　朱正辉（3月免）
　　　　　秦　洋（3月任）

总　经　理　朱正辉（3月免）
　　　　　　郗　博（3月任）

中国移动通信集团北京有限公司通州分公司

党总支书记　张　涛（3月免）
　　　　　　陈　磊（3月任）
总　经　理　张　涛（3月免）
　　　　　　陈　磊（3月任）

中国电信股份有限公司北京通州区分公司

党支部书记　薄　涛（女）
总　经　理　薄　涛（女）

中国铁塔股份有限公司北京通州区分公司

党支部书记　王志良
副总经理　王志良（主持工作）

国网北京市电力公司通州供电公司

党委书记　邱明泉（7月免）
　　　　　董　毅（7月任）
总　经　理　闫承山（7月免）
　　　　　　邱明泉（7月任）

北京歌华有线电视网络股份有限公司通州分公司

党支部书记　吴建林
总　经　理　吴建林

区烟草专卖局（公司）

党组书记　刘　帅（5月免）
　　　　　姚琴声（女，8月任）
局长（经理）刘　帅（5月免）
　　　　　　姚琴声（女，8月任）

中共通州区委主要文件目录

2023年通州区委文件目录

京通发〔2023〕2号	中共北京市通州区委北京市通州区人民政府关于对通州区2022年度绩效管理综合考评优秀单位和特别嘉奖单位进行表彰的决定（2023-04-25）
京通发〔2023〕3号	中共北京市通州区委北京市通州区人民政府关于印发《北京市通州区安全生产工作职责分工规定》的通知（2023-04-24）
京通发〔2023〕4号	中共北京市通州区委北京市通州区人民政府关于对通州区2022年度村“两委”班子及村“两委”干部考核“十佳村”“优秀村”进行表彰的决定（2023-06-08）
京通发〔2023〕5号	中共北京市通州区委关于调整七届区委常委分工的通知（2023-06-19）
京通发〔2023〕6号	中共北京市通州区委关于成立中共北京市通州区国防动员办公室党组撤销中共北京市通州区人民防空办公室党组的通知（2023-06-26）
京通发〔2023〕8号	中共北京市通州区委北京市通州区人民政府关于印发《通州区2023年度绩效管理综合考评工作方案》的通知（2023-08-12）
京通发〔2023〕9号	中共北京市通州区委印发《关于在全区深入开展学习贯彻习近平新时代中国特色社会主义思想主题教育的实施方案》的通知（2023-09-13）
京通发〔2023〕10号	中共北京市通州区委关于撤销中共北京市通州区新城中心区建设管理委员会党组的通知（2023-11-22）
京通发〔2023〕11号	中共北京市通州区委关于坚持党建统领经济社会高质量发展的意见（2023-12-30）

2023年通州区委办公室文件目录

京通办发〔2023〕1号	中共北京市通州区委办公室北京市通州区人民政府办公室关于印发《中共北京市通州区委贯彻落实〈中共中央政治局贯彻落实中央八项规定实施细则〉及市委贯彻落实办法的实施办法》的通知（2023-01-09）
京通办发〔2023〕2号	中共北京市通州区委办公室印发《关于在全区开展“大学习、大调研、大讨论”进一步实现“强素质、强作风、强效能”以实际行动学习贯彻落实党的二十大精神回答市委“二十年之问”的实施意见》的通知（2023-04-25）
京通办发〔2023〕3号	中共北京市通州区委办公室关于印发《2023年度区委重点督查事项》的通知（2023-04-27）
京通办发〔2023〕4号	中共北京市通州区委办公室北京市通州区人民政府办公室印发《关于进一步加强通州区党史和地方志工作的意见》的通知（2023-06-14）
京通办发〔2023〕6号	中共北京市通州区委办公室关于印发《区委常委会深入开展学习贯彻习近平新时代中国特色社会主义思想主题教育工作方案》的通知（2023-09-13）
京通办发〔2023〕7号	中共北京市通州区委办公室印发《关于在全区大兴调查研究的实施方案》的通知（2023-09-28）
京通办字〔2023〕1号	中共北京市通州区委办公室北京市通州区人民政府办公室印发《关于进一步推进通州区网格化管理工作的实施方案》的通知（2023-01-19）
京通办字〔2023〕2号	中共北京市通州区委办公室北京市通州区人民政府办公室关于印发《中共北京市通州区委中关村科技园区通州园工作委员会中关村科技园区通州园管理委员会职能配置、内设机构和人员编制规定》的通知（2023-02-09）
京通办字〔2023〕3号	中共北京市通州区委办公室关于印发《通州区政协2023年专题调研课题计划、专题协商议题计划和民主监督议题计划》的通知（2023-03-10）
京通办字〔2023〕4号	中共北京市通州区委办公室关于印发《通州区政商交往正负面清单》的通知（2023-05-26）
京通办字〔2023〕6号	中共北京市通州区委办公室北京市通州区人民政府办公室印发《通州区关于“4·18”重大火灾事故整改和防范措施落实工作方案》的通知（2023-12-07）

通州区人民政府主要文件目录

2023年通州区人民政府文件目录

通政发〔2023〕1号	北京市通州区人民政府关于印发孟景伟同志在区七届人大三次会议上作的《政府工作报告》的通知（2023-01-11）
通政发〔2023〕2号	北京市通州区人民政府关于2023年通州区政府工作报告重点工作分工方案的通知（2023-01-17）
通政发〔2023〕3号	北京市通州区人民政府关于印发2023年通州区重要民生实事项目的通知（2023-02-27）
通政发〔2023〕4号	北京市通州区人民政府关于印发《通州区深入打好污染防治攻坚战2023年行动计划》的通知（2023-03-21）
通政发〔2023〕5号	北京市通州区人民政府关于印发通州区声环境功能区划实施细则的通知（2023-05-26）
通政发〔2023〕6号	北京市通州区人民政府关于废止、修改部分行政规范性文件的通知（2023-06-07）
通政发〔2023〕8号	北京市通州区人民政府关于印发通州区城市基础设施建设费征收办法的通知（2023-08-01）
通政发〔2023〕9号	北京市通州区人民政府关于印发通州区大龄低保人员参加城乡居民养老保险补贴办法的通知（2023年修订版）（2023-09-06）
通政发〔2023〕10号	北京市通州区人民政府关于印发《通州区储备粮管理办法》的通知（2023-09-07）
通政发〔2023〕11号	北京市通州区人民政府关于印发通州区全面打赢城乡水环境治理歼灭战三年行动方案（2023年—2025年）的通知（2023-09-07）
通政发〔2023〕12号	北京市通州区人民政府关于公布通州区第六批区级文物保护单位的通知（2023-11-06）
通政发〔2023〕13号	北京市通州区人民政府关于印发《通州区空气重污染应急预案（2023年修订）》的通知（2023-11-09）
通政发〔2023〕14号	北京市通州区人民政府关于印发《通州区推进供水高质量发展三年实施方案（2023年—2025年）》的通知（2023-11-10）

2023年通州区人民政府办公室文件目录

通政办发〔2023〕1号	北京市通州区人民政府办公室关于印发《通州区乡村民宿产业发展引导扶持办法（试行）》的通知（2023-01-29）
通政办发〔2023〕2号	北京市通州区人民政府办公室关于印发《北京城市副中心加快推动全球财富管理中心建设实施方案》的通知（2023-02-23）
通政办发〔2023〕3号	北京市通州区人民政府办公室关于印发《北京城市副中心文化旅游区发展建设三年行动计划（2023—2025年）》的通知（2023-03-03）
通政办发〔2023〕4号	北京市通州区人民政府办公室关于印发《运河商务区发展三年行动计划（2023年—2025年）》的通知（2023-03-06）
通政办发〔2023〕5号	北京市通州区人民政府办公室关于印发《通州区全面优化营商环境助力企业高质量发展实施方案》的通知（2023-04-10）
通政办发〔2023〕6号	北京市通州区人民政府办公室关于公布北京市通州区第一批区级湿地名录的通知（2023-08-31）
通政办发〔2023〕7号	北京市通州区人民政府办公室关于印发《通州区行政机关合同管理办法》的通知（2023-09-13）
通政办发〔2023〕8号	北京市通州区人民政府办公室关于印发《通州区国有工业用地先租后让管理办法（试行）》的通知（2023-12-19）
通政办发〔2023〕9号	北京市通州区人民政府办公室关于印发《北京城市副中心建设花园城市实施方案》的通知（2023-12-29）

索　引

说明：

1. 本索引采取主题索引也称内容分析索引法编纂。主题词（标目）以《北京通州年鉴（2024）》正文中出现的专业名词、名词词组、地名、机构名、人名为主。特载、专文、大事记等栏目内容不在标引范围内。

2. 本索引基本按汉语拼音音序排列，汉字打头的标目按首字的音序音调依次排列，首字相同时，则以第二字排序，依此类推；以阿拉伯数字打头的主题词，排在最前面；以英文字母打头的主题词，列于其后。

3. 本索引的文字部分为标目，标目之后的阿拉伯数字表示该标目所在正文中的页码（地址项），其后的小写英文字母（a、b、c）表示正文（或表格）中的栏别（从左至右）。

4. 部分标目后面有若干个页码或栏别，则表示该标目均在这些地方出现。

数字 / 字母

A

B

C

D

E

F

G

H

J

K

L

M

N

P

Q

R

S

T

W

X

Y

Z